肖经栋 著

择校之道

十年走访洞察国际教育底层逻辑

世界图书出版公司
北京·广州·上海·西安

图书在版编目（CIP）数据

择校之道：十年走访洞察国际教育底层逻辑 / 肖经栋著. -- 北京：世界图书出版有限公司北京分公司，2025.1. -- ISBN 978-7-5232-1794-8

Ⅰ．G52

中国国家版本馆CIP数据核字第2024JS1983号

书　　名	择校之道：十年走访洞察国际教育底层逻辑 ZEXIAO ZHI DAO
著　　者	肖经栋
责任编辑	夏　丹
出版发行	世界图书出版有限公司北京分公司
地　　址	北京市东城区朝内大街137号
邮　　编	100010
电　　话	010-64038355（发行）　64033507（总编室）
网　　址	http://www.wpcbj.com.cn
邮　　箱	wpcbjst@vip.163.com
销　　售	新华书店
印　　刷	河北鑫彩博图印刷有限公司
开　　本	787mm×1092mm　1/16
印　　张	35.25
字　　数	690千字
版　　次	2025年1月第1版
印　　次	2025年1月第1次印刷
国际书号	ISBN 978-7-5232-1794-8
定　　价	132.00元

版权所有　翻印必究
（如发现印装质量问题，请与本公司联系调换）

彩图1　北京孔庙和国子监博物馆

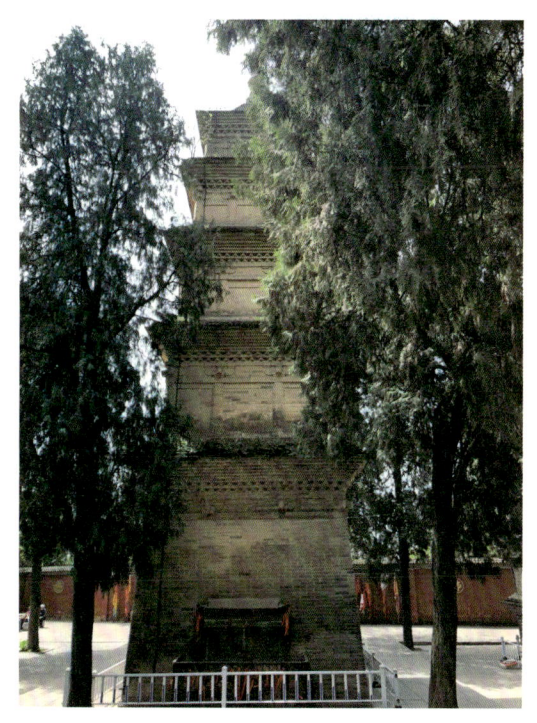

彩图2　西安护国兴教寺中的玄奘塔

彩图3　容闳博物馆中的容闳雕像

彩图4　位于保定的留法勤工俭学运动纪念馆

彩图5　宁波诺丁汉大学

彩图6　昆山杜克大学

彩图7　温州肯恩大学

彩图8　上海圣约翰大学旧址对外开放

彩图9　上海阿德科特学校在佘山风景区办学

彩图10　上海七宝德怀特高级中学

彩图11　金陵中学和南京大学同源

彩图12　苏州中学校园很美

彩图13 苏州外国语学校是一所知名苏州民办学校

彩图14 苏州北美国际高级中学投入重金打造六大科创实验室（图片由学校提供）

彩图15　中国常熟世界联合学院

彩图16　赛珍珠故居

彩图17　镇江赛珍珠纪念馆

彩图18　赛珍珠一家雕塑

彩图19　杭州四中校内有生态种植园

彩图20　浙江省镇海中学校园内处处为景

彩图21　青岛第二中学

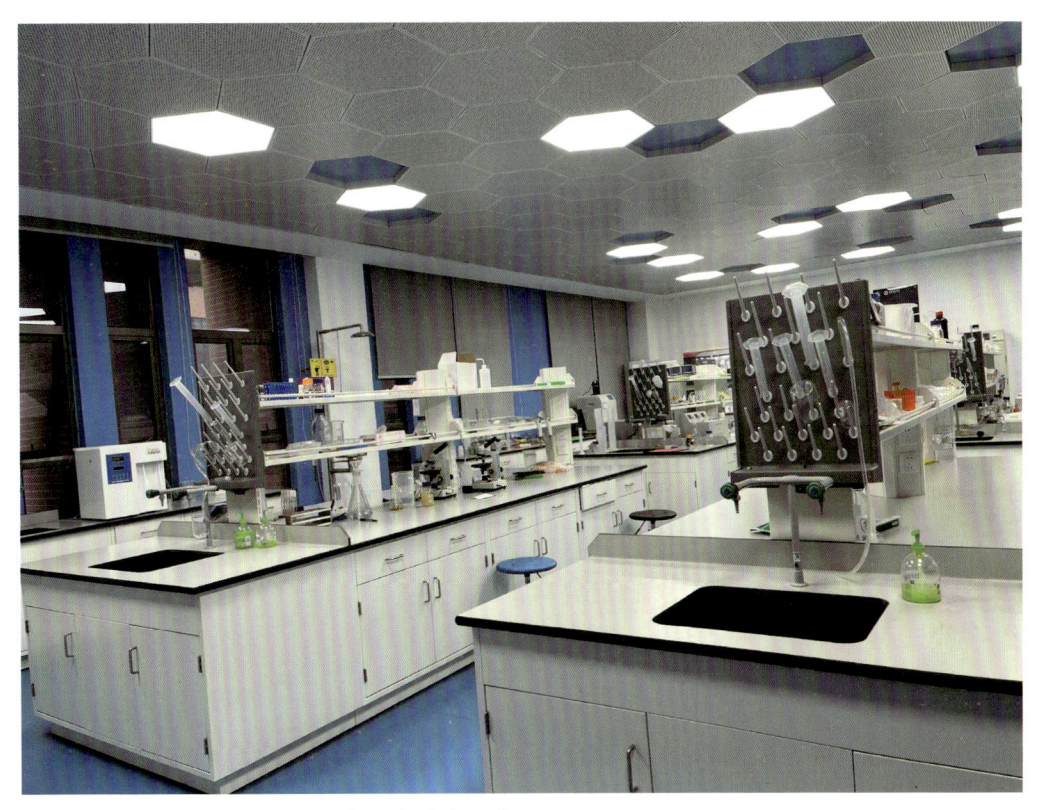

彩图22　合肥安生学校分子生物实验室一角

彩图23　抱冰堂为张之洞之生祠，足见他对湖北发展所做贡献得到认可

彩图24　海报设计者很了解张之洞爱猫

彩图25　昙华林曾是中外教育汇集之地

彩图26　武汉康礼高级中学有一套先进的校服洗涤系统

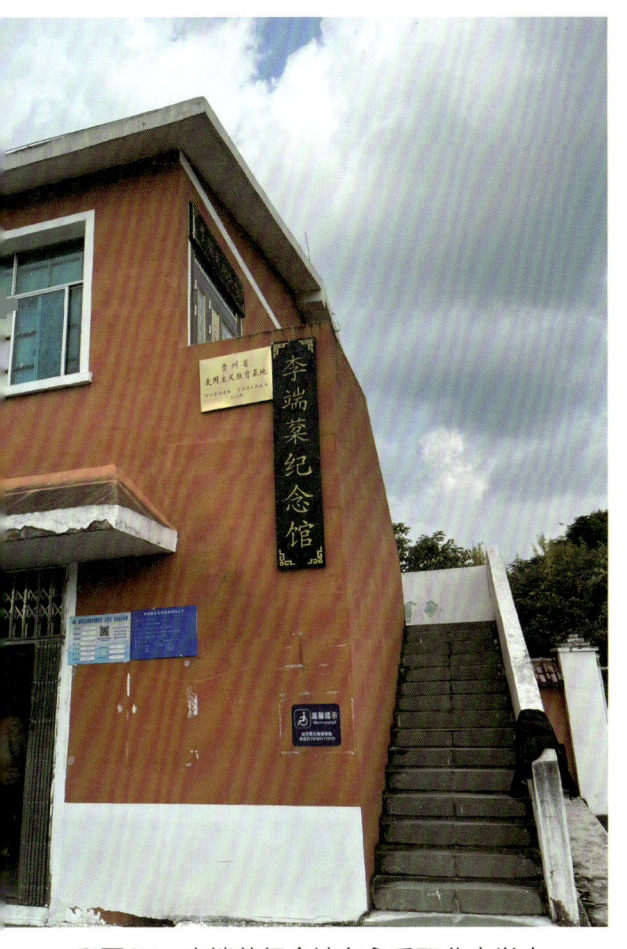

彩图27　李端棻纪念馆在永乐职业中学内

彩图28　钟塔是成都地标

彩图29　四川大学华西公共卫生学院办公地为原华西加拿大学校办学楼

彩图30　成都康礼学校的建筑也是中西融合，其礼堂由参与新津机场建设的外国设计师所设计，为西式建筑风格，与校区内其他中式建筑风格形成鲜明对比

彩图31 正在维修中的太平门。中国改革开放总设计师邓小平等留法勤工俭学学生穿过太平门，踏上前往法国留学的征程

彩图32 西安梁家滩国际学校

彩图33 兰州碧桂园学校（图片由学校提供）

彩图34 江苏昆山投入了上亿资金建设阿图什市昆山育才学校

彩图35　不到喀什，就不算到新疆。喀什是丝绸之路南北两道交汇点，文化融汇重地

彩图36　夺底电站现在已经弃用

彩图37　老赤桑桥上有不少经幡和哈达，藏人认为老赤桑桥具有灵性

彩图38　这是我首次拜访深圳国际交流书院时学校外景

彩图39 深圳国际交流书院安托山校区美轮美奂（图片由学校提供）

彩图40 位于南山蛇口的深圳贝赛思国际学校

彩图41 中国留学生之父容闳的故乡在珠海南屏镇

彩图42 中国首位女留学生、第一位女西医石美玉雕像

彩图43　平潭岛上"光长石头不长草"

彩图44　马君武被视为第一个获得德国工学博士的中国人

彩图45　宁波人王正功的雕像

彩图46　陵水蓝湾未来领导力学校是我调研过的最南学校

彩图47　位于江西省泰和县杏岭村的原中正大学总务处大楼

彩图48　天津是接纳归国留美幼童最多的地方（摄于天津博物馆）

彩图49　李叔同在天津有很高的地位，被誉为"海河之子"

彩图50　李叔同纪念馆

彩图51　中国人民大学附属中学无论是高考成绩还是国际教育发展水平均是国内领先

序 一

  2016年秋日的一天，我的办公室迎来了一位特殊的客人，宜校的创始人肖经栋先生。介绍人告诉我，他之前是记者，现正在做一个中国国际化学校的排行榜，所以希望前来学校调研，并且交流一下。之前也有一些从事学校排行榜的机构或团体，大部分都是发来一张调查表，由学校自己填好后发送回去，然后根据这些数据和内容，做出自己的排行榜。人才的培养是非常复杂的系统，什么是真正"好"的学校，有太多的维度可以去评价，每一个学校往往都有自己的特点和优势，而有太多的排行榜往往只是迎合社会关注的需求，重点关注入学的难度和升学的成绩，很难从比较全面的维度去衡量和评价不同的学校和人才培养的模式，再加上很多数据本身往往虚实相加，数据筛查及分析，包括模式的建立都需要非常专业的团队，说实话，这样的排行榜，真正关注学校教育和学生发展的教育从业人员，通常都不会很在意。所以我才会对一个创始人能前往一个个学校亲自调研的情况很感兴趣，同时希望借此了解一下在国际教育蓬勃发展的当时，应运而生的诸多相关产业和业态的发展状况，也能够从社会认知的角度更好地理解家长和学生以及社会对一所好的国际化学校的期许。

  和肖先生的首次见面，我们一见如故，相谈甚欢，之后他也几乎每年都会来到华附国际部，与我、老师和同学们做了许多的访谈。过去的八年里，我们一起探讨了：国外高等教育和基础教育的发展和现状；中国国际化教育在过去三十年的发展；政策、法规、经济、人口、地缘政治、国际形势、社会评价、疫情等方方面面对国际教育的影响；从追求原汁原味的国外课程和教育，到中外融合的国际教育，以及中国教育国际化的发展；不同学校的办学特色、教育理念、课程设置和学校管理、学生管理；人才培养模式、全人教育、未来人才所需要的核心素养、个性化教育的不同理解和实施方案；等等。

  由于媒体行业和调查记者的背景，在和他的沟通中，总是能感受到他敏锐的观察力、严谨的态度和独特的思考角度。他在短短的几年时间里，走访了几百所中国的国际化学校和国际部，访谈了数百位国际教育的投资人、校长、老师以及上千位学生，收集了大量的第一手数据，积累了大量宝贵的第一手资料；也因为他涉足国际教育调研的初心，是想为自己的孩子选择未来求学的道路找到一个科学的方法和依据，他也能够深刻理解社会、家长和学生对于优质的国际教育的需求和困惑。

所以，在2018年的一次交流中，我跟肖先生说起，除了每年你越来越受人关注的国际高中排行榜，你有没有想过，把你这么多年对于国际教育的调查、研究、关注和思考，写成一本书呢？

六年后，肖先生将他的书稿寄送给了我。

我迫不及待地拜读完肖先生的书稿，从大学的起源、教育理念的演进、教育的真正意义、出国留学的历史、不同国家留学的简介、好学校的标准、如何选择留学，到国内数百家不同地区、不同形式、不同风格的国际化学校和国际部的简介，都有从他自己的角度进行的介绍和解读；也记录了不少近年来他对中国国际教育发展有重要影响的人物的访谈。这本书，既可以是教育工作者、社会人士了解和认识中国国际教育历史、现状和发展的一本重要的参考书，也为今天困惑于国际教育选择的家长和学生们提供了实用的择校指南。

我曾经参加过一些由不同国家举办的教育论坛，非常有意思的一点是，常常听到各国的校长和教育工作者讨论，其他国家的教育正在发生什么样的变革，正在形成什么样的新的教育理念和方法，又在塑造什么样的教育生态和模式，全世界有理想的教育工作者，都在相互学习、相互融合、相互促进，不断为教育的改进和改革，不断为未来人才的培养而努力探索和实践。从这个意义上来讲，开放交融是教育不断发展前行的永恒主题。但同时，知识的唾手可得，机器和人工智能有机会掌握着远超人类的知识储备，未来社会对于人才核心素养的需求也在发生深刻的变化，这对不断变革的教育本身提出了更高的要求，而国际教育也成为人才培养的另一种选择。

从这个意义而言，我很乐意将此书推荐给广大读者。

朱志东

于2024年7月15日 广州

序 二

2023年1月，我收到肖老师的信息，他跟我分享了自己正在写一本关于国内国际教育的书，里面会提到我所在的阿默斯特学院，想跟我确认一下学院信息的准确性。春节期间还笔耕不辍，两天万字的速度，让我无限佩服。

三个月后，我又收到了肖老师的信息，这次是邀请我帮他的新书写推荐序，这让我一时不知如何回应，因为这份信任的分量不轻，我不确定我有资格承担得起。但我还是欣然答应了。

肖老师跟我直到我在写这篇推荐序时都从来没有在线下见过面。我们是不折不扣、互相仰慕的"网友"。肖老师在FT中文网（《金融时报》中文网）上关于中国国际教育的专栏文章我时常阅读；而肖老师也通过我翻译的美国大学申请指导书《升学之道：美国大学申请全解析》和我作为美国一所知名文理学院阿默斯特学院（Amherst College）招生办副主任和国际招生录取主任的契机与我相识。我们俩还有共同的职业经历，都做过记者，但我在中国国际广播电台不到一年的英语播音记者经历跟肖老师跨度十年的资深记者生涯比起来完全是小巫见大巫。也因此，我对肖老师的文章和写作充满仰慕。我将肖老师介绍给为我出版译作的世界图书出版公司的编辑夏丹女士，没想到促成了肖老师与世界图书出版公司的合作。

我在美国从事大学招生官的工作十一年有余。这些年我有幸通过招生官的视角见证了中国国际教育的发展，因为国际教育现实的目标都是想向阿默斯特学院、哈佛大学、麻省理工学院等这样的世界顶尖学府输送优秀的学生。我2013年刚进入美国大学招生行业时，很难跟中国高中取得直接的联系，因为当时的海外升学指导办公室还不常见，有限的几家都集中在一线城市顶尖公立高中的国际部或招收外籍人员子女的学校。过去的这十年也是中国国际教育腾飞的十年，民办国际化学校开始遍地开花，整个中国的国际教育日新月异，但也不断遭遇挑战和市场洗牌。

国际教育飞速发展的同时，却并未感觉致力于国际教育研究的机构和个人在同步增加，对国际教育深度的解析也并不常见。肖老师的文章和他参与创建的宜校填补了这个市场空白。他通过自己的专栏文章不断向公众介绍中国在国际教育方面的最新动态并进行深度解读；他也通过宜校搜集了大量中国国际化学校的数据和信息，不仅对国内的国际教育产生了实质性的帮助，也让我作为招生官通过他收集的数据了解了中国不断更新迭代的国际化学校的现状和发展趋势。我曾在疫情期间在美国高等教育行业媒体上发表了关于中国国际化学校入学人数趋势的文章，引用的主要数据之一就来自于肖老师做的调研。

在拜读本书时，我能时时刻刻通过文字感受到肖老师对国际教育的热爱。通过这份热爱，他走遍了全国各地，拜访了 600 所各类国际化学校，为的就是能够亲临实地，了解中国国际教育的真实发展。这与我作为招生官需要每年到访世界各地三四十个国家和美国多个州去了解当地学校的课程设置、课外资源、社会文化习俗等等，以帮助我们更好地通过综合评审审阅学生的申请异曲同工。

这是一本值得国际教育行业内每个人都来阅读的好书。书中海量的信息好似百科全书的浓缩，不仅能让读者纵览中国国际教育的历史和发展，也为想要通过国际教育改变子女人生轨迹的家庭提供了基于实践的真知灼见。非常感谢肖老师愿意将自己多年的积累和洞察分享给广大读者，这是整个中国国际教育行业的一大幸事。

万晓峰
2024 年夏天写于美国马萨诸塞州阿默斯特

自 序

20世纪90年代初,《北京人在纽约》这部电视剧在国内风靡一时,电视剧讲述了北京音乐家王起明和家人在纽约奋斗和挣扎的故事。此时西方资本主义发达国家社会发展水平领先于中国,国内很多人对这些国家的生活充满向往,导致出国潮兴起。

由姜文扮演的主角王起明满怀淘金梦远渡重洋到纽约发展,他从底层做起,阔气过但又破产,家庭生活一团糟,婚姻破裂,女儿离家出走。正如电视剧主题歌所唱的"千万里我追寻着你,可是你却并不在意",外面的世界并非只有精彩,也有诸多的冲突、歧视和无奈,这部电视剧给了国人一个全面和鲜活的展示。

《北京人在纽约》反映出国人早期到国外是为了事业发展需要,但这种情况在现在有比较大的改变。对这点,我有比较深的体会。2014年年初,一个很偶然的机会,我以私人身份做了一家移民机构的传播顾问。随着对移民业务接触的深入,我了解到七八成人移民的原因是为了子女教育,为此我也随之关注到留学。

2014年年底,我接到朋友所开留学机构的传播业务。有天,朋友跟我讲了一个让我至今记忆犹新的事情,他当天接待了个客户,尚未开口,客户便哭了起来。问其因,原来客户来之前已经咨询了5家留学机构,信息太多,客户自己被弄迷糊了,不知所措干着急。

随着对留学行业了解的加深,我很惊讶于这个行业的乱象丛生,各类机构鱼龙混杂。国内大部分的家长或学生对留学了解并不深,很容易被忽悠。对家长和学生来说,钱财损失倒是小事,而子女教育具有不可逆性,耽误孩子前程更麻烦。

2015年5月,我家有件喜事,儿子考上了本地最好的外国语学校初中部。为此,三年后我便面临着一个选择,是让他读国内部参加高考还是读国际部出国留学。当然,这么重要的抉择不是由我一个人来决定,而是和家人共同商量确定。我家达成的共识是一定要出国留学,如果本科不去,那研究生一定要去。

在确定计划把儿子送出国留学后,我就更加深入研究这个行业。像现在多数家长一样，我最初向熟悉留学的朋友咨询以及查看留学方面的材料。我新闻科班出身，曾做过10年记者，有个职业优势便是善于挖掘信息并对信息做判断。我从各个途径收集留学信息后发现，这个领域信息十分庞杂且混乱，且各种信息背后夹杂着显性或隐性商业利益诉求，导致信息普遍存在失真和不可信问题。朋友们给我提供的留学规划和建议也不同，我看到后也是一头雾水。因此我能理解前面所提到的家长为何会为无法辨别留学信息而哭泣。当然现在回过头来看，我也能理解当初朋友们所提供的留学规划和建议为何会不同。

孩子教育是每个家庭的大事。我不想孩子的留学是在自己无知的状态下进行的，为避免被人卖了还傻乎乎帮人家数钱，于是我下决心想办法弄透弄明白这个领域。

在此期间，我从图书馆借阅了一本叫《决胜21点》的书，这本书讲述麻省理工学院的一个华裔学生用数学建模方式算牌，增加21点赌局的胜率，最终靠算牌在拉斯维加斯赌场赚到了几百万美金的故事。赌博固然不值得提倡，但那名华裔学生用数据分析的模式解决现实问题的方法倒是值得学习和参考。我看完这本书后茅塞顿开，遂萌生了用大数据分析留学的想法。

在国际教育领域中，最为客观的数据莫过于大学申请结果。于是，我在2015年年底开始关注和收集国外大学申请结果数据。等收集了大量的申请数据后，接下来我考虑如何使用这些数据。

针对数据的使用，我在2015年年底做了两件事情，一是做了全国本科留学申请结果分析报告众筹，另一件便是在2016年年初制作并发布出国留学中学排行榜。

这个报告我原本想众筹10万元，但最终仅众筹到了5万元。众筹失败了，对我打击很大，我以为这个行业并没有数据分析的需求，曾一度想放弃进入国际教育领域的念头。由于众筹失败，我对出国留学中学排行榜发布也没有信心，甚至有过想放弃的想法，只不过当时觉得排行榜既然已经做了那就还是对外发布吧。

2016年年初，我把榜单发给了北京和广州的三家媒体朋友，之后便没再关注。但让我吃惊的是，排行榜在一周后大热，多家转发排行榜的微信公众号文章有10万+的阅读量。受此鼓舞，我最终将国际教育作为自己事业发展方向，并创办了宜校这个品牌。

我站在一个家长角度考虑，意识到教育不是一个普通行业，既要有商业伦理和底线，也要把每项工作做实做到位，以免误人子弟。为确保数据来自一手以及凸显专业性，从2015年开始，我便不断实地去探访学校。到2020年，我对全国31个省级行政区约600所国际化学校/国际部（占到全国总量的一多半）进行过实地探访。十年间，我最北至黑龙江省大庆市的大庆第一中学剑桥国际中心，最南到海南省陵水县的蓝湾未来领导力学校，最西达新疆克拉玛依市的克拉玛依高级中学，最东则去过靠近浦东机场的上海美国学校浦东校区。

同时，宜校对学校国外大学申请结果数据的严格保密以及中立、专业的定位，也获得学校的信任和认可，不少学校只向宜校独家提供完整国外大学申请数据。因此，宜校的数据收集是通过拜访一所所国际化学校/国际部沉淀出来的。我曾做过测算，英美名校一旦集中发放本科offer（录取通知），在3个小时内我们可以确定全国约85%的offer被哪些学校的学生所获得。

由于侧重田野调研，信息来自一手，我对国际教育有自己独立判断而不人云亦云，因此有时会在市场火爆时泼冷水，在市场低迷时打气。2018年年底，我花了一个半月时间到全国21个省级行政区50多所国际化学校进行了实地调研，发现当年超过八成的国际化学校/国际部居然没有完成招生目标。2018年正是国际教育火爆之年，但当年招生之冷让我感到很惊讶。针对这个调研结果，我在FT中文网上发表专栏文章，警示行业已经到了拐点，从原先的快速发展转为市场骤冷。

2020—2022三年新冠肺炎疫情让国际教育受到冲击，但影响程度到底有多深须用数据来做具体分析。我在2022年8月对63所学校进行抽样调研，结果发现疫情对国际教育的影响和冲击并没有印象中的那么大，于是对外发表疫情对中国国际教育冲击远低于预期的分析文章，提振行业信心。

2015年11月2日，我拜访了深圳国际交流书院，这是我拜访的第一所国际化学校。自此之后，拜访学校和业内人士进行互动和交流成为我的工作常态。通过不断地访校和访谈学生，我对各个区域国际教育的现在、过去以及未来有了更加清晰的认知。对学生访谈的增多以及陪伴儿子申请国外大学的全过程，让我对国外大学录取特性有了深刻体会与了解。

十年下来，我看到了各个区域以及各所学校在国际教育上的起落，看到经历过申请季的孩子会快速成长，看到孩子们对国外大学的拒或录所产生的悲喜交集，看到了家长群体对子女留学的焦虑或淡定。在这十年中，国际教育界发生了很多事情，也让我对此有诸多的观察和思考。

从宏观方面来说，我一直在观察国内外教育的异同，以及思考在国内上大学并不难的情况下，我们的孩子为何要留学。我在和拿到国外名校offer的学生交流时，基本上都会问他们当初为何会选择出国留学。这些优秀学生没有一个人跟我说，是因为留学比参加高考更轻松。由于教育理念和课程设置不同，国际化学校/国际部的学生在本科留学之前，在国内便要迈过学习内容和方式不同的一道坎，加上真正准备申请的时间只有两年，这个过程并不轻松，经历过申请季的孩子普遍显得更为成熟。

将孩子本科送出国留学的中国家庭大多数是比较类似的，家境至少在中产以上。有极其个别贫寒子弟通过获得奖学金的方式来完成留学，但这条路比较难走，孩子心理上要有强大的抗压能力，也需要找对学校，整个过程不易。

美国顶尖名校的录取阶层固化现象突出，一代藤校代代藤校。国外名校复杂的录取机制，较长的准备时间，大量资金和资源的投入，让美国很多寒门子弟望而却步。美国一些贫寒学生拿到顶尖大学 offer，有可能并不会像中国家庭那样举家欢庆，反而会被家人疏远，因为这样脱离了家庭原本生活惯性，被视为抛弃了家人。对美本名校申请，很多美国本土人从一出生便已经无缘。而国内高考十分公平，只看分数虽然有不少弊端，但在公平上做到了极致，给贫寒学生提供了一条改变命运的通道。为此，这也是我一直对外所提到的，越了解国外大学录取机制，会越发支持国内的高考录取制度。

从国际教育政策来看，自 1978 年以来，国内对本科及本科以上留学一直是持鼓励和支持态度，即便在复杂状况下，留学大门也从未关闭过。而在各地具体政策执行上，地方教育主管部门有比较大的自由裁量权，为此从很大程度上来说，国际教育政策的宽松程度，体现出当地政府对国际教育的理解以及对中外合作办学的态度。

从中观层面来看，主要是观察和分析全国各地国际教育发展状况。国内国际教育发展区域严重失衡，从省级行政区来看，上海、北京、广东、江苏、山东等五省市是国内国际教育高地，浙江、湖北、湖南、四川、重庆、河南、安徽、陕西、辽宁等九省市国际教育较发达，其他地区则发展一般，而青海和西藏在 2024 年时没有发现有高中段中外合作办学项目。

从城市来看，即便是国际教育高地的五个省市，城市之间的国际教育发展水平也相差较大，比如广东主要集中在广州和深圳，这两地的国际化学校／国际部数量以及本科出国留学人员，要占到广东全省的七成以上。江苏的国际教育主要集中在苏州和南京，山东则以青岛和济南为主。

区域国际教育发展受到多方面因素的影响。一是政策因素，当地教育主管部门是否支持或者限制国际教育发展，对行业发展影响甚大。为此，我看到即便同一个省，由于各地市国际教育政策不同，行业发展状况天壤之别。二是经济因素，由于本科出国留学费用较大，家庭需要准备 200 万—500 万不等的资金做留学支持。我发现一个规律性的现象，即一个城市的房价如果低于 2 万元，则能够支付得起留学费用的家庭会大为减少。上海、北京、广东、江苏、山东等地区经济实力强、房价高，也是其能够成为国际教育高地的重要原因。三是高考难度，一般来说，高考越难的地区，本科出国留学的需求会越旺盛。京沪两地高考难度虽然公认是国内最低层次，但京沪两地有大量的外来人员，由于没有户籍和学籍导致无法在当地参加高考，部分家庭不愿意让孩子回到原籍参加高考，进而选择出国留学。因此，京沪两地出国留学人数多，也跟高考难有关。四是当地历史文化因素影响，一些城市因各种原因有比较浓厚的留学氛围。比如成都、苏州、青岛三地的孩子在大学毕业后，往往喜欢回到故乡工作，而这三地有比较浓厚的留学氛围，跟当地经济发达、对外接触广、家长不担心孩子留学不回来而更有意愿送孩子出国留学等密切相关。

我调研完全国 31 个省级行政区国际教育状况后发现，各地国际教育发展状况有很大的差异性，水平不一，但在教师团队水平差异上并没有所想象的那么大。即便在西北地区，我看到当地学校国际教育负责人以及老师，对国际课程设置、国外大学申请流程和特性的了解和熟悉程度，并不亚于沿海地区的同行。

从微观层面来说，我看到了不同学校以及不同学生的发展路径。国内上千个国际化学校/国际部，各有不同的特点，即便是枫叶这样的大型教育集团，注重旗下学校在管理、课程、教学、师资等方面上的一致性，但不同区域的学校还是有当地的特色。无论是课程设置、招生方式、大学申请，各校有显著的差异性，这也使得家长/学生在选择合适的国际化学校/国际部就读时会感到头痛，会有选择困难症的问题出现。

如果只看学校的办学理念以及对外的招生简章，我们会看到各个学校似乎长一个模样。但事实上各校的差异性甚大，这种差异性还在不断的变动中。显然，不同特性的学校适合不同的学生。为此，本书的一个重要目的便是梳理清楚各个区域以及区域内重点学校的特性，为家长/学生选择学校就读时提供参考，也为业内学习同行经验提供借鉴。

我很重视学生的成长经历数据整理和案例分析，在访谈了上千名拿到名校 offer 的学生后，我有个感觉便是国外名校所青睐的学生，往往很有可能在未来有一番作为。他们有明确的人生目标，有优秀的学业成绩，并围绕自己的目标进行社会实践，这样的孩子未来的成功概率比较大。

与此同时，我也看到了很多留学失败案例。有的学生上了名校但中途因挂科太多被退学；有的不适应留学生活而不得不想办法转回到国内就读大学；有的为了申请到名校铤而走险对申请材料造假，东窗事发后被退学；有的因心理和学业压力过大，出现心理疾病甚至走上极端。

和国内学校以及参加高考人数相比，国内的国际化学校/国际部数量以及本科出国留学人数微不足道。但国际教育以及出国留学是比较复杂的事情。很多朋友问我，自己的孩子是否要出国留学，我很难一言两语给出判断。

时隔 30 来年，再看《北京人在纽约》这部电视剧，电视剧所展示的那个时代对欧美国家崇拜的社会认知已经不复存在。中国经济的快速发展和国际地位的提升，让国人对欧美从原先的仰视变成了平视甚至俯视。交通和信息传递的便捷，万里之外的彼岸已经不再如此神秘和遥远，而所谓"美国梦"也不再有如此大的吸引力。

在此背景下，我们的孩子出国留学变得更加从容和淡定。现在的中国年轻学子大多不再需要像留学前辈那样通过刷盘子来获得生活费，当然留学生在现在的中国也没有光环，这一切让留学回归到了教育的本源。

现在的留学生更多是像文化使者，既把国外的教育精髓带回国内，同时也把中国文化带给世界。这也是为何国内越好的国际化学校／国际部，会越重视中国传统文化教育的原因所在。在这个过程中，我们年轻的留学生们会碰到诸多的挑战，最终会有成功者也有失败者。

虽然现在的留学形势和《北京人在纽约》所代表的年代很不一样，但留学生到异国他乡求学过程中所碰到的冲突、无奈等诸多问题并没有根本性改变。留学之路并不平坦，无论是孩子还是家庭，都面临着诸多的挑战与不易。

最后，我套用《北京人在纽约》中的一句经典台词结束本序："如果你爱孩子，就把他送去留学，因为那里是天堂；如果你对孩子恨铁不成钢，也把他送去留学，因为那里是炼狱。"

目 录

第一部分 为何要去留学

第一章 国外高等教育精髓 ……………………………………………… 003

 第一节 大学起源 ………………………………………… 005
 第二节 大学理念 ………………………………………… 016
 第三节 教育精髓 ………………………………………… 027
 第四节 留学动机 ………………………………………… 034

第二章 从取经到西学东渐 ……………………………………………… 040

 第一节 留学历史概况 …………………………………… 040
 第二节 留学美国 ………………………………………… 059
 第三节 留学日本 ………………………………………… 071
 第四节 赴法勤工俭学 …………………………………… 085
 第五节 留学英德 ………………………………………… 092

第三章　1978年后的留学 ··· 099

第一节　留学重启 ·· 099
第二节　王湘波：自费留学先行者 ····························· 106
第三节　合办国际部模式在成都首发 ························· 112

第二部分　留学的十字路口

第四章　当今是留学的最好时代 ······························ 119

第一节　十字路口 ·· 120
第二节　阶层固化 ·· 128

第五章　留学趋势 ·· 133

第一节　未来预测 ·· 133
第二节　境内留学 ·· 145
第三节　马来西亚样板 ··· 153

第三部分　择校

第六章　优秀学校标准 ·· 159

第一节　学校的评估标准 ·· 160
第二节　走访学校感触 ··· 162

第三节　如何快速了解学校 ·· 167

第七章　择校是留学关键节点 ·· 170

第一节　为何要就读国际化学校 ·· 170
第二节　选对学校则留学成功一半 ·· 173
第三节　如何选择合适的国际化学校 ·· 178

第四部分　全国国际教育状况

第八章　从东到西：时空轮回 ·· 185

第一节　　上海：摘得桂冠 ·· 188
第二节　　江苏：全国缩影 ·· 212
第三节　　浙江：创新高地 ·· 237
第四节　　山东：深藏不露 ·· 247
第五节　　安徽：产业之托 ·· 272
第六节　　湖北：昙花盛开 ·· 282
第七节　　云南：联大之影 ·· 289
第八节　　贵州：连通之桥 ·· 301
第九节　　四川：哈佛效应 ·· 305
第十节　　重庆：黄葛之魂 ·· 313
第十一节　陕西：西北之光 ·· 322
第十二节　甘肃：附中担纲 ·· 333
第十三节　宁夏：医生领头 ·· 345
第十四节　青海：全面暂停 ·· 347
第十五节　新疆：文化融汇 ·· 349

第十六节　西藏：罕见样板···355

第九章　从南到北：涅槃重生···362

第一节　广东：引领风气···365
第二节　福建：侨乡之惑···399
第三节　广西：东盟痕迹···415
第四节　海南：大有可为···421
第五节　湖南：耶鲁之缘···429
第六节　江西：突破魔咒···440
第六节　河南：负重而行···451
第八节　河北：慷慨悲歌···457
第九节　天津：津门谜团···460
第十节　北京：厚积薄发···468
第十一节　山西：凤凰涅槃···490
第十二节　内蒙古：放眼全国···497
第十三节　辽宁：肇启之地···504
第十四节　吉林：一汽沉淀···514
第十五节　黑龙江：文明交界···519

后　记···529

第一部分 为何要去留学

第一章 国外高等教育精髓

　　1977年恢复高考，1999年大学扩招。短短20来年，考大学从无门可入到千军万马挤独木桥再到变成一马平川。上大学在中国现已不是什么难事，每年参加高考的学生最终有八成左右能考入大专以上院校。而在这些学生中，超99%的人会在国内完成大学学业，约0.6%的人选择本科出国留学。

　　早期中国学子兴起出国留学之风，是苦于国内没有优质教育资源或国家发展水平与发达国家相差甚远。1905年刚取消科举考试时，国内尚未普遍开设学校，学生无处可学，导致当年中国学生涌向日本留学。改革开放初期，由于中国与世界隔离太久，到国外留学的中国学子们如饥似渴地学习世界先进的科技知识。而现在，中国高等教育已经普及，并不存在教育资源稀缺的问题。

　　同时，留学方向一般是由低往高走，即落后向先进学习。在中国一穷二白阶段，我们的先辈们远赴他乡求学是可以理解的。中国现在已经成为世界第二大经济体，也被美国视为世界发达国家。在这种情况下，我们的孩子为何还要出国留学？国外高等教育有哪些吸引点？

　　一个家庭一旦确定要送孩子出国留学，就会发现这是件挺折腾人的事情。一方面国外高等教育结构与中国差异甚大，存在信息差，一不小心便会掉入坑里；另一方面家庭需要付出更多的精力和财力来支撑孩子的留学。我经常跟家长们说，千万别以为留学很轻松，如果认为高考是个火坑，那么留学是个更大的火坑。

　　留学之路并不好走，家长辛苦，孩子们更不容易。在学业上，由于高三上学期便要开始申请国外大学，孩子们需要在两年内考出理想标化成绩，确保有高GPA（平均学分绩点），还要有竞赛和活动等个性展示的经历，学习量和压力是挺大的。在申请上，材料准备是件十分烦琐的事情，提交申请材料后的等待无比煎熬，之后有拿到梦校offer后的欣喜若狂和被梦校拒后的无比沮丧，这些使得经历过申请季的孩子会成熟不少。而在国外大学就读和毕业后，孩子们还会面临学业压力、生活难题、就业折腾等重重考验。

既然留学有如此多的困难与折腾，那么为何还要出国留学，国外高等教育到底有哪些精髓吸引我们的孩子不辞辛苦、远渡重洋去学习？

面对这个问题，相信看本书的您可以找到很多答案，每个人会有自己不同的理解，可谓仁者见仁，智者见智，无法有一个标准的答案。

我们把国外高等教育结构置于放大镜中进行观察，会看到这是一个十分复杂的世界。有大相径庭的高等教育理念，但均有不错的发展。尽管复杂，国外高等教育的发展还是有脉可循。

有句话说，幸福的人，一生被童年治愈；不幸的人，一生都在治愈童年。这句话讲的是一个人或者一个事物的初始阶段，对其长远发展会具有深刻的影响。这句话也一样可以用来观察国外高等教育初始阶段状况，进而有助于理解其精髓的形成与发展。

国外大学起源和诞生基本上均是自发的，曾走过一个十分漫长的过程。自发往往源于某个名师的讲座，或者某门学科的集中学习。在这个过程中，师生更多的是一种平等关系，更注重一种自由探讨的氛围。学习上很难有世俗上的回报，更多的是一种兴趣和热爱。

虽然说始生之物其形必丑，但这些起源阶段所形成的高等教育理念，一直影响和运用到现在，也构成国外高等教育的精髓之一。

美国名校录取中国学生，往往会让人有玄学之感。之所以会有这种感觉，一方面是因为美国名校录取中国学生似乎没有规律可循；另一方面以国内通俗的评估方法，会看到一些优秀学生反而不被录取。

这种录取的差异性跟大学的理念有关。牛津大学以博雅教育为理念，这种理念是要培养出绅士，课程上提倡通识教育，即侧重培养出一个有趣的人，而不是只拥有技术的工具。柏林大学则是专业主义，即大学不能仅仅是教，还要做研究，尤其是能够解决社会实际问题。德国模式一度为美国大学所推崇，在19世纪末，美国学者必须要去德国留学。美国大学则将这两种模式进行了融合，本科段重视通识教育，研究生段则重视专业研究。

一国的基础教育是受大学影响的，而中国的大学更偏向于德国模式，强调专业。因此，中国的孩子所接受的教育更容易适应德国模式。但美国名校本科教育模式更侧重博雅教育，更看重的是一个人的综合素质。这种教育的差异性会让我们的家长感到无所适从。

因此，我们有必要简要回顾国外大学发展过程、办学理念，精英教育的方式，从而全面了解和理解国外高等教育精髓。

第一节　大学起源

大学萌芽

公元前800年到公元前200年间，中国、古印度和古希腊三个互不知晓彼此存在的地区，均同时出现影响至今的宗教和哲学基本范畴，成为人类历史上的第一次精神重大突破。中国有孔子和老子。印度出现了《奥义书》和生活着释迦牟尼。在中东，先知纷纷出现。在希腊，荷马以及苏格拉底、柏拉图、阿基米德等一大批深刻影响西方的作家、哲学家出现。这个现象被德国哲学家卡尔·雅斯贝斯称为"轴心时代"。文明之花此间在世界各地盛开。

上古时代，地域隔阂以及交通不便，中国、印度和西方各自独立发展、自成体系。因此，轴心时代的出现，奠定了不同文明之间进行广泛交流和美美与共的基础。当留学生犹如蜜蜂般出现后，他们采集和吸纳世界各文明之花蜜，最终酿造出可口的蜂蜜。

轴心时代说将中国和印度两个文明与源于希腊和中东的西方文明放在同等重要的地位，这是与西方中心论不同的世界历史观。雅斯贝斯并不认可盛行于19世纪欧洲的"中国停滞观"，认为持有这种观点的人只看到了十八九世纪的中国，而这并不是中国的历史全貌，也不是中国的未来。他提到，长远看来，随着人类的继续发展，中国必将成为第一等的世界力量。[①]

三地的这些导师们深刻影响着本国乃至全世界的发展。他们通过各种方式来传授思想，具有超强的号召力，靠个人魅力获得诸多追寻者，虽然他们并没有创办学校，但通过言传身教，无形中形成了大学的雏形。而对轴心时代的他们所形成的思想、宗教以及跨地区的学习方式则成为留学的重要推手。

西方大学萌芽走过几个阶段。古希腊文明对西方影响深远，文明的传统自然需要教育来支撑。古希腊有不同的城邦，其中斯巴达和雅典是影响最大的两个城邦。斯巴达尚武，对九千士族子弟的教育十分重视。从7岁到30岁，士族子弟被集中在一起学习，20多年间要学习军事、音乐、舞蹈、体育等多重技能。雅典的教育除军事外，还注重艺术、文学等，重视个人教育。

雅典出了苏格拉底、柏拉图、亚里士多德三位名师，苏格拉底为柏拉图的老师，柏拉图则是亚里士多德的老师，而亚里士多德的学生则有大名鼎鼎的亚历山大大帝。根据记载，柏拉图和亚里士多德均创办过学校，公元前387年，柏拉图重返雅典，创办了阿卡德米（Academia，学院名）。亚里士多德从马其顿回雅典后，则创办了吕克昂（Lyceum，学院名）。这些学院成为各哲学学派传播自身思想以及培养学生的重要载体，也具备大学雏形。

亚历山大大帝征服埃及后，创建了亚历山大之城。这所城市以图书馆闻名，聚集的学者多的时候高达1.4万人，其藏书高达70万卷。除图书馆外，还有植物园、动物园、解剖学校。图书馆内有各种讲学，这些使得亚历山大图书馆具备大学的特性。亚历山大之城后累遭战火，图书馆藏书付之一炬，令人扼腕叹息。图书是大学的标配，也是珍贵的资产。1638年，剑桥大学毕业生哈佛临终前向马萨诸塞州的新市民学院捐赠了780英镑和全部藏书（有说法是260本），后经马萨诸塞州议会批准，1639年新市民学院改名为哈佛学院，1780年定名为哈佛大学。

公元前146年，罗马征服了希腊，但希腊文化则征服了罗马。罗马人到雅典以及埃及的亚历山大等学校求学，在神庙里面建立图书馆以及延师设教，也具有罗马大学的雏形。

313年基督教在罗马获得合法身份，之后，宗教教育渐成社会主流。476年西罗马帝国灭亡后，一直到1453年东罗马帝国灭亡之时，千年间罗马受到蛮夷的侵略，政治上分崩离析，小国林立。文化上处在断层。在这种情况下，宗教成为欧洲社会的黏合剂，中世纪的教育主要靠教会。

在大学没有兴起之前，中国的祠堂、西方的教堂、印度的寺庙是重要的知识传授之地。我就读过的小学在家族宗祠旁边，村小条件比较差，没有礼堂和会议室，期末颁奖多在宗祠里面。我印象深刻的是，小学二年级下学期期末时我获得了两个奖，一个是"三好学生"，另一个奖项记不清了。我站在后面，当老师叫到我来领奖的时候，以为只有一张奖状，所以拿好后便回到队伍后面。等老师再次叫到我的时候，有点意外，宗祠里面门槛多，第二次过去领奖因有点急差点绊倒。宗祠是个严肃的地方，整体是抑恶扬善，这种氛围让小时的我感觉有股无形的压力，不敢造次。

基督教基于传教的需要，有培养具备宗教专业知识的神职人员需求，而教会也有场所和资金，于是中世纪学校主要由教会来创办和运营。在这过程中，近现代意义上的大学开始诞生，在经历过漫长的发展后，大学脱胎教会，并发展成为现代大学，但宗教的痕迹仍然表现明显。

巴黎大学是在教士们做教义演讲和学习中形成的，中国也曾有过这样的条件，但由于中国皇权与宗教的微妙关系，使其无法成为大学。

玄奘从印度学习回来后，在李唐皇室的支持下，于长安弘福寺组织名僧建译场，大量翻译佛学经典。玄奘在印度学习时正是印度那烂陀寺全盛时期，佛学精华经玄奘等翻译后传入中国。佛教在中国扎根，之后又影响了日本等周边国家。以玄奘在佛教界的地位，对外讲学必然会大受欢迎，但从记载来看，玄奘几无这样的举动，更多的是译经以及给唐皇室提供服务。中国皇权虽然有过多次灭佛等打压行为，但整体上对宗教还是比较宽容。

不过，中国历代皇室虽然在态度上宽容，但对宗教势力还是在严控之中，玄奘当初要当和尚还需得到政府的批准同意。在中国未有过教权与皇权并驾齐驱的现象，这跟中世纪欧洲皇权与教权平起平坐不太一样。对玄奘这样具有巨大号召力的宗教人士，唐皇室的态度也很微妙，既拉拢也限制。唐皇室支持玄奘译经，但两次拒绝其在远离长安的少林寺译经请求。在这种情况下，尽管具备名师、书籍、课程、学员等大学要素，为了不引起朝廷的猜忌，谨慎的玄奘他们并没有将其发展成为大学。

孔子有七十二贤人，三千弟子，按照现在的规模相当于一所美国的文理学院。孔子的言传身教、有教无类等教育理念，与苏格拉底、柏拉图等古希腊名师的教育方式是比较类似的。这些名人完全靠个人学识和魅力吸引学生前来请教就读，孔子和苏格拉底自己均没有著作，但通过弟子整理或用对话形式保存其思想观点，形成了不朽著作《论语》《理想国》。

中国古代大学雏形主要是太学和国子监。太学从西汉时期开始，由董仲舒提议经汉武帝同意后创建。太学最早只有50人，高峰时则多达3万多人。太学的老师由博士来担任，此时的博士跟现在的博士不太一样，西汉时的博士是官名，掌管经史百家。太学的学生主要由京师和地方选拔产生，成绩合格者有机会做官。

魏晋时期，国子监开始出现，国子监承担两个职能，一是管辖学校，二是其教育场所也成为国子学。国子学为全国最高学府，在宋代专门用于教七品以上官员的子弟。太学也一直存在，宋代的太学比较发达，选择八品以下官员子弟以及庶民的优秀者。

北京雍和宫旁边有条叫国子监的街，街上有孔庙和国子监博物馆。元、明、清三朝定都在北京，这条街上的国子监长期成为中国最高学府以及全国教育主管机关。我在一个早春的下午参观了孔庙和国子监博物馆，与隔壁熙熙攘攘的雍和宫相比，博物馆略显人少，但也正好可以静心看看里面的东西。（参见彩图1）

孔庙和国子监按照"左庙右学"的规矩进行了布局，中国以左为尊，即孔庙的规格要高于国子监。西方大学起源与发展和教会紧密相关，儒学在国外也被视为儒教，在中国虽然并没有这个观念，但教育和孔庙息息相关。

孔庙中有元、明、清三代的进士题名碑，刻有51 624名进士的姓名、籍贯和名次。科举考试在中国持续了1300多年，获得功名的士人是官员的主要来源。元、明、清三代共有639年的历史，平均每年所出的进士为80人。

中国皇权到县，县以下由乡绅自治，启蒙教育自然也是乡绅分内之事。而府学也只是对拿到了功名的秀才等开放。明清实行"科举必由学校"的政策，即参加乡试的士人，要求是府州县学的生员，有点类似现在高考需要有学籍概念。府州县学的优秀生员，有机会被送到国子监读书。国子监的监生学成后，可以参加科举考试也可以直接选授官职。

古代科举考试，有两种类型的地方机构出进士多，一种是以苏州为代表的当地私学，苏州平江路历史街区钮家巷内有个状元博物馆；另一种是以江西吉安为代表的宗族私塾。在我江西吉安老家，学校不叫学校，而是叫书院。

古代文人最终的出路只有做官，学而优则仕。官员的选拔路径主要是科举考试，一般三年才会选拔一次。1300多年的科举考试，总共只有162 450名进士。科举考试一直持续到1905年才被废除。彼时的教育与大部分的中国人无缘，因为参加科举考试是个漫长的过程，投入高，风险大，只有举全家或者全族之力才可能出一个进士。士人服务于皇权，朝廷和民间均没有动力也没有条件创办独立的大学。即便知名的书院，也主要服务于科举考试以及用于内部交流，并没有发展成现代意义的大学。

在北京孔庙和国子监博物馆内，有个专门供皇帝讲学的场所，即"辟雍"，始建于清乾隆四十八年（1783年）。不过，皇帝到国子监视学比较早。根据记载，明英宗是首个到国子监视学的皇帝，时间为1444年3月。明英宗是个有争议的皇帝，其在土木堡兵败被俘，后被瓦剌释放，正因有这段经历被现代人戏称为"留学瓦剌"。明英宗复位后，杀害于谦等忠臣，但也一改前非，勤于政务，并在遗诏上废除了明太祖建立的残忍殉葬制度。

北京国子监自元朝建立后，因战乱不断且明初定都在南京等多种因素，有130年没有进行过大修。明英宗在当上皇帝后的第九年，开始大范围修葺北京国子监和孔庙。从这点来看，明英宗还是挺重视教育，并做了不少实事。

元、明、清三代皇帝过来国子监视学的次数为22次。经过殿试获得进士资格的士人，则被视为"天子门生"。而举人和秀才之类的，也视主考官为宗师。因此，以吏为师的教育模式，科举考试的选官方法，将教育牢牢地与政权捆绑在一起。在清廷崩溃和科举考试废除后，国子监在社会上顿无立足之地。

因此，香港中文大学前校长金耀基认为，北京大学的源头不是汉代的太学，而是在西方。北京大学是戊戌变法的产物，是西化的产物。在现在的西方，今日大学的源头不在希腊，而是在欧洲的中世纪。

中国现代意义的大学在鸦片战争之后才形成，有的是由留学预备学校所演变形成，比如清华大学、河南大学等。有的是由教会组织在中国所创办的大学，教会进入中国后，通过举办学校和医院来笼络民众，采取了西式教育模式，比如北京的燕京大学、上海的圣约翰大学等，这些教会大学的毕业生不少到国外留学。为此，一部中国教育史在很大程度上也是一部留学史。

中国没有像欧洲出现皇帝与教皇二元并存现象，也没有举办独立大学的动力和需求。中国皇权一贯打压有可能会对政权产生威胁的势力集团，因此古代没有出现类似欧洲的独立大学。

大学诞生

要确定近现代大学的创始人以及具体创办时间是一件相对比较容易的事情，但如果要想确定谁是全世界的第一所大学，则比较困难。因为最早大学的诞生并非一蹴而就，曾经历过一个漫长的过程。这点跟人类的历史发展是一样的，中国最早有历史记载的朝代为夏朝，更远古的三皇五帝则成为神话，神话时代的历史很难考证，但神话能隐约透露出那个时代的发展痕迹，这也是神话会被视为历史组成部分的原因所在。

现代大学的建立往往会有一个明确的主办单位以及创建时间，与之不同的是，婴幼阶段的大学创办是自发的，过程中虽然会出现一些灵魂人物，但并不能说大学是由他们所创办。

正因很难确定具体的创办时间，那么谁是全世界第一所大学自然变得无解。不过，国外一般公认萨莱诺大学、博洛尼亚大学、巴黎大学为全世界最早的三所大学。而博洛尼亚大学多被视为全世界第一所大学，巴黎大学为牛津大学和剑桥大学之母。博洛尼亚大学和巴黎大学在中国广为人知，但对萨莱诺大学国人则知之甚少。

开设神、医、法三门学科一度是西方综合大学的标配。巴黎大学以神学、萨莱诺大学以医学、博洛尼亚大学以法学为起步，博洛尼亚大学和巴黎大学在中世纪发展成综合性大学，而萨莱诺大学则一直专注于医学，尽管成为当时的医学中心和最高医学院，但没有成为真正意义上的大学，这也是其在中国不为人熟知和没有被视为全世界第一所大学的重要原因。

萨莱诺位于意大利南部，环境不错，适合养生，吸引了很多医生过来定居。环境好加上又有不少良医，就吸引了诸多病人前去求医。在公元1085年前，萨莱诺开办了第一所医学学校，为萨莱诺大学的前身，如果按照这个创校时间来算，萨莱诺大学倒应该是全世界第一所大学。当时西欧医学水平低下，很依赖希腊以及阿拉伯的医药科著作。学校将这些主要著作从希腊文翻译成当时通用语言拉丁文。萨莱诺大学成为当时西欧最高级的医学中心，能考上萨莱诺大学是一件很荣耀的事情。②

意大利的博洛尼亚大学由于创建时间太过久远和草创期的资料匮乏，导致一度无法确定其具体的创校时间和创办人。后经多方考证，博洛尼亚大学确定创建于公元1088年，校徽上也直接注明了这个创校时间。博洛尼亚大学创校之时，中国处在北宋年代。

博洛尼亚之所以能够在全世界最早创办大学，貌似有点偶然性，但如果深入研究，会发现跟博洛尼亚的地理位置、经济发展水平、政治格局等密切相关，在博洛尼亚诞生全世界最早大学也具有一定的必然性。

博洛尼亚位于意大利北方，是欧洲大陆以及巴尔干半岛从陆路到罗马的交通要冲。博洛尼亚周围是一片沃土，有发达的手工业和富庶的农业，从11世纪起，博洛尼亚成为欧洲的重要经济中心之一。11世纪，教皇和皇帝相互之间争权夺利，博洛尼亚有两个主教，分别效忠教皇和皇帝。这两派势力旗鼓相当，为获得民众支持，对民众中出现的自由办学热潮，两派均给予支持。经济的发达，政治的宽容，这些为大学的诞生创造了条件。③

11世纪，意大利乃至欧洲出现了对罗马法研究的热潮。罗马帝国有上千年的历史，在平民与贵族不断博弈的过程中，罗马法律发展得很健全。著名的《十二铜表法》是罗马第一部成文法律，制定于公元前451年到公元前450年。这部法律规定侵犯个人利益和公共秩序均是违反国家法律。

在公元1—3世纪，罗马法的运用达到了顶峰。公元476年，西罗马帝国灭亡后，欧洲走向封建社会，国家林立。公元527年，东罗马帝国皇帝查士丁尼对罗马法律做了系统梳理，但之后整个罗马法研究处在停滞阶段。中世纪初、中期，法律掌控在教会手中，而罗马法所强调的私有财产保护以及否认封建关系，为教会以及皇权所不容，罗马法处在名存实亡阶段。

私有财产保护以及破除封建割据建立统一市场，这是资本主义发展所需要的重要条件。为此，在中世纪后期，研究罗马法既是顺应社会发展需要，也是表达对当时宗教掌控社会与封建割据的不满。同时，在皇权与教权的博弈过程中，皇权也需要从罗马法当中找到支持自己的法律依据。集罗马法大全的《民法大全》以人民权力为基础对皇权来源做了说明，与教会的君权神授有差异。

为此，罗马法研究与运用兴起，可以说是法律界的文艺复兴，并影响至今。罗马法为成文法，也被称为大陆法系，被视为罗马帝国继军事、宗教后对世界的第三次征服，一度是世界名校法学院的必修课。

罗马法的研究成为博洛尼亚大学诞生的催生剂，其诞生也确实带有一定的偶然性，跟博洛尼亚有一批罗马法研究学者有关。依尔内里奥（Irnerio）是博洛尼亚研究罗马法的佼佼者，他考虑到当时能看懂罗马法的人很少，需要用当时通用语言对其进行注释，于是他对集罗马法大全的《民法大全》进行了注释。他的集注出来后，受到外界高度认可，导致博洛尼亚以及意大利其他地方的学子纷至沓来向他请教。基于依尔内里奥研究罗马法的贡献，他被誉为"法律之光"。

随着前来博洛尼亚学习罗马法的人员日渐增多，在11世纪70—90年代间，学生和老师自发组织起来，成立了一个协会式大学（Lo Studio）。由于主要教授和研究古代罗马法，所以也称为法学院。这所大学与市政当局没有任何关系，学校管理以学生为主导，就连校长也是学生担任。学生自由选择课程，当时也没有固定的上课地方。老师没有固定报酬，由学生筹资作为老师的生活补贴。④

2006年上映的一部美国电影《录取通知》，讲述一名高中毕业生因被所申请的大学全拒，压力很大，为应付父母，干脆自己创办一所假大学。没想到的是，由于所设置的假大学网站出现了"bug"，只要点击申请按钮便会被录取，结果来了一大批学生。

主角骑虎难下，只好硬着头皮把假大学开办下去。假大学自然没有师资也没有课程，于是就让学生自己爱学什么就学什么，根据兴趣爱好开设专业，没老师就让同学相互教。这种独特的教学模式让学生在里面过得开心，假大学大受欢迎。假大学影响力越来越大，引起了外部的关注。最终大学造假之事暴露并要停办，好在听证会成员被学生们的激情所感动，政府给予了试用期。大学自然顺利得到批准和正式成立。学生们继续人人教我，我教人人。

初看这部电影会感觉荒诞不经，与现在的大学教育模式格格不入。但电影所提到的大学以学生为主导，由学生来设置课程和聘请老师，这种办学模式却是博洛尼亚大学草创时期所采用的。不过，学生主导型大学目前在全世界基本上被弃用，只有极少数大学会有此管理痕迹，比如美国的深泉学院。

另外，这种学生主导型大学在中国也曾短暂出现过。1905年，日本文部省颁布实施取缔中国留学生规则，遭到了留日中国学生的抵制，并引发了集体退学回国的行动。回国后，这些留日学生决定在上海创办一所大学，以便完成学业。当年12月，十三省的代表开会确定创办一所名为"中国公学"的大学。次年，中国公学在上海创立。根据曾做过中国公学校长的胡适回忆，中国公学创办的时候，同学都是创办人，职员都是同学中推举出来的，所以没有职员和学生的界限。

不过，这种运作方式持续不到一年便坚持不下去了，一方面是发起的留日学生减少，新招学生越来越多，和初创时期不太一样了；另一方面中国公学资金短缺，有寻求政府资助的需要，而政府对这种民主办学机制比较忌惮。为解决这些问题，中国公学开始设立校董会，而校董会的设立则剥夺了学生对学校自治的权利，遭到了学生的激烈反对，部分学生出走成立了以学生为主导的中国新公学。但中国新公学同样因资金短缺没有维持多久便关闭，与中国公学合并。为此，以学生为主导的大学办学模式在国内只是昙花一现。

由于前来博洛尼亚求学的学生越来越多，这些外地学生不可避免与本地居民发生了矛盾。这种事情后来在牛津大学也出现了。为让大学的教育能够正常进行，博洛尼亚大学亟须法律上的保护。

孔门有七十二贤人，依尔内里奥则有四名高足，这四名学生成为博洛尼亚大学法律系台柱，培养出一大批学生。他们对皇帝的权力做了深入研究，并在1158年参加的隆卡利亚会议上力挺皇权。时为神圣罗马帝国皇帝的腓特烈一世投桃报李，颁布了旨在保护师生流动自由和居住安全的特权文件。

> 在由主教、修道院院长、公爵、伯爵、法官和我们的神圣宫廷的其他贵族经过慎重考虑以后，出于我们的仁慈，我对为学习而来的学者授予特权，特别是授予神学教授特权，即他们可以安全地去到进行此种研究的地方，包括他们本人和他们的侍者，他们可以安全地在那里居住。因为我们认为，良好的行为应受到我们的赞许和保护，由于他们的学问，世人得到启示要服从神，服从我们，我们理应以特别的爱护，保护他们免受一切伤害。
>
> 谁不怜爱因热爱学问而背井离乡的人，在富裕的地方坚守贫困的人，甘冒各种危险和常常受到坏人的人身伤害的人——不得不以烦恼的心情忍受这一切。所以，我们以这项通用的、永远适用的法律宣布：以后任何人胆敢伤害学者，或因本地居民欠他们的债务而使他们遭受损失——这是我们所知道的经常发生的坏的习俗。凡违反本法规的人和以后要担任各地管理者的人都要知道，违者将课以四倍财产的赔偿，并依据本法将他们的丑行记录在案，以后永不录用。
>
> 此外，如有任何人因商业的事擅自对他们提出指控，对这件事的选择权留给学者，他们可以传唤控告人到教授和本市助教面前，我们已授予他们对此类案件的审判权。如果起诉者真正企图要把学生交给其他法官，即便他有正当理由，他也会因此种企图而败诉。
>
> 我们还命令将本法补入帝国宪法关于亲子的条款中。
>
> 公元1158年11月于朗加利亚。⑤

腓特烈一世授予学生特权，这是有史以来记载的这类文件中的第一个。从文件可以看到，原本是为侧重保护到博洛尼亚学习民法和宗教法的学生利益所颁发，但成为了通用法律，应用于任何地方的教授和学生。当大量学生前来博洛尼亚学习，一方面改善对他们的保护成为明显需求；另一方面大量外地师生进入，会使得博洛尼亚这类城市的声望大大提升，财富也随之增加。因此，出台有吸引力的措施，为师生们提供特别的优惠和更加可靠的安全保障，也是很有必要的事情。[6]

文件里面有三项十分重要的权限，一直影响至今。一是研究民法的师生和研究基督教教会法规的师生具有同等权利；二是大学师生具有自由出入的权利，在所在城市有居住权，城市居民不得伤害在此居住的大学成员；三是任何被传唤出庭的学者都可以自己选择由大学教师或者是教会法庭来审判。

中世纪教会和教士具有最高社会地位，这意味着把大学师生放在了社会上层。自由流动的权限设置也影响到现在的学生签证，学生签证之所以很少会被拒签，跟这个理念一脉相承。

其中的第三项权限则意味着大学可以独立于地方管理，具有自由发展空间。这个理念影响深远。在民国时期，上海的圣约翰大学一度拒绝在中国教育部备案，北京的燕京大学注册地也放在了美国。大学独立于地方管理，当然也意味着拿不到地方财政的支持，筹款一度是大学的要事。

博洛尼亚大学的诞生，开始影响到意大利以及欧洲各国，这自然会引来其他城市的效仿。1175年，离博洛尼亚不远的摩德纳首先引进了博洛尼亚大学教授并创办了摩德纳大学。之后，由于战乱、博洛尼亚政府对大学干涉与掌控，博洛尼亚大学学生开始外流，并建立帕多瓦大学（1222年）、雷佐大学（1188年）等一批大学。

1988年博洛尼亚大学在举办900周年庆祝活动期间，邀请全世界470余所大学签署了《欧洲大学宪章》。宪章核心内容是大学享有充分的自由，是独立自主的研究和教学机构，不听命于任何政治和经济权力机构。所有的大学都应该鼓励教授和学生的流动。

如果说博洛尼亚大学建立起了大学运作的原始模型，那么巴黎大学则将大学运作推到了一个相对成熟的阶段，巴黎大学被视为牛津大学和剑桥大学之母。

在博洛尼亚大学诞生后的百年间，巴黎大学建立，其与博洛尼亚大学在教学侧重点和管理模式上截然不同。巴黎大学是以教师为中心，起步则是神学。

我看到巴黎大学反倒是以神学起步，感到有点意外。因为众所周知，教廷在罗马，照理博洛尼亚近水楼台先得月，在神学研究上应该具有更好的条件。

这估计跟法国在中世纪的特色地位有关。中世纪的法国是个比较独特的区域，政权独立于神圣罗马帝国，文化上又将罗马拉丁文化传统与日耳曼蛮族文化因素进行了融合。在欧洲一度流传这么一句话：意大利人有教皇，德意志人有皇帝，法兰西人有学问。法国因大学多，所以被看成学问多。

日耳曼蛮族对基督教十分虔诚，神圣罗马帝国皇帝亨利四世与教皇格列高利七世曾矛盾很大，1076年格列高利七世革除亨利四世的教籍，意味着皇帝将会失去民众的支持，统治难以持续下去，亨利四世不得不屈服于教皇，在寒冬中赤脚三天获得教皇的原谅。这放在法国则不可能发生。

14世纪法国国王腓力四世因英法百年战争导致财政紧张，因征税与教会产生激烈冲突，教皇也使用革除教籍方式，但腓力四世在得到国内上下支持情况下，硬抗教皇。在教皇去世后，腓力四世直接推举一个波尔多主教担任教皇，并将教廷从罗马搬到了法国的阿维农，将教皇控制在自己的手中。从1305—1377年，连续几位教皇均由法国人担任，教皇完全听命于法国国王。这段历史在教会史上被视为奇耻大辱，称之为"阿维农之囚"。[7]

中世纪的欧洲皇权/王权与教权相互之间的争夺十分激烈，在英法两国，王权占到了上风，而在德国则教权占据优势。英法两国则诞生了巴黎大学、牛津大学和剑桥大学三所世界级名校。

中国有隔代修史的传统，为的是减少修史过程中受到人为干涉，能够站在更客观的角度。法国王权高于教权，在这种情况下，神学研究和学习反倒有更大的自由空间，也更容易出成绩。以撰写《神学大全》而闻名的圣托马斯·阿奎那于1245年开始在巴黎大学就读，后担任巴黎大学神学教授。马丁·路德所提出的宗教改革，发起之地也是远离罗马的德国。

雨果所撰写的名著《巴黎圣母院》，让中国人基本上都知晓了这所著名的教堂。巴黎圣母院在12世纪便有教会学校，经常会有神学名师过来做演讲。慢慢地，大学雏形开始形成，1170年被确定为巴黎大学创办时间。

我在中学学习欧洲历史时，一度因复杂的政治关系和多变格局而头大。不过，现在回过头来看，会发现西欧历史主要为英、法、德三国关系所左右和引导的，弄清楚三国之间的关系，则能够掌握西欧历史的概况。英国基本上会从法国或德国中选择一国结盟来反对另外一方，谁强则反对谁。拿破仑时代法国一度强盛，英国联合普鲁士在滑铁卢战争中打败了法国。"二战"期间，英法则组成联军对抗德国，当德军绕过马其诺防线，法国抵抗一周后便投降。

1178年，英法两国闹矛盾，英王召回了在巴黎大学的英国师生，不过也有说法是法王赶走了英国师生。这些师生回国后并没有放弃教育，而是聚集在牛津镇，该教的继续教,该学的继续学。但因在此之前,牛津已经有人在当地讲学,经过考证,牛津大学的创办时间被确定为1096年。

中世纪大学有项很重要的权利,即罢教权(Cessatio),这项权利在1231年得到了教皇格列高利九世的认可,并对巴黎发出了相应的训令。大学以中止教学和继续罢工作为手段,来加强对市政当局和教会当局的对抗。由于大学对当地的社会经济发展影响甚大,一旦罢教往往会迫使当局接受谈判条件。剑桥大学的建立就源自于牛津大学的一次罢教。[8]

1207年,牛津大学的一名学生意外杀死了当地一名妇女后潜逃。牛津镇的警察闻讯过来并搜查凶犯,在找不到凶手后,警察逮捕了三名与嫌犯租房同住的朋友,但这三人对凶案不知情。几天后,这三人被绞死。当局草菅人命的做法在牛津大学引起群愤,3000名师生离开牛津,大学空无一人,后经教皇调解才复课。1209年,出走的师生在牛津附近的剑桥镇创办了一所新的大学,便是现在的剑桥大学。牛津大学和剑桥大学类似双胞胎的关系,同根同源,发展和成长历程也很类似。

无论是博洛尼亚大学、巴黎大学,还是之后的牛津大学、剑桥大学,初创时期都和教会密切相关。但随着时间的推移、社会的变迁,教会逐步退出了对大学的管理参与,大学变成了世俗学校。但这些传统名校在办学理念与课程设置上,仍然深受最早期的教会学校的影响。

中世纪的大学成为一个独立的地方,成为社会的第三方力量,也是科技创新和社会变革的重要驱动力量。中世纪欧洲君权神授的传统,导致平民想通过造反来获取政权几无可能。因为这种方式很难得到教会的支持,一旦没有教会的支持,政权则失去了正当性,就很难存在。从欧洲历史可以看到,一个国家政权的更替往往是外界力量驱动或者是由于国内贵族之间的倾轧。

上面讲到欧洲因为君权神授的传统,导致平民很难用革命和暴力的方式在政治上有所表现,整个社会一度铁板一块,阶层固化。欧洲早期的贵族并不读书,因为凭借其血统便可以过上舒适的生活,日常生活只关注政务、打仗。因此,热衷就读大学的是平民阶层,他们通过大学学习要么能够获得神职跻身社会一等阶层,要么依靠专业知识过上优渥生活。

当贵族阶层开始重视大学,并参与其中,则又对大学的教育产生深远影响。现在,富贵阶层子女申请美国名校具有更大的竞争优势已是公开的秘密,大学无形中成为阶层固化的稳定剂,这与大学创办之初的状况截然不同。

大学对社会发展起了很重要的作用,成为创新以及推动改革的动力。尽管君权神授的方式早已去除,但大学独立、创新的传统仍然得到保留和发扬。从诺贝尔奖获得者所工作的单位便可以看到，大学教授成为诺贝尔奖获得者的主要来源。

参考文献

① 卡尔·雅斯贝斯著，李夏菲译，《历史的起源与目标》，漓江出版社，2019年5月第一版，第15页。
② 李昭团，《中世纪三所大学前身的起源与比较》，《煤炭高等教育》2014年5月，第32卷第三期。
③④ 罗红波编著，《博洛尼亚大学》，湖南教育出版社，1993年12月出版。
⑤⑥⑧ E.P.克伯雷选编，任钟印译，《西方教育经典文献》上卷，人民教育出版社，2016年1月出版，第191、200页。
⑦ 赵林著，《基督教与西方文化》，商务印书馆，2013年9月出版，第160页。

第二节 大学理念

众所周知，国外大学之间无论是本科申请还是教学方式差异都甚大。比如英国大学的申请很重视学生对所申请专业的深入程度，牛剑面试也主要由任教教授问跟专业相关的问题，入读后转专业难度较大。而美国名校的面试很少会问专业方面问题，且面试也多由校友或者招生官完成，一般不会让任教的教授参与，就读后很多美国大学不会当即明确专业，会给学生提供专业选择机会。

这些招生和教学方式差异的背后，固然跟各个学校的办学历史以及所在国教育体制有关，但更深层次的差异是大学理念的不同。

大学之所以能够成为大学，其办学理念至关重要。因此，我们在观察和讨论国外大学教育精髓的时候，就不能不关注其办学理念。办学理念会直接影响大学的课程设置、招生要求以及毕业生在社会上的表现。

大学诞生初期，其办学理念多是满足社会的某种需求，比如博洛尼亚大学的法学、巴黎大学的神学等，其办学理念并不是很清晰，处在一个自发阶段中。对西方大学的办学理念研究，公认纽曼是第一人，他提出了博雅教育的概念，之后则是德国的洪堡，强调了教学和科研并举，而现代则以威斯康星大学麦迪逊分校为代表，提出了威斯康星思想，强调大学要与社会更加融合，不能成为脱离尘世的"象牙塔"。

西方大学的办学理念固然有较多种，但大的框架和范围基本上不脱离这三个思想。而这些思想也对我国的高等教育产生了较大影响。

纽曼理念

约翰·亨利·纽曼（John Henry Newman，1801—1890年）是一位主教，他无论是在宗教界还是教育界均十分有名。英国的教团跟罗马教廷是脱离的，有自己的国教。1820年，纽曼毕业于牛津大学三一学院，1828年成为牛津大学教会圣玛丽教区的牧师，一直任职到1843年。1845年，纽曼改宗加入天主教，后做到了红衣主教的高位。

1854—1858年，纽曼成为爱尔兰都柏林天主教大学的创校校长。任职期间，纽曼针对大学的办学理念做了多次演讲，提出了博雅教育的概念，这种教育理念一直影响至今。博雅教育的核心是大学侧重教学，重视传授知识而非创造知识。

如果按照纽曼的博雅教育侧重教学的观点，那么英国的大学目前在招生机制和教学上倒也践行了博雅教育的理念。由于教学是第一位，教授在招生上有比较大的话语权。现在就读英国大学的学生，学业压力普遍较大，大学对学生的学业成绩有比较严苛的要求，在GPA的计算方式上远比美国大学严格。这种重教学的办学模式，在加拿大、澳大利亚等英联邦国家大学中也多是如此。

英国大学十分重视专业的选择，学生一旦申请到了某个专业，大部分的学校不会提供转专业的机会。而美国很多大学在大一、大二实行选修课制，不会有指定的必修课程，一般到大三才会明确专业。从这点来看，英国大学和美国大学的博雅教育理念似乎不太一致。

我观察下来，这可能跟英国的学制有关。英国中学段的教育比美国更重视博雅教育，使得英国学生在中学阶段完成博雅教育的核心内容，到大学则更加侧重专业教育。为此，英国的中学尤其是一些私立的公学相当知名。

国内经常会提到博雅教育和通识教育两个概念，这两者经常会混为一谈。香港中文大学前校长金耀基认为，博雅教育是相对于职业或者实用教育而言，其目的在培养统一的人格。通识教育是相当于专业教育而言，其目的是达到统一的知识水平。[①]

因此，这两个概念可以理解为，大学通过开设通识课程，培养出一名绅士。通识课程是手段，博雅人才为目的。

纽曼在他的演讲中对博雅教育进行了阐述，博雅教育的目的是要培养出一个绅士，核心是心智教育。由于化学、物理、天文等学科只是整个世界的一个小的组成部分，如果学生只是单纯学习这些课程和内容，则不足以了解这个世界，因此需要学习通用知识。

在任职爱尔兰都柏林天主教大学期间，纽曼要求学生必须研习拉丁语，另外从其他科目中选择两门作为通识性课程，这些备选科目包括数学和自然科学。

> 在这些演讲中，我是这样看大学的：它是教授普遍知识的地方。这说明了它的宗旨，一方面，是心智性的，而非道德性的；另一方面，是对知识的普及和扩展，而非提高。如果大学的宗旨在于科学发现和哲学探索，我就看不出它为何需要学生；如果意在宗教训练，则它又如何能够成为文学和科学的中心呢？②

纽曼所提出的博雅教育，并非是要让学生简单地吸纳大量知识，而是要把学生培养成通达而有修养和识见的文化人。为此，大学是教学的机构，是注重培养人才的地方。

纽曼的博雅教育理念深刻影响了牛剑这两所英国名校，香港中文大学前校长金耀基提到，英国是全球第一个工业化的国家，但英国的工业力量却没有来自于大学的科学教育，而是来自于大学之外的个别人士的研究发明。英国大学的技术教育，也不是来自于牛剑，而是来自于格拉斯哥大学、伦敦机械学院等。1851年的工业展览，显示了英国工业的领先优势，但到了1867年巴黎工业展览时，英国的工业优势就被欧陆打破了，这跟欧陆重视技术教育有关。在英国，技术教育不是没有，但其重心不在牛剑，1840年，格拉斯哥大学首先成立了工程学的讲座教授席位。牛剑两校虽认可科学的学术价值，但对实用性和职业性的学科十分轻视，认为实用性和职业性的学科与博雅教育是有冲突的。③

吃谁的饭说谁的好，作为一名主教，纽曼从神学的角度来观察和强调博雅教育的重要程度，这完全可以理解。他在演讲中多次提到，神学能够全面解读这个世界，其他任何的学科均带有片面性，只学习某门学科必然会导致不完整。为此，他再三强调将神学和古典学作为博雅教育的核心组成内容。

我们如果站在纽曼的角度来思考大学办学理念的问题，肯定要考虑如何将神学教育有机地融合在日常教学中，如何让神学教育被学生和社会所接受。他用博雅教育这个概念，来阐述学习普遍知识的重要性。

随着时间的推移，现代大学并没有继续将神学以及古典学作为博雅教育的核心内容。我们注意到的是，大学世俗化后，传统的博雅教育核心内容发生了转变，神学内容式微。不过，博雅教育的理念却一直在延承，并在新的时代下有新的内涵与形式。

在牛津大学和剑桥大学这两所英国名校，专业学习通过大学教授来完成，而学院的生活则在一定程度上成为博雅教育的载体。美国名校在本科前两年实行通识教育，通过提供大量的选修课程，让学生能够掌握通识知识。

我们现在来看博雅教育，尽管其后来受到了洪堡主义的冲击，但在社会快速发展的情况下，知识更新迭代迅猛，只学习专业知识会让人的技能很容易过时。在这种情况下，掌握知识的底层逻辑十分重要。

目前美国大学尤其是名校仍然坚持进行博雅教育或者通识课程，不过，其课程结构发生了很大的变化，神学不再占据中心地位，古典学也从核心课程转变为少数人关注的学问。

美国大学将本科和研究生进行了分离，在大的方面，本科阶段侧重博雅教育，研究生阶段侧重专业教育。因此，在美国选择就读时，会有本科看学校、硕士看专业、博士看导师的说法。这种分离，在医学和法学上表现得尤为突出，因为美国本科阶段并不能直接学习医学和法学，需要通过专门的考试才能申请研究生就读。

美国名校本科阶段重视通识教育，但并不是完全不顾及专业。学生在大一、大二学习通识课程，在大三、大四会确定一个专业进行就读。美国的文理学院一贯被视为博雅教育的典范，尽管多数文理学院规模小，但也可以修一到两个专业。也许正是这个原因，美国的文理学院给中国家长留下不太好找工作的印象。大部分文理学院的毕业生会选择继续深造，一些文理学院为了弥补专业课程上的缺陷，会与周边的综合大学进行合作，比如巴纳德学院和哥伦比亚大学的关系。

我们在做大学录取数据统计的时候，会经常看到有的国际化学校把巴纳德学院的offer视同为哥伦比亚大学offer。这是一种打擦边球的数据统计方式，巴纳德学院并不是哥伦比亚大学，需要进行剥离。

众所周知，国际化学校毕业生最终的目标是要申请大学。为此大学的博雅教育理念影响也在不断下沉。我去全国各地调研的时候，经常会看到一些学校强调学生是一人一课表，即根据学生的个性以及未来发展目标，在完成学校指定的课程外，为其量身定制学习课程。这种教育方式在很大程度上与博雅教育的理念相契合，注重个性化发展以及培养识见。

这种教育的方式往往会导致比较意外的结果出现。比如江苏昆山康桥学校，学校要求学生必须学习一门乐器，在课程上可以根据自己的兴趣和需要进行选课。这种教育模式让学生会出现多样化发展的态势，我印象比较深刻的是，这所学校每年申请艺术院校的比重要远高于全国平均水平，而学校本身并没有刻意引导学生要去申请艺类院校。

洪堡主义

在西欧国家中,德国一直是个另类。公元前1世纪,恺撒征服高卢后,罗马疆土与日耳曼部族所占之地接壤。此时的日耳曼部族虽文化经济落后,但有强大的军事能力。在罗马如日中天的时期,罗马将军瓦卢斯所率领的三个罗马军团在条顿森林被日耳曼部族全歼,瓦卢斯自刎而死。这事对奥古斯都以及罗马震撼甚大,以至于有"瓦卢斯,还我军团"的哀叹。此后,罗马的疆界便到莱茵河南岸为止。日耳曼部族也没有力量攻占罗马,国际政治原则一贯是相互打不赢,那就和平相处。

公元325年,基督教召开尼西亚公会,阿里乌派在会上被定为异端,被禁止在罗马帝国传教。阿里乌派在罗马帝国疆域内无立足之地,既然此地不留爷自有留爷处,那敌人的敌人便是朋友,于是跑到日耳曼部族那边传教。经过阿里乌派传教士们的努力,西哥特人、汪达尔人等日耳曼部族皈依了基督教。在日耳曼蛮族占领罗马后,摧毁了罗马帝国的各文明成果,但唯独保留了基督教。因此,学术界有说法,蛮族如果早一个世纪即在基督教未成为罗马的国教之前侵占罗马,那么基督教也很可能跟罗马其他文明一样灰飞烟灭。[④]

前面讲到,日耳曼部族初期信仰了基督教的异端,后经罗马教廷的纠正而转向正统。但日耳曼部族和罗马若即若离,这种特殊关系使得其往往具有颠覆性改革的基因,深远影响则莫过于马丁·路德在16世纪初、中期的宗教改革。

在罗马帝国统治欧洲时代,德国长期游离于外,与欧洲正统的政治、文化不搭界。特殊的历史背景和文化特性,使德国在各方面不大落入窠臼,在宗教、教育等领域很具有创新性。在大学理念上,德国也出现了颠覆性变革。

最早期的大学和教会密切相关,但大学的成熟却在英国和德国两个教会分裂区形成。

在纽曼之前,英国已经有不少学者对博雅教育做过阐述,但纽曼是集大成者,所以纽曼被视为博雅教育的开山祖师爷。这种现象还挺普遍的,就好比说起到印度取经,估计大家第一个想起的便是玄奘,而事实上最早去印度取经的是东晋高僧法显,比玄奘取经早了几百年。

在17、18世纪,欧洲的大学普遍出现脱离时代和社会的问题,成为社会各界批评的对象,有些大学也因此而消亡。1792—1818年,德语世界中有一半以上的大学消亡。19世纪初,普鲁士的教育高官甚至提议,彻底废除大学,由专门学校来替代。⑤

纽曼的博雅教育理念，是把大学当成了教学机构，而非发展知识，即不重视实用性和职业性学科教育。香港中文大学前校长金耀基在《大学之理念》一书中提到，在19世纪之前，在牛剑这样的大学，科学没有什么地位。19世纪末，达尔文发表了物种进化的理论，当时科学界一名叫赫胥黎的学者，普及达尔文理论，影响极大。赫胥黎有次在牛津演讲，很多打扮得非常漂亮的女士慕名而来，但当她们听到人是由猴子变来的时候，就有几位女士当场惊疑得晕倒了。

德国的洪堡则反其道而行之。德国的大学也是历史悠久，一度采用了类似博雅教育的模式。在19世纪初，洪堡在创办柏林大学后进行颠覆式改革。核心有两点：一是学术自由，教授的教和学生的学均充分自由，教授可向学生传授自己认为正确的知识，而学生可以自由选课以及选大学；二是以大学为研究中心，着重发展知识而不是传授知识。换句话说，博雅教育模式下的老师侧重把课讲好，洪堡主义下的老师首先得创造学问，并给学生上课。这两点是紧密相关的，如果没有学术自由，老师何来创新。只有给大学师生充分的自由，创造力才可能爆发出来。

大学着重发展知识而非传授知识，这对老师的要求不低，这意味着老师必须在某个领域有新的发现或者发明。现在的大学对老师有个最基本的要求，即需要有博士学位，跟这个理念应该为一脉相承。研究生和本科阶段仍然侧重学习现有经验，但在博士阶段则需要有所创造，不然博士论文通不过，自然也拿不到博士学位。

洪堡主义很快在欧洲风靡一时，并影响到了遥远的中国。曾留学德国莱比锡大学的蔡元培在主持北京大学时，推崇德国大学的教育模式，强调"大学者，研究高深学问者也"。我国现有的高等教育模式，洪堡主义痕迹更为明显。大学老师要评定教授，发表论文成为基本要求。我在调研国际化学校时，碰到过有放弃大学教职到中学任教的老师。他们提到在大学比较侧重研究，晋升和职称评定与研究成果挂钩，但文科做研究难，或者自己不大喜欢做研究，一旦出现这两种情况，会产生从大学离职的想法。

洪堡主义的推行，则意味着大学不再是脱离尘世的象牙塔，而是深入在社会中，满足和适应社会的发展，甚至借助其科技发明来推动和改变世界发展。从诺贝尔物理、化学、经济等奖项可以看到，获得者大多来自世界各地名校，其中像哈佛、牛剑这样的名校获奖者超过百人。数据统计显示，诺贝尔奖获得者有七成出自世界一流大学。

第一次世界大战前全部42名诺贝尔自然科学奖（即物理奖+化学奖+生理学/医学奖）获得者中，有14人为德国学者，法国和英国各自为10人、5人，美国仅有2人。而德国14名获奖者全部是大学教授，光柏林大学一所学校就有8人。在纳粹统治德国之前，柏林大学所获得诺贝尔奖的人数超过世界上任何其他机构。[6]

由于大学在社会生活中的巨大作用和价值，一国高等教育办学水准如何，不仅是国力的体现也是确保长远发展的根基所在。1999年后，中国将大学扩招和建设世界一流大学工作同时推进。1999年开启的大学扩招，名牌大学的扩招侧重在研究生阶段，国家对这些名校投入重金支持发展，为的是要让中国的高等教育在世界上能占据高地。

纽曼理念和洪堡主义均诞生在西欧，但将这两种教育模式进行有机整合并实践，则是在美国大学当中。在南北战争之前，美国的高等教育以东部私立精英名校为主。受欧洲传统大学的影响，博雅教育是其主流模式，像哈佛大学、耶鲁大学等学校具有浓厚的宗教背景，早期也主要是参照英国大学的模式建造而成。

南北战争之后，美国的教育模式有了很大的转变。

19世纪中叶，美国经济快速发展，但技术和教育落后。当时尚以农业为支柱产业的美国，急需大量具有较高科学技术水平和知识的新型农民。而美国建国前所成立的9所学院，主要集中在东北部城市，其教育模式已难以满足社会需求。针对这些问题，1862年，美国联邦国会通过了《莫里尔法》，也被称为《赠地学院法》（*Land Grant College Act*），经林肯总统签署后成为法律。

这项法律的核心是，由联邦向各州提供土地，用出售土地或者土地证券获得的资金，建立永久性基金，资助和维持至少一所学院，学院重点讲授与农业和机械工艺有关的知识，但不得排除其他科学和传统经典学科。向各州所赠的土地面积，按照1860年各州拥有的国会议员数量确定，每名议员赠予土地3万英亩。

赠地学院政策推行之后，美国的新建州立大学多采取了洪堡主义。哈佛大学、耶鲁大学、达特茅斯学院等美国传统名校，侧重宗教、法律、医学等古典教育，推行博雅教育模式，实用技术课程很少。赠地学院主要为工业、农业建设培养人才，与传统院校截然不同。课程方面侧重设立农业、工艺等新的专业学科，从而使得一度被人鄙视的农工生产科目在高等院校中有了一席之地。[7]

根据美国全国大学与赠地学院联合会1999年的年度报告，全美赠地学院的总数为105所，其中包括加州大学体系、北卡罗来纳大学教堂山分校、威斯康星大学体系等诸多知名院校。

教学、科研和服务成为现代大学的三个功能。博雅教育侧重教学，洪堡主义关注科研，而在赠地学院基础上发展起来的威斯康星大学，则提出了"大学必须为地方经济服务"理念，形成了"威斯康星思想"。本节会对"威斯康星思想"做单独的介绍。

赠地学院与政府和社会的紧密联系与合作，迫使传统大学为获取联邦政府的资助以及适应社会的发展，也不得不做出改变来应对竞争。哈佛大学后来淡化宗教色彩，推出选修课制度等，就是在逐步适应发展。

而在现有美国名校当中，约翰·霍普金斯大学最早采用洪堡主义，并快速跻身世界一流名校。约翰·霍普金斯大学在1876年创建之后，推行洪堡主义，成为美国第一所现代研究型大学，创办了美国第一所研究生院、第一个大学出版社等。约翰·霍普金斯大学创始校长吉尔曼践行学术自由，将学校打造成排除教会主义或党派偏见的学术性机构。设立了研究生院，延聘高水平学者前来任教或讲学。在约翰·霍普金斯大学的影响下，哈佛大学、耶鲁大学、普林斯顿大学等通过改革成为现代意义上真正的大学，而克拉克大学、芝加哥大学也受此影响相续建立。[8]

为便于大家更加形象地了解博雅教育与洪堡主义相互之间的差异，我以我曾长期从事过的新闻工作为例子来做分析。

前面提到，南北战争期间，美国总统林肯签署法案，以人口比例颁授联邦土地给州政府，成立赠地州立大学，这些州立大学强调要为社区服务，为平民提供高等教育的机会，其办学宗旨与美国东部精英私校重视学术的理念有很大的不同。

哈佛大学这些名校，继承了欧洲大学的办学传统，实行精英教育，重视学术，忽视职业教育。这些大学认为新闻是业不是术，没有特别理论支持，不登大雅之堂，于是纷纷拒绝设立新闻系。由于东部传统精英私校拒绝设立新闻学院，导致新闻学院在美国中西部农业州的州立大学首创。

这种思维也影响到了日本。日本的大学比较少开设新闻学院，新记者的培训主要由媒体自己来完成。记者工作在很大程度上要依靠经验，而经验的获取却无法从学校得到。欧洲乃至日本的大学对新闻教育不重视，会成立传播中心，但更多的是进行媒介批判而不是为了解决具体问题，欧洲和日本的新闻教育实行的是学徒制，通过媒体内部师傅带徒弟的方式传授新闻专业知识。[9]

在中国的新闻界中，有两所最为认可的美国大学。其一是大家比较熟悉的哥伦比亚大学，哥大是藤校，相信看本书的读者都知晓。哥大之所以在新闻业内出名，是因为美国新闻界最高荣誉"普利策奖"由该校的新闻学院评定。"普利策奖"在美国新闻界的地位类似演艺界的"奥斯卡奖"。

普利策是19世纪美国报业大亨，1911年去世后捐赠了一笔巨款给哥伦比亚大学设立新闻学院，新闻学院在1912年创建，是美国第二所新闻学院，从1917年开始设立"普利策奖"。普利策捐建新闻学院并不顺利，在当时乃至现在，哈佛这些名校认为新闻只是技巧不是学问，干脆拒绝普利策捐建新闻学院，哥伦比亚大学也曾婉拒过捐款。

我上面提到哥伦比亚大学建立了全美第二所新闻学院，那么第一所在哪里？第一所不在美国东部地区的大学里，是在中部的密苏里大学。密苏里大学在 1908 年创建了新闻学院，新闻学院创建后，和中国关系十分密切。新闻学院毕业生斯诺在 1928 年到中国，1936 年他到延安采访，完成了《红星照耀中国》(《西行漫记》)写作，这是第一部向世界介绍和传播中国共产党和中国革命历程的报道性作品，在当时的中国引起很大的反响。

斯诺去世后，部分骨灰葬在现在美丽的北京大学未名湖畔，我曾在导航引导下，去看过他的墓地。斯诺和北京大学并没有什么关联，其之所以会葬在未名湖畔，是因为未名湖曾是燕京大学的校区，斯诺曾在燕京大学新闻系任教过。

密苏里大学新闻学院在中国新闻界很有名，以至于业内直接称之为"密苏里新闻学院"。我在撰写《记者圈》一书时，曾和密苏里新闻学院一位华人教授做过交流。她提到，密苏里新闻学院在中国新闻界的影响力超过了其在美国本土，这是文化交流史上罕见的现象。

密苏里新闻学院具有十分独特的教育理念。其强调实践出真知，强调专业和技术层面的东西，较少涉及意识形态。因此，密苏里新闻学院的教育模式正好避开了十分敏感的意识形态问题，现在也仍然受到中国新闻界的推崇和关注。

威斯康星思想

纽曼的大学理念侧重教学，洪堡主义强调科研，而威斯康星大学则提出服务社会的观点，被称为"威斯康星思想"。威斯康星大学创建于 1848 年，在赠地政策影响下得到了快速发展。

1904 年，范海斯担任校长后，提出了大学服务社会的两条路径，一是传播知识，通过函授、开办学术讲座、辩论与公共研讨等方式；二是专家服务，即大学的学者直接参与当地社会、政治、经济等各方面的咨询与策划管理。这种大学直接服务社会的思想构成了"威斯康星思想"的核心内容。[10]

这种大学办学思维深刻地影响了中国，产学研也成为现在常见的现象。我在南昌大学读书时，学校门口当时有很多卖稳压器的门店。20 世纪 90 年代初，江西供电不稳定，导致不少家庭会购置稳压器，以防电压过低损害家电。这些稳压器听说是由南昌大学老师开发出来的，这也应该是很典型的参与社会服务和实践吧。大学毕业后，我到江苏昆山做记者，发现当地没有稳压器店，和南昌稳压器生意火爆形成很大的反差。我还特意写了篇报道文章，提到这个现象彰显了昆山当地供电稳定和充足。

在美国大学当中，斯坦福大学在这方面无疑做得最为成功。1951年，斯坦福大学用校园内部分土地创建了全球第一个大学科技园，出租给高科技企业。在这个大学科技园基础上，逐步形成了现在闻名的"硅谷"。谷歌、惠普、雅虎等一大批企业在硅谷诞生和发展。大学为新兴企业提供了技术和人才，企业为大学提供丰厚的财富回报，大学师生得到了实践和实习机会以及科研资金支持。为此，在这种产学研的合作过程中，三方完美达到了共赢。斯坦福大学也成为全球学子们的梦校。

这种模式在国内也颇受重视和欢迎。深圳、苏州这些原本高校资源匮乏的经济发达城市，不遗余力引进国内外优质大学资源。而其所引进的大学也不负众望，成为拉动当地经济社会发展的重要动力。

位于江苏苏州的西交利物浦大学（简称"西浦"）便很典型。我在拜访学校领导时，他多次提到西浦要开放式办学，引进外部导师，并重视做研究为当地提供服务。西浦在太仓建设了新校区，而这个新校区的功能便是注重研发，与当地的需求紧密结合。

不光是大学，我在调研国际学校时，看到江苏常熟市政府依托中国常熟世界联合学院，在学校附近建设了一个创新岛，创新岛构建科技生态体系，搭建产业研究创新平台，吸引高端科技企业和人才聚集。国内各地建设国际化学校一般是为满足高端人才子女教育需求，服务于地方招商引资和经济发展，但常熟的"UWC+创新岛"却反其道而行之，先有知名国际化学校然后再进行招商引资，促进地方经济社会发展。

大学从原先强调学术自由和独立，到现在更加融入社会当中，为社会提供力量。这种理念在其他领域也可以找到很多，比如媒体被认为是第四种权力，但这种权力自身需要强调社会责任，并为社会的进步提供力量和帮助。这种理念和威斯康星思想异曲同工。

当一个领域的社会影响力变大之后，为保持长远发展，会在内部形成自律的机制。新闻事业在美国属于独立的一块，跟大学保持独立性比较类似。但当这种权力被滥用之后，会给社会带来巨大的伤害。比如在新闻中关于绑架案的报道，如果从新闻本身角度来看，关注绑架案的进展以及警方采取的措施是比较能够吸引人的，但这也很容易被绑匪知晓，无疑会给被绑架者带来极大的危害。为此，在日本和中国台湾地区，对绑架案的报道会有比较严格的规定，其初衷便是源自这点。

英美乃至德国的大学并没有明显的围墙，没有将师生用围墙圈起来，而是开放的大学，师生的生活和当地居民是融合在一起的。而这点和中国的大学很不一样，中国的大学习惯于将自己围起来，即便是民国的教会大学也基本上是如此的。

为何会出现如此大的差异？西方的大学起源于教会培养教士的需要，而教会本身便和社会紧密相关联。其创办之初，并没有什么特别好的硬件条件，需要依靠外部或者社会的资源。因此，西方的大学重视充分利用校外资源，这种特色也传承到了美国的私立大学。因此，英美以及欧洲的大学普遍不是独立的社会，并非圈起来的象牙塔。这点和中国的情况很不一样。

中国的大学起源于政府的创办，能够到大学就读的人群是社会的精英阶层。由于政府创办，在财力和土地上有比较大的支持，相对容易解决学校的土地和宿舍问题。而在中国1999年大学扩招之后，很多大学迁到城郊办学，政府划拨了大量土地。考虑到便于管理以及外部可借助的社会资源比较少，也使得大学普遍形成了一个衣食住行兼具的小社会。

这种差异性还是蛮大的，这也是中西方高等教育一个很有意思的差别。

由于国外大学并不为学生提供住宿和餐饮，这便使得留学的生活成本要远高于国内的大学。但这种方式也使得留学生的生活能力普遍会比较强，因为租房以及做饭是国外留学的基本技能，必须靠自己来解决。

从上面的分析我们可以看到，全世界的大学尽管处在不同的国家，有不同的政治机制和民族特性，但在大学办学理念上，却大同小异，这也是大学的一个特性。最早期的大学，由于有相同的语言（拉丁语），相同的宗教信仰（基督教），甚至有比较类似的课程，导致大学从一诞生起便成为一个跨越国界的全世界的组织。

而在宗教对大学影响式微以及拉丁语学习萎缩之后，现代的大学仍然有通用的语言（英语）和共同的科学思想，大学之间的学术交流仍然频繁。古今中外，教育成为消弭不同国界、种族、文化隔阂的有效工具，让整个世界和而不同。

香港中文大学前校长金耀基提到，美国先进大学，一方面继承了德国大学重视研究的传统；另一方面也继承了英国大学重教学的传统。美国的研究生院采取德国模式，本科部则受到英国影响。但现在的美国大学，彻底参与到社会中。由于知识爆炸和社会各行业发展对知识的依赖与需要，大学成为知识产业重地。学术与市场已经结合，大学成为社会的服务站。

大学成为社会的服务站，在中国何尝不是如此。我们可以看到各国大学有很多类似之处，这也正是中国孩子出国留学的一个重要原因。不同思潮的碰撞，会促进文化和学术的发展。

参考文献

①③金耀基著，《大学之理念》，生活·读书·新知三联书店，2020年6月出版，第81、43—46页。

②约翰·亨利·纽曼著，高师宁、何克勇、何可人、何光沪译，高师宁、何光沪校，《大学的理念》，北京大学出版社，2016年6月，第1页。
④赵林著，《基督教与西方文化》，商务印书馆，2013年9月出版，第137页。
⑤叶赋桂、罗燕，《大学制度变革：洪堡及其意义》，《清华大学教育研究》，2015年9月，第36卷第5期。
⑥贺国庆著，《德国和美国大学发达史》，人民教育出版社，1998年8月出版，第79—80页。
⑦郭玉贵著，《美国全国性教育政策形成的历史过程、特点与趋势》，浙江大学出版社，2021年2月出版，第49页。
⑧黄镇，《吉尔曼的办学理念与约翰·霍普金斯大学的成长》，《继续教育研究》，2006年第4期。
⑨肖经栋著，《记者圈》，南京大学出版社，2010年1月出版，第42页。
⑩毋靖雨，《从"纽曼大学理想"到"威斯康辛思想"》，《重庆教育学院学报》，2011年3月，第24卷第2期。

第三节　教育精髓

在国内高等教育已经普及、上大学不难的情况下，我们的孩子为何还要出国留学，国外高等教育的精髓到底是什么呢？

从国家层面来说，中国一直是支持留学的，学习国外更为先进的科技或者更加深入了解世界各国的情况，这有助于国家的发展。国家层面支持留学比较容易理解，而从家庭角度来看，孩子的个性各异，需求不同，那么国外高等教育有哪些点吸引了留学家庭呢？

换句话说，国外高等教育有哪些精髓。如果是针对学生个体，我感觉用三言两语挺难说清楚，因为一方面国外高等教育结构很复杂，从大的层面看有博雅教育和专业教育之分，从小的层面看美国和英国等主要留学目标国教育机制和理念相差甚远；另一方面，各个家庭和孩子的情况不同，其所看重和所理解的国外高等教育精髓也不尽相同。

不过，整体来说，学生一旦选择走留学之路，肯定希望能够获得比在国内更为合适或更优质的高等教育。这需要针对两种类型的学生分别进行解读，因为不同类型的学生对国外高等教育精髓理解以及关注点不同。对能够考上国内重点高中以及

"211"、"985"大学的学生而言，留学是希望获得更合适的教育，那么他们所看重的是国外大学个性化发展机制以及专业学习上的领先性。对于考不上重点高中甚至普高也上不了的学生，能上国内好大学的概率几无，想通过就读国外大学实现弯道超车，能够拿到国外大学本科学位证书进而提升未来就业和发展上的竞争力，所看重的是就读国外好大学机会更多。

为此，如果一定要总结国外高等教育的精髓，我认为集中在两句话，即牛娃看重精英教育，普娃青睐教育机会多样性。

更个性：精英教育

当我问到有意本科出国留学的学生或者其父母大学梦校是哪所时，偏文的学生往往会说哈佛大学，偏理的则是麻省理工学院。这两所美国顶尖名校本科每年录取中国学生约10人，属于全世界最难进的大学行列。而如此难进的大学，为何会成为这么多中国学生的梦校？除了不太清楚难进因素，还在于对这些世界顶尖名校的向往。

8所藤校本科段每年录取的中国学生为100多人，牛剑300多人，美本前30为1000多人，G5约5000人。每年能够拿到美本前30和英国G5学校的学生总数，占到全国每年本科出国留学总量约5%。不过，有关这些学生成长的报道估计要占到总量的八成以上。

社会对这些名校学生的关注度之高，固然有大家关注名校录取的原因，当然也有商业利益在背后所驱动。因为名校申请越发复杂和竞争激烈，那么围绕申请的相关产业比如语培、背景提升、升学辅导就更有市场机会。为此会出现一种很怪异的现象，在各种申请介绍文章中会让人感觉名校申请越来越难，名额越来越少，但如果把各个机构所申请到的名校offer累加起来，会远超总量，而各个机构还往往会强调其申请结果超过了往年之类的，可谓是冰火两重天。

中国学生如果申请美国大学本科，会有九成的学生最终能够就读美国排名前100的大学。美国大学总量约有4000所，如果参照中国的"211"学校评估方式，则意味着中国学生如果申请美国大学，九成学生可以进入美国的"211大学"。因此，从这点来说，中国学生申请美国大学，大概率是能够接触到其精英教育。

那么，美国大学的精英教育是什么？

在谈到美国大学精英教育这个话题时，我还是先谈一下中美两国在高等教育尤其是招生上的差异性。众所周知，中国的大学招生十分重视公平性，对所有人一视同仁，高考也被视为中国最为公平公正的选拔机制。即便名校也会有自主招生、保送等机制，但受到了教育部严格的监管，且招生数量也极少。

由于大学招生以高考分数为主，因此能够给很多寒门子弟提供上大学的机会，社会流动性很高。中国有句话说，富不过三代，既说明维持一个家庭健康发展之难，也反映出社会流动性之高。"双减"的另一个重要社会意义在于消除城乡以及贫富之间因教育投入资源不同而最终导致的教育不公平问题。

与中国大学给所有人提供均等机会并打破阶层固化不同的是，以美国为代表的西方高等教育并非打破而是更加固化阶层。

西欧古代贵族不大读书，有世袭的地位和财产，衣食无忧，平日主要关注打仗以及政治。有专门的奴隶来做教师，教师社会地位低下，这在尊师重教的中国是难以想象的。发展到近现代，西方尤其是美国的精英教育固化了社会阶层，比如对校友子女的照顾就在一定程度上起到固化作用。美国中产阶层为了不掉队，在孩子名校就读上不遗余力，也出现了用造假方式骗取名校录取的丑闻。

名校录取新生的机制日益复杂，意味着申请难度加大，大学申请需要更多的精力和投入，这对寒门子弟越发不友好。比如 SAT 和 AP 考试的推行，初衷旨在挑选出优秀的学生。美国少数族裔和低收入家庭的学生因为没钱参加培训，SAT 难获得高分，或所就读的学校不开设 AP 课程。针对这种情况，美国大学会进行综合评审，尽量避免因标准化考试分数低而自动降低少数族裔和低收入家庭学生的录取率。

美国的名校已经被富家子弟所占领。《寒门子弟上大学》一书提到，在录取竞争激烈的第一、二梯队大学中，来自于低收入家庭的学生各占 14% 和 16%。而来自于收入分配排位居前四分之一家庭的学生，其比例分别为 63% 和 70%。换句话说，以经济收入作为衡量标准，富家子弟已经在全美最好的大学里占据了三分之二的席位。

针对这个问题，美国也通过出台平权法案，对给美国历史上遭受了不公的少数族裔提供帮助，为其提供更多就读名校机会。但平权法案因出现逆歧视情况而屡受批评乃至被告上法庭。2023 年 6 月，平权法案被美国最高法院宣布无效，哈佛大学考虑种族因素的招生政策违宪。

早期一些海归，在提到国外教育时往往会提到学校对学生的宽松管理，下午三四点钟便自由活动，美国人的数学能力很差，连最基本的算数都不会做，等等。现在来看，这是因为早期的留学生并没有真正接触到美国的精英教育，而美国精英家庭子女教育的内卷程度不亚于中国。

前面介绍了一些精英教育的背景，那么精英教育的内核到底是什么呢？我理解为精英教育是通过通识课程，培养出博雅之才，即重视培养出一个对社会有贡献的人才。

对精英教育理念，美国名校有三个方法来贯彻落实。

首先便是招生方式。我在FT中文网的一篇专栏文章当中写到，美英名校通过复杂的申请机制，迫使学生需要在就读大学之前考虑清楚我是谁，我的兴趣点是什么，我做了哪些事情可以证明我会成功。如果从创业角度来看，学生的申请材料无异于一份融资说明书。大学（投资人）通过审核这些说明书（申请材料），找到最有价值的项目（学生）进行投资（录取）。

我每年在和拿到英美名校offer的学生交流时，会关注和总结这些名校录取中国学生的共性。在和上千名学生交流后，我发现这些学生会有十分明显的特点，即未来的成功概率很高。简而言之，美国名校愿意录取最有可能成功的学生。

这种例子很多。我列举几个：我和西安一名拿到两份藤校offer的学生见面交流过，这名学生用数学原理建模分析城市交通堵塞问题，提出了用共享汽车平台来解决堵车现象的设想，并通过校长提交政协提案来向政府推行其处理方案；苏州一名学生酷爱拍摄，课余帮助餐厅、酒店制作宣传视频，收入颇丰，赚足了学费。

对国际高中学生而言，留给其做申请准备时间并不多，因在高三上学期就要申请大学。从高一到高三上学期，国际高中的学生要承受巨大压力，一方面需要妥善安排学业、标化考试和背景提升这些重要事情；另一方面，在申请过程中，学生对自己以及未来发展要有深刻的认识，这会迫使学生学会同时应对多方压力，在经历过一轮申请后，学生往往会成熟不少。

其次在教学上。美国名校在本科阶段教学上侧重开设通识课程，重视博雅教育，这些是众所周知的。而学生在就读之前，也已经深刻考虑过自己今后到底要做什么，并多进行过实践，也对自己所想学的领域有所了解。当然，学生进入大学后，调整专业或者发展方向也是常见的现象。我见过有学生在高中阶段关注国际政治，但到了大学后学习计算机。尽管如此，学生最终所学习和所关注的课程均是自己感兴趣的点。由于专注于自己所热爱的领域，并已经有长期的实践，再有了大学课程的加持，所以4年的大学学习往往会有很好的结果，加大了未来成功的概率。

英美名校对GPA十分重视，而美国公司招录学生时也看重GPA以及考研对GPA的重视，导致英美名校学生在校期间学业压力很大。大学学业不轻松，固然在在读期间会是种煎熬，但如果能顺利毕业则也大大增加了自身竞争力。

最后看毕业后的支持。英美名校对毕业生的就业支持力度是很大的，其本身就有庞大的校友网络，加上用人单位对其看重，也提供了诸多的发展机会。在一定程度上来说，美国名校对毕业生成功的渴求可能会超过学生本身。因为毕业生能够取得事业成功，对学校的长远发展至关重要。我接下来会分析美国名校的校友捐赠。

美国名校以私立学校为主，学费收入对其运营是杯水车薪，尽管现在每年学费还在不断上涨。为此，这些名校的运营需要有大量捐赠，尤其是校友捐赠。校友捐赠需要具备两个基本条件，即有捐赠能力和意愿。具备捐赠能力则意味着校友在社会上具有一定的成就。

捐赠意愿取决于毕业生在校期间的就读体验，以及毕业后学校对其事业的支持。在这点上，美国名校应该是做到了极致。这与公立为主的英国大学形成了鲜明对比。英国大学的收入主要来自财政资金，以及招收大量付高额学费的国际生，所以其对毕业生的照顾以及对在校生的关怀远低于美国名校。

从这些我们可以看到，美国名校为何会对诚信如此重视，为何会愿意不遗余力地帮助学生完成学业。美国名校录取学生，很像天使投资。通过 4 年的本科培养，以及在学习和毕业后给予各种帮助，让校友能够最大可能性获得成功。而校友成功后，又通过捐赠等方式回报母校。

对这个话题，我曾与一些美国名校招生官交流过，提到中国学生对捐赠意识会低于美国本土学生。因为中国家长和学生会有感觉，自己支付了高额的学费来学校就读，所以并不亏欠学校，自然也就没有捐赠的义务。我在此并无意去批判这种现象，只是说明这是中美两国在教育理念上一个很大的差异。

毫无疑问的是，从名校毕业的学生在就业上具有比较强的竞争优势。中国家长和学生被名校所吸引，首先很容易是被毕业生成就所吸引。名校毕业生在主流社会具有比较大的关系网络，一旦进入名校意味着有更多的发展机会。

理解国外高等教育精髓，以及充分借助这个不同的教育机制，让我们中国的孩子有更好的发展。我想，在 00 后这一代是完全有机会更好地实现。

00 后所在家庭会有不少能够承担得起孩子的留学费用，其选择出国留学是想让孩子有更好的发展前景。至少在经济上有足够的保障，让孩子能够真正融入大学里面。而这种家庭背景和就读设想，跟美国精英教育所产生的背景是比较契合的。

在中国，基础教育阶段很强调教育公平，就近入学、摇号录取等方式的背后均是强调公平，而在师资上则通过轮岗方式，让每所学校的师资力量不会有大的差异。当然，由于城乡之间的天然差距，基础教育公平之路并不平坦，清北两所中国名校农村生源占比降低引发了国人的担忧。

美国的基础教育依靠房产税来支撑，房产税收在不同的社区差异甚大，导致学校的资金数量反差比较大，最终使得学校软硬件投入悬殊。这种市场化的教育模式天然将学生进行了分层。为此，美国的教育在很大程度上是在固化阶层。生活在贫民窟的美国少数族裔和低收入家庭也有通过教育改变命运的可能，但进入大学就读的比例要低于白人以及亚裔群体，在平权法案取消后，更会拉大这个差距。美国寒门子弟想通过书包翻身的机会将会更少。

在注重教育公平的中国，考试成绩成为学生的主要评估标尺，能否上中国的名校主要取决于高考成绩。国外大学的教育理念更多的是尊重个性化，挑选出潜在的精英人群。美国大学会通过复杂的申请机制，对学生进行综合评估。英国大学录取学生方式和中国的大学有点儿类似，侧重评估学生的学业成绩，但会关注学生对专业的关注和深入程度。

当注重公平的中国式教育碰上了注重竞争的西方式教育，家长是需要转变观念并理解的。我与一位女儿申请到藤校的考古专家交流过，他提到之所以想把女儿送到国外留学，很重要原因在于不少学科的基础理念还是在西方。如果没有在本科段介入其理论，则很难在全世界走到行业的最前列。当中国学生能够深刻了解到其内涵，并融入中国特色，就能够形成中国自己的学术体系。

为此，我国的教育是要给所有人提供公平教育，高考是整个社会最为公平的一次考试竞争，大学的录取也主要看高考成绩。这种选拔机制给所有人提供了机会。因此，当我越了解英美高等教育内涵，越发理解和坚定支持中国现有的高考制度。高考制度是最适合中国现在国情的选拔机制，尽管其有很多的问题和不足。

国外大学精英教育模式，会吸引一些中国更想个性化发展的优秀学生。这些优秀学生跟我反复提到，其之所以选择留学在于看重国外大学灵活的专业选择机制、通识教育等。

更多元：教育多样性

在国内，国外大学申请辅导不可或缺，几乎所有的国际学校或多或少都有专门的升学指导老师，给学生的规划和申请提供帮助。学校一般在高一上学期结束后，会与学生和家长商量确定好目标大学以及申请材料规划准备等。社会上的申请辅导机构则更多，收费也是五花八门，有的收费上百万，令人咋舌。

大学申请辅导成为国际学校的一项重要工作，这也从侧面反映出大学申请的复杂性和多样性。而这点正是吸引不少学生出国留学的主因，学生有机会能够找到最优的大学就读。对于多样性，我从国别选择、大学申请两个方面来做简要分析。

在国别上，美国一直是中国留学生人数最多的地方。美国大学数量全球最多，高达4000所，比中国多出上千所大学。而美国大学种类比较丰富，能够适应不同类型的学生，所以能够最大量地吸引中国学生前来就读。

英国次于美国，英国大学数量远低于美国，但由于英国大学学制短，其录取方式与中国的高考方式有比较类似的地方。加上其社会安全性，成为中国学生喜欢就读的地方。

加拿大和澳大利亚有比较类似的地方，即这两国移民和工作机会多。到这两个国家就读的学生，不少是准备留在当地工作或者移民。

德国、法国、荷兰这些西欧国家，也有不少优秀大学，但到这些国家留学需要学习当地语言，给学生带来不小学习压力，所以到这些国家留学人数偏少。这些年随着这些国家用英语授课的专业增多，留学人数也在上升。

亚洲现在不是中国学生留学重地，但在新冠肺炎疫情暴发后，中国家长基于安全性考虑，开始重视日韩新以及中国香港地区的大学。日本具有路近、费省、文同的传统留学优势，在东北以及上海一带颇受欢迎。

另外在2020—2022年间，国际化学校毕业生还有机会进入西交利物浦大学、宁波诺丁汉大学等六所中外合作大学就读本科，类似于境内留学。

因此，单从国家的选择上来说，留学具有很丰富的选择类型，学生总能找到适合自己的国家或地区大学就读。

其次，再来看大学申请方面。在大学申请上，选择国际化学校具有两个优势，一个是像港澳地区的大学，通过国际课程申请的难度要远低于通过高考。另一个则是可以通过合理的课程学习，最大可能地展示优势，进而获得更好的大学录取。

香港大学每年通过高考路径招录三四百名内地学生，学生高考成绩要到全省前200名才可能有机会，即相当于清北的录取标准。但如果通过国际课程申请，难度会大大降低，国内一些国际学校拿到上百份港大 offer 并不是件稀奇的事情。

在学科学习上，我们常会看到有一些学生偏科，偏科的学生如果学习国际课程，则可以通过不同的课程设置，规避薄弱学科，进而申请到理想的大学。

因此，对普娃而言，国外高等教育精髓或者说吸引点，在于能够扬长避短，让学生有机会寻找到更好的教育方式。

正如100个人看《哈姆雷特》就有100个《哈姆雷特》。本节对国外高等教育精髓的理解，更多的是从中国学生选择留学的原因这个角度来进行分析，并没有从国外高等教育具体操作来解读。我并非做教育比较研究，所以还是从通俗的角度来看。

从这些年观察中国国际教育的变化和发展，能看到国际教育越发回归到教育本源。当留学光环消失后，更考验的是留学本身的意义和价值，以及对国外高等教育精髓的理解与接纳。

第四节 留学动机

经常会有家长咨询我,自己纠结于到底要不要让孩子出国留学。对这个问题,我蛮难回答的,因为留学这事因人而异,并非所有的孩子都适合出国留学,要做具体分析。不过,家长所提到的这个问题,跟留学动机有关。不同的留学动机,会对其选择国际学校以及大学申请产生比较大的影响。

如果留学的动机是想有更好的工作和更高的薪水,那么多会注重名校。如果只是想找到自己喜欢和适合的学校,则会更看重学校与自己的匹配度。

我每年会访谈一批拿到国外名校本科 offer 的学生,这些年累计访谈了上千位。在和学生交流时,我基本上都会问他们一个问题,即当初为何要选择出国留学,尤其是一些中考成绩可以进当地最好高中的学生。学生们给我的答案五花八门,各不一样。但有一点可能会出乎您的意料,即几乎没有一个学生跟我说,因为高考难,所以选择出国留学,去国外读大学更容易,更轻松。另外,也几乎没有学生跟我说,如果留学的话,回国会有更好的工作,更高的薪水。

如果要总结这些学生的答案,他们之所以会选择出国留学,大致有三种情况:一是受家庭或者周边亲朋好友的影响,对留学比较向往;二是不大喜欢普高学习模式;三是没有考上自己心仪的高中,参加高考考不上国内的好大学。

前两种情况居多,不过需要提醒的是,我所访谈的是全国最为优秀的留学生,不能视为整体留学生的状况。同时,区域间差异性还是比较明显的,比如在北上广深、苏州等留学发达地区,受家庭或者周边亲朋好友的影响,很早就有留学打算的学生人数不少。

众所周知,留学成本高昂;国内高等教育已经进入普及化阶段,上大学不难,所需的费用也不高;海归在国内就业市场中有比较强的竞争力,但也没有达到遥遥领先的地步。那么有哪些因素会触发家庭让孩子出国留学呢。根据我的观察,我将从整体与个体两个方面对留学动机做简要分析与介绍。整体是指整个留学的趋势与格局,个体是指学生。

留学的三个阶段

如果将出国留学作为一个整体,不考虑个体留学的想法,则可以看出,中国学生留学动机走过三个阶段,每个阶段的动机不同,对留学的形式有比较重大影响。

第一个阶段是从无到有。即在国内缺乏学习的地方，必须到知识发源地或者目标国去学习。比如最早期的留学僧法显、玄奘等，他们是看到国内的佛教教义存在不足，需要到佛教发源地印度直接去学习，将其精准教义引到国内。

1905年中国废除科举考试后，新式学校还没有大范围创建起来，国内学子无处上学，于是大量涌向日本留学。

詹天佑从耶鲁大学土木工程系毕业，学到了当时世界上最为先进的铁路工程技术。此时的中国，铁路建设极为落后，因此詹天佑回国后大有施展空间，因主持修建了中国自主设计并建造的第一条铁路——京张铁路，被誉为中国首位铁路工程师，有"中国铁路之父"之称。现在的中国学生如果再去美国学习铁路工程技术，可以判断的是，能达到詹天佑的成就的可能性几乎为零，这并不是学生不努力，而是现在中国高铁技术已经是世界领先，美国并不是高铁技术强国。

因此第一个阶段的中国学生去国外留学，是将中国没有的东西引进到中国来。这主要集中在清末民初时期。

第二个阶段是由低到高。水往低处流，人往高处走，在教育上也会出现这种由低往高的现象。20世纪70年代末，留学重启后，国家出于学习国外先进技术和管理的需求，大量派遣留学生到国外留学。此时的留学生学成后，因为掌握了国外的先进经验，回国后普遍会受到重视和重用，往往会有一番作为。如23位"两弹一星"元勋仅有2人没有出国留学经历。他们中留学美国者最多，达到11人，其次为英国，有5人，到德国和苏联留学各有2人，去法国留学的有1人，留学日本的则一个也没有。

第一和第二阶段，出国留学机会少且留学生涯艰辛。一方面容易受到歧视，清末民初中国留日学生在日本社会被歧视，这也是导致不少留日学生回国后成为反日中坚人员的重要原因；另一方面由于中国的经济发展水平与国外差异甚大，20世纪七八十年代的早期留学生，囊中羞涩不得不去餐厅洗盘子、打零工，要承受学业和生活的双重压力。我也听说过此时不少学生，即便拿到了美国大学的奖学金，但因连机票费都付不起而只能无奈放弃留学。

随着中国经济腾飞和家庭收入增加，现在出国留学的孩子有比较好的经济保障，绝大部分不再需要为积攒留学费用而去餐厅洗盘子。我在和拿到美本名校 offer 的学生交流时，还会问是否申请了奖学金，多数学生考虑到申请奖学金会影响最终的录取结果，会放弃申请奖学金。我也听到过有学生，因父亲公司上市家境顿时变好，立马从原先学计算机转为学艺术。

第三个阶段是去异求同。如果深入研究各国留学的历史，会发现主体是落后向先进学习，但也一样会出现强国向弱国学习。比如民国时期，日本成为中国学生留学的第一国，但此时也仍然有日本人到中国来留学，学习中文和英语。日本对华官派留学开始于明治初年，截至1931年，有据可查的人数为200人。

随着中国高等教育的普及以及社会经济各项事业的快速发展，从无到有和由低到高的留学因素肯定会存在，但并非主流。现在的留学则更多的是去异求同。即现在出国留学更多的是要了解对方，知道对方和自己的差异性，进而在未来的接触与合作中能够有更好的结果。这种留学验证下来是颇为成功的。大学姑且不说，在国内快速兴起的中国常熟世界联合学院便是这种理念，学校将不同国家和地区的学生聚集在一起学习两到三年，增进相互之间的了解，进而为世界和平与协作打基础。

由于更多是为了增进双方之间的了解，而不是要镀金以及能够找到更好的工作等，此时的留学会变得更加从容和遵循内心的念想。昆山杜克大学的一名外国学生放弃哈佛大学的offer，而选择到中国来读书，这种行为也变得可以理解。

没有哪个国家以及大学会十全十美，大学也是各有自己的特性，因此，更应注重的是匹配度。这几年，我也观察到，很多的学生已经越来越不大看重国外名校的排名，而是注重这所学校是否适合自己，自己是否喜欢等。

留学生的三种类型

社会上对留学生往往有学业差、家里有钱的刻板印象，留学生当中确实有这种类型的学生，但并不全是。不少留学生如果就读普高，可以考得上国内的"985"或者"211"名校。

我观察下来，目前国内出国留学的学生可以分为三种类型，这三种类型留学动机区别是挺大的。

第一种类型是学神。清北有高等级竞赛优胜者保送制度，如果学生在高一或高二获得奥赛等高等级赛事金牌或者一等奖，则有机会保送到清北。我看到深圳中学有学生在高一上学期便确定保送到清华大学。

这些学生如果在高一或最晚高二确定保送到清北后，由于离高中毕业还有一到两年的时间，有些学生则会考虑尝试申请国外的大学，反正闲也是闲着，不如多个机会。这些学生由于有高等级赛事加持，本身学业基础不差，且在参与高等级赛事过程中所形成的持久关注和不断迎接挑战的特性，正是美国名校录取学生所看重的，所以在申请美国名校时往往会有很好的表现。我看到深圳中学有学生会被北京大学和麻省理工学院同时录取。这些学生中美顶尖名校通吃，可谓是学神。

不过，这种类型的学生全国极少。我估计每年不会超过十个人。尽管人数不太多，但这是一种类型，为此单列出来。

我挺关注这些同时拿到中美顶尖名校 offer 的学生最终会选择去哪里就读。在 2020 年新冠肺炎疫情之前，基本上是选择到美国的顶尖名校就读，但在疫情之后，我则看到有学生会放弃美国顶尖名校 offer 而选择就读清华大学。学生这种选择无可厚非，但我深感遗憾，因为这意味着中国学生放弃了一个就读世界顶尖名校的名额。

第二种类型是牛娃。每年会有一些学生能够考上当地最好的高中，但放弃就读国内大学而选择出国留学。具体人数无法直接统计，但可以通过美本前 30 和英国 G5 所录取的中国学生总量进行推算。

美本前 30 名校每年会在中国录取 1000 多名学生，而英国 G5 每年会录取 5000 名左右的学生。这两类学生会有重合，即有学生会同时拿到美本前 30 和英国 G5 学校 offer，我估计美本前 30 加上英国 G5 所录取的中国学生总量为 6000 人左右。

牛娃是拿到美本前 30 和英国 G5 的主体。我推算出全国每年有 3000 名左右的学生，会放弃就读当地最好一批高中的机会而选择出国留学。

这种类型的学生由于可以自由在高考和留学当中选择，他们有选择余地，所以受到外部的影响是最大的。当经济低迷或者国际政治关系有波动时，这些学生会倾向于参加高考。2020 年新冠肺炎疫情暴发后，我看到一些公立学校国际部学生回流到普高体系，这种现象在疫情前很罕见。

牛娃如果参加高考，有不少能够考上"985"或者"211"学校。但这些学生放弃了普高机会，而是由家庭自己掏重金让孩子走国际教育路线。他们放弃高考路线，则为其他普高学生让出了优质普高和大学的就读名额。因此，我在一篇 FT 中文网国际教育专栏文章当中写到，针对这种类型学生，应该给予财政补贴。

这几年，国内中考难度有所下降，一些牛娃的学习优势在中考成绩上没有凸显出来，造成中考志愿滑档，无法上到自己心仪的高中，有些学生为此也会选择就读国际学校。

我问牛娃当初为何会选择出国留学，他们给我的答案当然也是各异，但有两点提到比较多。一个是他们自己还没有想清楚未来要做什么，如果参加高考，需要在 18 岁的时候就确定专业，所以还是考虑走国际路线，会有更多的时间和实践来摸索出自己喜欢的专业和发展方向；另一个是不太喜欢普高的教学和管理模式，有些学生是在普高读完一个学期或者整个高一学年，再转入国际部就读的。他们没有一个人跟我提到，当初走国际教育路线，是因为其更轻松和容易。

第三种类型是普娃。考不上高中或者只能考上当地一般高中的学生，目前是出国留学的学生主体，占到总量的 95% 左右。也正是因为这个原因，给社会造成留学生学业差、家里有钱的刻板印象。出国留学对普娃来说，其实是挺难的。因为用母语学习尚未达到理想成绩，更何况要用一门外语来学习。

但多数普娃是没有选择机会的。中考后，如果不走国际路线，则只能就读职业高中或者技校。从全国范围来看，中考分流，会有一半左右的学生要去就读职业高中。孩子就读职业高中，这对很多接受过高等教育的父母来说，是件无法接受的事情。于是，只要家庭经济条件允许，往往会早早给孩子选择国际学校。因此，在很大程度上，普娃出国留学具有刚性需求，这也是中国出国留学这几年经历了中美关系波动、新冠肺炎疫情影响，但仍然保持稳定的重要原因。

我在新冠肺炎疫情后做过学校招生数据情况调研，很惊讶地发现，新冠肺炎疫情对国际学校招生总量并没有产生断崖式的影响。我收集了63所国际学校2021届到2025届毕业生数据，从数量来看，毕业生人数最少的年份为2021年，最多的一年是2025年，即2022年入学新高一学生。2022年新高一学生总量比当年毕业生总量增长了26%，这说明在经历三年疫情之后，中国国际教育明显回暖，就读学生显著增多。疫情是在2020年暴发，这一年所招收的学生在2023年毕业。和上一年相比，则可以看到第一年疫情对招生所带来的冲击和影响，毕业生人数整体下降了6%。但需要注意的是，2024届和2025届学生在持续上升，尤其是2025届学生人数猛增，是2021—2025年中就读学生量最大的一年。

这份调研报告充分显示了国际教育在国内有刚性需求，即便碰到了新冠肺炎疫情这样的罕见现象，也没有让出国留学人数出现断崖式下滑。

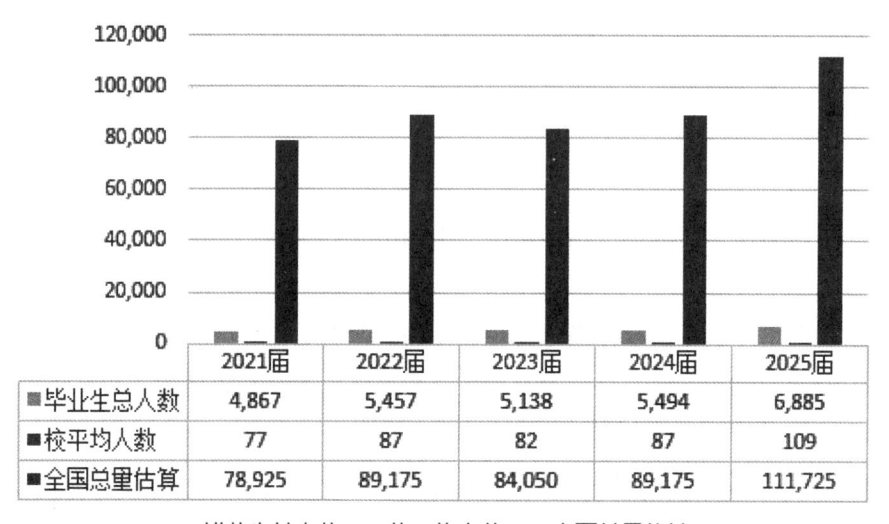

	2021届	2022届	2023届	2024届	2025届
毕业生总人数	4,867	5,457	5,138	5,494	6,885
校平均人数	77	87	82	87	109
全国总量估算	78,925	89,175	84,050	89,175	111,725

63所国际学校2021—2025届毕业生数据

国际教育类型还是比较丰富的，无论是学校还是课程，均有适合不同层次学生的设置。因此，只要用心去找，普娃总归有学校可上。

出国留学的中国学生，大概率是可以上到留学国的好学校。比如去美国的学生，九成可以上到美国排名前 100 的大学。美国的大学总量要比中国多出千余所，如果排名前 100 的大学类似中国的"211"学校，则意味着九成申请美国大学的中国学生，可以进入类似中国"211"的美国大学。而中国"211"每年的录取率才 5% 左右。去英美上好学校概率较高，这也是出国留学能够实现弯道超车说法的由来。

从学生最终的申请结果来看，也可以看到很多中考成绩相差不大的学生，因选择走不同的教育路径，出现了分低的学生通过国际化学校上剑桥大学，分高的参加高考只能上国内二本大学的案例。

第二章 从取经到西学东渐

第一节 留学历史概况

留学并非一个简单的教育事情，跟一国的政治环境、文化发展、经济水平等密切相关。回顾我国的留学历史，需要充分考虑当时国内和国际社会环境，这样才能对当时的留学情况有更加深刻的理解。

如果想了解中国古代留学状况，则需要去西部的西安。要弄清楚近代留美情况，则珠海是应该去的地方。如果要知晓留法勤工俭学，则要去保定。现在国内留学高地集中在北上广深、苏州这些地区。从历史来看，古代以及近代的留学重地反倒不是现在的这些热门城市，让人有三十年河东，三十年河西之感。

中国社会发展曾长期领先于世界，农业社会所产生的安土重迁社会风气，使得大众对留学兴趣一度很低，导致中国留学历史并不太长。早期除了法显和玄奘等少数高僧曾西行取经外，中国留学一直到1872年留美幼童起行才算真正开始起步。1905年科举考试取消后，新式教育未起来之前，国内教育衔接出现真空，去日本留学人数暴涨。抗战后，美国成为主要留学目标国。1949年后，中国学生留学地主要是苏联和东欧国家。1978年，留学重启。而在2003年《中华人民共和国中外合作办学条例》（以下简称《中外合作办学条例》）颁布实施后，国际化学校的创建与运营有法可依，国际教育在中国逐渐系统化和成熟化。

先驱：留学僧

西方大学在教会的支持下诞生，宗教元素长期影响着大学。而很类似的是，中国留学先驱也是一批宗教人士。

四大名著之一的《西游记》成为国人必读经典，玄奘西行取经的故事在中国家喻户晓。玄奘对佛教经典翻译有杰出贡献，其口述的《大唐西域记》成为珍贵历史文献。而对普罗大众来说，《西游记》这部名著让他闻名遐迩。但中国最早到印度去求法的高僧公认为是东晋时的法显，比玄奘要早上两百多年。玄奘前往印度时为25岁，正值壮年。而法显前往印度学习时已经65岁，几经周折后，一同前往的11人，独剩法显回国。法显圆寂于湖北荆州，这位最早的留学僧被国人了解的程度，与玄奘有天壤之别。不过，我想法显应该不会介意这些。

西安大、小雁塔成为热门旅游景点，这两个地方是玄奘藏经之处。除多次参观大、小雁塔外，在西安出差时，我还特意打车去看了西安护国兴教寺。兴教寺在西安南部，离市区有20多公里。兴教寺虽免费开放，但游人寥寥。我去看了玄奘灵塔，灵塔高达5层。德高望重的和尚圆寂后，才有资格建塔纪念。塔的层次是按照其生前对佛教贡献来定，作为中国佛教第一人，玄奘的灵塔应该是全国最高的。（参见彩图2）

玄奘圆寂之后，原葬在西安白鹿原，唐高宗通过宫殿可以望见，导致其伤心过度，皇后武则天考虑到唐高宗身体，因此将玄奘遗骨迁葬到现在的兴教寺。玄奘在唐时被视为国宝，随着朝代的兴衰，兴教寺几经重建，现在的建筑主要是在民国期间所建造的。

玄奘灵塔上并没有像在大雁塔上留有很多游客的刻字。除保护力度更大以外，我估计还跟前来参观的群体有关。兴教寺并不是景点，前来参观的游客多是敬慕玄奘，熟悉和了解佛教，并不会做出在灵塔上刻名字的无知和亵渎行为。

在古代交通极为不便和医疗水平低下的情况下，远赴印度学习佛经无疑是九死一生，但这些并没有吓倒虔诚的法显和玄奘。当时的中国佛教，教义内容主要从西域即现在的新疆一带中转过来，过程中难免会有纰漏与偏差。在这种情况下，中国虔诚的僧人才会前往佛教发源地印度直接学习。

在古代，远行需要有强大的支持，除了官方代表，其他远行者则只有宗教信徒和商人。有趣的是，古代宗教传播路线往往和商路并行，宗教信徒和商人同行也是常见的现象。玄奘到印度取经并没有得到官方批准，是自己违反边境禁令私自前往印度取经，这当然不会有政府支持。不过，玄奘孤身远赴印度求法并非特例，考察中国僧人求法历程，鲜有政府出面组织。

不过，我们看玄奘的整个取经过程，会发现其除早期从出玉门关到高昌国的一段路程曾孤身一人和历尽磨难外，其他大部分时间衣食无忧，有很好的生活保障。此时梵文在佛教界通行，玄奘通过学习梵文解决了语言问题。而有共同的宗教信仰，玄奘则找到了那烂陀寺就读学习。那烂陀寺也可被视为全世界最早的大学之一，玄奘在此学习时，僧人上万。

玄奘在印度学习17年，多次在辩论大会上获胜，在印度达到了最高的佛教权威地位。这种留学成就可谓前无古人后无来者。

留学僧成为中国留学的先驱，但整体而言规模极小，且在学习到印度佛教精髓之后，也没有继续留学的必要和动力。因此，在玄奘之后，虽仍有僧人前往印度学习佛学，但影响力远不如玄奘了。玄奘所带回的佛教经典，经翻译后在中国通行，使得中国成为佛教重地，并影响到了日韩等周边国家。佛教在印度式微之后，中国所保留的佛教经典则反哺印度。

宗教信仰对教育以及留学影响甚大。我们如果回顾历史，会发现外教较多的年代是民国时期。民国时期，教会学校盛行，燕京大学、上海圣约翰大学、东吴大学等教会大学在世界上享有盛誉。

教会学校的老师很多是外籍，即现在所说的外教。对于当时的外教来说，无论是社会安定程度还是薪酬待遇，都没法跟现在相比。但为何有这么多的外教愿意来中国工作？我分析下来，主要是当时的外教带有传教的目的，在宗教信仰的激励下，困难越多、工作越难反而有可能会更加激发他们留在中国的决心。

现在中国的宗教是独立的，外教不可能依托宗教组织来中国工作。为此，现在的外教工作是一份很普通的工作，而如果没有超越物质的信仰基础，外教是否愿意来中国工作就会考虑到工作环境、薪酬待遇等世俗化的内容。

在中国的外籍人员子女学校，外教的待遇多会参照英美等国。在国内的国际学校，外教的薪酬要参考中国教师的水准，所以在薪酬待遇上往往会受到各方面的影响。为此，光从薪酬方面来看，很难吸引到优秀的外教来任教。

不过，随着国内学校对国际教育了解的深入，以及海归人才的增多，学校对外教的依赖度降低了，打外教牌来推动招生的现象越来越少了。

前面提到，中国最早的留学生无疑是外出求经的僧人。他们成为最早的一批留学生是具备了这三个条件。

一是有明确的学习目标。中国的佛教传自印度，而佛教传入中原之初，由于中原和印度之间横隔了吐蕃，导致两地无法进行直接的互动和交流。佛教是先传到中亚，以及西域，然后再传入中原，这相当于中原间接而不是直接了解佛教的核心讲义，因此，中原僧人具有强烈的直接互动需求和学习动力。

二是具有留学的物质支持。前往外国留学，资金和物质的保障是缺一不可的，而佛教的流行，则为僧人们的出行提供了条件，也大大减少了其留学的资金和物质压力。从玄奘在印度留学17年来看，他从未为生活而发愁。

三是具有顽强的留学意志。古时因交流的不便，医疗的落后，导致留学是九死一生的事情，如果没有强烈的求学动力是很难坚持下来，并为此而付出努力的，而虔诚的宗教信徒具备这个条件。

法显和玄奘这些留学僧成为中国留学的先驱。而在近现代中国，宗教或传教士也与留学密切相关。发起组织留美幼童项目的容闳被誉为"中国留学之父"，其能够成为耶鲁大学毕业的第一个中国人，也跟教会学校和传教士息息相关。

发轫：留美幼童

《礼记》有句话说"礼闻来学，不闻往教"。意思只有学生前来老师处学习，没有老师去学生处传授。好为人师的做法不受待见。这种理念深刻影响到中国对周边国家的外交方式，我们古人不强调文化输出，对一些不太友好的"夷狄"，甚至禁止向其输出中国文化。日本曾19次派遣唐使到中国来学习，还真不是中国主动教他们，而是日本人自己想过来学习。

玄奘之后，中国留学基本上处在停滞阶段。中国没有兴趣做文化输出，社会发展也处在世界前列，留学自然也没有必要，类似沙皇彼得大帝隐瞒身份到西欧学习的行为在中国从未发生过。

清朝有少数西方传教士活跃在中国，这些传教士用科技专长为朝廷服务，但并没有为此建立起学校，即便是教士的培养，也依赖于国外的神学院。有个叫马国贤（Matteo Ripa）的意大利传教士，在中国待了14年，有13年时间在北京，1732年7月马国贤回到那不勒斯后，创办了一所名叫"中国学院"的学校，有4名从中国带来的学生入学。

次年，两名学生毕业，在当时的意大利成为一件大事。当红衣主教提到希望他们未来能够当上主教，其中有个叫殷若望的中国毕业生却语出惊人，提到"还不如当个红衣主教"，全场一片哗然。殷若望接着说："我说不如当个红衣主教，并不是指穿上像大人您这样的一套外衣，而是为基督的事业，流出我的鲜血，把我自己的黑袍染红。"这句话，后来传遍欧洲。1735年，殷若望在四川坐船渡江传教路程中，因有大鱼跳上船，受到惊吓，死于高烧不退，两年前在罗马的惊人之语成为谶言。[①]

中国学院成为西方第一个专门培养中国学生的教学和研究机构，马国贤所带过去的4名中国学生自然成为中国第一批留学西方的学生。由于带有宗教背景，在雍正和乾隆禁教时代，中国学院从中国招不到学生，后不得不从东南亚招生，为此改名为"东方学院"。1793年，英国向中国派遣马嘎尔尼使团，亟须中文翻译，经人推荐，从东方学院物色到了两名懂中文的中国人充当翻译。[②]

为此，一直到派遣留美幼童之前，中国留学基本上都与宗教相关。因中国没有教士培养学校，因此需要安排学生到国外的神学院学习。从法显、玄奘这些留学僧到留美幼童，时间跨度长达1000多年，这段时间里，中国人留学的动机并没有发生根本性改变，即满足宗教上的学习需求。

鸦片战争爆发后，清军在船坚炮利的英军面前一败涂地，国门被迫打开。自此，中国意识到了与西方国家的巨大差距，也不得不开始考虑学习西方的先进技术。

此间的留学历史，需从最早的一群官派留学生——留美幼童说起，120名平均年龄为12岁的中国孩子在政府的支持下，分批前往美国接受西方教育。虽然最终以中途强制要求回国而告终，但这次事件、这一举措包括这批留美幼童的贡献，对中国近代发展及中国留学历史起到的深远影响不可否认。

留美幼童项目的推手是被誉为中国留学之父的容闳。我在广东珠海德威国际高中调研时，经学校领导引荐，认识了容闳博物馆负责人，先后两次参观了博物馆。（参见彩图3）

容闳自身的留学经历也跟传教密切相关，即便其并没有做过传教士。容闳在珠海一户贫穷农家出生，在教会学校接受启蒙教育。澳门是传教士密集之地，而传教士为传教需要，会开设学校和医院。早期前往教会学校就读的中国学生，不少为寒门子弟。豪门贵族能够自己延聘教师，穷人则只能随命而安，有机会读书便试试，哪管这学校是中国人还是外国传教士所创办的。为此，近代留学发轫于穷人，穷则思变是有道理的。

容闳，广东珠海人，出生于1828年。小时候家庭贫困，加上他还有一个哥哥、一个姐姐和一个弟弟，家里供不起所有孩子去私塾读书。他的父亲想法很简单，大儿子去私塾读书，争取以后能当官，次子容闳就去澳门免费的教会学校读书，争取以后能从商，毕竟当时已经有邻居因为懂得"红毛夷"的"番话"而发财。

教会学校由西方传教士举办，当时这种学校在中国人眼里是不入流的。容闳就读本是无奈之举，让人没有想到的是，这次接触西方文化的偶然机会，这个阴差阳错的读书机会，将中国的留学历史提前，也开启了容闳意义重大的一生。

澳门的教会学校中途因各种原因停办，容闳被迫回家务农，两年后原先学校的布朗牧师将学校迁移到香港，并重新开学，容闳再次回到了校园。当布朗牧师因个人原因打算回到美国时，特意在临走前问道，谁愿意和他一起去美国读书，容闳站了出来，当时和他一起的还有两人，黄胜和黄宽，他们后来也都成为对中国有贡献的人。黄胜成为著名报人。黄宽毕业于爱丁堡大学，成为出国学医第一人。

去到美国的容闳非常努力，并考上了布朗牧师的母校耶鲁大学，一切由西方文化带来的机遇给了他新的人生方向，但容闳并没有因此忘记自己的国家，越是体会到教育的力量和西方的文化，他越想让更多的同胞享受到。所以他拒绝了公费就读，拒绝成为传教士,依靠着在布朗牧师的帮忙下寻求到的援助和勤工俭学,完成了学业,并在学术成绩上远远超越美国本地人,大学期间两次获得了英文大赛的一等奖,成为了耶鲁大学第一位中国毕业生。

毕业后他坚定地选择回国,立志要将西方理念和技术带回中国。容闳回国后并没有固定为谁效力,而是始终为了一个目标努力,那就是提倡中国学习西方教育和理念,追随西方的科学技术等。其实作为一名"海归",他并不容易接触到从政的人,只能通过三番五次更换工作,来一步步扩大社交面。

容闳为人处世灵活,不拘泥于派别,从最初洪秀全的太平天国,到李鸿章的洋务运动,到以康梁为核心的资产阶级维新派,最后到孙中山领导的资产阶级革命派,他全心全意地向每个阶段的领头人出谋划策,并坚持见缝插针地表达自己的理想——通过留学教育改变国家落后状况。

而留美幼童正是在洋务运动时期得以批准的。当时办洋务亟需一大批懂得现代科学技术的新型人才,而选派聪颖幼童赴外国学习科学技术,业成归来,在国内分科传授,中国便可以掌握西方的长技。于是在留学归来的容闳极力促进下,清政府批准了选派幼童出国留学的请求。

1872年终于成行。容闳计划分四年时间,每年选拔30名学生前往美国留学,准备在美国待15年之久。

120名留美幼童资料[3]

第一批 1872年8月12日由沪赴美					
名字	籍贯	年龄	名字	籍贯	年龄
蔡绍基	广东香山县	13	黄锡宝	福建同安县	13
钟文耀	广东香山县	13	黄开甲	广东镇平县	13
吴仰曾	广东四会县	12	何廷樑	广东顺德县	13
罗国瑞	广东博罗县	12	陈钜溶	广东新会县	13
欧阳庚	广东香山县	14	曹吉福	江苏川沙厅	13
容尚谦	广东香山县	10	谭耀勋	广东香山县	13
黄仲良	广东番禺县	15	程大器	广东香山县	14
邝荣光	广东台山县	10	陆永泉	广东香山县	14
蔡锦章	广东香山县	14	石锦堂	山东济宁州	14
张康仁	广东香山县	13	邓士聪	广东香山县	14

续表

名字	籍贯	年龄	名字	籍贯	年龄
梁敦彦	广东顺德县	15	陈荣贵	广东新会县	14
牛尚周	江苏嘉定县	11	钟进成	广东香山县	14
潘铭钟	广东南海县	10	钟文魁	江苏上海县	14
刘家照	广东香山县	12	史锦庸	广东香山县	15
詹天佑	安徽婺源县	12	曾笃恭	广东海阳县	16
第二批 1873 年 6 月 12 日赴美					
名字	籍贯	年龄	名字	籍贯	年龄
蔡廷干	广东香山县	13	曾溥	广东海阳县	12
吴应科	广东四会县	14	容尚勤	广东香山县	11
吴仲贤	广东四会县	14	李桂攀	广东香山县	14
容揆	广东新会县	14	唐国安	广东香山县	14
苏锐钊	广东南海县	14	宋文翙	广东香山县	13
温秉忠	广东台山县	12	张有恭	广东香山县	12
丁崇吉	浙江定海厅	14	邓桂庭	广东香山县	13
陆锡贵	江苏上海县	13	唐元湛	广东香山县	13
梁金荣	广东香山县	14	陈佩瑚	广东南海县	11
李恩富	广东香山县	13	邝景垣	广东南海县	13
黄有章	广东香山县	13	邝咏钟	广东南海县	13
方伯梁	广东开平县	13	梁普时	广东番禺县	11
张祥和	江苏吴县	11	梁普照	广东番禺县	13
陈乾生	浙江鄞县	14	卓仁志	广东香山县	12
王凤陛	浙江慈溪县	14	王良登	浙江镇海厅	13
第三批 1874 年 9 月 20 日赴美					
名字	籍贯	年龄	名字	籍贯	年龄
唐绍仪	广东香山县	12	徐芝煊	广东新会县	12
梁如浩	广东香山县	12	曹家爵	广东顺德县	12
周长龄	广东新安县	14	曹茂祥	江苏上海县	10
邝景扬	广东南海县	12	朱锡绶	江苏上海县	10

续表

名字	籍贯	年龄	名字	籍贯	年龄
朱宝奎	江苏阳湖县	12	宦维城	江苏丹徒县	10
荣耀垣	广东香山县	10	袁长坤	浙江虞县	12
曹家祥	广东顺德县	11	祁祖彝	江苏上海县	12
吴敬荣	安徽休宁县	11	康赓龄	江苏上海县	12
周万鹏	江苏宝山县	11	邝贤俦	广东南海县	12
卢祖华	广东新会县	11	杨兆南	广东南海县	13
林沛泉	广东番禺县	12	黄季良	广东番禺县	13
徐振鹏	广东香山县	11	杨昌龄	广东顺德县	12
唐致尧	广东香山县	13	郑廷襄	广东香山县	13
程大业	安徽歙县	12	孙广明	浙江钱塘县	14
薛有福	福建漳浦县	12	沈嘉树	江苏宝山县	11

第四批 1875 年 10 月 14 日赴美

名字	籍贯	年龄	名字	籍贯	年龄
刘玉麟	广东香山县	13	唐荣俊	广东香山县	14
邝国光	广东香山县	13	梁鼋登	广东南海县	11
邝炳光	广东台山县	13	陈福增	广东南海县	14
黄耀昌	广东香山县	13	林联辉	广东南海县	15
吴焕荣	江苏武进县	13	陈金揆	江苏宝山县	12
周传谏	江苏嘉定县	11	金大廷	江苏宝山县	13
潘斯炽	广东南海县	11	沈德耀	浙江慈溪县	14
陆德章	江苏川沙厅	13	沈德辉	浙江慈溪县	12
陶廷赓	广东南海县	12	沈寿昌	江苏嘉定县	11
吴其藻	广东香山县	12	李汝金	江苏华亭县	11
林盛联	广东南海县	14	王仁彬	江苏吴县	12
谭耀芳	广东香山县	10	冯炳忠	广东鹤山县	12
盛文扬	广东香山县	12	梁丕旭	广东番禺县	12
陈绍昌	广东香山县	13	周传谔	江苏嘉定县	13
唐荣浩	广东香山县	13	黄祖莲	安徽怀远县	13

当时的中国对留学毫无认知，至于留学前的语言学习、课程学习则无从谈起。如果学生年龄偏大从头开始，确实有比较大的难度。而容闳自己便是自小在美国留学，熟悉整个过程，低龄留学的路径依赖也是在情理之中，为此，容闳用选拔幼童方式组织留学，也有一定的道理。

用现在的眼光来看，容闳所组织的幼童留学，属于低龄留学。低龄留学的优劣势泾渭分明，优势在于因自小待在美国，对美国文化以及当地人文社情熟悉，融入当地社会程度高。不过，成也萧何败也萧何，正由于融入当地社会程度高，则对中国了解少，感情浅，失去了派遣出国留学的意义。这点容闳自己也是如此，回国之初，中文也说得不流利。

也正是低龄留学存在诸多问题，现在中国不支持和不提倡低龄留学。不过，尽管不支持但也没有采取什么限制措施，家长如果执意要让孩子低龄留学，倒也没有什么障碍。

容闳负责这些幼童在美国的管理，为他们安排家庭生活，陪伴他们渡过语言难关，当孩子们熟悉了一切后，在美国的学习与生活让他们无论在思想上，还是性格、行为上都发生了很大的变化。这些改变对于在美国学习生活了 8 年的容闳来说，当然非常理解和支持，并努力地做幼童与清政府之间联系的桥梁。

但是对于清政府来说，留美幼童这个计划是个如意算盘，只是单单地希望孩子学到技术，并不能接受和理解幼童开始以美式做派来生活和思考。加上有人挑唆，向清政府表示孩子们已经难以管控。美国政府也拒绝了原计划安排幼童就读军事学院和海军学院的要求，而此间《排华法案》的通过也让中国人寒心。1881 年 8 月，清政府正式撤回所有留美幼童。

留美幼童去美国的年龄在 10—16 岁不等，1881 年终止项目时，计划 15 年的学习时间才到第 10 年。有 50 名左右的孩子正在大学期间，且全部都在如今美本 TOP30 的学校，不乏耶鲁大学、哥伦比亚大学、哈佛大学的学生，非常可惜的是他们多数没有完成完整大学学习，只有詹天佑和欧阳庚，他们的专业本科只需 3 年即可毕业，因而幸运地拿到了大学毕业证。

留美幼童项目的终止，使得容闳非常遗憾，也对洋务派大失所望。留美幼童回国后，面临的困难接踵而至，比如不许外出、随意分配工作等。虽说因有人诬告和保守思想，留美幼童最终未能全部完成学业就提前撤回，容闳以留学教育为核心的兴国计划夭折，但最终事实证明，即使留美幼童没能完成完整的学业，他们依然在不同领域为中国近代发展做出了很大的贡献，西方技术的先进性和对他们的影响不可否认。他们之中从事工矿、铁路、电报事业者 30 人，从事教育事业者 5 人，从事外交行政者 24 人，从事商业者 7 人，进入海军者 20 人，像大名鼎鼎的中国铁路之父詹天佑、民国总理唐绍仪便是留美幼童出身。

容闳命运多舛，留美幼童项目结束后，因支持革命而遭到了清廷的通缉。留美幼童刚兴起之时，前往的也多是寒门子弟，组织者容闳也是如此。但幼童留美属于国家行为，有国家财政给予保障以及有国家行政上的保护和支持，因此，这些留美幼童在美国的处境不错，加之其寄宿在美国家庭，能够感受到美国普通家庭的友好和帮助。尽管留美幼童回国后，初期并没有得到预期中的重用，但这些人仍然是中国宝贵的人才，最终很多人也是有作为的。

总体而言，早期留美是中央政府行为，或者是国与国之间的教育合作。在这种背景下，留美学生在经济上有保障，在前程上又较为平坦，所以他们是既得利益群体，因而对清廷和美国有好感。

清廷覆灭之后，留美幼童则多不愿出仕新政府。从这些来看，留美幼童仍然保持了中国传统本色，只是很可惜在当初无法得到理解。

倘若容闳当时没有入读教会学校，也没有跟随布朗牧师去美国，是不是依然会有另一个"容闳"出现，我们不得而知。就好比当时没有发起"留美幼童"这个项目，中国依然会有一天能够接触并认同西方理念，并开启中国的留学史，但一定不会早于1872年，那么近代发展的成绩和速度可能都会受到连带效应的影响。

虽然美国为《排华法案》正式道歉已经是百年后的事情，但当时美国政府也很快意识到加强和中国的教育联系的重要性。为此，利用退还的庚子赔款资助中国学生到美国留学项目便应运而生。1909年这个项目进行了第一次公开招考，著名的清华大学校长梅贻琦便属于第一批学生。

第二批和第三批庚子赔款所录取的学生中，更是出现了胡适、竺可桢、赵元任、叶企孙等一批大师。到了20世纪30年代，美国已超过日本，成为中国留学生最多的国家。而同时，美国人在中国建立了12所教会大学，这其中包括赫赫有名的燕京大学、上海圣约翰大学。可以说，国际化教育的深远影响在这一群人身上体现得淋漓尽致，并与中国发展建设息息相关。

当初的留美幼童项目遇到了美国的排华运动，但中国对国际化教育和先进技术的追求并没有就此止步。而那些学成回国的中国学子，日后渐成国家建设栋梁。近现代中国的发展，离不开这些海归的努力和贡献。

爆发：扎堆日本

日本所走过的留学路径和中国极为相似，但最终的结果却有天壤之别。

和中国一度只开放广州对外通商类似的是，统治日本长达256年的江户幕府也实行了闭关锁国的对外政策，只允许长崎等港口与外国通商，并一度只允许荷兰和中国商人进入。

由于日本政治文化等深受中国影响，因此西方国家在亚洲开拓势力时，往往会先忽略日本而首选中国。西班牙传教士方济各（Francis Xavier）曾在1549年到日本传教，后发现日本文化来自中国，对中国也很崇拜，如果能够先搞定中国，那么拿下日本则轻轻松松。于是，方济各离开日本，想转向中国来传教。不过，方济各至死也没有实现这个愿望，1551年死在了现在广东台山的上川岛。方济各在中国鲜为人知，但在日本却家喻户晓。

西方国家以中国为目的，并不太看重日本，这为日本发展提供了机会。中国在鸦片战争中的失败，让日本震撼，并让日本感到前所未有的危机。加之佩里率领美国舰队进入东京湾，迫使日本开放国门。在这种复杂的国际政治背景下，日本国内出现了明治维新，并大量派遣子弟到国外留学。

日本与中国派遣子弟到国外留学的时间相差不大。但日本通过明治维新以及留学，迅速成为世界强国，并在甲午战争中战胜中国，1905年又在日俄战争中获胜。

为何日本留学能够取得成功，而中国却不见成效？我通过查看大量日本以及日本留学的史料后感觉，这应该跟日本独特的政治结构有关。

日本具有十分独特的天皇制度，和中国的皇帝相比，有极大的差异。一是天皇长期没有实权，只是神权的象征；二是皇权具有极强的稳定性，自称为万世一系，即出自一个家族，而中国的皇帝经常改朝换代。

日本天皇有近千年没有获得实质上的政权，但在明治维新之后，天皇成为实质上的国家政权运作者。众所周知，日本在明治维新后所发动的一系列战争，给中国以及世界带来深重的灾难。日本投降后，美国因各种原因没有追究日本天皇责任，天皇制度侥幸保留下来。

早期日本人出国留学是需要付出生命代价的。在看到清廷在鸦片战争中败于英军后，长州藩的下级武士吉田松阴忧心忡忡，想尽一切办法出国留学，到国外学习先进技术和理念。长州藩和萨摩藩是两个坚定的倒幕者，这主要是因为这两个藩与德川幕府有世仇。在丰臣秀吉死后，德川家康争霸日本。在关原之战中，德川家康的东军战胜了反对他的西军。而西军的首领正是长州藩藩主毛利辉元，萨摩藩藩主支持西军。关原之战后，毛利辉元虽保命，但其势力被大大削弱，领地只相当于强盛期的1/3。

在幕府政府衰落后，长州藩和萨摩藩成为倒幕先锋。1853年，佩里率领舰队到东京，威逼日本打开国门。由于美军舰为黑色，日本人称之为"黑船事件"。吉田松阴带人潜入美国军舰，欲往美国留学，按照当时日本的法律规定，这种行为会被判处死刑。由于复杂的政治因素，美军舰队司令佩里拒绝了吉田松阴登舰，吉田松阴上岸后虽未被处死但被判入狱。

吉田松阴出狱后，开始建校办学。1858年后，幕府又与美、英、法等国签订不平等条约，激怒了日本社会，倒幕运动加剧。幕府镇压倒幕运动，吉田松阴于1859年被杀。吉田松阴自己虽未出国留学过，但其学生伊藤博文、山县有朋、木户孝允成为明治维新和倒幕运动中的重要人物，这三人均有到欧美考察经历，也算是圆了吉田松阴留学之梦。

当日本社会意识到需要打开国门之时，为打破幕府闭关锁国的约束，他们找到了自己的支持对象，即天皇。日本天皇一度无实权，但是国家的象征和国民精神的凝聚点。为此当日本社会对幕府不满的时候，天皇会是一个制衡和对抗的力量，而且这个力量幕府无法反抗。因此，日本的留学从一开始，便更加倾向于从社会的根本上进行改造。日本的明治维新可以从根本上改变国家的政体，先师从法国后改为德国，伊藤博文等海归得到了重用。但中国没有日本这种政治制衡结构，要留学也是皇帝的想法，皇帝不可能革自己的命，因此只能从技术层面学起，很难触及政体改革，治标不治本，这也是留美幼童项目之所以会夭折的根源。

幕府时期，日本推行藩国制度，藩主需要定期居住在江户。因此，即便最为偏远的藩国，也有可能接触到最为先进的西洋东西。此时的维新派还可以找到开明的藩主获得帮助。

在这种背景之下，中日两国的留学几乎同时起步，但在学习内容的侧重上却是截然相反。日本更加侧重政体的学习和引进，而中国更侧重军事、科技等方面的学习和引进。

北洋海军在甲午战争中失败，意味着中国这种换汤不换药的留学和向外学习机制的破产。

当中国学生纷纷前往日本留学的时候，一方面是看到日本在这种留学机制下所取得的成绩，另一方面当时日本确实也没有什么更加先进的技术可以学习。在这种情况下，学习政治、法律、医学等专门知识成为主流，这也使得留日学生出现"双反"的现象。即既反对中国现有体制，同时也反对日本，对日本并没有好感。如果单从个人的情感来说这种"双反"环境下中国学生是比较苦楚的，缺乏归属感和成就感。

1907年，中国在日本的留学生总数为6797人。其中在日本的国立和公立大学里就读的学生仅有366人，其他学生均在日本的私立学校就读。[④]私立学校办学以营利为导向，导致日本的正统意识形态难以对中国留学生起到主导影响，使得留日学生反清政治运动此起彼伏。

留日学生之所以反对清政府，是因为看到国家的落后，亟须进行改变。而反对日本的原因，跟日本在近代不断蚕食中国有关，同时从日本留学生的日常生活也可以看到，在日的中国留学生和日本本地的学生几无交集，双方很难建立同学感情。而中国学生在日本社会又备受歧视，这更进一步加剧了其反感的程度。

这种机制很有意思。这很像西方大学的出现。西方大学起源于教会组织培养神职人员的需求，但在大学成为一个独立的学术组织后，却成为反对教会权威、追求思想自由和独立的社会组织。

甲午战争爆发后，中国败于日本，这对中国的信心打击颇大。

鸦片战争的爆发，清廷败于英军，军事上是船坚炮利的英军战胜了清军，但更大的社会转变是自给自足的中国经济格局被打破，沦为西方强国的经济附庸。八国联军侵华，根源在于文化和信仰上的冲突，军事上的失利导致文化自信心陷入低谷。而甲午战争的失败，则意味着在学习西方和教育程度上的落后，民族自信心也是前所未有的低迷。

中国败于西方国家，还能自我安慰，但败于日本却使得国人失去自信心，因而改变国家的想法油然而生。此时中国认为日本之所以能够打败自己，普及教育和实行法治是有成效的，于是派遣留学生到日本学习。

日本一贯对外来文化和事物接受度高，早期从中国学习，而到了近代，则开始大量向西方学习。最早期的留学，中国是寒门子弟参与较多，而日本则多是出自知识阶层。为此，尽管日本接触西方以及留学比中国要晚，但后来居上超越中国。此时的日本，翻译和引进了大量西方书籍和技术。因此，中国认为如果在日本学习，可以大大节省时间，快速学习到西方的精髓。

1905年，日俄战争爆发，日本惨胜。日俄战争是在中国领土上进行的，中国对日本能够打败俄国也惊异，加速了中国学生前往日本留学。而在1905年，中国提前废除了科举考试，但新式学校没有建立起来，于是学生出国留学则成为唯一的选择。在这种情况下，前往日本留学人数暴涨。

1904年后，留日学生年年增加。当年年初有三四千中国学生在日本就读，年底则猛增至八千或一万人。1906年达到了顶峰，估计有一万三四千到两万人。[⑤]

"九一八"事变爆发后，中国学生前往日本留学退潮，到了1937年全面抗战爆发后，赴日留学更是处在停顿阶段。

转变：留美重兴

中国的首次官派留学所选择的国家是美国，但在甲午战争后，留学日本则成为热潮。从政治和文化层面来看，中日两国的情况比较类似，教育是国家重要职能和管理工具，因此，清廷在1902年到1904年的教育改革是以日本作为参考模板，并持续到1922年。

由于日本对中国主权和领土的侵蚀，加之此时中国社会对政府独裁的不满，中国的教育模式也随之进行了变革，更偏向于美国模式。美国模式和日本模式有比较大的差异，在美国模式中，教育不是国家的工具，而是要重点培养公民自治能力，学校是让学生成才而非出于其他的政治功利目的。日本海军在1941年12月偷袭珍珠港后，中美成为抗日的盟友，两国的教育合作更加紧密。

1937年后，中国学生前往日本留学基本停滞。此间，伪满洲国和沦陷区有少数学生前往日本留学，但未成为主流。在日本留学停顿后，美国留学则成为主要方向。

但是，美国模式在中国出现水土不服的问题。美国模式强调教育是独立的，不受政府管控，要让学生的个性不受干扰地发展。这两点均不适合中国社会。科举制度的推行，除了要选拔精英人才，还要打击和防范社会出现与皇权抗衡的势力集团。因此，中国的传统教育重视公平和与农村的紧密联系。

新式学堂的出现，让教育集中在城市，接受过教育的社会精英人群生活在城市，和农村尤其是农民有隔阂。国民政府意识到这些问题后，开始加强了对教育的管控。比如要求中国的教会学校备案，上海的圣约翰大学曾长期抵制这个政策。国民政府对教育的管控，在一定程度上来说，则是开始在摸索适合中国自己的教育发展之路，此时陶行知、晏阳初等教育家在农村进行的教育试验影响深远。

清廷以日本为师建立起教育机制，蔡元培曾短暂主导推行过法国的大学区模式，后美国模式成为主流。

1872年到1949年，拿到了高等文凭的中国学生约有30万人，其中1/7是在国外获得的文凭。可以认为当时的留学比例相当高，因为现在中国学生本科出国留学人数只相当于高中毕业生总量的1%。而这些海归更是占据了职业高位，1932年，国民政府中的45个最高职位中，没有留学经历的为14人，留日学生18人，留美学生6人。⑥

近代中国的留学发端于1872年的留美幼童项目，之后因各种原因，十年后这个项目中途夭折。甲午战争惨败之后，中国开始注意新崛起的日本，自此到日本留学成为热潮，日本也成为中国学生出国留学的主要国家。1895年到1905年，短短十年间有2万名中国学生留学日本。

1909年10月，第一批47名庚子赔款留学生抵达美国。为此，在20世纪初期，日本和美国成为中国学生出国留学的两个主要目的国。我们现在再看这些留学日本和美国学生回国后的发展，会发现一个很有意思的现象是，留日中国学生回国后从政多，而留美回来后则从事科研比较多。为何会形成这么鲜明的差别呢？这跟这两个国家留学的背景与本身教育的特点有关。在分析这些差别之前，我们先讲两个留学事件。

一是留日学生集体归国事件。1905年，留日中国学生高达8000人。而在当年11月2日，日本文部省公布了《关于准许清国人入学之公私立学校之规程》，这在留日中国学生当中引起很大的反响。因这个规则有几个很核心的条款，如要求中国学生在申请日本的公立或者私立学校时，需要附加清政府驻日公使馆的介绍书；不得招收"为他校以性行不良而被饬令退学"的学生。

这个政策出台背后，是清政府强烈要求日本政府取缔留日中国学生。清政府发现，留日学生日益成为反对自己的势力，因此对留日学生尤其是自费留日学生加强监督和约束，成为必然的政策选择。

当时在日本留学的中国学生大部分是自费生，这个政策的出台毫无疑问给他们的留学带来诸多的障碍。面对这个问题，留日的中国学生表达了反对意见，并采取了罢课等反对措施。当年12月8日，陈天华蹈海自杀，在留日学生当中引起震动。于是，留日学生决定集体归国。

为了解决回国后的就读问题，归国的学生决定在中国创办自己的学校。经过多方努力，他们在上海创办了"中国公学"这所中国第一所私立大学。学校被命名为"中国"，表示独立之意，而"公学"则表示为13个省归国留日学生一起创办的学校，是具有公共意义上的学校，并非当时常见的乡党学校而是全国统一的学校。胡适、冯友兰、罗尔纲等一批著名学者便是毕业于中国公学。

这个事件在中国学生留学日本过程中影响深远，集中反映出了留学日本跟政治的高关联度。这是一个比较复杂的综合影响。民国期间，中国政府显要职务当中，接近一半来自留日学生，留美学生约占12%。而在军界，毕业于日本陆军士官学校的学生更是占据了早期军队多数高位。

而从大学毕业生来看，毕业于东京帝国大学的有郁达夫、成仿吾等，早稻田大学的则有宋教仁、李大钊、钱玄同、陈望道等，法政大学则有胡汉民、董必武等，东京高等师范学校有陈独秀、田汉等。

从留日学生回国后的发展来看，他们主要在政界、军界以及文艺界有比较大的影响力。这跟留美学生回国后集中在科技、教育等方面有很大的差异。

二是以胡适为代表的留美故事。胡适是一个很有意思的历史人物。他毕业于哥伦比亚大学，却遵从母命娶了小脚太太。胡适在文学上掀起了改革，但却十分重视中国传统文化的研究。

胡适的故乡在安徽绩溪，这是一个很传统的古老乡村。由于地少人多，徽州人很早就有外出经商谋生的传统，导致当地虽然交通闭塞，但人的见识并不少。

胡适的父亲胡传是一名官员，幼子胡适出生时他已经50岁。胡适出生于现在上海的浦东，两岁时曾短暂跟随在台湾任职的父亲生活。一般来说，老父会特别宠爱幼子，但很不幸的是，胡适幼时，父亲便去世了。年轻的寡母将胡适抚养成人，这也导致胡适对自己的母亲感情很深，并遵从了她对自己婚姻的安排。

胡适在故乡完成了启蒙教育后，13岁时便投奔上海经商的哥哥。1910年，19岁的胡适考上了庚子赔款留学项目，开启了留美之路。从胡适的留美路程来看，他当时的家庭很难支撑其留美费用，是庚子赔款资助了他。

到美国后，胡适最早在康奈尔大学农学院学习农业，但美国光苹果就有200多种，胡适很难学下去。胡适的故乡虽然在农村，但胡适骨子里并非农家子弟，对农业并没有所想象的那么熟悉和热爱。

美国大学转专业比较容易，胡适弃农转学哲学。从康奈尔大学文学院毕业后，胡适初进入康奈尔大学研究生部深造，后转学到哥伦比亚大学，师从著名的教育家杜威。1917年回国后，胡适到北京大学担任教授，1946年担任北大校长，成为国内教育界和文学界的明星。

抗战期间，胡适弃教从政，担任了驻美大使。1949年，胡适在美国生活，后到台湾担任了"中央研究院"院长一职。从胡适一生来看，虽然有短暂的从政时间，但大部分还是在教育界任职。

胡适的经历是很典型的留美回国学生经历。从美国回来的中国学生，多活跃在科技界和教育界。

1914年在美中国留学生专业分布情况

序号	专业	人数	序号	专业	人数
1	土木工程	48	18	社会科学	7
2	农业	43	19	牙科	6
3	机械工程	40	20	森林学	6
4	采矿	40	21	自然科学	6
5	电气工程	39	22	药学	6
6	经济学	35	23	卫生工程	6
7	化学	31	24	建筑	5

续表

序号	专业	人数	序号	专业	人数
8	医学	30	25	工商管理	5
9	教育	27	26	地理	4
10	商学	22	27	纺织制造	4
11	政治学	21	28	基督教青年会	4
12	造船工程	15	29	军事科学	2
13	化工	15	30	物理	2
14	法律	13	31	铁路管理	2
15	纯科学	13	32	神学	2
16	工程	12	33	音乐	1
17	冶金	7	34	海军	1
总计			520		

资料来源：《留美中国学生月报》1914年2月刊

有数据显示，1914年统计到的520名留美学生，绝大部分是学习理工科专业。我查阅早期留学中有关选大学和选专业的文章，发现百年前留学生对这两个问题的认知和现在不太一样。现在本科留学一般是先学校后专业，而早期留学生的选择与此相反，即选专业重要性高于选大学。我估计是民国初年的留美中国学生每年才约百人，无论就读什么大学，人人都是精英，专业显得更为重要。这个时候选专业要考虑国家社会需求以及自身情况，这点倒是和现在一致。当时的观点还有：不要选大城市的学校，不要去中国学生多的学校，去学生总数少的学校，强调要融入当地。此时对美国西部的大学比较排斥，主要是因为当地社会对华人不友好。

1854—1953年百年间，美国大学总共给中国学生颁发了13 797个学位证书。

另外数据显示，在1854—1953年，中国留学生赴美进入大专院校前的中国学籍，其中清华大学为1119人，圣约翰大学为790人，中央大学为744人，交通大学为571人，燕京大学为522人。

回顾这些历史我们会看到，作为两个主要留学国，留学日本和美国有很大的差异。为何会有这些差异，背后的深层次原因是什么，能够为当今的留学提供什么参考？

中国学生之所以要去日本学习，在很大程度上是要学习日本崛起的原因。因此，从一开始，留学日本便会天然倾向于政治。

而和美国拒绝留美幼童进入军校不同的是，日本的陆军士官学校对中国学生是开放的。从1899年日本陆军士官学校招录第一期中国学生起，到1942年停止，总共招录了1638名中国学生。这些毕业生回国后，成为军界重用的对象，而像云南讲武堂和黄埔军校等不少教员也是来自日本陆军士官学校的毕业生。

由于政界和军界比较重视传承性，导致留日学生自然会形成很强大的势力，相互提携。时间一久便在政界和军界形成很强的势力。

而从美国留学来看，一开始便是侧重学习科技。在军事上，美国政府拒绝留美幼童进入军校学习，这也是导致清政府提前结束留美幼童项目的重要原因。而后来即便开放了西点军校等军事院校给中国学生就读，但由于毕业生的人数极少，且毕业的时间与日本陆军士官学校相比较晚，较难形成一股势力，导致其整体并没有什么特别大的作为。

其中比较知名的有孙立人，其毕业于弗吉尼亚军事学院。陆小曼前夫王赓则毕业于西点军校。梁启超三子梁思忠毕业于弗吉尼亚军事学院和西点军校。孙立人在中国远征军当中是一员猛将，但在军界本身并不受信任和重用，命运多舛。和孙立人一样的是，王赓也曾在由留美回国的宋子文所组建的税警总团任职。梁思忠年仅25岁便做到了炮兵上校，但很可惜英年早逝。

而留美归国学生在科技、教育上则有相当大的作为。如在23位"两弹一星"元勋当中，仅有2人没有出国留学经历。其中去美国为最多，达到了11人；其次为英国，有5人；到德国和苏联留学各有2人；去法国留学的有1人；而去日本的则一个也没有。在民国大学校长当中，清华校长梅贻琦和北大校长胡适均是从美国学成归来。

另外，留学日本和美国有这么大的差异，还有个很重要的原因是，留学美国路途遥远，费用高昂。这导致留学生要么家境特别优越，如梁思成和林徽因；要么是得到了庚子赔款的资助，如胡适等。不管是家境优越还是得到庚子赔款的专项资助，这些人都在很大程度上是社会受益者，天然会导致对政治不太敏感或者不大关注，而是更愿意关注科技或者教育。而清廷由于担心学生学习文科容易滋生革命思想，所以要求官派留学生均要学习理工科，而庚款留美学生则有八成要学习理工科的要求。

再来看日本留学，由于日本离中国近，且费用比较低，导致留日人数多且构成复杂。尤其是在1905年，科举考试彻底废除后，传统的读书入仕路径没有了，新式学校又没有建立起来，导致大批中国学生到日本留学。而这些学生在很大程度上会反思中国社会治理的问题所在，天然会关注政治。

《环球中国学生会年鉴》封面

我从 1924 年《环球中国学生会年鉴》电子版上，看到有 38 家公司投放了广告，总收入为 1218.4 银圆，按照一银圆相当于现在 400 元购买力估算，约为现在的 48 万元，平均一家 1 万元多点，这价格不算贵。从广告客户构成可看到百年前留学生和现在留学生的需求差异。银行是唯一的共同点，虽然金融服务手段有差异但核心内容是类似的，即转账和购汇。百年前留学生需求集中在衣食住行，比如照相、香烟、药品、西服等。有意思的是硬需求——轮船公司反而没有广告，这有可能是轮船当时为稀缺资源，一票难求，轮船公司自然不用做广告，所以年鉴组织者专门提供代买票服务。

聚焦：苏联和东欧

在 20 世纪的上中叶，中国在不断尝试和运用不同的教育模式。初师从日本，再曾短暂推行过法国大学区模式，后长期试验美国模式。而在 1949 年后，中国则推行苏联教育模式，这也是中国最后一次试验外国的教育模式。

受教育模式转变的影响，1949 年后，中国一方面动员在美国等西方国家的知识分子回国工作，整个20世纪50年代有3万多名在欧美的留学人员回国；另一方面，中国主要向苏联、东欧国家派遣留学生。而在1957年到1963年，中国还向意大利、比利时、瑞士、瑞典、挪威、丹麦等国家派出200多名留学生或者进修生，大部分去学习语言。⑦

为此，从1949—1978年，美国和日本的留学基本上停止了。一直到1978年留学重启后，美国才逐渐成为中国学生留学首位目标国。

参考文献

①②马国贤著，李天纲译，《清廷十三年——马国贤在华回忆录》，上海古籍出版社，2004年4月出版，第30—32页。
③温秉忠编，《最先留美同学录》，1924年。
④⑥[加]许美德、[法]巴斯蒂等著，《中外比较教育史》，上海人民出版社，1990年7月出版，第112、20—21页。
⑤实藤惠秀著，谭汝谦、林启彦译，《中国人留学日本史》，生活·读书·新知三联书店，1983年8月出版，第36页。
⑦教育部离退休干部局编，《亲历70年——教育部老同志庆祝新中国成立70周年文集》，高等教育出版社，2019年9月出版，第286页。

第二节　留学美国

自1872年清廷派出首批留美幼童后，美国一直是中国学生的重要留学目的地。

1941年12月7日，日本海军偷袭珍珠港后，中美联盟共同抗击日本。尽管此时中国学生前往美国留学不便，但通过转道印度等方式，仍然有不少中国学生前往美国留学。

1949年到1972年期间，中美在政治和军事上一度对抗，留学美国自然无从谈起。而在1978年留学重启后，美国则又一次成为中国学生的留学主要国家。

历史总是在不断重演。1925年，当时在美留学的学生来自97个国家，总数为

7510人，其中中国学生占到了1/3，高达2500人。①现今，中国学生数量在美国独占鳌头的情况也长期存在。根据2023年美国门户开放报告，2022—2023年度，前往美国留学的国际学生总数为1 057 188人。中国学生为289 526人，占到国际学生总量的27.4%，为美国最大的留学生群体。

纵观中国学生留学美国的过程，大致可以分为三个阶段。首先发轫于清末的留美幼童，其次是清末民初庚款留美，最后是现在的留美之风。1978年后的留学美国有专门的章节进行介绍，为此，本节重点介绍留美幼童和庚款留美两个阶段，以留美幼童李恩富和庚款留美生胡适的经历为一斑，窥见那个时代的留美概况。

无处归属的李恩富

在一个大雨瓢泼的秋日下午，我赶到了上海美国学校浦东校区。上海美国学校是上海一所知名的外籍人士子女学校，每年有不少毕业生能够拿到美国顶尖名校offer。该校始建于1912年，1949年后一度停办，在1980年复校。上海美国学校有浦东和浦西两个校区，其浦东校区离浦东机场很近，位于大都市但又远离闹市区的喧嚣，倒也是读书的好地方，学校选址也可谓是用心良苦。

我拜访的对象是时任上海美国学校浦东校区高中部校长李班明（Benjamin Lee）。李班明的身世比较特殊，其曾祖父李恩富是第二批留美幼童之一。1873年，13岁的李恩富离开广东老家到美国学习和生活。而在2016年，李班明从美国过来上海执教。一出一进，这跨越143年以及延续四代耶鲁大学校友子女（legacy），让这个家族深深卷入中国从最早的官派留学——留美幼童到现在美国成为中国学生第一留学目标国的留学浪潮中，而家族命运也随之起落。

我是通过珠海容闳与留美幼童研究会秘书长、容闳博物馆馆长杨毅知道李班明的。杨秘书长长期关注留美幼童，和留美幼童后裔有比较多的联系。在他的帮助下，我联系上了李班明，并约他见面进行了交流。

如果不是事先知道李班明的身世，光从外貌上很难看出白人模样的李班明具有中国血统。中国血统在李班明的祖父辈中曾一度讳莫如深，李班明的父亲在结婚之前才被祖父告知具有中国血统。

1984年，正在读高中的李班明随父亲第一次来中国。1992年从耶鲁大学本科毕业后，李班明选择参与雅礼协会的外教项目，到武汉的华中师范大学做外教。雅礼协会的这个外教项目不一般，具有上百年的历史。我在这里得给读者朋友们稍微介绍下其背景。

华中师范大学和雅礼协会有一定的渊源。华中师范大学的前身为私立华中大学，在1929年合并了由雅礼协会在1906年所创办的长沙雅礼书院大学部。雅礼协会在长沙设有学校，为解决师资极度匮乏的问题，从1909年开始推行了学士教员计划，即从耶鲁大学的毕业生中招募志愿者到雅礼系学校进行教学，到中国从事两年的英语教学任务。1950年到1984年，学士教员计划出于众所周知的原因停止。而李班明所参与的华中师范大学外教项目便是雅礼协会重启的学士教员计划之一。

华中师范大学的两年外教合同期满后，李班明离开中国返美。1999年，李班明获得耶鲁大学硕士学位。研究生毕业后，李班明先后在迈阿密、西雅图等地从事学校工作。

在西雅图工作初期，李班明所在的西北中学国际部每年招收100个国际生，中日韩基本上各占1/3，工作7年后，李班明发现学校国际部的学生则全部来自中国。由于国际部生源主要来自中国，李班明每年来往中国招生。在离开中国10余年后，李班明因工作关系和中国又再次产生了密切联系。2016年，李班明得到一位朋友推荐，到上海美国学校浦东校区担任高中部校长工作至2023年年底，后返回美国做一所学校校长。

1873年，李恩富从上海坐船经日本横滨到旧金山，然后乘坐火车到达马萨诸塞州的春田市。1881年，清廷召回留美幼童，李恩富在国内待了约两年，之后便重返美国。一直到1927年，李恩富才重返故乡广东，11年后李恩富与家人和朋友失联，推测有可能殁于日机的轰炸。

在李恩富从上海坐船到美国的143年后，他的曾孙从美国到上海工作，而且所从事的也是教育。李班明提到，在中国人又开始大量将孩子送到美国就读的背景下，中国人对曾祖父李恩富的留学故事产生了浓厚的兴趣，他们想了解这些留学先驱们的经历。

李恩富是第二批留美幼童之一，在1873年从上海到美国。

和其他留美幼童相比，李恩富有两个很独特之处。一是留美幼童最初在挑选时，由于当时国人对美国不甚了解，赴美留学被视为一条不归路，大部分的幼童来自农家或者是商人子弟。但李恩富却是来自读书家庭，其祖父做过官。二是留美幼童主要在国内发展，极少留在美国发展。而李恩富则是其中的特例之一。在清廷召回留美幼童后，留美幼童失去了政府给予的资助，加上此时《排华法案》的执行，留美中国学生也很难在美国找到工作，为此回到国内工作成为主流。但李恩富在1884年重返美国后，一直在美生活到1927年。

李恩富虽然出自官宦家庭，但父亲在他9岁时便去世，家道中落。当他从在上海的堂兄那里知道了留美幼童项目外,便毫不犹豫要参与。他在自传《我在中国的童年》中写道:母亲没有逼我报名,而是让我自己决定去还是不去。我觉得自己骨子里是有冒险精神的,能有机会看看外面的世界正是我求之不得的事情。所以,我毫不迟疑就接受了堂兄的建议,准备赴上海报考。②

李恩富先到上海的留洋预备学校学习了一年,和李恩富一起学习的有40名学生。学习一年后根据学业情况选出30人赴美留学,李恩富被选中。1873年,李恩富等30人作为第二批留美幼童赴美留学。在第二批留美幼童中,有个叫温秉忠的广东人,这人虽然在群星闪耀的留美幼童中并不起眼,但对中国历史却有着不可忽视的影响。温秉忠是李恩富的广东老乡,他在留美期间认识了宋氏三姐妹的父亲宋嘉树。1885年,宋嘉树回国在江苏昆山一带传教,后在上海偶然重逢老朋友温秉忠。温秉忠此时在上海海关工作,得知宋嘉树未娶,便将自己的小姨子介绍给了宋嘉树为妻。温秉忠后受清廷指派,先后两次率团到美国考察教育,在两次赴美考察教育期间,温秉忠将自己的外甥女即宋氏三姐妹带到美国留学。此后,宋氏三姐妹分别嫁给了中国最有权势和影响力的政要,对中国历史产生了重大影响。

到美国后,由于是官派留学,费用有保障,同时留美幼童是政府合作项目,留美幼童多被安排到了美国的精英阶层寄宿。李恩富回忆到:我们被分配到各个寄宿家庭。这些家庭可以称得上是新英格兰地区条件最好的人家了。因为留美幼童项目是中美两国政府都批准支持的,所以寄宿的家庭都是经过挑选的好人家。他们不仅要照料我们的衣食住行,还要承担我们的教育重任。现在想来,他们得多么具有博爱精神才可以包容我们啊。③

虽然初到美国的李恩富英语很差,与住家的交流只听懂了学校这个单词。不过,李恩富确实很有语言天赋,很快便解决了语言问题。李班明评价说,曾祖父自传《我在中国的童年》一书的英文水平很高,不太像是中国人所写。

由于有政府的费用支持,有住家的关心,我估计李恩富在这段时间应该是过得很快乐,也与住家建立起了深厚的感情。李恩富在春田的住家主人叫亨利·维尔(Henry Vaille),李恩富第二次婚姻所生的长子的名字中便含有 Vaille,这应该寄托了李恩富对住家主人的怀念与感激之情。赴美7年后,李恩富以全班第一名的优异成绩从高中毕业,在英文写作上还获得了学校的最高荣誉。1880年秋天,李恩富进入耶鲁大学就读。有可能是受到留美幼童推手容闳的影响,耶鲁大学成为留美幼童中最受欢迎的大学,除李恩富外,1880年还有5名留美幼童进入耶鲁大学就读。在留美幼童就读了大学的43名学生中,有20人到耶鲁大学就读,麻省理工学院以8人位居第二。④

这种快乐的日子在 1881 年夏天戛然而止。清廷勒令留美幼童全部回国，刚读完大一的李恩富，被迫离开耶鲁大学回国。回国后，李恩富和其他留美幼童便感到好日子不再有了。他们回国后不受待见，有被当成罪犯之感。李恩富被安排到天津海军工作，但在 6 个月后，李恩富就擅离岗位逃到香港。

李恩富想重返耶鲁大学完成学业。但此时经济压力无疑成为一座大山，政府资助不可能再有，而家道中落的家里也不可能给他提供资助。为维持生计和完成学业，李恩富依靠自己的写作和演讲能力，开始发表文章赚取稿费维持生活。他在杂志上发表系列文章，以个人的成长经历介绍中国。1887 年，他将这些文章结集后出版了《我在中国的童年》(When I Was a Boy in China) 一书，这本书让李恩富成为第一位用英语出版书籍的亚裔美国作家。

1887 年，李恩富可谓是三喜临门。除从耶鲁大学毕业和出版《我在中国的童年》著作外，他和母校所在地纽黑文地区一位富有白人家庭女子结婚，这在当时排华猖獗的美国社会引发关注。

1882 年 5 月，美国国会通过了臭名昭著的《排华法案》，禁止华工移民或到美国工作，《排华法案》的实行，让中国人在美国备受歧视。根据法案的规定，在 1873 年便已经赴美的李恩富得到允许，仍然能够留在美国。此时是排华猖獗期间，李恩富和富有白人女子的婚姻自然引起了关注，据说他们缩短了蜜月时间，因为每当他们一起去散步的时候，就会被无数双好奇的眼睛注视着。⑤

但很不幸的是，这场婚姻只持续了三年便以离婚而告终。李恩富的结婚和离婚都备受美国媒体关注。我从收集到的各方面资料来看，对离婚之因有两种说法，一个是耶鲁校友杂志文章中提到，李恩富妻子认为他私生活混乱，对婚姻不忠，并暗示李患了性病。李恩富拒绝回应妻子的指控，对记者提到是和岳母关系紧张导致离婚。⑥另一个说法是李恩富从耶鲁大学毕业后，致力于为在美华工发声。1889 年，李恩富发表了演讲文章《中国人必须留下》，批评美国政府的排华政策。此时，排华最为严重的地区是美国西部，长期生活在东部的李恩富感觉远离西部，他为华工发声有点鞭长莫及，为此转到西部城市旧金山工作。李恩富远离东部家庭，最终造成了婚姻的破裂。

我们很难判断是什么原因导致李恩富的第一次婚姻失败。不过可以肯定的是，在美国社会排华猖獗期间，其第一任妻子愿意嫁给他，应该是抱有莫大的勇气和挚爱之心，但婚姻最终还是败给了残酷的社会现实。

李恩富和第一任妻子所生的儿子 Gilbert 在 1910 年毕业于耶鲁大学，后到法国参加"一战"。1918 年 7 月 11 日，29 岁的 Gilbert 所开飞机被高射炮击中导致机毁人亡，此时离"一战"结束只有 4 个月时间，其阵亡令人扼腕叹息。Gilbert 的遗骸被母亲和姐姐从法国带回，安葬在出生地纽黑文，与中国叶落归根的传统倒是比较契合。白发人送黑发人，李恩富的第一任妻子、Gilbert 的母亲面对儿子的阵亡想必是无比的痛苦。我没有看到 Gilbert 有结婚生子的记载。李恩富的第一任妻子应该没有再嫁，和毕业于曼荷莲学院的女儿长期生活，其女终身未嫁，在纽黑文公共图书馆工作到退休。

自 1890 年第一次婚姻结束后，李恩富频繁跳槽，做过多份工作。离婚 7 年后，在田纳西州的纳什维尔，李恩富与一名叫苏菲的白人女子结婚。第二次婚姻虽然持续了 30 年，但最终也以离婚结束。1927 年，在与第二任妻子所生的次子 Louis 从耶鲁大学毕业后，李恩富与第二任妻子离婚，并返回中国，此时他已经 66 岁。返回中国的李恩富再也没有回到美国，1938 年 3 月，李恩富在跟美国朋友联系时，提到日本飞机对广州进行了轰炸。之后李恩富杳无音信，估计他是在日本飞机轰炸时遇难。全面抗战爆发后，为阻止中国从海上进口抗战物资，日军全面封锁中国的海岸线。由于香港和澳门此时属于英国和葡萄牙管治，日军无法封锁，因此广州成为抗战物资的转运中心，从而引来了日机的狂轰滥炸，并在 1938 年 10 月被日军攻陷。

李恩富的第二次婚姻也生育了两个孩子。长子 Clarence 从安纳波利斯的美国海军学院毕业后服役，参加过"二战"。"二战"结束后，长子回到海军学院教书直到退休。次子 Louis 进入耶鲁大学就读，1927 年大学毕业后从事建筑工作。

一直到 1943 年，美国《排华法案》才被废除，此时李恩富去世估计已有 5 年。李恩富和两任白人妻子所生的孩子均遭到了歧视。李恩富和第一任妻子生育的两个子女由妻子带大，离婚后，李恩富的痕迹从家里被抹去，子女随母姓。虽然家里并没有中国文化的痕迹，但因为长相，导致两个子女也没有多少朋友，在孤独中长大，都没有嫁娶，也有留下后裔。

第二次婚姻所生的长子 Clarence，因当时驻军所在地加州规定，中国人和白人结婚属于违法，他不得不到亚利桑那州结婚。次子 Louis 想加入当地的俱乐部，也因有中国血统而遭到拒绝。

Louis 的儿子理查德·李在 1960 年从耶鲁大学本科毕业后，准备迎娶女朋友苏珊。在得知这个消息后，Louis 特意找到儿子告诉他家族有中国血统，这时理查德·李才第一次知道自己有中国血统，之前一直以为自己是白人。

父亲担心苏珊以及她的家人会介意理查德·李有中国血统，进而取消婚礼。为此提前告诉这个秘密，好在中国血统并没有影响苏珊最终嫁给理查德·李。

理查德·李后来成为纽约州立大学布法罗分校的一位教授，在事业上获得成功后，理查德·李越发关注自己曾一无所知的祖父。20 世纪 80 年代，理查德·李受邀到中国访问，儿子李班明和他一起到北京。从中国回来后，理查德·李在 2003 年重新出版了李恩富的著作《我在中国的童年》，10年后，理查德·李去世。

从北京回来后，李班明对中文感兴趣并开始学习。李班明的哥哥马修·李（Matthew Vaille Lee）从乔治城大学毕业后，选择做记者，继承了李恩富的衣钵。马修·李参加美国政府各种新闻发布会，对涉及中国的话题，常反驳新闻发言人，进而被中国人所熟知。

和李恩富第一次婚变引来美国媒体关注相比，第二次婚变有点悄无声息，婚变原因也无从知晓。20世纪二三十年代的中国政局动荡、战乱不断，老无所依的李恩富继续工作，在广东教过书和做过媒体老本行。晚年李恩富估计经济拮据，因他曾向子女写信求资助。

耶鲁校友校刊介绍李恩富的特写文章标题是"Neither Here Nor There"（《无处归属》），这很形象和到位。李班明认为自己曾祖父是在任何地方都没有家的感觉的人。

李恩富在中国广东出生，12岁后到美国生活和学习，66岁重回中国，其间只是在留美幼童被召回后在中国短暂待了两三年时间。离开家乡长达54年之久，在此期间也看不到李恩富和家乡有多少紧密联系。为此，等重返广东故乡时，李恩富估计也找不到几个相识的家乡人，在故乡自然也不会有什么归属感。

在美国，即便李恩富生活了54年，又毕业于美国的顶尖名校，经历了两次婚姻，但在《排华法案》推行和种族歧视的社会背景下，他也没有真正融入美国社会，美国社会也没有真正接纳李恩富。

李恩富为在美华工所遭受的歧视发声，在面对社会不公时，他站出来发声，但单凭个人力量很难改变和扭转这些状况。面对这种情况，李恩富很容易产生无力与挫败感。

李恩富大学毕业后在从事一项类似堂吉诃德大战风车的事情，其本身带有一定的悲剧性。在事业上，李恩富孤立无援，没有来自母国的支持。从他的经历来看，他跟中国政府几无交集，和善于与政府官员接触和交流并借助其力量的容闳形成天壤之别。

当李恩富擅离天津海军岗位重返美国后，清廷之门再也没有向他打开。在清廷召回留美幼童时，也有一些留美幼童滞留或重返美国。比如曾和李恩富在同一个家庭寄宿的容闳族弟容揆，在清廷召回留美幼童返程时，隐匿下车留在美国，在耶鲁大学完成学业。容揆后主要在中国驻美使馆工作，并参与庚款留美项目，一生虽未大富大贵但也算是衣食无忧，与李恩富颠沛流离的生活形成鲜明对比。在有关李恩富的各种材料中，鲜有他重返美国后跟其他留美幼童交往的记载，更没有得到已在中国发达的昔日同窗好友提携的介绍。而他在1927年回国后的经历，相关信息也更是寥寥。李恩富在他的朋友尤其是留美幼童群体中似乎是个没有存在感的透明人。

在重返美国之前，李恩富已经皈依了基督教，先后娶了两任白人妻子，但李恩富仍然没有被真正认可。在异国他乡学习、工作和生活了54年，李恩富仍然是个外人。而故乡也回不去。为此，李恩富的一生是无比的孤独，无国无家，甚至可能无友。这也是李班明怜悯自己曾祖父的地方。

李恩富最终如何死的以及死在哪里，则无人知晓。《无处归属》这篇文章对此做了评价，我感觉写得很棒，大致意思我翻译如下：中国传统习俗认为，人死后要长眠在中国的土地上，由儿子来传宗接代，并通过祭祀来获得灵魂的解脱，否则会成为孤魂野鬼。李恩富无论是生还是死，都停留在两个世界之间，无处归属。没有人会照料他的坟墓，正如他没有照料过自己父亲的坟墓一样。不过，作为一个处在两种文化交汇之间的人，李恩富最终葬在哪里是未知的，这也许是很好的安排。因为他既不受中国传统习俗的束缚，也与美国种族主义保持距离。因此，李恩富是安息在自己的空间里。⑦

尽管现在的留学生和李恩富时隔百年之久，但这种归属感问题却是一直存在的。我在全国各地做学校调研时发现，越好的国际学校、国际部越强调中国文化的熏陶。从大的方面来说，越民族也越国际。从小的方面来说，这也是让我们的孩子有自己的文化归属感。从这点来说，意义重大。

李恩富在美国命运多舛，而留在国内的留美幼童发展也并不顺畅。回国初期并没有鲜花掌声，而是被当成囚犯关起来，并不受待见。不过，这些饱受欧风美雨熏陶的学子是当时中国社会难得的人才，虽然历经清末民初政局的跌宕起伏，但最终还是凭借自己的才干，为国家做出了贡献，涌现出清华大学校长唐国安、民国第一任总理唐绍仪、铁路之父詹天佑等大批人才。

从美国顶尖名校毕业后，李恩富本应前途光明，但他选择了一条艰难与曲折的人生道路。百年后，他的人生和著作日益引起关注。李恩富的一生充满了诸多的落差与矛盾，从官派留美受清廷精心关照到被召回后擅离岗位与清廷对抗，从留美衣食无忧到重返美国后的囊空如洗，迎娶两位白人妻子却均以离婚收场且家人对其存在一度讳莫如深，为饱受《排华法案》折磨的同胞发声却回应寥寥无几的无力与沧桑。李恩富人生曲折，跟其个性固然有密切的关系，但也一直跳不开他这个时代所施加的有形或无形的枷锁。

尽管李恩富的留学已时隔百余年，但他一生所碰到的政治博弈、事业发展、心灵归属、跨国婚姻等诸多问题，并没有随着时间的推移而消失，现在也仍然困扰着留学家庭和留学生。因此，李恩富这位留学前驱的一生，向现在学子们展示出了最早期留学生在处理这些问题时的成与败、苦与乐、喜与悲，进而给出启发或警示。

K12阶段的留学均属于低龄留学，而李恩富的留美无疑属于典型的低龄留学。低龄留学生处在三观形成的阶段，如果处理不好则会形成不东不西、不是东西的尴尬结果。如果说留美幼童以及李恩富的曲折经历，给我们展示了最早期的留学生画面。那么庚款留美则是另外一种局面。胡适便是其中的一个经典案例。

邻家大哥胡适

留美幼童是典型的低龄留学，其三观的形成则更受美国的影响，这也是不少留美幼童最终皈依基督教的重要原因，并成为清廷提前结束留美幼童计划的重要促因。1909年，庚款留美项目开始后，清廷则实行了另一个极端，即要求应考学生是在读大学生或者大学毕业生。庚款留美学生已经成年，新旧兼学，博古通今，出现了一大批大师，其中胡适便是典范。

如果说李恩富是位斗士，那么胡适更像位邻家大哥。在胡适的日记中，看他对自己沉迷打麻将而懊恼，对儿子成绩转变而勃然大怒，让我有同感，这活脱脱是一副邻家大哥的形象。

胡适于1891年在上海出生，此时家境还不错。胡适出生的时候，父亲胡传已经50岁，是名官员，在胡适4岁时病死在厦门。父亲的去世，让胡适早熟。在中国历史上，有不少父亲早逝的名人，比如孔子、孟子、鲁迅、茅盾等。由于父亲的早逝，他们饱尝社会冷暖，心智早熟，最终凭借自己的努力而成就了一番事业。

胡传死前担任台湾台东直隶州知州，任职期间正逢中日甲午战争，清廷战败后将台湾割让给日本。在甲午战争爆发后，胡适随母从台湾返回徽州绩溪老家。而胡传留在台湾坚守，但因患了脚气病而不得不离台，不久便死在厦门。

胡适在老家待了9年，接受了启蒙教育。1904年1月，胡适与江冬秀订婚，一个月后，胡适跟从三哥到上海，就读梅溪学堂。梅溪学堂是胡适父亲好友所创办，相当于小学阶段。一年后，胡适转到澄衷学堂就读，这所学校相当于中学阶段。胡适在澄衷学堂期间，开始学习英语。

1906年，16岁的胡适考取了刚创办的中国公学。胡适就读中国公学后，参与了《竞业旬报》的编辑工作，并在这份刊物上发表小说、诗歌和文章等，开始了其文学之路。1908年，由于中国公学内部管理出现了分歧，部分退学学生创办了中国新公学。胡适选择了到中国新公学。此时，中国新公学师资短缺，加上胡适已经家道中落，不但没有钱来资助读书，还需要寄钱供养母亲。为此，胡适在中国新公学兼任英文教员。胡适只是在澄衷学堂学了点英语，却能做大学的英文教员，让人惊讶。我估计是因为中国公学乃至中国新公学是由留日学生所创办，英语不是他们主修的外语，所以学生英语水平较低，才让胡适这个半吊子学生也能做英文教员。

1909 年，中国新公学解散并合并到中国公学。19 岁的胡适失学又失业，在上海过了一段放荡的生活，打麻将喝花酒，还曾醉酒跟巡捕打架被捕。这种放荡的日子大概持续了半年之久。

1910 年 5 月，胡适和二哥一同去北京温习功课，7 月考取了清华庚子赔款留学美国官费生。根据胡适的回忆，留美考试分为两场，第一场考国文和英文，他当时国文考试题目为《不以规矩不能成方圆说》，他的应答文章得了满分，英文则考了 60 分。第一场考试总分排第十名。

第二场考各种科学，有西洋史、动物学、物理学之类的，胡适是临时准备的，所以成绩不太理想，但由于第一场考试成绩比较高，最终胡适以第 55 名成绩获得录取，成为第二批庚款留美 70 人当中的一员。⑧

胡适之前在学校里面一直是用胡洪骍这个名字，因害怕落榜而被取消资格，所以用了胡适这个名字。考取后，他便一直叫胡适了。而胡适的取名与《天演论》有关，胡适很喜欢《天演论》这本书，便从这本书的名句"物竞天择，适者生存"中抽用了"适"作为名字。

1910 年 8 月，20 岁的胡适赴美留学，进入康奈尔大学就读农业。康奈尔大学的农业专业是挺有名的，如果胡适喜欢农业，康奈尔大学是很好的选择。不过，尽管胡适曾长期在绩溪老家农村生活过，但在学习农业功课时很吃力，几百种苹果的分辨让他头昏脑涨。

从大二开始，胡适转了专业，转入康奈尔大学文学院，学习哲学、经济和文学，自此如鱼得水。不得不说，美国大学灵活的就读机制给胡适提供了机会。1914 年 6 月，胡适从康奈尔大学顺利毕业，获得学士学位。

一年后，胡适进入哥伦比亚大学哲学系，师从大名鼎鼎的杜威。1917 年 6 月，胡适在哥伦比亚大学就读两年后便回国，虽然通过了哲学博士学位的最后考试，但由于没有提交论文，胡适此时并没有拿到哥大的博士学位。

回国后，胡适一是确定在北京大学任教，二是回到绩溪故乡与江冬秀结婚。而胡适与江冬秀的结婚则被视为民国期间的一件怪事。作为新文化先锋的胡适，却遵从母命迎娶了江冬秀。

我曾经去安徽绩溪县上庄村胡适故居参观过。从绩溪火车站到上庄村路上的景色和我江西老家差不多，多山，但山都不是很高。前去参观时为夏天，路上不断可以看到采好桑叶回家的村民，司机说养蚕是绩溪农村的重要副业。不过，养蚕很辛苦，每天都需要风雨无阻去采桑叶喂蚕。

让我感到十分意外的是，上庄村看起来十分干净，村路面上少见垃圾，而且溪水从各个房屋边流过。即便我去的这几天下了雨，但溪水看起来还是十分的清澈，估计晴天更干净。我看了胡适故居游客登记表，前来的游客很少，一天不到10个人，还主要是上海、北京、大连等外地的游客，其中我看到了北京大学汇丰商学院赠送了锦旗。

徽州的房子其实是很不适合居住的，当地人有一步到房，二步到床，三步到墙的说法，讲得便是徽州因土地稀少，房子建得比较小。徽州的房子没有窗户，即便是大白天，里面也是黑咕隆咚的。古时徽州人外出经商，家里只有女眷、老人和小孩，基于防盗和社会礼仪等多种因素，最终形成了徽派建筑风格。

胡适与江冬秀的婚房在故居的西边，这点很符合农村的宗族伦理，即儿子是按照排行来分尊卑的。胡适那时即便是从美国学成回国，也必须住在西边。徽州这边是东为大，西为小。胡适母亲的房子也是在西边的。

胡适在民国期间是个十分奇怪的人物，也是个矛盾的结合体。他发起了新文化运动，但遵从母命，娶了个小脚妻子。不过，也正是因为这点，胡适在老家备受尊敬。胡适的婚姻蛮有意思，这也能让我们明白为何民国时期原配多被抛弃。

男女婚姻要经过三个阶段，即人生要结三次婚。第一次是与优点结婚，郎才女貌，大家会觉得比较般配，这是男女优点的结合。第二次结婚则是和缺点结婚，结婚几年下来，男女双方的缺点便暴露出来了，仆人眼中无伟人，更何况是朝夕相处的夫妻。这个时候能不能容忍双方的缺点，则是确保婚姻持续的第一个坎。第三次结婚便是和家庭结婚，夫妻能够和睦相处还不够，还有婆媳关系、翁婿关系要处理。

我翻看民国名人传记，发现二婚、三婚比比皆是。具体名字不点了，相信大家能够说出一大堆。我查看了下，似乎胡适与江冬秀是其中屈指可数的没有离婚的民国名人夫妻，虽然胡适也曾出轨过。

仔细琢磨下，民国那些原配有个共同的特点，即基本上是父母之命，媒妁之言，当事人基本上没啥决定权。像李宗仁原配李秀文直到洞房才看到丈夫到底长得啥模样，原本忐忑不已，当看到李宗仁长得还挺帅的，这才放下心来。鲁迅则干脆被家里人忽悠回家成亲，家里以母病为由把他从日本叫回来和朱安成亲，想必他当时是又痛恨又无可奈何。

父母肯定爱自己的孩子，也肯定想为自己的儿子找个好媳妇。而好媳妇的标准是什么呢？跳不出中国那些传统的贤妻良母型标准。父母选媳妇，一下子进入刚才说的第三次结婚。双方父母没啥意见，估计婆媳关系也不会弄得那么僵，毕竟媳妇是自己找的。即便婆媳关系不好，能说当初自己眼瞎没看准人吗？也只能打落牙齿往肚里咽。所以，如果夫妻双方对上眼，婚姻反而会比自由恋爱更稳定，道理便是如此。

但问题是，民国时期中国正处在新旧社会转型阶段。在政治上，由帝制向共和体制转变；在文化上，新文化在崛起。不少"草根"阶层青年从乡村、小镇乃至县城来到大都市，或者出国留洋。这些民国"草根"青年或从政或从军或从教，成为民国时期社会精英和上层群体。

一方面他们在推进中国的变革，另一方面却不能不承受来自家庭给予的无形束缚。中国的传统根基在农村，即便到了民国时期，中国农村的根基也并没有发生根本性转变。在这个崇孝的年代，反抗父母无疑是件严重的事情。于是，在他们的婚姻上便出现了扭曲，加上在城市里生活，刚开始往往还需要家庭资助，无法拒绝家庭找的原配，但自己又无法或者不愿意和原配生活在一起。时间一长，他们的选择则是抛妻别子，在城市里另建小家。

他们不敢反抗父母的意愿，但又想追求自己想要的生活，于是，冷落或者抛弃原配则成为选择。为此，事实上，他们所抛弃的并不是原配而是父母，这源于两代人之间的冲突与代沟。他们原先之所以会结婚，来自孝道或者出于经济压力。当父母去世或者当他们能够自给，这些原配们则往往成为牺牲品。

而胡适不和江冬秀离婚，不仅仅是江冬秀个人泼辣，还在于胡适骨子里仍然有着传统的痕迹。在家乡，他必须遵守当地的习俗，照顾好寡母所选择的媳妇。

对和江冬秀的婚姻，胡适的解释挺有意思，大致意思是他要改造中国传统社会，但首先他必须先融入这个社会，获得大家的信任后，才有可能来进行改造。和江冬秀的结婚，便是他向传统的妥协与认可。我想，这也应该是胡适受人喜欢的一个重要原因。

回国前后，胡适成为新文化运动中倡导文学革命的积极分子。1917年1月，胡适在《新青年》杂志上发表《文学改良刍议》，大力提倡白话文和新文学，反对文言文和旧文学。

1917年9月到北大工作后，胡适更是成为新文化运动的积极分子，并曾参与《新青年》杂志的编辑工作。1928年，胡适开始担任自己母校中国公学校长。三年后，胡适重返北京，担任北京大学文学院兼中国文学系主任，一直任职到1937年。1938年9月，胡适开始从政，担任了驻美大使。1942年，胡适辞去了驻美大使职务，并移居纽约从事学术工作。1945年9月，胡适被任命为北京大学校长。1949年4月，胡适前往美国，在美国普林斯顿大学担任图书馆馆长。1954年，胡适开始在台湾工作，

1957年，胡适担任"中央研究院"院长。1962年2月，胡适在参加欢迎"中央研究院"新院士酒会结束时，因突发心脏病而猝死。

参考文献

①陈潮著，《近代留学生》，中华书局、上海古籍出版社，2010年3月出版，第38页。
②③李恩富著，刘畅译，《我在中国的童年》，福建教育出版社，2013年6月出版，第90、104页。
④⑤⑥⑦Mark Alden Branch，"Neither here nor there"，*Yale Alumni Magazine*，May/Jun 2021，链接：https://yalealumnimagazine.org/articles/5324-yan-phou-lee?page=1。
⑧胡适著，《胡适四十自述》，华文出版社，2013年1月出版，第118页。

第三节　留学日本

1894—1895年，中日甲午战争爆发，北洋海军全军覆没，日本完胜。在此之前，中国屡败于英法等国军队，如1884年8月爆发的中法马江海战，船政水师在不到半小时内便几乎全军覆没，这些战败所带来的是割地赔款、开埠通商、允许传教等。对这些失败的反思，中国尚停留在船坚炮利认知阶段，认为自己之所以会战败，是因为列强的武器装备和科技水平远超自己，并没有过多关注自身的政治和文化问题，为此多将自己的子弟送到英、美、法、德等国学习先进科技和军事技术，以及直接购买西方的先进武器和引进设备建厂。清廷很重视军事技术的学习，1881年之所以会召回留美幼童，也跟美国食言、拒绝让中国学生进入军校学习有关。

鸦片战争、马江海战的失败，只是让中国感受到外寒，试图穿上西方军事和科技的外衣来御寒。甲午战争后，泱泱大国居然被蕞尔小国打败，中国民族自信心陷入低谷。甲午战争的失败，让中国寒到骨子里，添衣加被寒不减，意识到需要强身健体，从根本上解决内寒问题。

甲午战争之前，中国和日本也曾多次交战，互有胜负。元朝开国皇帝忽必烈两次大规模的征日战争，均因遭遇台风侵袭半途而废。丰臣秀吉攻打朝鲜和明朝遭失败。中日这几场大规模战争，发动战争者均失利。忽必烈虽两次征日失败，但此时的蒙元正处在强盛时期，征日失败并没有使其伤筋动骨，蒙元的实力仍然可以碾压日本。

甲午战争 10 年后，日俄在中国东北爆发了战争，日本惨胜。这让世界吃惊，也让中国震惊。日本从 1868 年开启明治维新，短短三四十年间，竟然能够打败老大哥中国和列强沙俄，一跃成为世界强国。这对晚清以来任人宰割的中国来说，无疑从日本这边找到了救命稻草和学习榜样。

此时的中国，总结日本之所以能够快速崛起，在很大程度上是对国家从体制上进行了根本性改造，进而在短时间内强大起来。而日本天皇制度、社会伦理以及生活习气，又与中国有很多相似之处。为此，日本无疑成为最合适的学习对象。

留学是两国之间你情我愿的事情。清廷自然有派人向日本学习的强烈愿望，那还得日本这边愿意接纳。面对清廷的"以敌为师"的学习需求，日本则给予了积极反馈，欢迎中国派人前来日本学习。两国军队刚还在战场上斗得你死我活，照理日本应该封锁中国才对。日本为何会有这样的反应呢？

这是中国首次正式向日本学习，而在此之前，一直是日本向中国学习，一千多年前日本向中国派遣了多批遣唐使。对中国学生留学日本历史研究颇深的日本学者实藤惠秀提到，当时日本的报纸杂志并没有把这 13 名中国学生留日之事，当成英雄凯旋或者台湾抗日之类的热门新闻去报道。对日本有识之士来说，这当是一件值得惊喜的事。文学者大町桂月对中国派人来日本学习，认为中国是具有大国风度。而文部省专门学务局局长兼东京帝国大学教授上田万年则提醒需要注意重视承担培养中国学生的重任。[1]

从日本的角度来看，接纳和教育中国学生，有说法是对中国以往给予日本的教育支持的回报。我觉得，更深层次原因可能在于，甲午战争战胜中国后，日本对中国由之前的崇敬转为鄙视，认为中国已经不再是自己的对手，所以教你的子弟也不可能有什么威胁，不怕教会徒弟饿死师傅。同时，在打败中国后，沙俄成为日本下一个对手。为此，日本和沙俄争霸中国东北，也有示好中国和获得中国支持的需求。这点跟英国正好相反，英国是第一个打开中国大门的列强，其在国力和军力上碾压中国，鸦片战争后注重通商，与中国在教育上的合作或者影响，反倒没什么大举动。

如果从这点来理解，就能明白为什么日本陆军士官学校也同样对中国学生开放。在教会中国学生过程中，还可以借此培养自己的势力，有助于日本自己的利益。不过从最终的历史来看，日本无疑没有实现这个目的，从日本留学回来的中国学生，不少成为反日的中坚力量。

1896 年，清廷选派 13 人到日本留学。这些学生是经过总理各国事务衙门选派的官派留学生。日本安排东京高等师范学校校长嘉纳治五郎来负责教育这些学生。

这 13 名学生开了留日先河，之后中国学生留日人数快速增长。1899 年增至两百名，1902 年有四五百人，1903 年有一千人，1906 年达到了顶峰的八千人左右。[②]从 1896 年首批留日学生到 1937 年抗日战争全面爆发为止，留学日本的中国人估计超过五万人。

除派遣学生到日本留学外，清末近代教育体制的建立，更是直接参考和模仿日本的教育模式。日本的近代教育体制建立其实挺晚，1871 年设立文部省来管理全国教育事务，次年颁布了制度明确了从小学到大学的学制。在这过程中，日本十分重视义务教育制度的建立，全民识字率高。中国认为日本这些教育制度的建立和实施，是其迅速富国强兵的根本原因。

清末的教育改革可以说有点疾风骤雨。1904 年，清廷颁布实施《奏定学堂章程》，参考日本模式在全国建立起从小学到大学的制度。1905 年，清廷更是直接废除了延续 1300 多年的科举考试制度。

科举考试在很大程度上是官员选拔制度，中国"以吏为师"的理念将教育和官员选拔结合在一起。尽管清廷也建立起国子监、府学、县学等官办教育体系，但这些官办教育体系主要侧重为获得功名的学生提供服务。而在学生未获得功名之前，其教育主要依靠私塾、书院等私立或者民间教育组织。

科举考试废除后，围绕科举考试所建立的教育体系已经不再适用，为此面临变革的状况。新式学堂和师资均存在短缺问题，导致大量中国学生选择到国外留学，路近、费省、文同的日本成为首选国家。

传统的科举考试和官员选拔机制，让知识阶层或官僚阶层和农村紧密联系，而官员通过科举考试所产生的"同年"友谊和师生关系又形成某种程度上的群体，"天子为师"的选拔机制让这些知识阶层与朝廷保持利益一致。

但在科举考试废除后，传统的教育和官员选拔机制发生了转变。由于新式学堂需要有大量的投入，教育资源日渐集中在城市里。知识阶层开始疏离农村和农民，也与朝廷关系淡薄，而学生在学堂中更易结成友谊和形成团体，尤其是在远离清廷控制的外国，学生成为革命的先锋。

1906 年留日学生数量达到了顶峰，跟清末学制改革不无关系，同时也与日俄战争中日方获胜有关。除人数暴增外，为应对国内师资短缺问题，留日学师范也成为热潮。

但是留日并非一帆风顺，从甲午战争到 1945 年日本战败投降的 50 年间，日本屡屡侵略中国，给中国造成巨大损失和伤害，其在中国的罪行罄竹难书。甲午战争后，中国对日割地赔款。日俄战争在中国的领土上爆发。"一战"后，日本无视中国作为战胜国，掠夺德国在中国的利益，这在中国国内引发五四运动。九一八事变，日本侵占东北。1937年，日本全面侵华开始。

日本侵华战争无疑会影响留日，1937年后留日基本中断，只有伪满洲国等日占区还有学生赴日留学。20世纪20年代，中国摒弃了日本教育模式而转为学习欧美模式。

和欧美留学相比，日本留学更为复杂和多样。不仅是中日关系的变化，同时也是日本学校和学制的复杂性所导致。比如日本留学以私立学校占主导地位，曾一度流行速成教育，留学生年龄和学历水平参差不齐。

清末到民国期间的留日，有很多话题可以讲述。本书侧重从日本的"下克上"传统对中国学生的革命性的影响、黄尊三留学经历，以及留学日本陆军士官学校等三个方面，来解读这个时期的留日情况。

"下克上"事件

中国学生前往日本留学，不可避免会受到日本政治社会等各方面综合影响。民国期间从日本回来的中国留学生，其改变社会的革命性特点十分明显。清廷之所以会支持留日，有考虑到日本为帝制国家，其社会氛围更有利于培养出对清廷忠诚的学生，但结果事与愿违。

这种反差与日本是一个很复杂和矛盾的国家有关。日本人好斗但又和善，尚武又爱美，忠诚无二但又常背信弃义，《菊与刀》这本书对此做过深入的阐述。日本人以忠诚出名，赤穗四十七浪人为主公复仇的故事在日本家喻户晓，但社会上也一直存在"下克上"的传统，如"大名不尊将军，将军不服天皇"。最为有名的两个"下克上"事件，莫过于明智光秀在1582年反叛杀害其主君织田信长以及1936年的"二·二六"事件，这两个"下克上"事件均深刻影响着日本历史走向。

因遭到最信任属下明智光秀的反叛，日本战国枭雄织田信长在即将统一日本前夕命丧本能寺。丰臣秀吉用了12天消灭明智光秀，之后统一了日本。但德川家康笑到了最后，在丰臣秀吉死后消除其势力，建立了持续265年的江户幕府统治。

现在京都还有本能寺，为丰臣秀吉纪念织田信长而另择地建造的。我在京都旅游时，还特意通过导航去看了本能寺原址，原址上立了一块纪念旧址的石碑。石碑上的"能"字比较独特，碑文提到，本能寺遇到过多次火灾，"能"字的右边像两个日语片假名的"ヒ"，ヒ跟火谐音，因此忌讳这个"能"字，本能寺的"能"字写成书法字体的样式。

本能寺的"能"字右边偏旁写成书法字体

　　明智光秀反叛织田信长起因众说纷纭，其中明智光秀的后裔有个观点挺有意思，尽管有为其祖"洗白"之意，但也可以从另外一个层面来观察和了解这次反叛行为。明智光秀的后裔认为，明智光秀反叛织田信长，是因为织田信长在统一日本后，将会收掉武将们的领地分给自己的儿子，而将武将们发配到边远地区，或者将抢占的中国领土重新分配给武将们。由于恐惧自身被发配到边远地区和前途未卜的中国，危及子孙的生存，明智光秀杀掉织田信长来自保。丰臣秀吉、德川家康知晓明智光秀的反叛计划，但均采取了默许态度。

　　日本结束混乱的战国（1467—1615年）时期后，扩大领地成为武将们的必然需求，而朝鲜则成为日本首选侵略对象。丰臣秀吉在统一日本之后，调动15万多的军队攻占朝鲜，最终被增援的明军打败。德川家康放弃了这种对外扩张的模式，而是采取了替换大名解决土地分配问题的方式，为此与中国和朝鲜保持友好关系。明治维新之后，日本放弃了德川幕府睦邻外交模式，屡屡侵略中国，最终在1945年输得精光。[③]

　　另一个日本"下克上"的事件便是1936年的"二·二六"事件，日本陆军中的皇道派青年军官对日本政府以及军队中统制派高级军官进行刺杀。

　　七人在"二·二六"事件中被杀，此事平息之后，日本陆军对政府决策影响力大增，如果陆军不同意陆相人选，则内阁无法成立或者倒台，这意味着陆军已经控制了政府。统制派认为为了对抗苏联，光有满洲不够，还须控制整个中国。而皇道派则认为扩张是件愚蠢的事情，将满洲建设好则足以对抗苏联。"二·二六"事件导致皇道派势力衰落，核心人员边缘化。陆军控制政府以及统制派的掌权，日本进一步加大了对中国的侵略，1937年卢沟桥事变后全面抗日战争爆发。

十分讽刺的是，曾"下克上"执意挑起九一八事变的石原莞尔，后反对日本扩大对中国的侵略，为此自己被"下克上"的少壮军官揶揄"你能这么做，为何我不行"，也只能最终同意对中国扩大侵略。日本对中国侵略的加剧，在给中国带来巨大伤害的同时，也让日本进入万劫不复的境地。约翰·托兰所写的《日本帝国的衰亡》第一章便详细讲述了"二·二六"事件，可见此事对日本历史影响之深。

日本海陆军分别将美苏作为对手，为此日本军部往往将最为器重的军人派往美国留学或派去驻美使馆做武官，最为著名的莫过于指挥偷袭珍珠港的联合舰队总司令山本五十六大将和让美军血流成河的硫磺岛战役日军总指挥栗林忠道陆军中将。这两人均有过在哈佛大学学习和担任日本驻美使馆武官的经历，是日本的美国通，深知美国的军事实力，反对与美开战。但面对日军狂热军国分子，两人反对也无济于事，甚至为此还曾有生命危险。"二·二六"事变中，海军高官也是陆军皇道派青年军官刺杀的对象，山本五十六因在舰队上才幸免于难。但在日本确定对美开战后，山本五十六和栗林忠道两人则是开战战略坚定执行者。针对美军军力强大的优势，两人分别制定出偷袭珍珠港战略和利用硫磺岛地形修建地下工事抵抗战术，给美军造成惨重损失，这也是"二战"太平洋海战中，美军少有的战损率超过日军的两次战役。

日本偷袭珍珠港的同时，派遣军队侵占菲律宾。菲律宾的美菲联军抵抗4个月后，于1942年4月9日向日军投降。约8万美菲联军投降后，在前往战俘营过程中，因受日军虐待，死亡1.5万人，被称为"巴丹死亡行军"。在美菲联军投降以及前往战俘营过程中，多次出现了曾留学美国的日军军官记录。

> 另一个日本兵也抢了一枚戒指，正巧被一个日本军官走过看见。这个军官看到戒指上有圣母大学的印记，就给了那个抢劫者一记耳光，把戒指还给了失主。
> "你是哪年毕业的？"
> "一九三五年。"
> 那个军官脸上露出了遐想的神情，说："我是三五年从南加利福尼亚毕业的。"④

偶尔，也会有个日本兵阻止这种玩笑，对俘虏表示歉意。有一次，一个日本军官急步走过来拥抱一位美国坦克指挥官。原来他们在美国洛杉矶加利福尼亚大学是同班同学。⑤

清廷之所以青睐日本留学，张之洞的《劝学篇》对此做了比较详细的介绍。其中有个很重要的因素是，清廷认为日本是个具有忠君传统的国家，到日本留学有助于中国学生忠于朝廷。但结果却背道而驰，留日学生更多的不是忠君而是"下克上"。

黄尊三留学经历⑥

湘西泸溪县人黄尊三（1880—1950年）在历史上不是什么名人，以至于我向研究过他的专家咨询在泸溪是否有故居或者纪念馆之类可去看看时，得到的回复是没有任何的痕迹，去泸溪也是白跑一趟。不过在回顾留日历史上，黄尊三却很值得写上一笔。黄尊三从1905年5月到1912年7月在日本留学7年间，有记日记的习惯，他将留日学习和生活完整记录了下来，为此成为了解和研究清末民初中国学生留日情况的珍贵一手资料。

黄尊三自小聪慧，17岁便考取了秀才。在获得功名后，黄尊三到湖南省府长沙就读省高等学堂。此时科举尚未废除，国内学堂多以策论为主，但省高等学堂却开设了数理化以及英语和日语科目。黄尊三是优秀学生，获得了湖南公派留日的资格。

此时的湖南巡抚为满人端方。他重视教育，广建新式学堂，派送学生出国留学，创办了暨南大学的前身暨南学堂。端方主政湖南期间，选派湖南优秀学生到日本官派留学，黄尊三因在省高等学堂成绩突出而被幸运选上。

1905年5月13日，25岁的黄尊三踏上前往日本留学之路。两天后到达武昌，当时两湖总督为张之洞。张之洞是日本留学的鼓吹手，其所写的《劝学篇》对推动留学影响甚大。同时，张之洞也管辖湖南，对湖南赴日留学生自然需要见一下。张之洞要求黄尊三这些湖南学生在拜见时要行跪拜礼，但遭到了湖南学子们的拒绝。张之洞面子上挂不住，为此不让学生前行。

这个插曲蛮有意思。两湖历来是革命党盛出的地方，张之洞虽为汉人，但颇受清廷的信任。不过，清廷对官员安排又颇为微妙，安排满人端方担任湖南巡抚，有点制衡和监视意味。张之洞之所以要学生给自己行跪拜礼，具体原因不详，但估计多少有点给下马威的味道吧。但没想到的是，黄尊三这些湖南学子县官不如现管，丝毫不给张之洞面子，拒绝拜见时跪拜。

从黄尊三的日记中可看到，夹杂在中间的端方在不断斡旋此事。虽然不太清楚其心态，但我估计端方对此事也是喜怒参半。喜在于汉人之间不团结，张之洞贵为两湖总督且是留日的鼓吹手，但湖南学子并不买账。恼在于张之洞毕竟是两湖总督，虽不是自己的上司，但毕竟官职比自己高，端方要为自己管辖的学子不尊张之洞之事擦屁股。几经周旋后，最终确定湖南学生可以不向张之洞行跪拜礼，鞠躬即可。在滞留武汉11天后，黄尊三一行和张之洞见面，见后则开始奔赴上海。三天后，黄尊三所乘轮船到达上海。

此时日俄对马海战刚结束，太平洋海面不平静，前往日本的轮船没有了。在上海待了差不多20天，黄尊三终于坐上了去日本的轮船。两天后，轮船到达日本的长崎。六天后，黄尊三先到横滨再转坐火车到达终点站东京，入住和就读弘文学院。

弘文学院是专门为中国留学生补习而设立的学校，不过与其说是学校还不如说是培训机构，侧重给中国学生进行日语教学以及学科学习，为其升入大学做准备。黄尊三在日记中提到，当时在校中国学生有七八百名。

初来乍到的黄尊三难以习惯日本的饮食和气候，他在日记中提到，日本的饮食，十分简单，人各分食一菜一汤，味道很淡。日本四面靠海，湿气很重，中国学生大多水土不服，甚至在黄尊三的日记中记载，初到日本两个月内，便有两名同学因病去世。他去医院看望生病的朋友时，得知来日本留学的中国学生九成会得病。和黄尊三一同来日本留学的湖南省高等学堂同学约有20名，也毫不例外大多得病。

黄尊三刚到长崎，就不慎被开水烫伤脚，这是他到日本的首伤。一直到他留学结束，基本上一直处在伤病中。我看到黄尊三日记中这些记录，感叹早期留日学生确实挺不容易。

给黄尊三这些留日学生带来麻烦的不仅仅是水土不服，还有日本社会对中国学生的歧视。甲午战争后，日本社会从原先对中国崇敬转为鄙视。

黄尊三在日本不久，便碰上了留日一件大事。1905年11月2日，日本文部省颁布了《关于准许清国人入学之公私立学校之规程》，这个规定主要是提出对中国留日学生尤其是自费生要加强监督和约束。日本文部省之所以会颁布这个政策，在很大程度上是来自于清廷的压力和要求。此时清廷认为留日学生革命性太强，需要加强管控。留日学生对这个规则群起反对，而黄尊三的湖南老乡陈天华愤于规则的实施而蹈海自杀以示抗议，留日中国学生集体回国，回国后在上海创办了中国公学，以继续学业。

黄尊三卷入集体回国的浪潮中，1905年12月21日开始回国。黄尊三在日记中讲到一个细节，由于留日的自费生没有回国路费，则由官费生自由捐赠，他捐赠了洋5元[*]。12月27日，黄尊三到达上海。1906年2月6日，黄尊三回到了湘西泸溪家里。

---

[*] 原文如此，未查到是日元还是银圆。

回到家后，黄尊三方知晓母亲和女儿已经去世，因通信不便以及泸溪没有电报局，导致噩耗无法及时告知黄尊三。在家里待了20来天后，黄尊三不断接到朋友的来信，提到取缔风潮已经平息，可以继续前往日本留学。于是，3月3日，在家里待了不到一个月的黄尊三走上了重返日本之路。等他再次回到泸溪家里，已是5年之后了。

由于是重返日本，黄尊三此时已经驾轻就熟，一路下来走亲访友。3月24日，黄尊三才到达上海。4月6日，黄尊三坐上了去日本的轮船，4月12日到达东京。

重返东京后，黄尊三在朋友的介绍下开始学习英语。9月12日，黄尊三开始进入早稻田大学普通预科就读。早稻田大学是日本知名的私立大学，按照当时的规定，黄尊三需要在普通预科读一年，然后升入特别预科，半年后升入高等预科。读完预科后，可以选择专门部或者大学部报考就读。

此时日本的学制很长，从小学到大学一般需要20年左右时间，日本人自己读完大学也差不多接近30岁。对没有日语基础或者学科知识不够强的中国留学生来说，要想拿到日本大学文凭更是难上加难。黄尊三25岁到日本，32岁才拿到大学文凭。

此时，日本留学出现两种极端。一是初期盛行的速成教育，即在日本待一年，甚至只有6个月便完成学业，速成教育上课时还需要有专人来翻译；二是漫长的大学就读。从黄尊三的日记来看，其属于官派留学，但政府对其学业时间以及路径并没有具体要求。黄尊三并没有选择速成教育，而是选择了最难的拿大学文凭之路。我猜想黄尊三会做出这样的选择，跟其属于官派有关，无缺钱之虞。

中国学生就读日本大学的路径可分为三个阶段，第一个阶段先到弘文学院之类的语言培训类学校就读一年左右，主要解决语言问题以及补习部分学科；如果想去日本陆军士官学校，早期多选择到成城学校，成城学校关闭后则到振武学校就读，也主要是进行日语学习和进行报考前的准备。第二个阶段，在解决了日语问题后，中国留日学生开始就读各大学的预科。预科时间不等，一般为三四年。第三个阶段，预科结束后，则开始就读大学部。整个流程下来，一般需要六七年，如果期间碰到学业跟不上需要延长学习时间，则时间更加漫长。

黄尊三到早稻田大学就读普通预科后，相当勤奋，学习十分认真，几无休息日。1907年4月3日，黄尊三参加早稻田大学高等预科考试，主要考英文翻译、语法、写作、日文、历史、数学等。这次考试比较偏重英文，黄尊三考后觉得自己的英文考得不好，估计没有录取的希望。4月8日，考试成绩公布，黄尊三果然因为英语成绩不及格，没有获得高等预科录取，需要继续就读普通预科。

在这段时间里，黄尊三经常做噩梦，比如梦到自己被杀之类的。如果用弗洛伊德的"梦是欲望的满足"来解释，那么我估计是黄尊三由于学业压力过大以及水土不服等因素，潜意识中会想用死的方式来解脱。

1907年9月11日，黄尊三进入早稻田大学特别预科学习。此后，在黄尊三的日记中，他是个很典型的宅男状态，除和中国的朋友交流外，几无和日本人交友和互动的记载。1908年3月19日，黄尊三参加早稻田大学的特别预科测试，成绩侥幸及格。

对这个成绩，黄尊三大失所望，觉得自己到日本就读了三年，还只是在预科里面打转转，心里十分郁闷。

这个时候，黄尊三注意到日本教育有个特点，即职业学校林立。尤其是女子职业学校到处都是。他认为日本女子除皇族和华族外，普通女子均要工作来补贴家用，所以导致小手工业十分发达。

1908年4月8日，黄尊三开始进入早稻田大学高等预科就读。1909年6月28日，黄尊三就读高等预科一年后，结果成绩不及格，升入早稻田大学就读大学部自然无望。这对黄尊三打击很大，到日本已经4年多时间，结果还与大学部无缘。

在这段时间，黄尊三在日记中记载比较多的是对自己的反思，以及疯狂地看书，并阅读佛教经典等。有意思的是，黄尊三还立志不看凄凉小说，只看有关国家大事和科学方面的书。几天之后，他因考大学失利的郁闷有所缓解，他的思路是这样的，这段时间国家发生了这么多的大事，自己不能沉迷于自己的不幸，而对国家大事熟视无睹。

我个人觉得，这些内容是黄尊三日记当中最为精彩的部分。黄尊三在去日本留学之前，便已经获得秀才功名，对中国传统儒家经典自然烂熟于心。当他处于学业挫折、体弱多病的困境时，疏导和缓解这些问题是用了中国传统的理念，并且善于将国外的书籍或者理念与之融会贯通。

这点很重要，当我们的孩子不远万里赴异国他乡留学时，或多或少会碰到问题和困难。面对这些问题和困难如何进行心理疏导，如何化解和调整，显得十分重要。这也是现在国内学校越发重视中国传统文化教育的重要原因所在，因为不仅是给予孩子们文化归属感，还在孩子遇到困难时可以给予心理上的慰藉。

在无望升入早稻田大学大学部后，黄尊三考虑要转考其他大学。在朋友的建议下，黄尊三选择报考了另一所私立大学即明治大学。1909年9月4日，黄尊三到明治大学报名。因有入学考试，黄尊三十分重视，在9月8日考试之前的几天里，均待在家里认真复习。

9月17日，考试成绩公布，黄尊三获得明治大学的录取，将就读法科一年级。面对这个喜讯，黄尊三的心态很有意思，并没有欣喜若狂，而是表现出恐惧的样子。他害怕自己因为获得明治大学的录取而忘记几个月来的努力，警醒自己需要继续保持勤学的状态。这种心态我感觉有点像在获得喜讯或看到成功后,很多人第一反应不是高兴,而是痛哭不已。这是因为在面对成功时,曾经太多的苦难会一一浮现,但这些只有自己知道,而辛酸流泪。

终于有书可以读了,黄尊三显然大松了一口气,心态也放松了很多,此后的日记又开始恢复原先的流水账了。此前苦闷之时吸烟比较多,这个时候也开始考虑禁烟,为此还专门做《禁烟记》,里面提到烟之为害,甚于女色。

我每次看到黄尊三在这段时间心态的转变,都不禁捧腹大笑,觉得这日记写得还挺真实。

1909年10月12日,黄尊三开始正式就读明治大学大学部法科一年级。此后的日记中,黄尊三记录了自己的一些反思。1910年6月考试结束后,黄尊三想趁暑假回乡看望妻小,其离开家里已经有5年之久。6月22日,黄尊三启程回乡,29日到达上海,7月18日回到了泸溪家里。

黄尊三日记中提到,7月28日,有日本人梅田来拜访,他花了几块钱买了日本人的药。次日,梅田又来拜访,黄尊三应梅田要求介绍了几个朋友买了他的药。我看到这个细节后,感叹此时的日本人做生意居然会做到湘西如此偏远的地方,当然也不排除是间谍的可能性。

在家里待了一个来月后,黄尊三于8月31日启程返回日本完成学业。9月13日,黄尊三到达上海,次日黄尊三便坐上了去日本的轮船。9月17日,黄尊三便到了东京。之后,黄尊三开始进入紧张的学习中。

1911年元旦开始后,黄尊三的日记开始格式化了,分了读书、外的生活、内的生活、时事、格言之类的几个板块,这应该是他的学习和生活已经稳定下来的表现。这段时间他关注时政比较多。

从6月初开始,黄尊三全力准备考试。他在日记中提到,日本学生对学校考试十分畏惧和重视,因为一旦不及格则会延长学年,如果经济有困难则会出现退学的恶果,所以他们在考试之前会全力做好复习。黄尊三差不多每天早上五六点钟便起床。

考试结束后,黄尊三难得和朋友们去旅游。在这段时间,国内形势发生巨变,辛亥革命爆发。这对黄尊三影响最大的是,各省官费停止,他失去了经济来源。考虑经济因素以及响应湖南革命,黄尊三决定回国求援。11月22日,黄尊三踏上回国之路。在回国的船上,黄尊三发现船主对归国的留日学生特别优待,虽然坐的是三等舱,但享受了二等伙食。

11月27日,黄尊三到达上海。到上海后,黄尊三并没有回乡。1912年1月3日,黄尊三坐船返湘。1月18日,黄尊三到长沙后,拜访了湖南都督谭延闿,寻求留学资助。谭表示会对湘籍学生留日提供资助。

2月23日，黄尊三得到谭的确认，湘籍留日学生学费问题已经解决。学费问题解决后，黄尊三没有回湘西家里，而是经南京、上海返回日本完成学业。7月5日，黄尊三得知自己考试成绩合格，顺利从明治大学毕业。至此，黄尊三的苦读经历算是终于有了结果。7月18日，黄尊三因确定要去北京工作，所以坐船前往天津。7月24日，黄尊三抵达天津，自此他的留学经历终于结束了。

黄尊三属于官派留学，虽然辛亥革命后短暂断了官费资助但也很快得到湖南都督支持，在经济上没有什么后顾之忧。即便是有这样的条件，从黄尊三的日记中还是可以看到，留洋在当时虽是件很光鲜的事情，但其中仍充满艰辛和不易。

在总结自己的留学经历时，黄尊三将其划分为三个阶段。第一阶段是初到日本至取缔规则发布退学回国，第二阶段是到早稻田大学就读至未被大学部录取而退学，第三阶段是考进明治大学至毕业。他自己认为第一阶段是情感最为丰富的时候同时也是最为悲伤之时，第二阶段则是理智最强的时候，由于自己太过于沉迷学习，以至于成为学问的奴隶，反而最终没有考上早稻田大学的大学部。到第三阶段，他重视情理调和，除学习外，还关注时政和广交朋友，不仅顺利完成学业，身体也好转。

回国后，黄尊三初到北京从政，之后便主要从事教育工作。1950年，黄尊三殁于寓所，葬在泸溪故乡。

留学日本陆军士官学校

清军在船坚炮利的英国军队前不堪一击，鸦片战争的失败让清廷意识到自身军事力量的落后。面对这种困局，初始留学阶段，清廷将军事作为学习的重点，最早的留学英、法、德均和军事有关。而在派出留美幼童时，清廷也是希望学生能够进入美国的军事院校深造，后遭拒绝也成为撤回留美幼童的重要原因。

美国拒绝接纳中国学生进入军校，而英、法、德所能吸纳的学习军事中国学生人数较少。在这点上，日本却是十分大方。从日本陆军士官学校（以下简称"陆士"）毕业的中国学生高达1638人，不少成为中国军队的中坚，更是成为云南讲武堂、黄埔军校教官的重要来源。

陆士在日本陆军中具有十分特殊的地位，甚至可以说是日本陆军军官的唯一来源地。1945年前的日本陆军军官，均需要通过士官学校的学习。为此，整个陆军军官体系，基本上出自同一所学校，军官之间均是校友，这种情况放在全世界来看也很特别。从1874年开办到1945年停办，陆士总共有61期36 900名毕业生。

陆士正式成立于1874年。1868年，日本在京都创立了兵学校，但次年就废除。后在大阪设立兵学寮，1871年与沼津的兵学校合并后搬迁至东京，1874年根据陆军士官学校条例，改名为陆军士官学校。学校级别挺高，校长为中将级别，与日本师团长军衔相当。

陆士最早采用了法国军队模式，但后改为德国模式。之所以会这样转变，一是法国大革命之后，自由民主的氛围与日本不符，因而日本更偏向同为帝制的德国；二是普法战争中，德国战胜了法国，为此日本认为德国更值得学习。

40名中国学生先在成城学校接受陆军预科教育后，1900年12月升入陆军士官学校就读，这是中国学生留学陆军士官学校之始。

根据《日本陆军士官学校中华民国留学生名簿》的统计，从1900年的第一期到1942年的第三十一期，43年间在陆士就读的中国学生总数为1638人，多数在中国军政居高位。⑦

而从1900年首届学生就读陆士，到1938年，陆士中国留学生总共有29届1535人。第六期的学生最多，为199人。第十六期最少，仅为2人。学习步科的学生最多，达到777人，占到总量的51%；炮科有402人，占总量的26%；骑科为177人，占总量的12%；工科为150人，约占总量的10%；学习辎重科最少，只有29人，不到总量的2%。在学制上，一到十二期期长不大固定，有一年半、两年和两年半，十三期后则固定为两年三个月左右。⑧

由于中国学生数量较多，陆士设立了"中华队"进行管理。陆士的日本毕业生，初始军衔一般是少尉。而中国留学生回国后，由于奇货可居且具有留洋背景，往往能够破格升迁，起点多是上尉甚至少校。

清末朝廷因建设新军需要，陆士毕业的学生往往得到重用。辛亥革命前后，陆士早期留学生不少成为风云人物，比如第三期的蒋百里成为著名的军事理论家和教育家，曾担任过保定军校校长。第三期的蔡锷、第六期的阎锡山等均成为地方大员。但在辛亥革命后，陆士的影响力逐渐让步于国内新兴的黄埔军校。尤其是第二十一期（1928年4月—1930年7月）后，陆士中国毕业生少有知名人士。⑨

我参考和综合各陆士中国毕业生的回忆录，试图还原其入学和就读以及毕业去向。

陆士招录学生，分为日本本国学生和国外学生。本国学生一类是士官候补生，有从日本各地陆军幼年学校考取上来的，也有从其他普通中学毕业考取过来的；另一类是日本的少尉学生，即优秀的现役士官经推荐和考试合格后，进行就读。

据我所查，包括中国学生在内的外国学生，有时不需要到日本军队实习，可以回到自己国家的军队进行实习。日本本国学生从陆士毕业后，军衔一般为少尉，如果要晋升到将校级，则需要进一步到陆军大学深造。陆军大学也向中国人开放，但是，日本海军的军校基本上不对中国人开放。

中国学生想报考陆士，不同时期有不同的要求。辛亥革命前，就读陆士需要清廷保送。学生到日本后，并不能马上进入陆士，而是需要先到成城学校补习日语和学科知识，然后再报考陆士。这种入学方式跟现在留学日本还有点像，日本的大学主要是春季入学，和中国的学制相隔半年。现在中国高中生在六七月毕业后，一般会选择到日本的语言学校就读半年，学习日语、参加留学生考试和申请大学。

辛亥革命后，不再只有政府出面保送，中日各政要、军队高官均有资格保送或推荐学生到陆士报考。

陆士的考试主要有日语作文和数理化知识，从一些陆士的中国学生回忆录来看，对数理化知识的要求要比中国国内还低一些，为此在国内上过大学或者军校毕业的学生，往往不难通过。

被陆士录取后，中国学生需要一次性缴纳全部学费，学费大概是每个月100日元。陆士的学制一般为两年半左右，为此学费缴纳为2000多日元。这些学费包含了在陆士衣食住行的全部开销。

中国学生在陆士会编成"中华队"，和日本本国的学生接触比较少。因此陆士中国学生的回忆录中也少有关于日本同学的记忆。陆士中国学生的学习、训练、管理与日本学生基本一致。

学成后，日本天皇也会参加陆士中国学生的毕业典礼，并对优秀学生给予不同的奖励。中国学生毕业后，极少留在日本军队，基本上都回国发展。这些学生经过系统和严格的教育，在国内很受欢迎。加之陆士毕业生在军队中颇有势力，自然也相互照顾，导致前途较好。虽然到后期陆士毕业生的待遇不如前期，但民初政府规定，陆士毕业生回国后，可直接担任中尉，也要比国内军校毕业生高一级。

参考文献

①②实藤惠秀著，谭汝谦、林启彦译，《中国人留学日本史》，生活·读书·新知三联书店，1983年8月出版，第1、2页。
③明智宪三郎著，郑寅珑译，《本能寺之变》，社会科学文献出版社，2017年9月出版，第333页。
④⑤约翰·托兰著，《日本帝国的衰亡》，新华出版社，1982年7月出版，第384、386页。

⑥黄尊三著,谭徐锋整理,《黄尊三日记》,凤凰出版社,2019年6月出版。
⑦日本陆军士官学校校印,郭荣生校补,《日本陆军士官学校中华民国留学生名簿》,文海出版社出版,1977年1月出版,第180页。
⑧⑨田久川,《日本陆军士官学校与该校中国留学生》,《辽宁师范大学学报:社会科学版》1982年第2期,第35—43页。

第四节 赴法勤工俭学

不管是清末民初还是现在,出国留学的开销均比较大。尤其是在清末民初,中国经济发展水平与西方强国差距很大,导致费用成为阻挡中国学子留学的大山。为此,最早期的留学要么是官费要么获得教会组织的支持。后期虽然自费留学人员在增加,但总量比较小。

在1918—1921年期间,国内兴起一种特殊的留学方式,即赴法勤工俭学。中国学子在法国的工厂边务工边读书,这大大降低了留学成本,进而放低了留学门槛,一时间约有两千人涌向法国勤工俭学。

在1949年之前,中国学生的留学目标国主要是美国和日本,从这两国回来的海归在当时的政界、军界、学界有极大的影响力。从英国和德国回来的海归,也在学界表现突出。而法国的勤工俭学运动,则为早期的中国共产党培养出一大批政治精英,深刻影响到中国的社会走向。

如果放在历史长河来看,美日留学无疑激起了浪花,留法则形成了激流。在一定程度上来说,留法对中国历史的影响其重要性超过了留美和留日。而留法勤工俭学持续时间并不长,留学人数也远低于留日和留美,但为何会有如此大的影响呢?

要了解赴法勤工俭学运动,则不能不关注其发源地河北保定。

在一个寒冬清晨,我从北京坐高铁赶到了保定。保定乃至直隶在清末民初教育改革和留学上具有十分重要的地位,袁世凯在主政直隶时推出劝学所后在全国推行,保定军校全国有名。另外,保定还是留法勤工俭学运动的起源地。

我此行的目的地为留法勤工俭学运动纪念馆。(参见彩图4)我打车赶到保定市区金台驿街上的纪念馆时,尚未到开放时间,于是在纪念馆旁边的一家荞面店吃了个早饭,唇齿留香、回味无穷,一个城市的美味往往会在一些不起眼的小店里。

留法勤工俭学运动纪念馆是在1983年2月经中共中央书记处批准后设立的。一个纪念馆的建设引起中共中央书记处的重视，也足以说明留法勤工俭学运动的重要性。纪念馆原为保定育德中学旧址，门头以及内部的房舍均按照1907年育德中学的模样复建而成。

保定育德中学在民国时期为北方名校，与天津的南开中学齐名，并有"文南开，理育德"之说。育德中学在1917年到1921年，开设了四期留法高等工艺预备班，学制为一年，学生的毕业证也是中法双语对照的。留法高等工艺预备班总共招收了4期213名学生，最终该校有137名学生到法国勤工俭学，其中包含该校未经留法班直接赴法者10人。1921年6月毕业的第四期33人，没有一人赴法。[①]

留法高等工艺预备班的学生除了学习法语，还要到工厂学习机械学、工艺等。学校有附设工厂，在当地也被称为铁工厂，是在留法预备班实习工厂基础上拓建起来的。工厂经营收入是学校经费主要来源。

从现在的眼光来看，保定育德中学的留法高等工艺预备班颇类似现在的国际部。1917年8月，育德中学得到了教育部立案批准，在全国率先开设了留法高等工艺预备班，之后国内各地相继成立了20多个留法预备班（学校）。

保定在清朝时为直隶总督署所在地，历来是京畿重镇，同时，保定也是清末教育重地。离留法勤工俭学运动纪念馆不远处有一个地方是荷池书院旧址。荷池书院山长吴汝纶（1840—1903）进士出身，虽为传统士人，但思想开明，在主持荷池书院期间，有不少日本人前来请教和交流。1902年5月，吴汝纶带学生东渡日本考察教育，后将考察时的所见所闻、所思所想汇编成《东游丛录》一书，这是我国最早介绍日本的专著。吴汝纶访日结束后，返回故乡桐城办学，延聘日本教习，创办了桐城学堂，成为现在安徽省桐城中学的前身。

保定为何会最早在国内掀起勤工俭学之风呢？这需要提到一个叫李石曾的人。

李石曾是个怪人，为无政府主义者，却是国民党四大元老之一。父亲为晚清重臣，他则参与到驱赶末代皇帝溥仪出紫禁城事件中，并提议创建故宫博物院。李石曾在法国创办豆腐公司，由此掀起留法勤工俭学运动，办公司最终却做成了教育。李石曾爱好西服，却总在腰间系一条中式腰带。

李石曾出身官宦之家，其父李鸿藻曾担任过军机大臣，做过同治皇帝的老师。李鸿藻与李鸿章只一字之差，但两人没啥关联，前者为保定人，后者是合肥人，一北一南不搭界，而且两人政见不同，相互掐架。李石曾在北京出生和长大，1897年父亲去世后扶棺返乡安葬，首次回到故乡保定高阳县，自此与故乡结下不解之缘。

清末，清廷鼓励官宦子弟随同驻外使节到国外游学或者留学。尽管李鸿藻和李鸿章政见不同，但两人私交却很好，犹如王安石和司马光之间的"君子和而不同"。1902年，21岁的李石曾在父亲政治对手李鸿章帮助下，随同驻法公使到法国，先在蒙达尔纪农校学习农学，后到巴黎巴斯德学院研究大豆，还出版了《大豆》专著。

李石曾是个实干家，光出书做研究还不够，为了推广大豆，1908年，他干脆在巴黎开设了豆腐工厂。豆腐可是中国的特产，要生产豆腐，最好的工人自然是中国人。李石曾最初请的工人是从老家河北高阳以及周边乡村的青年中招募的，在高阳县布里村豆腐训练班经过培训后，再到法国巴黎豆腐工厂做工。

此时到国外去务工并非件受国人欢迎的事情，除了受安土重迁的传统影响，也与华工在国外所受到的虐待有关。华工在美国修建太平洋铁路时受虐待，导致有"每根枕木下面都有一具华工尸骨"的说法，而在铁路修通后通过的《排华法案》让华工举步维艰。而中国人在东南亚做苦力受到虐待之事也是臭名昭著。在如此背景下，李石曾为何还能够吸引和招募到华工去法国呢？

分析下来，一方面固然有老乡因素，李石曾父亲李鸿藻是高阳县的名人，天然能够获得乡亲们的信任；另一方面跟高阳当地的社会人文环境有关，高阳颇受洪水泛滥之苦，土地为盐碱地，不利于耕种，为此当地人的出路要么是读书要么是经商。这点跟胡适老家徽州这边情况类似，徽州人多地少，出路也只有读书或者经商。受这种社会氛围影响，高阳人也甘愿冒一定的风险。

李石曾让豆腐工厂的工人在工余学习法语和各种工艺技术，发现这种方法比较有效且值得推广。1912年年初，李石曾、蔡元培、吴玉章等社会名流，在北京发起成立了留法俭学会。1913年年初，首批由俭学会资助的30名学生赴法。

"一战"结束后，留法勤工俭学兴起，3年有约两千名学生赴法。如果深入研究勤工俭学名单，我们会发现保定虽为勤工俭学发源地，但勤工俭学人数最多的地方却是四川和湖南。

"一战"期间，法国由于劳动力和兵员短缺，从中国招募了14万多的华工。华工大多是文盲，为此法方希望中方有识之士能够对华工做好前期教育和培训，以便他们能更好地适应法国的工作。在这种情况下，李石曾和蔡元培等人组织成立了华法教育会、留法勤工俭学会等组织。

1917年，李石曾首先在老家高阳县布里村开设了留法预备学校，给学员教授法语以及进行工艺实践。与此同时，保定育德中学也开设了留法高等工艺预备班。留法预备学校在全国兴起，最多时达到了20余所。

在勤工俭学运动中，四川、湖南、直隶赴法人数为前三甲。

截至1920年年底，华法教育会送走的20批1800多名留法勤工俭学生中，四川学生为 370 人，约占总量的 20%。湖南、四川这两省赴法勤工俭学学生中，便有中华人民共和国开国元勋邓小平、陈毅、聂荣臻等人。保定为勤工俭学的发源地，其人数较多是在情理之中。但四川和湖南却远超直隶，这是什么原因呢？

分析认为，一是留法勤工俭学运动宗旨是"勤以作工，俭以求学"，留学的门槛比较低，打破了富家子弟垄断留学的格局，导致江浙一带富庶省份失去了竞争优势；二是留法勤工俭学运动不是单纯的留学项目，还深受各种政治和社会思潮的影响，在中国近代史上，四川、湖南、广东、江西的士人一向对政治比较有热情，在赴法勤工俭学上也不甘落后；三是当时四川、湖南军阀混战，当地百姓民不聊生，生存环境比其他省更加糟糕，导致年轻学子无处学、无处工作，而留法勤工俭学无疑是及时雨。[2]

各省留法勤工俭学学生人数[3]

序号	省	人数
1	四川	412
2	湖南	398
3	直隶	196
4	浙江	116
5	江苏	91
6	安徽	87
7	湖北	80
8	广东	61
9	福建	59
10	河南	41
11	江西	36
12	奉天	28
13	山西	24
14	贵州	21
15	山东	15
16	陕西	10
17	广西	8
18	云南	3

续表

序号	省	人数
19	绥远	3
20	籍贯不详者	281
	总计	1970

赴法勤工俭学运动并没有持续多久。1918年"一战"结束后，法国经济困难，工厂无力招录更多的员工，更加麻烦的是，法国军人退伍回家，进一步挤占了法国工厂原本紧张的工作岗位。由于无法再按照原先既定的方式来运作，1921年后赴法勤工俭学运动基本上处于停滞状态。

同时，负责勤工俭学具体工作的华法教育会与学生之间发生了矛盾，这些内外因素导致留法勤工俭学运动在1921年年初基本结束，各个留法预备学校（班）自然没有存在的必要，只能陆续关闭。就连保定育德中学留法工艺预备班也在1921年6月不再招生。④至此，国内20余所留法预备学校大多是招录了三期学生。

由于进厂工作机会少，原本的勤工俭学自然无法实现，生活都成问题，读书更是奢望。为了生存，赴法勤工俭学的学生与华法教育会、中国驻法使馆以及法方当局产生了激烈的冲突。而国内此时政局混乱，政府对留法学生撒手不管。

在激烈的冲突中，赴法勤工俭学的学生开始分流。有的被法方强制遣返回国，有的转到比利时、苏联等国继续留学。在与中法两国政府交涉过程中，留在法国的勤工俭学学生们醒悟到，需要建立一个严密的、战斗性强的共产主义组织。于是，在先进分子的组织活动下，旅欧中国少年共产党和中共旅欧支部很快诞生，周恩来总理便是在此期间（1922年）加入了中国共产党。⑤

从历史影响来看，勤工俭学的法式留学，对中国影响深远。

前往美国留学，因为路途远且费用高，要么有庚款的资助，要么学生家境不错。在这种情况下，前往美国留学的中国学生在一定程度上来说是既得利益者，其本身并没有反对现有体制的冲动。很典型的是，清廷亡后，多数留美幼童忠诚于清廷而拒绝出仕新政府。

日本因离得比较近，且是依靠学习西方快速强大起来，当时在科技等方面其实并没有多少可让中国学生学习的内容，更多是政治、语言、文学等方面的学习，加上前往日本留学的中国学生多为社会中下层，天然具有反体制的趋向。

法国留学方式是边工作边学习，因此前往的多是寒门子弟，能够支付起学费的学生比较少。由于不断变化的政治因素，学生在就业以及获得当地中国大使馆的费用支持时,均需要抱团取暖。因此,我们看到,留法学生更容易形成社团,加上在当地工厂的实践,对中法科技和实力的差距更有体会。在这种情况下,留法学生最终多加入中共也就显得很自然。

在一定程度上来说,留法对历史的影响最终超过了留美和留日。

法国和中国并没有特别多的利益冲突,作为两个历史悠久,具有充分文化自信的国家,相互之间是欣赏和互助的。

早期由于对留学的不了解,留美幼童来自寒门者不少,但这些学生与留法勤工俭学的寒门子弟不太一样,因有国家层面的政治以及财力支持,赴美留学生过得挺惬意的。

留日多为中产,有公费留学的也是由各省来进行支付,并没有形成中央这个层面的支持。这很容易出现汇款不及时,导致学生经济窘迫的情况出现。

留法勤工俭学可谓是穷人留学为主。他们没有政府层面的经济支持,也基本得不到家庭的财力支持,需要靠半工半读来解决生活费和学习费用,相当艰辛与不易。

由于生活艰苦,勤工俭学学生的病亡比例比较高。1919—1921年,巴黎地区勤工俭学学生中,有5人凶死、60多人病故、80多人因病就医,总数为140多人,约占总人数的20%。[6]。

留法勤工俭学时间并不长,涉及的人数也不是很多,但这项运动对中国的历史发展产生了深远影响,为中国共产党历练出一批早期实践者和领路人。

留法勤工俭学运动,从本质上是一次由几位学者所发起的教育运动。不过,令发起者始料不及的是,运动兴起之迅速,配套准备之缺失,红色主流之形成,让他们目瞪口呆,顿足不迭。运动一开始,就没有得到政府强有力的支持和外交保护,进入后期,则更加混乱无序,导致整个运动不了了之。学者陈三井对留法勤工俭学运动的性质,曾概括为:这是一场"无政府主义者发起,而由共产党收获"的群众运动。[7]

华法教育会组织的历届勤工俭学学生赴法一览表[8]

批次	从上海启程日期	船名	人数	抵法日期	知名人物	备注
1	1919年3月17日	因幡丸(日)	89	1919年5月10日	林蔚、欧阳钦、沈宜甲	经英国
2	1919年3月31日	贺茂丸(日)	26	1919年5月20日	周世昌	经英国
3	1919年4月14日	伊豫丸(日)	2	1919年6月6日		经英国
4	1919年7月13日	三岛丸(日)	57	1919年9月2日	罗学瓒、齐连登、陈书乐、王树堂	经英国

续表

批次	从上海启程日期	船名	人数	抵法日期	知名人物	备注
5	1919年8月14日	麦浪号（法）	78	1919年10月10日	陈毅	
6	1919年8月25日	盎特莱蓬号（法）	54	1919年10月1日	任光	
7	1919年9月29日	博尔多斯号（法）	9	1919年11月12日	徐特立、熊信吾	
8	1919年10月15日	渥隆号（美）	48	1919年11月25日	王若飞、李卓然	内有朝鲜人6人
9	1919年10月31日	宝勒加号（法）	207	1919年12月7日	李维汉、李富春、李立三、张昆弟、贺果、李林、吴振环	从香港登轮58人
10	1919年11月22日	勒苏斯号（英）	40	1920年1月23日	黄齐生、熊芷难	
11	1919年12月9日	可芬克斯号（法）	158	1920年1月14日	聂荣臻、颜昌颐、钟汝梅、饶来杰	
12	1919年12月25日	盎特莱蓬号（法）	92	1920年1月28日	蔡和森、向警予、蔡畅、葛健豪	从香港登轮40余人
13	1920年2月15日	博尔多斯号（法）	55	1920年3月25日	许德珩	内有朝鲜人3人，从香港登轮19人
14	1920年4月1日	宝勒加号（法）	110	1920年5月7日	王光祈	从香港登轮60余人
15	1920年5月9日	阿尔芒勃西号（法）	126	1920年6月15日	赵世炎、肖三、陈绍休、熊锐、傅烈、唐铎	内有朝鲜人5人
16	1920年6月25日	博尔多斯号（法）	220	1920年8月4日	刘伯坚、陈公培	从香港登轮120余人
17	1920年9月11日	盎特莱蓬号（法）	89	1920年10月19日	邓小平、江泽民（克明）、周文楷、冉钧、傅汝林	
18	1920年11月7日	博尔多斯号（法）	197	1920年12月13日	周恩来、傅钟、郭隆真、王守义	
19	1920年11月24日	高尔埃地号（法）	22	1920年12月27日	张申府、刘清扬	
20	1920年12月15日	智利号（法）	134	1921年1月20日	何长工、穆清、李季达、肖朴生、程子建、高风	从香港登轮6人

参考文献

①⑤⑧河北省爱国主义教育基地资料丛书编委会编，《留法勤工俭学运动纪念馆》，河北人民出版社，1996年9月出版，第22、47、58—60页。

②王奇生著，《中国留学生的历史轨迹1872—1949》，湖北教育出版社，1992年9月出版，第166页。

③⑥赵静主编、常务副主编王会田，保定市旅游文物局编，《留法勤工俭学运动》，解放军文艺出版社，2004年12月出版，第240—251页、137页。

④⑦总策划马誉峰、总撰稿王福友，《从保定到巴黎——纪念留法勤工俭学运动肇启一百周年》，人民出版社，2019年4月出版，91页、99页。

第五节　留学英德

现在中国学生出国留学目的地，若按照人数以及关注度来看，依次为美国、英国、加拿大、澳大利亚。而在1949年之前，中国学生出国留学目的国则是日本、美国，以及法国、德国等，英国并非留学主要目标国，更没加拿大和澳大利亚啥事。变化之大，真有点三十年河东三十年河西之感。

留学一般都是向强者学习。日本"二战"战败，在中国失去了留学目标国的地位，这在情理之中。美国无论是在民国期间还是现在，一直是中国学子出国留学的目标国，单从人数来看，长期占据首位。美国作为世界最强大国家，吸引诸多中国学子前往学习也是可以理解的。民国期间，法国独特的勤工俭学留学方式，让留学法国在短时间内成为热潮。德国欢迎中国学生留学，高等教育水平高，且留学成本相对低，也吸引了一批中国学生。

英国、加拿大、澳大利亚是留学后起之秀，这跟这些国家教育产业化有关。法国和德国与中国关系一贯比较友好，但由于中国普及英语学习，学习法语和德语的学生比较少，尽管这两个国家的留学政策十分优越，但由于有语言障碍问题，导致这两个国家的留学目前在中国并没有成为主流，属于小众留学范畴。

我通过查阅留学历史材料发现，英国留学政策有比较大的变化，而德国的留学政策百年间并没有什么改变。通过回顾和关注这些历史往事，可以更加深刻理解这些国家现有的留学政策和做法。

很独特的是，德国一度是二次留学的目的地，即民国期间一些在日本或者美国留学过的学子会继续再到德国深造。比如陈铨（1903—1969）从清华毕业后，先去了美国留学，后在欧柏林学院获得英语文学与德语文学的硕士学位。清华官费一般会资助5年留美费用，陈铨获得了清华的批准，将结余的留美官费用于到德国深造。无独有偶，著名的军事理论家蒋百里从日本陆军士官学校毕业后，也曾到德国学习军事。

德国的大学教育对世界的影响在20世纪二三十年代达到了顶峰，一直是各国关注的焦点，美国的高等教育也一度以德为师。在美国留学的中国学生肯定会受这种风潮的影响，进而萌生到德国进一步深造的念头。

日本在明治维新后，几经周折最终确定将德国作为学习楷模，并移植德国的社会制度。日本几乎照搬了德国宪法，比如主权属于天皇（国王）、政府不对议会负责、军队不受政府约束直属天皇等。日本移植和照搬德国发展模式，留日中国学生对此也肯定有所耳闻。

英国留学

英国通过鸦片战争成为首个敲开中国大门的列强，但英国对中国教育的影响，却是起了个大早，不是晚集而是压根没有赶集。这是很奇特的现象。

晚清和民国期间，中国在不断学习和尝试各国的教育模式，先日本，后美国，其间短暂穿插推行过法国教育模式。日本在甲午战争后，立马接纳中国学生留学。美国即便在排华最为严重的年代，也是在西方各列强中，第一个退还庚款用于资助中国学生前往美国留学的国家。而在美日尽力影响中国教育的过程中，英国似乎对此漠不关心，也没有什么大的动作。

之所以会出现这种很奇特的现象，原因固然很多。但综合下来，应该是有四个原因。一是此时的英国太强大了，日不落帝国的荣耀让教育在英国势力扩张过程中的地位并不显得那么重要；二是英国此时的殖民地众多，其势力扩张的关注点并不在中国，而是侧重印度和非洲；三是英国的教育体制很像中国，侧重进行精英教育，我估计因为太像了，反而导致没有相互学习的必要和动力；四是英国政府对教育长期采取了放任自由的方式，教育靠民间来推动，办学资金主要靠学费和民间捐赠。既然对国内的教育都是如此态度，冷落中国则一点也不意外。

英国并不重视通过教育来影响中国，导致在这种大的背景下，英国留学也显得与众不同。

中国学子最早前往英国留学跟政府毫无关系，而是跟教会紧密相关。第一个前往英国留学的人便是黄宽。黄宽是跟随香港马礼逊学校校长布朗一同前往美国的三名学生之一，另外两位则是大名鼎鼎的容闳以及黄胜。三人前往美国留学，原本资助人计划资助两年。黄胜因水土不服，没待满两年便提前回国，回国后在媒体资助人的帮助下进入媒体圈。

原定的两年期满后，容闳选择继续留在美国，后进入耶鲁大学就读。黄宽在美国待满两年后，前往英国爱丁堡大学学医，5年后学成回国，在广州和香港一带行医，因医术高明在当地闻名遐迩。在黄宽前往英国留学后的第二年，何启也前往英国留学。何启初学医后又学习法律，这人真是天才，一般人学一门便已经很吃力，他却能够法、医通吃。回到香港后，何启先从医后做律师，成为香港知名人士。

何启为纪念早逝的爱妻，创建了一所医院并开设了医学院，名为西医学院，这个医学院便是现在香港大学医学院的前身。西医学院最有名的校友便是孙中山。何启在事业上做得很成功，香港的老机场启德机场所在地，也曾是何启的产业之一。

另外一个出名的留英学生便是伍廷芳。挺有意思的是，黄宽和伍廷芳是连襟关系，而何启则是他们的舅子。为此，最早期的留英学生之间结成了紧密的联系，这种现象在留美幼童当中也比较多。而宋氏三姐妹的父亲宋嘉树，其也是因为和两名留美幼童结缘，三人分别娶了倪氏三姐妹，自此建立了强大的人脉资源关系，进而深刻影响到中国历史发展。

早期的留英是纯民间自发和教会组织。在鸦片战争之后，清廷见识到英军的船坚炮利，为此派遣了海军前往英国学习，其中最为著名的则是严复。严复虽海军出身，且在英国留学也是学习海军，但其以教育出名。严复所翻译的《天演论》，在中国社会产生很大的影响。

和美日留学深刻影响中国政治不一样的是，留学英国的中国学子多在学术上名气很大。比如有钱钟书、徐志摩、傅斯年、费孝通等大批名人学者。

20世纪20年代，留英学生每年保持在两三百人规模。1930年，中英庚款董事会成立，将英国退还的庚款设立基金，投入中国铁路和其他产业运营，然后将收益用于文化教育事业，其中留学费用占到15%。和美国将庚款全部用于资助留学不同的是，英国庚款侧重用于培养专家来补充中国的高等教育人才队伍。庚款留英人数很少，1933年到1946年间，中英庚款董事会举办了9次考试，只录用了193人。

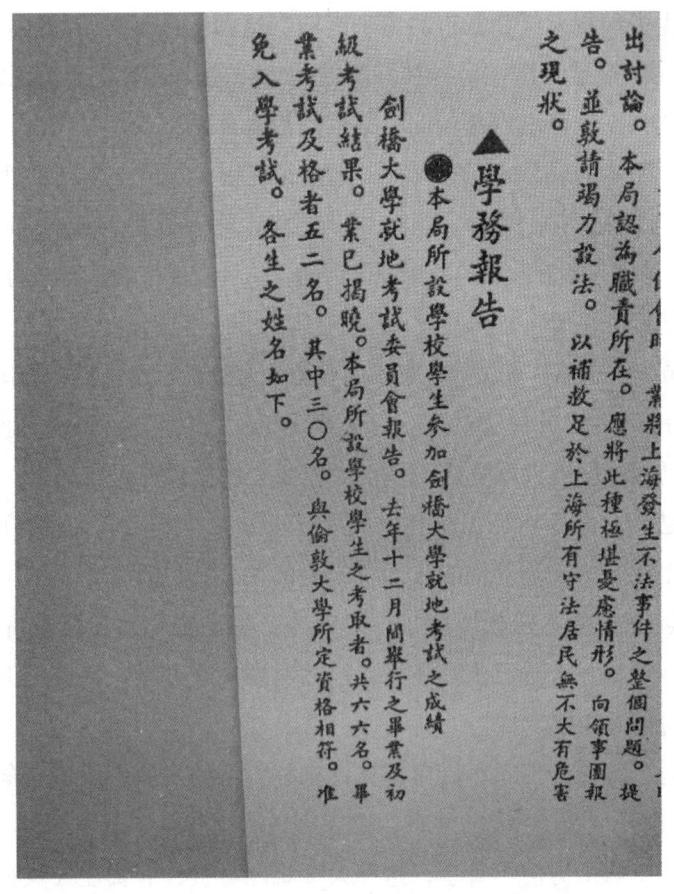

1940年，上海公共租界工部局对外公布的学务报告

1940年，上海公共租界工部局对外公布的考试成绩，通过毕业考52人中有30人可直升伦敦大学。这个升学率放在现在也是比较高的，工部局对外公布了合格学生名字，这与现在的国际化学校/国际部对学生成绩保密的做法不太一样。

德国留学

我在做记者的时候，曾经接触过不同国家的媒体同行，其中便有德国广播协会驻上海的记者。在我们的印象中，德国人思维严谨、做事严肃认真，德媒应该更加会关注和报道一些大事或趋势。但我接触德国记者后，却发现并非如此，他们除了关注一些常规性的新闻，还会做一些让我感到忍俊不禁的报道出来。比如，德国广播协会驻上海的记者，会被德国的地方电台请去找静安寺的算命先生，预测德国西南部是否会下雪或全球股市的未来走向。

请算命先生去预测天气和股市的未来走向，这固然具有娱乐的性质，但也彰显出德国媒体同行在做报道时比较另类和好玩的地方，颠覆了我之前对德媒的一些认知。不光是新闻媒体，在教育上也是如此，德国的教育体系以及留学情况，在西方各列强中也比较独特，而美国现有的高等教育格局也是在很大程度上复制了德国大学模式。

在地理上，德国位于欧洲中心地区。在历史上，罗马在最为强盛之时也没有征服德国。在宗教上，德国是宗教改革的起源地。因此，从各方面来看，德国均有独特之处。

德意志一度是个地理而非国家概念，曾长期处在分裂割据之中，最多时居然有300多个邦国。1870—1871年，普法战争爆发，普鲁士最终战胜了法国，德国在铁血宰相俾斯麦的努力下得以统一，并快速崛起，短短20多年便从农业国一跃成为世界工业强国。

德国在各列强中能够大器晚成，在很大程度上依靠教育。1806年，普鲁士在耶拿战役中惨败于法国，法军占领了柏林，关闭了耶拿大学和哈勒大学。面对这些危机，普鲁士王国决定用脑力来弥补物质方面所受到的损失。尽管普鲁士王国财政正处在极端困难中，被巨额的战争赔款压得喘不过气来，但王室仍然接受教育大臣洪堡的建议，掏钱出来新设柏林大学，王室还将自己的宫殿用于办学。普鲁士王室为了支持柏林大学的发展可谓是砸锅卖铁。

更厉害的是，普鲁士王室不惜血本支持柏林大学的发展，照理完全可以来干涉柏林大学的各种事务，提出相应的要求，但王室放弃了这些，让大学享有充分的自由。也就是说，王室给钱出力但不管事，这种大气难能可贵，着实让人佩服。德国大学有充足和稳定的财政支持，但教授们不需为五斗米折腰，享有充分的教学自由。在这种办学理念和充足资金支持下，德国大学爆发出巨大的创造力。当然这种模式取决于王室或者说政府的开明。在1933年纳粹上台后，德国大学的自由办学理念遭到破坏，导致全球高等教育圣地从德国转移到美国。

英国后来也学习德国模式，从1919年开始设立政府拨款委员会，一改之前对教育不闻不问的态度。美国的顶尖私立大学一直采取财政独立的方式，即不接纳政府拨款，只依靠捐赠和学费来维持运营。州立大学则需要依靠州政府的财政支持。为此，美国大学在办学资金获取上采取了折中方式。

重视教育很快让普鲁士得到回报，1870年普鲁士军队在色当战役中打败法军，一洗耶拿战役失败之耻。当然德国的崛起和打败法国，原因有很多，但教育肯定居功至伟。普鲁士在普法战争中的胜利，更让柏林大学办学模式，引起世界尤其是美国的关注，柏林也成为此间世界高等教育的耶路撒冷。1814—1915年，有超过1万名美国学生到德国留学，德国大学的博士文凭成为美国任何一所大学教授职位的敲门砖。

德国的快速崛起引起了万里之外的日本、中国政要的关注。此时处在明治维新的日本确定全面复制和学习德国制度，陆军士官学校的教学方式从法制转为德制。自鸦片战争以来，晚清对外战争基本上是屡战屡败、割地赔款、丧权辱国。为此，清廷对能够快速崛起的国家自然十分关注，除邻居日本外，德国也不例外。清廷注意到了普法战争和德国的崛起，李鸿章还专门率团到柏林访问，向铁血宰相俾斯麦请教强国之道。

普法战争后，清廷开始选派留学生赴德学习军事。1876年，李鸿章从淮军中选出7名年轻军官前往德国留学，这开了留德先河。除中国外，日本以德为师。可以说，中日均将德国作为自己学习的对象。也正是因为有这种渊源，一方面德国曾出面调停过中日战争，另一方面中国的德械师曾给日军极大的杀伤力。日本在中国尽力抹去德国的痕迹，对同济大学等具有德国根基的大学进行大肆破坏。

在西方列强中，德国采取了很特别的教育制度。德国是个联邦制国家，中央政府对教育并没有较强的管控力，由各联邦州来主导。而在教育发展过程中，德国十分重视教育公平性，学生可以自由选择大学和所学学科。德国的大学没有严格的入学考试，中国学生只要有高中或大学毕业证，德文能够达到听说和阅读的程度，便可以直接入学上课。

我从一些资料查到，德国自19世纪中叶以来，从一个农业国发展成为工业国，其对技术人才需求十分旺盛，为此很重视工科教育。而工科教育则很关注实践或实习，在申请就读德国工科大学时，会有6个月实习经历的要求。[①]

德国没有类似日本的预科学习制度，考虑到留学成本，多建议在国内学好德语以及做好实习等相应的准备。同时，德国的大学教育强调高度自由，各方面基本上由学生自主抉择。

在这种教育理念下，德国留学出现了一个特别现象，即一些已经在美、英、法、日留学过的中国学生，因要追求更高的学问，往往会把留德作为选择对象。比如蒋百里从日本陆军士官学校毕业后，选择到德国进一步深造。傅斯年先到英国爱丁堡大学和伦敦大学留学，后到德国的柏林大学就读近4年，学成后回国。而大学问家陈寅恪留学过日本、德国、法国、瑞士、美国等多个国家，曾两次留学德国，最后一次的留学是在德国完成。

1908年到1910年，中国留德学生有77人。10年后，留德人数猛增到近千人，这跟"一战"中国为战胜国有关。"一战"结束后，中国和德国重签了平等双边协议，让中国学子对德国有好感。同时，战后德国货币贬值，留学成本降低，导致有更多的中国年轻人选择到德国留学。20世纪30年代留德人数起伏比较大，1937年达到了700人，但"二战"爆发后，赴德留学中止，只有少量学生滞留在德国，比如季羡林因"二战"留德十年。[②]

与留日和留美相比，中国学子留德有独特之处。一是当时国内学校以英文为重，德文为主的学校比较少，主要集中在青岛、上海的几所德国背景学校中，这导致留德学生的生源相对比较集中，且专项比较明确，因此成材率相对比较高。二是留德学生的专业以理工科为主，1937年统计的数据显示，700名留德学生中，50%学习化学、机械、电机，40%学习医学和陆军，只有10%的学生学习文科。而根据袁同礼统计，从1907年到1961年，中国留德学生共有732人获得博士学位，最多的是医学博士，其次为数理化和工程学博士。三是受德国人影响，留德学生有比较强的国家民族关联感，很反感留美学生相互之间以讲英文为荣的行为，对国内政治也比较关注。在社交和团体生活方面，留德学生要远逊于留美学生[3]。

"二战"结束后，联邦德国重建大学的主旨便是恢复洪堡传统，强调教学和科研的自由。虽然"二战"后德国大学发生了很多的变化，但万变不离其宗，大学的学术自由传统没有改变。有统计数据显示，1967年西德科研人员为62 943人，其中高校有33 188人，超过总量的一半。1975年统计数据显示，西德从事科研和发展事业的科学家约有六万人，其中1/3在高等学校[4]。

德国在两次世界大战中均失败，但在"二战"后不久，德国又再次快速繁荣兴盛，神奇般复苏和崛起。这背后的原因固然有很多，但犹如大地是安泰俄斯的力量之源，教育为德国发展的原动力。

参考文献

[1] 张天麟编译，《德国留学指导书1937》，北平中德学会，1937年6月出版。
[2] 张亚群、肖娟群，《20世纪20—30年代中国留德教育述论》，《徐州师范大学学报》（哲学社会科学版），2007年9月，第33卷第5期。
[3] 王奇生著，《中国留学生的历史轨迹：1872—1949》，湖北教育出版社，1992年9月出版，第85页。
[4] 贺国庆著，《德国和美国大学发达史》，人民教育出版社，1998年8月出版，第187—188页。

第三章　1978年后的留学

第一节　留学重启

1978年12月26日，52名公费留学生从北京出发，乘坐飞机经巴黎前往美国，抵美初至纽约，终点为美国首都华盛顿。他们抵美后，在机场受到了中国驻美联络处和美国国际交流总署官员的迎接。时隔近30年，中国的学子终于再次踏入美国的土地。这在留学史上是具有划时代意义的举动，这些学子赶在中美于1979年1月1日正式建交之前留美，这距离中国派遣留美幼童则相隔了106年。

很巧合的是，清末的官派留学和1978年留学重启，均是从美国开始。1872年的留美幼童，从提出设想到得以实现花费了容闳约10年时间。但1978年留学重启，从中央提出重启留学到选拔出首批公费留学生赴美，仅花了半年时间。而鲜为人知的是，这52人从名单确定到集训再到出行，仅用了10天时间，可谓是超级神速。

有个小插曲是，教育部原本选拔了50人进入首批公派留学名单中，但由于有两名北京大学学生此时也正好获得美国大学的奖学金，即将去美国进修。这两人虽然不是由中方出钱，但也可以纳入公派留学当中。于是，首批留美人员变成了52人。首批52名留美人员，除一人延期毕业，其余51人在两年后均学成回国。在这52人中，先后出了7位两院院士，成为国内科技领域的领军人物。

从留美关闭到重启将近30年，足足一代人的时间。而留美重启，则是中国主动推开大门。1978年7月7日，美国总统卡特的科学顾问普雷斯博士率领美国科技代表团来中国进行合作谈判。互派留学生是美方的设想之一，但并不是谈判的主要内容，其是想作为谈判筹码来和中方沟通，并没有抱多大的希望。为此，美方对中方要在1979年选派500人到美国留学的提议感到很惊讶。

1949年之后，尤其是抗美援朝战争爆发后，中美两国在朝鲜兵戎相见，前往美国留学的大门自然关闭。战争结束后，中国和美国就各自侨民回国进行过谈判。此时，在美中国留学生有 5000 人左右。颇具黑色幽默的是，美国此时强迫中国留学生要申请永久居留或做政治难民，中国留学生要想获得美国绿卡可谓是轻而易举，这对现在需要绞尽脑汁才能获得一张绿卡的留美学生来说是件不可思议的事情。

在最后一批愿意回国的中国留美学生开始返程后，中美两国在教育上开启长期断绝状态，时间长达近 30 年。在与美国隔绝后，中国初始学习苏联，选派了大量人员赴苏留学。有数据统计显示，从 1949 年到 1969 年，中国共选派了 8424 人到苏联、1109 人到东欧国家留学。

不过，1961 年中苏关系破裂，苏联撤走了所有的援华专家，中国派人到苏联留学也戛然而止，世界两个超级大国均对中国紧闭大门。"文革"十年，中国曾向 21 个国家派出过 337 名留学生，但这些留学生基本上都是过去学习语言。为此，中国有长达 17 年的时间几乎停止了留学生的对外派遣。

雪上加霜的是，从 1966 年开始的"文革"持续了十年，中国高等教育运作停滞，人才培养断层。1978 年，中国开始改革开放，国门打开，社会经济的快速发展亟须大量人才。而恢复高考招生的中国大学在短时间内无法培养出这么多的人才，同时长达近 20 年与世隔绝，中国亟须了解和学习世界最新科技、最新文化。在这种情况下，国家把学子送往国外留学变得无比迫切。在一定程度上来说，这个时候的需求与 1905 年取消科举考试后，留日学生人数猛涨颇为相似。

我观察下来，从 1978 年留学重启至今，可大致分为两个阶段，即 1978—2003 年、2003 年至今。这两个阶段的划分，标志性事件便是 2003 年由国务院颁布实施的《中外合作办学条例》。在条例颁布之前，留学乃至国际教育在国内缺乏具体的法规来支撑。而在条例颁布之后，国内国际化学校／国际部的创建、引进国外优质教育资源则有法可依，处在一个良性发展阶段中。本节侧重讲述 1978—2003 年期间所发生的留学情况，2003 年后的留学情况在第四、五章进行介绍。

中国在 1978 年决定开始对外派遣留学生后，美国、英国、加拿大、澳大利亚、日本这些国家均是持欢迎和支持态度。最早派出国的留学生基本上都是公费生，大部分是访问学者，做短期的学习，不以拿学位为目的。

之所以会有这样的安排，我分析下来这应该跟当时国内经济条件较差有关。20 世纪 80 年代初，一名年轻大学老师的月工资还不够报考一次托福考试。由于收入低，学子光靠自己很难解决留学费用。即便能够获得国外大学的奖学金，也会因为买不起单程机票而望洋兴叹。我的一个族人在 20 世纪 80 年代从北京大学英文研究生毕业后，曾拿到了普林斯顿大学的博士全奖 offer，但因没钱买机票前往美国而不得不忍痛放弃。

在重启留学的前三年，能够出国留学的幸运儿主要是公派留学生。在1981年1月，国家开始允许自费出国留学，自费留学政策的出台，意味着留学之门向所有人打开。20世纪80年代末，大学毕业生统一安排工作政策开始调整更推动了留学潮的兴起。国内大学毕业生长期具备国家干部身份，享受国家统一安排工作的福利，但从1986年开始，大学生由国家统一安排工作的政策开始做调整，逐步改为大学毕业生自主择业。大学毕业生自主择业政策的执行，导致一些优秀但没有门路的大学毕业生找不到满意的工作。在此背景下，一些优秀的大学毕业生会寻求出国留学机会。这也使得出国留学人员的身份开始发生转变，从原先在职人员公派留学居多转为以大学毕业生为主。此时国内与国外发展水平差距甚大，再加上出国留学人员原本在国内找工作不顺，导致学成归国的人数占比不高。[①]

1981年，中国同意美国教育考试服务中心（ETS）在中国境内举办托福考试中心，并于当年12月11日，在北京、上海、广州三城举办了首次托福考试。由于需求旺盛，托福考试中心在1987年扩展到15个城市，有29个考点。而在2022年，中国参加托福考试的学生超过百万人。

由留学热所带动的托福学习热潮在北京这些大城市兴起，由于需求十分旺盛，托福考试一位难求。

1978年留学重启后，美国一直是中国学生前往留学的主要国家，赴美留学人员占到同期赴各国留学人员总量的一半以上。1981年，中国也与英国、埃及、加拿大、荷兰、意大利、日本、联邦德国、法国和比利时等国政府达成了交换留学生协议。2009—2010学年，中国留美学生数量首次超过印度，成为赴美留学第一生源国。中国学生在美国国际学生中的占比达到了18.5%，超过印度的15.2%。中国学生人数从98 235增至127 628，比上年增长了29.9%。

20世纪七八十年代能够出国留学的中国学生，无疑是这个时代的幸运儿，当他们走出国门后，却碰到了前所未有的挑战与冲击，而这种挑战与冲击是现在的留学生难以想象的。

第一个碰到的挑战便是穷。当从物资短缺的中国来到美国后，物资供应的丰富让留学生感到不知所措，随之而来的是囊中羞涩。早期留学生即便有奖学金，也得去中餐厅洗盘子赚生活费。曾有留日访问学者，为了省钱整天吃方便面，导致营养严重不良。后来他在实验室工作时晕倒，由于是周末，实验室没有其他人，耽误了救治，最终饿死在异国他乡。

早期留学以读硕博或做访问学者为主，这跟经济条件也是密不可分的。由于中美此时在生活条件上存在巨大反差，学生学成后回国比例低。

二是没有做好足够的留学准备，其中最为突出的便是英语水平低。首批52名公费留学生英语水平低，能考到60分及格线的比较少，有几个考到了八九十分，要么本人是1949年前从教会学校毕业的，要么导师在1949年前曾留学过英美。为此，当50人在集中办理签证与签证官对话时，出现了鸡同鸭讲的状况。时任美国驻华联络处一等秘书唐占晞（John Thomson）后在接受《中国青年报》记者采访时说，他听到了签证官与这50个人有如下啼笑皆非的对话：

"Which school are you going to？"（到哪个学校去？）

"Chemistry."（化学）。

"Oh, what subject will you study in America？"（打算到美国研究什么？）

"Born in 1933."（生于1933年）。

"OK, very good."（好了，很好）。

唐占晞提到，这50个人大都40岁左右，不少人英文很差，可能事先背好了答案。不过最终还是都给了他们签证。让这50个人拿到签证，当时是他的任务，为此他还特意提前跟签证官打好招呼，让他们均顺利获得签证。②

三是思维和理念差异的冲突。此时的留学生尽管在出国前会有短期的培训，但也只是浅尝辄止。等到了国外后，普遍会体验到思维和理念的差异与冲突。

钱宁在《留学美国》一书中也对此做了深入分析。在20世纪七八十年代的中国社会，人一出生就安排好了一生，从上什么幼儿园到上什么小学中学，从读什么课本到穿什么衣服，中国人都没有太多的选择。高考恢复后，考大学可以改变人的命运。但一旦考进了大学，生活又会重新回到了正常轨道。生活在这样缺乏自由选择的社会里的人，久而久之，便如同被驯服的动物渐渐失去了野性和活力，浑身充满"惰性"。但一旦学生选择了留学，从申请大学开始，他们便需要靠自己了，要学会推销自己。在20世纪80年代留学潮中，虽然怪象乱出，但不可否认的是，中国人开始摆脱自己身上的"惰性"，重新具有了活力。④

钱宁在书中写到，由于中美教育制度不同，课程设置自然也不一样。于是，中国学生在申请的时候，把马列选读翻译成西方哲学，政治经济学为宏观经济学。为了体现个性，中国学生有很多高招，比如将自己作为工作人员时与国家领导人拍在一起的照片寄给国外大学，让国外的教授对他刮目相看。⑤

钱宁将大陆学生和台湾留美学生做了比较，现在看起来很有趣。长期生活在不同社会制度和政治文化里面，两岸的中国留学生形成了不同的气质。台湾留学生常说大陆留学生身上有一股"霸气"，而大陆留学生则说台湾留学生有一种"岛气"。这一代的大陆留学生，因为经历过太多的政治运动，见过大风大浪，所以在走出国门时，便有比较雄伟的目标。而多数台湾留学生，生于中产家庭，长在相对稳定的社会环境中，生活意向则现实得多。读一个美国学位，找一份工作，甚至开一家杂货店也算是圆满人生。另外有个现象是，大陆留学生的口才普遍要好于台湾留学生，能言好辩。⑥

四是心理调整。中国留美学生到美国后，会处在一个完全不同于国内的环境中，会有心理调整的过程。而在这个过程中，多数会羡慕和欣赏美国充足的物质生活，但同时也有对美国梦的破裂。

钱宁提到，出国后，知识界精英在不同程度上对西方社会产生了幻灭。这种思想情绪的转变，与其说是认知境界的提高，还不如说是对西方社会冷酷一面的切身体验。"国外有很多自由，其中一个自由就是饿死的自由。"有留学生向钱宁讲到这句话，这不完全是一句牢骚话，其中包含着对另一个社会的真正认识。⑦

极端的便是1991年11月1日下午爆发的卢刚杀人事件。美国爱荷华大学中国留学生卢刚用手枪枪杀了自己的指导教授、系主任、副校长以及同样在物理系学习的中国同学等5人，另有一人重伤。卢刚饮弹自尽。最终，在这场校园凶杀案中，有6人殒命，1人重伤。

卢刚之所以枪杀这么多人，是他认为物理系以及学校在提名参加一项优秀论文荣誉奖的过程中对他不公，投诉无果，并影响到找工作。美国社会的枪击案并不鲜见，卢刚也枪杀自己的同胞，为此这个凶杀案件在美国媒体报道上并没有和种族以及中国留学生进行关联。

对这个校园凶杀案，钱宁认为是不健全的个人主义所导致。在西方文化中，个人主义是整个社会的基础，主张个人追求、维护自我利益的权利，但同时也强调个人对自我行为要承担责任。不过，此时的中国经过无数次的思想批判，导致个人主义只意味自私和只顾自己。20世纪80年代，中国人的自我意识迅速提升，但个人责任感却没有随之建立起来，产生出一种不健全的个人主义。这种不健全的个人主义会让人充满贪婪但又缺乏承担责任的勇气，于是一旦碰到问题，便会怨天怨地但不怨自己。正是这种心态让卢刚承受不了现实的失败，走上了不归路。他最后的杀人，不是性格刚强的表现，而是人格脆弱的显露。不过，卢刚在杀人后自杀，倒也是承担了杀人的责任，这使得整个事件成为以美国方式结束的一个不健全的个人主义者的悲剧。⑧

现在再看这些1978年留学重启后的留学生生活，和现在的留学生相比，有恍如隔世之感。首先现在的留学生基本上不会重点考虑费用的问题，选择出国留学的家庭多会准备好充足的留学费用。我在访谈学生时，会问其有无申请过奖学金，大部分的学生因担心影响最终的录取而不申请奖学金。

这些年，中国经济腾飞，居民生活水平提高，家庭一旦确定要让子女出国留学，会相应准备好留学费用。现在中国学生出国留学，不再需要到中餐厅刷盘子来赚取生活费。我听说过，有国外的餐厅老板在感叹为何招不到中国学生来打工。同时，中国社会的发展速度甚至超过国外，导致出国留学的学生反而会感觉国外生活的便利性不如国内。

其次在适应度上也不太一样。现在要出国留学尤其是本科出国留学的学生，在出国之前往往已经做过比较长的准备。到国外去参加各种夏校或者夏令营，在国内学习国际课程，英语在国内基本上都解决了。因此，现在的学生到国外后往往适应度比较高。

最后是心态比较平和。现在出国留学学生多是在物质富足和家庭关爱有加的环境下长大的，普遍比较善良和温和。

前面提到1978年重启后的留学，中国学子走出国门后，碰到了一系列的挑战和问题，而从国家层面来说也是同样如此。最为突出的问题是初期留学生回国率低。在1989年后，美国更加采取了截留措施，用放宽绿卡申请的模式把中国人才留在美国，当时有5万多人获得绿卡。

初期的回国率比较低，根据教育部所统计的数据显示，1978—2008年，各类出国留学人员总数为139.15万人，留学回国人员总数为38.91万人。

从1978—1997年，中国前往美国的留学人员总共为16.3万人，占到出国留学人员总量的56%。其中国家公派留学人员为12 540人，单位公派留学人员为49 560人，自费留学人员为101 000人。同期全国只有43 300人学成回国工作。[⑨]

不过，十分难得的是，无论外面风云如何多变，中国支持留学和派出留学生的政策一直没有改变。1992年8月，国家更是提出了留学工作的总方针：支持留学、鼓励回国、来去自由。次年，这个出国留学工作方针以中共中央文件形式得以确立。这个工作方针一直沿用至今。

为了吸引在外留学人员回国工作，国家采取了很多措施。比如一直强调来去自由，用开设博士后科研流动站的方式吸引人才回国。对海归人才采取灵活的用人机制，这点放在用人机制灵活的现在可能很多人没法意识到其重要性，20世纪80年代大学毕业生采取国家统一分配工作的制度，而海归回国在工作选择上有一定的自由度，这在当时是比较大的突破。对在国外所生超计划生育的子女可以申报户口，不占用指标以及不处罚等，这在当时计划生育政策执行严格的年代，可谓是极大的优待。

1999年时，我在昆山日报社当记者，曾采访过一名引进的剑桥大学博士。这位博士专长于化工，昆山留学生创业园为其提供各方面支持。我看过其博士学位证书，印象中是写着哲学博士。

从1989年后，中国更是主动出击，到世界各国直接招募留学生回国工作。在国内则开始创立各种留学生创业园区，提供优惠政策扶持留学生创业发展。

20世纪90年代，海归创业形成气候，尤其是在互联网领域。早期中国互联网发展模式基本上是复制美国公司模式，而中间的桥梁便是海归。他们的努力让中国互联网产业紧跟世界的发展步伐，这应该也是出国留学的意义所在。

我在2016年年初，曾主导做过一份《美股中概股高管留学背景分析报告》，这份报告以宜校的名义对外发布过。报告显示，在美股中概股高管当中，无论是本科还是硕博阶段，美国名校毕业生数量排在前面。学霸们不仅在学业上突出，在创业以及公司管理上也是成绩优秀。

截至2016年3月1日，在纳斯达克交易所、纽约证券交易所、美国证券交易所等美国三大证券交易所中，共查到148家中概股高管学历有效信息，这些中概股不包含来自港澳台地区的中国公司。总共收集到了1344名中概股高管的学历数据。在1344名高管当中，具有留学背景的高管有454人（就学港澳台大学不计算在内；外籍人士就读国外大学统计在内），占总量的34%。在148家中概股当中，33家公司创始人/董事长具有留学背景，占总量的22%。

海归所创办的公司，和美国资本市场具有天然的联系，主要体现在两点，一是商业模型往往参考或者模仿美国成功企业；二是初始资金来自于美国的天使投资。

信息技术公司选择在美股上市以及美股对其接受度相对比较高，原因主要有三个方面，一是中国的很多信息技术公司是参考或者模仿了美国成功企业的运作方式，如百度与Google，阿里巴巴与eBay，微博与Twitter。这些公司的商业模型比较容易被美国投资者理解和接受；二是信息技术公司早期发展需要大量资金，多半会引入天使投资/VC/PE，这些投资机构往往带有美资背景，在选择上市地方时天然会倾向美国市场，典型的便是当当网、搜狐等；三是信息技术公司融资的额度一般比较大以及需要有灵活的管理机制，而比较灵活的美国的资本市场能够满足这些需求，典型的便是阿里巴巴。

在中概股高管的学历方面，硕士学历高达65%。一个原因是工商管理硕士（MBA）是很多商界人士在职业上升轨道中通常需要的学历背景，而以美国名校为代表的国际MBA教育是全球顶尖的；二是与中国出国留学大背景有关，中国在20世纪90年代初开始兴起留学，由于信息不对称以及缺乏留学费用的原因，此时的中国学生多选择在研究生阶段出国留学，而到20世纪90年代末，这批留学生学成回国，正碰上互联网大爆发的创业机遇。

对于以创业以及公司高管为未来职业目标的人群，《美股中概股高管留学背景分析报告》的数据结果给各个阶段的留学都提供了很有价值的选校参考：对于高中生来说，本科应该争取就读藤校或者理工科名校；对于已经有几年工作经验并在谋划职业发展的职场人士，硕士就读商科名校MBA项目就是自然的选择；对于想结合科研和市场的有志青年，到商科法律名校或者理工科名校读博士就是很好的选择。

从1978年留学重启至今，也仅有40多年的历史。但这40多年的留学历史，浓缩了中国从1872年留美幼童所启动的留学事业所走过的历程。重启之初，中国留学所面临的问题，留学生在国外的遭遇，和百年前并没有实质性差异，在很大程度上是一个弱国在向强国学习。

到了21世纪后，中国留学开始悄然发生根本性改变。随着中国经济的腾飞，社会的发展，中国学子前往国外留学往往有充足的资金支持、民族自信心强、语言和学业准备充分，这个时候越发回归到留学以及教育的本源。

在物质富足和家庭关爱有加环境中成长起来的00后留学生们，他们到了异国他乡，变得更加从容、淡定与自信。他们更多地全心投入学习中。另现在有八成留学人员会回国，这与留学重启初期回国率低于30%形成鲜明对比。

这是时代的进步。我们为此做出这么多的努力，不正是想看到这些吗！

参考文献

① [加]许美德著，许洁英主译，王嘉毅、陆永玲校，《中国大学1895—1995：一个文化冲突的世纪》，教育科学出版社，2000年2月出版，第156页。
②③王波著，《国门开》，《中国青年报》，2011年12月7日第12版，冰点特稿第820期。
④⑤⑥⑦⑧钱宁著，《留学美国——一个时代的故事》，江苏文艺出版社，1996年8月出版，第49—50、53、273—274、194、257—259页。
⑨中国教育发展战略学会教育中介机构工作委员会编，《中国自费出国留学和行业发展报告》，高等教育出版社，2012年4月出版，第47页。

第二节　王湘波：自费留学先行者

王湘波博士是国内国际教育界的知名人士，他曾担任过美国大学理事会副总裁，并将 AP 课程引进到中国。王湘波为 1978 年后最早的一批留学生，和其他留学生以公派为主不同的是，王湘波自费留学，靠申请到奖学金解决留学费用，这在当时比较罕见。

2017 年王湘波从美国大学理事会离职后，便主要服务于国内的教育科技机构以及担任国际化学校校长。我在上海和王湘波见面做了一番交流，了解了他留学的经历。

湘西沅陵县是王湘波的老家。沅陵县素为湘西门户，沅水和酉水在此交汇，通过水路可以直通湘西各地，因而成为湘西水上交通要地。由于交通和地理位置重要，沅陵县在历史上一度受到各方势力的重视。尽管地处偏僻的湘西，但沅陵县很早就有传教士在当地传教，1902 年还爆发了辰州（沅陵的前称）教案。

1902 年辰州城内爆发严重瘟疫，死亡上千人。当地传谣系传教士为展示其医术吸引更多人入教而投毒，因官府不作为，矛盾激化爆发教案，两名英国传教士被殴死，教堂被捣毁。事发后，所有涉案文武官员均受到了严厉惩办，10 余名百姓被杀，赔偿了 1 万英镑（约合白银八万两）。[①]此后，教会在沅陵县创办了几所教会学校，有 1904 年开设的私立朝阳中学，1923 年创办的私立贞德女子中学，1939 年创办的私立辰粹女子中学。1951 年，这三所教会学校均并入湖南省沅陵县中学。抗战期间，湖南省政府在沅陵县驻扎了 7 个月，当时在长沙的教会学校——雅礼中学也搬迁到了沅陵县，这些均大大增加了沅陵县的教育实力。

王湘波的父亲从沅陵县的教会学校毕业后参加了解放军。新中国成立后，王湘波的父亲由于英语和数学好，被安排到炮兵学校教微积分。父亲英语比较好，但并没有直接教儿子学英语。在王湘波读初中的时候，父亲带他一起去游泳，提到此时是"文革"顶峰时期，没有人认真读书，这样下去国家是没有希望的。为此希望儿子不要去参加各种活动，而是把精力放在学习上，今后有机会的话争取去美国留学。

在意识到学习英语的重要性后，王湘波在高中最后一年，每天利用中午时间，自己收听广播，跟广播电视大学学习英语。现在年轻人估计大多不太了解广播电视大学，广播电视大学一般简称为"电大"，在 20 世纪 80 年代十分盛行，当时由于教育资源匮乏，学校招生少，为此学校通过广播、电视等方式教授知识，学员经过相应的考试后可以拿到毕业证。由于长期坚持学习英语，王湘波的英语基础比较好，对他后来考取湖南大学外语专业帮助甚大。

王湘波在长沙南郊的湖南机床厂子弟学校读书，成绩一直是全校最好的。子弟学校是计划经济时代的产物，在 20 世纪 80 年代，中央以及地方政府由于教育经费严重不足，于是鼓励社会办学校。一些三线工厂因地处偏远地区，当地缺乏学校，于是这些工厂便自己办起子弟学校，解决职工子女就读问题。在国家鼓励举办子弟学校的政策引导下，一些有实力的工厂或者机关，便纷纷办起了自己的子弟学校。子弟学校由于有工厂或者机关的各方面支持，办学条件、师资力量往往比当地教育局所管理的学校更好。自国企改革、地方教育经费投入加大后，子弟学校在20世纪90年代开始衰落，在2000年后逐步划归到当地教育局管理，与原先的主办单位脱钩。比如北京十一学校原先为中央军委子弟学校，现归属北京市教育局管理。西安市铁一中学原先为郑州铁路局西安铁路分局管理的子弟学校，2005年9月1日移交西安市碑林区政府管理。

1977年10月1日，高中毕业的王湘波以知青身份下乡，到湖南益阳市的洞庭湖千山红农场劳动。王湘波此时只有16岁半，按照当时的政策规定可以不下乡，他是自愿下乡做知青。王湘波由于成绩优秀，跳过两级，所以一直是班上最小的学生。

下乡不到半个月，1977年10月12日，国务院宣布恢复高考。当消息传到了农场，高考报名极为踊跃。高考关闭了11年，千山红农场有太多的知青渴求通过上大学改变自己的命运。全国有570万多人参加1977年的高考，最终只有27.8万幸运儿被录取，录取率只有4.9%。千山红农场有4000人参加1977年的高考，仅两人考取大学。除王湘波外，还有一名女知青考上了湖南师范大学。王湘波一度与她失去了联系，后通过湖南师范大学联系上这名女知青时，她已移民到新西兰。

农场的工作挺艰苦，要参加高考的知青白天仍然要干活，不可以请假备考。王湘波只能利用晚上时间来做准备，他最终能够考上大学，靠的是平时的积累。如果高考再晚几年，王湘波认为自己是否还能考上大学就挺难说。

1977年12月初，王湘波参加完高考后，回到工地围湖造田。半个月后，农场接到湖南大学电话通知，要口试王湘波英语水平。能有知青被大学录取在当时是天大的喜事，农场派人通知王湘波，让他赶紧从工地上回农场总部，次日要参加湖南大学英语口试。得到要口试的消息，这意味着一只脚已经踏进了湖南大学的大门，王湘波欣喜若狂，赶紧从工地上赶去农场总部。而当时的王湘波身上没有钱，衣服也没有准备，工地上也没有拖拉机能送他去农场总部。

王湘波便拿着路条，走路赶往农场总部招待所。下午4点钟天快黑的时候，运气来了，路上来了辆拖拉机，王湘波爬上了拖拉机往农场总部方向走。拖拉机并不到农场总部，开了一段时间后，将王湘波放在岔路口，然后转道走了。然而运气再次来了，王湘波赶上了从沅江县过来的一班车，这班车会前往农场总部。

很巧合的是，这班车上还有前来口试的老师，是来自益阳师范学校的教授。到农场招待所后，招待所负责人知晓王湘波次日要参加湖南大学英语口试，颇为照顾，给王湘波找了身干净的衣服替换脏兮兮的工装，解了王湘波的燃眉之急。次日上午10

点，轮到了王湘波口试英语，结果得到了满分，最终被湖南大学录取。

此时的湖南大学隶属原第一机械工业部管辖。王湘波原本并不是要专门学习英语，而是计划学电气工程，后转为专门学习英语。英语班有36个同学，其中有6个人因英语基础太差，后转回原先的系就读。王湘波印象比较深的是，有个少数民族同学，学习一年英语后仍然不及格，觉得自己连普通话都说不好，英语更不用说了，于是转回到原先系里就读。

1981年大学毕业后，王湘波留在湖南大学工作。他当时工资为70块钱，在国内还属于不错的收入，但如果兑换成美元，则不到20美金。此时的王湘波仍然有强烈的留学梦想，但留学费用则是座靠工资难以逾越的大山。

长沙为国内二线城市，最早期的公派留学之风并没有吹到王湘波身上。

不过，幸运之神再次眷顾了王湘波。湖南大学有位美籍老师挺欣赏王湘波，她回到美国后，专门给王湘波写了封信，而这封信最终让王湘波圆了留学之梦。信里提到，东西方中心有研究生奖学金项目，会资助太平洋沿海国家和地区的学生参与到文化、农业、能源等交流中，每月会给450美元的资助。如果王湘波感兴趣的话，先去参加托福和GRE考试，然后凭托福和GRE申请大学和东西方中心奖学金，她愿意资助一次托福和GRE考试费用。

如果能够获得该中心的奖学金，王湘波就读美国大学的研究生在费用上就高枕无忧了。

这个中心现在还存在。2016年，国家留学基金管理委员会和美国东西方中心还联合推出合作奖学金，资助中国学者赴美访校、就读博士和进行博士后研究等。在合作奖学金介绍中提到，东西方中心是由美国国会在1960年批准成立的一个国际性教育和研究组织，总部在夏威夷。成立60多年来，东西方中心在全球范围内构建了一个拥有6万余名校友和950多家合作机构的工作平台。对就读博士的人员，东西方中心会提供研究生学费、宿舍，并有津贴。王湘波收到信后，又一次欣喜若狂。1983年5月和7月，他坐火车赶赴广州外国语学院（1995年改名为广东外语外贸大学），分别参加了托福和GRE考试。成绩出来后，王湘波托福满分，GRE有770多分（总分800分）。拿到托福和GRE成绩后，王湘波在1983年9月份开始申请美国大学研究生，最终获得夏威夷大学、匹兹堡大学、乔治城大学三所大学的offer。

按照大学的要求，王湘波应该在次年便要就读。但意外出现了，王湘波迟迟没有收到大学的录取通知书。最初以为是邮件慢，也没有到单位收发室查询。当时打国际长途也很不方便，电报也不清楚如何收，缺乏和大学直接沟通的渠道。王湘波后到收发室询问，才得知两个月前大学的录取通知书便到了，但被系里领导拿走了。

等王湘波拿到录取通知书，发现三所大学均已经过了"Deadline"。无奈之下，王湘波联系了那位美籍外教，请教如何处理。外教建议他跟大学沟通下，和大学联系上后，三所大学均拒绝其入学并要求重申。

王湘波没辙了，只能重新申请。1984年，在第二次申请之前，王湘波参与了一个活动，这为其申请大大加分。1984年中美进行了军事合作谈判，美方代表来湖南参观工厂，需要一名专业翻译陪同。湖南大学推荐了王湘波。王湘波以首席翻译的身份参与了为期7天的接待，翻译工作让美方以及湖南外事办挺满意。翻译工作结束后，湖南外事办主动找到王湘波，给王湘波写了推荐信和保证书。有了湖南外事办的加持，王湘波拿到了东西方中心的奖学金，当年全球只有6个人获得该奖学金。

再次拿到了夏威夷大学、匹兹堡大学、乔治城大学三所大学的研究生offer后，王湘波在考虑选择哪所大学就读。后考虑到夏威夷大学ESL（English as a Second Language，以英语为第二语言/外语）专业在全球是最好的，且唯一有博士学位，而之前帮助他的美籍外教也住在夏威夷，综合这些情况，王湘波选择就读夏威夷大学。

还有个小插曲，王湘波前往美国驻华大使馆办理签证，那时中国人赴美者很少，办签证不用排队。进入签证处后，王湘波发现有6个人在办公，于是向签证官请教应该选择哪所大学就读，结果办公室里一阵哄堂大笑，他们对王湘波提出这个问题感到不可思议。夏威夷是美国的旅游胜地，能去那里读书是件很舒服的事情。为此，他们建议首选夏威夷大学。匹兹堡是工业重地，环境不太好，不用考虑去匹兹堡大学就读。

1985年5月，王湘波赴美留学，多年的留学之梦终于成真。经过几年苦读，王湘波从夏威夷大学拿到了教育心理学博士学位。1992年，王湘波在美国教育考试服务中心从事博士后研究。出站后，1993年王湘波开始在美国法学院入学考试委员会工作。7年后，王湘波加入美国教育考试服务中心，在托福组工作了两年。2003年到2007年，王湘波在美国大学理事会工作，2007年到2009年在ACT公司担任副总裁。2009年，王湘波重返美国大学理事会并工作到2017年，其间担任副总裁。2017年后，王湘波离开美国大学理事会，先后在深圳、上海、北京工作，初在深圳和上海服务于国内的考试测评机构，并着力开发出适合中国学生的英语测试产品，后到北京的国际化学校担任校长。

首先提出把AP课程引进到中国的并非王湘波，他提到，2007年美国大学理事会便派人到中国开发AP市场，花了300万美金但没有开发出一所学校，因而有计划要撤出中国市场。在这个节点，美国大学理事会高层不愿意认输，于是邀请王湘波从ACT公司回来工作，担负起开发中国市场的重任。

王湘波提到，美国大学理事会将 AP 课程输入中国，是友好的表现。在当时，美国国内有人反对将 AP 课程输入中国，他们不愿意将美国优质的教育资源分享给中国。另外，美国大学理事会考试收入丰厚，加上其是非营利性组织，开不开发中国市场对其并不重要。好事变成了坏事，这根源于双方沟通和相互理解不够。

AP 课程在国内通常会被翻译成大学先修课程，顾名思义就是在高中阶段学习大学的课程。高中生既可以提前体验大学课程，也可以通过 AP 成绩向大学招生官展示其具备大学学习能力，为大学申请加分。

AP 创设源自于美国应对苏联的竞争，1952 年在哈佛大学倡导下正式诞生。AP 的管理采取了类似公司的董事会和管理团队分工的模式，由美国各大学参与主导的美国大学理事会对 AP 课程进行开发、管理和实施，美国教育考试服务中心负责命题以及组织考试等具体操作。美国大学理事会和美国教育考试服务中心均非政府教育机构，是非营利性组织。在王湘波从美国大学理事会离职时，中国有 470 多所学校开设了 AP 课程。

由于 AP 课程能够让优秀高中生尽早涉足大学初级水平的科研学习，而自由选课方式又给了学生充分的个性发挥。因此，很快引起国内名校的关注与使用。王湘波提到，北京第四中学是最早引进 AP 模式的学校之一，学校从初中开始便实行走班制。老师在固定的教室，学生可根据自身兴趣自由选择课程。

王湘波在 ACT 公司做副总裁的时候，负责的便是教育测评，到美国大学理事会工作后，王湘波更是如鱼得水。王湘波提到，北京王府学校是国内第一家引进 AP 课程的国际化学校。让王湘波感到自豪的是，除了将 AP 课程引入中国，在他的推进下，AP 中文也纳入了 AP 考试中，作为 38 门课程之一。

在谈到 SAT 时，王湘波提到，国内越把 SAT 视同为美国高考，SAT 就越不可能引进到中国，以及在中国开设考场。因为高考涉及教育主权，SAT 在国内难以被接受。但 ACT 考试性质不同，因为 ACT 是嫁接在 GAC 课程上的，相当于结业考试，为此能够被接受。

王湘波为首位在美国大学理事会担任过副总裁的第一代移民人士。在王湘波之前，有第一代移民人士在 ACT 当过副总裁，但在这两个机构里均当过副总的，王湘波则是首位。因在中国推广 AP 课程卓有成就，王湘波被誉为"中国 AP 之父"。

王湘波自己在事业上取得了成功，而让他感到欣慰和自豪的是，两个儿子也十分优秀，均从专业全球排名第一的宾大沃顿商学院毕业。长子获得了宾大沃顿商学院和工程学院的双学位，且成绩均为第一名。长子的 SAT 成绩为满分，次子仅扣了两分。长子曾考了 18 门 AP 课程，均为 5 分。

参考文献

①尹宁、曾慧敏、钟更楚，《辰州教案爆发的社会心理因素剖析》，《攀枝花学院学报》2015年6月，第32卷第3期。

第三节　合办国际部模式在成都首发

目前，国内的国际化学校大致可以分为三种类型，第一种是招外籍人员子女的国际学校，这是严格意义上的国际学校；第二种是招国内学生的国际化学校，比如深圳国际交流书院、上海七宝德怀特高级中学等；第三种是国际部或国际班，即在一所学校里面设立了国际高中部。

从国内国际教育发展历程来看，外籍人员子女学校最早创办，之后一些公立学校办起国际部，再后则是国际化学校兴起。

招外籍人员子女的国际学校主要集中在北上广深等城市，全国约有百余所。中国最早一批的国际学校，应该有创建于1912年的上海美国学校。这所学校在1950年到1980年曾关闭了30年，1980年后复校。而目前国内规模较大的招外籍人员子女的国际项目有上海中学国际部，十二年一贯制，学生总量高达3000人。

北上广深外籍人士多，当地为满足这些人子女教育需求，进而创办了诸多国际学校，这是在情理之中，也是可以理解的。

在国际教育发展早期，除外籍人员子女学校外，国内大部分学校对国际教育并不了解，在课程设置、师资团队、大学申请等方面没有经验，为此会考虑选择与外部机构合作办国际部。

1999年，成都第七中学（以下简称"成都七中"）与成都雅思教育合作创办了国际部，这开了国内公立名校与外部教育机构合作办国际部的先河。这种国际教育运作模式一直影响至今，广州、成都、郑州、长沙等城市仍然主要在使用这种方式。

学校与外部教育机构合作办国际教育的模式，为何会在成都而非上海、北京这些地方首先出现？我与成都雅思的四个合伙人，即周涌、王舒、朱志东、唐和平以及成都雅思其他的高管做过交流，深入了解了这个影响国内国际教育发展模式的来龙去脉。

提到成都雅思，则不能不介绍其创始人周涌。

周涌是国内早期留学生，因受母亲在英国工作的影响，1990年从当时的华西医科大学毕业后，次年去英国留学。1996年获得了伯明翰大学旅游管理学院酒店管理学士荣誉学位，次年获得英国阿斯顿大学工商管理硕士后回到成都创业。

周涌在英留学期间，曾有过长期在中餐厅打工的经历，这让他能够深入了解当地社会并培养了他独立判断能力，这些为其创办成都雅思有比较深刻的影响。

周涌回到成都后，先做起了留学中介。当时国内对出国留学的认知基本上是一片空白状态，学生自己DIY申请十分困难。次年，有个机会找上门。

1997年，东南亚金融危机爆发，马来西亚传统留学市场不行了。而周涌在大学时的一位教授在负责伯明翰大学的招生工作，为此找到了周涌，希望他能够帮助开发中国市场。

周涌开始做中介之时，由于有留学经历，语言没啥问题，跟使馆关系比较好，签证办理也方便。而当时，由于留学中介服务十分稀缺，在成都当地的报纸上做个小广告，能够招到二三十名学生。每个学生收取中介费3万元，这在当时是高价。

周涌通过做中介挖到了第一桶金，在重庆、成都、武汉开设了分公司。

不过，当时社会对中介的认可度不高。周涌去参加英国文化协会（British Council）举办的展会还被赶了出来。不过，这也算是不打不相识，周涌后来和英国文化协会有挺多的合作。

时间一久，周涌深感中介业务不是长远之计。一方面是中介门槛低，容易复制，难以持续发展；另一方面，周涌发现很多学生到了国外大学读不下去。他现在仍然清晰记得一个案例，一名学生考上了四川大学，成绩优秀，而且英语口语也比较好。这名学生放弃就读四川大学，而选择去英国一所大学就读。但大半年后，学生无法适应英国的教学方法，读不下去了。

周涌跟孩子的父母还比较熟，出现这种情况让周涌特别难受。怎样让中国孩子能够快速适应留学学习和生活，周涌一直在思考留学该怎么走。

在出国留学之前如果没有做好充分的准备，一个18岁的孩子一旦走出国门，在异国他乡是很难承受这些压力的。周涌首先想到是做一个国际课程。在这个时候，机会来了。

周涌去英国的大学做沟通，在拜访曼切斯特大学时，发现有个NCUK项目，即英国北方大学联合会。这个联合会跟马来西亚有关。马来西亚独立后，由于国内高等教育资源匮乏，政府鼓励学生到英国留学，高峰时有上万名马来西亚学生到英国留学。这么大的量，很显然单所大学接纳不了。为此，英国北方12所大学进行合作，一起来吸纳马来西亚的学生。

针对马来西亚学生的特性，NCUK 推出了大学预科项目，研发出了相应的课程，并拿到了马来西亚政府留学合作项目。但是，1997 年东南亚金融危机爆发后，马来西亚政府没钱了，NCUK 项目难以持续，为此亟须找到新的市场。

此时的中国经济快速发展，留学市场够大。为此，NCUK 需要开发中国市场来填补马来西亚留学的空缺，而周涌又需要一个教育项目来帮助学生提前做好留学准备。双方很快达成了合作意向，成都雅思成为 NCUK 的中方合作伙伴。

NCUK 预科项目要落地，需要教学场地。在当时的情况下，要想创办一所学校既需要政策也需要实力，还需要经验。此时，成都第七中学有意合作，经过双方沟通谈判，确定一起合作做 NCUK 预科项目。

成都七中是成都当地最好的学校。当时对国际项目没有相关法规，因为《中外合作办学条例》在 2003 年才由国务院颁布实施。成都教育局以语言强化班的名义批准了该项目。

周涌刚开始以为学生会踊跃报名，能够招到很多学生。但第一年只招到了 30 名学生，当时对国际课程以及如何申请几无经验，也无合适的人才，周涌招了一对外教夫妻，工资需要一年各 3 万英镑，而当时学费为 5 万人民币一年，很显然第一年会处在亏损状态中。

由于是全外教教学，质量有保证，首批 30 名毕业生也申请到了比较好的大学，英国驻华大使馆还派人前来学校专门拍摄了纪录片。第二年，招生便增至 100 人。

公立学校与外部教育机构合作做国际部，成都七中在国内首吃螃蟹。在国际部运作成功后，成都雅思也在国内一举成名，并与重庆一中、华南师大附中、青岛二中等国内诸多公立名校进行了合作。于是，便演变成了一种国际教育运作模式，且持续到现在。

在做了四五年后，周涌发现光做预科还是不够。周涌专程去了马来西亚，考察他们国际教育的发展状况，发现当时马来西亚在大力发展高等教育的合作模式。受此启发，成都雅思开始涉足大学的中外合作项目。周涌本身和英国北方大学联合会有紧密合作关系，为此借助这个资源开始和国内的大学合办中外合作项目，首家合作的大学便是上海理工大学。

成都雅思的业务在快速发展，引起了 kaplan 公司的注意。2007 年，kaplan 收购了成都雅思。成都雅思被收购后，根据双方的协议，周涌担任了三年的 kaplan 中国区 CEO。

公司卖给了 kaplan 后，周涌的身份从老板转为职业经理人，他发现在并购后存在两个大问题无法解决，这也最终促使他离开 kaplan。一是成都雅思卖给 kaplan 后，是股东拿到了钱，但企业自身并没有拿到钱，导致 kaplan 急需变现，容易在运作上出现诸多问题；二是中国市场变化比较快，kaplan 不了解中国市场，运作举步维艰。

2009 年与 kaplan 合作到期后，周涌便离开国际教育这个行业。他提到，除自己有不想重复做以往工作的原因外，当时还有竞业条款约束。

离开国际教育领域后，周涌与阿里巴巴合作，侧重全球素养培养，帮助把中国品牌走出去。他提到，早期海归能够帮助西方人开发中国市场，进而能够有比较高的回报。而现在这种机会则很少，但又有一个新的机会，即可以帮助中国的品牌和企业开发海外市场，在这个过程中，人才还是比较稀缺的。

第二部分 留学的十字路口

第四章　当今是留学的最好时代

我经常跟家长们说，当今是留学的最好时代，要珍惜这个尚是公平竞争的阶段。我推测，2029年后，美本名校申请不公现象会开始呈现，申请将更为困难。

和早期留学相比，当今留学有个很大不同之处是，在中国经济快速发展的背景下，现在中国学生出国留学，绝大部分在经济上是有所保障的，多数不需要在国外靠打工来赚取学费和生活费，能够全心投入学习之中。会有极少量的家境困难学生通过获取奖学金的方式来完成本科留学，或在就读大学过程中因家庭发生变故导致接济不上，但这些多是个案，占比不高。

这种变化是前所未有的。早期中国学子出国留学大多需要公费资助，具备自费出国留学尤其是到欧美留学条件的家庭极少，导致留学生整体数量低。早期留学生考虑到费用问题，也多会选择硕博阶段就读国外大学，便于找兼职工作，当今孩子则可以更多考虑选择高中毕业后出国留学。因此，在坚实的经济条件支撑下，中国的孩子出国留学会变得更加从容和笃定，留学期间的学习和生活也变得更加多彩。

接下来看国外大学的申请。美国名校的申请不公通常有三种情况，一是早录；二是特长生的录取；三是对校友（包括教职员工）子女的照顾。

早录之所以被视为录取不公，主要是减少了学生获取奖学金的机会。ED（早申请）录取后必须就读，这减少了学生对奖学金讨价还价的余地。不过，我在访谈学生时，发现中国的孩子因顾虑一旦申请奖学金会降低被名校录取的概率，导致在名校申请上，多不会考虑申请奖学金。这个不公在中国的孩子身上表现不太突出。

再来看第二个不公，即对特长生的录取，主要集中在体育方面。体育特长生虽然在美国屡爆出舞弊丑闻，但这个不公对中国学生影响倒不大。因美国名校所看重的体育项目，比如橄榄球、足球、篮球等并非中国学生的强项，能够通过体育特长获得美国名校录取的中国学生极少。我在10年的访问学生中，只看到了两例，分别是重庆巴蜀常春藤学校有学生依靠高尔夫球特长，在高二便获得加州大学伯克利分校的本科

offer，内蒙古呼和浩特第二中学国际部有学生依靠跳水特长，获得了康奈尔大学本科 offer。

第三个不公是对校友（包括教职员工）子女的照顾。未来这个不公对中国学生影响会比较大，我在 2019 年通过数据分析得出，在 2029 年后中国学生申请美国名校时，会出现不少校友子女申请的状况，这会为非校友子女的中国学生申请带来很大的压力。

第一节　十字路口

政策保障

在 1999 年，同时出现的三个事件深刻影响着中国国际教育的发展。一是成都第七中学与外部教育机构合作创办国际部，这种模式解决了草创阶段学校不知如何办国际教育的难题，后成为国内主流运作模式并运用至今；二是成都外国语学校毕业生刘亦婷拿到哈佛大学本科 offer，其将学习过程出书后风靡一时，销售量高达 260 万册，这提升了国人留学意识；三是大学扩招。

前两个事件均发生在成都。成都一向以生活安逸而著称，我在 2004 年年底参与《每日经济新闻》创办之时，因报社时为上海的《解放日报》与成都的《成都商报》联合创办，报社总部有 10 多名从《成都商报》派过来的中高层。让我印象深刻的是，这些成都过来的同事没有人想留在上海长期工作，而是要回成都。在《解放日报》退出《每日经济新闻》后，《每日经济新闻》总部随即搬到了成都，当时的成都同事除极少数离职到其他地方外，绝大部分回到了成都。

上海魅力之大以至于被称为"魔都"，但这仍然吸引不了我曾经的成都同事们。而就是成都这个地方，却在国际教育上开了不少先河。至于为何会出现这种状况，也许是"湖广填四川"的影响吧，成都人骨子里还是很勇于挑战的。

1999 年所发生的这两个事件，多多少少还是民间自发行为，国际教育要得到大范围发展，则需要法律法规和体系上的支持。在多方面综合因素影响下，2003 年，《中外合作办学条例》由国务院颁布实施。这个法规对国际教育发展而言十分重要，因其确定了大学层面的中外合作机构/项目、高中层面的中外合作项目的合法地位。

《中外合作办学条例》法规的出台，跟当时的国际政治形势以及国内高等教育发展需求密切相关。2001 年到 2004 年之间，国内有四份财经媒体先后创办，即《21 世纪经济报道》《经济观察报》《每日经济新闻》《第一财经日报》。这么多的财经媒体扎堆在这个时间点创办，与中国在 2001 年年底加入世界贸易组织有关。

中国加入世界贸易组织后，经济层面的开放程度进一步加深，并为中国的开放奠定了制度性基础。在这个过程中，各种变革和创新层出不穷，也为媒体的报道提供了丰富的素材，经济层面的开放与变革则影响到了教育领域。

1999 年大学扩招，主要是大学扩大招生数量而非增加大学数量。在这种政策下，国内大学招生冷暖不均，211、985 学校一位难求，但大专类和职业技术学校则招生困难，门槛很低。

在解决了大学招生量的问题后，质的问题就随之浮现。质的提升是一个很漫长的过程，为此在短时间内通过引进国外优质教育资源就显得十分重要。而在英美等国家，其在 20 世纪 50 年代实现了高等教育大众化，随着人口减少，其富余出来的教育资源需要寻找出路。一个有意输出，一个有意引进，双方合拍。在这种背景下，《中外合作办学条例》的颁布实施无疑是及时雨。

《中外合作办学条例》的颁布实施，为中国的高等教育引进国外优质教育资源提供了法律法规保障。在 2003 年之后，宁波诺丁汉大学、西交利物浦大学、香港中文大学（深圳）校区、昆山杜克大学等 10 所中外合作大学创办，在短短 20 年间成为国内重要高等教育力量。像香港中文大学（深圳）校区在广东省高考录取分数线已经超过了中山大学，发展如此迅猛让人咋舌。

如果说高等教育对外合作是引进境外优质教育资源，那么高中层面的中外合作则更多的是体现在运作方式上。国际学校中高中阶段的课程设置与大学录取具有一定规律性。初期中国的学校与境外高中合作，便于熟悉和了解课程设置、教学以及大学申请等。正如前面提到，由于国际课程主要有 IB、A-Level、AP 等，具有统一标准和运作机制，一旦中国学校熟悉和了解了这些国际课程运作规律和要点后，对境外合作学校的依赖性会大大降低，这点跟高等教育中外合作项目还是有很大的差异。

因此，我们看到教育领域也慢慢会出现类似经济领域的进口—进口替代—出口这样一个转变发展过程。国内中外合作办学机构和项目的快速发展，起到了进口替代作用，而一旦国内能够实现吸纳大量的外国学生前来留学，则实现由原先的出国留学生源国到留学接受国的转变。

从这些发展趋势和政策导向来看，在《中外合作办学条例》颁布实施的 20 年间，国际教育发展的方向并没有改变。尽管在 20 年间针对国际化学校和国际教育有一些政策出台，但这些并非要取消留学，而是要规范留学。很典型的是，国内普遍存在的以培训资质办国际化学校政策安排一直很受业内关注，但这些政策变动的初衷并非要打击和取消留学，而是要规范化运作。

拐点出现

2003年中国暴发了"非典"，《中外合作办学条例》颁布实施后的两年间，国内出国留学并没有爆发式发展，但在2005年后则开始发展迅猛，这个发展势头一直持续到2018年。而在2018年，我当时调研发现出现了转折点。

2018年10月25日早上，宜校发布了2018年度中国出国留学中学TOP100榜。发布当天我接到了不少国际学校领导的电话或者微信留言。这种情况我已经习以为常，因为前几次发榜也会碰到这种状况。

但这次让我感到有点不太对劲，因为前几次发榜后，学校跟我沟通的多是排行榜本身，比如评估标准、原始数据，等等。但这次发榜后，学校反倒并没有谈及这块，更多的是提到，因为学校这次没有上榜或者名次下降了，估计2019年的招生会更加困难。

还有一些学校，之前不愿意提供数据给我们做区域留学分析，导致我们无法对这所学校进行客观评估。而在区域报告出来后，学校发现没有自己的介绍，担心会影响招生，于是很着急，便主动提供数据给我们。

各种信息显示，学校更加重视招生了。我们平时更多关注北京、上海、广州、深圳这些大城市的国际教育状况。而这些城市的国际学校，在2018年仍然十分火爆，像大名鼎鼎的深圳国际交流书院，招收250名左右学生，报名的人数为3000多人。苏州外国语学校国际部10年级对外招不到100人，而报名人数近千。

当然也有一些信息过来，比如2018年南京区域的国际学校、国际部招生情况则不如2017年。当时我以为这只是因为江苏省提高了普高录取率，人数减少也是很正常的。

我那时已经有点隐约感觉，国际教育的寒冬来了，但仍然没有具体的数据以及一手信息来支撑我的观点。为此，2018年10月底，我跟我的团队说，大家给我一个多月时间，我去全国各地国际学校看看。

从2018年10月30日开始，我便全国各地走访学校。首站是厦门，了解到厦门在2015年的时候便已经取消了公立高中国际项目。之后，我又陆续到东三省、大西北、云贵桂琼、京津冀晋等21个省级行政单位去做学校实地调研。

我是以一周为一个调研周期，感谢现在有高铁的支持，让我大大节省了调研中的旅途时间。我在东北做调研，曾经一天之内，从哈尔滨到长春，再到沈阳，最后住在大连，访谈了 5 所学校。

最西边到了克拉玛依，去的时候，铁路边正在下大雪，但到了克拉玛依却是阳光普照。克拉玛依是个很漂亮的城市，挺干净的，当地市民生活水平挺高的，大病有医疗保障托底。

去新疆的时候要穿羽绒衣，但到了海南却得穿短袖。我到了三亚陵水县，跟久闻大名的北京四中国际校区前校长石国鹏见面进行了交流。他在陵水县创办了未来领导力学校，在实践自己的教育梦想。

一个半月内，我跑了 21 个省级行政单位 50 多所国际学校/国际部。印象中，东北的物价挺便宜的，新疆的羊肉串好吃，海南的水果真丰富。当然，去大连的时候不是最好的季节。

我在调研的时候，有两个数据是一定会问学校的，一是 2018 年的毕业生人数，二是 2018 年的招生人数。在调研了多所学校后，我惊讶地发现，2018 年大部分的学校招生人数低于毕业生人数。这是一个很反常的现象，因为按照常理，招生人数至少相当于毕业生人数。

在问到招生数量减少的原因时，绝大部分学校提到不是自己不想招，而是招不到更多或者更好的学生。具体原因，各个区域学校的解释不太一样，比如东北的学校会提到当地特别不喜欢在羊年生孩子，所以 2018 年的生源人数下降了两三成（2018 年入学的孩子为 2003 年出生，2003 年为羊年）。而北京在 2003 年发生了让人谈虎色变的"非典"，那时去医院要冒生命之险，哪里还有人敢生孩子，所以 2018 年北京参加中考的人数足足比 2017 年少了 1.4 万，降低了 18%。江苏则是提高了普高入学率，从原先的 50% 提高到 60%。这样导致愿意就读国际学校的人数也是大大减少。

江苏是个区域留学差异极大的省份，苏南经济远比苏北发达，但在高考上拼不过苏北。为此，苏南学生选择出国比较多。此前，南京地区还有个观点，说南京外国语学校高考表现一般是因为好学生都出国了。但我们分析下来，认为这是不对的，因为我们统计过，发现恢复高考后，南京外国语学校没有出过一个高考状元，而南京外国语学校能够招到南京最好的学生。为此，我们得出结论，正因为南京的高考做得不好，所以南外的学生才会大量出国留学，高考不好是原因而不是结果。

还有些地方的公立高中国际项目被全部取消，新的国际学校又没有建立起来，导致当地的国际教育几乎一夜之间回到荒芜处境。最典型的便是山西省，2016 年取消了全部的公立高中国际部项目，导致大量的学生外流到北京就读国际化学校。

颇有意思的是，几乎所有的学校都以为自己招生比 2017 年要少只是个案，只是自己学校才出现的情况。但真想不到这是全国的普遍情况。

外界可能会觉得很奇怪，但业内都知道，在招生方面国际教育跟国内普高有很大的差异性。国内大学招生名额是按照省级行政区来划分的，所以大学的录取是省级行政区内的名校竞争，但省级行政区之间的名校并不存在竞争关系。比如北京的中国人民大学附属中学和广东的华南师范大学附属中学在高考上是没有竞争关系的。但国际教育则不同，理论上来说，英美名校的申请竞争至少是全国性竞争。中国人民大学附属中学中外合作办学项目（ICC）和华南师范大学附属中学国际部在申请美国名校时，大家是相互竞争关系。

我们会看到，国内各个名校在国际教育上的互动和交流其实是很少的，大家并不太清楚业内其他名校到底是怎么运作的。交流比较多的是同一个教育集团旗下的学校，比如狄邦体系合作学校之间的互动和交流较为频繁，枫叶教育集团的各个区域学校校长也会经常互换。

2018 年 12 月中旬，我结束了全国各地的访校。仔细研究各个学校实地调研的数据后发现，超过 80% 的学校在 2018 年招生时，碰到了招生数量比 2017 年下降的情况，下降最大的幅度超过了一半。

这个数据结果让我很是吃惊。

这让我有点"何不食肉糜"之感叹。因为北京、上海等发达区域国际教育仍然火爆，好学校国际部学位一位难求。如果没有深入 21 个省级行政区做一手的调研，我也不会知道这个市场状况。

学生是国际学校生存的根基，没有学生的学校犹如没有根基的建筑物，再怎么高大上也会一夜之间轰然倒塌。

我调研的结果显示，中国的国际教育在 2018 年到了一个拐点，从原先的高速发展转为市场骤冷。因为我所调研的 50 多所国际学校、国际部，都是各个区域最好的学校。这些最好的学校招生情况都如此，其他的学校更是可想而知。

我在得出这个结论后，对于到底要不要对外发布，曾经纠结了很久。好消息大家都喜欢，但坏消息呢，未必会讨喜。我最终选择了对外发布，这跟我创办宜校机构的初衷有关。

我在 2015 年创办宜校机构，很大的一个原因是现有的国际教育信息无法满足需求，信息偏差实在是太严重了。尽管有大量的信息，但因其中夹杂太多的商业利益需求，信息是被扭曲的。怀抱着自己的孩子不能成为别人的留学实验小白鼠的心态，为此决定做留学数据分析。

从 2017 年 11 月开始，我有另外一个身份便是 FT 中文网国际教育专栏作家。FT 是世界上顶级的财经媒体，和《华尔街日报》并驾齐驱。FT 中文网的文章在高端人群当中影响巨大。

2018 年上半年，我到中部一个城市去做留学调研，在跟当地一所公立高中国际部负责人交流时，他对国际教育发展状况提了很多的观点。我当时听后感觉很纳闷，因为他这些观点怎么跟我之前在 FT 上所表达的一模一样。在结束拜访后，他拿出手机说，自己下载了 FT 中文网的 App，我之前在 FT 中文网上的专栏文章他都看过。我听后，大笑不已。

考虑到 FT 中文网影响力巨大，加之自己又有 FT 中文网国际教育专栏作家的身份，为此我选择在 FT 中文网上首发寒流文章。

2019 年 1 月 3 日，我在 FT 中文网上发表了《中国中小学国际教育遭遇"寒流"》。文章出来后，在业内引起很大的反响，也连续 4 天成为 FT 中文网的热门文章。

我接到了不少国际学校朋友的咨询，大家普遍反应是"真的有这么严峻吗？"这个结论是来自于一手的信息数据调研，为此具有很强的说服力。

2018 年，中国的国际教育进入了一个拐点，我认为这是必然也是必须的。任何一个行业都不可能长久地快速发展。如果从行业发展的规律来看，我认为这是一个很好的事情，有利于行业的长远发展。

如果从 2003 年开始算起，到 2018 年中国的国际教育已经快速发展了 10 多年。在市场一片红火之时，无论是招生还是资本运作，均显得很容易，用百万投资便将一个国际项目运作起来并非不可能。

行至拐点，找我交流的国际学校、国际部，大家讨论得最多的是，如何应对这场惨烈的竞争。国际教育虽然构成相对比较多元化，无论是课程设置、办学主体、出国方向等，均有不同的运作方式，但如果真正深入研究，会发现国内在国际教育上趋同化是比较明显的。

趋同化明显的深层次原因是，中国现有的国际教育仍然是以拿来主义为主，尤其是在课程设置方面。为此，尽管国际化学校/国际部有上千所，但均感觉似曾相识。学校之间最大的差异可能在于生源质量的高低，传统名校在吸引优质学生方面具有天然的优势。

国内一些以高考为主要方向的私立学校，通过高薪挖名师，提供高额奖学金招优质学生的方式，是可以在短时间内出成绩，创出品牌。但在国际教育领域，这种方式行不通。一方面在于有留学打算的学生家境普遍较好，优质学生并不在意几十万的高中学校奖学金，而是更愿意选择一所英美名校录取率高的学校；另一方面，英美名校录取中国学生，学业成绩只是其中一个组成部分，并非全部，这需要学生个性足够鲜明，有独特性，且所在学校也能够获得英美名校的信任和认可。这些方面的提升在短时间内是很难实现的。

如何破解这个难题呢？固然，应对的方式有很多种，比如加强学校的品牌推广，招收到更加优质的学生，提供更好的教学支持，等等。我认为，中国国际教育的命脉在于课程设置。

单纯引进国外课程体系，则必然会培养出没有中国根基和特色的学生，这无论是对学生个人还是最终的申请均是不利的。如果只是单纯的国内课程，则学生就读大学后，会存在适应的问题。为此，完美的方式是两种课程的有效结合。

中国国际教育未来最大的风险和危机在于，国家全面推行12年制义务教育。如果国际学校没有相应的课程配套，将会出现难以持续的问题。当然，这对于A-Level、IB等传统意义上的国际课程如何适应中国市场未来的需求，也是一个很大的挑战。

我实地调研了全国500所国际学校、国际部，发现现在已经出现了中国化、特色化、集团化这三个明显的变化。在2018年市场变冷之后，这三个趋势未来会更加凸显，也为学校未来的发展带来更大的挑战和不确定性。

而对这些顺应变化的学校来说，寒冬虽至，却会活得更好。

回归本源

前面提到，经过10多年的快速发展，中国的国际教育在2018年出现了拐点，即当年的招生录取数量低于往年。2020年，新冠肺炎疫情在全球暴发，留学生初期无法抵达大学，只能在家里上网课。而从2020年后，美国名校申请竞争加剧，而针对中国学生的录取却反而出现下滑。

针对疫情期间以及疫情后的留学变动，我自然十分关注。观察下来，疫情对留学的影响还是挺深远的，最核心的一点是留学回归到教育本源。从社会大的层面来说，教育是培育人，是让每个孩子能够接受到最为匹配的教育。从孩子个体来说，是能够接受到适合自己的最佳教育。

综合这两点，教育多元化和丰富的匹配资源则变得十分重要。从申请层面来看，2020年后多国联申变得十分普遍，多国联申在疫情之前多集中在少数优秀学生当中，占比一般为10%左右，而在疫情后则高达70%。

中国学生原先以美、英两国留学为主，但在疫情后，日、韩、新以及中国港澳地区的大学受到追捧。国内不少国际学校新开设日本班，以及开设香港的DSE课程。

法国和德国这些西欧国家的留学也开始受到关注，但由于这些西欧国家留学存在语言难题，我看到已经有不少学校在开设专门的法语班、俄罗斯语班等。

2020年，教育部针对中国学生出国困难的情况，允许部分中外合作项目进行自主招生，国际化学校的毕业生可以凭境外大学offer来申请中外合作大学或者项目。这项政策的出台极大地丰富了留学的内涵，出现了"境内留学"的独特现象。

在2022年8月，我做了一项调研，旨在了解疫情这几年国际化学校毕业生状况。我从全国抽样调研了63所国际化学校，调研的数据让我很是吃惊。因为从数据来看，2021—2025年，这63所学校的毕业生人数虽然有起伏，但并没有我们想象中的那么大。

通过调研，我发现之所以变化没有这么大，主要有两个原因，一个是海外就读高中学生（简称"海高学生"）起到了"蓄水池"的作用，即在疫情初期，海高学生因无法到海外就读高中，这些学生转到国内的国际化学校就读，进而填补了部分生源空缺。高中阶段出国留学属于低龄留学，由于缺乏权威数据来源，海高学生总数比较难统计。我经过多方测算，得出每年大概有万名学生会选择到海外就读高中。

海高学生回国到国内就读高中，会优先选择各地优质的国际化学校或者国际部。因此，我发现一个逆势增长现象，即国内一些办学质量比较高或创办时间久的国际化学校/国际部在疫情期间的招生人数不减反增，比如广州的华南师范大学附属中学和北京的北京王府学校。

另一个原因是新冠肺炎疫情暴发后，虽然有一批学生会放弃出国留学，但同时也有不少学生坚定了出国留学的念头。加之国内中外合作大学对国际化学校毕业生会进行自主招生，学生可以在国内读大学，这也吸引了不少学生就读国际化学校。

此外还有一个很重要的变化是北京和广州的中考在"双减"政策执行之后难度有所降低，导致一些优秀学生的学业优势没有凸显出来，出现滑档现象，而其中会有部分学生选择就读国际课程，进而提升了国际学校的学生生源质量。

经历了2018年国际教育拐点以及2020—2022年的新冠肺炎疫情，中国的国际教育可以说经历了两轮考验。而这两轮考验对国际化学校、国际部的教学和日常管理提出了更高的要求，已有少数国际化学校在竞争中关闭。同时，对家长而言，其考虑国际教育时也更加理性，对子女出国留学也有了更清晰的认知。

因此，在一定程度上来说，高峰期后的平稳以及疫情的考验使中国的国际教育进入了稳健发展阶段，这对家长、学生们来说，无疑是一件好的事情，使得当今成为留学的最好时代。这里所说的最好并非指最容易申请到好的大学，而是大家对留学逐渐有了理性和正确的认知，当然现在的申请过程也相对比较公平。

2023年年底，我又对2022年曾抽样调研的学校进行新一轮的数据收集，最终收集到了56所学校的数据。从数据来看，2023年秋季入学的高一学生数量和同年毕业生相比，增长了77.8%。这意味着经过疫情之后，国际教育在中国得到了快速复苏，但随之而来的是会带来更加激烈的申请竞争。

第二节 阶层固化

谈到中外教育的差异性，我们可以举出很多点，比如课程设置、管理方式，等等，其中有个比较大的差异在于教育的社会功能。无论是延续1300多年的科举考试，还是现在的高考制度，中国教育均十分强调和重视公平性，给所有人同等机会，进而实现了社会流动。如果看英、美，教育则成为阶层固化的催进剂，有"一代藤校代代藤校"的说法。

和高考每年千万人数相比，我国本科出国留学的学生不到10万人，因此留学生是一个十分小众的群体。由于留学费用比较昂贵，导致留学主要集中在经济条件较好的家庭中，这似乎也是一种阶层固化。如果深入研究，会发现留学的阶层固化会有中国特性。

美国高等教育是很不平等的，其阶层固化体现在高收入家庭子女拿到了大部分名校本科录取offer。在竞争最为激烈的名校当中，如哈耶普斯麻，美国收入排位后半段家庭子女只占到本科生总量的4%。而他们申请竞争略低于第一梯队的学校，录取率也只占到总量的16%。而收入位居前25%的家庭子女，比例则分别为63%和70%。换句话说，美国本土的富家子弟在美国最好的大学里面要拿掉约2/3的本科录取offer。美国最富阶层的家庭子女，就读常春藤名校的概率要比最贫穷的家庭子女高出77倍。[①]

让美国寒门子弟窒息的是，不光自己就读名校的概率远低于富家子弟。即便侥幸能够获得名校的录取，来自中产或者上层阶层同学在就读时的表现往往也比自己更加优秀。

在分析这种情况时，有学者提到，之所以会有这样的结果是富家子弟在家里所学到的规范，正是主导校园生活的规范，比如握手要用力并直视对方的眼睛，认为找成年师长答疑解惑是学生的权利，积极主动和权威人物建立关系，等等。富家子弟由于很熟悉和适应名校的运作规范，因而能够有比较多的科研、实习和获得奖励的机会。但寒门子弟因其出身而并不懂这些规矩，对他们来说这些都是全新的东西，因而需要不断调整自己，这是一个痛苦的适应过程，很容易迷失自我，并进而丧失发展机会。[2]

我在看《寒门子弟上大学》这本书时，很受震撼。这本书讲述了美国寒门子弟上大学所碰到的问题，批评了美国名校如何背弃自己的贫困学生。里面所提到的很多事情，会让我们感到匪夷所思。比如一些美国的寒门子弟被顶尖名校录取后，按照中国人的思维那应该是光宗耀祖了，值得庆祝，家里砸锅卖铁也愿意供读。但美国这些寒门子弟不会获得类似中国家庭的欢欣反应，而是有可能会被家里断绝关系，更不可能获得家庭资助，因为家里会不理解为何学生不去上便宜或者免费的州立大学，而去上昂贵的私立名校。再比如，春假期间大学关闭食堂，导致名校中的寒门子弟处在饥饿之中。

美国大学压缩了自己本国寒门子弟的就读空间，形成了很难跨越的阶层固化。因经济因素导致阶层固化的现象在中国留学生中似乎不太明显，因为前往留学的家庭绝大部分是中产以上，会有寒门子弟依靠奖学金资助的方式来留学，但少之又少。因此，在很大程度上来说，准备让孩子出国留学的中国家庭经济收入相对比较齐整。

虽然中国不会出现美国那种因家庭收入的差异，导致富家子弟更有机会获得名校录取的状况，但这并不意味不会出现阶层固化，只是这种阶层固化与美国不同。

我在2019年关注到国际教育也将会出现阶层固化的问题，当年在FT中文网一篇国际教育专栏文章中做过详细分析，并预判校友子女录取数量的增多，将会使得2029年后美国名校在中国的申请形势出现比较大的变化。

从2016年开始，我每年会访谈一批拿到美英名校offer的学生，人数为四五十到两百不等，这些年累计访谈交流过的学生超过千人。我在和这些学生交流时，一般都会问其父母曾在哪所大学就读过。我问这个问题，是想了解这些学生是否为校友子女。

和上千名学生交流过后，有两个很有意思的数据，一是超过98%的学生父母至少有一人本科毕业，另一个则只发现过一例校友子女。

中国是从1999年开始进行大学扩招的，如果按照4年本科+2年工作后结婚生子，扩招后的首届大学生的孩子多在2005年后出生，再按照18岁考大学进行计算，那么可以推算出在2023年之前申请海外大学学生父母，其考大学多数在1999年之前。

众所周知，在1999年之前考大学是挺难的。也就是说，我从2016年开始访谈到的拿到美英名校offer的学生，其父母绝大部分是那个时代的学霸。这些父母享受到了改革开放所带来的社会快速发展的红利。

在20世纪90年代初、中期，中国的工资低，要出国留学除非是公派留学或者拿到了奖学金。即便拿到了奖学金，也有很多中国学生因支付不起机票的钱而放弃留学。一些能够到国外留学的幸运儿，有可能会留在当地工作或者让其子女到海外高中就读，比较少在中国读高中进而申请海外大学。

我在访谈学生时发现，会有一些高校教授子女在比较小的时候，曾随同在美国做访问学者的父母，在美国就读过幼儿园或者小学。这些学生比较早接触到美式教学，英语基础也比较好，长大后便有留学的打算。这种现象在高校云集的城市比较常见，比如我每年访谈西安拿到名校offer的学生时，总能发现有一两个这样的学生，其中还有学生是DIY申请到康奈尔大学。

美国名校对校友的概念主要集中在本科段，即在本校读完本科才算严格意义上的校友，硕博算是广义上的校友，这点跟国内大学校友概念不太一样。美国名校需要依靠校友捐赠以及在招生等方面获得校友帮助和支持，为此美国名校也会投桃报李，对校友子女在申请本校时给予照顾。哈、耶、普这三个美国顶尖名校，校友子女曾有超过50%的录取率，远高于非校友子女录取率。

前面提到，2023年之前要留学的学生父母，几无留学的条件，导致校友子女现象在国内极为罕见。我只发现了一例，即昆明一中国际部有位毕业生母亲毕业于杜克大学，学生自己也拿到了杜克大学本科offer。但这位学生的母亲是在美国读完高中和大学的，跟其他国内父母不太一样。

提前录取政策、对体育特长生照顾、照顾校友子女，被视为美国名校录取的三大不公，一直被社会所诟病。提前录取政策会要求学生一旦被大学录取后，就必须到大学报到就读。美国大学之所以会推出这种招生政策，主要是让学生报到率更高，更好看，进而在各种大学排名中有更好的表现。学生可以申请美国多所大学，但最终只能选择一所大学就读，因此学生报到率反映出大学的吸引力，即便是哈佛大学其报到率也不是百分之百，在85%左右。

ED（Early Decision）为绑定早申请，大学的录取率要远高于RD（Regular Decision）即常规申请，但学生会付出只能申请一所大学，被录取后则必须就读的代价。由于学生只能申请一所大学，会导致学生在申请奖学金时，缺乏与大学谈判的筹码，为此对寒门子弟十分不利，这便是提前录取被视为三大不公之一的原因。针对这种批评，美国的一些顶尖名校则推出了EA（Early Action）录取机制，即在早录取阶段，是可以申请多所学校的。学生被大学录取后可以选择不来，常规阶段照常申请。因此，从很大程度上来说，EA类似于常规申请，只是提早进行了申请。

不过，提前录取阶段所出现的奖学金申请问题，对中国学生的影响并不是很明显。我在访谈学生时，均会了解其有没有申请奖学金。从我访谈到的学生来看，绝大部分学生因担心申请奖学金会降低名校录取的可能性，所以只有不到1%的学生会主动申请奖学金，这种情况即便在国内如郑州、成都等二三线城市中也是如此。

美国大学比较看重体育运动，因此会招录一些体育高手，但这也创造了作弊空间。2019年，斯坦福大学便爆出了体育特长生腐败事件。有中国学生被爆出花费650万美金行贿，包装成划艇体育特长生进入斯坦福大学。事发后，那名学生被斯坦福大学开除。

不过，美国名校录取中国的体育特长生也极少。美国名校所看重的橄榄球、足球、击剑等西式体育项目，中国学生并没有什么优势。我同事曾访谈过一名北方的学生，因有跳水特长，被康奈尔大学录取。

从这些分析中我们可以看到，美国名校录取的三大不公，对中国学生几乎没有影响。从这点来看，中国学生申请美、英大学还比较公平，主要靠学生自己的综合实力。

中国的大学在录取学生时并没有照顾校友子女的情况出现，所以国内往往会忽视这点。我在2019年时便提出，十年后，校友子女影响将越发凸显。

2019年，北京文科状元在接受采访时提到，农村地区的孩子越来越难考上好学校，像他这种，属于中产阶级家庭的孩子，衣食无忧，家长也都是知识分子，而且还生在北京这种大城市，所以在教育资源上享受到了得天独厚的条件，是很多外地孩子或农村孩子所完全享受不到的。小小年纪有如此见地，真是难得。

高考现在已经出现固化现象，学霸的孩子往往还是学霸。中国的留学热虽然只有十来年的时间，但细究则很有可能会出现类似状况。

众所周知，美国名校对校友子女在录取上会有优先照顾。粗看这点似乎跟中国高考没啥关系，中国高考看的是学生的成绩，并不看重学生的家庭背景。其实不然。高考在2000年之后，也就是在"80后"考大学时开始发生变化。恢复高考后的大学生子女开始大量参加高考，而这些学生有好的家教、学习背景、经济条件，竞争优势明显，寒门子弟或者家庭未出过大学生的学生会面临更大的竞争压力。

有数据显示，清华、北大来自农村的学生比例在降低，这虽然有违社会公正，但却是很正常的社会竞争结果。

我从美国媒体朋友这边了解到，在纽约这些地方拿到藤校offer的华裔子弟，其父母往往也是学霸级人物。

2002年，中国出国留学总人数首次超10万，且数量比上年剧增49%。2002年到2006年之间，出国留学人数有起落，2007年开始持续增长。

如果以 2007 年作为留学高峰节点，等这些学生结婚生子，2029 年后其子女将开始集中上大学。由于海归熟悉留学情况，又有校友的资源优势，其子女在申请名校上会更有优势。

美国名校录取中国学生有点类似国内高考各省级行政区的名额制，即美国名校每年录取中国学生会保持一定的量。一旦校友子女大量加入申请行列，就会让申请变得更加内卷。

从经济领域来看，一个行业在经历过一段时间的自由竞争后，将会出现垄断现象。从 2003 年《中外合作办学条例》颁布实施，中国国际教育正式起步算起，已经历了 20 多年，正好是一代人的时间。这 20 年是充分竞争时代，但之后，名校申请也将会集中在某个阶层当中，形成垄断现象。这个阶层我分析为在中国的美国名校毕业生。

当然，这种垄断现象是基于美国名校对校友子女录取的照顾，在其他国家如英国、加拿大、澳大利亚等并不明显。

为此，我认为，2029 年后中国美国名校申请竞争将会更加残酷，也会更加不公平。在家庭背景无法改变的情况之下，学校背景的重要性将会更加凸显。我估计如果国内出现美国名校 offer 大量被校友子女拿掉的情况，则很可能会出现到海外高中就读的热潮。

参考文献

①②安东尼·亚伯拉罕·杰克著，田雷、孙竞超译，《寒门子弟上大学》，生活·读书·新知三联书店，2021 年 8 月出版，第 6、24 页。

第五章　留学趋势

第一节　未来预测

我经常会被国际学校老师以及家长问到，中国留学未来趋势会怎么样。国际学校老师乃至国际教育从业人员关注这个话题，是想了解这个行业未来到底还有没有发展空间，是朝阳产业还是夕阳产业。而家长关心这个话题，则是纠结要不要把孩子送出去留学。

说实话，这个问题不是三言两语能够说清楚道明白的。要想回答这个问题，我试图从留学需求与供给、政策、横纵向比较、中国教育国际化等多个维度来做分析。抛砖引玉，供国际教育界以及各位家长朋友们参考。

需求与供给

回顾留学的发展历程，不同阶段其需求根源会有所不同，比如20世纪70年代留学重启后，留学是需要学习别人先进的东西，而现在出国留学更多的是去异求同。不过，无论需求如何改变，留学的核心点都是寻求更优质或更合适的教育。

我曾在不同的场合以及文章中多次提到，目前留学在中国具有刚性需求，其根源为中考分流制度。中考分流制度的核心是中考后，就读普高和职业高中的学生各占约一半。分流的核心并不是让一半的孩子失学，而是让其走职业高中、职业院校等路径。这种模式在德国运用得很成熟，德国从初中便开始分流，由于其重视职业教育，能够培养出高水平的专业技术工人，为德国打造世界制造强国起到了重要推进作用。

德国的职业教育和其他类型教育相互打通，而专业工人的收入并不比大学毕业生低。但国内专业工人的收入和社会地位与大学毕业生相比差距甚远，部分经济较好的家庭不愿意让孩子就读职业高中，为此选择就读国际学校。这些家庭认为，如果孩子就读职业高中，未来发展之路不会顺畅，这成为出国留学在国内具有刚性需求的主要原因。

有两个事情和中考分流关联度很大，一是义务制教育会不会增至十二年，二是出生人口下降。

我国目前实行的是九年义务教育制，义务教育阶段涉及国家教育主权，禁止引进境外教材以及教授境外课程。因此，在小学和初中阶段，全国学校无论是公立还是私立，教学大纲是一致的。有些学校尤其是 IB 课程学校，在义务教育阶段会强调其国际教育理念，这跟 IB 课程设置比较灵活有关。IB 课程并没有全球统一的教材，而是分板块进行教学，而这些板块可以和中国的义务教育阶段内的各门学科进行融合，所以义务教育大纲也可以容纳到 IB 课程中，这也是一些 IB 学校会提到将 IB 国际课程理念融入 PYP、MYP 课程中。

高中段目前不在义务教育范围内，学校得到各省级行政区教育主管部门批准以及在教育部备案后，可以开设国际课程，引进境外教材和师资。因此，如果全国推行十二年义务教育，则意味着高中阶段也是有全国统一的教学大纲，会禁止引进境外课程和教材，现有的国际高中则得全部取消。

不过，教育部已对外强调过实行十二年义务教育条件尚不成熟，法律层面上的十二年义务教育制度在近些年应该不会推行。

如果近些年不会实行十二年义务教育，则意味着高中仍然会长期存在分流的情况。但这种现象在人口下降后则变得有点复杂。

公安部公布的数据显示，2020 年和 2021 年到公安机关进行户籍登记的新生儿各为 1003.5 万、887.3 万。而 2020 年、2021 年、2022 年，全国参加高考人数各为 1071 万、1078 万、1193 万。2020 年，高考录取人数为 967.45 万人，2021 年共招生 1001.32 万，2022 年则招生 967.45 万人。高考录取率超过 90%。

按照 18 岁参加高考来计算，则看下 2002 年全国出生人口数量，当年为 1641 万，而除去复读生和职校生，2020 年参加高考的普高应届生有 789 万多人。因会有少数普高生存在中途辍学或留级情况，估算出 2017 年全国普高录取率约为 50%。

前面提到中考会有一半左右的学生分流到职业高中，但现在每年新生儿已经低于全国高考录取人数总量。再过 10 余年，现有普高、大学可以容纳全部孩子。届时，中考分流制度是否还会继续推行？根据国家制订中考分流的初衷以及届时如果专业工人与大学生收入差异缩减，我估计分流制度大概率还会存在，但上普高的比例会大幅提升。

因此，我得出一个基本的判断是，随着出生人口的下降，上普高机会会更多。

出国留学的刚需会减少，在这种情况下，家长以及学生选择出国留学会更加理性和谨慎。

前面谈到了留学需求，接下来我对留学供给做简要分析，从中也可以看到留学的变化趋势。供给则分为两段，即大学段和高中段。

大学招生是高中教学以及申请的指挥棒。中国的孩子留学的国家以美、英、加、澳为主，占出国留学总量的九成左右。这些国家整体上是欢迎外国学生前来留学，在新冠肺炎疫情期间，美国名校申请竞争加剧，录取中国学生数量在持续下降，这引起了中国家长的担忧——美国大学是否还欢迎中国学生前来就读。美国名校录取中国学生数量下滑有比较复杂的因素，但需要注意的是，美本四十名后的大学在中国的招生越发困难，申请和就读学生数量大幅下滑，下滑原因并不是这些大学不愿意招中国学生，而是中国学生申请在减少。英国大学申请则比较火爆。

为此，从大学招生来看，尽管这些年有些波动，但境外大学录取中国学生整体格局并没有发生根本性改变。

再来看高中段供给情况。现在中国对教育强调公益性，通过各种政策措施压缩了学校获利空间，办学校获利不高。但尽管如此，2020年全国仍然新增72所国际化学校。这似乎是个矛盾，获利空间小但创办学校的热情仍然高涨。

我深入了解后发现，这跟国际学校的社会溢出效应有关，创办学校是醉翁之意不在酒。创办一所国际化学校后，周边的房产往往会立马升值。我在广州、重庆、西安等地调研时看到，在城郊创办国际化学校后，旁边的房价往往会翻番。

国际化学校建设所带来的周边房产增值是立竿见影的，学校的创建与运营需要很长时间，但溢出效应却是能够立马实现的。为推动房地产业发展，政府乃至房产商很愿意投资建设学校。这也是学校本身获利的空间很小，但仍然有这么多学校被创建的根本原因。

国际化学校的创建既然看重的是溢出效应，那么学校的规模则越大越好，从而能够最大量地满足和吸纳更多客户。很显然，只单设国际高中是不够的，这些国际化学校往往会设置成K12学校。而1—9年级属于义务教育阶段，国家有统一的教学要求。国际化学校收费高，那么则要凸显其国际教育特性。在这种情况下，国际化学校需要花费精力使其既要符合国家义务教育要求同时又要凸显国际教育特性。时间一久，倒也为中国教育国际化奠定了基础。

综合来看，留学需求在未来十余年间会下降，家长对国际教育会更加理性，进而对国际化学校的要求也会随之提高。在留学供给上，境外大学招录中国学生不会有太大的变化，尽管其中一些国家会有波动。而在国际化学校上，尽管国家压缩了教育的获利空间，但由于国际化学校具有很高的溢出效应，供给仍然比较充足，但随着整体生源的下降，未来竞争会更加激烈，估计会有一批国际化学校被淘汰。

留学政策

我国并没有专门的留学法，可参考的主要是国务院、教育部等制定的有关留学的法规、政策。《中外合作办学条例》是在2003年由国务院颁布实施的，属于高级别的法规。

从1978年留学重启之后，中国对本科以及硕博阶段的留学一直持支持态度。对K12阶段的低龄留学，中国虽然不支持不鼓励，但也没有采取限发护照、限购外币等举措，如果家长坚持让孩子低龄留学，其实也没有什么障碍。

即便在20世纪80年代末90年代初，有不少留学人员滞留国外不归的情况，中国仍然提出"来去自由"的政策，并一直延续至今。对留学的支持政策也比较务实，比如学费不纳入购汇限额中，个税中有教育费用的减免，上海、北京等大城市对海归落户有优待政策，等等。

2021年"双减"（即减轻义务教育阶段学生作业负担和校外培训负担）政策执行后，出现了一些地方的国际高中被取消的现象，这一度被社会误解为国家不支持和不鼓励留学，这与事实不符。

按照《中外合作办学条例》规定，高中段的中外合作项目，需要中国学校与国外一所学校合作举办。中外合作项目审批必须有个前提条件，即中国的学校是所正儿八经的有资质的学校，而设立学校又有比较多的条件要求，门槛比较高。同时，设立高中段的中外合作项目也有比较多的条件，并要定期审核。

除设立条件比较烦琐外，经教育主管部门审批的中外合作项目，还需要开足开满国内会考课程，学生要参加会考/学考，成绩合格后才能拿到高中毕业证，这种课程设置要求也导致学生的学业压力很大。我在书稿中提到，目前国内出国留学的学生当中，95%左右的学生是考不上普高或者只能考上一般的普高，学业基础薄弱，这些学生如果同时学习普高和国际课程，会左支右绌。于是，培训资质类的国际化学校或者国际高中就大量出现。

一些想做国际化学校的教育机构或者个人，先设立一个培训机构，培训机构的设立要求要远低于学校。培训机构设立后，则以学校的名义对外招生，全日制教学，这种培训资质的国际化学校在国内占比不小。由于境外大学的申请，并没有像高考那样有学籍要求，所以只有培训资质的国际化学校毕业生申请大学没有什么障碍，毕业证也可以用各考试局的合格证书来替代。不仅仅是教育机构或者个人，正规的学校也会开设培训资质的国际高中，即学校的国际高中项目并不向教育主管部门申报，由学校自己直接设置。正规学校的培训资质国际高中很容易看出来，有个简单的判断方法，即但凡不通过中考招生的国际高中基本上都属于这种类型。

国内民办教育的发展也与培训密不可分，培训对学校的创办与发展功不可没。除不少国际高中用培训资质办全日制国际化学校外，国内的民办高校在初始阶段也是依靠培训发展起来的。

在20世纪八九十年代，国内高等教育资源稀缺，有机会就读大学的人较少。针对这种情况，国家在1981年试行、1985年正式实行自学考试制度，即学生不需要全日制在校学习，可直接参加国家所组织的学历考试，合格后能获得大专文凭或本科毕业证书、学位证书。这个制度的推出，有点类似半工半读的性质，适用于当时国内的教育状况。

由于学生自己直接参加自考的通过率很低（一般低于10%），导致自考培训应运而生且需求旺盛。早期民办高校往往从一个小型的自考培训机构脱胎而成，比如西安外事学院、黄河科技学院、江西科技学院等均是这样的发展历程。自考培训来钱快、利润高，成为创办和运作民办高校的重要资金来源。一开始，大多数民办高校将精力放在各种培训项目上，以帮助那些准备参加国家学历考试的学生通过考试获得毕业证书，参加自考的学生大多是那些不能进入正规高校的高考落榜生。在没有获得教育部批准认可并独立授予专科文凭的办学初期，民办高校不得不严重依靠自考培训辅导业务来输血。即使民办高校获得了教育部的批准认可并可以独立授予大专文凭，许多学生仍然继续参加自考，这样既可以获得民办高校文凭和证书，还能获得国家自考证书，在就业上就有了更大的竞争力。国内民办高校依托培训挖到了办学的第一桶金，但由于具有为高考落榜生提供自考培训的基因，也导致其要成为名校需要一个十分漫长的过程。

与之形成鲜明对比的是，国内一批国际化学校虽然也是培训资质，但却能够快速崛起。针对这个问题，我曾与国内一所知名的国际化学校创始人交流过，他提到大学的创办和运营十分庞杂，各种管理条框比较多。与民办高校相比，国际化学校运作相对简单和灵活，相对容易做出精品。

"双减"政策执行后，由于对培训机构的设立采取了严格审批政策，这便导致一些新建学校的高中部想采取培训资质方式办学行不通了。由于这些新建学校的国际高中部取消招生，给外界造成一种国家不支持留学的错误印象。

由于各种原因，培训资质的国际化学校或者国际高中在国内是普遍存在的，教育部对此采取调整措施，要求先设立民办高中，然后再以民办高中名义申请设立中外合作项目，这些是为了规范中外合作项目行政管理行为，跟限制留学风马牛不相及。

而从国外政策来看，美、英、加、澳等主要留学目标国对中国学生前来留学持欢迎态度，即便美国对 STEM 部分专业有申请限制，但绝大部分的专业仍然对中国学生开放。

综上，国内外政策对留学基本上均持支持态度。按照现在趋势发展下去，支持留学的政策应该不会改变。留学政策出现颠覆性改变要么战争爆发，要么国家经济出现严重问题导致外汇储备紧张，但这两种现象在中国出现的可能性极低。

纵横向比较

首先来看纵向比较，即现在与过往的比较。最早期的留学僧法显和玄奘基于国内佛教教义的不完善，而远赴印度学习并带回诸多佛学经典。在他们的努力之下，中国的佛教达到了一个很高的水准，并影响到日本等周边国家。佛教在印度式微之后，中国成为保留佛教精髓的重地，并反哺到印度。这个过程有点类似日本，开始是派遣唐使到中国学习，而后来则是有大量中国学生去日本留学。

但在玄奘之后，有影响力的从中国到国外留学几无，一直持续到鸦片战争，时间跨度有1200年。鸦片战争之后，西方的船坚炮利让中国醒悟且明白了与西方差距之大，于是中国选派人员到国外学习军事技术以及其他近代科技。过程中虽然有波折，但支持留学成为主流。

之后，海归成为国家建设的重要人才，在 20 世纪 50 年代各有 3000 名、4000 名欧美留学人员、旅日华人回国。在 1950—1965 年间，中国向苏联等国家派遣了 10 698 名公派留学生。1957—1963 年，中国先后向意大利、比利时、瑞士、挪威、丹麦等西欧国家派遣了 200 多名留学生或进修生，大部分为外语类留学人员，学习自然科学的仅有 21 人。1972—1978 年，中国共派出 1977 名公费留学人员，不过主要以语言类进修生为主，科技类进修生仅占少数。1978 年以前，留学苏联和东欧等国先后有 200 人成为院士或知名艺术家。[①]

值得注意的是，中国的大学源自于西方，其发展历程也与留学紧密相关。最为典型的是，清华大学的前身便是留美预备学校。国内还有不少学校跟留学相关，比如河南大学便是由河南省留美预备学校延展出来的。

观察我国的留学发展历程会看到，如果自己的子弟均在外面留学是不现实的，也对国家和民族的长远发展不利。为此，时间一久，国家必然会在国内建立起自有的教育体系，最终会很大程度地促进国内的教育发展，在国内形成与境外大学相衔接的教育体系。而随着国内的高等教育发展，则又会与国外教育进行融合，因此出现了螺旋式的发展状态。

接下来看横向比较，即看那些跟中国有类似的留学发展过程的国家，其发展轨迹可为我们的留学预测做参考。在亚洲，有两个国家值得我们观察和了解，一个是日本，另一个是马来西亚。马来西亚的出国留学以及国内的国际教育发展，在后发国家中很具有代表性，我在本章第三节中会做详细介绍，在此不再赘言。

众所周知，日本是一个很善于学习的国家。早在1200多年前，日本便多次派遣遣唐使，到中国来学习政治以及社会治理的各个方面。西北大学历史博物馆还收集到了客死长安的唐日本留学生井真成墓志，成为了解这段历史之一斑。

日本1868年开始的明治维新，派遣留学生是重要举措之一。1868—1874年六年间，日本有550多人外出留学，他们学成回日本后成为社会各方面的中坚力量。"二战"后，日本向美国派遣了大量留学生，在20世纪70年代初每年约5000人，到20世纪80年代初达到了20 000人。但在1992年后，日本赴海外留学的人数首次出现下降，此后虽然有所上升，但递减的趋势明显。日本赴海外留学在1999年有75 000人，2004年达到了历年最高的83 000人，之后便一直在减少。2007年又跌回到75 000人。而与此形成鲜明对比的是，根据经济合作与发展组织（OECD）的统计，1975年全球留学人数有80万人，2010年为410万人。日本社会将留学人数减少的现象称为"远离留学"。[②]

日本《读卖新闻》在2013年2月13日报道中提到，根据日本文部科学省公布的数据，日本2010年去海外留学有58 060人，比2009年减少了1863人，与最高峰的2004年相比减少了约25 000人。

另外根据美国国际教育协会在2013年2月所发布的数据，2011年，日本赴美留学人数为19 966人，比2010年减少6.2%，中国赴美留学人数为194 000人，比2010年增加了23.1%。2011年中国在美留学人数是日本的9.7倍，2010年是7.4倍。

日本出国留学人数减少的背后，有政治、经济、社会等复杂的因素。在经济上，日本经济在1993年减缓，2004年达到高峰。经济的长期低迷，导致家庭收入减少，能够支付起留学费用的家庭自然会减少，进而抑制了留学需求。在社会上，日本海归在就业上并没有竞争优势，加上英美留学的学制与日本公司招聘的日程不匹配，学生就业有比较大的风险。而出生率的降低则加剧了人数减少。

日本在出国留学人数减少的同时，政府则鼓励外国学生前来日本留学。1983年，日本政府便提出接收留学生10万人计划，到2003年，日本各大学的外国留学生人数达到了109 508人，超额完成了接收留学生10万人计划。之后，日本提出了接收留学生 30 万人计划。

从纵横向比较来看，留学在不同阶段以及不同国家会有所不同，但发展的轨迹往往比较类似。即先派遣大量留学生出国留学，等学习到他国先进文化或技术之后，提升国内的教育水平，在国内教育水平达到一定高度后，则对其他国家产生很强的吸引力，进而从留学输出国转变为留学输入国。这种例子放在全世界来看，比比皆是，比如现在全球最大的留学输入国——美国，其大学傲视全球，但在 19 世纪末也一度是输出国，其间以德国为师，以去德国大学留学为荣。三十年河东三十年河西，亚洲的日本、马来西亚也是如此。

这种趋势在中国已经开始出现，从教育部公布的数据显示，2016 年有 205 个国家和地区的 442 773 名学生到中国留学，这个数字比当年中国学生出国留学总数少约 10 万。

中国教育国际化

2018 年年初，我去广州亚加达国际预科调研，意外发现这所学校有不少外国留学生。K12 阶段的外国留学生在中国并不罕见，国内也有上百所专门招录外籍人员子女的国际化学校/国际项目，比如上海美国学校、北京顺义国际学校、深圳外国语学校国际部等。这些学生之所以在中国就读，是因为父母在中国工作或者学习，等父母工作调动或者学习结束离开中国，这些学生也多数会一起走，这属于候鸟式留学。

有不少国际化学校的老师跟我聊过，自己年轻时一个人背井离乡到美国学校实践学习，当美国学校老师得知他是离开家庭和幼子，单身前来学习后，会感到不可思议，因为在他们认为这个时候是不能离开家庭和幼子的。西方人很强调孩子的独立，但这也是等孩子到了 18 岁之后，在 18 岁之前对孩子的关心和关爱并不亚于中国人。也正是这个原因，中国很多地方政府在招商引资时，会考虑建立一所外籍人士子女学校，以满足这些外籍人员子女教育需求。比如大连美国学校便是因为大连市政府在 2003 年要引进英特尔公司，为解决美籍以及其他国家管理和技术人员的子女教育需求而引进设立的。

父母不在中国工作或者学习，自己孤身一人前来中国就读 K12 阶段学校的外国学生极少。而我很偶然发现广州亚加达国际预科中这类学生占到学生总量的 1/4，这引起我很大的兴趣。经深入了解后发现，这些外国学生此前受到中国文化的影响，从网络上查到学校的资料并申请就读。

这些学生的就读有点类似出口加工区的"两头在外模式"，即学生和就读大学的课程均来自国外。中国的国际化学校高中段的国际课程多采用全球通用的国际课程体系，比如广州亚加达国际预科便开设了 IBDP、AP、A-Level、IGCSE 等课程。学生在学习后，申请美、英、加、澳等国家的大学没有障碍。中国积极吸引外国学生前来就读的政策也很有吸引力。

我针对广州亚加达国际预科招录了不少外国学生的现象，写成了一篇专栏文章发表在 FT 中文网上，影响比较大，后听说教育部还派人对广州亚加达国际预科外国人学生就读情况做了专项调研，也给予了学校鼓励措施。

众所周知，留学生年龄越小，其对所留学国的认可度一般会越高。如果有大量的外国学生前来中国就读 K12 阶段的学校，无疑会增加他们对中国的了解，能够使他们吸纳更多中国的传统文化。而国际化学校的教育模式，往往会让外国学生对中国产生好感，这对中国国家长期利益无疑是有极大的帮助。

2020 年 4 月，在哈佛中国教育论坛上，我针对中国 K12 教育国际化的机遇和挑战这个话题做了演讲。核心观点是 2003 年《中外合作办学条例》颁布实施，中国试图将国际教育中国化。近年来，随着中国国力的增长，以及教育水平的整体提升，中国教育国际化日渐成为一股潮流，越好的国际化学校越愿意对外强调自己对中国文化的重视和践行。

2019 年，中共中央、国务院印发《关于深化教育教学改革全面提高义务教育质量的意见》，明确要求义务教育学校不得引进境外课程、使用境外教材。2018 年 4 月，教育部研究起草了《中华人民共和国民办教育促进法实施条例（修订草案）(征求意见稿)》，向社会公开征求意见。

从这些政策可以看出，中国教育理念发生了比较大的变化，即从国际教育中国化开始转为中国教育国际化。

2003 年国务院颁布实施《中华人民共和国中外合作办学条例》，自此国际教育发展在中国有了法律依据。《条例》颁布之后，尤其是在 2009 年后，国际化学校 / 国际部在中国发展迅猛。除严格按照条例要求开设高中合作项目外，还有不少学校开设 IB、A-Level、美高、加拿大课程、澳洲课程等，用海外高中毕业文凭 / 证书的方式办学。同时，中国创办了宁波诺丁汉大学、昆山杜克大学、上海纽约大学等十所中外合作大学。

从 2003 年后，中国教育走向世界采取了拿来主义，通过引进国外课程、师资的方式来加强国际化。但这在十余年后发生了显著变化，中国 K12 教育本身开始国际化，并尝试在国外建立中国学校。

短短十余年，为何会有国际教育中国化向中国教育国际化的转变，原因是什么呢？我认为首先是中国国力整体的上升，在世界影响的扩大。教育有个现象和趋势是向强者和先进学习。其次是中国教育界经过近 20 年的实践，对现有的国际教育体系有更加深入的了解，对课程设置和师资培养有相对成熟的体系。在中国，越好的学校越重视自主课程开发，比如长期排在宜校出国留学中学排行榜首位的北京师范大学附属实验中学，国际部课程主要由自己设置和编写，北京一零一中学推出了自己的 GITD 课程体系，中国最大的 K12 教育集团——枫叶集团原先主要采用了加拿大课程，现也使用自己开发的课程。与此同时，境外大学接纳中国的高考，以及认可自主研发课程学校的 GPA。另外随着国力的提升，国家也鼓励创办或者收购国外学校。

应该说，中国教育国际化碰到了极好的发展机会。除了前面提到的中国国力提升以及政府鼓励海外办学，还跟现有学校投资结构发生了变化有关。

学前教育不可以上市以及非营利定位，导致依靠学校本身的运营获取利润的空间大大缩小。但正如中国古话所说，失之东隅，收之桑榆。国家对学校运营获利有各种限制，强调教育的公益性，导致现在投资学校的资本主要靠学校建设的溢出效应来获得回报。

因此，我注意到投资学校硬件建设者一度主要是地方政府和房地产开发商。他们投资学校硬件建设初衷并非靠学校运营获利，而是更为看重学校周边房地产升值，其回报立竿见影且利润巨大。

在这种投资环境下，现在中国新建的民办学校天然会倾向于建立 K12 体系，追求规模以获得更大的溢出效应。同时，新建的民办学校为了和现有的学校竞争，往往会更加强调或者凸显其国际化。

由于中国在义务教育阶段内有十分严格的教材和教学要求，这导致新建的民办学校需要考虑如何将中国义务教育阶段内要求和国际教育进行融合，摸索出一套中国特色的国际教育体系。目前中国现有的民办学校投资方式，导致 K12 教育国际化显得十分重要，甚至直接关系到不少学校的成败。市场的力量是巨大的，K12 教育国际化在中国具有极大的推动力。

另外，新冠肺炎在全球的蔓延，集中暴露出 K12 阶段出国留学所存在的风险和问题，导致不少中国家庭更愿意让孩子 K12 阶段在中国接受教育，而不是出国留学。这样的话，也会进一步促进中国 K12 教育国际化。

很显然，中国 K12 教育国际化会碰到很多障碍，需要不断摸索与调整。在实践过程中，需要分两个步骤来完成。即先是中国的 K12 教育水平要得到世界的认可，学生无论是学中国的普高课程，还是融合课程，最终都能够申请到国外大学。第二步，从全球来看，教育的游戏规则在很大程度上是由世界顶尖大学所制定的，他们的招生标准是引导教育方向的无形之手。因此，中国 K12 教育国际化是否能够成功，从长远来看取决于中国的高等教育水平。

留学决策

在本节前面的内容中我介绍了中国留学未来大概会出现什么状况，但这些偏宏观，是整体趋势。当然，作为家长不仅仅是需要了解趋势，更重要的是要解决自己的实际问题。大道理都没有错，但听多了只想打瞌睡。正如商鞅跟秦孝公的四次交流，前三次的五帝之道、三王之道、春秋五霸之道之说只会让秦孝公觉得索然无味，直到讲强国之术才使他兴趣盎然。

不过由于各个家庭和各个孩子的情况不一，比较难用一个统一的标准或者方法来处理，不过有些机构会用简单粗糙的方式来对待。我曾看到一家做加拿大高中留学辅导的机构，一个大学生培训个把礼拜便可以上岗做辅导。加拿大高中数量确实不太多，但如果在一周之内就要全部熟悉是根本不可能的事情。我实地调研全国500来所国际化学校/国际部，花费了7年之久，还不敢说完全了解全国情况。

这个机构的人跟我说，这其实挺简单的，他们根据招生要求，把学校分成上中下三个档次，每个档次找3所高中紧密合作。当家长过来的时候，根据孩子的学业情况推荐即可，工作其实蛮简单的。我听到后，有点目瞪口呆。

不过大道至简，尽管难有一个统一的标准，但有三条大的原则，了解清楚后便可以对自己孩子的留学情况有一个清晰的定位。

一是面对留学的大众化，应保持平常心态。现在，留学早没有了光环，海归回国就业创业也不会有明显的优势和优待。但这些并不能抹杀留学的价值。把留学作为孩子成长的路径之一，不要想什么咸鱼翻身、野鸡变凤凰等不切实的东西，用一个理性态度和平常心看留学。

二是留学政策稳定，可提前做好留学规划。本节前面部分用了很大的篇幅来介绍留学相关政策背景，从中可以看到，中国一直鼓励出国留学，除非出现了战争以及经济崩溃等极端现象，留学才有可能会被禁止。

留学政策的长期稳定性，便于家庭提前做好各种留学规划。大学申请尤其是美本名校的申请竞争比较激烈，会让不少家长担忧。提前做好留学规划固然是很重要的，但也完全不必过于担心。

有一些家长朋友跟我谈到提前规划准备的事情，会集中在小学和初中的择校，家长一般会认为让孩子更早接触国际教育，英语水平提高，在未来的境外大学申请上会更有竞争力。我提到，根据义务教育法律规定，小学和初中的教学大纲全国是统一的，无论是私立还是公办学校，其所学习的内容是一致的。因此，择校侧重选择家庭周边教学质量高、学风好的学校即可，至于私立还是公立不重要。但如果选择就读招外籍人士子女学校，则需要谨慎，因为这些学校所学的课程跟国内的不兼容，如果孩子不适应想转回到国内的体系会很麻烦。

如果当地有教学质量高和口碑好的K12国际化学校，则可以重点考虑。前面提到，虽然在小学和初中义务制教育阶段内，全国教学大纲一致，但有国际高中的学校，其国际教育理念往往会渗透到初中阶段，比如会加强英语学习，引导学生积极参加各种课外活动等。

如果家庭计划将孩子送出国留学，我一般建议在进入国际高中之前，就把英语和数学学好，水平越高越好。另外确定一个兴趣方向，让孩子不断参与实践。

三是留学只是路径，培育孩子才是核心。社会上曾有声音提到，花费200万留学，但回国却只能找到月薪2000元的工作。还有家长跟我提到，如果留学需要花费几百万，那不如给孩子买套房子，今后生活也会过得很好。这让我想起，读小学时有同学跟我说，不读书很好呀，既不需要花家里的钱，还可以赚钱。这两者的理念其实是一致的。

我的观点是教育不能看性价比，在教育上花费再多的钱都是值得的。留学不仅仅与学习和工作相关，在留学过程中所形成的独立生活能力、眼界变得广阔等是无法用金钱来衡量的。如果有家长跟我说这些留学性价比的话题，我基本上不再吭声了，鸡同鸭讲，无法交流，道不同不相为谋。

孩子要不要出去留学，对每一个家庭来说，都是一项十分重要的决策，影响到孩子的一生，不能不慎重。纵观全国留学未来发展趋势，能够得出国家会长期支持留学、中国教育会更加国际化等两个基本的判断。因此，对家庭个体而言，需要综合孩子的情况、家庭财力和精力等因素综合进行考虑，并对留学带给孩子的帮助以及孩子未来的发展要有清醒的认知。

参考文献

①教育部离退休干部局编，《亲历70年——教育部老同志庆祝新中国成立70周年文集》，高等教育出版社，2019年9月出版，第286—287页。
②许煮、吴剑平，《"远离留学"还是"远离美国留学"——日本人海外留学人数递减的原因探讨》，《清华大学教育研究》第35卷第5期，2014年10月。

第二节 境内留学

说到留学，那照理要去境外就读。教育部留学服务中心对境外学历学位认证，会要求提供学习签证材料，所认证的文凭证书如果是早于 10 年前颁发的，还需要提供学习期间使用的护照上所有的出入境章。这些要求实际上是看学生是否真正在境外就读过，以及就读时长。除在新冠肺炎疫情蔓延的这几年，教育部留学服务中心考虑到此间上网课比较普遍，对在境外大学线下上课要求有所通融外，其他时间均要求学生要实地到境外大学就读。对有较大比例的境内学习经历抵扣学分（学时）情况，则不会出具认证书。

但是，我国从 2020 年开始出现了一种十分独特的"境内留学"模式。学生在国内的中外合作大学就读本科，学成后拿的是境外合作大学的本科学位证书，这种模式得到了教育部的确认，我称之为"境内留学"。

在讲到"境内留学"模式之前，先简要介绍一下中外合作大学究竟是怎么一回事。中外合作大学的诞生是在 2003 年《中外合作办学条例》颁布实施之后，旨在通过引进境外优质高等教育资源，提升国内高等教育整体水平。

此前，为推进"985"和"211"工程的落实，我国派了很多代表团到全世界各大学去考察调研，学习对方的办学经验。但走马观花式的考察难以全面掌握国际高水平大学的办学经验。为此，比较好的方式便是与国外优质且友好的大学进行合作办学，这样可以全面学习以及引进境外优质高等教育资源和运作方法。

21 世纪初，高等教育产业化在全球形成一个大趋势，一些高等教育后发国家纷纷引进其他国家的优质资源。和基础教育相比，高等教育在全世界范围产业化比较明显，其教学水平需要得到市场验证，同时学生和学校之间可以自由或者多元选择。此时，英美国家的高等教育资源较为丰富，录取国外学生乃至直接到国外办学是其生存和发展的重要路径。

为此，中国有心，境外大学有意，奠定了双方合作的基础。《中外合作办学条例》颁布后，中外合作大学的创建在国内有法可依，之后国内陆续创办了 11 所中外合作大学。中外合作大学创办时间很短，但由于成绩斐然，在国内已经被视为公立大学、民办大学以外的第三类大学。

十一所大学概况

十一所中外合作大学均在南方，深圳和苏州各有两所，上海、广州、宁波、珠海、温州、汕头、东莞各有一所。深圳和苏州两地经济发达，重视科技创新，但两地的大学数量少，在引进国内外优质教育资源上不遗余力。

在境外大学合作上，中国香港地区的大学最多，有四所。美国的有三所，英国的大学有两所，另外来自俄罗斯和以色列的大学各有一所。

中外合作大学本科毕业生出国留学率很高，整体的出国留学率约80%，而全国本科毕业生出国留学率整体约1%，差异甚大。为何中外合作大学毕业生有如此高的留学率，我分析下来，估计主要有三个原因。

第一是学校的定位。国内对大学的评定会有C9、"985"、"211"之类的划分，中外合作大学这些年尽管办得挺好，但均不在这些评估体系内，这导致毕业生在国内就业时竞争力会降低。因此，中外合作大学毕业生通过到境外大学深造来提升就业竞争力就变得很有必要。

第二是学校教学方式所导致。中外合作大学基本上都用英语教学，课程和教学方式也跟境外的合作大学比较类似。像昆山杜克大学、温州肯恩大学这些大学的学生还可以直接到美国的杜克大学、肯恩大学就读一段时间。上海纽约大学的学生除了到纽约大学，还可以去纽约大学其他国家的分校或者教学中心学习。因此，中外合作大学的毕业生申请境外大学硕博有优势，能够实现无缝衔接。

第三跟学生家庭有关，我从这些中外合作大学招办了解到，愿意让子女就读中外合作大学的家庭一般条件会较好，家长对国际教育认可度高，因此也多愿意让孩子本科毕业后到境外大学继续深造。

这些中外合作大学中创办时间最早的是宁波诺丁汉大学，这所学校环境十分优美，秋天满校桂花香。宁诺侧重本科教育，以培养博雅人才为目标，跟美国的文理学院有点类似。（参见彩图5）

北京师范大学—香港浸会大学联合国际学院坐落在珠海，这所学校的独特之处在于，学校很重视与家长的互动和交流，而国内绝大部分的大学和家长之间的联系并不多。校长会直接和家长见面沟通交流，乃至调解学生与父母之间的矛盾，这在中国的大学中很罕见。香港浸会大学的新闻专业水平在全亚洲数一数二，得益于此，北京师范大学—香港浸会大学联合国际学院的新闻专业在国内很受欢迎。

西交利物浦大学是规模最大的中外合作大学，在苏州工业园区有南北两个校区，在太仓还有个新校区，并有两所附属学校。西浦比较重视将一般的学生变成不一般的世界公民。在国内的十一所中外合作大学当中，西浦与其他以文科专业起步的中外合作大学不同，西交利物浦大学根据苏州工业园区乃至整个长三角经济发展的需求，从理工管起步。

上海纽约大学身处上海闹市区，其办学模式延承自纽约大学。这所大学每年招生人数不多，本科生每年在 500 人左右。其在日常学习的时候，会将中国学生和外国学生进行一对一配对，以增进相互之间的了解和互动。另外，在招生上，上海纽约大学的方式也是独一无二的，其招生名额没有划分到省级行政区，而是统一进行评估。

昆山杜克大学位于全国百强县之首的江苏省昆山市，武汉大学和杜克大学均是名校，强强联合，因而这所学校实力不凡。昆山杜克大学以学生为中心，会想尽办法为学生的成长提供帮助。让我印象很深刻的是，该校有学生在做一个为在美留学生提供法律服务的创业项目，由于需要国内的国际化学校资源，于是直接找到了校长寻求帮助，校长安排招生负责人落实，并和我这边做了交流，我推荐了几所学校与他们对接。大学校长会尽力为一名普通的本科学生提供帮助，这确实是把以学生为中心的理念真正落到了实处。（参见彩图6）

历史和地理的交织是一件有趣的事情。宋氏三姐妹之父宋嘉树曾在杜克大学的前身——三一学院学习过，应该是杜克大学的第一位中国学生。宋嘉树后转学到了田纳西州的范德堡大学，这两所都被誉为南方哈佛的大学均有其身影。1886年回国后，宋嘉树在江苏昆山淀山湖镇传教。当时淀山湖传教难度极大，宋嘉树并无多大建树。他后在沪从商，大获成功。杜克大学与武汉大学合办昆山杜克大学，校址正好设在自己首位中国学生参加工作的第一个地方。我从昆山当地牧师了解到，曾让宋嘉树传教一度陷入困境的淀山湖镇，现在却成为昆山虔诚信徒最多的区域。

香港中文大学（深圳）是国内这些年迅速崛起的大学，其在广东省大学中录取分数线是最高的，超过了老牌的中山大学，和浙江的浙江大学、上海的复旦大学录取分数线相当。我实地调研后发现，香港中文大学以博雅教育而闻名，香港中文大学（深圳）也延承了书院制度，但专业却偏理，而非文科，学校强调校名中的中文是指中国文化。人文社科学院只有英语、翻译、应用心理学三个专业，并没有国内常见的中文、历史、哲学等专业。香港中文大学（深圳）生源质量高，对学生学业要求高。

很特别的是，温州肯恩大学带有比较强的公立属性，中方职员属于事业编制，而美国肯恩大学本身也是美国的州立大学。温州肯恩大学在建筑等专业上实力很强。我去这所学校调研时，在商学院大楼，看到学校有彭博社财经终端系统，这在国内高校中罕见，彭博社财经终端系统需要不少投入，一般是大的金融、证券机构才会采购。温州肯恩大学很重视学生的实践，因此将彭博社财经终端系统引入学校，目的是让学生参与到真实的商业环境中。坐落于创新之城的温州肯恩大学，校园里当然也少不了学生创新创业的氛围，创业项目有温州创新网络、仓鼠国际应用、社交狗，等等。（参见彩图7）

广东以色列理工学院是在李嘉诚的支持下创办起来的，是所纯理工科大学，学生一进入学校便需要十分清晰自己的专业方向，这跟昆山杜克大学、宁波诺丁汉大学、北京师范大学—香港浸会大学联合国际学院等中外合作大学强调博雅、全人教育有很大的差异。以色列在政治上跟美国关系紧密，但在大学教育理念与方式上跟英国接近。究其原因，在于以色列全民皆兵，全民高中毕业后需要服 2—3 年的兵役。由于经历过军队和社会锤炼，以色列高中毕业生在就读大学时心智相对成熟且清楚自己未来的发展方向，为此大学教育重视专业，并不需要花费一到两年时间来让学生探索专业方向。以色列理工学院的新生入学之前因有 2—3 年服兵役期，导致会遗忘部分高中的知识。大学在大一时也会重视高中阶段知识的回顾，在这方面会有很丰富的教学经验，而这个经验恰好也可以用于中国学生做语言的过渡，实现完美对接。

深圳北理莫斯科大学规模比较小，合作方是俄罗斯名校莫斯科大学。该校引进俄罗斯的教学体系，中国的高等教育体系是借鉴了苏联模式，为此，莫斯科大学的教学理念、管理模式和中国大学具有一定的关联性，更容易适应中国情况。北理莫斯科大学的教授团队以莫斯科大学的教授为主，本科教学以俄语为主，而中国高中生学俄语的人极少，该校对录取的本科新生，从 7 月底开始集中进行一个多月的俄语培训，正式开学后学生要具备俄语基本交流能力。这导致该校本科生的学业压力相当大。俄罗斯的数学能力全球知名，深圳北理莫斯科大学各专业中，最受欢迎的便是数学。莫斯科大学的教授前来深圳工作的意愿大，因而深圳北理莫斯科大学具有一批高水平的俄罗斯教授。

香港科技大学广州校区是十一所学校中创办时间较晚的大学。这所学校重视推行融合学科教学，每位研究生至少有两位来自不同专业领域的导师共同指导。本科实行大类招生，本科学生在大一和大二不分专业，学习通识课程，大三开始专业学习，大四除修习专业延展课程外，还学习与其他学科交叉融合的专业课程。

香港城市大学（东莞）是十一所学校中创办时间最晚的大学。这所学校重视引入港城大 ESI 排名 1% 的学科，实行以研促教，本科生进实验室参与科研。比较独特的做法是，该校学生大一选专业，每年两次自由申请转专业。并且，学校投入巨资协助学生及校友创业。

十一所中外合作大学概况

大学	创办时间	地点	合作大学	在校生	教学语言
宁波诺丁汉大学	2004 年	宁波	浙江万里学院和英国诺丁汉大学	约 8000 人	英文
北京师范大学—香港浸会大学联合国际学院	2005 年	珠海	北京师范大学和香港浸会大学	约 8000 人	英文
西交利物浦大学	2006 年	苏州	西安交通大学和英国利物浦大学	2 万余人	英文
上海纽约大学	2012 年	上海	华东师范大学和纽约大学	1800 人	英文

续表

大学	创办时间	地点	合作大学	在校生	教学语言
昆山杜克大学	2013 年	昆山	武汉大学和杜克大学	1500 人	英文
香港中文大学（深圳）	2014 年	深圳	深圳大学和香港中文大学	7000 多人	英文为主，中文为辅
温州肯恩大学	2014 年	温州	温州大学和美国肯恩大学	3500 多人	英文
广东以色列理工学院	2016 年	汕头	汕头大学和以色列理工学院	1500 人	英文
深圳北理莫斯科大学	2016 年	深圳	北京理工大学和莫斯科大学	1300 多人	中文、俄文、英文
香港科技大学（广州）	2022 年	广州	广州大学和香港科技大学		英文
香港城市大学（东莞）	2024 年	东莞	东莞理工学院和香港城市大学		英文

中外合作大学创办后，有个很独特的做法是给本科毕业生颁发本校学位证书和毕业证书外，同时颁发境外合作大学的本科学位证书。这个政策的制定可谓是用心良苦，一方面是能够提升中外合作大学毕业生的含金量，另一方面也是确保合作大学会将优质教育资源引入中国。

自主招生

2019 年下半年，一些国际化学校委托我去调研中外合作大学是否会录取国际化学校的学生。我花了一个多月时间，去昆山、上海、宁波、深圳等地实地调研，以及和温州肯恩大学、广东以色列理工学院等多所大学招办老师进行了交流。调研结果发现，中外合作大学的招生也是沿用了国内其他大学招生模式，高考成绩在录取考量标准中的权重很高，导致国内的国际化学校毕业生因不会参加高考或者高考成绩不占优，几无可能就读中外合作大学。

国内国际学校的外籍学生可以用 A-Level、IB 等国际课程成绩申请就读中外合作大学，而中国籍学生在境外大学本科毕业后，倒是可以申请就读中外合作大学的硕博。我就这个问题请教过中外合作大学的招生负责人，提到是因为中外合作大学也一样需要遵循教育公平的政策。如果国际化学校的中国籍学生可以凭借国际课程成绩申请就读本科，会造成不公平现象。

正是这些原因，很适合就读中外合作大学的国际化学校毕业生，反而少有机会就读。当然，站在国家政策层面来看，高考公平至上的基点不可动摇是可以理解的。

但这种情况在 2020 年新冠肺炎疫情暴发后有所转变。2020 年新冠肺炎疫情在全世界蔓延，各国纷纷停航、封关，导致中国学生无法到国外留学。针对这个问题，教育部允许部分中外合作大学进行增额招生，2021 年和 2022 年则叫自主招生，2023 年后叫境外学士学位教育招生，下文中统一称之为"自主招生"。

自主招生的要求是学生要拿到境外大学的 offer，然后凭境外大学的 offer 向中外合作大学申请，所以社会上通常理解为"换 offer"。这项政策并没有明文点出招国际化学校毕业生，但由于其招生规定主要是国际化学校的毕业生能够满足，所以国际化学校毕业生受益最大。

这项政策出台还是很谨慎的，自主招生不占现有高考招生名额，对这些通过自主招生进入中外合作大学就读的学生，毕业只能拿合作大学的学位证书，不能拿中外合作大学自身毕业证书和学位证书。这项政策也可谓是深思熟虑，因为这样便意味着没有越过就读中国大学均需要通过高考这条红线，并没有造成新的教育不公平。不过，这使得自主招生运作模式很类似借读，所以我称之为"境内留学"。

2020—2022 三年间，有西交利物浦大学、北京师范大学－香港浸会大学联合国际学院、宁波诺丁汉大学、温州肯恩大学、香港中文大学（深圳）、广东以色列理工学院等六所大学进行了本科段自主招生，每年招生总人数在 2000 人左右。申请报名十分火爆，各个大学的录取率在 15% 左右。

中外合作大学的自主招生为何会吸引如此多的国际化学校毕业生关注？我接触下来，原因主要有三个。一是很多中国家庭考虑到新冠肺炎疫情蔓延、国际关系波动以及家庭财力出现困难等情况，所以选择让孩子留在国内读大学。二是很多中国学生原本就不大想出国留学，之前要准备出国留学是被迫的，因为参加高考考不上好的大学，或者中考要被分流到职业高中。现在既然有机会可以进入中外合作大学就读，则立马杀回国内。三是境外大学申请结果不太理想，没有达到预期，与其去读一个排名五六十名的美本，还不如选择在国内就读大学。

我在全国各地调研时，之前也发现有些中西部名校国际部的中考分数因低于普高本部，于是会有些想上普高本部但中考分数达不到录取线的学生，采取曲线救国的方式，选择进入国际部。因国际部的招生列入中招中，学生有学籍且需要学习普高课程，因此学生参加高考没有障碍。这些国际部的学生原本就没有打算出国留学，所以等到会考后则选择继续学普高课程并参加高考。这种现象引起教育主管部门的注意，为了让中考招生公平，有的名校国际部也因此被取消举办资格。不过，目前这种曲线救国进名校的现象基本上绝迹了，但因中考成绩不理想而被迫出国留学的学生不在少数。

2022 年，新冠肺炎疫情防控政策做了调整，加上国外此前已经"躺平"，留学生出国留学并没有什么困难。为此，2020 年的增额招生环境已经改变。那么，这项政策是否还会持续则成为很多家长、学生所关注的话题。

针对这个情况，我跟部分中外合作大学招办负责人进行了交流，并查看了教育部中外合作办学监督工作信息平台。结果发现，在 2022 年 4 月，教育部对西交利物浦大学、北京师范大学—香港浸会大学联合国际学院、宁波诺丁汉大学、温州肯恩大学、香港中文大学（深圳）、广东以色列理工学院等六所大学，已经明确了在 2021—2025 年期间，可以举办外国/境外学士学位教育，而外国/境外学士学位教育正是之前的自主招生。不过，2023 年得到批准可以进行外国/境外学士学位教育的六所中外合作大学并没有进行自主招生。

我将教育部中外合作办学监管工作信息平台上所审核公布的数据进行了汇总，六所中外合作大学本科段，允许招录外国/境外学士学位教育最大名额为 2200 人，占到六所大学本科段招生总量的 14%。不过需要注意的是，这六所大学所审核批准的数据，是大学所能达到的最大招录数量，并非学校现有的在校生数据。

从 2020—2022 年中外合作大学自主招生反馈的情况来看，报名申请情况火爆，出现过因报名人数过多进而提早关闭报名通道的事情。因此，我估计这六所大学是能够完成每年最大数量的外国/境外学士学位教育招生。

六所中外合作大学本科自主招生批准人数

大学	总在校生人数	本科在校生总数	外国/境外学士学位每年招生人数	外国/境外学士学位在校生总数
西交利物浦大学	27 400	22 400	600	2 400
北京师范大学—香港浸会大学联合国际学院	11 400	9 900	450	1 800
宁波诺丁汉大学	13 100	10 100	400	1 600
温州肯恩大学	8 500	7 650	350	1 400
香港中文大学（深圳）	13 700	8 700	300	1 200
广东以色列理工学院	3 360	3 060	100	400
总计	77 460	61 810	2 200	8 800

数据来源：教育部中外合作办学监管工作信息平台（www.crs.jsj.edu.cn）。

在现有的 11 所中外合作大学中，昆山杜克大学、上海纽约大学、深圳北理莫斯科大学、香港科技大学（广州）、香港城市大学（东莞）并不进行针对国际化学校/国际部毕业生的本科段自主招生，换句话说，要想就读这 4 所中外合作大学的本科，中国籍学生只能通过高考路径进入。

不过，虽然本科段只有 6 所中外合作大学会进行自主招生，但在研究生段，这 11 所大学全部是自主招生，即学生不用参加国内的研究生统一考试，而是参照合作大学的申请与录取方式与标准。这意味着在境外求学的中国籍学生，也可以申请国内全部 11 所中外合作大学的硕博。

我将教育部中外合作办学监管工作信息平台上所审核公布的数据进行了汇总，11 所中外合作大学研究生段，允许招录到外国/境外硕博学位在校生最大名额为 25 090 人，占到 11 所大学在校生总量的 25%。同样需要注意的是，这 11 所大学所审核批准的数据，是大学所能达到的最大招录数量，并非学校现有的在校生实际数据。

由于硕博学制不等，短则 1 年，长则 6 年。如果按照研究生平均 3 年学制来进行估算，可测算出 11 所中外合作大学每年总共所招录的硕博学生约为 8000 人。

11所中外合作大学硕博招生人数

大学	在校生总数	硕博在校生总数
西交利物浦大学	27 400	5 000
香港中文大学（深圳）	13 700	5 000
香港科技大学（广州）	5 400	3 500
香港城市大学（东莞）	6 000	3 200
宁波诺丁汉大学	13 100	3 000
昆山杜克大学	3 500	1 500
北京师范大学—香港浸会大学联合国际学院	11 400	1 500
温州肯恩大学	8 500	850
深圳北理莫斯科大学	5 000	640
上海纽约大学	2 200	600
广东以色列理工学院	3 360	300
总数	99 560	25 090

数据来源：教育部中外合作办学监管工作信息平台（www.crs.jsj.edu.cn）。

中国每年本科留学和研究生留学总数，各均为 10 万左右。从数据可以看到，这

11所中外合作大学硕博毕业生所占到全国拿到外国/境外硕博学位的比重约8%。从单个学校来看，比重挺高的。

高考公平一直是中国教育和社会公平的基石。教育部在这方面的政策一贯比较严谨，从中外合作大学自主招生政策的出台和执行可看出教育部的用心良苦。而中外合作大学本身具有特殊的属性，作为将境外优质教育资源引进的重要载体，其在招生和教学等方面是有比较多的创新与变革。

中外合作大学自主招生政策执行后，取得了比较好的社会效益，国际化学校/国际部师生对此很关注并给予认可。可以预料的是，随着中外合作大学自主招生政策的日趋成熟，这项政策应该会成为这些大学招生的一种常态化方式。

国际化学校对中外合作大学招生十分关注，我也经常接到一些学校的升学指导老师咨询招生相关事项。有的学校甚至还开设了针对中外合作大学自主招生的融合班。

中外合作大学以及高中段的中外合作项目，其本质是一致的，即引进境外优质教育资源，丰富国内的教育供给以及为人才培养提供参考模式。在自主招生政策未出台之前，中外合作大学和中外合作项目的衔接并没有打通。自主招生政策之后，中外合作大学和中外合作项目终于有了衔接的突破口，也为国际化学校毕业生就读国内大学提供了通道，这也让国际化学校在国内的发展具备了更好的条件。我想这也应该是政策制定者所愿意看到的结果。

第三节　马来西亚样板

我对马来西亚的认知是从成都雅思创始人周涌这里获得的，仔细研究后发现，马来西亚的留学很有特色，也跟中国有一定的关联。除NCUK业务重心在东南亚金融危机后从马来西亚转到中国外，马来西亚从原先单纯的留学生生源国转为输入国，也为中国的国际教育发展提供了很好的参考与样板。

中国孩子留学以美、英、加、澳为主，但如果观察中国留学发展以及现在的中外合作办学模式，跟马来西亚却是有比较多的类似之处。不过，中国社会对马来西亚留学知之甚少，但其留学发展路径却与中国有比较大的关联。

马来西亚在1957年8月31日独立后，高等教育基础很差，整个大马甚至没有一所属于自己的独立高校。到1975年，马来西亚只有5所公立大学。由于大学数量少，所以只能接受少数学生就读。在1984年，马来西亚公立大学所录取的学生只相当于申请学生总数的22.4%。由于本国高等教育供给不足，导致马来西亚人大量选择出国留学。[①]

经济合作与发展组织（OECD）统计数据显示，1980年和1985年，马来西亚曾一度为高居世界第二位的留学生生源国。1983年，马来西亚国内在校大学生总数约为2.8万人，而同年在国外求学的学生却高达3.5万人，出国留学人数超过了国内就读人数。1994年，在海外求学的马来西亚学生达到了5万人，占据整个马来西亚高校学生总数的40%。[②]

这么高的留学比重令人咋舌，因为中国现有本科以及研究生留学总量只约占全国高校在校生的2%。

马来西亚政府对留学采取了鼓励政策，如为学生提供奖学金、贷学金，对留学的家庭进行税收减免，等等。在出国方向上，由于英国曾是其宗主国，所以马来西亚人天然倾向于选择英国的大学，这也是NCUK最初之所以主要和马来西亚合作的重要原因。另外，美国和澳大利亚也是其重要的留学地。

1997年后，东南亚金融危机爆发，让人没想到的是，这一经济危机却最终扭转了马来西亚的留学状况，使马来西亚从原先单纯的留学生生源国转变成留学输入国。

东南亚金融危机爆发后，马来西亚经济受到重创，林吉特贬值。在这种情况下，一方面马来西亚政府因外汇流失对留学开始采取了限制措施，取消了之前的鼓励留学政策；另一方面由于收入减少以及林吉特贬值引起留学成本上升，能够负担起留学费用的家庭减少。

但是留学以及留学准备具有一定的惯性，教育的需求仍然存在，马来西亚诸多学生在放弃留学的情况下，也为其国内高等教育市场创造了机会。

针对这种变化，马来西亚政府开始大力发展本国的高等教育，一改原先限制私立大学发展的政策，开始扶持私立大学建设。而马来西亚不少大型企业看好教育投资风险小、收益高的特点，也愿意出资创办大学。在1997年由马来西亚国家电讯公司创办第一所私立大学——马来西亚电讯大学后，到2001年私立大学有9所，而私立高等教育机构已猛增至704所。同时，马来西亚引进国外大学设立分校，在2001年已经有4所外国大学分校。[③]

英国的诺丁汉大学于2000年在马来西亚设立了分校，而中国第一所中外合作大学创办于2004年，为浙江万里学院和诺丁汉大学合作的宁波诺丁汉大学。

东南亚金融危机使马来西亚留学发生了转变，开始从单纯的留学生生源国变成了输入国。1996到1997学年，马来西亚外国留学生只有1296人，但到了2003到

2004 学年则增至 30 407 人。与之形成鲜明对比的是，1995 年马来西亚出国留学生为 49 413 人，2001 年则下降到 32 929 人。中国学生在 1998 到 1999 学年，前来马来西亚留学的仅 76 人，到在 2002 到 2003 学年为 10 849 人。[④]

马来西亚的留学变迁还是很有参考价值的。在短短 10 年间，马来西亚便在吸引外国学生上有大的作为。如果深入研究其发展历程，可以看到是需求或者说市场在驱动。最初是原有的出国留学需求因金融危机受到压制，进而转化为教育内需，而这个强大的教育内需又促进了马来西亚国内的高等教育发展，在高等教育发展到一定程度后，正因马来西亚教育的外向性以及外国大学分校的设立，加之其对外国学生前来留学所采取的鼓励措施，让马来西亚的留学吸引力不断增加，并进而成为东南亚的区域教育中心。

马来西亚在教育上的这种发展模式，与中国的经济发展模式有比较大的类似之处。比如江苏苏州的经济发展过程，最早是引进大量外资外商进来，外资外商进来后，为当地的供应商体系搭建、人才培养以及市场培育创造了条件。在时机成熟后，当地的民营企业崛起。而民营企业崛起后，通过研发和技术革新等方式，又将产品销往了国外。

中国国际教育尤其是本科段的留学，其驱动力并非中国的高等教育资源不足，因中国现有的大学录取率已经在 80% 左右，并不存在上不了大学的问题。中考分流才是国际教育的重要驱动力，全国平均 50% 左右的学生会被中考分流，导致会有少部分家庭选择让孩子出国留学。因此，中国一旦实现了 12 年义务制教育，则国际教育的需求会大大萎缩。

从这点来看，中国国际教育若想吸引更多的学生过来，高中段尤为需要。但高中段的发展又取决于大学，美国名校对录取中国学生有相对均衡的名额，因此中国学校对 K12 阶段留学生的吸引力不够。

最终能够吸引到更多的留学生前来就读国际高中，要看大学申请状况以及难度。但众所周知，外国学生申请中国的名校难度并不高，所以也大大削弱了外国学生前来中国就读国际高中的兴趣。

中国 K12 教育国际化碰到了前所未有的机遇，但挑战也更加巨大。由于资方需求和竞争需要，中国新建的国际学校学制多为 K12。如何兼顾义务制教育要求和国际教育的特点，这给教育界带来挑战，而 K12 教育国际化则是其中一条有效的解决路径。

教育国际化取决于国家影响力和大学办学水平。因此，中国 K12 教育国际化不仅需要学校本身的努力，更大程度上还亟待中国大学办学水平的提升和国力的增长。

参考文献

①③余永明,《马来西亚高等教育私有化：过程、原因及其影响》,《高等理科教育》2016年第四期。

②④黄建如、李三青,《马来西亚留学教育的变化及其原因探析》,《厦门大学学报（哲学社会科学版）》2006年第6期。

第三部分 择校

第六章　优秀学校标准

全国普高学校有1.4万余所，每年招生900多万人。[①]我一一梳理了全国各地的国际化学校/国际部，总量约为1100所，每年招生数量不等，但常年保持在十万以内。

国际化学校/国际部数量不到普高体系的10%，而招生人数徘徊在1%。从这两个数据也可以推断出，国际化学校/国际部在校生规模普遍比较小，单届学生有三四百人其规模则是国内第一梯队了，而普高招生一校单届两三千人在国内比较多见。和普高体系相比，国际化学校结构十分复杂。普高学校层次很容易弄清楚，高考成绩越好、中考录取分数线越高，基本上学校就越好。

全国各个地方均有一些传统名校，比如上海和深圳有四大名校之说，合肥有"168"、成都有"479"，郑州有"大三甲"和"小三甲"的区别。一些名校有昵称，像上海外国语大学附属外国语学校因学生不需要参加中考和高考，所以被称为"神仙校"。天津外国语大学附属外国语学校在当地被称为"小外"，与"大外"的天津外国语大学进行区别。

传统名校在当地往往有很高的声誉，比如在山东青岛，当地人问毕业于哪所学校，并不是要问毕业于哪所大学，而是想知道是不是青岛第二中学的毕业生。长沙的雅礼中学以及南京外国语学校，在当地鼎鼎大名，穿上这两所学校的校服走在当地街头是件很荣耀的事情，甚至有南京外国语学校的学生在美国读书仍然会穿高中校服。

国人对高考很熟悉，所以只要看看清北、"985"或者"211"录取情况，很快就知道哪所学校强。而选校也很简单，看中考分数线即可。如果碰到清北的学生，一旦知晓其来自于哪个省级行政区，便大致能够猜出其高中有可能毕业于哪些学校。

对于普高，只要了解其高考成绩和中考录取分数线，很快便能够判断出其层次。但如果要了解一所国际化学校是否优秀，则是一件十分困难的事情。

我在2015年刚进入国际教育这个领域，也曾为哪些国际化学校是优秀的，如何给孩子选择一所优秀的国际化学校而困惑。为消除这个困惑，2016年我尝试用大数据分析的方式，在国内率先推出了出国留学中学排行榜，对国际化学校进行层次划分。

第一节　学校的评估标准

如何评估和判断一所学校的优秀程度，涉及标准问题。我在设置评估标准时，经历过一段时间的摸索。初期的排行榜主要关注申请结果，即每所学校所拿到的offer数量。在国际教育中，学校性质不同、开设课程各异，但唯有申请结果是共同的，比较容易做横向和纵向比较，业内不会有异议，是一个比较客观的定量数据。

申请结果代表着国外大学对学校的认可程度。但是，以申请结果来评估同样极为复杂，一是有学生会拿多个offer的情况，有的学校会因为出了个超牛的学生，顶尖名校offer拿到手软。如果光看offer数量，很容易让外界产生这所学校拿到顶尖名校offer学生比较多的错觉。二是不同方向offer换算难度较大。2020年新冠肺炎疫情暴发后，多国联申成为普遍现象。我做过抽样调研，疫情之前多国联申主要集中在优秀学生之中，占比一般是学生总量的10%—20%，但在疫情期间，则保持在70%左右，疫情之后会有所回落，但估计也保持在50%左右。

不同方向offer如何进行换算？比如牛剑申请难度相当于美国大学哪个层次，英国G5和美本前30如何进行换算，这都是比较难处理的事情。将不同方向申请结果按照国别进行排名，这是一种处理方法，但很难解决家长、学生所关注的综合评估问题；三是offer归属确认问题。我们在收集数据时发现，有些学校在offer统计上会打擦边球，比如将巴纳德学院offer视同为哥伦比亚大学offer，将西北大学卡塔尔分校视同为西北大学。业内人士知道，这些学校申请难度差异甚大，学校之间也是有比较大的差别，不能混淆在一起。

我们对申请结果容易出现的这三个问题进行了摸索和解决，第一个和第三个问题比较好解决，第一个问题的解决之道是关注有多少名学生拿到顶尖offer，第三个问题需要对各学校的顶尖名校情况做细致甄别。而第二个问题的不同方向offer换算则比较困难，一直到2021年，宜校才彻底解决了这个问题。我们根据所访谈到的4000名学生提供的信息，分析其申请结果状况，判断出各大学的录取难度。

现在虽然有各种世界大学排名可供参考，但这些世界大学排名还是以英美角度来进行评估，主要关注科研成果和影响力，中国家长最为关心的本科录取难度通常不会被纳入排名因素中，有一些大学世界排名高但申请却并不难。从数据来看，美国综合大学的录取难度要大于文理学院。文理学院在《美国新闻与世界报道》（*U.S.News & World Report*）美国大学的综合排名比单独排名会大致下降十个名次。申请难度最大的文理学院是阿默斯特学院（Amherst College），其在美国大学申请难度中排名11位，通常录取率只有7%。阿默斯特学院规模比较小，只提供本科学位，总学生人数不到1900人，每年入学的学生总量在470人左右，国际学生一般会占比10%，国际学生录取率通常在2%左右。阿默斯特学院没有固定的中国学生录取人数，每年会有所不同，而从最终录取情况来看，每年会有十名左右的中国学生入学，这些学生除来自于中国高中外，也包含就读海外高中的中国学生。而牛剑申请难度则与美本前30学校相当。

按照以上方式，我们将申请数据确定好后，再跟学校沟通并得到反馈，发现申请结果跟生源质量紧密相关，一些申请结果好的学校也有可能是因为学生足够优秀，这些学生到其他学校也一样会有好的申请结果，所以不能只评估申请结果。我们觉得这个反馈是合理的，为此在评估中增加了生源质量选项。考虑到生源质量高低在很大程度上代表了家长、学生对国际化学校的认可度，录取标准越高的学校代表着家长、学生们对其认可度越高，因此，我们设置了20分的分值（榜单评估总分为100分）。

一旦增加生源质量评估后，我们发现其复杂程度不亚于申请结果数据。其复杂之处在于生源质量涉及各地的中考招生制度。北京、上海、天津、重庆等四个直辖市有统一的中考考试和招生方式，但其他的省级行政区中考则多是落实到各个地市，各个地市的中考分数以及招生方式均有差异。这导致评估生源质量有极大的难度。

我们最早以录取率为评估方式，对通过中考招生的学校，以其中考录取分数线评估出录取率。举个例子，深圳中学国际部招生是需要学生先考入普高，然后根据自愿原则选择到国际部就读。我们先找到深圳中学的中考录取分数线，然后查到超过这个分数线总共有多少名学生，将达标学生数量除以深圳中考学生总量即得出录取率。

对通过自主招生的学校，则用录取人数和报名人数进行比较得出录取率。在数据分析时我们发现，如果用录取率进行评估，会出现中考招生学校的录取率会远低于自主招生学校的状况。通过中考招生的学校，其录取率最低的只有2%，而自主招生的学校最低的录取率在8%左右。

很显然，中考招生以及自主招生的录取率需要换算，要有一个折算值。要算出这个值，最好的方式是找到普高和国际部生源质量相当的学校，算出其普高和国际部的录取率，进而确定换算值。

我盘点了全国的学校，同时开设了普高和国际部，普高和国际部的生源质量基本相当，且国际部的招生是自主招生并面向全国，符合这些标准的学校全国只有一所，即华南师范大学附属中学。这所学校和我们保持着很密切的联系，数据也比较完整。因此，我们比对了华南师范大学附属中学普高和国际部录取率后，发现国际部的录取率4倍于普高。根据这个计算结果，我们将自主招生的学校录取率按照除以4的方法与通过中考招生的学校进行比对。由于各个学校招生生源质量具有一定的稳定性，因此我们内部对各所学校生源质量有个基础设置，然后根据每年调研所获得的情况进行微调。

由于各个学校的生源质量具有比较强的稳定性，后为评估方便，我们参考各个学校的中考录取率，划定不同的等级，不同的等级对应不同的分值。

名校的生源质量高，在生源质量这块的得分也高。为平衡这个分值以及评估一所学校的真实水平，我们设置了教学提升这个分值，也占20分。教学提升是整个排行榜中最具有参考价值的数据。这个分值的计算方法是将申请结果的分值除以生源质量的分值，换句话说，生源质量越高的学校，也应该有越好的申请结果，如果申请结果与生源质量不匹配，则在教学提升这项会得低分。一些学校申请结果虽然不是很拔尖，但由于其生源质量不高，导致教学提升率的分母小，得分便高。教学提升是个制衡的评估项，我们发现北京师范大学附属实验中学在申请结果、生源质量、教学提升这三项均得到高分，这是一所真正厉害的学校。

另外，我们关注一所学校，不能仅关注其现有水平，还需要预判其发展潜力，因此我们设置社团、竞赛两个维度进行评估。

在2020年新冠肺炎疫情之后，国外大学的申请竞争十分激烈。标化考试成绩水涨船高，托福成绩没有达到105分，美本前30的录取概率很小。而在调研过程中，我发现竞赛越发重要，国内一些名校也将竞赛作为重要突破口。

我是在2016年推出了出国留学中学排行榜，后根据学校和社会的反馈，对榜单的评估标准进行了优化和调整，加上不断走访学校，对学校的真实情况有更加深入的了解，为此，榜单所评估出来的结果越发受到认可。

第二节 走访学校感触

评估标准确定后，另一项核心工作便是获取基础数据。这些年，国内国际化学校的大学申请数据的公布越来越透明和完善，但要了解一所学校乃至一个区域的国际教育状况，一定得实地去学校看看。因为如果只看学校介绍，我们会发现国际化学校大同小异，均是在强调中国心、世界眼，注重学生个性化发展，等等。

2015年11月2日，我拜访了深圳国际交流书院，这是我拜访的第一所国际化学校。之后，我花了5年时间，到2021年时已走遍了全国31个省级行政区，实地调研了约600所学校。

我经常会被朋友问起，为何能够拜访这么多的学校，学校为何会愿意接受拜访。我介绍说这受益于我有过10年媒体工作经历。我大学的专业是新闻，没有做过一天学校老师，之前也没有多少学校的朋友，跟教育行业并没有什么交集。做记者一个最基本的技能是能够找到人，而且所找到的人还愿意提供记者想要的信息。这里面有很多的方法，因此我将这些方法运用到学校联系和拜访中。

从媒体行业转到国际教育行业，貌似跨度很大，但我感觉这两个行业的运作原理一模一样。就拿大学申请来说，一个学生需要有人设，然后通过GPA、标化成绩、活动竞赛、文书、推荐信等多方面的材料来展示自己，这点跟媒体乃至公关的运作原理是吻合的。因此，当我跨入留学领域，并没有感到陌生，而是有似曾相识的感觉。

如何从庞杂的信息中甄别有价值的信息，如何获取一手信息，这些均是做记者的基本素质，我从中很是受益。因此我也与很多朋友说过，当下记者虽然已不能算是一个好职业，但新闻是个好专业，尤其是在目前信息混乱的情况下，具有信息辨别能力和保持独立思维能力十分重要。

联系学校我走过不同的过程。在初始阶段，我会侧重找熟悉的朋友引荐学校领导。尤其是媒体朋友对我帮助比较大，一个地方的教育记者基本上跟当地各学校的校长会有紧密联系，而媒体人之间天然会愿意互助。在制作排行榜后，因学校知晓了宜校，所以也会接受我的陌生拜访，并有少部分学校会主动联系沟通。通过这些方法，会结识一大批学校相关人员，在日渐熟悉这个行业后，则可以请熟识的学校介绍其他学校。

我习惯于以一周作为一个拜访周期，到一个城市后，除了拜访当地的国际化学校，还跟当地留学机构做一些互动交流，从另外一个角度来了解区域国际教育情况。当然，要想了解一所学校乃至一个区域，走马观花去一两次是远远不够的。根据我的经验，一所学校最起码要观察3年、拜访10次以上才可能真正了解其内核。下面以我对深圳中学的观察和了解为例。

深圳一直是我所关注的重点地区，在疫情之前，我每年会花一个月左右时间待在深圳，深入了解学校情况。深圳中学作为深圳当地的公立名校，其国际教育状况自然是我关注的重中之重。

深圳中学是深圳最好的公立名校，也是广东的名校，和广州的华南师范大学附属中学在广东省内被视为双雄。深圳中学每年考入清北有四十来人，数量常年位居广东省首位。但深圳中学并不满足于这点，因其清北人数虽为广东省内第一，但与国内其他地区名校清北数量相比并没有什么优势，无法和中国人民大学附属中学、衡水中学这些学校一两百个清北相比。深圳中学致力于打造成为国内一流名校，在高考方面，深圳中学很难在全国有突出表现，为此学校十分重视国际教育。

我在调研深圳中学时，最初以为申请结果好是因为有优质生源。深圳中学国际部并不会对外直接招生，学生是需要先考进深圳中学，然后根据自愿原则选择就读国际部。因此，深圳中学国际部的学生是深圳当地中考分数最高的一批学生。

但深入研究后会发现，国内有不少国际化学校/国际部也能够招录到当地最好的学生，因此生源好并不能成为深圳中学在国际教育方面表现突出的主要原因。

我带着这个疑问，对学生做过访谈交流，以了解学生的看法。后来有学生跟我反馈，深圳中学国际部每年能够被名校录取的学生，多数来自深圳中学的3+2竞赛体系。深圳中学的竞赛水平高，为此深圳中学会从自己的初中部开始，选择一批学生走竞赛路线，三年初中和两年高中深耕竞赛领域。

这给我很大的启发。竞赛型学生在申请英美名校时有比较大的优势，深圳中学会有学生同时被麻省理工学院和北京大学录取的现象出现。

但如果放在全国范围来看，中国人民大学附属中学、江苏省天一中学这些公立名校竞赛也很厉害，其内部也有类似深圳中学的3+2竞赛体系。如此说来，尽管在深圳中学每年能够申请到英美名校的学生主要出自3+2竞赛体系，但似乎也不能成为深圳中学国际教育强大发展的内因。

我一直试图寻找这些答案，后来又陆续跟深圳中学的毕业生交流，与学校老师互动。有两个反馈让我印象深刻，一个是有位毕业生跟我提到，深圳中学内部鼓励学生尝试创业，为此自己在高一、高二微信刚刚兴起的时候，尝试过用微信提供订餐服务，这项服务在学校家长中引起比较大的反响，后来有家长主动联系他，帮助他进入小米公司去实习。这名学生毕业后到了美国一所大学就读，在招办实习期间，但凡看到有深圳中学学生申请均建议学校录取。家长主动帮助素不相识的学生联系实习，这事让我感到惊奇。

美国顶尖名校录取中国学生，通常会有自己的Feeder School，即每年会固定从几所学校录取学生。比如耶鲁大学每年基本上是从北京师范大学附属实验中学、南京外国语学校等几所学校当中招录学生。因此，国内一所名校的学生，如果想申请美国的顶尖大学，其竞争对手往往就是自己身边的同学。正因为有申请利益上的冲突，国内名校学生以及家长对自己的留学准备和规划往往讳莫如深，更谈不上会主动帮助他人，相互之间关系往往不太融洽与和谐。

另外一件事情是深圳中学向我提到，他们有学生专门开设了一个针对学校的公号，会对学校管理制度进行批评。学校当然会比较关注，但并没有去深究是哪名学生开设的。因为学生参与学校管理一直是深圳中学的特点。

深圳中学成立了学生理事会，学生可以通过这个理事会来对学校的发展出谋划策。但是，铁打的学校流水的学生，因此学校内部需要建立学生传承机制。深圳中学内部有一个颇具影响力的社团职位——学长团团长。

由于具有学生传承机制，因此深圳中学高一学生一进校便有高年级学长带着熟悉学校情况，在不同年级之间建立起友情。同时由于需要深入学校的治理中，学生之间会有互动和交流，不同年级之间会有传承。这些互动的加强，使得深圳中学内部会更加紧密。从深圳中学这个例子可以看到，要了解一所学校需要花很多时间，需要综合多方面的信息。

上文主要阐述了解一所学校需要有个过程。接下来，我介绍走访学校的另一个感触，即区域之间的老师差异并不是很大，但家长和学生差异甚远。

我之前到过长沙的长郡中学国际部，当里面一位老师得知我是宜校的人后，就十分热情。我当时觉得很奇怪便问是怎么回事。她提到自己之前在广州一所中学的国际部工作，后想回湖南故乡工作，在找工作的时候，发现长郡中学在我们的排行榜当中比较靠前，所以便认定了这所学校。

我当时听后，对排行榜得到了业内人士认可自然很高兴，但同时也深感压力，唯恐因排行榜没有做好会误人误事。广州的国际教育水平在国内是处在第一梯队的，这位老师从广州回到长沙工作，能够充实当地国际教育师资力量。

而在西南的昆明，昆明第一中学国际部总监在美国长大并读完博士，对美国的教育十分了解，后因家庭原因选择回到了母亲故乡昆明工作。而让我感到意外的是，在西北的兰州，西北师范大学附属中学校领导对国际教育十分了解，其熟悉程度不亚于北上广深的校长。

尽管各地的国际化学校在国外大学申请上相互之间是竞争关系，但并不影响校际之间的互动交流与学习。因此，即便是在西部地区的学校，也同样能够快速和便捷地获取到留学方面的信息，以及吸引到高质量的师资。

在云南的昆明、广西的桂林调研时，我很意外地发现，这些地方并不缺外教，而且外教多愿意在当地工作，稳定性比较高。深入了解后得知，昆明和桂林是旅游胜地，对想了解中国文化的外教很具有吸引力，同时这些地方的物价和北上广深相比又比较低廉，生活水平高。加上昆明、桂林的外国人比较多，导致招聘外教较为容易。

虽然区域之间的师资差异并不是很大，但家长和学生对国际教育或者对留学的认知却差距甚远。中西部的很多朋友向我咨询孩子留学之事，多集中在硕博留学。苏州的家长朋友多在初中阶段，咨询如何选择国际高中，以及如何做好规划。北京、上海、深圳这些地方，则有很多人关注如何让孩子选择就读合适的小学甚至幼儿园。

当然中西部并非所有地方均如此。比如西安，我每年会访谈西安二三十名拿到名校 offer 的学生。聊完后，每次都会发现有西安当地高校教授子女。他们小时往往有出国读书的经历，主要是跟随在美国做访问学者的父母，在当地的学校就读半年或一年。这些家庭往往对留学有比较深的了解，我甚至发现有拿到藤校 offer 的西安学生，其申请是和家人一起做的，并没有找外部的升学辅导机构，这比较罕见。

我在走访学校的时候，看到有些中西部的国际化学校为了让家长放心，在录取学生的时候，会和家长签订保录协议，即学生在满足学校所开具的条件下，承诺申请到什么样的大学，如果实现不了，学校会全额退还学费。不过，当我看到承诺的大学时实在是忍俊不禁，因为这些承诺的大学肯定能够录取上。校长还是从沿海过去的，对留学很精通。问其为何要给家长签订这样的保录协议，他也挺无奈的，因为如果不给家长承诺，则家长不会让孩子前来就读，为了招生只能如此。

多年的实地走访学校给我的第三个感触是，各地国际教育具有很鲜明的地域特点。首先，国际教育受政策的影响很大，虽然《中外合作办学条例》规定高中段的国际项目是由各省级行政区教育主管部门审批，在教育部备案。但在实际运作中，对国际项目具有生杀权的是各地市的教育局。因此，即便是同一个省，我也看到各地市因采取不同的政策而导致国际教育出现天壤之别。其次，会跟区域的教育格局有关。比如北京的学校以公立为强，2010 年后各公立名校纷纷办起国际部，吸纳了最为优秀的学生。而根据《中外合作办学条例》，公立名校国际部需要开足开满国内普高课程，因此北京的公立名校多采用 AP 课程，像北京师范大学附属实验中学、北京第四中学国际校区、北京十一学校、中国人民大学附属中学 ICC 均开设了 AP 课程。

AP 课程并非严格意义上的国际课程，是美国大学先修课程。即高中生通过考 AP，向大学展示自己具备大学学习能力。AP 课程的举办方为美国大学理事会，学生参加 AP 考试后，美国大学理事会会给予成绩，但并不会根据学生所考的科目以及成绩来提供合格证书。AP 比较灵活，不像 A-Level 和 IB 课程有课程学习要求。但由于 AP 课程无法提供证书用于替代毕业证，导致其必须嫁接在普高课程或者其他国际课程之上。

由于 AP 课程开设较多，且优秀学生主要集中在公立名校，因此北京学生留学方向出现了一个国内独特现象，即超过七成的学生会选择去美国留学，接近全国平均值的两倍。

另外，当地社会经济发展特点也会深刻影响国际教育的状态。比如南京外国语学校在当地具有很强的吸引力，几乎所有的南京孩子都想方设法去就读。南京外国语学校高中部以直升较多，外招学生不到总量的一半。因此，要想进南京外国语学校，则要先考入初中部。由于报考人数太多，且由于南京外国语学校掐尖太过厉害，导致其采取了摇号的方式。摇号方式一个很重要的作用是将一些优秀学生留给其他学校，因为没有摇上的学生是没有资格参加选拔考试的。

南京外国语学校初中部的招录需要加试英语，因此南京出现了一种所有孩子皆学习英语的状况，这无形之中大大提升了南京学生的英语水平。南京外国语学校普高学生每年的申请结果在国内十分亮眼，跟学生很早就解决了语言问题有关。为此，南京当地的留学业态很独特，一是普高学生表现更为突出，二是家长对留学情况很了解，且内部学习和参考比较频繁，三是南京的留学辅导机构水平整体比较高。

再来看深圳这座城市的国际教育特点，又跟其他城市很不一样。深圳是座商务城市，有大量接受过良好教育的精英人士。这些家庭天然重视教育，也有比较好的经济条件。但家长们普遍工作比较繁忙，难有比较多的时间陪伴孩子。我用"父母在身边的留守儿童"来形容这种状况。

我在深圳调研时看到两种截然不同的做法。一种是父母放任自由，靠孩子自律。这种教育模式会出现两极分化。能够管住自己的孩子往往很成熟，能够申请到挺好的学校。而管不住自己的孩子申请结果可能会不理想，或者由于与父母沟通少，会在发展方向上有比较大的分歧并造成家庭矛盾，我还协调处理过这种矛盾。另外一种是父母一方放弃事业，全程陪孩子。这种家庭也很卷，会出现跟南京家长类似的状况。

但深圳整体是孩子在整个留学过程中有比较大的话语权，因此在选择留学服务机构上，深圳这边会更容易接受小机构或者创业型的机构。

上面是我10年访校的经历所得出的三大感触。当然，感触远远不止这些。整体而言，国际化学校在国内有上千所，整体数量其实不多，但内部结构十分复杂，各区域国际教育发展水平不平衡。

第三节　如何快速了解学校

选择就读一所合适的国际化学校对孩子留学能否成功至关重要。因此，精心挑选合适的国际化学校/国际部就读是一个必需的过程。在这个过程中，家长们普遍会碰到很多困难与困惑。

如何能够在较短的时间内快速了解清楚一所学校，这往往是很多家长经常向我咨询的问题。毕竟家长并没有特别多的时间去了解学校情况，也因为不太懂国际教育，因此最好有简单、有效的"傻瓜式"方式帮助家长去了解学校。我们知道，"傻瓜相机"本身其实不傻，是科技的集成体，设计者将拍照的三个关键点，即光圈、快门、对焦，用技术手段形成简便的操作方式，拍摄者只需要将相机对准想拍摄的人或物，按快门便可以完成拍摄，这样即便对拍照一窍不通的人也能够拍出像样的照片。

那么了解学校的"傻瓜式"方式是什么呢？

我一般会告诉朋友，如果不太懂国际教育，又不想找择校辅导机构提供支持，可以用三个方法快速了解一所学校。

第一个是看学校的排名，宜校每年会发布国际化学校排名，看看目标学校在全国和区域内的排序，便基本上可以判断出这所学校的整体水平。

第二个是看学校的申请结果和课程设置情况，申请结果不能只看头部学生的去向，要重点了解中等及以下层次学生能够申请到什么样的大学，这其实是学校更为真实的申请情况。多伦多大学在苏州外国语学校国际高中学生当中有个别称，即"快乐老家"。这别称的由来是，国际高中排名后30%的同学将多伦多大学作为保底学校。因此，如果选择就读苏州外国语学校，则能够预判到，孩子即便是排在最后，申请到多伦多大学的概率也是挺高的。

课程设置情况则比较专业，一般的家长也比较难看懂，但有两个简单的评估方法。一个是看开设课程的数量，一般来说课程开设越多是越好的，比如国内国际化学校开设A-Level课程，多以数学、物理、化学、生物、经济等5门为主，如果学校开设了10多门，甚至30门，则这所学校办学还是比较认真的。因为开设课程越多，学生选择余地会更大，当然也意味着学校的师资投入会更大。AP课程也是如此，国内的AP名校多开设10到20门，我看到有学校开设了30来门。另一个是看托福/雅思、SAT等标化考试备考课程的开设，越好的学校越不大会开标化考试的备考课程，主要是认为标化考试是学习的结果而非目的。不过需要说明的是，有的学校会开设较多的英语学习课程，这跟单纯托福/雅思备考是两回事，不能混为一谈。如果一所学校开设的标化考试备考课程越多，则说明这所学校越有问题。因为标化考试即便考得再高，而如果国际课程没有跟上，还是会对学生在大学就读产生比较大的影响，不能本末倒置。也就是说，标化考试学习重视与投入程度和学校办学水平往往为反比关系。

第三个是看口碑。一是可以找在读或者已经毕业的学生，了解学生对目标学校的评价。因每个家长所关注的问题会有所不同，所以可以侧重咨询自己所关心的问题，比如有的孩子自律性不够，那么家长便需要关注学校管理是偏严格还是宽松。二是可以找其他学校了解。家长们往往会考察多所学校，在考察时可以向校方咨询对目标学校的看法，可以用与某某学校相比，贵校有什么优势等问题向校方咨询。最了解你的人往往是你的对手，校方所反馈的情况往往一针见血。

当然，这世上并没有十全十美的学校，不可能满足所有人的需求。再好的学校如果接触多后，总能发现或者听到有诸多问题的存在。比如注重学生个性化发展，创造各种提升和表现机会的学校，管理往往偏宽松，会给家长学校不大管之感。家长在获得这些反馈后，需要根据自家孩子的情况做选择。

这种选择的过程与思考的方式，跟男女谈恋爱以及结婚有类似的地方。男女最初会被对方的一些优点所吸引进而相恋，男高富帅、女白富美便是很经典的优点总结。找国际化学校也是如此，目标学校的初步确定往往是被这些学校的办学特色和优势所吸引。男女在接触之后，随着了解的加深，对方的缺点会日渐暴露出来，如果无法容忍对方的缺点，最终很难走向婚姻，即便结婚也大多会以离婚而告终。定校也是如此，在比对各学校优、缺点后，要选择最为合适的。

很多家长会较多关注学校硬件和外教状况，这其实价值不大。在学校硬件方面，因教育主管部门在审批学校设置时，会对办学条件有严格的要求，但凡能够拿到教育执照的正规学校，其硬件一般不会有什么大的问题。国内出国留学表现更好的是公立名校，而公立名校的硬件条件多不如国际化学校，因此硬件条件不必作为考察的重点。

由于孩子最终是要出国留学，接受国外的高等教育，家长自然会认为在高中阶段便有外教来教学能够大大帮助孩子适应今后的大学学习。从学校反馈来看，外教在语言学习和文化理解上确实有优势，但由于在教学方式和理念上与国内还是有差异，导致国际化学校/国际部普遍还是将外教作为辅助。长期在宜校出国留学中学榜中居首位的北京师范大学附属实验中学，每年有接近200名学生出国留学，但全职外教长期只有2人。

参考文献

---

① 教育部：2021年全国教育事业发展统计公报。

第七章　择校是留学关键节点

要留学，就要读国际化学校。这种观念在国内已深入人心。但其实就读国内普高，学习普高课程，也同样可以申请英、美、加、澳等国大学，中国香港地区的大学也会通过高考直接招录内地学生。美国大学对学生所学的课程宽容度最大，斯坦福大学等美国顶尖名校甚至会录取 Homeschooled 的中国学生，即在家上学（自学、家教或上网上课程）的学生。

除华东师范大学第二附属中学国际班、深圳中学国际部等极少数国际课程项目按照普高标准收取学费，以及重庆南开中学国际课程中心学费低廉外，绝大部分的国际化学校 / 国际部学费不菲，高的一年 30 余万，低的也要 10 万左右。读完三四年国际高中，家庭需要支付 30 万—100 万不等的学费。

既然学习普高课程同样可以申请留学，为何打算本科出国的学生还是纷纷选择就读国际化学校？在选择国际化学校 / 国际部过程中，需要注意哪些环节？以及如何选择合适自己的国际化学校 / 国际部？

第一节　为何要就读国际化学校

1—9 年级属于义务制教育阶段，国内有统一的教学要求，并严禁使用境外教材和开设境外课程。因此，无论是公立学校还是民办学校，1—9 年级阶段上的课程几无大的差异，并不是择校的关键节点。

如果家庭早早确定了孩子本科要出国留学，希望早点为孩子的申请以及留学做好准备，在 1—9 年级择校方面，我一般会建议重点找一所十二年一贯制的国际化学校就读，这些学校的国际高中部学生往往多从自己的初中部直升。十二年一贯制学校在国际教育上有个优势，即一般会比较重视将国际教育理念以及资源下沉，比如将高中部的老师安排在初中部教学，让国际高中部的升学指导老师对本校初中部的学生做申请规划常识普及。十二年一贯制的学生近水楼台先得月，能够在校内更早接触和了解国际教育，并有更多机会得到校内国际教育资源支持。当然，至于国际高中是否仍然在本校就读，这因人而异，需要根据孩子的学业情况、出国方向等情况做综合考虑。

如果学生准备本科出国留学，那么高中段的教育十分关键，三四年的国际高中学习，是个重要的过渡阶段。不过，需要提醒的是，中国的教育同样是国际教育的重要组成部分，不能将中国教育与国际教育进行分离甚至对立。学生学习国内的普高课程，考出较好的托福/雅思、SAT成绩，具备高质量的背景提升活动，同样能够申请到美国名校。

国内有三所普高在学生出国留学方面有名。一是南京外国语学校，普高每年有480名左右毕业生，多的时候会有200名左右普高生出国留学。南京当地能够拿到美国顶尖名校本科offer的学生，主要集中在南京外国语学校普高学生中。二是上海外国语大学附属外国语学校，这所学校和南京外国语学校一样，均是外语教学见长的学校，每年会有百名左右普高学生出国留学。学校里面也有国际部，但只招外籍人员子女。三是青岛第二中学，这所学校每年有800名普高毕业生，出国留学学生多的时候高达300人，少的时候会有几十人。这所学校开设了100多门选修课，其教学理念与方式和北京大学附属中学比较类似。这三所学校比较类似，均可招录到当地最为优秀的学生，以英语教学见长，且能够给学生多课程选择。

2017年创校的杭州云谷学校高中部，干脆不使用任何国际课程，而是选择自己研发课程。其毕业生的国外大学最终申请结果也是很不错的。

那么我们可能会问，既然学习普高课程同样能够申请国外大学，很多国外大学也认可中国的高考成绩，为何还要去国际化学校就读呢？

针对这个问题，我把学生分为三种类型来进行分析。第一种类型是能够考得上当地重点高中的学生，这类学生会通过在校外参加培训以及找升学辅导机构提供申请上的支持，进而申请国外大学，但这种方式在国际化学校兴起后式微。这类学生往往是国际化学校/国际部的香饽饽，不少学校会愿意给他们提供奖学金。因此，优秀学生选择就读国际化学校/国际部更容易受到学校的重视，在申请大学上能够得到更多的支持，比就读普高申请到国外名校的概率更大。根据我调研的情况来看，能够考得上当地最好高中的学生是冲击美本前30和英国G5的苗子。

第二种类型是能够考上当地普高的学生。这些学生如果学习普高课程，优势并不大，GPA 也不会高。和普高课程相比，国际课程结构比较复杂，但整体有两个特点，即学习深度和难度多数会低于普高，对偏科学生比较友好。此外，学生通过在国际化学校 / 国际部学习后，可以和国外大学的学习进行有效衔接。

我研究牛剑录取的中国学生后发现，公立名校学生拿到的牛津大学预录 offer，多数时候会超过剑桥大学 offer 总量，这在民办名校则正好相反。根据国家中外合作办学相关法规，得到了教育部门批准的国际项目，所招录的学生需要学习普高课程并参加会考。而公立名校国际项目除了开足开满国家所规定的普高课程，普遍会开设融合课程或者国际课程。比如中国人民大学附属中学 ICC 开设了 AP、A-Level、IB 等国际课程，这意味着学生在学完普高课程后，还需要继续进行国际课程学习，学习压力很大。申请牛剑突出的民办名校，如深圳国际交流书院、领科上海校区，以学习 A-Level 课程为主。这种课程以及学习内容的差异，导致公立名校国际项目的学生在学习广度上会超过民办学校学生，在申请偏文理综合的牛津大学上会具有比较大的优势。而民办名校学生在专业方向上的课程学习以及钻研会更深，在申请偏理的剑桥大学上具有更高的成功概率。

第三种类型则是考不上普高的学生。这些学生本身没有就读普高的机会，如果不想就读职业高中，就读国际化学校 / 国际部就成为重要选择。就读国际化学校 / 国际部对这些学生来说十分重要的原因，除了有就读高中机会，还能获得心理慰藉，重塑自信心。这些学生普遍遭受到中考成绩差的打击，会容易出现自卑心理。而进入国际化学校 / 国际部就读后，学校对学生个性的尊重以及提供多样化发展路径后，学生能够在这个过程中找到自己的特长和兴趣点，建立起自信心，这也是为何国际化学校 / 国际部里的学生看起来普遍比较阳光的重要原因。

国外大学在高三上学期便要开始申请，留给学生准备的时间只有两年。而随着国外大学申请竞争的加剧以及多国联申现象的普遍，导致大学申请变得愈发复杂，需要有专业的指导和精心的准备。普高学校很难实现这点，一方面普高学业压力很大，高一和高二几无时间来做背景提升；另一方面普高缺乏专业的升学指导。

国内有些公立名校国际项目，如深圳外国语学校国际书院、苏州中学国际书院曾采取从高一学生中选拔的方式来招生，即国际项目不直接对外招生，而是从本校的高一学生中选拔，从高二开始学习国际课程并做大学申请准备。实践下来发现，这种招生机制尽管可以挑选到一批优秀学生，但由于学生只有一年时间来做大学申请准备，时间太过仓促，会大大影响最终的申请结果。因此，这种招生方式在国内基本上已经被弃用。

目前有种变通方法，学生学完普高课程，在高二参加完会考后，选择去海外高中就读。这些学生不少会选择就读 A-Level 和 IBDP 课程，学制均为两年。学生在海外高中完成两年学业并申请大学，这种方式的效果比较好，学生最终往往会有很好的申请结果，尤其是申请到牛剑的学生会比较多。

中国香港地区的大学也会通过高考路径录取内地的学生。但通过国际教育路径申请的学生，无论是在录取机会上还是在获得奖学金上，均有更大的优势。香港大学每年通过高考路径录取 300 来名内地学生，竞争十分激烈，往往是 300 人中才录取一人，学生高考成绩在所处省级行政区排名前两百名才有可能被录取。如果通过国际教育路径申请，录取机会则大大提升。香港大学会给通过国际教育路径申请的内地学生每年发放两千来份本科 offer，像上海光华剑桥、领科上海校区、武汉英中学校、深圳国际交流书院、上海民办上实剑桥等录取大户，每年会拿到几十份甚至上百份香港大学 offer。这放在普高来看，是件不可思议的事情。

而在奖学金申请上，国际教育路径的学生机会更多。如果是 A-Level 课程的学生，有 5 门 A* 成绩，基本上可以拿到全奖。但通过高考路径进入香港大学的学生，在奖学金获取上则机会比较小。我曾到香港大学跟一位相识的学生交流，她提到自己班上有全省高考成绩第三的同学，十分优秀，但没有奖学金，而她凭 A-Level 课程 5 门 A* 成绩，拿到了每年 16 万港币的奖学金。

前面提到，1—9 年级因国家对教学有统一要求且严禁使用境外教材和开设境外课程，校际之间的差异并不是很大。但在高中阶段并没有这些政策限制，尽管全国的国际化学校/国际部以及每年本科出国留学的人数，均只有普高总量以及参加高考人数的 1%，占比极小，但由于国际化学校/国际部结构十分复杂，其择校难度远高于普高。

第二节　选对学校则留学成功一半

选准选好一所国际化学校，对孩子留学来说是至关重要的。从我所观察的例子来看，一旦选对了学校，孩子的留学就成功了一半。因为选择一所学校在很大程度上决定了能够申请到什么样的大学。

从我这些年所统计的数据来看，一旦学生选择国际教育路线，基本上能够预判出申请到的大学的下限。在美国方向，我发现 90% 的学生可以申请到美国排名前 100

的大学。美国大学有 4000 来所，比中国的大学多出千余所。国内 211 大学有 116 所，如果将美本前 100 名的学校视同为中国的 211 大学，这意味着有 90% 的中国学生可以上到类似国内 211 的美国大学，而国内 211 大学的录取率全国平均才 5% 左右。在英国方向，90% 的中国学生可以申请到排名前 50 的大学。澳洲八大名校则有超 90% 的录取率。多伦多大学、麦吉尔大学、英属哥伦比亚大学这三所加拿大顶尖名校会录取三成申请加拿大大学的中国学生。

但如果问学生能够申请到的大学上限，则在很大程度上取决于其所就读的国际高中。一名学生进入某所学校就读，根据这所学校的历史申请情况，基本上能够预判出学生能申请到的最好大学的档次。

国外名校录取集中在少数高中

国内大学录取高中毕业生，绝大部分大学主要乃至唯一的标准便是看学生的高考成绩，至于学生出自哪所高中并不重要，只要高考分数到了便可以直接录取。昆山杜克大学、上海纽约大学、宁波诺丁汉大学等国内十所中外合作大学，本科招生虽然也会考虑面试成绩，但高考成绩仍然是主要考核内容。

从每年的高考成绩来看，国内有很多顶尖中学，比如广东的深圳中学、湖南的雅礼中学、陕西的西安高新第一中学、甘肃的西北师范大学附属中学，每年有几十名学生被清华、北大录取。清北录取学生的标准十分透明和公平，对这些顶尖中学并没有特殊照顾政策。这主要是因为这些顶尖中学形成了品牌效应，中考录取分数最高，能够吸引到全省最为优秀的学生前来就读，最终使得每年能够考上清北的学生数量在省内遥遥领先。

国外大学申请也有类似的聚集效应，但其与清北录取学生聚集在部分名校中的内在逻辑还是有所不同。对这点，家长择校时需要特别注意。

藤校、牛剑每年各会录取 150 名、400 名左右的中国学校的学生。从分布的学校来看，全国每年大概有 50 所学校的学生会拿到藤校 offer，70 所左右的学校的学生会拿到牛剑 offer。能够拿到藤校、牛剑 offer 的学校每年虽然会有变动，但变动不会太大，基本上还是在这些学校里面打转。

藤校青睐北京师范大学附属实验中学、北京第四中学、华东师范大学第二附属中学、上海外国语大学附属外国语学校、华南师范大学附属中学、深圳中学、南京外国语学校、中国常熟世界联合学院等北上广深、南京、苏州等城市顶尖中学的学生；牛剑录取深圳国际交流书院、领科上海校区、上海光华学院剑桥国际中心（光华剑桥）、武汉英中学校等学校毕业生多。这些录取大格局短时间内不会发生根本性变化。换句话说，国外顶尖名校只青睐中国少数高中的毕业生。

北京师范大学附属实验中学是国内藤校大户，每年基本上会有20名左右学生被藤校录取。也就是说，光这一所学校就拿到了全国一成多藤校offer。而在牛剑录取上也是如此，深圳国际交流书院每年有四十来份牛剑offer，占全国总量一成以上。

再来看美本前30学校和英国G5学校的录取情况。美本前30学校，每年会从中国大概150所左右的学校中录取2000名左右的中国国际高中的中国籍学生。美本前30学校录取中国学生数量差异甚大，录取量最多的是纽约大学，多的时候每年上千人。哈佛大学、普林斯顿大学每年所录取的中国国际高中的中国籍学生一般不会超过10个人。

英国G5学校每年大致会向中国国际高中的中国籍学生发放7000份左右的offer，伦敦大学学院的本科offer最多，每年会发放5000份左右。牛剑两所学校每年基本上会从70所左右的学校录取学生，其他三所学校所录取的学生相对比较分散。但需要注意的是，牛剑录取十分不平衡。每年会有百所左右的学校拿到至少一份牛剑预录offer，但一半的学校只有一份牛剑offer，而深圳国际交流书院、上海光华学院剑桥国际中心（光华剑桥）、领科上海校区、武汉英中学校等四所牛剑录取大户，每年总共会有约百名学生被录取。有志于申请牛剑的学生，也往往会重点考虑在这些学校就读。

从这些数据我们可以看到，顶尖大学的录取主要集中在少部分学校。但如果我们深入了解的话，会发现虽然结果类似，但所促成的原因是不太一样的。

顶尖中学中考录取分数线在当地学校当中是最高的，因此其生源质量也是最好的。在高考方面，无论是从大数据分析还是日常的生活体验来看，中考录取分数线最高的高中，其高考成绩也往往在当地是最好的。

如果能够考上国内的顶尖中学，并不是说学生躺着也能够考上清北，最终还得靠自己的努力，即在高考上拿到高分。因此，在一定程度上来说，顶尖中学在高考上表现突出，在很大程度上是因为学生优秀且努力。顶尖中学由于高考成绩突出，能够吸引到当地最好的生源，而最好的生源会有最好的高考结果，进而形成了良性循环。

顶尖中学这个深层次的运作逻辑，被很多新办的民办学校拿来运用。常见的做法是民办学校花重金挖来明星学生，对明星学生重点培养，三年后出优异的成绩。之后学校再用明星学生成功案例证明自己的实力，通过招生推广宣传吸引更多的明星学生加入。在有了优质生源后，其整体办学水平能够快速提升，进而在短时间内提升到足以和公立名校比拼。

这种做法现在也常用于新办的国际化学校当中，操作手法很类似，即用免高中学费甚至包大学学费的方式，吸引一些家境一般的优秀学生前来就读。学校也对这些优秀学生进行资源倾斜，确保其有比较好的申请结果。一旦有了好的申请结果，那么可以大大帮助国际化学校做招生推广。

前面讲到顶尖中学高考成绩优秀，在很大程度上是因为招收了最好的学生，绝大部分城市的高中资源分布呈金字塔形，有几所最好的高中位于塔尖。如深圳有四大名校（深圳中学、深圳实验学校、深圳外国语学校、深圳高级中学），而深圳中学在四大名校当中中考录取分数是最高的。上海有四大名校，即上海中学、上海交通大学附属中学、华东师范大学第二附属中学、复旦大学附属中学；成都有"479"，即成都石室中学（当地习惯称之为"四中"）、成都第七中学、成都树德中学（当地习惯称之为"九中"）；合肥有"168"，即合肥第一中学、合肥第六中学、合肥第八中学；郑州有"大三甲"和"小三甲"之分，"大三甲"指的是郑州外国语学校、郑州第一中学、河南省实验中学，"小三甲"指的是郑州第四中学、郑州第十一中学、郑州第七中学。

国外名校在录取中国学生时，除了要看学生自己本身的综合素质，还十分看重学生所就读的学校情况。两名学生在综合素质上基本一致的情况下，国外名校更愿意录取自己更熟悉的那所中国中学的学生。

这是什么原因呢？下面我将做详细分析。

生源校（Feeder School）

由于美国和英联邦（英国、加拿大、澳大利亚）录取中国学生的数量占到中国本科出国留学总量的九成左右，因此侧重分析一下这些国家大学录取方式。

英联邦大学的录取方式和中国的高考比较类似，即主要看学生的学术成绩。英国的G5学校主要看学生的学术成绩，牛津大学和剑桥大学对学生正式录取一般有雅思总分7.5分、小分7分的要求，如果是A-Level课程，会要求学生至少达到两门学科A*、一门A的标准等。只要达到了学校指定的学术成绩标准，就可以拿到正式录取通知书，进而获得学签。加拿大和澳大利亚的大学其要求也基本类似。

和藤校录取很不一样的地方是，牛剑录取侧重学生的学术能力，无论是前置考试，还是面试，以及录取条件，基本上都是学术、语言方面的考察。学术、语言成绩的考察基本上是以全球性的标准考试为准，比如语言重点看托福或雅思，牛剑内部也会组织英语水平考试，但以托福、雅思为主。学术成绩主要看AP有几门几分，A-Level则要求几门几星，IB一般要求有三门高阶课程，并有相应分数要求。牛剑录取并不大看学校所开具的 GPA，也没有对应的要求。因此，牛剑录取学生不大看重学生在哪所学校就读。英雄不问出处，只要成绩达标便录取。

牛剑这种雨露均沾的录取方式，学生出自哪所学校对其最终的录取影响并不大。牛剑注重学科钻研深度以及不大看重 GPA 的特点，也让一些在 GPA 上有瑕疵或者特别偏科的学生拥有了比较大的机会。一些新创办的民办学校往往会把牛剑作为申请的突破口，只要想尽办法招录到一些优秀学生，加以重点培养便很有希望冲击牛剑。在高一、高二阶段偶尔有学科考试成绩不理想导致 GPA 低的学生，要想申请到美国名校则概率很低，但如果转向牛剑申请机会仍然比较大。我看到过有学生因成绩优秀被民办学校给予奖学金引入就读，但在高二时有学科成绩不理想，学校以此为由取消了奖学金，学生选择转学，最终申请到了牛津大学 offer，但申请美本前 30 的学校则全部被拒。

再来看美本名校的录取。美本名校的录取考量元素比较复杂，GPA 则很重要，尤其对国内一些知名学校的学生来说。美本名校每年会从这些知名学校中录取学生，而学生的 GPA 则会成为录取的重要考量指标，换句话说，美本名校要从知名学校中录取最好的学生。像南京外国语学校，如果一名普高学生 GPA 没有 90 分（满分 100 分）以上，年级排名不在前 100 名，被美本名校录取的概率就很低。除 GPA 外，美本名校录取要看标化成绩、文书、推荐信、活动等，其对学生的评估是多方面的。因此，从一定程度上来说，美本名校的录取标准偏定性，而英联邦大学的录取标准偏定量。

美本名校之所以有如此复杂的录取标准，这也是历史发展、利益平衡等诸多因素综合形成的。美本名校在二战之前也主要是看学生的学术成绩，但在犹太人学业优秀导致藤校犹太人占比较高的情况下，美国顶尖大学开始淡化学术成绩，用个性和背景提升等条件来决定学生的录取。这种录取方式出现后，使得社会精英阶层有了比较大的优势，于是又遭受到了社会批评，之后又有平权法案，给少数族裔和低收入家庭的学生照顾。在平权法案出来后，部分白人可能认为自己受到名校反向歧视。

美本名校绝大部分是私立学校，基于募资以及学校长远发展需要，对校友子女录取会有所照顾。除极少数不差钱的名校会有底气对外宣布不对校友子女录取提供照顾外，对校友子女的录取称为 Legacy，是美国名校招生的一个潜规则。但在中国并没有出现校友子女录取需要照顾的情况，其招生则更集中在 Feeder School 中，像耶鲁大学每年基本上是从北京师范大学附属实验中学、中国人民大学附属中学、南京外国语学校等少数几所学校招录本科学生。

由于美国大学的录取标准偏定性，而会在很大程度上依赖主观判断。这些主观判断有部分源于招生官对中国中学的了解，以及所录取的某个中学的学生在大学的表现等。

而在中国招生上，美国大学招生官的人员投入和资源投入往往和大学的知名度和影响力成反比。即越好的大学，由于其在中国招生人数少，大学越不会投入比较多的人力和物力来做招生工作。而一些排名在 50 名以后的大学，由于招收中国学生数量比较大，大学会在中国有校方常设招生办或者委托校代机构设立招生办，招生人员有的高达一二十人。

美国名校负责中国招生的工作人员少，且来中国做招生推广的频次相对低。即便来中国推广，也主要集中在北上广深这些发达地区的学校做学校推介。因此，这些名校倾向于招中国知名高中或者已经有毕业生在大学就读的学校的毕业生。在 8 所藤校当中，除了哈佛大学每年招生并没有规律可循外，其他 7 所学校所招收的中国学生来源相对是比较固定的。

因此，中国学生如果想申请美本顶尖名校，会发现自己的竞争对手便是周边的同学。有经验的学校升学指导会建议，如果有同校同学在早录阶段被某所名校录取，在 RD 选校时则需要特别注意，因为意味着被录取的概率会大大降低。

当然，美本名校这种情况并不是一成不变的，即一旦招生官发生了变动，新的招生官新官上任三把火，会有意愿突破常规，录取一些新学校的学生。但往往经过两三年后，这些新的招生官追踪学生表现发现，新学校的学生未必达到了自己的预期，之后又会慢慢趋于保守，仍然集中招中国传统名校的毕业生。因此，通过美国名校录取中国学生的变化，是可以侧面看出这些大学招生官的人事变化。

2020 年新冠肺炎疫情暴发后，美本名校招录中国学生更加聚焦在 Feeder School 上，和疫情前相比，黑马学校出现的概率大大减少。我跟一些国际化学校的升学指导老师交流过原因。总结下来，估计有两个因素：一个因素是中美相互访校以及面对面交流隔断，美本名校招生官没有更多机会深入了解中国更多学校，导致在招生上采取更稳妥的方式，将重点放在 Feeder School 上；另一个因素有可能是大学招生官在整个就业市场不景气的情况下，跳槽更加谨慎，导致因人事变动招生出现黑马学校的情况也大为减少。

第三节　如何选择合适的国际化学校

上节谈到了选准选好国际化学校的重要性，本节则谈如何选择合适的国际化学校。全国的国际化学校/国际部总量不多，但结构却十分复杂，没有在这个行业摸爬滚打上三五年，比较难弄清楚各个学校之间的差异性。

国际化学校类型

在谈这个问题之前，有必要介绍国际化学校这个提法。国内的国际教育法规和政策文件中，并没有国际学校的叫法，只有民办学校的称呼。国际化学校是行业或者社会上的通俗说法，国际学校主要指只招外籍学生的学校。国际化学校则范围比较广，既包括有中外合作办学项目的学校，还包括一些没有学生出国留学但强调外语教学的学校。

家长如果有意愿让孩子出国留学，在前期了解国际化学校时，常规的方法是看学校资料介绍，参加择校展，或者直接到学校去探校沟通。但几轮下来，家长会发现，学校各具特色，比较难选择。在此，我们有必要先介绍一下为何国际化学校构成和特色比较复杂，这样便于为我们选择学校提供参考。

普高有统一的教学大纲、统一的考试标准、统一的大学录取要求，因此普高相互之间并没有类别差别，只有办学水平高低的区别。家长只要按照孩子的中考成绩，便很容易对号入座，选择到对应的高中。

国际化学校构成则比较复杂。之所以会形成这种状况，从政府管理方面来说，是因为国际化学校或国际项目的审批权力下放到省级行政区教育主管部门，而各省级行政区对国际教育有不同的理解和需求，其所采取的政策也不大一样。而从行业发展来看，由于办学理念的差异、出国方向不同、市场竞争的需要，等等，也导致国际化学校特色多样化。

在办学方式上，有中外合作办学项目、中外合作高中，以及只有培训资质但采用全日制教学方式；在升学方面上，因为海外大学的招生标准不一样，导致学校需要对应设立不同的课程和做相应的升学辅导工作；在课程设置上，有 A-Level、IB、AP 等课程之分，还有学校自己研发的课程；等等。

虽然国际化学校千差万别，且都在努力办出自己的特色。但大体上可以划分为三种类型。

第一种类型是严格意义上的国际学校，即只招外籍学生（包含港澳台地区的学生）的学校。这些学校最早在外籍人士比较多的北京、上海创办，全国有百余所。上海中学、北京第四中学、清华大学附属中学、深圳外国语学校等公立名校均开设了只招外籍学生的国际部，这些国际部也有类似国际学校的功能。

国际学校有式微的趋势，主要原因是需求在减少，即外籍学生在减少。针对这种趋势，一些国际学校采取开设可以招中国籍学生的双语学校的方式来应对。公立名校的国际部有比较好的教学资源和口碑，颇受外籍学生尤其是父母为中国籍青睐，像深圳外国语学校国际部、上海中学国际部往往一位难求。

第二种类型则是公立/民办学校的国际项目，这些国际项目构成也比较复杂。但一般来说，公立学校的国际项目得到了省级教育主管部门审批、教育部备案，办学水平较高，比如北京的北京师范大学附属实验中学国际部、广州的华南师范大学附属中学国际部、深圳的深圳中学国际部均是当地办学水平最高的项目。

民办学校的国际项目相对更为复杂，有的项目是得到了省一级教育主管部门审批，比如上海的民办平和学校、西安的高新一中国际班等。有的项目则并没有经过省级教育主管部门的审批，其采用发放海外证书的方式进行办学。民办学校的国际项目办学质量相互之间差距比较大。

第三种类型则是招中国学生的国际化学校。这些学校构成有三种情况，第一种是只有高中段，学生全部出国留学，如上海七宝德怀特高级中学、苏州德威国际高中。第二种是有国际高中但没有普高，同时有初中或者初中+小学，典型如哈罗公学、惠灵顿公学在中国所办的学校。第三种是有国际高中也有普高，同时有初中或者初中+小学，这些往往是规模比较大的学校，如苏州外国语学校。

2017年，深外湾区学校创建。这所十二年一贯制的公立学校很特别，学校招生没有户籍和学籍的限制，但不是专门招外籍学生的国际学校，也不是侧重招深户的双语学校，这是深圳在教育上的一个创新。学校开设了IB全学段课程。

如何选择合适的学校

如果学生要出国留学，那么挑选一所合适的国际化学校/国际部则至关重要，甚至在一定程度上会决定国外大学申请的成功。接下来谈如何选准选好合适的国际化学校。

首先要明确的是区域的选择。北上广深、苏州、南京等留学发达区域的家庭，大部分会让孩子上本地的国际化学校/国际部，除非有明确的目标学校。比如深圳国际交流书院每年能够拿到中国最多的牛剑offer，很多有志于申请牛剑的学生，会首先考虑报考这所学校。我在深圳国际交流书院调研时，碰到过来自北京、杭州的学生。

如果不是北上广深、苏州、南京等地的家庭，在选择国际化学校/国际部时，多重点考虑所在省级行政区首府的学校，比如江西的学生会首先考虑南昌的学校。国内有五个省级行政区出现了留学双雄城市现象，即江苏的苏州和南京，浙江的宁波和杭州，山东的济南和青岛，福建的厦门和福州，辽宁的沈阳和大连。这五个省级行政区的学生可以根据距离远近以及目标学校招生要求来进行选择。

当地国际化学校比较少的省级行政区的家庭，如果需要异地择校，在不考虑路程、学费等前提下，我会建议其重点考虑上海和苏州，主要原因是当地国际化学校/国际部数量多，申请结果在国内处于第一梯队，且以自主招生为主。而北京最为优质的国际教育集中在公立名校中，其招生往往有学籍和户籍要求，优秀外地学生难以进入。广州和深圳的国际化学校/国际部办学水平也挺高，但当地学校以及招生总量要低于上海和苏州。

在确定的择校目标区域后，还将面临三个问题：一是孩子的学业水平如何；二是大学计划去哪里就读；三是孩子是否自律。

由于全国并没有统一的国际化学校入学考试，所以孩子的学业水平一般可以用中考成绩来衡量。能够考进当地最好高中的学生，可以确定是学业成绩优秀的学生；能够考进当地普通高中的学生，则属于中等水平学生；连当地普通高中都考不进的学生，则显然是弱娃。前面所提到，我们在做国际化学校排名时，会考量其生源质量，因此对每所学校招生录取情况大致处在一个什么样的水平是比较清楚的。

我在接触家长时，发现一个很有意思的现象。中西部的一些家长在介绍自己孩子情况时，会提到孩子学业成绩挺优秀，在当地学校年级名列前茅。但当这些学生去报考上海、苏州一些名校时，测试成绩大多惨不忍睹，很多在报考学生中处于倒数。

刚开始看到这种现象时，我以为是家长过高估计了自己孩子的真实水平。但这种案例多了以后，引起了我的注意，为了解情况，我向学生、学校做了深入调查，结果发现由于中西部初中阶段在学习进度、内容等方面与上海、苏州一带的学校不一致，导致学生在测试时会碰到自己没有学过的内容，最终成绩不理想。针对这个问题，我和上海、苏州一带国际化学校招办负责人交流过，他们提到也注意到了这个现象，并在做学生入学测试时采用了相应的对策。简而言之，他们在对学生做数学测试时，会出各地学生均没有学习过的内容，看学生测评情况，如果中西部学生在这方面的测评获得高分的话，则说明其具有很大的潜力，会相应给予测评高分。

孩子未来计划去哪里留学，是课程选择的参考。一般来说，去美国留学的学生，多倾向于选择 AP 课程。去英国留学的学生则重点考虑 A-Level 课程。去加拿大或者澳大利亚留学的学生，则可以考虑加拿大课程或澳大利亚的课程。除了课程，还需要跟各个学校的出国方向匹配。比如有些 A-Level 课程学校，学生反而是以去美国留学为主。

孩子是否自律则是选择管理宽松的学校还是严格的学校的参考。如果孩子比较自律，去管理宽松或者严格的学校均没有什么问题，但不够自律的孩子则应该重点考虑去管理严格的学校。

家长在选择学校时，可以用上面所讲到的三个维度来评估孩子适合去哪所学校。当然除了这三个维度，还有做"鸡头"还是"凤尾"的考虑。

即有些孩子如果进入最为优秀的学校中，由于高手如云，孩子只会成为一个很普通的学生，在 GPA、学校资源支持等方面并无什么优势，申请美国名校反而没啥希望。正是考虑到这个问题，有些学生会放弃在知名国际高中当"凤尾"，而选择去次一级的国际高中当"鸡头"。"鸡头"最终的申请很有可能会超过"凤尾"。

我在江苏面谈过一名拿到加州大学伯克利分校 offer 的学生。这名学生初高中是在同一所学校就读的，按照他的各项成绩，初中毕业后可以去当地另外一所更知名学校的国际高中就读。但他并没有选择去，我问他是基于什么考虑。他说，如果去了那所知名学校，在高手如云的竞争环境当中，自己顶多是个中流水平的学生，很难得到学校各方面的资源支持。因此，在申请国外大学时，自己未必会占优势。他选择留在本校国际高中就读。由于他成绩优秀，且还是本校嫡系，又熟悉各方面的情况，在高中阶段，他还担任了学生会主席等，学校也给了很多的资源支持，这些都为其最终申请到加州大学伯克利分校创造了条件。

应该说，这名学生的择校经历以及思维是挺有意思，也挺睿智的，能够看到不同学校选择所能够给自己带来什么样的价值。

举这个例子是想说明，我在本书中所讲的择校，并不是强调一定要选择一所排名最高和影响力最大的学校，而是需要选择一所合适的学校。

第四部分 全国国际教育状况

第八章　从东到西：时空轮回

宗教是留学的促进剂，国内最早的"留学僧"从长安（西安）启程，远赴天竺（古印度）学习。东晋年间，晋籍僧人法显在65岁时，从长安出发前往天竺取经。此时的长安为后秦国都，后秦大兴佛事，尊鸠摩罗什为国师，在长安开辟译经场。

法显先后游历西域以及天竺30余国，前后15年。年岁已高的法显选择坐船回国，在山东青岛登陆，旋即到江苏镇江，后在南京从事译经工作。在南京住了5年后，法显到湖北荆州，并圆寂于此。法显回国时，后秦政权已经覆灭，他也没有回到过长安和故乡山西。

法显的留学经历没有玄奘如此脍炙人口，但其出发和回国后所涉及的城市和现在国内留学区域分布却很奇妙地关联在一起。法显留学启程之地的长安（西安），回国登陆之地的青岛，长期译经所在地的南京，三地现在均是国内国际教育重镇。

梁启超对中国早期赴印留学求法者做过研究，根据他的统计，从西晋到唐代，即公元265年到790年，有187人到印度求法留学，有姓名可考者为105人，其中未到印度而死于途中有31人，留学中病死有6人，学成回国而死于途中有5人。只有约1/4的人学成平安回国。有四成的求法者死于留学过程中，这比例是相当高的。[①]

同时，梁启超注意到，在赴印早期求法者中，没有一个"江淮浙"地区的人，而这一带为佛教发达之地，也是各宗派形成之地。他分析说，这主要是前期（5世纪）佛教输入中国正盛之时，南北朝分立，江淮浙人通过西域前往印度求法之路断绝。后期（7世纪）的赴印求法兴起时，政治中心在西北，江淮浙人缺乏地理上的便利，没有参与到求法中。[②]

法显和玄奘均是从长安（西安）出发，踏上远赴印度学佛的漫长路程。长安（西安）为国内留学僧留学起源地，盛唐时期也吸纳大量外国人前来留学。而现在的长三角成为国内国际教育最为发达之地。西北出现了留学先驱——留学僧赴印度求法，而东部的江浙沪现在成为国内留学高地，这两个区域的留学穿越时空，相继问鼎全国。

无论是国际化学校/国际部数量还是出国留学人数，上海在国内城市中是最多的（按省级行政区划分则是广东最多）。上海国际教育之所以问鼎全国，除了经济发达、对外交流频繁，还跟当地推行国际课程班制度有关，这个政策的推行，为民办学校发展国际教育提供了比较大的空间。上海的公立和民办学校的国际教育均比较强，和北京以公立学校为强不同。上海有诸多全国名校，在英美名校申请上全国领先。像牛津大学和剑桥大学（以下简称"牛剑"）每年所录取的中国学校学生中，来自上海学校的学生占到总量的 1/3 左右。

和经济发展比较类似的是，在国际教育上，上海与江苏和浙江分工协作，美美与共，并没有出现虹吸效应。三省市的学生互有流动，不仅有江浙学生流向上海的学校，也有上海的学生会选择就读苏州、诸暨等地的国际化学校。

和上海相邻的江苏和浙江，在国际教育上却呈现出不同的状况。江苏国际教育发展水平高于浙江省。浙江经济发达、高考难，当地也重视教育，但浙江的国际教育整体不那么发达，并不是国内国际教育高地。我调研后发现，应该跟三个因素有关，浙江有比较严格的国际教育政策，学生有外流到上海的传统，以及浙江经济以内资为主，因此对高考更为关注。虽然浙江的国际教育发展和江苏有较大的差距，但杭州与留学相关的市场十分发达和活跃，标化考试培训、中介等业务体量不亚于上海。杭州由于校外标化考试培训、中介服务发达，能够为普高学生出国留学提供强有力支持。我看到杭州一些普高学生在预测到参加高考无法考到满意的国内大学后，会选择转轨走国际教育路线。

浙江的国际教育主要集中在杭州和宁波两城，且均以公立学校为主。近些年，杭州和宁波新崛起了一些不错的民办国际化学校，比如杭州云谷学校。杭州云谷学校在课程设置上有诸多创新之举，尽管创办时间很短，但很快获得了耶鲁大学、康奈尔大学等美国顶尖名校的认可并录取了该校的毕业生。

江苏省是国内国际教育的迷你版，即国内的国际教育状况在江苏省窥一斑而知全豹。国内国际教育状况的特点之一是区域严重不平衡，江苏集中表现出这点，苏州、南京两地国际教育发达，但苏北地区整体比较落后。苏州对国际教育比较重视，当地需求旺盛。和北京类似的是，南京的国际教育以公立学校为强，光南京外国语学校一所学校每年出国留学数量就占到南京总量的 30% 左右。

山东是国内国际教育发展高地，和江苏比较类似的是，最为发达的城市并不是省会济南，而是鲁东的青岛。青岛的国际化学校数量多，也出现了一批在办学上具有特色的学校。比较独特的是，青岛第二中学作为一所普高，曾长期没有设置国际部和开设国际课程，但每年出国留学的学生很多，这跟其具有丰富课程设置和普高留学传统有关。

安徽的国际教育发展比较快，这得益于中国科学技术大学的存在以及合肥重视高科技产业发展。为解决高端人才子女教育问题，合肥乃至安徽对国际教育持支持态度。合肥当地的"168"三所公立名校均设置了国际部。

湖北作为中部地区交通枢纽、经济重镇，发展国际教育具有得天独厚的优势。由于各种原因，武汉高校云集，基础教育水平高，整体国际教育发展水平在中部地区应该是高的。除省城武汉外，宜昌为三峡大坝所在地，具有一批收入和学识高的人群，因此也有比较强的国际教育需求。

西南的云南在国际教育上很有特色。尽管地处边陲，但云南对留学一直比较重视，也善于引进外部留学优质资源。我在调研时了解到，当地重点高中的普高学生有学习英语和出国留学传统。云南每年有不少学生前往泰国本科留学，这在国内比较少见。

贵州的国际教育整体不发达，国际化学校数量少。贵州茅台酒在国内外有名，其成功有很多因素，但很关键的是在有识之士的推动下，很早走向世界，最终成为国酒。贵州的留学乃至教育也有类似之处，早期出了黎庶昌、李端棻等开眼看世界的人，对当地教育有比较大的推动。而当今，贵阳的国际化学校／国际部更是聚集了一批海归甚至在美国高校工作过的专业人才。

虽然有少不入川的说法，但成都乃至四川并不是只追求安逸，在国际教育上有比较多的创新之举。现在来看，四川对中国国际教育发展产生过深远影响。一是哈佛女孩刘亦婷风靡一时，对国内留学意识起到了重要启蒙作用；二是成都市第七中学与外部教育机构成都雅思合作创办国际部，开国内学校与外部机构合作办国际部先河。成都的国际教育主要集中在当地传统名校当中，"479"和成都外国语学校等当地名校均有国际项目。

重庆的国际教育比较发达，当地"七龙珠"公立名校均开设了中外合作办学项目。我调研发现，重庆公立学校国际部收费普遍很低，最低的一年学费只要2.1万元，在国内公立学校国际项目中处在很低收费标准档次中。这么低的收费是挺难覆盖国际项目的办学成本，各国际部项目需要借助本部资源。重庆公立名校对国际项目普遍很支持，尽管国际项目收费低廉，但并没有影响其办学水准，师资优秀且申请结果在西部地区处在前列。

西安的国际教育发展水平是西北最高的，在国内也有一定的影响力。很特别的是，新冠肺炎疫情三年期间，在美国名校录取中国学校学生总量下滑的情况下，西安学生的申请结果却逆势上扬。经历两次沿海高校内迁到西安，西安一跃成为西北地区乃至全国高等教育发达之地。而从发展历程来看，西安高等教育和沿海关系紧密，视野开阔。我在调研时发现，西安每年拿到英美名校录取的学生中，不少为当地高等院校、科研院所员工子女。

甘肃的国际教育主要集中在西北师范大学附属中学。西北师大附中国际部不仅需要把日常的教学工作做好，还需要想方设法帮助学生解决标化考试培训以及申请辅导等问题。在东部沿海出国留学业务发达地区，普高学生出国为数不少，但在兰州这样的西部地区比较少见，因普高学生如果想出国留学，需要当地有比较强的外部留学服务商提供支持，但很显然在兰州没有这样的条件，导致想出国留学的学生一般会选择到国际部就读。

国内本科出国留学学生多出自商界家庭，医生、律师等高知/专业人士家庭，以及公职人员家庭。我从宁夏银川国际教育界朋友处得到反馈，银川出国留学的学生中，家庭背景和国内其他地方大同小异，不过出自医生家庭的学生较多。

我到新疆做实地调研后发现，全疆主要有乌鲁木齐外国语学校（当地也叫"十二中"）和乌鲁木齐八一中学开设了国际部。另外，乌鲁木齐高考成绩最好的高中——乌鲁木齐第一中学则有少量普高学生出国留学，在2021年和2022年，斯坦福大学各录取了一名该校普高毕业生。我到过石油城市克拉玛依高级中学做调研，这是我调研过最西的国际项目。让我感到惊讶的是，该校国际部有比较稳定的外教团队。但遗憾的是，克拉玛依高级中学国际部在2023年停止招录新生。

在青海和西藏，我没有看到有高中段的中外合作办学项目。不过，青海在2014年之前曾批准过6个高中段的中外合作办学项目，但因各种原因在2014年均停止招生。我在这两地实地调研时了解到，每年会有一些学生要么以普高身份出国留学，要么转学到国内其他地方就读国际高中。

参考文献

①②法显著，田川译注，《佛国记》，重庆出版社，2008年11月出版，第3—4、17页。

第一节 上海：摘得桂冠

经常会有朋友向我咨询留学规划事情，我注意到不同区域朋友关注点很不一样。中西部的朋友普遍关注硕博留学，苏州一带朋友多关注本科留学以及如何选择合适的国际高中。上海的朋友关注点则让我咂舌，多关注小初择校，甚至有未婚的上海朋友在咨询我如何规划子女教育，以便于她购买对应的学区房。

上海的基础教育水平很高，在 PISA（国际学生评估项目）的评估中，上海学生成绩全球领先。外界对上海会有高考容易的印象，但上海的家长和学生实际上一点也不轻松，因为教育的竞争和内卷已经延伸到小初甚至母胎阶段。等到高考时，上海的学生已经经历了好几轮的残酷竞争。

在如此内卷以及规划前置下，不出意料的是，无论是教育规模还是办学水准，上海的国际教育发展水平都在全国各大城市中执牛耳。而回溯到百年前，上海也同样是国内国际教育发达地区，是中国学生乘船留洋的主要出发地。近现代，上海均为国际教育表现突出的地方，必然会有其深层次的影响因素。

上海的位置极佳，位于中国海岸中部，南北海路交通便利，通过长江则可以和广袤的中西部连通。中国近代出口商品主要为茶叶、瓷器、丝绸，这些商品产地多集中在长江流域一带，通过水运到上海再出口比较便利。鸦片战争后，上海成为五口通商城市之一，进出口贸易额十年间便超广州，位居全国第一。

开埠后的上海很快成为有"冒险家乐园"之称的远东大城市，商贸发达，对外联系紧密。商贸发达需要精通中西的人才，去洋行和当买办成为一份不错的工作。加之上海租界的存在，西方的教育理念和运作模式易于得到落实和实践。

在这种背景下，上海发展国际教育具有天时地利人和的优势，近代很快兴起一批著名大学，比如移植美式大学的上海圣约翰大学，与德国联系紧密的同济大学，另外还有复制法式高等教育的震旦大学等。创建于苏州的东吴大学，最为有名的专业是法学，东京大审判中的中国法官和检察官基本上是由东吴大学法学专业毕业生充当，而东吴大学法学专业校址则在上海。

到现代，上海的国际教育也发展迅猛，无论是国际化学校/国际部数量还是出国留学人数，在国内城市中都是最高的（按省级行政区划分则是广东最高）。1993 年上海中学国际部设立，成为国内最早一批招录外籍人员子女的项目。而上海七宝德怀特高级中学为国务院 2003 年颁布实施《中外合作办学条例》后，由教育部批准的唯一一所具有独立法人资格的中外合作高中。哈罗、德威、惠灵顿等知名国际教育品牌都在上海设有学校。

值得注意的是，和经济发展比较类似的是，上海的国际教育在长三角并非一枝独秀，江苏和浙江的国际教育也很活跃和发达。江浙沪三省市的国际教育联动比较紧密，双向流动频繁。比如我在苏州便看到多所学校有不少上海生源，这犹如北京的学生会选择到河北的保定就读国际化学校/国际部。

江浙沪在经济和社会发展过程中，有分工协作、美美与共的传统。在改革开放后，上海成为经济发展领头羊，十分重视产业定位，眼光比较长远。比如富士康最初想在上海落户，但遭到冷遇，前来洽谈投资的负责人询问上海出租车司机，去哪里考察投资比较合适，结果被司机拉到了隔壁的江苏昆山，富士康最终在昆山落户。

不得不说，上海的眼光是比较长远的，很早就拒绝类似富士康这样的劳动力密集的公司进入，这样不仅可以为高科技产业留下发展空间，也为周边的城市提供了发展机会，大家分工协作共同发展，使得江浙沪成为国内经济发达区域，上海的眼光和气度功不可没。

放在国际教育发展上，上海能够成为水平最高的城市，有政策、社会环境、学校办学水准等多种因素存在。

独特政策

在国际教育政策上，上海的做法在国内独一无二，也颇有点美美与共的思维。我在书里多次提到，2003年由国务院颁布实施的《中外合作办学条例》，条例执行自由裁量权很大，各地可以因地制宜制定当地国际教育政策。

国内绝大部分地方的国际教育政策执行中外合作办学项目模式，即国内学校找到国外一所合作学校，双方共同成立国际项目。但上海并没有采取这种模式，而是采取了国际课程特色教学模式。国际课程侧重引进有关国家（地区）或国际组织设置的国民教育体系高中阶段或大学预科（先修）课程，但不包含语言类课程，而国家课程中的语文、思想政治、历史和地理四门课程为必修课程。也就是说，上海的国际课程特色教学模式，本质上属于普高体系，并非独立的国际项目。上海市教委要求学生必须单独编班，一般简称为国际课程班。

与之相匹配的是，上海的国际课程班归属市教委基础教育处管理，其他地方的国际项目管辖部门一般为国际教育处，在教育部则是归属国际交流与合作司管辖。单从部门职能对口来看，上海便很独特。

在这种机制下，上海公立普高国际课程班招生纳入中招体系中，可以实行自主招生，学生要参加上海初中毕业统一学业考试并达标后才可以被录取。民办普高国际课程班部分计划纳入中招体系，可以实行自主招生，学生要参加上海初中毕业统一学业考试或其他测试达标后才可以被录取，这意味着民办普高国际班可以招录外地学生。公立普高不可以向国际课程班学生另行收费，民办普高国际课程班收费经区县教育行政部门审核后报价格主管部门批准后执行。如此一来，公立学校国际课程班是按照普高学费标准收取，一般一年学费在2000元左右。而民办学校国际课程班可以收取高学费。

上海之所以会采取这种方式，有比较复杂的因素，其中跟此前部分中外合作办学项目运作出问题有关。上海在《中外合作办学条例》颁布实施后早期，也采用了中外合作办学项目机制，但出现了有学校项目合作方私自携款潜逃的问题。为此，上海放弃了中外合作办学项目机制而是推行国际课程试点方式。

2014年4月，上海市教委批准同意21所学校开展高中国际课程试点，详细名单如下。

上海21所开展高中国际课程试点学校

性质	学校	课程
公立	华东师范大学第二附属中学	AP
	复旦大学附属中学	IBDP
	上海交通大学附属中学	IBDP
	上海市格致中学	AP
	上海市卢湾高级中学	加拿大BC省高中课程
	上海市大同中学	PGA
	上海市市西中学	IBDP
	上海市建平中学	AP
	华东师范大学附属东昌中学	PGA
	上海市外国语大学附属浦东外国语学校	澳大利亚VCE课程
	上海市曹杨第二中学	德国DSD
民办	上海市民办尚德实验学校	IBDP
	上海市民办平和学校	IBDP、CTC
	上海星河湾双语学校	美国高中与AP课程
	上海外国语大学西外外国语学校	北美高中课程
	上海市西南位育中学	美国高中课程
	上海市世外中学	IBDP
	上海协和双语高级中学	美国高中与AP课程
	上海民办包玉刚实验高中	IBDP
	上海市文来中学	美国高中课程、日本高中课程、加拿大安大略省高中课程
	上海枫叶国际学校	加拿大BC省高中课程

2014年2月，上海七宝德怀特高级中学获批成立。同年，上海七宝德怀特高级中学也同样被纳入上海国际课程班试点招生计划中，因此上海当年有22所学校开设国际课程班。2015年，华东师范大学附属东昌中学退出了国际课程班招生。之后，上海一直保持21所学校开设国际课程班，其中公立和民办各为10所，另有1所中外合作高中。

办国际教育很费钱，需要比较大的投入。上海四大名校中的华东师范大学第二附属中学、复旦大学附属中学均设置了国际课程班，由于国际课程班在性质上仍然属于普高体系，导致学费只能按照普高标准来收取。经常有上海的朋友咨询我如何选择学校，我多会建议学业优秀的学生首选这两所学校。这两所学校为名校，国际课程班体系完善，还特别实惠。

我了解到，上海市教委每年会给公立学校国际课程班一定的财政补贴，但金额并不多。为此，上海的公立学校国际项目规模会受限，华东师范大学第二附属中学、复旦大学附属中学国际课程班招生规模比较小。上海10所公立学校国际班每年招生总量在400多人，相比较而言，中国人民大学附属中学ICC或北京十一学校国际部，每年所招录的10年级学生保持在300人左右。

上海21所学校所开设的国际课程班，每年招录的10个年级学生总量为2000多人，其中约八成的招生量集中在民办学校中。由于公立学校国际课程班所招录的学生很有限，这便导致大量学生流向了民办国际化学校，这点跟北京的情况正好相反。同时，上海的初中阶段民办名校多，学生在选择就读国际高中时也会天然倾向于选择民办名校的国际高中。

民办学校的学费本身比较高，而国际课程班也是参照收费。为此，上海的民办学校国际课程班不会出现公立学校国际课程班无法收取高额学费的问题。而由于不需要找国外的学校合作办学，民办学校在国际高中的课程设置上更加灵活，和北京的中外合作办学项目相比也会减少合作成本。此外，上海民办学校国际课程班还可以招录外地学生，有机会吸纳一批优秀的外地学生前来就读。

公立学校国际课程班学费低廉，具有品牌优势且校内师资团队强。民办学校国际课程班学费高，但招生机制灵活，能够吸纳外地优秀生源。为此，上海的公立和民办学校在国际教育上均很强，且各自有自己的优势和特色，差异化竞争，出现美美与共的格局。这也是上海国际教育发展比较良性的地方。

而更为重要的是，上海国际课程班模式本质上是将国际教育纳入国内普高体系中，经过长时间的摸索，能够实现国内普高课程和国际课程有效衔接，进而促进课程融合。这套体系运作成熟后，能够促进实现中国教育国际化目标。

灵活的运作机制激发了不同性质学校办学积极性，上海的国际教育发展水平高，申请结果好。国内单所学校拿到牛剑 offer 量最多的学校是深圳国际交流书院，这一所学校拿到了全国牛剑总量的一成以上。但如果统计牛剑 offer 最多的城市，会发现是上海而不是深圳，上海是全国拿到牛剑 offer 最多的城市，每年会占到全国总量的 1/3 左右。

上海的国际教育发展水平是全国最高的，宜校从 2016 年开始做全国国际学校排名，发现在前 100 名学校当中，上海的数量一直是最多的，在 20 所左右波动。上海的国际化学校/国际部数量约占全国的 10%，但上榜学校的数量则在 20% 左右，这也从侧面反映出上海国际教育发展水平之高。

上海之所以有这样的结果，跟其社会整体氛围有关。上海一带有句话说，螺蛳壳里做道场。江浙沪一带很善于在现有机制下进行创新，循序渐进进而能够实现社会重大变革。

上海圣约翰大学

上海曾有一所全国闻名的教会大学，即上海圣约翰大学（以下简称"约大"）。约大发展历程和长沙的雅礼大学颇为相似，即由中学发展起来。雅礼大学后因合并到武汉的华中大学而取消，但雅礼中学创建之初并没有宗教背景，得以保存且现为湖南名校。约大也已消失，只留下了美丽的校区。

一切历史均是当代史。当我查阅约大的材料时，发现约大所面临的教学语言选择、优质生源途径建设、本土化等诸多问题，在现在的国际教育中也同样是被关注点。以约大为观察国际教育的一面镜子，其所经历过的风风雨雨，可以给现在国际教育界一些参考。

天主教在康熙时代，因教皇禁止中国教徒祭孔和祭祖，激怒康熙皇帝而被禁教。一直到鸦片战争后，外国传教士才获得进入中国传教的资格。中国庞大的人口吸引了教会的关注，传教士纷至沓来。作为中国通商桥头堡的上海，自然也成为传教的重地。

在传教过程中，兴学和办医疗是教会组织吸引信徒的两个重要手段。1879 年，美国圣公会将在上海所创办的"度恩"和"培雅"书院合并为"圣约翰书院"，相当于现在中学层次。1888 年，毕业于哥伦比亚大学的卜舫济被任命为圣约翰书院院长。1896 年，圣约翰书院增设大学部，开设国文、医学和神学三科。1905 年 12 月 30 日，圣约翰大学在美国注册，成为一所在中国办学的美国大学。卜舫济掌管圣约翰长达 53

年，一直到1941年转任约大名誉校长回美国休假为止。

约大旧址现在为华东政法大学所使用，位于苏州河畔。原先位于苏州河岸线的学生浴室、仓库等建筑以及围栏被拆除，拓宽后的苏州河步道对外开放。约大旧址之美在上海是非常有名的。（参见彩图8）

约大的办学方式被称为"圣约翰模式"，即"美国圣公会所主导，西学为中心，英文教育为媒介，全面引入美国通识教育理念和制度的办学模式"。[1]约大是移植到中国的美式大学。这所学校的运作也可以让我们观察和了解美国高等教育一斑。

一所名校可由高度、深度、宽度来衡量。在高度上，约大培养出一大批民国期间名人，有宋子文、林语堂、顾维钧、邹韬奋、贝聿铭、荣毅仁，等等。在深度上，约大为国内最早期大学之一，对中国的高等教育发展产生了深远影响。在宽度上，约大复制了美国大学办学模式，引进了当时世界上的先进教育理念与教学方法，并受到了社会认可。1909年第一次庚款留学考试中，11名约大考生有9人上榜（总共录取47人）。次年的第二次庚款留美考试中，31名约大考生有26人考中（总共录取70人）。

现在很多大家习以为常的事情，早期可能很稀有，比如上学要交学费是现在的常规动作，但在20世纪90年代初民办学校兴起之初便是件新鲜事。无独有偶，在我们的印象中，教会学校用英语教学似乎是件理所当然的事情，但让人感到很意外的是，早期教会学校并没有采用英语教学，对采用何种语言教学，教会内部曾产生过激烈的争论。卜舫济在1888年6月担任圣约翰书院监院时，学校没有采用英语教学，甚至也没有用中国官话教学，而是用了当地的吴侬软语教学。

19世纪80年代的教会学校之所以没有开设英语教学，主要担心毕业生一旦有较高英语水平，毕业后有可能不会为教会服务，而是选择到洋行等收入高的外国商业机构工作。但卜舫济认为英文是打开知识宝库的钥匙，也有助于中国学生到国外深造。同时，当时中国学校教材稀缺，如果要把外国教材翻译成中文进行教学比较艰难，如果直接用英文教学则不存在教材翻译的问题。1894年后，圣约翰的科学课程全部用英文教学。1896年圣约翰成立大学部后，初始由国文、医学、神学三科组成，而医学和神学的教学全部用英文。

约大采用英语教学以及重视科学知识，但能够满足这两个条件的中国学生在当时极少，面临生源不足的问题。为此，约大建立自己的预科体系，除上海外，还在苏州、扬州、安庆、福州等地有自己的预科学校，学生毕业后可直升约大。

约大在上海的预科学校有圣约翰中学和圣玛利亚女校，苏州有桃坞中学，扬州为美汉中学，安庆是圣保罗中学，福州选择了三一中学。

在上海繁华的长宁来福士广场，有圣玛利亚女校的遗址。圣玛利亚女校是上海圣约翰大学的附属学校，女校首任校长黄素娥和约大校长卜舫济是夫妻。

著名作家张爱玲便是毕业于圣玛利亚女校，毕业后到香港大学深造，其间以学业优秀闻名全校。大三时太平洋战争爆发，日军侵占香港，香港大学停办，无学可上的张爱玲返回上海。让人啼笑皆非的是，日后大名鼎鼎的作家张爱玲在参加约大转学考试时，国文居然不及格，最终进了约大的补习班。因缺乏生活费，张爱玲就读约大不久便退学，专注于写作并一举成名。自此，张爱玲虽读过两所名校，但均没有拿到毕业证。

从长宁来福士广场圣玛利亚女校旧址到约大旧址，走路大概一刻钟。约大原本不招录女生，但在1936年，因圣玛利亚女校没有在中国备案，导致毕业生无法进入招收女生的学校就读，为此求助于约大。约大校方商议后，考虑到圣玛利亚女校和约大同属于一个教会组织，也都是没有在中国备案的学校，最终接受圣玛利亚女校毕业生为走读生。

约大当初在生源上所遇到的问题，现在的学校也有。在国际教育发达地区的新办学校或者在中西部地区所创办的国际化学校，由于对当地优质生源缺乏足够吸引力，或者当地本身没有足够的合适生源，迫使学校需要自己培养合适的生源。

因此，如果一所学校高中段的国外大学申请表现优秀，办学水平高，其K9段也往往会成为当地的名校，一位难求。比如深圳国际交流书院每年进入牛剑人数全国最高，其初中部即城市绿洲学校因有直升深圳国际交流书院的机会，使得城市绿洲学校也成为深圳当地一所名校。上海市民办平和学校、武汉英中学校、苏州外国语学校、南京外国语学校等也均是如此，这些学校的初中部在当地一位难求，报名爆满。

约大全盘复制了美国大学办学模式，但其毕竟还是在中国办学，学生主体还是中国人。为此，约大在办学中不可避免会出现各方面的冲突。回顾约大的办学历史，在教学上的冲突主要是学校在中国备案所引发的宗教内容教学问题。一直到1947年10月，约大向中国申请备案并获批。

在学校内部，最大的矛盾和冲突则是政治立场问题。1925年五卅运动期间，由于约大校方不支持学生参与大罢工和抗议活动，引发大批师生强烈不满而离校，这些离校师生建立了一所私立大学即光华大学。随着大批师生的出走，约大自此由盛转衰。

而在前一年，厦门大学一批对学校不满的师生北上，在上海创办了大夏大学。后光华大学和大夏大学在院校大调整中均被撤销，其学术资源整合到了华东师范大学。

为此，华东师范大学和上海圣约翰大学具有一定的渊源。上海圣华紫竹双语学校原名为"华东师大二附中紫竹双语学校"，而"圣华"这两个字则是从圣约翰大学和华东师范大学的校名中摘取组合而成的。有个背景是，在国内院校大合并过程中，教育部并不支持师范院校与其他类型的大学合并，导致华东师范大学等师范类大学更加重视拓展国际教育。国内十大中外合作大学之一的上海纽约大学，便是由华东师范大学和纽约大学合作创办的。

约大已消失，但其办学过程中所碰到的成与败在现在仍然可以看到痕迹。比如约大在美国哥伦比亚特区注册，是一所在中国办学的美国大学。约大学生毕业后，可以免试进入耶鲁大学等进行深造。这种运作模式颇有点像现在的双文凭方式，即同时可以获得中国和美国/加拿大/澳大利亚的文凭，在申请美国大学时可以以美国/加拿大/澳大利亚本土学生身份申请。

纯美式教育也产生了很多问题，最为突出的是学生对国学国情知之甚少。我在位于云南师范大学校内的西南联大博物馆参观时，研究西南联大历史的朋友提到，毕业于约大的林语堂到西南联大做讲座，因国学功底差，不受西南联大学生待见。这点林语堂自己也是承认的，他在自传中曾提到"当我在二十岁之前，我知道犹太国约书亚率军吹倒耶利哥城的故事，可是直到三十余岁才知孟姜女哭夫以致泪冲长城的传说"。

牛剑第一城

国内美本顶尖名校申请以北京为强，仅北京师范大学附属实验中学一所学校便拿掉了全国一成以上的藤校 offer。深圳国际交流书院每年申请到的牛剑数量在全国遥遥领先，但上海的牛剑总量却远超深圳。因此，藤校第一城为北京，A-Level 课程和牛剑第一校是深圳国际交流书院，但 A-Level 课程和牛剑第一城却是上海。

上海 A-Level 课程双雄为领科上海校区和上海光华学院剑桥国际中心（以下简称"光华剑桥"）。

深圳国际交流书院、领科上海校区、光华剑桥为国内牛剑大户，常年占据前三的位置，三校每年能够拿到总共 80 份左右牛剑 offer，约占全国总量的 20%。

这三所学校均以 A-Level 课程为主，三校的创办者也有千丝万缕的关联。领科上海校区的创办者梁洵安是深圳国际交流书院创始人之一，光华剑桥的创校校长雷冬冬曾在领科上海校区的前身上海师范大学剑桥国际中心工作过 5 年。

离开深圳国际交流书院后，梁洵安先在广州创办了华南师范大学国际预科中心，2005 年北上上海，创办了上海师范大学剑桥国际中心。我们如果查看国内知名国际化学校发展历史，会发现很多知名学校或者教育集团起步阶段多是和公立学校合作或有场地租赁关系。比如狄邦、康德和国内诸多名校合作办国际部，一些知名国际化学校在起步之初租用了当地公立名校的场地。

国内国际教育起步之初，由于多数从业者并没有投资建校的实力，且国际教育在社会上的认知度低，需要公立学校尤其是名校为其背书，增加社会对国际教育的信任度，所以国际化学校和公立名校合作成为普遍现象。

在谈到自己为何会进入领科上海校区的前身上海师范大学剑桥国际中心工作时，雷冬冬提到纯属偶然。雷冬冬1990年硕士毕业于华中科技大学计算机系后留校任教，工作4年后到英国陪读，很偶然获得奖学金进而攻读博士学位，最终获得了应用数学博士学位。

2005年到上海后，雷冬冬想找份工作。按照她的学历和履历，找份大学工作并不难，但她不打算再回大学里工作。"我出国前在大学里面工作过，而在英国待了10年到上海后，发现国内大学和我想象的不太一样，不太喜欢这种氛围，于是不打算重返大学。"

雷冬冬很偶然看到上师大剑桥国际中心在报纸上刊登的招聘双语数学老师广告。在英国期间，雷冬冬接触过不少中国留学生，对英国留学以及A-Level课程有过接触。看到广告后，雷冬冬用传真发去了自己的简历。雷冬冬既是数学博士，又在英国长期生活过，在当时的中国属于很难得的人才，于是当天便接到了梁洵安的电话。面谈后，梁洵安请雷冬冬担任教务长而不是普通的数学老师。

剑桥中心处在初创时期，她一切从头做起，其中经历过诸多的挫折和挑战。2010年，因个人原因，雷冬冬离开上师大剑桥国际中心。一年后，她担任了光华剑桥创始校长。当时光华教育集团有两个校区，一个在浦东，2008年创办。2011年4月创办了第二个校区，原名上海光华学院剑桥国际中心（复旦附中校区）。2015年更名上海光华学院剑桥国际中心。

光华剑桥创建之初，招生非常困难。雷冬冬跟我提到："我们最初的一批学生，是被我们的'做最好的自己'教育理念所打动。"

由于江苏基础教育强，从苏州、无锡一带招生比较难，于是，光华剑桥外地招生首先瞄准了浙江嘉兴。通过在嘉兴当地报纸上刊登广告，嘉兴首场招生说明会有10多组家庭参与，最终都报考了光华剑桥。在浙江的招生一战成功，此后光华剑桥每年会固定去嘉兴招生，浙江一直是光华剑桥除上海外最大的生源地。

2013年，光华剑桥有首届毕业生，17人中便有3人入读牛津大学。作为一所新办校就有如此佳绩，光华剑桥一举成名。2018年，光华剑桥从复旦附中校区搬到浦东，和浦东校区进行合并。雷冬冬担任合并后的光华剑桥校长，合并后的光华剑桥硬件条件大为改善，牛剑申请也创新高。

光华剑桥拥有富有经验的管理团队和师资团队，就读学生普遍对任课、升学指导等老师的评价较高。该校也是上海口碑较好的国际高中之一，约95%的学生因光华剑桥在校学生家长或往届毕业生家长推荐就读。

2008年，在原光华浦东校区创办同时，上海市实验学校剑桥教育中心（以下简称"上实剑桥"）创办，曾担任过深圳国际交流书院第一届班主任的章良参与筹建。次年1月，章良辞去了深圳国际交流书院的工作，到上实剑桥担任执行主任职务。在上实剑桥转制后，2014年11月，章良离开上实剑桥，加盟上海光华教育集团，担任教育总监至今。

2013年，上海对国际项目进行了规范。公立学校的国际项目纷纷剥离或者停办。在这个时期，上海师大剑桥国际中心停办，梁洵安成立领科上海，上海市实验学校剑桥教育中心转设为上实剑桥外国语中学。

从2013年后，上海A-Level学校格局基本形成。领科上海、光华剑桥成为双雄，而上实剑桥、科桥A-Level紧跟其后，后来的光华启迪、圣华紫竹学院等兴起。

在分析上海为何会超越深圳、北京成为国内A-Level第一城时，章良分析提到，估计主要跟生源质量有关。上海A-Level学校的生源主要来自于江浙沪地区，广东的A-Level学校以本地生源为主。而从国际测评以及高考成绩来看，江浙沪的学生整体质量要优于广东。

从上海各主要A-Level学校人员变动可以看到，人员的流动还是挺频繁。这样一来，A-Level项目运作的一些成熟模式和经验会得到扩散，估计这也是上海牛剑申请结果能够在国内做到首位的重要原因吧。

上海的学校

从单个城市来看，上海的国际化学校/国际部数量全国最多，有百余所，每年本科出国留学人员在万人左右。上海不仅国际化学校/国际部数量多，而且公立和民办均衡发展，学校以及课程种类丰富，国外大学申请结果出色。为此，没有目标特定区域以及不考虑教育成本的家庭在跨区域择校时，我一般建议首选上海。

针对外籍人员子女的学校，有上海美国学校，另外，上海中学、华东师范大学第二附属中学、复旦大学附属中学、上海外国语大学附属外国语学校等四所公立名校均设有国际部，国际部专门招录外籍人员子女。上海中学国际部创建于1993年，十二年一贯制学制，应该是国内规模最大的招录外籍人员子女的国际部。为此，上海针对外籍人员子女的学校或项目在全国也是比较多的，且办学水平比较高，上海中学国际部和上海美国学校屡有毕业生拿到世界顶尖名校 offer。当然，能够招录外籍人员子女的学校远非只有这些学校，民办学校绝大部分都能招录外籍人员子女。

侧重招录国内学生的国际化学校/国际部，从办学主体性质来看，可以分为公立、民办、中外合作几类。

公立体系中主要有华东师范大学第二附属中学、复旦大学附属中学、上海交通大学附属中学等；民办学校则更多，有上海市民办平和学校、上海市世外中学、上海民办包玉刚实验学校、WLSA 上海校区、光华剑桥、领科上海校区，等等；而中外合作办学项目则是上海七宝德怀特高级中学。

从管理模式上来看，上海的各个学校也是差异甚大。就拿开设 IB 课程的学校来说，上海民办位育中学国际部管理十分严格，而上海市民办平和学校则注重学生发展空间，上海七宝德怀特高级中学、上海市世外中学则介于两者之间。

上海中学具有一流的软硬件，学校有多间新型现代化实验室，浦西校区拥有全市最大的高中校园，上海中学国际部图书馆藏书近 20 万册，有几百门发展课程可供学生选学。在上海四大名校中，上海中学是唯一一所本部没有开设国际课程班的学校，但学校有上海规模最大和开设最早的招录外籍人员子女的公立学校国际部。上海中学国际部成立于 1993 年，十二年一贯制学段，在校生约 3000 人。高中是上海中学国际部的亮点和重点，有十分优质的教师团队，开设了 IB、A-Level 和 AP 课程，每名学生的课表均不同。国际部学生学业优秀，IB 大考成绩平均分常超 40 分，拿到过哈佛大学、耶鲁大学、麻省理工学院以及牛剑等美英顶尖名校 offer。

华东师范大学第二附属中学创建于 1958 年，为上海唯一一所教育部直属的全国重点中学，每年高考和国外顶尖名校申请成绩都非常突出。该校在 1999 年成立了国际部，招收 12—18 岁外籍学生，进行初、高中学历教育。2014 年，该校成为上海首批国际课程试点学校，本部开设国际课程班，以中美融合课程加 AP 课程为主。学校的学科竞赛和科创教育全国有名，我实地调研后发现，该校不仅在竞赛上超厉害，在学生人文素质培养上也是有很多独到之处。国际班有超强师资团队，中教有北大、复旦本科，耶鲁、哥大硕博的超强教师。老师有这样的资历完全可以任教于国内的大学，但其更愿意投身基础教育。

上海交通大学附属中学对国际教育有比较多的尝试和摸索。该校在 2011 年开设了国际课程中心，同年获得 College Board 和 CAIE 的授权，2012 年又获得 IBO 的授权，正式开设 IBDP 课程（简称交中 IB）。2013 年在本部设立思源国际班。思源国际班兼顾出国和高考，开设了 AP 课程，2020 届为最后一届思源班，之后本部不再设立国际课程。但在 2014 年，上海交大附中获得上海市教委审批，成为首批国际课程试点学校之一，增设一个 IB 国际课程试点班。交中 IB 除有上海交大附中本部师资和科研力量支持外，中心内部还有比较强的外教、升学指导团队。历年的申请结果不错，曾获得耶鲁大学、芝加哥大学、哥伦比亚大学、杜克大学、康奈尔大学等美国顶尖名校 offer。上海交大附中校内有成熟的学生竞赛和科研辅导体系，有一栋专门用于学生科研或竞赛准备的大楼，上海交大参与建设。因此，上海交大附中 IB 国际课程中心有比较强的竞争力，吸引了一大批优秀学生就读。

上海外国语大学附属外国语学校（以下简称"上外附中"）是国内七大老牌外国语学校中的佼佼者，也是有名的"藤校收割机"。上外附中在出国留学上有优异表现，首先得益于高质量生源，而且高中部有直升机制，学生没有中考压力，有意出国留学的学生有较多时间做留学准备。其次，上外附中有外语教学传统和优势，学生英语水平高。最后是学校比较重视通过各类实践活动培养学生的综合能力，在竞赛方面也有很强的实力。上外附中的学生在国内外高校中均受到青睐，有学生曾被清华大学和麻省理工学院同时录取。上外附中于 1999 年设立招收外籍人员子女的国际部，开设港澳台联考、IB 和 AP 等国际课程。

上海市民办平和学校成立于 1996 年，是上海元老级别的国际化学校之一，也是上海第一所招收中国籍学生的 IB 课程学校，与上海市世外中学并称沪上 IB 体系学校两巨头。平和用办大学的思路来办中学，强调自主、自由、自省、自信和自然。平和一改老师负责教、学生负责学的传统教学模式，而是让老师和学生组成一个共同体，相互促进和学习。该校认为，真正的教育应该让学生意识到不仅要为已知而学，更应该为未知而学。在这种教学理念下，平和学校涌现出一批学术明星教师，学生无论是参与学术研究，还是组织各种活动，均能够得到学校各方面的资源支持。在某些学科的细分领域，学生有深度研究，而有意思的是，哲学是平和的热门课程之一。该校招生门槛高，录取率很低，有优质的生源。该校 IB 大考成绩也是十分突出，常年名列全国 IB 课程学校三甲。该校在 2019 年和 2023 年先后拿到了哈佛大学 offer，申请美国方向的学生接近 100% 能够拿到美本前 50 学校 offer。

上海市世外中学是国内本科出国留学表现最为优秀的民办学校之一。学校创办于 1996 年，开设 IB 课程和 A-Level 课程。作为上海地区最负盛名的民办国际化学校之一，该校在生源质量、教学提升率、竞赛参与度和获奖层次等方面都非常出色。该校十分重视课程和教学，在国际课程融合和优化上做了很多工作，将 IBDP 课程进行本土化实施，除了 IBDP 六组均衡课程体系，还把中国人文课程作为第七学科组来夯实学生的中国文化积淀。此外，该校对 A-Level 课程定位和开设有独特理解。A-Level 课程在 IB 课程开设 10 年基础之上定位和开设，两项国际高中课程在同一个校区开设，共享国际教育文化和社团文化，为不同特质的学生提供适合学习的课程。该校学生成绩优秀，IB平均分常年名列全国三甲。在国外大学申请上，历年是藤校级学校录取大户，在牛剑申请上也有很好的成绩。

上海民办包玉刚实验学校成立于2007年，是一所具有国际视野的非营利性中国学校，是包氏家族为纪念爱国爱乡的企业家和慈善家、已故船王包玉刚先生而创建。学校提供十二年制的学历教育，课程基于中国国家课程，根据教育教学需求汲取其他先进的课程元素，并与国际先进的教学方式相结合，以达到对学生的培养期望。该校是国内为数不多的几所双语双文化、中外籍学生混合编班的学校，学生学习中英文两种语言，做到了中西互学、文化交流。包校注重传承中国文化和拓展国际视野，致力于培养全面发展的学生，并采用了横向混龄学院制。在世界名校申请方面，该校在全国范围内也名列前茅。

上海星河湾双语学校是一所比较低调的学校。不过自2012年创办之日起就因其特殊的背景而备受关注。这所继承了上海中学"基因"的1—12年级高端民办双语学校，由上海中学前校长唐盛昌先生领衔的资深团队承办管理。该校高中部开发出一套适合中国学生的国际课程体系，学校根据学生的学习能力和兴趣，进行分层次教学，对学业要求比较高。该校学生的成绩比较优秀，高中毕业生托福均分在109分以上，SAT均分也接近1500分，AP满分率超过九成。在国外大学申请上，该校也有很好的表现。

依托世界名中学联盟平台的支持，WLSA上海校区在2012年9月创建。该校开设了GIP（全球影响力课程）课程，该课程得到了北京第四中学、英国伊顿公学等多所世界知名中学以及清华大学、耶鲁大学等多所中美名校的支持。与历史长久积淀下常年稳定对藤校输送学生的Feeder school不同，WLSA上海校区能在短时间内成为美本名校Feeder school，其在资源配置、课程体系、生源选拔、管理理念等方面都有独到之处。2015年首届毕业生便拿到藤校offer，之后该校持续拿到普林斯顿大学、耶鲁大学、麻省理工学院、芝加哥大学等美本顶尖名校offer，2020年更是获得哈、耶、普、斯、麻大满贯。学校有成熟的升学辅导体系，有专业校队和丰富的社团。学校为学生提供公益性奖学金，成立以来的10年间已资助100多名学生共8000多万元。该校申请结果突出，20%左右的学生被美本前20名校录取，另有接近一半的G5录取率。

无论是创校时间还是牛剑申请结果，领科教育上海校区（以下简称"领科上海"）被视为上海A-Level"四大金刚"之首。领科上海的前身为2006年创建的上海师范大学剑桥国际中心。自2015年后，领科上海乃至整个领科教育集团，在课程设置、学校设施、教学管理、家校沟通管理等方面做了诸多探索和革新工作，在牛剑录取上持续领先，可以说是一个量变引起质变的过程。在教学方面，领科上海是国内第一家具有剑桥PDQ职业资质的机构，其教师来自于全球12个不同国家，以外籍教师和海归学者为主，逾76%拥有名校硕士及以上学历。该校转变传统的以学术成绩为中心的观念，建立一套综合评价标准，在这个过程中激发孩子的个体优势。除了多项常规的国际课程，领科上海还开设了上海第一家A-Level体育课。通过体育教育和活动，不仅增强了学生的身体素质，在国外大学的申请中往往也会成为一个加分项。

上海光华学院剑桥国际中心（光华剑桥）是一所A-Level名校，成立于2011年4月，在国际教育圈以师资力量和升学结果著称。光华剑桥开设的课程包括数学、进阶数学、物理、化学、经济、生物、计算机、心理、地理、历史、商务研究、会计、社会学、戏剧、艺术与设计以及英语文学等多门课程，是国内开设课程较为齐全的A-Level国际学校之一。该校引人注目的是其在英国G5大学尤其是牛津、剑桥上的升学成果，呈逐年稳步上升趋势。第一届（2013年毕业）17名毕业生即有3位入读牛津大学，第二届毕业生增至5位入读牛津和剑桥，现在每年有近20名学生被牛剑预录。光华剑桥骨干员工均为上海最早一批从事A-Level教育、教学、管理的教师和行政人员。该校也是沪上口碑较好的国际高中之一，约95%新生因光华剑桥在校学生家长或往届毕业生家长推荐慕名而来。

协和教育是上海的老牌教育品牌，旗下幼儿园、中小学共50余所，上海有古北校区（IBDP）、协和教科（加拿大BC省课程）、协和万源（AP）、协和浦东（A-Level）、协和青浦（A-Level）等5个校区开设了高中段的国际课程，江苏无锡、福建厦门、安徽合肥也有校区。协和系学校有丰富的国际课程可供学生选择，有专业和个性化升学指导，毕业生拿到过诸多美英顶尖名校offer。由于实力雄厚，办学经验丰富，协和教育在上海颇受政府重视和认可，并托管多所公立幼儿园及学校。

上海阿德科特学校是一所国际化的优质民办寄宿高中，教学质量一流，多人被牛津、剑桥录取，94%毕业生被QS排名前100高校录取。学校举办者雅力教育集团首创中国国际教育"吉利模式"，旗下在国内外有10余所学校。雅力集团所打造的"雅力全球校园"链接30多所国内外学校，为学生提供优质的一体化国际教育服务。上海阿德科特学校成立于2018年，是英国阿德科特学校第一所海外分校，坐落于上海松江佘山脚下，分为两个校区，总计面积近150亩，绿地面积超3万平方米，环境幽美，设施一流，被誉为"最美校园"，是多部影视剧的取景地。学校以A-Level作为学术课程，开设30余门IGCSE和A-Level学术课程，近80门素质拓展和校本课程，在最大程度上满足学生的个性化学习需求；实施英国传统的学院制和导师制，加强德

育关怀和社群融合，在跨文化理解、跨学科探究和跨年龄合作方面独具特色。（参见彩图9）

上海惠灵顿外籍人员子女学校为上海国际学校中的后起之秀，创建于2014年。学校招收2—18岁外籍学生。惠灵顿为知名英国教育品牌，学校从幼儿园到9年级，以英国国家课程为基础，10—11年级开设了IGCSE课程，但在12—13年级则学习IBDP课程。英系学校在高中后半段的课程为IBDP，这倒是比较少见。英语是该校官方教学语言，但中文也是学校的核心课程，中文课从幼儿园贯穿到13年级。此外，该校还十分重视幸福教育，旨在培养学生克服生活中难以避免的困难。该校毕业生去向比较多元，申请结果不错，拿到过牛剑、加州理工学院、宾夕法尼亚大学、康奈尔大学等英美名校offer，也有部分学生被香港大学、上海交通大学等中国名牌大学录取。

上海七宝德怀特高级中学

国内中外合作办学机构有独立法人和非独立法人之分。昆山杜克大学、上海纽约大学、西交利物浦大学、香港中文大学（深圳）等为10所具有独立法人资格的中外合作大学，而上海七宝德怀特高级中学（以下简称"七德"）为国务院2003年颁布实施《中外合作办学条例》后，由教育部批准的唯一一所具有独立法人资格的中外合作高中。（参见彩图10）

20年间，10所中外合作大学办学成绩斐然，国内外认可度高。昆山杜克大学的本科毕业生大部分能够申请到美英顶尖名校的硕博就读。香港中文大学（深圳）在广东省的高考录取分数线已经超过了省内名牌大学——中山大学，为广东省录取分数最高的大学。经济发达但高等教育资源相对短缺的广东、浙江重视中外合作大学的建设，10所中外合作大学中有7所落户在这两省。

七德落户在教育资源丰富的上海，办学时间虽比中外合作大学晚了10年，但发展迅猛，成为国内一所名校，报考就读的学生很多，毕业生80%以上进入QS和US排名前50的世界名校。

七德在上海创办并非偶然。

上海的国际教育有两个很大的创新，一方面是采取了国际课程特色班的模式，将国际教育纳入了普高体系中；另一方面则是创办了国内唯一具有独立法人资格的中美合作高中，即七德。七德创校校长王芳博士在她的博士论文《冲突与融合：高中中外合作办学育人模式的个案研究》中，详细介绍了七德创办的历程以及学校办学特性。在此，我参考王芳博士的博士论文、七德中外合作办学自评报告，以及结合实地调研所了解到的情况，还原七德的创办过程。

七德在 2014 年 2 月获得上海市教育委员会批准设立，其创办应了天时、地利、人和三要素[②]。

从"天时"来看，《国家中长期教育改革和发展规划纲要（2010—2020 年）》于 2010 年发布，纲要明确了要大力支持民办教育、扩大教育开放和引进优质教育资源。而《上海市中长期教育改革和发展规划纲要（2010—2020 年）》则要求在基础教育阶段内设立若干所中外学生融合学校。2012 年，上海市教委制订并发布《上海市教育国际化工程"十二五"行动计划》，明确提出要开展高水平的高中阶段合作办学，成立一到两所独立设置的中外融合合作高中。上海对中外合作办学的政策支持力度加大，为进一步推进国际教育模式创新创造了机会。在这种背景下，上海创办一所具有独立法人资格的中外合作高中呼之欲出。

从"地利"来看，闵行区虽离外滩、人民公园等市中心远，早期从闵行到市区有"到上海"之说法，但区内境外学生众多，2011 年就有包含港澳台在内的境外学生超万人，约占上海全市总量的 1/3。闵行区之所以会有这么多境外学生就读，跟邻近虹桥机场密切相关。虹桥机场在浦东机场未建成之前是上海唯一的机场，早期大量境外人士从这里进出沪，久而久之便在虹桥机场附近形成境外人士居住密集区，也是上海房价较高地段。密集区居住人口层次较高，对国际教育需求比较旺盛。而闵行区是教育大区，吸引了众多境外学生前来就读。七宝镇为闵行区的教育重镇，七宝中学是上海名校，其开放性主题研究课程曾被教育部列为全国最有价值的模式之一。早在 2006 年，七宝中学教育集团旗下的文来高中就已开设加拿大、日本高中国际课程班，有比较丰富的国际课程探索实践经验。

从"人和"来看，闵行区委、区政府十分重视教育，对中外合作办学给予大力支持，并在办学场地、人员和资金安排等方面提供保障。七宝镇调整了九星商务区土地规划，重新划拨出 50 亩地用于中外合作高中办学。闵行区以及七宝镇筹建中外合作高中之事也得到了上海市政府、市教委的支持。为此，七德的创建从一开始，便受到了政府关注和支持，成为政府主导的教育项目，起点比较高。

国内不少地方政府为推动招商引资，会大力引进国际化学校以满足高层次人才子女教育需求，并给予土地、学校硬件建设上的支持。但七德的设立并不是为了招商引资，而是纯粹从探索中外教育融合、育人方式变革、课程改革的角度出发，以公益性、非营利定位，回归教育本源，一门心思办好学校、专注学生个性化培养，这也是这所学校能够迅速崛起的重要原因。

在深入评估分析后，闵行区以七宝中学作为中方合作主体，将国外合作学校确定美国方向。不过，要想找到美国名校进行合作并非易事，美国名校不差钱，普遍爱惜羽毛，在对外合作方面一般兴趣不大。好在功夫不负有心人，在诸多的潜在合作学校中，闵行区最终选择了纽约德怀特学校（Dwight School）进行合作。纽约德怀特学校为美国一所私立名校，创建于1872年，高盛家族参与创办。学校创办合伙人Timothy Dwight曾担任过耶鲁大学第八任校长，学校也是以他命名。除纽约创始校外，德怀特在伦敦、首尔、迪拜也有学校，2017年还开办了一所非常独特的Dwight Global云端学校（获得IBO认可的可以开设IB在线课程的学校）。

我在看七宝中学选择纽约德怀特学校合作原因时，提到德怀特学校在国际化办学视野、课程设置、团队组成等多方面都有优势。考虑到IB课程的国际认可度、对中国学生申请国外大学的可行度和中国国家课程的融合度，最终七宝中学选择了和纽约德怀特学校合作办学。

除这些原因外，我倒觉得上海和纽约作为中美两国最大的城市以及经济中心，在城市特性上还是比较类似的。基础教育具有比较强的地域特点，纽约德怀特学校位于大都市，其办学经验能够给同样为大都市的上海提供很好的参考与借鉴，为此从城市定位来看，也容易心有戚戚焉。

前面提到，纽约德怀特学校的课程设置是吸引上海进行合作的重要原因。众所周知，美国基础教育并没有统一的教材和大纲，但纽约德怀特学校却早在1980年就成为IB学校，也是纽约第一所提供学前PYP的学校。而IB课程正好是融合中国国家课程和外方课程的最佳选择。

2012年12月，七宝中学和纽约德怀特学校签署合作办学备忘录，正式确定合作关系。经过3个多月的谈判，2013年3月签署了合作办学协议书。2014年2月，七德获教育部批准备案和上海市教育委员会批准设立。

双方确定合作后，接下来很重要的工作便是校区建设、人事安排、课程设置。在校区建设上，闵行区给予了大力支持，在寸土寸金的九星商务区划拨出50亩地用于七德校区建设。除划拨土地外，政府还建好教学楼、宿舍楼、运动场等全套学校硬件，租赁给七德办学。

七德为国内第一所具有独立法人资格的中美合作高中，并没有现成的经验和模式可以参考。中美双方在办学理念、课程设置、学生管理上进行碰撞和磨合，十年下来最终形成了一种独特的办学模式。

七德在办学理念上融合纽约德怀特学校和七宝中学的人文理念，提出"点亮每个孩子的智慧火花，为每一位学生的美好人生奠基"。七德从一开始并没有确定校训，而是由师生共同讨论提炼出"道知情怀，德行沧海"为七德校训。

在办学过程中，七德突出了"以我为主、公益导向、优质引领"办学理念。比如在学制上，美国的高中为四年制，但七德的学制按照国内高中学制最终确定为3年。七德被纳入上海市普高招生计划中，国际学生和国内其他地方学生可以通过七德的自主招生综合评价体系择优录取，享有上海高中学籍。

七德的部门架构和人事安排比较别致，设置了校长和美方校长，美方校长分管课程教学和升学，学校具体工作由课程部、学工部、招生升学部、行政后勤部各个部门主管负责，实行扁平化管理。

中外合作办学因涉及不同文化和来自不同背景的团队，需要兼顾国外和国内两个评估体系和管理体系，相比外籍人员子女学校和普通民办学校，会面临更多的磨合，以形成合作双方和相关利益方都能接受的方式。王芳博士在她的博士论文中提到了一个细节，即对周一晨会认知的融合。

七德在2014年9月创办之初并没有独立的校区，而是在七宝中学校内过渡办学。学生会统一参加七宝中学每周一的升旗仪式，在每周五下午七德师生另外召开年级大会。

2015年9月搬到新校区后，周五的会议继续保持，但周一的晨会是否要继续坚持则在校内引起过讨论。根据《中华人民共和国国旗法》，全日制的中国学校需要在每周一举行升旗仪式，升旗仪式也是中国学校进行德育教育的重要组成部分。为此，中美双方对周一晨会没有异议，在新校区继续执行。之后，七德将全体教师必须参加每周一晨会写入了教师工作合同中。

七德的晨会综合了中外方学校的做法，定位"价值引领、智慧分享、多元文化"。周一晨会有升国旗仪式、学校重要活动发布、优秀表彰和主旨演讲等，无论中教、外教，均采用中英文表达方式（比如：演讲用英文，则辅以中文字幕）。七德为此也形成了惯例，但凡重要的会议和文件，都用中英文双语表达。周一晨会和升旗仪式是严肃的事情，没有采用外教团队常用的活泼自由形式。但周五下午的学生会议，形式则不拘一格。

外教流失率高是国际化学校一直很头痛的事情，但七德的外教留存率很高。2020年新冠肺炎疫情暴发时，学校43名外教有85%在国外休假。在3月边境关闭之前，仅有3名外教因合同将满、哺乳期以及个人原因没有返沪，其他外教均回到上海。2022年3—6月期间，上海因遭遇奥密克戎进行闭环管理。放开后，七德没有一位外教因此离职，这在国内国际教育圈挺罕见[③]。

外教之所以对学校有这么高的认可度，一方面与学校对外教的全面关怀、信息公开透明分不开。在疫情期间，学校想方设法为外教解决生活上的问题，考虑到外教大多独自一人在上海，以及与国外家人长久不见，也会存在焦虑和担心，还特意聘请了专业的心理咨询师和开通倾听电话；另一方面在日常管理中，外教对学校比较了解，有比较高的信任度和认同感。

在 2022 年建校 8 年时，七德的人事统计显示，中教在七德工作满 5 年及以上的有 73%，外教在七德工作 4 年以上的有 62%。而外教在国内的国际化学校中一般是 2 年一签，每年有 30% 左右的流失率。

我去过七德多次，这所学校给我的感觉初看是国际化学校氛围，细看则会发现跟国内普高有很多类似的地方，比如有国内普高常规的"市、区三好学生"评比，校内重视党建。再深入研究会发现，七德在谋求和探索中美教育精髓的融合。学生在这种中西融合度非常高的环境下就读三年，相当于提前预演了国外大学生涯。而对家长来说，七德在日常教学中比较重视中国文化和品行教育，价值观比较正，不用担心孩子在高中乃至就读大学后会走偏或回不来。

七德会追踪毕业生在大学里的表现，发现毕业生在大学里适应度高。有学生提到从七德毕业后就读大学，有只是换了个地方学习之感。多数毕业生在大学第一年 GPA 能够拿到满分，很多修读双学位，有的还会提前一年大学毕业，申请硕博的毕业生也基本上是藤校 offer。

在课程设置上，七德作为一所中外合作高中，首先得开设国内课程，学校将政、史、地、语作为四门主课来开，这也成为上海国际课程班的标配。而在国际课程上，七德选择了 IBDP 课程。IBDP 课程有设置标准，但没有具体大纲，灵活度比较大，正好可以将中国的普高课程和国际课程进行融合。七德开设了 35 门以上的 IB 课程，应该是国内开设 IB 课程最多的学校之一。

七德充分借助 IB 课程框架设置优势，将政、史、地、语等国家核心课程融入课程框架中，并成为基础必修课程。为了全面培养学生，激发学生探索更深、更广领域的兴趣，七德构建了"IB 学术课程—金木水火土风元素选修课程—校外项目课程"课程框架体系。

七德举了个例子，如何将普高语文课程和 IBDP 中文课程进行融合。七德研究发现，两者在文学作品选择上有一定的相似性，强调作品覆盖面的不同区域、不同时代和不同体裁风格，都强调对其他文化中的文学作品学习的重要性[④]。针对这些，七德以文学史为线，以不同作品为点，完成中国古代诗歌、现代诗歌、古代散文以及中国古代小说史四条文学史线的梳理。在教学上，以学生为本，鼓励学生自主探究式学习，老师适时给予指导。老师指导学生从文学作品的艺术手法和创作技巧上进行学习和分析，另外还要把作品放在当时文化背景中理解，把握作品在文学史上的地位。在内容设置上，除应用文单元外，将诗歌、戏剧、散文、小说设置不同的单元，单元内部篇目按照作品发表先后顺序进行编排。通过这些方法，可以弥补IBDP课程的不足。每学习完一个单元，学校会推荐学生阅读相关书籍，帮助学生建立起文学史观。由于教学时间有限，将重心放在建立文学史观上也不现实和合理，七德是把文学史观作为篇目教学起到积极的辅助作用，帮助学生构建文学发展的框架，激发其兴趣，促进学生系统性地进行课外阅读。

德怀特为美式学校，但七德在学生管理上却采取了英式HOUSE模式。HOUSE通常是一个高年级和低年级混合的组织。七德设立了6个HOUSE，分别以亚里士多德、赛珍珠、蔡元培、达·芬奇、爱默生、范仲淹之名命名。每个HOUSE均包含10—12年级的行政班学生。

我看到把赛珍珠作为HOUSE命名之一，还是挺用心的。赛珍珠跟随传教的父母自小在中国生活并完成了其基础教育，大学则回到美国就读。大学毕业后重返中国生活，赛珍珠根据自己在中国的生活经历创作了一系列文学作品，并为此获得了诺贝尔文学奖。由于复杂的政治因素，赛珍珠曾一度在中美两国均不受待见，但不可抹杀其中美文化使者的地位，国内在江苏镇江、安徽宿州等地都建有赛珍珠纪念馆。

学生的课外活动、集体活动均是以HOUSE为单位开展。这种运作模式实现了班与班的横向以及跨年级的纵向交流，这也使得七德师生以及校友之间联系紧密，关系融洽。

在HOUSE管理基础上，七德叠加了比较独特的班导组管理体系。在每个HOUSE，七德跨10—12年级建立起三个行政班级，每个班级设置班导组包括四五位中外教师，一起参与班级活动。学校升学指导团队也是由中、外教共同构成，一人负责一个HOUSE学生的大学申请指导。

班导主任负责家校联系、班级建设和学生成长关注，中外班导师负责班级活动策划、多元文化分享，班导助理主要协助班导主任工作，升学指导给学生提供生涯规划和大学申请指导。

学校强调不以营利为目的，所以控制了学校规模，在校师生总数在700人左右，属于比较小型的学校，在这种环境下，师生容易建立起更加密切的联系。

七德尽管可以面向全国招生，但能招收的非上海生源名额较少，学校也很少通过媒体或者到外地进行招生。但由于办学成绩突出，不少外地学生慕名而来。而在上海，本地生源的中考平均分在区重点线以上。

七德在2017年有首届毕业生，137名毕业生全部拿到了IB文凭，并拿到了斯坦福大学、布朗大学、范德堡大学等美本名校offer，作为一所新办学校有如此申请佳绩着实难得。自有毕业生以来，七德一半毕业生会被世界前30院校录取。学生的去向也比较多元化，申请大学覆盖美国、英国、加拿大、澳大利亚、法国、荷兰、日本、瑞士、新加坡等9个国家以及中国香港地区。

七德试图将中西方教育精髓进行融合，西方教育重视独立个体，中国教育更看重群体。中西方教育理念具有比较大的差异性，如何将两个不同甚至相反的理念进行融合，这本身是件很具有挑战性的事情。

在国内的学校里，平均分是很重要的评比指标，其背后并不看学生的差异性。七德采用的方法是淡化学科平均分，关注每个具体学生的发展进步和独特性。在七德，对不同层级的学生一视同仁。但在这个过程中，学校会制定相应的规则。比如对IBDP高阶课程的选修会有成绩要求。尊重学生的自主选择，但同时给予一定的前提条件，这是七德在学生管理中试图将中西方教育精髓进行融合的具体表现。

从学校品牌、招生和国外大学申请三个方面来看，七德是一所很成功的国际化学校。更大意义还在于，如何融合中外教育精髓，如何整合课程，如何做到中外方对合作满意，家长/学生喜欢，国外大学认可，这均是十分考验人的事情。七德经过10年的发展，已经交出了一份高分答卷，合作双方学校也续签了第二轮为期12年的合作协议。

一个随性又执着的数学狂人

在上海一所国际化学校就读的Nemo于2023年被剑桥大学录取。他对数学十分热爱，在国际课程选择上曾经走过一段弯路，好在及时调整过来了。对他的成长，Nemo妈妈做了如下介绍。

Nemo出生在上海，然而由于父母的工作，他从小学到八年级一直在天津就读。从很小的时候起，他就展现出了在数学上的天赋，并且得到了父母的支持和开明的教育。父母没有选择将他送到补习班进行超前学习，而是让他以自己的方式去探索世界，尤其是在数学领域。

他一直用自己的方法去探索世界，特别是数学。直到中考结束，他都没有参加过任何学科类的补习班。他的老师一直认为他是一个很奇怪的学生。虽然他擅长数学和物理，但从未考到满分，语文成绩也一直不理想。此外，由于纪律问题，他经常惹麻烦，需要家长前来处理。

然而，在参加的所有奥数竞赛中，他总能名列前茅，并且每次比赛都是裸考。他非常讨厌刷题，觉得这样做没有意义。他认为刷题不仅浪费时间，还限制了他对于数学的想象力和视野。

根据他的说法，他眼中的世界是一个数学的世界。他会花大量时间研究他发现的各种奇怪的数学问题。比如，在一年级的时候，他通过积木的组合变形，向大人们展示了各种规律。尽管他还不知道这些规律被称为数学公式，但在自己玩游戏的过程中，他懂得如何推导平方和与等差数列公式。

父母原本希望他能写日记记录下他发现规律的过程，培养文科的兴趣。然而，他没有写生活日记，却一直坚持写数学日记，持续了八九年。从专家的角度看，这些日记实际上是不够规范的研究报告。在这个记录的过程中，孩子不断地学习新的知识，探索各种事物，更加深入地理解其中的道理。他享受研究带来的乐趣，同时也不知不觉地超前学习了许多数学知识，而父母对此并不清楚。

这种探索记录的过程让父母明白，超前学习并没有意义，特别是拿着高于年龄和年级的课本超前学习没有必要。孩子在自我探索的过程中，会主动去学习他想要了解的知识，并形成自己的思维方式。这些看似无用的东西将随着年龄的增长和课程难度的增加，对学校的课程产生积极的影响。

初一时，他发现只靠自己看书去参加高中数学竞赛很吃力，所以要求父母给他报班找老师。然而，上了几次课后，他就退学了。他希望老师在讲解公式的同时，能够讲解这些公式的推导过程，而不是仅仅背诵各种变形公式来解题。但老师告诉他，这些推导过程需要高中甚至大学的数学知识，目前只需知道如何使用即可。这使他意识到，他喜欢的是数学学术本身，而不是竞赛技巧。从那一刻起，他退出了所有竞赛。

他就是这样一个随性的人，幸运的是，父母一直支持他。因此，他决定在高中时转到国际学校。回到上海后，他直接报考了头部的IB学校，并且被录取。当时，无论是父母还是他自己都认为，尽管语文成绩不好，但总体表现还是不错的。在天津读的最好的民办初中里，他的成绩一直在年级前五名。所以，进入一个顶级国际学校似乎是理所当然的事情，虽然之前对国际课程体系并没有进行过深入研究。

然而，高一开学后，他明显感到困难重重。虽然其他课程游刃有余，IB中文真的让他摔了个跟头。从不愿意参加补习班的他，要求父母给他找一位中文补习老师。上了几次课后，老师直言不讳地告诉他，他想要通过补习达到6分的成绩是很困难的，7分更是不可能。

一家人商量后得出结论，如果他的中文只能拿5分，通常情况下，IB英语也会扣1分，而其他几门课，由于IB成绩并非完全可以掌控，也不能保证一定能拿到7分。据此计算，总分最多只能达到39分。在如此激烈的竞争时代，美国前30名大学和英国G5名校几乎是不可能进入的。此外，由于学习IB课程，孩子已经开始稍微对学习产生厌烦情绪。所以，经过全家商量，决定在高二第二学期转学。

那时，他已经被录取进了罗斯数学夏校，并且尝试参加了剑桥大学数学的笔试 STEP2，取得了 1 分的好成绩。虽然他的中文只有 5 分，但其他科目基本都取得了满分。因此，有很多国际学校愿意接受他。然而，他提出希望新学校能给予他灵活的时间和自由的空间。因为无论是哪种课程体系，他都可以通过自学快速掌握数学和物理的内容。他希望能有更多时间继续自己的学术研究，所以最后找到了一所愿意支持他的学校。孩子还表示，与 AP 相比，A-Level 的容错率较低，需要大量刷题，所以选择了 AP 课程。

高一报名 AP 时，他还没有转学的打算，所以没有参加 AP 考试。高二报名了 9 门 AP 课程，然而由于众所周知的原因，2022 年的 AP 考试被取消了。幸运的是，他参加的 2022 年 6 月的 STEP3 考试取得了 S 的好成绩，且小题也得到了超高分。后来，面试成绩也非常出色，最终成功申请到剑桥大学。

可以说，对这个孩子而言，整个剑桥大学的申请过程相对轻松。按照正常情况，他应该前往伦敦，然而，由于整个高中阶段他一直在从事与数学相关的学术活动，此时仍未完成。因此，在收到剑桥大学的 offer 时，他已经向学院申请了 GAP 年。他觉得推迟一年上大学并不会影响自己的未来，但放弃目前的这些研究将会让他非常遗憾。

家人继续支持他的所有想法和行动。因为在他进行这个项目的过程中，他确实得到了成长。为了更好地完成研究，从 2023 年 2 月起，他开始自学编程和算法。由于项目的需求，他接触了不同的行业。例如，以前他只是凭着对数学的热爱与学术界接触，并没有思考过数学可以解决哪些问题。相信通过一年的 GAP，他开始清楚地知道自己的数学知识可以用来解决什么问题，以及如何将自己独特的数学思维与大家分享。进入剑桥大学后，他想在哪些领域深耕，这些问题将在他脑中变得更加清晰。通过四年的本科和硕士学习，他的收获将会更大。

参考文献

①石建国著，《卜舫济传记》，社会科学文献出版社，2011 年 7 月出版，第 86 页。
②七德创校校长王芳博士论文，《冲突与融合：高中中外合作办学育人模式的个案研究》，2018 年 3 月。
③④《上海七宝德怀特高级中学自评报告》，2023 年 9 月。

第二节 江苏：全国缩影

如果看国际教育，则会发现江苏省是国内国际教育的迷你版，即国内的国际教育状况在江苏省窥一斑而知全豹。

国内国际教育发展在区域间严重不平衡，除跟经济发展水平相关外，还深受当地的国际教育政策影响。国内国际教育发展规模和水平按照城市来划分，北上广深加上南京、苏州这六城属第一梯队，杭州、宁波、济南、青岛、成都、重庆、西安、郑州、武汉、长沙、合肥为第二梯队，其他城市则均是第三梯队。

如果来看江苏省，南京和苏州无疑是第一梯队，而无锡、常州则为第二梯队，其他城市均属第三梯队，其层次分布和国内分布很类似。这便是江苏省内国际教育的第一个特点。

苏州、无锡、常州等苏南地区的经济发达程度远高于苏北，在发展路径上，苏南孩子的机会会多过苏北同龄人。苏北孩子要想有更好的发展，读书参加高考是一个很好的途径。为此，最终形成一个社会现象是，苏北学生高考成绩比苏南的学生要好。江苏省高考状元多来自南通、泰州等地便是这个原因。

江苏虽为高等教育发达之地，但省内高考竞争也十分激烈。为此，一些苏南学生会选择走另外一条路径，即出国留学。光苏州一个区域，国际化学校/国际部高达60余所，每年本科出国留学约2000人，这两个数据超过苏北总量。

第二个特点是申请结果分布的集中性。美英名校录取集中在国内约150所中学内，约占全国学校数量的15%。而江苏美英名校录取也主要集中在南京区域的南京外国语学校、南京市金陵中学、南京师范大学附属中学、南外仙林分校，苏州的中国常熟世界联合学院、苏州中学、苏州外国语学校、苏州工业园区领科海外教育学校、苏州北美国际高级中学，无锡的江苏省天一中学、无锡大桥实验学校，常州的常州高级中学等12所学校中，江苏省的国际化学校/国际部总量约150所，约占全国总量的15%。

第三个特点是办学性质的丰富度。国内国际教育的运作形式多样，这点在江苏省也是如此。如在普高出国方面，南京外国语学校本部普高每年约有200名学生出国留学，与其国际部出国人数基本相当。公立学校国际部则有南京市金陵中学中美班/剑桥班、苏州中学国际书院和国际部。招外籍人员子女的国际学校则有苏州新加坡国际学校等。国际化学校则更多，比如中国常熟世界联合学院、苏州外国语学校等。

第四个特点是国际教育政策的多样性。南京、苏州和无锡等地对国际教育发展支持力度比较大，而也有极少数江苏的地级市曾取消过公立学校国际部。

南京

要谈南京的留学，毫无疑问首先需要提到南京外国语学校。这所学校学生有出国留学传统，出口有两处，即普高出国和国际部出国。由于这两个出口成绩都比较好，且课程设置、办学方式等有比较大的差异，为此，在宜校每年的出国留学排行榜中，南京外国语学校往往有两个排名，即其普高本部和国际部有不同的名次，这在上榜的前100所学校当中是独一无二的。

南京外国语学校每年约有20名学生申请结果很突出，在美本顶尖名校申请上屡有建树。除南京外国语学校外，南京市金陵中学、南京师范大学附属中学国外大学申请结果也表现不错。

南京整体国际教育发展水平，在二线城市当中应该是最好的。那么，南京的国际教育发展水平为何会有如此好的表现？

我关注南京国际教育发展十年，观察下来发现南京的国际教育很特别，即南京外国语学校这一所学校撬动了全城的留学。

南京作为江苏的省城，经济发达、高校云集，高知人群众多，为留学奠定了较好的基础。如果从社会层面来看，则是跟南京外国语学校的招生机制密切相关。西安和南京有点像，即均是高等教育发达的城市，但在国际高中招生机制上的差异性导致两城出国留学出现不同的业态。

南京外国语学校在南京可算是神一样的存在，由于其高中毕业生出口多元且能够被国内外名校录取，导致南京的学生普遍会把南京外国语学校作为梦校。

南京外国语学校普高以内部直升为主，因此其招生延展到了初中部。为了进南京外国语学校，南京的小学生可谓不遗余力。南京外国语学校初中招生需要加试英语，对学生的英语水平要求比较高。在这种招生机制影响下，南京的小学生学习英语的兴趣大增，进而促进了全城学习英语的热情。在"双减"政策推行之前，南京的低龄学生英语培训市场十分火爆，其市场容量不亚于北上广深这些一线城市。

南京外国语学校初中部每年报名学生远超录取量。因此，南京外国语学校招生采取了摇号方式，通过摇号拿到可以参与南京外国语学校加试的资格。这个摇号还是挺有深意的，不仅仅是解决公平竞争的问题，还有重要的一点是要为南京其他的初中留一批优质的生源。因此，要考上南京外国语学校初中部，不仅要学业优秀，还要有运气，不然如果没有摇上号，连参加南京外国语学校的入学考试机会都没有。

南京外国语学校是一所以英语教学见长的学校，也是国内老牌的七大外国语学校之一。该校学生在初二、初三便有不少人托福能够考到110分以上。我在经历过多次赴宁调研后了解到，南外的申请崛起有两个重要促因。一是找留学申请顾问的意识强化；二是留学规划时间的提前。

国内留学辅导从原先的中介形式转为顾问模式在2008年开始出现，其对学生的申请采取了一对一的辅导模式。南京外国语学校很早就引进了这种方式，2010届学生拿到了两份哈佛大学和一份耶鲁大学offer。南京外国语学校毕业生早期以保送大学为主，学生之前要等到高二暑假后才决定是否出国留学，但此时进行大学申请显然已经晚了。之后，南京外国语学校改变了做法，凡是想出国留学的学生可以和学校签订协议，不参加高考也不保送，则可以请假做留学准备。

从全国范围来看，以南外家长为核心的南京家长群体在关注子女的留学上，无论是投入度还是专业度在国内应该是相当高的。一些经历过子女留学完整过程的南京外国语学校家长，则通过建立微信群和线下活动等形式，将留学经历等进行分享。而每年的毕业生还会自发分享申请、标化考试等多方面的经验，甚至形成文集在校内进行分享。时间一久，南京外国语学校的家长对留学认知普遍比较深，这也是很多留学机构看到南外的家长便发怵的原因。

除南京外国语学校外，南京市金陵中学、南京师范大学附属中学等公立名校的国际教育也做得不错。

南京市金陵中学是一所管理十分严格的公立名校。这所学校有两个国际项目，即中美班和剑桥班。金陵中学中美班长期名列宜校出国留学中学榜前20名。先有金陵中学，后有金陵大学（南京大学前身），两者同源，这点和长沙的雅礼中学比较类似，先有雅礼中学后有雅礼大学。金陵中学现在并不是南京大学的附属学校，但两校关系紧密，金陵中学也能借助南京大学各方面的资源，所以出现了"南京大学金陵中学"这个挺奇特的名称，还挂在了学校大门口上。（参见彩图11）

课程是观察一所学校办学水准的重要窗口。金中中美班课程有三大特色：一是中美班应该是国内要求学生所学课程数量最多的国际项目之一；二是引进UCLA全球课程，有UCLA教授线下授课，侧重文科，与偏理的AP课程做配合；三是中美班纳入学校统一管理中，师资通用，国际部负责人还负责普高教学。中美班每年招60人，全部通过中考招生，南京中考排名前5000的学生有望被录取。

南京第一中学是所百年老校，位于南京市中心。该校在2004年成立国际部，并于2012年开设AP课程，国际部学生在中山南路本部校区就读，和普高学生融为一体共享普高资源，又有自己独立的办学空间和体系。AP班一直坚持走小班精品路线，师生比为1∶5。国际部高一至高三开设了近20门AP课程，5分率及4分率均远高于全球水平，每年有近90%的学生受到美国大学理事会（College Board）AP学者奖表彰。毕业生去向比较多元，申请美国方向学生100%能够进入美国前50大学，申请英国方向学生近一半会被G5大学录取，申请加拿大和澳大利亚方向的学生，均100%可以进入加拿大前三和"澳洲八大"。

除南外、金中、南师附中等三所南京最为知名的公立学校外，南京其他学校在国际教育上也有不少特色，比如南外仙林分校在美本顶尖名校申请上屡有建树，南京雨花台中学国际部课程设置丰富且项目多，在日本方向的留学上时间比较久。南师附中江宁分校国际部有毕业生在俄亥俄州立大学通过竞选当上了学生政府总统（类似中国大学的校学生会主席）。

南外、金中、南师附中的国际项目主要通过中考招生，会有少数名额在江苏省内招生。其他学校招生机制更为灵活，具体招生要求可查看各个学校的招生简章。

苏州

苏州是我关注时间最久也是调研最为深入的一个城市，早在2016年我们便针对苏州本科留学情况做过一份专门的调研报告。苏州有60多所国际化学校/国际部，我实地探访过其中八成的学校，关注重点学校达10年之久。

在这10年的时间里，苏州的国际教育发生了一个很重要的转变，即美本申请崛起，跻身全国留学城市前列。我在2016年调研时，发现当时城市经济实力全国排名第七的苏州，在美本留学上却表现很一般，无论是考取美本顶级大学的数量还是出国留学的总量，和城市的实力并不吻合。

众所周知，要想去读美国名校，申请竞争是非常激烈的。苏州一贯经济发达，实力强劲，当地富裕人家众多。同时，苏州也是个极为重视教育的地方，文人墨客层出不穷，教育质量相当高。

但当时与之形成极大反差的是，苏州在美本名校的录取上却表现如此一般。宜校在2016年1月发布的《中国大陆出国留学中学TOP50榜》也显示，苏州大市内只有苏州中学上榜，且排名第39位。苏州的表现除无法和省会南京相比外，甚至连邻居无锡都不如。

我当时分析下来，主要有三个原因导致出现这种情况。

一是顶尖生源有分流。苏州的最高端生源，从很早开始就有被选拔输送到世界联合书院（UWC）和新加坡读书的传统，不少直接去了美高，还有的去了上海、南京的名校。这些尖端生源给流入学校带来了好的录取结果，却并没有体现在苏州本地的录取结果中。

典型的便是，2015年江苏省天一中学有两个学生申请到斯坦福大学offer，2016年则有一个拿到芝加哥大学offer。而这三位同学均是苏州人，他们没有选择在苏州读书而是去无锡，这说明苏州国际教育在顶尖学生当中的竞争力在当时不如无锡。

二是占有苏州最好生源的一些学校，在国际课程开展、课外活动和竞赛辅导等方面，和国内先进学校相比，有提升空间。

三是苏州本地学校以往对美本重视不够。2016年，在苏州大市内*，苏州中学、苏州外国语学校、苏州德威高中是留学第一梯队，而在这3所学校中，苏州外国语学校历来以英联邦国家申请为强项，德威高中更是英国人主导的学校，苏州中学是考取美本名校大户，但学生基数偏少。

2018年后，苏州美本申请开始快速崛起。无论是美本名校录取数量还是在宜校榜单上，苏州的学校表现均很亮眼。

苏州在2018年后，牛剑申请在保持稳定的同时，为何美本名校能够快速崛起？我观察下来，也主要有三个原因。

一是中国常熟世界联合学院的加入大大提升了整体水平。2018年，中国常熟世界联合学院有了首届毕业生，首届毕业生的申请结果十分亮眼，拿到了哈佛大学offer。这所学校的加入迅速提升了苏州美本申请的档次，苏州地区的藤校offer也多为中国常熟世界联合学院学生获得。

从严格意义上来说，中国常熟世界联合学院并不能算是苏州的学校，这是一所面向全世界招生的学校，从全世界100多个国家/地区招录学生，其校区只是恰好落在苏州。

二是苏州中学、苏州外国语学校、苏州北美国际高级中学等学校也开始在美本名校申请上发力。苏州中学卓越班在2018年改名为国际书院，并将原先从高一学生中选拔改为直接通过中考招生。这个转变大大增加了学生的准备时间，申请结果也有了快速的提升。2020—2022年新冠肺炎疫情期间，美本名校申请竞争十分激烈，苏州外国语学校在美本名校申请上逆势增长。

三是优质资源的整合和家长意识的提升。北京、上海、深圳等优质的留学服务商纷纷将苏州作为重点开发区域，同时苏州家长在留学规划意识上也有显著的提升，为子女的申请提供了更多的支持。

苏州国际教育发展水平快速提升，背后是有一批办学出色的学校。除了前面所提到的中国常熟世界联合学院、苏州中学、苏州外国语学校、苏州北美国际高级中学等四所学校，还有不少不错的学校。

---

* 苏州有大市和市区的说法，大市包含了昆山、张家港、太仓、常熟等四个市。

中国常熟世界联合学院在 2015 年创建，虽然地处苏州，但其生源来自全世界各地，并非严格意义上的苏州学校。该校学生来自 100 多个国家和地区。学校虽然创办时间不长，但迅速成为国内知名的国际学校，成为诸多中国学生的梦校。这所学校之所以能够迅速崛起，跟其特殊背景有关。世界联合学院以"增进国际了解、促进人类和平、实现可持续未来"为教育理念，提倡将来自世界各地不同种族、宗教、经济背景的青年择优选拔、汇集在一起生活学习。尽管创办时间极短，但常熟世界联合学院凭借其全球背景，以及优质的教学质量，首届毕业生就拿到了哈佛大学 offer。常熟世界联合学院开设了 IBDP 课程，提供两年的 IBDP 课程和一年 DP 预备课程。校方为了激发学生对中文和中华文化的学习兴趣，制定了特别的语言课程政策，即所有在校学生必须选修至少一门中文课，例如语言、文学或文化。

苏州中学是苏州当地最好的公立高中，但其管理并非像传统的公立学校那么严格，很注重学生的多样性发展。苏州中学不但在高考上表现抢眼，同时在出国留学上具有悠久的传统。早在 20 世纪 80 年代，苏州中学便和世界联合学院加拿大皮尔逊分校有紧密的合作。之后，苏州中学和英国德威公学、新加坡立化中学等国外知名中学建立友好合作关系，积极拓展学生发展的国际通道，每年均有 10% 左右的学生通过学校的国际合作项目出国留学。苏州中学这些优秀学子出国留学，在申请大学时往往会有好的申请结果，不乏学生申请到哈佛大学、耶鲁大学、普林斯顿大学等美国顶尖大学 offer。

苏州中学的国际教育由国际书院和国际部承担，国际书院开设了 AP 课程，国际部则开设了 IB 课程。国际书院源自 1927 年汪懋祖校长创立的江苏省苏州中学的西方文学和英语课程项目，名师有吕叔湘、杨荫榆等，为中国早期培养海外留学生的摇篮之一。（参见彩图 12）

苏州外国语学校创建于 1994 年，是苏州当地一所知名的 K12 私立学校。从 2004 年开始，该校便开展国际教育。该校开设了 A-Level 和 AP 课程，学生可以在美国和英联邦两个方向之间自由选择。毕业生在 2015 年前以留学美国和加拿大为主，之后到 2018 年英美持平，2018 年后毕业生以去英国为主。苏州外国语学校国际部申请结果在国内处在前列，在很大程度上得益于两点。一方面该校是一所以外语教学见长的学校，学生在 1—9 年级便强化了英语学习，在初中阶段还开设了小语种班，教授法语、阿拉伯语、日语等多个小语种。而该校初中部有意愿出国留学的毕业生多选择继续就读本校国际部，使得其国际部有一批自己培养出来的优质生源。另一方面，该校重视师资建设，九成以上的教师具有硕士以上学历或者海外留学背景，而在教学过程中，则重视发挥中外教合作教学的优势。此外，在学生个性化发展上，通过社团、竞

赛和活动等多种形式为学生提供平台。（参见彩图 13）

2020—2022 年新冠肺炎疫情期间，美本名校申请竞争十分激烈，苏州外国语学校在美本名校申请上逆势增长。苏外重视更加科学的课程设置和更加成熟完善的升学指导。学科探讨和教学研究以教研组为单位、以备课组为载体，每学期都会进行各种主题的教育教学研讨会。研讨会是一个很好的让老师们进行思维碰撞的平台，也是各种咨询进行集中交流的场合。

在 A-Level、AP 课程的基础上，苏外认真研究英国 G5 特别是牛剑对于学科培养的要求，在日常课程中渗透更多学科底层思维的培养和锻炼，课程形式丰富，学科老师带领学生开展各种类型的项目制学习和课外阅读引导，从而逐步培养学生的学科素养。

苏外的升学指导采取升学指导老师＋班主任＋学科老师三位一体的管理方式，从高一第一学期起就开始对学生进行三年完整的升学指导规划，并且持续跟进每个阶段并保持跟家长、学生的充分沟通，各方形成合力帮助学生完成申请。校内的英语教师团队保证了苏外学生在申请时能有非常不错的语言标化成绩，能够较高效地达到头部美本学校的成绩要求，从而为申请相关的其他活动留出更多时间。

苏外丰富多彩的校园活动、社团活动和社会实践，给了美本方向学生发挥自己能力、寻找自己个性的平台，很多学生能够持续性参与到相关活动中，在申请时可以此作为故事线刻画一个较为生动的申请形象。高一阶段较早进入的升学指导规划，也能帮助学生更加合理利用时间准备申请。

苏州德威国际高中是一所由外方运营并管理的国际学校，创建于 2012 年。这所学校生源来自于全国各地，为苏州当地一所颇受欢迎的国际化学校。该校开设了 A-Level 课程，在学业成绩上表现优秀，该校 50% 的考生成绩达到 A* 或 A 的水平，而全球仅 25.5% 的考生成绩达到 A* 或 A 的水平。在学校管理上，该校有跟英国德威公学类似的模式，所有的学生和教职员工，一进入学校，均会被分配到四个学院之一，在校期间均属于该学院。学院以非常励志和卓有成就的名人命名，分别为宋庆龄、曼德拉、居里夫人和图灵。自创校以来，该校有 44% 的毕业生去美国 TOP50 大学，43% 的学生去英国 G5 大学，有 5 位学生去藤校。

我去过苏州德威国际高中多次，曾在学校食堂吃过饭，发现餐桌上放了一个纽扣状的东西。德威的老师说，这表示有人在这张桌吃过饭，工作人员要对这张餐桌进行消毒。另外我发现这所学校比较注重契约的执行。比如校内不会放毕业生的照片，因学校跟学生所签订的合同，约定了在校期间可以使用学生的照片，但毕业后则不可以使用，所以学校要撤掉毕业生照片，以免侵犯毕业生的肖像权。

苏州北美国际高级中学经江苏省教育厅批准、教育部备案，为江苏省内唯一一所完整实施美国高中课程体系的国际化学校。该校和美国的北卡罗来纳州立大学有深度合作，实行整体化的美式教育。学校硬件一流，该校花重金打造了6大科创实验室，其中有两个院士实验室，分别关注超导实验和生物技术实验，另外还有纳米材料、创客、人工智能、经济学等前沿实验室。学校几乎开齐了全部AP课程，在国内AP学校中名列前茅。该校AP课程设置丰富，光世界语言就有中、法、德、意、日、西、拉、丁等8门课。此外，该校还设有专门的音乐特色班，艺术方向升学成果也很突出。除AP课程外，该校还有IB和A-Level课程。该校毕业生以去美国为主，获得过麻省理工学院、康奈尔大学、加州大学洛杉矶分校以及牛剑、帝国理工学院等美英名校录取，此外还有学生被日本最好的大学东京大学录取。（参见彩图14）

张家港常青藤学校是一所十分朴实的学校，这所学校国际部每年要招录近200名学生，但国际部却没有专职的招生老师，靠口碑进行招生，学校认为"学生是最好的招生官"。这所学校后文会专门进行介绍。

苏州工业园区领科高级中学开设A-Level课程，为国内知名的领科教育集团成员校之一。学校位于苏州独墅湖高教区，周边高校云集。该校充分发挥周边高校多的优势，建立了STEAM科创中心，与知名高校对接合作，提升了学生的科研水平，进而也增强了国外大学申请竞争力。该校入读牛剑的20余名学生大部分都是自然科学、化学、工程等理工专业。

昆山康桥学校应该是苏州毕业生体量最大的学校。这所学校我去过多次，也跟校长有过比较多的交流和互动。这所学校的申请结果也是增长比较快，拿到不少英美顶尖名校offer。这所学校注重给学生多样化选择，开设了A-Level、AP、IB乃至普高等多种课程，强调以学生为中心，根据学生的能力兴趣，实施分层走班，一生一课表。此外，学校很重视艺术氛围打造，要求学生至少要学会一门乐器，虽然该校不是一所音乐或美术专业学校，但学生拿到国外艺术院校offer比较多。

西交利物浦大学附属学校国际部开设了A-Level课程，A-Level中心的老师，60%毕业于英国前十名校，85%具有硕士以上学历。有两个一线老师分别从剑桥大学数学和工科专业毕业，现任国际部校长则是从伦敦政治经济学院毕业的。该校在教学上有很多创新的地方，比如用圆桌师生对话、生生对话形式开课，在研学课堂中积极开展项目化学习、鼓励学生写小论文等。西浦附校以严格的学生常规管理和宿舍管理出名，严格控制学生使用电子设备。每个家长均会拥有一个独立的家校联络群，每个月会定期举办线上或线下家长会。

苏州湾外国语学校创建于2015年，通过A-Level国际课程、升学规划课程、学术背景提升课程和社团活动课程等，培养学生严谨细致的学术探究力、恒一持正的德行力、多元文化视角的社交力，为孩子升入世界一流名校做好准备。该校致力于为学生提供全方位的成长支持，并推出了颇有特色的"全托、全员、全联"的"三全"服务。全托是指对学生的学科学习、竞赛辅导、升学指导等提供全方位的支持，减轻家长的焦虑与负担。全员是指面向全体学生，一个都不少。学校不只是关注优秀学生，而是重视每一个学生的发展。全联是指学校各方面管理是联动而非孤立的。学校以学生的发展为中心，教学、升学、后勤等各个职能部门进行紧密联动合作。该校尽管创校时间不长，但自第一届毕业生以来获得过包括剑桥大学在内的诸多世界名校 offer，成为苏州国际学校新星。

苏州科技城外国语高级中学是苏州一所快速崛起的学校，国际高中开设了 A-Level 和 AP 课程，2019 年有首届毕业生。苏科中的升学工作重视"全程陪伴"。从初三开始，升学指导老师们便会定期与学生面谈，建立学生档案以及做好高中生涯的规划与衔接。学生毕业进入大学后，苏科中升学指导团队也仍然和学生保持密切联系，了解他们在大学就读的情况，也会在合适的机会邀请毕业生回来给学弟学妹们做经验分享。该校申请结果提升很快，多年连续获得牛剑 offer。

薛建茹：送普高生进牛剑

苏州中学园区校校长助理薛建茹是我十分欣赏和尊重的一位教育工作者，也是国内公立学校国际教育负责人的典范和缩影。她让我感到很了不起的是，16 年间，她把 42 名普高学生送进牛剑。

2014 年上半年，苏州中学园区校（以下简称园区校）校长助理薛建茹做了个重要决定，将正在就读园区校高二的儿子送到英国国王爱德华学校自费留学。对儿子的未来发展，她心里是有底的，因园区校派学生到英国高中继续深造此时已经有近 10 年历史了，而她一直在负责这个项目。

国际项目负责人是否愿意让自己子女就读，其实是个很重要的指向标。但凡愿意将自己子女也放在本校国际项目就读，那么这个项目本身不会差到哪里，也是会给学校教职员工以及学生/家长吃一颗定心丸。毕竟，项目负责人最清楚情况如何，不会拿自己孩子的前途去冒险。

截至 2023 年，园区校有 118 名学生通过学校项目到英国留学，其中 42 人被牛津、剑桥录取，牛剑录取率达到 36%，英国 G5 名校录取率达到了 72%。宜校的统计数据显示，全国牛剑率和 G5 率每年分别为 1%、15% 左右。这两个数字一比较，便可看出这个申请结果是相当不错的。

大家都知道申请结果和生源质量紧密相关，但事实上，园区校的生源质量并非最好，在苏州市区内属于第二梯队。那园区校为何能够有如此好的成绩？

园区校国际班给自己取了个独特的名字，叫西马国际课程班。不过，这个西马跟西班牙的马德里没有任何关系。学校之所以取这个名字，是因为校址所在地原先叫西马村，其实是个很土的名字。取名都这么实在，而其发展过程更是如此。

10年间，我实地拜访了全国600所国际化学校/国际部，和上千名学校高层见面交流过。而在其中，我对园区校校长助理薛建茹印象深刻。

园区校位于国际教育发达的苏州，薛建茹老师用很独特的出国留学方式，让42位园区校普高学生顺利进入牛津、剑桥这两所英国顶尖大学就读。

牛津和剑桥每年正式录取的中国学生约400人。也就是说，园区校之前每年3名左右普高学生会去牛剑就读，约占全国的0.8%。

园区校是所完全中学，原先并没有专门开设纳入中招体系的国际部。2020年，这所学校国际课程班得到了教育主管部门正式审批，并通过中招体系进行提前批次招生。多年的努力，园区校国际教育有了新的起步。

而在此之前，园区校是如何能够送出去42位牛剑学子，这引起我极大的兴趣，并多次访谈了薛建茹老师，从中了解到这所学校独特的国际教育路线。

苏州是国际教育的高地，国际学校数量仅次于北上广深四个一线城市，每年出国留学人数约2000人，占全国总量的5%左右。

苏州的国际教育如此发达，除了当地经济发展水平高，高考竞争压力大外，重要的一点在于，因工业园区建设的缘故，苏州很早就与国际教育结缘。

1994年开建的苏州新加坡工业园区，除引进新加坡的硬件之外，还在教育等软件方面和新加坡有密切合作，因此，苏州很早就与国外在教育上有密切联系和合作。而在教育对外合作当中，苏州中学则承担了主要任务。

此外，在国内迅速崛起的中国常熟世界联合学院，其之所以会在苏州落户，也跟当地教育主管部门、市民了解和熟悉联合学院体系息息相关。早在1980年10月，苏州便和加拿大不列颠哥伦比亚省的维多利亚市结成友好城市，而加拿大的世界联合学院便是在维多利亚市。双方之间有教育上的互动和交流，加拿大皮尔逊世界联合学院很早便有面向苏州地区学生的全额奖学金支持。因此，苏州当地学生很早就有到世界各地联合学院就读的传统。正因这个缘故，当世界联合学院准备在中国建校的时候，便被常熟市政府看重，并引进到常熟办学。

在这种大的背景之下，当薛建茹1993年从苏州大学英语系毕业进入苏州中学工作后，便有了一个很好的展示舞台。由于是英语老师，薛建茹在苏州中学本部，承担了高中国际班和中新实验班教学，对国际教育比较早便介入。

提到苏州中学国际教育发展，则需要提到老校长张昕。张昕曾在日本留过学，2003 年园区校创办时便担任校长一职。张昕对国际教育非常重视，在他担任苏州中学校长期间，德威国际高中曾租赁过学校校舍办学，但与苏州中学本身并没有股权和办学上的合作关系。

在张昕校长的争取下，园区校从 2005 年开始，便拿到了两个英国德威公学的全额奖学金名额。这两个全奖名额只给园区校学生。园区校学生在高二通过选拔后，再到英国德威公学就读两年，并以英国德威公学毕业生身份申请牛剑等世界名校。

2007 年，园区校全额奖学金学生一炮打响，当年便有一名学生被剑桥大学录取。自此，这个项目引起了越来越多园区校学生和家长的重视。学校为此还拓宽了升学渠道，将项目学校由一所增加到了四所。由于前往英国项目学校就读申请结果好，为此除了两个全额奖学金名额外，园区校不少学生也愿意自费前往英国项目学校就读。2016 年是园区校学生拿到牛剑 offer 最多的一年，10 位留学英国的学生中有 6 名学生拿到了牛剑 offer。

薛建茹全程参与了园区校出国留学发展历程，在看到送出去的学生屡屡能够获得好的申请结果，她深受鼓舞，也让自己儿子走这条路，并最终有很好的结果，他现在（2023 年）正在英国曼彻斯特大学就读博士。

不仅英国项目一枝独秀，园区校的国际教育也呈现出多样化选择路径。学生在完成高一或高二国内课程之后，可以根据自己的发展需要，衔接多样化的升学途径：既可以继续留在国内，参加各种标化考试来申请海外大学，也可以通过英国、加拿大、日本、新加坡等国家的高中继续完成学业，并以较大优势在海外申请大学。

园区校这种模式在现在的国内并不算稀奇的事情，但能够在 2005 年就开始这么操作，则比较前沿。宜校调研全国国际化学校、国际部后发现，类似园区校的做法，另外一所学校则是辽宁沈阳的东北育才学校，东北育才学校每年通过英国露丝公学，输送 5 到 10 名不等的牛剑学生。

经过十多年的国际教育浸润，薛建茹对学生培养有比较独到的看法。她提到，但凡在国内能够考上当地最好的高中且成绩达到中等，基本上便具备考取牛剑的基础。另外，由于园区校学生高中前期学习了普高课程并接受了普高的教育管理，具备良好的学业基础和学习能力，到国外后深造优势比较明显。薛建茹提到，2009 年到英国德威公学就读的 5 名学生，有 4 人被牛剑录取，另外 1 人则去了帝国理工学院。

薛建茹说："在一定程度上，选择确实会比努力更加重要。十多年来，我看过很多的学生案例，因为选择的路线不同，导致最终的结果有天壤之别。"

一位艺术生的成长之路

我是从 2016 年开始访谈拿到国外名校 offer 的学生，近十年来累计访谈过的学生有上千人。对所访谈过的学生，我多数时候是加上他们的微信，长期观察和了解他们就读大学后的成长与发展。这些优秀的学生上大学后，绝大部分能够顺利完成学业，本科毕业后要么深造要么参加工作，当然也有极少数学生因各种原因退学。

在这些学生当中，有少数艺术类的学生。从全国范围来看，艺术生占到全国本科出国留学总量的 8% 左右，个别城市如广州则超过了 10%。和其他专业相比，艺术生往往有两个很明显的特点。

一是真心热爱。学习艺术是个很漫长的过程，要在专业领域内有一番作为需要付出很多的努力。加之现在艺术生找工作机会相对其他专业要少，除非对这个专业是真心热爱，不然很难坚持走这条路。

我从广东一所公立名校国际部听到一个有意思的案例，即一名学生在早录阶段拿到一所美国文理学院商科 offer，实现了家人对她学习商科的期望。因离上大学还有大半年时间，为此学生让家人给她安排学习所热爱的素描。这名学生很有天赋，尽管之前并没有花很大精力学习素描，但很快便崭露头角。在读完大一后，她便转学到了罗德岛设计学院，并在罗德岛设计学院被公认为是很有发展前景的学生。

二是艺术生的家境会更好。正如前面所讲到，由于学习艺术时间漫长且未来工作机会有限，学习艺术需要更多的财力支持，因此一般走艺术路线的学生家境整体会比较好。我从南京升学顾问老师处听到过，有南京的学生因为父亲的公司成功上市，家里实现了财务自由，为此他将自己所学的专业从卡内基梅隆大学的计算机转为艺术。

苏州中学园区校美加班 2017 届毕业生钟逸舟是艺术生中一个很有意思的案例，我在 2017 年曾访谈过她，六年后的 2023 年，我在昆山又和她见面交流，了解了这位艺术生的成长历程。

2017 年那次交流，钟逸舟便给我留下深刻印象。一是她自认为钢琴弹得不是最好，但最终拿到了 9 所名校音乐专业 offer；二是她没有选择知名综合性大学约翰·霍普金斯大学的皮博迪音乐学院，而是就读了欧柏林音乐学院。

对这次访谈交流，我写成了文章，并发在了宜校的官方网站上，具体内容如下[①]。

对留学，业界一直在倡导一种"合适的才是最好的"理念，无论是选择合适的高中还是美国大学，均是如此。但在实际运作过程中，大家还是更多偏向名气和考虑找工作的难易等。

钟逸舟在"合适的才是最好的"这个理念上领悟比较深。尽管她已经拿到了约翰·霍普金斯大学皮博迪音乐学院的 offer，但并没有进这所排名第十的美国名校。除约翰·霍普金斯大学外，钟逸舟还拿到了欧柏林音乐学院、波士顿音乐学院、曼哈顿音乐学院等 8 份 offer。"学音乐的话，导师特别重要。约翰·霍普金斯和欧柏林在音乐专业领域实力相当，影响我选择的因素便是看确定哪位老师辅导我。"

虽然父母都学习和从事过音乐方面的工作，以及拿到了 9 所名校的音乐专业 offer，但钟逸舟并不认为自己的钢琴弹得非常好。

"我在小学 6 年级的时候，拿到了钢琴非专业 10 级证书，但并没有正式学习过钢琴。在上初中以后，由于忙于学业，我在练琴上花费的时间并不多。我在进入高一后，才真正开始专业学习。"

上高中后，钟逸舟确定自己还是选择学习音乐。在确定专业后，面临着是出国还是参加国内的艺考。"我考虑过是否在国内艺考，最后还是决定放弃。主要原因是我并没有从小进行过严格的音乐专业学习，若和上海音乐附中之类的学生相比，我在专业上没有什么优势。同时，国内好的音乐学院比较少，选择的空间很小。"

在确定出国留学学习音乐后，钟逸舟发现园区校能够提供很好的学习机会。"学校对我支持很大，比如学校的琴房原本是不开放的，后来同意让我在中午和晚上练琴。"

参加完会考后，钟逸舟花了半年多时间进行准备。从 2017 年 2 月开始，钟逸舟花了一个月时间在美国参加了 9 所学校的面试，结果全部面试成功。

"考学的时候，美国的教授会看演奏技巧、乐感、音乐理解等多方面因素。其中乐感和音乐理解是教授们更看重的，因为这代表着未来可能拥有的潜力。在准备面试那段时间，我每天要练习很长的时间，对每一首乐曲也是做到了烂熟于心。我在弹奏的时候是尽量表达自己想表达的音乐。"

"我之所以能拿到这些 offer，是胜在乐感比较好。我在面试的时候，并没有感觉到是在面试，而感觉自己是在表演。我是给教授们在表演，是一个舞台艺术家。"

"我在弹奏的时候，融入了自己的理解和情感，这相当于是一种再创作。乐感的培养是个长期过程，需要了解作曲家的生平，从作曲家的角度、心情来体验和理解音符，多听大师的演奏，慢慢便培养出自己的乐感。"

2023 年暑假期间，我在江苏昆山和钟逸舟见面进行了交流，了解了她就读大学后的情况。

2017 年，钟逸舟最终选择了就读欧柏林音乐学院。4 年本科毕业后，钟逸舟在印第安纳大学伯明顿分校就读研究生。2023 年，研究生毕业的钟逸舟选择去迈阿密大学 Frost School of Music 读博士。

国内学生就读美国大学一般是读本科看学校、读硕士看专业、读博士看导师。但钟逸舟提到，艺术专业不完全是这种选择方法，应该是读本科看导师、读硕士看专业、读博士看学校。她在本科阶段之所以会放弃约翰·霍普金斯大学而选择欧柏林音乐学院，正是因为看重欧柏林音乐学院给她提供了更合适的导师。

音乐学院导师的选择也是双向的，钟逸舟认为欧柏林音乐学院导师的个人艺术风格更适合自己。在研究生申请上，钟逸舟得到了本科导师的推荐，为此就读了印第安纳大学伯明顿分校。到读博士阶段，钟逸舟则更侧重选择知名综合性大学和大城市的学校。

"欧柏林音乐学院位于比较'村'的地方，而我所学的是钢琴表演，在大城市有更多和更好的表演机会。迈阿密是个旅游城市，人口多，能提供很多机会。同时，到博士阶段则更需要重视今后工作的寻找。就读知名综合性大学尤其是名校对艺术专业生找工作会更有帮助。音乐专业本科阶段在一些知名综合性大学并不受重视，在小的音乐学院里面会更受重视。但到了博士阶段则是不同的思路。"

钟逸舟这个想法和国内用人政策是契合的。海归人员如果想进入国内的体制内单位，如果参加正常招考，很难竞争过国内大学毕业生。而如果通过特殊人才引进机制，起点是要硕士学位，且对所毕业的国外大学一般有世界排名前100的规定，这些规定使美国知名综合性大学更具有优势。

钟逸舟提到，欧柏林音乐学院本科毕业生会有八成就读硕博。和她同一届的学生中，学习钢琴表演专业的中国人有6位，其中有3个人在读博士，2个人在读硕士。

和很多艺术生走专业路线不同的是，钟逸舟是从普高体系里面毕业的。现在回想起来，钟逸舟很庆幸自己有这段普高学习经历，为自己的学业奠定了很好的基础，比身边从音乐学院附中毕业的同学更具有学业上的优势。

在介绍学习钢琴经验时，钟逸舟分享了自己的切身体会。要学好钢琴，不仅仅是弹奏本身，还需要学好乐理，这个时候找老师便特别重要。上大学之前，自己所学的钢琴弹奏并不严谨，导致有很多细节工作没有做好。

学习钢琴，找音乐学院附中或附小的老师来指导固然是好的，但这些老师往往比较忙，且费用也比较贵。为此，有意要学习钢琴弹奏的学生，可找一些音乐学院的在读学生，他们的时间精力会更加充足，可以更好地关心学生的学习。

结合自己的成长经历，钟逸舟对有志于走艺术路线的准留学生们提了四条建议。一是如果想要报考钢琴表演专业，有从小学习的基础和对音乐发自内心的热爱是很重要的。台上一分钟，台下十年功，表演专业需要热爱去支撑日复一日的练习。

二是了解学校最直观的方法，就是直接去看官方网站，可以看到学校最近正在举办的活动，可以看到专业课教授的信息和联系方式。对心仪的教授，可以发邮件联系老师上课或者问教授有没有假期的音乐节可以提前去参加，这是让你和教授双向了解的一个很好的途径。

三是语言考试尽量早一点考完，这样在准备作品集的时候可以更专心地练琴。

四是选择考学曲目的时候，不应该只盯着曲目的难度，要尊重自己内心的感受，选择自己真心喜爱并且难度符合考学要求的曲子，这样在演奏的时候，会更加地享受过程，练习的积极性也会提高。

在谈到对钟逸舟影响最大的一本书[②]时，她提到了《我是郎朗》。她说道："这本书看过三遍，虽然文采不是很好，但比较真实感人。每当我感觉坚持不下去的时候（因为练琴是一个枯燥的过程），就会读郎朗的故事，去了解要成为一个钢琴大师必须经历的磨难。这本书并不是帮我解决学习音乐技术和理解上的困难，而是在思想上鼓励我坚持下去，这本书在这个方面对我的帮助比较大。"

一位常熟UWC学生家长对教育的反思

为子女教育感到焦虑在国内是个普遍现象，唯名校论是造成国内家长焦虑的重要原因，这在国际化学校家长群体当中更是明显。众所周知，国外名校录取中国学生的名额极少。我测算过，在全国每年约8万名本科留学的学生中，只有5%左右的学生能够进入美本前30和英国G5学校就读。

在国外名校申请竞争日趋激烈的情况下，如果有学校不强调考取名校，而是重视学生的成长与使命践行，那就显得很独特。中国常熟世界联合学院（简称"常熟UWC"）便是这样独特学校中的一所。（参见彩图15）

我接触过不少常熟UWC家长，其中印象比较深的是姜家波先生。姜家波的儿子姜芃越早在2019年5月，就已经从常熟UWC毕业。而姜家波从2020年新冠肺炎疫情后，就开始作为校友家长志愿者协助常熟UWC做一些招生宣传工作，与上千名想把孩子送到常熟UWC的家长互动交流过，在UWC的家长中算是对UWC教育了解比较多的一位。

姜家波在江苏苏州从事装配式建筑设计和建造工作，平时工作也比较繁忙。尽管如此，他仍然愿意拿出大量时间来介绍常熟UWC。家长出面为孩子所毕业的学校进行背书和推荐，这在国内的国际化学校当中并不少见。我观察下来，这些家长的孩子往往大多申请到名校offer或至少申请结果处在毕业生第一梯队中。

姜家波的儿子姜芃越本科就读于伊利诺伊大学香槟分校（UIUC）的计算机＋哲

学专业，UIUC 在美国大学排名中为 40 名左右，不能算是美国的顶尖名校，计算机专业是 UIUC 的强势专业，在计算机专业排行榜 CS Rankings 上排名第二。但姜家波对常熟 UWC 满意度很高，并愿意花大量精力为学校做义务的推介。而常熟 UWC 每年均会有一批学生能够拿到美国顶尖名校 offer，但仍然很愿意让姜先生作为家长代表与潜在就读的学生以及家长进行互动交流。

我在联系姜先生做访谈交流并想把他作为常熟 UWC 一个经典案例来放在书稿里时，他提到儿子并非那种耀眼的学霸，算不上多么优秀，但比较有后劲且在不断进步。我跟他说，挺合适的。因为能够拿到顶尖名校 offer 学生太具有特殊性，并不太适合代表一所学校，中段或普通学生成长案例反而往往是一所学校教育精髓的体现。

姜芃越在 2023 年以接近满分的 GPA（3.96 分）从 UIUC 本科毕业，并拿到康奈尔大学计算机专业直博 offer。我在苏州和姜家波父子俩一起见面进行了交流，了解他们所走过的国际教育心路历程。

姜家波自己从国内大学毕业，并曾经在英国留过学以及在海外工作过，对东西方教育优缺点均有切身体会。从自己的工作和学习经历中，姜家波发现国内大学毕业生在与国外同事工作和沟通时普遍存在力不从心的问题，他不希望自己这一代的不足在下一代身上重演。

但孩子作为中国人，也需要学好中国自己的文化。基于这种理念，姜家波规划让儿子在小学阶段就读苏州的公立学校，但是又不希望初中去公立初中每天刷题和死记硬背。所以初中选择去苏州工业园区一所国际学校读 IBMYP，高中则选择美式高中、大学去美英学习。对不同阶段的学习，姜家波有自己的考虑，他提到小学就读公立学校侧重培育中国文化根基，初中培养综合能力和打好语言基础，高中培养创造能力和批判性思维，而大学则学习美国先进的科技，并同时投入一些时间学习国学和中国哲学。

2015 年 9 月，常熟 UWC 招录首届学生。此时的常熟 UWC，由于尚未有首届毕业生，在国内并没有像现在这么如雷贯耳。姜家波了解到常熟 UWC，是因为自己所住的小区里面有 4 个邻居家的孩子在常熟 UWC 就读。尤其是其中有 2 名女生初中学习成绩在一所著名国际学校已经名列前茅，但她们还是毫不犹豫地申请了常熟 UWC，这引起了姜家波的注意，心想这么优秀的学生选择就读常熟 UWC，那学校本身肯定很不错的，对是否要申请就读不需要犹豫了。通过这 2 名女生的介绍，姜家波初步了解了常熟 UWC，并发现 UWC 的使命和自己对孩子教育的定位比较契合，于是让儿子进行了申请并成功获得录取。

常熟 UWC 学制有两年 IBDP 和两年 IBDP+ 一年 Pre-IB 两种，姜芃越申请到了三年制的 offer。2016 年初中毕业后，他开始到常熟 UWC 就读 Pre-IB，常熟 UWC 的 Pre-IB 需要学习 FP（Foundation Program）课程。后来 Pre-IB 课程改为了 FP（Foundation Program）。常熟 UWC 官网上公布了 FP 课程内容，其课程设置与 IBDP 比较类似，有核心课程、语言、数学、科学、人文与社会学以及选修课，课程主要是为了让学生们能够更好地适应 IBDP 阶段的学习。

不过，在姜芃越进入常熟 UWC 就读后，学习之路走得并不顺畅。从初中开始在国际学校就读后，姜芃越只学了比较浅的国内的语文和数学。虽然英语水平比较高，但数理化以及中文基础远不如来自于公立学校的同学。在姜芃越的同学中，有人在入校前就已经学完了普高课程，而且是来自苏州中学那种最好中学的尖子生。面对这么多的学霸同学，姜芃越压力很大。学霸同学觉得很简单的数学课，但他几乎听不懂，下课后还需要进行自学。这是姜芃越十分艰难的一年。现在回想起来，姜家波提到，如果仅仅以成绩来选拔学生，自己孩子应该没有什么机会可以进入常熟 UWC。从这点来看，UWC 选择学生还是有独到眼光的。[③]

前面讲到，常熟 UWC 的 FP 课程设置比较类似 IBDP 课程，而 IBDP 课程比较重视文理兼修，对学生的综合要求比较高，这也是国内国际教育界公认的最难学的国际课程。

姜芃越小学和初中阶段的成绩在学校里面也是很优秀的。但到了常熟 UWC 后，姜芃越学习成绩不佳，10 年级这一年是姜家波全家最为焦虑和纠结的一年。由于焦虑，姜家波也曾试图去指导孩子的学习，但效果却适得其反。经过两个学期的努力，姜芃越的成绩有所提升，但到了 11 年级学业最为繁重之时，由于标化考试成绩不理想，姜家波很着急，对儿子施加了越来越大的压力。

施压导致父子矛盾加深，当父子矛盾积累到顶点爆发后，姜家波突然意识到自己的问题所在，给孩子的不是帮助而是不断增加的压力，因压力太大导致孩子没有办法正常学习。从这一天起，他开始彻底改变自己，学会倾听儿子的声音并尊重孩子的决定，多去发现孩子的闪光点，看到孩子的进步。也正是这个转变，姜家波深刻体会到 UWC "理解和包容" 价值观精髓所在。姜家波不再纠结儿子是否能够申请到世界顶尖名校，从焦虑变成从容。[④]

在转变思路后，姜家波发现自己儿子其实有很多的优点，由于之前太过于关注学业，导致他忽略了儿子在常熟 UWC 的成长。而姜家波的转变，也让儿子更加愿意和他交流。

和不少父亲缺位孩子不同的是，姜家波从儿子 3 岁开始便投入了很多时间和精力来陪伴他。他每天去学校接送孩子上下学，并很惊讶地发现每天接送孩子的家长群中只有他一个爸爸。

到常熟 UWC 就读后，学业压力增大。同时，UWC 每个学期只有两个周末可以离校，学校之所以有这个政策，一是因为学生需要离校去参加英语标化考试；二是常熟 UWC 希望本地学生在上课之余多些时间跟国际学生交流。由于见面机会少，导致父子之间的互动和沟通急剧减少。

和大多数关心孩子成长的父母一样，姜家波也曾一度参加到各种家长群或教育群中，但这徒增更多的焦虑与不安。在与孩子产生了激烈的冲突后，姜家波意识到自己的教育理念已经偏离了初衷，当初申请常熟 UWC 时对成长的追求慢慢被环境影响为以追求成绩和申请名校为核心目标。

包容和理解化解了姜家波父子俩之间的矛盾和冲突，在此基础上，姜家波对学校的教育理念和使命有了更加深入的了解。儿子跟他提到，常熟 UWC 的学生来自于全世界 100 多个国家和地区，因文化、种族、宗教、出身等种种不同导致有不同的思想和观点，如果相互之间不理解和包容，同学之间是没有办法和平相处和保持多元化，当然也不可能实现 UWC "联合不同的国家、民族和文化，从而促进世界和平与可持续发展"的使命。⑤

姜家波在常熟 UWC 官方微信公众号《不忘初心，方得始终——一位父亲在儿子高中毕业之际对教育的反思》一文中，举了三个具体的事例来说明常熟 UWC 这种多元化的相互理解和包容对孩子成长的影响。一是针对河南支教项目周评估问题，儿子虽然不赞成同学的观点，但并没有针锋相对去反驳，而是用讲述自己故事的方式来表达自己的观点；二是在经济课程上，对减税还是加税更有利于提升民众生活水准各抒己见，虽然减税是多数意见，但也有少数同学赞同加税，其不同观点让儿子开阔了视野；三是陈家沟太极之旅，很好地传播了中国文化。⑥

姜芃越在 2019 年从常熟 UWC 毕业后，就读于 UIUC 计算机＋哲学专业。2023 年，他拿到了康奈尔大学直博 offer。他很怀念自己在常熟 UWC 的学习和生活，提到 UWC 学生的多元化程度超过了美国的大学。UWC 虽然有来自上百个国家的学生，但在学校里面可以畅所欲言，且高中生思维也比较单纯，朝夕相处让大家感情甚好。

"大学里面分圈子，很多圈子我们是进不去的。而 UWC 不存在这种情况，所以国际化程度反而比美国的大学更高。我归纳总结为，美国的大学是同而不和，UWC 是和而不同。"

在提到哪些学生适合去 UWC 就读时，姜芃越跟我说，UWC 包容性很强，所录取的学生也是个性不一，也有很多内向型的学生。因此，哪些学生适合就读 UWC 还真没有标准答案。不过可以反过来回答这个问题，即 UWC 不想要哪些类型的学生。

UWC 不喜欢急功近利，没有批判性思维，心胸和视野比较狭隘的学生，是否自律倒不要紧。

姜芃越跟我提到，他观察到 UWC 毕业生读博士的比例比较高，而读博是要对专业有真正的热爱才有可能坚持下去。

姜家波认为，UWC 从基础课程开始就是按照大学教育模式来放养的。虽然是"自由天地"，但却是有着很强烈的使命感，不是培养精致的利己主义者。所以，毕业生的思想成熟程度和能力甚至强于国内的一些大学毕业生。[7]

根据姜家波的切身体会，可以理解为何 UWC 毕业生在读大学后几乎都不需要多久就能完全适应美国大学的学习和生活环境，而且后劲普遍很足，读博的比例也比较高。

发现常青藤

我在大学毕业后到苏州这边生活了 20 多年，但在 2016 年前，我对张家港常青藤实验学校（以下简称"常青藤"）还一无所知。

2016 年 3 月，我开始做苏州的留学调研，最早的时候是将调研的重点放在了苏州市区的几所名校上。很偶然的机会，我注意到了张家港常青藤学校（当时名为张家港常青藤实验中学）。因为这所学校是否需要保留高中部，在张家港当地引起极大的反响。

一所民办学校是否要保留高中部会引起社会如此大的关注，唯一的原因只能是这所学校办学质量很高，其一举一动颇受社会关注。

当我把常青藤的资料找到仔细研究后，真是吓了一跳，因为这所中学国际部百余名学生的申请结果，当时不亚于苏州城区的几所名校。如苏州外国语学校、苏州德威国际高中拿到的美本 offer 当中，学校排名最高的是第 15 名，而常青藤也有学生拿到了排名 15 学校的 offer。通过内地高考途径，要想上香港大学是不太容易的，成绩至少要在全省 / 市名列前茅。而香港大学 2016 年一下子便录取了常青藤 9 名毕业生。

国内出国留学牛校往往集中在北上广深一线城市，像南京这样的二线城市有牛校但比较少，三线城市更少。而常青藤地处张家港这么个县级城市，只能说是个四线城市。虽然 UWC 这样的世界名校也往往会设立在一些小城市，如 UWC 的中国分校便在常熟，但 UWC 背后有深厚的世界资源。常青藤是无法相比的。

一个小地方能够出这样的名校，为啥？

常青藤的官方网站介绍说，学校创建于 2000 年，创始校长秦力女士曾是张家港最好的中学——梁丰中学的校长。据我了解，这个学校的初中部十分厉害，每年的张家港中考状元、中考前20名学生多数出自常青藤，成为当地小学生的首选初中。高考本一、本二达线率在张家港排名第一，985大学录取比例也是张家港最好的。

从2016年后，我基本上每年至少会去一次常青藤，访谈了主管国际部的校领导、老师以及学生，关注这所学校的国际教育发展状况。

通过这些深入调研后，我得出结论，常青藤之所以有这样的教学成就，主要有两个原因：一是张家港的优秀学生往往会选择上常青藤，不像苏州其他地区的学生考不上苏州中学才会考虑本地的学校，这让这所私立学校收获了不少张家港本地的优质生源；二是学校的管理务实高效，教学培养有针对性，导致一个硬件一般的县市民办学校取得了不亚于苏州市区名校的申请结果。

为此，我们介绍了一些家长去拜访常青藤，他们接触后的反馈便是："这是一所真正做教育的学校，不是那么商业和功利。"

常青藤国际部每年要招录100多名新生，但国际部居然没有招生办，招生工作主要由主管校长和升学指导负责人来完成。学校也比较少参与各种招生推广活动，因为他们相信"学生是最好的招生官"。

生源质量在很大程度上会决定最终的录取结果。有意思的是，我们发现像常青藤以及苏州外国语学校、无锡大桥实验学校这些留学牛校往往是完全中学，国际部喜欢从自己的初中毕业生当中进行选拔，比例会占到一半，多的甚至超过八成。

这些学校的初中部都很厉害，小升初便是一道竞争门槛。再加上三年的初中教育，学生质量普遍不错。由于是本校生，在国际部培养会更有针对性，最终的结果自然会更好。

很多朋友会问一个挺有意思的问题，即常青藤的学生和城区的学生相比，到底会出现哪些差异？这个问题不太好回答，如果一定要回答的话，我发现在学生个人的背景提升方面，常青藤的学生会更侧重借助本地资源。

另外，在十年间所实地调研过的几百所学校当中，我看到常青藤的学生尤其是女生颜值与气质应该是属于全国最高层次。之所以会这样，我估计跟校风有关，常青藤校风比较朴实无华，不喜欢花里胡哨的东西，在此环境熏陶下，学生普遍具有天真自然和不做作的特点，加之国际教育所倡导的自信和自爱精神，导致学生既自信又优雅，给人不一样的感觉。

因种种原因，像南京外国语学校、北京第四中学这样的名校的经验是无法复制的，但我们认为常青藤的做法完全是可以复制的，更具有参考价值，这也是我们关注这所学校的主要原因。随着我国出国留学人数的日益增多，三、四线城市的国际教育需求旺盛，常青藤的做法和经验是更应该值得借鉴和参考的。

一所好学校能够造福一方百姓。希望能够看到更多类似常青藤的学校出现。

无锡、常州及其他

在2018年之前，无锡的顶尖名校申请结果大多超过苏州，甚至有一些优秀的苏州学生到无锡就读国际课程。无锡具有出国留学的传统，我曾访谈过一名学生，他的文书便是以自己曾祖父在美国留学的状况和自己进行相比，提到曾祖父留学美国时总人数为几百人，而自己去香港亚博参加SAT考试，光进考场都要花费半小时。

无锡大桥实验学校有个学生给我留下十分深刻的印象，这位学生的标化成绩很高，但她考虑到由于美国的名校招生官往往会对中国学生的成绩有质疑。为了证明自己的学习水平，她便选择参加了GRE考试，并取得了332分的高分（满分340分）。这名学生最终去了康奈尔大学就读。

单从申请结果来看，无锡大桥实验学校和江苏省天一中学国际课程中心在当地是最好的。有意思的是，这两所学校国际部主任均晋升为副校长。无锡第一中学开办国际教育也比较早，而无锡外国语学校则是老牌的国际学校。无锡锡山高级中学则在澳大利亚课程上设置比较久。无锡狄邦文理学院是新兴的国际学校。

无锡大桥实验学校是无锡当地一所知名的民办学校，创建于1993年。国际部成立于2012年，学校申请结果在国内也是出类拔萃的，不乏学生被录取到耶鲁大学、芝加哥大学、达特茅斯学院、西北大学、康奈尔大学、卡耐基梅隆大学、加州大学伯克利分校等美国顶尖名校。从新冠肺炎疫情后，国际部学生组合申请的情况较普遍，获得过剑桥大学、香港大学、香港中文大学的录取。

两个重要因素使得无锡大桥实验学校出国留学基础扎实，一个因素是这所学校的英语教学是亮点也是特点，创校之初就有英语教学高手对学校的英语教学做了整体规划。学校还曾首创中学生参加大学英语等级（四级）考试，通过率达97.4%。另一个因素是，学校在尚未创办国际部之前，每年会有不少初中毕业生到新加坡等国外高中留学，并申请到哈佛大学、普林斯顿大学等美国顶尖名校offer。而这些学生对无锡大桥实验学校有很高的认可度，学成后愿意给师弟师妹们的留学提供各种支持，为此该校国际部从一开始便处在一个很高的起点。此外，学校重视建设良好的校风、学风，有稳定和优质的师资，国际部多人获得过无锡大市范围内班主任基本功大赛最高奖。该校开设了AP课程，国际部学生从高一开始便由外教授课，并进行全英文走班制教学。此外，学校通过了Cognia（美国西北部、中北部、南部院校协会联盟）的认证，这个认证使得国际部所出具的成绩单含金量更高，让学生在申请国外大学时更容易被认可。

江苏省天一中学是江苏名校，每年的高考成绩在省内十分亮眼，曾出过多名全省状元。2009 年，天一中学建立了国际课程中心，开设 AP 课程。千名毕业生 100% 到美国、加拿大、英国等世界名校就读，部分学生进入了哈佛大学、耶鲁大学、麻省理工学院、斯坦福大学等顶尖大学深造。天一中学国际课程中心的学生学业成绩普遍优秀，三年高中平均修学 11 门 AP，这还不包括学生自学并参加考试的 AP 科目。托福 110+ 和 SAT1500+ 比例比较高。该校高水平的教学确保了学生能够取得优秀成绩，一方面校本部有很强的教学能力，能够为国际课程中心提供强有力的教学和师资支持；另一方面，国际课程中心引进了一批教学能力强的外教。天一中学在初中段开设了少年班，类似北京的人大附中早培班，以培养学生竞赛能力为主，而少年班有部分学生会选择进入国际课程中心就读。同时，天一总体竞赛强，在此影响之下，国际课程中心在竞赛和活动上也表现优秀。这些也为国际课程中心毕业生申请到世界名校打下坚实的基础。

常州的国际教育在江苏省比较特殊，其国际教育发展过程中有过波动。2014 年，常州市教育局取消了公立学校国际部，将公立学校国际部放在集团民办学校里面运作，比如将常州高级中学国际部放在省常中教育集团下属的常州外国语学校运作，常州第一中学国际部放在正衡中学办学。2020 年，常州教育局又恢复了公立学校国际部。

江苏省常州高级中学创建于 1907 年，其创办人屠元博先生曾留学日本。屠元博先生担任校长之时，聘请了一批留学归国的学生任教。为此，江苏省常州高级中学从创办之初便和国外联系紧密，创办初期便已经选送学生到日本留学。由于学校具有悠久的留学传统，历来重视外语教学，视野开阔，又具有较高的竞赛水平，使得学生出国留学申请结果在常州一直领先。国际部开设了 AP 课程，80% 以上的学生被美国排名前 50 的大学录取。

镇江的国际学校比较少，主要为句容碧桂园学校。

苏北地区的国际学校整体较少，北京新东方扬州外国语学校是一所规模较大的学校，这所学校为新东方集团所创办，因此能够得到集团各方面的支持。南通的国际教育这些年发展较快，惠灵顿等教育集团在此地建校。徐州的国际教育有当地最好的公立学校——徐州第一中学，且表现突出。

北京新东方扬州外国语学校于 2002 年由新东方教育科技集团投资兴建，是一所双语 K12 学校。该校的国际教育起步早，2006 年起先后开办了 AP、A-Level 国际课程、OSSD 国际文凭项目，整体水平在江苏省颇具影响力，不仅有大量扬州、泰州、连云港、盐城等苏北地区的学生，也吸引了不少包括南京、苏州、常州、无锡、镇江等苏南地区的学生前来就读，甚至还有一些来自省外的学生从这里被国外一流高校录取，继而升入哈佛等顶尖名校读研、读博。该校50%以上毕业生被美国或世界排名前50大学录取，97%以上毕业生被美国或世界排名前100大学录取。芝加哥大学、杜克大学、康奈尔大学、约翰·霍普金斯大学、埃默里大学、加州大学伯克利分校、帝国理工学院、伦敦大学学院、香港大学等名校录取过该校学生。

南通惠立学校是继上海、杭州、天津之后的第四所惠灵顿成员学校，于2022年开始招生。该校是一所K12制国际化双语学校，面向全国招生，小学和初中的课程是以中国国家课程大纲为基准的双语化课程，高中阶段开设了A-Level课程。南通惠立的建设和运作得到了南通当地政府大力支持。这所学校投资近10亿元，硬件一流，校园设计风格偏英式。这所学校在很多细节上做得别具一格：校园内有校长府邸，凸显以校为家的理念；放学时家长可以进到学校里面接孩子；学生公寓后面有专门的家长开车接送区域，以避免搬运行李之烦；学校体育设施与家庭共享，学生家长可以使用校内游泳馆、运动场等设施。

赛珍珠：反向低龄留学

1872年，由容闳发起的留美幼童计划启动，在9年后因各种原因，留美幼童计划夭折，学生全部被召回。这些学生回国后，初期得不到信任和重用，但随着时间的推移，这些学生为中国的发展做出了重要贡献，出现了清华大学首任校长唐国安、中国铁路之父詹天佑等众多名人。清廷覆灭后，留美幼童多不愿出仕新政权，曾担任驻美公使的梁诚便是典型代表。从这点来看，当初清廷认为学生对朝廷缺乏忠心的判断是错误的。

清末民初的中国，社会各方面发展水平与西方差距甚大，很难吸引外国学生来中国留学。但有个特殊群体，即传教士。因新教传教士可以结婚生子，这些传教士的子女自小生活在中国，虽然所入读的学校往往有教会背景，但很难不受到中国文化影响。因此催生了一批在中国低龄留学的外国学生，赛珍珠（Pearl S. Buck，1892年6月26日—1973年3月6日）便是其中的一个典型代表。

赛珍珠1892年出生于美国，襁褓中便被传教的父母带到中国生活，在镇江度过了童年和少年，长达近18年，大学则回到了美国就读。在赛珍珠10岁时，父亲找了一名孔子后裔做她的家庭教师。孔先生为光绪年间的秀才，教授赛珍珠中国传统文化，包括四书五经。

1917年婚后，赛珍珠离开镇江，同第一任丈夫长期在安徽宿州、江苏南京生活。1934年，赛珍珠告别中国，至死未能重返中国。1938年，赛珍珠获得了诺贝尔文学奖。

在一个早春的上午，我参观了镇江赛珍珠故居。故居离镇江火车站很近，打车只需起步价。我参观了故居和纪念馆，参观的人并不多。故居和纪念馆做得还是很不错的，比较精致。也许是因为做过记者工作，受此影响，无论是调研学校还是了解一个名人，我喜欢实地到现场去体验，用心来感受学校或名人的所思所想、所见所闻，这样会感触更深。（参见彩图16、17、18）

赛珍珠故居是一座两层楼的小屋，虽为独户别墅但面积不大。故居一楼为客厅，以及与赛珍珠感情甚笃的乳母王妈卧室，也有厨房但没有对外开放。二楼西面是赛珍珠的书房和卧室，东面则是赛珍珠父母卧室以及书房。

故居离长江并不是很远，一旦遇到战乱能够尽快到达码头，方便撤到长江上的美国军舰上。每个人到一个陌生的地方工作和生活，落脚点往往跟其前往的交通工具会有很大情缘。比如开埠之初的上海，美、英、日等外国人到上海是坐船过来的，因此其落脚点会在码头以及军舰大炮射程以内，外滩便成为他们的首先落脚地。而早期浙江人也是坐船到上海，则集中在十六铺码头，安徽以及江苏过来的主要坐火车，则集中在上海火车站附近的闸北。改革开放后，日本人、台商等主要坐飞机来上海，因此虹桥机场这一带成为外商、台商居住密集之地。

在赛珍珠81年的生涯中，在中国生活了将近40年。人生中很重要的童年和少年时期均是在中国生活和学习。赛珍珠将中文当成自己的母语，镇江成为自己的故乡。童年阶段，赛珍珠跟随传教的父母辗转到中国各地，接触到不同的方言，和农村的孩子们一起玩耍，在家里学习毛笔字。赛珍珠接触到了中国底层的真实生活，但由于具有外国人的身份，又免于生活的苦难。当赛珍珠回到美国生活，阔别多年导致了她对美国社会的生疏。赛珍珠通晓中美，但内心却是如此孤独，缺乏归属感。这种状况对个人而言无疑是一件糟糕的事情，但对文学创作来说则成为了灵感来源。

1917年婚后，赛珍珠跟随第一任丈夫在皖北的宿州生活过，对农村以及中国普通百姓生活有非常深入的了解。她根据这些生活经历，写出了描写中国农民生活的长篇小说《大地》(*The Good Earth*)，这部小说让她先后获得普利策小说奖和诺贝尔文学奖。赛珍珠在受诺贝尔奖时的演说词中提到："我属于美国，但是恰恰是中国小说而不是美国小说决定了我在写作上的成就。我最早的小说知识，关于怎样叙述故事和怎样写故事，都是在中国学到的。今天不承认这一点，在我来说就是忘恩负义。"

瑞典学院在颁奖辞中提到："瑞典学院把今年的诺贝尔文学奖颁给赛珍珠，是由于她对中国农民生活史诗般的描述，这描述是真切且取材丰富的，以及她在传记方面的杰出成就。赛珍珠的作品，为人类的同情心越过遥远的种族壁垒铺平了道路，对人类的理想典范做了深入的研究和伟大而鲜活的艺术展现。为此，瑞典学院觉得这与诺贝尔对于未来的梦想期望和谐一致。"

赛珍珠从写出首篇作品到获得诺贝尔文学奖相隔时间为15年，而同样获得诺贝尔文学奖的莫言则长达31年。赛珍珠的作品在美国乃至西方世界受到了追捧，其代表作《大地》在出版后连续两年成为美国畅销书。

赛珍珠的作品在西方世界受到欢迎，一方面由于赛珍珠具有美国人的视角，又有在中国长达近40年的切身生活体验，她通过小说的形式向西方世界打开了中国文明之窗，进而让一度忽视中国的西方世界来了解中国；另一方面，1937年日本全面侵华，其在南京屠杀中国人民的暴行引发世界关注，西方世界亟须了解中国，而赛珍珠的作品恰逢其时。

意大利人马可·波罗在中国生活了17年之久，但他的经历主要是跟元朝政权高层的紧密接触，偏向于政治和官场。而赛珍珠则真切地深入中国普通百姓生活中。

赛珍珠在文学创作中获得了顶尖荣誉，但其生活并不如意。回到美国后，赛珍珠曾一度被视为亲华者受到联邦调查局的调查。而《大地》一书在中国被认为格调阴暗有辱华之嫌，加上不满赛珍珠有关中国的政治言论，国民政府拒绝派人参加赛珍珠诺贝尔文学奖颁奖典礼。在自己两个最为亲密的国家均得不到认可和信任，这对赛珍珠来说无疑是双重打击。

如果从留学的角度来看，赛珍珠在中国度过了童年和少年时期，属于现在所讲的低龄留学范畴，即一名美国学生在中国完成了基础教育，其大学则是回到了美国来完成。在这种学习和成长环境下，赛珍珠对中国十分了解和充满感情。这些文化使者在乱世中往往命运多舛，容易被政治左右，这对个人来说是很无力的。

因此，有观点认为，如果赛珍珠再晚出生几十年，在中国变得更加强大、包容和开放之时，其"爱中国"之内涵能够得到更多理解与接受。

1973年3月，赛珍珠殁于美国，墓碑上并没有刻其英文名字，而只有"赛珍珠"三个中文篆体字。

1992年，赛珍珠在镇江的故居修缮完成（此前名为镇江市友好交流馆）。2000年5月，南京大学内的赛珍珠故居挂牌。安徽宿州也建有赛珍珠纪念馆。

参考文献

①②肖经栋著，《自认为钢琴弹得不是最好，她为何会被9所名校音乐专业录取》，宜校官网，链接：http://www.myfitcollege.com/page/Story_Detail.aspx?Code=27，2017年4月7日发布。

③④⑤⑥⑦姜家波著，常熟UWC官方微信公众号文章《不忘初心，方得始终——一位父亲在儿子高中毕业之际对教育的反思》，2019年6月5日发布。

第三节　浙江：创新高地

　　浙江之富庶闻名全国。与国内经济第一大省广东和同样富庶的邻省江苏经济依靠外资不同的是，浙江的经济以内资为主。浙江民营经济发达，藏富于民。

　　浙江家庭可支配收入长期排在全国前三，仅次于上海和北京。同时，浙江也是一个十分重视教育的地方。而浙江的高考竞争也十分激烈，浙江学生要上好的大学也很不易，这点和广东类似。

　　浙江富裕家庭众多，高考难，家庭重视教育，这三个因素叠加在一起，照理国际教育以及留学应该比较发达，但结果却不是这样，浙江无论是国际化学校/国际部数量还是本科出国留学人数、申请情况，与经济发展同层次的广东、江苏省相比均有较大的差距。

　　不过需要说明的是，我只是指浙江高中段的国际教育要落后于广东、江苏。而在高等教育的中外合作上，浙江是做得相当不错的，省内有宁波诺丁汉大学、温州肯恩大学两所中外合作大学，2018年设立的西湖大学则要打造成国际化的高等学府。

　　浙江这种状况曾让我感到很困惑，因为从各方面来看，浙江的国际教育应该比较发达，但现实的发展水平跟其经济社会发展很不匹配。

　　经过长期观察以及与浙江国际教育界朋友沟通后，我总结下来大致有三个原因。首先，理念不太一样，浙江的经济以民营为主，其市场和关注点以国内居多，导致对高考更为看重。广东、江苏外资多的经济特点，使得这两省天然对外关注度高，联系紧密，且在经济发展过程中需要更多的海归人才，因此对留学有比较多的接触，也更为重视。

　　其次，浙江的国际教育政策总体上比较严格。国际项目通过中考招生，学生需要学会考课程，压力比较大。另外，浙江省重点扶持公立学校国际部，家长、学生也青睐公立学校，导致浙江省民办国际化学校比较难发展。而公立学校招生机制比较严格，比如杭州学生只能报考一所公立学校国际部，如果考不上只能去民办国际化学校，杭州学生上不了公立学校国际部，往往会外流到上海、苏州两地。

最后，学生外流比较多，浙江人有到上海寻求发展的习惯，这对教育产生了影响。上海的国际化学校也意识到这点，多将浙江作为重要生源地，与招生相关的市场推广活动比较多。我访谈过一些宁波拿到国外名校 offer 的学生，在交流时发现他们多数曾考虑过到上海就读国际高中，后因各种原因留在了本地就读。而在苏州，也有一些学校招录浙江学生比较多，甚至夸张到直接整车把学生拉到学校来考察。我在苏州见到过有国际化学校以上海、浙江学生为主，苏州本地学生极少。我称之为"灯下黑"学校，这也是很典型的"墙内开花墙外香"。

但是，浙江在国际教育方面有个很奇特的现象，即学校层面不太发达，但国际教育市场却很发达。我针对这种现象曾做过市场调研，以做标化考试培训为例，在上海、南京、苏州等地，往往是一到两家机构垄断，但在杭州却有多家机构的营业额会超过苏州、上海、南京头部机构的量。

出现这种现象，我估计主要跟浙江的高考难度大有关。在高考之后，一些高考成绩不理想的浙江学生会考虑去留学。对这种学生，传统的国际化学校/国际部是没有接纳途径的，为此只能走培训通道，通过加强语言学习以及协助申请来实现出国留学。此外，也可能与杭州当地有水平较高的标化考试培训机构有关，能够吸引全国各地的学生慕名而来。

浙江的国际教育主要集中在杭州、宁波两地，绍兴、金华、温州、嘉兴、舟山等地也有少量的国际化学校/国际部。本书侧重介绍杭州和宁波两地的情况。

杭州

杭州闹市区武林广场附近有条耶稣堂弄，光看到这条路名便会知道跟教会有关。耶稣堂弄有栋两层楼的建筑，便是燕京大学校长司徒雷登（1876—1962 年）故居。燕京大学毕业生、外交部原部长黄华题写了故居名。

故居周边均是居民楼，在繁华的杭州闹市区显得闹中取静。传教士之子司徒雷登出生于此，自小便能够讲一口流利的杭州话。在司徒雷登出生时，故居所在地属于杭州城市边缘，属于比较荒凉的地方。司徒雷登在故居生活了 11 年，后回到美国读大学，学成后回到杭州工作。从 1919 年到 1946 年，司徒雷登长期担任燕京大学校长一职。

司徒雷登担任校长的 27 年间，让燕京大学成为了一所一流大学，在国内外享有盛誉。司徒雷登去世后，曾留下遗嘱安葬在燕京大学旧址内，但因各种原因不能如愿导致迟迟未入土为安。面对僵局，杭州伸出援手。2008 年 11 月，司徒雷登的骨灰归葬杭州，墓碑上写着"燕京大学首任校长"。

生于斯，葬于斯，司徒雷登也如同中国人一样叶落归根。杭州对在本地出生长大的美国人司徒雷登给予犹如家人般的关怀，这显示出杭州的包容和情怀，以及勇于承担风险，这也是杭州乃至浙江的一个很鲜明的区域特性。

这种特性也在国际教育上得到了映照。尽管浙江基础教育段的国际教育发达程度远不如上海和江苏，但浙江在国际教育上的创新则走在全国前面。高等教育创新项目有宁波诺丁汉大学、温州肯恩大学、西湖大学，基础教育则有杭州云谷学校。

这是一个有趣的社会现象，即某个领域在当地不受重视，反而可能会有创新之举。我举一个媒体行业例子，记者这个职业在广东不受待见，收入和社会地位低，广东本地人很少有人愿意去做记者。而记者在浙江和江苏属于文化工作，在当地颇受重视和尊重。在传统媒体黄金时期，全国媒体做得最好和最为活跃的地方反倒是记者工作不受待见的广东。我估计是因为一个领域如果不受重视，外界所给予的束缚和关注会少，反而有施展机会进而能够创新发展。同时由于不受待见，有志于从事这个领域的人多是发自内心地热爱，真正喜欢这份工作，热爱加上全心投入会更容易出成绩。

杭州的国际教育以公立学校为强，开设国际项目的学校主要有杭州外国语学校、杭州第四中学、杭州高级中学、杭州第十四中学等。不过，民办国际化学校也在快速成长，比较典型的学校有杭州云谷学校、杭州橄榄树学校、杭州维翰学校等。另外还有招录外籍人士子女的杭州钱江贝赛思国际学校。

杭州公立学校的国际项目普遍比较低调，对外宣传较少。

杭州外国语学校（以下简称"杭外"）创建于1964年，是在周恩来总理和陈毅外长直接关心下创办的全国首批重点建设的9所外国语学校之一，在浙江乃至全国有很高的声誉。为了更好地开展对外文化交流和管理互鉴，让杭外学子多元化出口，学校于2008年引进国际课程项目，创办了杭州外国语学校剑桥国际高中（以下简称"杭外剑高"），着手研究和构建教育国际化课程体系，探寻和践行教育的国际化可能路径。创办初期，主要面向杭外本部和英特外国语学校招生，2010年开始面向全省招生，2020年起招生范围在杭州大市范围。截至2023年年底，已经招收培养了16批1900余人。

杭外剑高是杭外办学的一部分，因此秉承杭外"为祖国而学习，为未来做准备"的校训和"宽容大气，严谨笃学"的校风，培养具有国家情怀、国际视野和跨文化领导力的复合型预备英才是杭外剑高的使命。为了维护好该项目的口碑和品牌，杭外剑高对学校自身和学生个人诚信很重视，在学生成绩单和推荐信的管理上极其严格，对不诚信行为零容忍。社会上流传着这样一个观点：学生一旦有机会就读杭外剑高，那一只脚已经踏进了世界前 50 的大学大门。现实中，浙江学生每年所拿到英美名校 offer，多数出自杭外剑高，牛津大学、剑桥大学、芝加哥大学、康奈尔大学等诸多英美名校都有杭外剑高学生的身影。

杭外剑高课程由中国普通高中课程和 A-Level 课程组成。中国课程考试合格并达到毕业条件者将获得浙江省普通高中毕业证书，英国课程考试合格者将获得剑桥大学国际考试委员会颁发的剑桥高中证书。由于具有比较扎实的学业基础，杭外剑高毕业生就读大学后普遍表现不错，能够获得就读大学的认可。学生所获荣誉包括英国牛津大学和剑桥大学的一等荣誉，美国常青藤大学荣誉毕业生称号，有学生被本科大学推荐进入美国优等生协会（Phi Beta Kappa），还有学生获得中国国家留学生奖学金等。在完成本科学业后，部分学生继续攻读不同专业的硕士或博士学位，其他学生或在包括世界 500 强在内的国内外企业就业，或进行自主创业。

在国内知名公立学校当中，国际部有独立且规模较大的办学区域现象比较少见，主要有北京第四中学、贵阳第一中学等，杭州第四中学也是其中一所。杭州第四中学国际部创建于 2013 年，开设了 A-Level 课程。杭州四中为浙江最早的现代公立中学，和浙江大学同出一源。国际部在四中下沙校区办学，秉承四中养正宗旨，形成了养正特色课程体系。"养"字育人体系侧重德育教育，中方课程、A-Level 课程等融合形成"正"字课程。国际部实行 25 人小班化教学，采取走班上课方式，学生可根据自身特长和兴趣选课。校内有生态种植园，学生可在里面进行生态实践。（参见彩图 19）办学至今，学校已实现 G5 名校大满贯，毕业生以去英、美、加、澳留学为主，学生 100% 入读世界排名前 100 名校，40% 学生收获香港 TOP3 名校 offer，98% 的学生收获英国"罗素集团盟校"offer，80% 学生获加拿大 TOP3 名校 offer，45% 的学生获得美国"公立常春藤"青睐，100% 学生收获澳大利亚"八校联盟"offer。让我印象比较深的是，国际部负责人对杭州乃至浙江的国际教育情况很了解。

杭州第十四中学国际部在 2012 年设立，开设了 AP 课程。国际部每年招录 60 人，通过中考招生，并且需要参加学校校内英语水平测试。国际部学生规模不大，但开了约 20 门 AP 课程。学生选课走班，小班化教学。国际部重视学生的升学指导辅导，有专门的升学指导办公室，实行生涯导师制度，帮助每个学生寻找到最合适的升学方案。毕业生以去美国留学为主，每届毕业生超九成能够申请到美本前 50 学校 offer，拿到过杜克大学、约翰·霍普金斯大学、康奈尔大学以及牛津大学等美英名校 offer。由于办学成绩突出，国际部多次在中国 AP 峰会上介绍办学经验，以及承办中国 AP 教师培训。

杭州橄榄树学校创建于 2017 年，为一所十二年一贯制的民办国际化学校。从建校开始，该校便开设了国际高中，采用了 A-Level 课程，并于 2020 年增开 AP 课程。2023 年，该校拿到了两份剑桥大学 offer。一半毕业生能够拿到英国 G5 或世界前 10 大学 offer。该校推行从高中开始向初中和小学倒推的培养模式，高中则是培养符合顶尖大学要求的未来型人才。国际高中虽然开设的是英式和美式双课程体系，但校园具有美式特色，该校的橄榄球队和机器人社团比较受欢迎，学生社团活动比较多。学校注重对学生的过程性评价，强调每一天的学习都很重要，学生和家长可以随时查看学习情况，每个月都举办的家长开放周也欢迎家长们走进校园与老师们交流。

云谷学校

自 2017 年创校后，杭州云谷学校便一直受到业界的关注。以至于一些朋友得知我拜访过这所学校后，还特意告诉我如果再去调研的话，一定带上他一起去学习交流。

云谷学校之所以会受到业内关注，主要有两个原因。

一是出身不凡，云谷学校由阿里巴巴合伙人投资创办。除云谷学校外，东莞松山湖清澜山学校由华为投资创建。这两所学校带有国内著名企业的背景，一创办便引起了社会关注。2023 年，杭州云谷学校高中部和东莞清澜山学校均上了宜校 2023 年度出国留学中学榜榜单，分别名列第 50 名、第 87 名。为此，财经媒体在报道榜单时，称其为"黑马"。

二是这两所学校申请结果不错，杭州云谷学校首届毕业生拿到耶鲁大学、康奈尔大学等顶尖名校 offer。东莞松山湖清澜山学校首届毕业生拿到约翰·霍普金斯大学、圣路易斯华盛顿大学等名校的 offer。众所周知，美国名校招录学生很挑剔，新办的国际化学校毕业生很难获得录取。而这两所学校有如此好的申请结果，也从侧面印证了其教学质量得到了大学的认可。

在一个冬日的下午，我走进了杭州云谷学校。在进入校门时，我便感觉这所学校在细节上做得很别致。我去拜访全国各地学校，进入校园绝大部分的流程是要和联系人通话，保安确认后再放行或者等联系人来接。这种入校方法看起来简单有效，但实际上很耽误时间且不是很方便，每次都需要在校门口等一段时间。

云谷学校的入校流程是由对接人先把我的名字和手机号码报备，学校会给我手机上发入校 ID 号以及学校地址，并提醒校内不可以抽烟等。到学校后，我跟门卫确认好 ID 号，然后门卫将访客贴纸贴在衣服上便可以直接入校，不需要和对接人进行确认。

我提前了 20 分钟到学校，正好利用这段时间观察学校。在访客中心，我看到了云谷学校的官方介绍。云谷学校提出，学校的使命是让每一位孩子成为最好的自己，办学理念是培养具有仁爱精神、独立意志、终身学习力和幸福感的地球公民，其高中部强调要培养出助益世界的创新者。学校希望通过科技的力量，让优质教育惠及更多的孩子，让东方智慧和世界文明相融合。

在这种理念引导下，杭州云谷学校高中部的课程设置和教学方式很特别，也受到了国内国际教育界广泛关注。

国内国际高中的课程设置大致有两种运作方式，一种是引进国际课程，比如 IB、A-Level、AP 课程以及加拿大、澳大利亚课程体系等。这种运作方式的好处在于体系比较成熟，且可以与国外大学的教学进行接轨，缺点在于毕竟是国外教育体系，中国学生需要时间适应以及课程中缺乏中国本土的东西。针对这两个缺点，国际化学校/国际部也有很多有效的处理方式，因不是本书关注重点，此处不再赘言；另一种是自己研发课程，研发课程的好处是可以将学校办学理念贯彻到位，且能因地制宜、因人制宜设计课程，缺点在于需要花很大的力气来获得国外大学招生官对课程的认可且对师资要求高、投入成本大。

云谷学校在介绍中提到，该校的创办，并不是为阿里巴巴员工建学校，更不是为了赚钱。而是几位具有教育情怀的合伙人组成办学委员会，由个人出资，创办一所面向社会大众的学校，探索不同的教学之路，办一个教育改革的样板，一所不一样的学校，一所为未来而办的学校。

从这点来看，云谷学校的创建确实意义不凡。从一定程度上来说，西湖大学是在高等教育领域进行创新，而云谷学校是在基础教育阶段进行创新。很巧合的是，这两所学校相隔不远。前面提到，浙江的国际教育并不太发达，和其经济社会地位不匹配。但不可否认的是，浙江在国际教育上的创新是走在全国前列的，这点可以和广东相媲美。

云谷学校高中部的课程设置是在全校整体强调素养教育的理念下来完成的。我了解到，高中部的课程按照社科、STEM、艺术/设计三个领域，渗透向内、向外、向未来三个板块七大素养。其中七大素养又被拆解为 27 个素养指标，以融入日常教学中。在课程设置上，以国家课程标准为基础，借鉴了国际课程的部分优势，并突出素养，形成以解决实际问题为导向的融合课程。

27 个素养指标会分布到不同的学科中，每门学科会侧重涵盖相应的素养点。我在其课程设置上看到，在批判性思维模块培养上设置了数理化等课程，这点跟我们常规认知不太一样。学校解释说，批判性思维需要依托数理化等理科学科来支持，要做到言之有据和有逻辑性。

国内多数学校所出具的成绩单，一般只有一张薄薄的纸，上面列明学生各个学期所学的课程以及得分。我看过云谷学校给自己学生出具的成绩单，很像是一份简要的申请材料介绍。除了有常规的各个学期所学课程成绩，云谷学校高中部给学生所开具的成绩单里面还有两个很核心的内容，一是学生自己的定位，即要向招生官说明自己是个什么样的人，做人物画像；二是成绩证明，即不是简单地提供一份成绩，而是在里面提供各种材料来佐证自己有什么样的素养。

成绩单包含如此多的内容，招生官要看完需要花费一刻钟左右的时间。为确保招生官会认真地对待自己学生的成绩单，云谷学校高中部负责人和未来规划老师逐一向大学介绍云谷素养教育的理念和评估机制，帮助招生官们理解怎样通过素养成绩单来快速、有效地理解一个学生的"立体度"与"独特性"。丰富和细致的成绩单让招生官能够比较全面和深入了解云谷学校以及其毕业生的情况。

云谷学校高中部负责人跟我提到，云谷是新学校，教学质量和成绩单要想得到大学招生官的认可，是需要一个过程的。但事实证明，素养好的孩子，标化成绩也不会太差，因为孩子们的自我认知和内驱力被充分地激发和调动。有多名学生拿到了ACT满分，托福平均分也接近100分。这些标化成绩的获得，也向招生官展示了其学生的学习能力。

在学习形式上，云谷学校非常注重学习和真实生活的连接，因此有诸多课程在社会中进行。依托阿里巴巴等丰富的社会资源，孩子有了更多实践机会。例如阿里巴巴本身有针对大学生的各种社会实践活动，在此基础上，学校老师联动阿里相关部门负责人联合设计了针对高中生的实践课程"全球梦想家"。学生通过丰富的行程，体验企业的运作方式。同时，云谷学校靠近西湖大学和浙江大学等学府，老师们也常常带学生走进社会一线，如环保组织、律师事务所、网红机构等，行动课程也得以在更多更广的领域里进行。

云谷学校高中部有专门的学分指标评估学生的项目行动，很重视学生展示自己如何通过努力来改变社会或对社会产生影响。比如首届毕业生中拿到耶鲁大学offer的学生，其致力于越剧的保护和推广，曾经设计过多场面向小学生的越剧文化普及课程，吸引了很多观众过来参与。

我在云谷调研时，高中部负责人提到，云谷高中部的老师非常多元。他们来自于国际化背景的学校或传统学校，大部分老师都有海外留学或生活经验，团队对于本土课程及国际课程都有深度的了解，能够因地制宜在云谷做出创新和改变，以服务于以中国课程为基础、具有国际视野的云谷课程发展体系。国内做教育创新的学校并不少,但云谷学校能够在短时间取得如此好的教学成果也跟团队重视和尊重教育本质规律有关。

创新不是形式新不新,而是结果新不新,有没有价值。想要走出一条不内卷的路,达成理想教育,要付出巨大的努力。因此,在云谷当老师也是一份极具挑战的工作。我了解到这些后,很感叹云谷学校能够快速崛起,着实不易。

宁波

在全国各地调研时,只要有时间,我便习惯于去看当地的博物馆。参观当地博物馆是快速了解当地人文风情、历史背景的最好途径。

位于镇海区的宁波帮博物馆介绍了宁波崛起的因素,提到我国海岸线大致以长江口作为分界线,长江口以北为泥质海岸线,滩阔岸平,适合行驶平底船。而长江口以南为石质海岸线,岸陡水深,适合行驶尖底船。为此,南北海道需要在长江口附近有一个换船转运的港口。在上海港口未兴起之前,杭州因钱塘江大潮不适合作为港口,宁波则成为唯一将南北海运和河海运输相衔接的中转点。

宁波东南面有天台山脉,余脉入海后形成了舟山群岛。这样的地形结构,为宁波筑起了一道天然屏障,挡住了台风来袭,使得宁波成为一个天然的避风港。南北海上货运可以在宁波换船转运,如果想运到广袤的内地,货物则可以通过内河货船溯姚江到上虞的通明河,通明河和开掘于六朝的浙东运河连接,这条运河到西兴越过钱塘江便连通京杭大运河。而通过京杭大运河则又可以连通广袤内地。

如此优越的区位条件,使宁波早在宋朝便成为国内重要的贸易港。也正是凭借驾驭海运的能力,宁波人走向上海乃至全国。上海在1843年开埠后,国内的对外贸易中心迅速从广州转移到上海。1861年太平军进入浙江,为了避开战乱,宁波的商人纷纷北渡到上海,结束了宁波作为东南都会的历史。宁波人到上海后,从传统的商帮转型为现代工商业群体,也是国内唯一转型成功的商帮,早期与其媲美的晋商、徽商则消失在历史的长河中。

开埠早以及与上海联系紧密,这些也均深刻影响着宁波的国际教育以及出国留学。

1844年,宁波对外开埠。1842年8月,中国在鸦片战争中失败,被迫开放了宁波、上海等五处港口。在宁波江北区近代建筑群有英国领事馆旧址,旧址靠近甬江,江北岸一带为外国人通商居留地。英国派驻领事,但后来在宁波的英国人少,侨务归属上海英国领事馆处理。1933年,宁波领事馆撤销。

在宁波英国领事馆的中国职员中,有一位在中美教育史上具有重要意义的人物,即戈鲲化。戈鲲化在领事馆从事文秘工作。由于此时中美商贸开始增加，美国方面需要会说中文和懂中国的专业人士，为此哈佛大学校友向母校呼吁设立中国文化教授，并捐赠了资金。

在宁波税务司工作的美国人杜德维是哈佛大学毕业生，曾向戈鲲化学习过中文，两人相识，为此，杜德维推荐戈鲲化到哈佛大学任教。1879年，戈鲲化带家人远赴哈佛任教，成为首位在美国大学任教的中国人。但可惜时间不长，1882年戈鲲化客死美国。

戈鲲化在哈佛大学任教期间，和留美幼童在美时间有交集。而在120名留美幼童中，有6人来自宁波。第二批留美幼童中有4名宁波籍学生，其中一名叫丁崇吉的幼童在1880年进入哈佛大学就读，曾选修过戈鲲化的中文课，在万里之外的美国，戈鲲化和丁崇吉成为师生也是件很神奇的事情。

戈鲲化赴美任教也带家人一同前往，其中便有12岁的儿子戈朋云。戈朋云在父亲去世后，回到中国继续就读，次年留学哈佛大学。在美待了八九年后回国，由于长期在美国学习和生活，中文说得不太流利。回国后，戈朋云成为演说家和社会活动家，曾在北京大学的前身京师大学堂任教。

和杭州比较类似的是，宁波的国际教育也以公立学校为主。浙江省镇海中学、宁波效实中学、宁波外国语学校等三所当地公立名校均开设了国际项目，这三所学校国际项目早期合作比较紧密，甚至曾一度联合出题进行自主招生测试。民办学校主要有宁波赫威斯肯特学校和宁波华茂学校。

浙江省镇海中学于2008年成立国际部，开设了A-Level课程。国际部学生的学习和生活场所均在镇海中学的校园内。镇海中学是浙江乃至全国名校，国际部学生可以享用学校平台，班主任也是由镇海中学优秀老师担任。升学指导团队既承担副班主任的工作，又为国际部的学生规划个性化的高中三年升学之路。我了解到，国际部学生在申请英国帝国理工学院、香港大学等名校时优势很大，有比较高的录取率。镇海中学校区虽然不大，但是我所见过的最美校园之一，校内步步为景且底蕴深厚。（见彩图20）

宁波效实中学IBDP课程实验班是2012年成立的，在学生管理和课程设置上都有精心安排。高一通过IGCSE课程进行铺垫，高二、高三学习IBDP课程。效实中学秉承"国际化的教学融入本土化的教育"理念，将IBDP国际课程实验班纳入效实中学统一管理中。实验班采用小班制授课，有外籍学术校长负责制订教学计划，实施教学质量管理。学校的升学指导由多名从海外学成归来、经验丰富的老师组成，三年全程指导学生的大学升学工作。学生留学方向以美、英、加为主，拿到过芝加哥大学、康奈尔大学、范德堡大学等美国名校 offer。我从学校所提供的录取数据看到，其毕业生申请结果提升比较快，除宁波留学需求不断递增外，学校在课程设置和学生管理方向上确实下足了功夫。

宁波外国语学校国际部设立于 2011 年，开设了近 30 门 AP 课程和 A-Level 课程，数量在全国名列前茅。学生可以根据自己的兴趣和学习能力，并结合自己今后的职业发展方向进行自主的、广泛的选择。2018 年，宁外国际部结束了与第三方的合作，成为宁波市首个独立、自主发展的国际课程中心。我多次实地调研过宁波外国语学校，校园环境非常优美。学校地处东钱湖畔，远离市区喧嚣，静谧的校园为学生集中注意力、安心学习提供了最好的环境保障，同时也更有利于学校组织各种学生活动。学校依靠东钱湖得天独厚的环境优势，大力发展帆船、赛艇、艇球等特色水上运动。严谨的管理和活泼的氛围，让毕业生去往美国、英国、澳大利亚、加拿大、法国、荷兰、新加坡、日本等国家留学，拿到过芝加哥大学、康奈尔大学、牛津大学、剑桥大学、香港大学等世界顶尖名校 offer。

宁波赫威斯肯特学校是依托浙江省镇海中学和美国巴斯图学校在 2014 年所创办的一所中西融合的 K12 国际化学校，国际高中开设了 AP 课程。宁波赫威斯肯特学校有上百个学生社团，以及近百个俱乐部，在办学方面秉承了镇海中学科学严谨的教育管理制度和美国巴斯图学校先进的教育理念，融汇了中西教育的优势。基于学校的快速发展，宁波赫威斯肯特学校在 2019 年开始创办四年制和三年制牛藤班，旨在培养以美国常青藤学校和牛剑等世界顶尖名校为目标的优秀学子。宁波赫威斯肯特学校建校时间不长，生源不如浙江及宁波当地老牌名校，但国外名校申请结果倒是有与之趋同的势头。国际高中拿到过康奈尔大学、范德堡大学、莱斯大学及牛剑 offer，并有一次性获得 7 个美国加州大学伯克利分校 offer 的升学成果。连续多年在全国各类国际化学校和出国留学排行榜中均在全国前 100，浙江名列前三，也被业内普遍评价为浙江国际教育界的一颗新星。

宁波华茂教育创建于 1998 年，位于宁波城市核心区域，占地面积高达 500 多亩，学校硬件一流，光国际教育图书馆（未来学习中心）便投资了 5 亿元。学校始终坚持"承认差异、提供选择、开发潜能、多元发展"的办学理念，K12 一贯制中外双升学通道特色发展。学校开设了 IB 课程、加拿大安省高中文凭（OSSD）课程，此外还有艺术设计教育的绚彩艺术（IAA）项目以及对外汉语（HSK）项目。学校有 10 多位国际文凭组织全球考官、学校认证官和工作坊教师培训师，有来自 20 多个国家的外籍教师 40 余名，海归人才子女及外籍学生 300 余名。中外籍毕业生的去向比较多元，既有毕业生到美、英、加、澳以及日、韩、马来西亚等国家和中国香港地区的大学就读,也有对外汉语项目的毕业生到国内的名牌大学就读。如剑桥大学录取的一名学生为地道宁波人,在华茂IB接受了9年培养。不少外籍学生考上清北,也是在华茂从小学到高中一路读上来的。

第四节 山东:深藏不露

一说起留学,我们头脑中多数首先会浮现北上广深四个一线城市或者北京、上海、广东、江苏等四个省市。山东大多数时候没什么存在感。但如果深入研究会发现,山东在留学上深藏不露,犹如金庸武侠小说中的扫地僧。

实际上,山东无论是学校数量还是办学水平均处在全国前列。根据宜校的统计,山东全省有近百所国际化学校/国际部,数量位居全国第五位,仅次于广东、江苏、上海和北京,超过了浙江省。而从宜校每年所发布的出国留学中学排行榜来看,山东上榜学校数量在全国一直名列前茅。比如2023年上榜的100所学校中,山东有7所上榜,数量位于上海、北京、江苏、广东之后,为全国第五名。而从城市上榜数量来看,青岛以5所上榜学校并列全国第五,仅次于上海、北京、深圳、苏州四地,超过了广州。

山东留学之所以发达,跟当地具有相对较强需求有关。山东高考之难,公认为仅次于邻省河南、河北。同时,山东作为孔孟之乡、礼仪之邦,历来具有尊师重教的传统。1864年,登州(现山东烟台市蓬莱区)文会馆由美国传教士创建,被视为中国第一所大学。登州文会馆后演变成著名的教会大学——齐鲁大学,齐鲁大学在院校调整后拆解,山东大学和其有延承关系。此外,山东是全国经济大省,GDP总量常年与广东、江苏两省位居前三。而由于地缘和历史原因,山东人对到日韩、德国留学并不陌生。高考艰难+尊师重教+经济发达+留学熟知这四管齐下,山东催生出较强的留学需求。

与广东、江苏经济中心分别集中在珠三角、苏南,省内经济发展水平区域失衡不同的是,山东省各地经济实力均比较强,区域之间的差异并没有像广东、江苏这么悬殊,这也是国际教育能够在山东遍地开花的重要原因。山东留学主要集中在省城济南和胶东中心城市青岛,济宁、淄博、东营等地国际教育也发展比较快。青岛的国际化学校/国际部数量远超济南，两城的国外名校申请结果则基本相当。

济南的国际教育以公立学校为主，而青岛则出现和上海类似的情况，即公立学校国际部数量和出国留学人数少于民办国际化学校，但公立学校申请结果更突出。济宁、淄博的国际教育则以民办学校为主，东营以公立学校为主。

众所周知，公立学校国际部的招生多具有一定的限制性。比如山东省实验中学国际部只能招录济南本市学生，济南外国语学校国际课程中心会从全省范围内招录学生，但要求高、数量少。青岛的国际教育以民办国际化学校居多，整个招生以及运营机制比较灵活，有来自全国各地的学生。

我多次去过济南、青岛、淄博等地调研国际教育情况，山东国际教育给我的整体感觉是比较内敛和务实的，当地有不少行业大咖但很低调，这种平和务实的作风应该是跟山东民风淳朴、悍而不刁密切相关。我在本节中会对山东国际教育做详细介绍，文章字数在31个省级行政区中仅次于江苏。我建议国内国际教育界在对外学习考察时，除传统的北上广深、苏州、南京等热点城市外，还可以关注济南、青岛等低调的山东城市。同时，家长在异地择校时，也可以考虑山东的优秀国际化学校/国际部。

山东上接京津冀、下连长三角，北达南抵中国政治、经济重地，地理位置十分优越。依靠优越的地理位置，山东国际教育界很善于借助外部资源，像济南的学生会到南京来寻求各种留学资源的支持，青岛的学校和北京的名校进行紧密合作，将学生直接输送到北京名校代培养。

正如前面所提到，山东的国际教育整体比较发达，导致行业内竞争也十分激烈。在这种情况下，各个学校着力打造自己的办学特色，寻求自身的核心竞争力，出现了不同的办学模式与培养理念，这也大大丰富了山东乃至全国的国际教育内涵。

济南

济南的国际化学校/国际部数量不多，主要有山东省实验中学、济南外国语学校、山东师范大学附属中学等三所公立学校，以及济南新航实验外国语学校、济南安生学校、济南修文外国语学校等民办国际化学校，总数为十所左右。每年本科出国留学人员估计为四五百人。

山东省实验中学成立于1948年，为山东的名校，全国百强高中，很重视教学创新，国际教育是学校教学创新的重要组成部分。这所学校在普高便有分层教学和选课走班方式，学校竞赛水平很高，很多学生通过竞赛获得了国内名牌大学的提前或降分录取。

在全校重视教学的整体氛围影响下，考虑到学生们的实际需求，该校于 2011 年成立了国际部，通过山东省教育厅的审批，开办中美课程实验班项目，从一开始便十分重视 AP 课程和普高课程的融合，自创融合课程和教学模式。

国际部十分注重学生的个性化发展，从学生进入国际部便会建档，进行升学一对一约谈，并对学生的课程选择、活动安排等方面进行指导。国际部每年约有 80 名毕业生（2011—2013 级为 60 人），在 2020 年新冠肺炎疫情暴发之前，学生主要申请美国大学，少部分同学申请英国和加拿大方向的大学，疫情后则英联邦国家的大学申请明显增多。

国际部学生每年能够申请到美国名校 offer，不乏拿到斯坦福大学（2024 届）、耶鲁大学（2021 届）、芝加哥大学（2018—2021 届）、杜克大学（2015 届）、康奈尔大学（2016—2019 届、2022 届），以及英国的剑桥大学（2018—2020 届）、帝国理工学院、伦敦大学学院、加拿大麦吉尔大学、多伦多大学、英属哥伦比亚大学、新加坡国立大学、南洋理工大学等世界著名大学 offer。

我在山东省实验中学调研时看到，在国际部教学区的墙上，贴有国际部历届毕业生的录取大喜报，内容包括录取学生的具体大学和学生的初中母校等信息。对于此事我特意咨询了学校国际部负责人。负责人跟我提到，山东省实验中学国际部学生来源于当地十几所优质的初中学校，公布学生所就读的初中，既感谢初中母校的培养，又告诉家长们就读国际部的学生同样很优秀。

济南外国语学校国际课程中心成立于 2010 年，开设了 A-Level 和 AP 课程，2020 年成为 ACT 考点。中心重视国际课程与国内普高课程的结合。中心的办学成绩在山东乃至全国均处在前列，2013—2023 年共 11 届 1349 名毕业生均被境外大学录取。在英国大学最终录取方面，牛剑有 26 人、帝国理工学院 124 人、伦敦政治经济学院 42 人、伦敦大学学院 316 人。在美国录取方面，哥伦比亚大学 1 人、芝加哥大学 4 人、西北大学 2 人、约翰·霍普金斯大学 2 人、范德堡大学 15 人、加州大学伯克利分校 18 人、加州大学洛杉矶分校 31 人。在其他方向，多伦多大学有 216 人，香港大学 134 人。中心有不少优秀毕业生，如 2019 届有位毕业生 SAT 考到了满分，后去了约翰·霍普金斯大学就读，并提前半年毕业。

中心重视将教学理念、组织形态、竞技平台、育人过程和国际先进教育接轨。中心鼓励学生从兴趣出发，深入研习专业领域。上课采用了走班制度。中心有 30 多个国际性竞赛组织资格。学校有专门的升学指导办公室。中心有专属图书馆，藏书很多是从毕业生那里募捐过来的。中心对毕业生有个要求，即毕业的时候要留本外文书给学校。中心曾雇过一名耶鲁大学本科毕业的美国老师来负责图书馆，图书管理不是简单的图书整理，而是需要有比较高的专业水准，能够在阅读上给予学生指导。中心从2011年起有个特色活动是慈善音乐会，收益用于做慈善事业。2015年起，慈善音乐会扩展到济外集团校平台，成为学校的一张德育名片。

山东师范大学附属中学国际部创建于2014年，是山东省教育厅批复的具有国际课程办学资质的学校之一。国际部开设了AP、A-Level课程，并有ACT考点。2023届毕业生中，世界排名前30大学录取率为81%。该部提到，其毕业生申请方向多元化，美国方向不再独占鳌头。学生申请专业也多样化，艺术类专业兴起。升学指导工作在校内也得到更多重视。

济南新航实验外国语学校国际部成立于2019年，开设了IGCSE和A-Level课程。国际部的核心团队成员来自于山东省实验中学国际部，经验丰富，中教超3/4具有海外留学或者工作经历，所有外教均毕业于欧美名校。国际部对学生的学业要求比较高，高中三年要学习山东省普高课程，以及一年IGCSE和两年A-Level课程。国际部重视给学生提供特色课程、项目课程和俱乐部课程，学生社团数量多。虽创办不久，但国际部毕业生拿到了美国范德堡大学、北卡罗来纳大学教堂山分校，英国帝国理工学院，香港前三等诸多世界名校offer。

青岛

青岛约有40所国际化学校/国际部，每年本科出国留学人数估计为1500人左右。无论是国际化学校/国际部数量，还是每年本科出国留学人数，青岛均远超省城济南。全国有四个省出现地市留学规模超省城的现象，除山东外，还有江苏、广东、辽宁三省。不过，江苏的苏州虽然国际化学校/国际部数量超省城南京，但本科出国留学人数超出并不多，广东的深圳和广州也类似苏州和南京的情况。大连枫叶国际学校长期是国内毕业生量最大的学校，这使得大连的本科留学人数超省城沈阳。

青岛国际教育规模远超省城济南之因，我实地调研下来，主要有三个。一是青岛的经济实力和人口均超济南，位居山东全省第一。青岛周边的烟台、威海、潍坊均是经济强市，而济南周边的聊城、滨州、德州、泰安为山东人均收入靠后的城市。经济实力会直接影响出国留学需求，青岛国际化学校云集跟当地以及周边地区留学需求旺盛有关。二是青岛国际教育氛围更重，由于历史和地缘原因，青岛社会层面对到德国、日韩以及英美留学并不陌生。而青岛和苏州很类似的是，包括留学生在内的外出学子比较恋家，学成后大部分会选择回故乡青岛工作和生活，海归云集使得当地对留学更加了解，家庭也不担心孩子留学后不回来的问题，进而更愿意送孩子出国留学。

三是名校示范效应，青岛第二中学为当地最有名的公立名校，其毕业生历来有出国留学的传统，每年800名普高毕业生中最多时有超200人出国留学。这种示范效应很类似南京外国语学校在南京起到的留学引领作用，青岛二中学生出国留学的选择在当地也引发诸多跟随者。

青岛学生本科留学在国内还创造出一个比较独特的方式，即一些准备出国留学的普高学生，并没有选择到国际化学校/国际部就读，而是到一些机构参与A-Level或AP课程的培训。在申请国外大学的时候，这些学生以所在的普高毕业生名义进行申请。这种模式在青岛成型，并复制到山东全省。

这种模式在北方地区学校中比较盛行，南方则在杭州比较多采用。我观察下来，这种模式盛行的地区有相似之处，即当地知名公立高中学生有出国留学打算后，本校没有国际课程或者无法顺利转入同城其他公立学校国际部，本地国际化学校在当地认可度远低于所就读的普高，导致学生没有动力把学籍转到其他普高学校国际部或者国际化学校中。于是，这些学生会采取折中方法，即保留名校普高学籍，到校外去参加国际课程培训学习。由于这些学生多出自当地最为有名的高中，本身综合素质高，学习校外国际课程能加持国外大学申请，最终也有不少学生能够拿到英美顶尖名校的录取，这样则使得这种模式更受欢迎。青岛的培训机构做国际课程培训，承担了类似国际化学校的功能，且规模比较大。

和南京外国语学校带动了南京全市留学比较类似的是，青岛第二中学带动了青岛留学市场，不过两校的带动方式有极大的差异。南京外国语学校是用招生方式拉动了南京留学，这所学校普高外招人数少，主要为内部直升，初中部则对外公开招生。南京外国语学校初中部招生会加试英语，这导致南京的学生为了要上这所当地名校，在小学阶段便需要加强英语学习。在这种招生方式影响下，南京学生英语水平普遍会更高，对本科留学也更认可和接受。

青岛第二中学每年的出国留学申请结果挺不错的，每年有藤校、美本TOP10以及牛剑Offer，而在国内的中外合作大学中，像昆山杜克大学、上海纽约大学每年会录取不少青岛二中的学生。在国内名校中，浙江大学在2005年秋，曾一次性提前录取了46名青岛二中学生进入竺可桢学院就读。（参见彩图21）

我调研下来，青岛二中带动了青岛留学市场，很核心的因素是课程。2016年，青岛二中取消行政班、班主任，组建了6个吸引力团队（Magnet Team），简称为MT，按照学生兴趣选择，分为人文、外语、经济、数学、工程技术、自然科学等6个MT。学校将管理权限放在MT，MT实施课程资源聚合再造战略，用自我开发+众筹+外包方式。2019年11月，我在青岛二中调研时了解到，该校从2019年新高一开始，要求所有学生在高一时必须学习二外，学校提供日语、韩语、法语、德语、西班牙语等小语种课程。高二、高三则选修。

我在调研总结中写道：青岛二中开设了150多门课程，在学习上打破了传统的以成绩为参考的分班模式，而是推行MT，这很类似英国的学院制度。除推行MT外，青岛二中在校本课程、体育课程、外语课程等几个方面也是有不同的组合上课模式。这类似于走班制但又高于走班制。在这种课程设置模式下，青岛二中的学生不管主动也好，被动也好，会培养出自我规划、自我学习、自我管理的能力，无形中形成很强的适应能力，能够有多方面发展机会。

青岛二中曾在青岛最早设立国际项目，但项目在2017年停止招生。青岛二中不是外语类学校，竞赛超强，高考和出国留学通吃。在普高学生出国方面厉害的学校主要有两种类型，一个是以上海外国语大学附属外国语学校、南京外国语学校为代表的外语类学校，另一种是以中国人民大学附属中学为代表的竞赛型学校。青岛二中属于竞赛型学校，拥有数学、信息、物理、化学、生物等五大学科竞赛独立培养能力。该校投入了近亿元建立科创中心，有30多个创新实验室和功能教室。

2021年，青岛二中首次成立强基MT。从2022级开始，青岛二中不再以MT形式分班。而在2023年，青岛二中恢复了国际部并通过中考对外招生，并在课程设置和就读上进行了新一轮改革，这对二中乃至青岛整个国际教育会产生什么样的影响，还有待我们持续观察。

山东省青岛第五十八中学是全国文明单位、全国文明校园和全国教育系统先进集体。其国际部创建于2015年，开设了A-Level、AP和加拿大课程。国际部十分重视学生综合素质培养和学术成绩提高，学生需要学习山东省普高课程、A-Level或加拿大课程，学有余力的学生还可以选修AP课程。国际部学生的语言成绩很好，每届毕业生的托福均分在107左右、雅思均分为7。在雅思官方所公布的数据中，国际部雅思成绩长期保持山东省第一、全国前十的位置。由于办学成绩出色，不少青岛优秀学生报考该校国际部，中考平均分数为青岛市同类学校最高。学生去英、美、加留学为主，不乏拿到剑桥大学、芝加哥大学、康奈尔大学、约翰·霍普金斯大学、范德堡大学、加州大学伯克利分校、加州大学洛杉矶分校以及新加坡国立大学、中国香港大学等名校offer。

青岛中学创建于2017年，为一所十二年一贯制民办非营利性学校。青岛中学虽然创办时间不长，但其国际教育发展很快就达到较高水平，并迅速跻身全国百强校之列。在国际教育竞争日趋激烈的情况下，青岛中学国际教育有如此佳绩着实罕见。青岛中学的国际教育充分借助了北京十一学校的资源和经验，双方有深度合作。2021年有首届毕业生后，青岛中学拿到了普林斯顿大学、斯坦福大学、康奈尔大学等藤校以及牛剑的录取，引起了全国业界的关注。我了解到，青岛中学国际教育比较重视延承，国际高中的招生也侧重于从内部选拔。比较有特色的是，国际部学生参加竞赛十分活跃，并屡获大奖。

青岛墨尔文中学创建于2012年，为一所初一到高三的完全中学。学校规模比较大，在校生超过1000人且全部为国际方向学生，每年毕业生150—180人，数量处在全国前列。虽然学生人数多，但该校采取了小班制教学模式，每班上课人数不超过25人。学校开设了A-Level课程，外教占到六成以上。该校的申请结果不错，拿到过麻省理工学院、牛津大学、剑桥大学等世界顶尖大学offer。该校毕业生去向比较广泛，遍布21个国家和地区。学校引进了英国学院寄宿制度，开设了14个学院，这应该是全国学院最多的国际化学校。

青岛盟诺学校创建于2017年，开设4年制美高课程，有80多门课程可供学生选修，其中包含27门AP课程。该校AP课程开设之多，在全国处于前列。多课程设置能够满足不同学生的学习兴趣和学术水平。学校采用全英文、小班化、个性化教学，对学生实行一人一课表、一人一规划的个性化教育。该校教学团队由来自全球各地教学专家组成。他们持有美国教师资格证/IB教学资质认证/美国大学理事会的授课资质认证，绝大部分具有硕士或博士学位，平均教学年龄约15年。该校师生比为1∶4，能够为学生提供个性化成长支持。盟诺历年毕业生超九成进入世界前50大学就读。2021年和2023年各有一名学生拿到了藤校康奈尔大学offer。

青岛博格思学校创建于2016年，是由美国加州教育部门授权在中国境内开设的国际化学校，学校提供纯正美式教育。虽然近些年美国留学人数有所缩水，但是该校仍主打美国留学，不主打多国联申。这所学校为全外教师资、全英文教学。自成立以来，该校毕业生全部被美国排名前100大学录取（全国平均水平为90%左右），其中不乏加州大学伯克利分校、范德堡大学等诸多美国名校。在该校读满4年的学生，申请美国前100学校时有近50所可免提交托福成绩。由于采用了加州课程，该校毕业生在申请加州大学系学校具有比较强的竞争力，前五届毕业生累计拿到了250份加州大学系offer。另外，该校有个独特做法是建立博格思全球家校联合会，并在海外设立办公室继续为毕业生提供服务。

宏文学校青岛校区创建于2009年，开设了A-Level和IGCSE国际课程。这所学校除了开设国际课程，还十分重视东方智慧和国际课程的融合。学校一方面借鉴普高教学大纲内容开展与国际课程关联的跨学科项目研究，另一方面将脱胎于孔子教育理念的"新六艺"课程渗透到校园的日常生活中。这所学校实行一人一课表制度。2022

届百位毕业生中，79%的毕业生进入世界排名前50大学就读，英国G5录取率超过1/3。

青岛新东方双语学校是一所K12学校，创建于2021年，投资约8亿元，为新东方教育科技集团成员学校。学校开设了A-Level、AP课程，这所学校强调无处不学习，即这是一所由教材学习、教室学习到装备学习、环境学习的学校。

唐和平：低调大咖

学领教育集团创始人唐和平居住在青岛，是国际教育界一位低调的大咖。

成都雅思是国内最早和公立学校合作创办国际部的教育机构，1999年和成都七中在国内首创合办国际部模式后，合作学校拓展到全国各地，其中不乏全国各地名校。唐和平便是成都雅思5名股东之一。

唐和平之前曾是青岛一家拥有7000名职工的大中型国企领导，按照规定，她在52岁时需要退居二线。在接近退线的前几年，精力旺盛的唐和平不想退线后过着清闲的生活，于是开始寻找自己新的事业。几经比较后，她决定进入国际教育领域。

2000年时，国内的国际教育处在蛮荒时期，唐和平亟须办学专业团队提供支持。她听说了成都七中办起了国际部，于是打电话联系参观学习。到成都考察后，唐和平和成都雅思达成合作意向，一起在青岛做国际教育。

成都雅思安排了股东王舒前来青岛协助唐和平运作项目，王舒在青岛待了一年。为此，唐和平在现在青岛梅尔顿学校校史上，将王舒和她列为联合创始人。梅尔顿学校源自于青岛二中国际部。

唐和平在青岛的合作项目起点很高，与当地最好的高中即青岛二中合作创办国际部，在2000年招了第一届学生。国际部引进了NCUK的IFY预科课程，2001年便有毕业生。2010年，青岛二中剑桥国际高中创建，这成为梅尔顿学校前身。

青岛二中国际部项目运作比较顺利，规模很快仅次于成都七中，成为成都雅思第二大合作项目。2002年，成都雅思有股东退出，于是邀请唐和平接替入股。唐和平把青岛项目合并到成都雅思，进而成为了成都雅思的股东之一。2007年，美国Kaplan公司收购了成都雅思旗下的国际项目。按照协议约定，唐和平在Kaplan中国公司接着工作近6年，在2013年时全部退出。2015年，美国Kaplan公司又把在中国的国际项目卖给了由王舒所创办的康德教育集团。

十年间，原成都雅思旗下的国际项目和人员要面对两次大的变动，一度造成一定的动荡。2013年，唐和平已经61岁了，原本想退出国际教育江湖，安享晚年。后来，她不忍看到原先老部下因项目运营方变化导致颠沛流离，在上海总部以及青岛地区的原先老部下的呼吁下选择复出。2014 年，唐和平创办了学领教育集团，从开办一个国际项目起步。这期间，青岛二中在合作期满后没有续签。而在 2019 年，唐和平收购了青岛韩国国际学校，并将其改名为青岛梅尔顿学校。梅尔顿定位为国际高中，延承了青岛二中国际部和青岛韩国国际学校衣钵，采用了 A-Level、AP 等国际课程。

学领在不到 10 年时间内发展为教育集团，在青岛有梅尔顿学校、海诺学校（初中＋小学）、创新学校（初中），两个幼儿园和一个大学中外合作办学项目，一个外籍人员子女学校，集团仅在青岛就有近 4000 名学生。学领还在苏州、上海等地有多个国际教育合作项目，构建起涵盖学前教育、基础教育、国际教育、大学教育全学段教育体系。

唐和平是国内国际教育行业最早勇吃螃蟹者之一。国际教育刚起步时，业内没有成熟的运作体系和运营人员，一切均是从头开始。而很有意思的是，我调研发现，在这些早期践行者中，少有人是做教育出身，多数是半路出家，来源五花八门，投资人往往也是创始人，也多直接参与学校或项目运营。在 2013 年后，由于国际教育在国内已发展有 10 余年，业内开始有一批专业的教学和管理人才，运营模式则开始转变为专业的人做专业的事情，资方与运营方开始剥离，少有初始阶段资方也直接参与学校或项目运营的情况。

陪伴孩子成长成为我最重要的事

青岛郑水成先生是位高级工程师。从 2017 年开始，他用业余时间专注于留学公益，创建"留学公 E 行"公众号，帮助数十名学生获得美国、英联邦名校录取。郑先生的儿子郑崇斌曾在青岛第二中学就读，后以普高身份申请美国大学。2021 年本科毕业于美国杜克大学，获得杜克大学荣誉学位，接着在美国莱斯大学物理与天文系、理论生物物理研究中心攻读理论物理学博士学位。

我与郑先生结识几年，从他这边了解到很多青岛的国际教育状况。考虑到郑先生的儿子是青岛二中学生留学典范，以及郑先生很熟悉青岛当地国际教育情况。为此，我特向郑先生请教交流，了解他培养孩子心路历程以及对青岛国际教育的评价和介绍等。

下面为郑先生所撰写的内容：

> 近几年在留学行业做公益，有缘结识宜校创始人肖经栋老师，我们平时交流

比较多，对教育的思考也较多，肖老师希望我分享一些关于自己培养孩子的故事，我不假思索地接受了邀请。

1999年，我儿子出生，初为人父的我既欣喜也有一些不知所措，父母这个岗位是唯一不需要培训就自动上岗的，但如何做一个合格的父亲，需要主动学习，需要学会与儿子共同成长。在当时信息相对闭塞，互联网还没有兴起的时代，我开始寻找亲子教育方面的书，《哈佛女孩刘亦婷》当年如同沙漠中的绿洲，我迫不及待花两天时间读完，书中对孩子灵魂塑造的章节，对我触动很大，我同时也在思考自己应该怎么做。此后我开始关注并经常聆听知心姐姐卢勤的亲子教育讲座，先后又阅读了《卡尔威特的教育》等流传了几个世纪的经典教育书籍，受益良多。

成功不可复制，时代在变，周围环境在变，孩子的性格不同，要针对自己的孩子因材施教，是我们做父母一直努力追求的。要做合格的父母，需要不断充电学习，更需要以身作则。家长对工作学习的态度、为人处世的方法，以及家庭氛围等都在无形中塑造着孩子的方方面面。

坦率地说，在儿子幼儿园、小学阶段，由于工作上的原因，我出差很多，最多一年有200多天在出差，有点儿像一个工作狂。作为一个父亲，对儿子的陪伴，我做得是不够的。这个阶段，孩子的教育主要依赖他妈妈，因为我爱人是一个学习生活极度自律的人，儿子良好的学习生活习惯得益于妈妈的言传身教。记得从小学一年级开始，儿子放学回家会首先把作业做完，然后再出去找小朋友玩耍，等我们下班回家只需检查签字就好，每天的钢琴练习也都是他主动完成。得益于《卡尔威特的教育》中的一些教育理念与方法，我们特别注重儿子好奇心和阅读习惯的培养。每到节假日，我们都会带儿子游览祖国的风景名胜，在旅行中探索大自然的奥秘，体验各个地方不同的风土人情，这极大地开阔了孩子的视野，增强了他喜欢了解新事物、解决新问题的能力。时至今日，儿子依然喜欢旅游，喜欢在旅途中充实自己。阅读习惯也是从幼儿园阶段就养成了，记得他看《恐龙世界》时，对每种龙的特征和生活习性都了如指掌，《蓝猫淘气三千问》则为他探索这个世界开启了一扇窗。那时没有智能手机，没有iPad，看书是他的一大乐趣。这个习惯也保留至今。

儿子在小学入学选校阶段，我在出差。中学选校阶段，我还是在出差。由于自己的疏忽，当时错过了一所优质中学的面试，可能是对我的一个惩罚，儿子初中被派位到一所大家认为是最不理想的初中，我非常自责与懊恼。在我比较沮丧的时候，儿子反而来安慰我说没关系，在哪里上初中都不会对他的学业带来任何影响。也就是在那个时候，我决定拿出更多的时间陪伴孩子，减少出差。同年，我婉拒了单位派我出国长期工作（10年以上）提升个人职业发展的机会，推掉了几乎所有的应酬，陪伴孩子成长成为我最重要的事。

此后儿子的初中三年，除开学第一次家长会由妈妈参加外，我参加了他每一次的家长会，作为父亲主动承担陪伴孩子成长的责任。我也经常与学校的任课老师和校长沟通了解儿子在学校的情况，做好家校结合。我认为孩子的成长教育应以家庭为主，学校为辅。由于我的积极主动与儿子优异的表现，学校聘任我作为家委会主任，参与学校的一些活动和管理。得益于儿子从小养成的良好学习习惯，初中三年，儿子的学习异常轻松，没有上任何与课程相关的课外补习班，中考顺利以全校第一的成绩考入青岛第二中学。

我的理念是，孩子一定要有强健的体魄，身体好精力充沛更有利于学习生活。小学阶段，他进行了几年的乒乓球和游泳训练。从初一开始，每个周六、周日和寒暑假在专业篮球教练的指导下，与半职业的篮球学员一起训练、对抗，坚持了三年的半职业篮球训练，为孩子的兴趣和健身打下了非常好的基础，篮球训练不仅锻炼了儿子的身体，更是锻炼了他的意志，培养了他团队作战互相配合的意识。作为组织后卫，学会了如何成为一个团体的核心。健身和篮球已成为他日常生活不可缺少的部分。

初中阶段，困扰家长比较多的是孩子沉迷于电子游戏。我的理念是让孩子在有限的时间内做他感兴趣和有意义的事，孩子每天充实而不忙乱，有了自己的学术与运动的兴趣之后，很自然就远离了电子游戏。儿子在初中阶段，自己的课外时间自己规划，完全做自己热爱的事情。每周1小时的钢琴课，每天自己练习30分钟；每周至少8小时的篮球训练，作为篮球迷每周末观看央视转播的NBA篮球赛；周末2小时的美剧，既了解国外文化，又学习英语；而上网的时间，基本都用在看网易公开课上。

第一次发现儿子看MIT、斯坦福教授关于天体物理的英文讲座，是在他初二的时候，我既惊奇也惊喜，询问是否能看懂，儿子说就是喜欢探索宇宙，喜欢看，似懂非懂。这时我意识到儿子的英文水平已经完成了对我们的超越，我将用于出国考试的老托福题库中的一套，在他毫无准备的情况下对他进行了裸考，竟然考了630多分（满分为677分），儿子在没有任何培训的情况下，仅靠兴趣，不知不觉完成了对英语能力的原始积累。所以，初二那个暑假，有了他去英国的第一次寄宿游学之旅，住在寄宿家庭，坐地铁上学，感受当地老百姓的日常生活，感觉一切都是顺其自然。儿子的高中阶段，我们主动接待了普林斯顿高中的中学生、耶鲁大学的美国学生在家里寄宿，给儿子与世界各地优秀同龄人充分交流的机会。

广泛阅读、不刷题，是我的核心教育理念，儿子的好奇心也很大程度来源于如饥似渴地阅读。基于儿子的英语能力，初二期间我送给他第一本英文小说《当幸福来敲门》（The Pursuit of Happyness），读第一遍的时候他感觉难度很大，生词较多，他首先查牛津字典弄明白生词的词意，然后抄在笔记本上，隔一段时间再复习，平时写作时有意识地灵活运用这些单词，这个习惯一直保持到高中结束，此时他的生词笔记本已是厚厚的三大本。英文小说提倡反复阅读，隔段时间，当他第二遍阅读的时候就感觉没太有阅读障碍了，这也大大激发了儿子阅读英文原版的热情，此后他的阅读就一发不可收拾，看待世界的眼光更加全面和多样。

儿子先后阅读了很多原版书籍，如《枪炮、病菌与钢铁》（Guns, Germs, And Steel）、《哥德尔、艾舍尔、巴赫》（Godel, Escher, Bach）、《科学革命的结构》（The Structure of Scientific）、《弗兰肯斯坦》（Frankenstein）、海森堡的《物理与哲学》（Physcis And Philosophy）、卡尔·萨根（Carl Sagan）的《宇宙》（Cosmos）、《伊甸园的飞龙》（The Dragons of Eden），戴维·巴斯（David M. Buss）的《进化心理学》（Evolutionary Psychology）等，儿子遨游在书海中，不仅仅英文水平突飞猛进，更是对他的世界观、人生观的建立产生很大影响。比如通过阅读《进化心理学》，从进化的角度来了解父权社会的形成，带给他不一样的视角。有段时间儿子突然对反乌托邦小说十分感兴趣，从赫伯特·乔治·威尔斯（H. G. Wells）的《时间机器》（The Time Machine）以及奥威尔的《动物庄园》（Animal Farm）中找到了乐趣，便一口气读完了反乌托邦三部曲《1984》（Nineteen Eighty-Four）、《美丽新世界》（Brave New Word）、《我们》（We），以及相关的一本社会评论书籍《娱乐至死》（Death）。

儿子在高一暑假参加哈佛学生举办的哈佛大学中美学生领袖峰会时，在一个主修"物理与哲学"（Physics & Philosophy）的学生的研讨会中看到一个通过电车通行衍射到伦理的研究问题，便找来了耶鲁大学的公开课（《论正义》）相关课时进行学习，也专门买了一本书《你会杀死那个胖子吗？》（Would You Kill The Fat Man?），研读对于这个问题的历史和各种衍生问题的更加深刻的探讨。在读完《梦的解析》（Die Traumdeutung）和理查德·费曼自传《别闹了，费曼先生》（Surely You Are Joking, Mr. Feynman!）中费曼自己对于梦境和幻觉的探索之后，儿子对这方面也产生了浓厚的兴趣，自己尝试控制梦境，记录自己的梦，并用弗洛伊德的理论进行分析，虽然大部分都是非常业余的尝试，但这段经历，让他对于自身以及人类思维的运作方式有了更深的认识，进一步增强了他的好奇心和探索未知领域的兴趣。

儿子在自己的学术兴趣领域自由发挥的同时，也逐渐形成了自己的世界观和价值观，他不追娱乐明星，追星就追科学家，最崇拜的是伟大的科学家爱因斯坦、霍金、冯·诺伊曼等，霍金的《时间简史》（*A Brief History of Time*）、《果壳中的宇宙》（*The Universe In A Nutshell*）、《宇宙简史》（*The Theory of Everything*）、《大设计》（*The Grand Design*）等他会反复阅读。

了解儿子的理想，尊重他的选择，让他决定自己的人生之路！在儿子小学6年级时，我们带他去美国旅游，零距离拜访斯坦福大学之后，儿子便开始主动接触美国文化，喜欢看美剧，了解美国的风土人情，看美国大学的公开课，英文水平在不知不觉中提高。初中我们带他参观过清华、北大，英国游学期间他也参观了牛津、剑桥，对世界一流大学都有一些感观认识。中考完后，在参加高考还是出国上大学这个问题上，我们跟儿子郑重地谈了一次，儿子坚定选择要去美国读本科，他更喜欢自由开放而又严谨的学术环境，不喜欢应试刷题。

我们尊重他的选择，重心开始转向美国大学申请。基于英语的原始积累，儿子经过简单的托福培训后，高一开始试考，托福首考就取得了110分的成绩，之后转入SAT的考试准备，在高二上学期首考SAT（2016年之前的老SAT），中国学生最难突破的阅读就取得了770的高分。儿子每一次首考都取得高分的关键，我认为不在于他的应试能力，关键在于他阅读量的积累，能力达到了，考试技巧就不重要了。儿子在准备SAT考试的过程中，阅读过晦涩难懂的美国第一部象征主义小说《红字》（*The Scarlet Letter*）两三遍，对SAT考试阅读分析能力是极大的提升。

儿子上高中之后开始住校，我陪伴他的重心也发生了转移，不再是简单地往返于篮球训练馆接送，像初中那样每天与他聊学校发生的趣事，而是转向为他提供后方支援，深度去研究留学相关的知识，获取相关的信息。陪伴儿子留学申请，我的理念是与儿子共同研究，在收集信息方面给予有力支持，为他节省时间，但申请准备以儿子自己为主，不包办。

在2014年，青岛还是一个留学信息极度匮乏的二线城市，作为一个留学小白家长，我需要学习的太多，儿子在标化考试上快速地取得高分，也让我产生了学习的紧迫感，我开始和儿子一起研究如何申请美国大学，浏览申请网站，阅读申请指南。也开始浏览美国各学校的网站，研究各私立大学、公立大学的录取要求，了解美国著名大学在寻找什么样的学生。自己研究的同时，也寻求朋友、留学顾问的帮助。

在这个准备过程中，也得到了很多贵人的帮助。儿子高二暑假，在RSI-

Tsinghua夏校前一周，有幸在北京得到6位不同国家的哈佛在读学生的指导，与哈佛学子同吃同住几天，有需要咨询的问题，哈佛学生张戈铖也都会悉心指导。与优秀的人交流，对儿子影响深远。另外，两位留学顾问王冰伊老师的专业水准和全玉萍老师的亲和力对我们的帮助和支持非常大。蒋佩蓉老师（MIT中国区总面试官）的帮助和鼓励也给予了我们极大的鼓舞。

回顾儿子的留学准备过程，我们还是将重点放在了他自己的学术兴趣领域，让他坚持做自己喜欢的事，尊重自己的初心，鼓励他走出自己的舒适区，接受自然科学的挑战。儿子参加了物理奥林匹克竞赛的挑战，参加了青岛二中卓越计划项目挑战，在中国海洋大学教授的指导下，完成了《物理与海洋》的课题论文。在RSI-Tsinghua夏校，在加拿大教授Zengpei的指导下，挑战了研究生水准的量子力学课题，完成了一篇27页的量子力学的论文。此外还参加了明天小小科学家的竞赛挑战并获得了铜牌。在物理领域孜孜不倦长时间的投入、研究、挑战，也是能打动美国顶尖名校的关键。

在儿子申请季，写文书的那两三个月，既充满挑战，也是一段人生阶段性的总结、沉淀、提炼的美好时光。在这期间，我更加注重对儿子的陪伴和沟通交流，每天晚饭后陪伴他散步，一起回顾生活的点滴，提炼不同阶段的经历，从而形成他文书（Essay）中的一个个故事。记忆犹新的是有一天下班回家，我看到了儿子的一篇长文书，顿时热泪盈眶，儿子的家庭责任感、社会责任感、真实的情感以及他的人生感悟、价值观通过文书表达得淋漓尽致，我被儿子的真情实感所感动，这篇文书也感动了中外朋友，美国老师的评价是"This is A Great Essay!"要求极高的王冰伊老师也非常赞赏，给出一个字也不要再改了的评价。主文书就这样定稿了，儿子人生经历的原汁原味，没有任何的修饰，我们相信这篇文书也能感染挑剔的招生官。

中学阶段陪伴儿子成长，我认为我是合格的，给了孩子自由发挥的空间，培养了他的好奇心，尊重他的选择，也引导他注重全面的发展。紧张而充实的高中阶段最大的收获，我认为不是考了全A的毕业考试成绩，不是拿到了12个AP 5分和SAT高分，也不是竞赛获了多少奖，而是阅读了100多本涵盖学术、文学、科普、哲学、心理学、伦理、科幻等方面的书籍。孩子的世界观、价值观得以在这个阶段形成，孩子知道自己需要什么，不需要什么，想成为一个怎样的人，如何实现自我价值——去做一个有益于改变世界的人。通过广泛的阅读，找到了自然科学与哲学之间联系的奇妙之处，儿子在大学主攻理论物理，哲学则成为了他的第二专业。

2017年的录取揭晓，孩子很幸运收到了杜克大学、康奈尔大学、范德堡大学、加州大学伯克利分校、加州大学洛杉矶分校等10所美国大学的offer。儿子没有所谓的"藤校"情结，基于学术的热爱以及对篮球的痴迷，很容易做出了入读杜克大学的选择。所以，在本科期间能无拘无束地在现场观看著名的老K教练（前美国国家队主教练）指挥美国大学男子篮球联赛（NCAA）的I级篮球比赛，为杜克蓝魔呐喊！篮球课上能得到老K助教的亲自指导，大学生活丰富多彩。在学术领域，没有选择利于找工作和收入高的计算机、经济金融方向，而是一如既往地在理论物理的科研路上探索。用理论物理知识去探索生命的起源、生物的多样性，立志在理论物理的星辰大海做出自己的贡献。

聊完对孩子的陪伴，肖老师感觉意犹未尽，希望我再聊聊孩子的大学就读体验、孩子读博的心路历程以及青岛的国际教育。

杜克大学，是美国南部一所著名的私立大学，将学术与体育做到极致，吸引了美国南部最顶尖高中生就读，杜克大教堂是学校的标志性建筑，杜克花园风景宜人。体育标志性人物是在杜克执教42年的篮球教父Mike Krzyzewski（老K），杜克大学为NBA输送了以欧文为代表的数个状元秀，美国前总统尼克松毕业于杜克大学，而该校第一个华人留学生是宋氏三姐妹的父亲宋嘉树。

杜克大学位于小城市达勒姆（Durham），非常适合安静地学习。儿子大一时，为了快速融入美国生活，选了一位来自美国本土南卡罗来纳州学习历史的室友，室友的阅读面、知识面非常广，室友也非常喜欢中国文化，和孩子成了无话不谈的好朋友。在感恩节，室友邀请儿子去他家里体验美国人的传统节日，帮助孩子迅速适应了美国生活。所以建议刚去美国留学的孩子，尽量选择美国本土学生做室友。

美国本科教育的精华在于通识教育，尽管儿子主攻的兴趣领域和专业方向是物理，但孩子在大学期间，学习了大量的人文社科课程，尤其是哲学，另外还有心理学，这些课程对他终身发展大有裨益。大一下学期开始，由于学业突出，天文学教授邀请孩子担任助教，在担任助教批改作业与"Office Hour"[*]的过程中，增加了与很多美国本土孩子交流的机会，对他的沟通能力也是一个极大的提升。在大三上学期，为体验不同的人文环境与氛围，他又选择去英国爱丁堡大学交换了一学期，为自己积累一些宝贵的人生阅历。

物理有很多不同的方向，如高能物理、天体物理、凝聚态理论、生物物理

---

[*] 固定用语，指美国大学教授与学生面谈的时间，主要帮助学生解答学术上的疑惑。

等，杜克给本科生的资源非常丰富，这也许是私立大学最大的优势。从大一下学期开始，儿子每个学期以及每个暑假都会申请一位教授的科研项目，暑假都是带薪做研究。跟不同的教授做不同方向的研究课题，了解物理不同方向最前沿的发展，探索不同的领域，可以帮助孩子找到自己的真正兴趣所在。另外，他还参加一年一度的美国物理学会（APS）年会，并在会上分享自己的研究成果。

作为全美五届NCAA冠军，杜克学生最疯狂的就是去现场观看杜克蓝魔的球赛，尤其主场迎战乔丹母校北卡的比赛，这场比赛的门票学生们需要自己去争取。首先需要有特别专业的篮球知识储备接受考试考核，通过考试才有资格参与为期两个月的搭帐篷排队，排队期间要求极其严格，稍有不慎将立即终止排队资格。每次主场赢了北卡，学生将会举行盛大的烧凳子庆祝仪式。当然其他场次的球赛，不需要搭帐篷排队，提前一会儿入场即可。美国的校园体育文化确实令人惊叹，孩子在杜克大学尽情地享受着大学快乐学习生活的每一天。

儿子本科这届在杜克的中国学生有三十人左右，除了几个科研兴趣浓厚的同学选择继续攻读博士学位，其他的同学毕业直接参加了工作，大部分在硅谷Google、Facebook、Apple等著名的科技公司工作，抑或是在华尔街高盛、摩根士丹利等著名投行工作，收入待遇可观。收入待遇从实习阶段就可以看出来，比孩子从事科研工作的收入要高很多，但儿子不为高收入所动，还是坚持走自己的学术道路，孜孜不倦地探索未知领域。当然，在美国攻读博士学位，导师至关重要，选择一个合适自己的导师比选择学校重要得多。毕竟学生全额奖学金来自导师的科研经费，在选择导师时一定要慎重，要做足功课。

攻读博士是一个极其艰苦的过程，所从事的研究都是开创性的，站在伟人的肩膀上前行，一点一滴的研究成果都来源于一次次失败后的重新挑战。每一篇学术论文的发表要接受同领域顶尖科学家的严苛审核。所以建议留学生家长们，尊重孩子的选择，让孩子自己选择有兴趣的领域，有兴趣才有动力前行。不要干涉孩子的专业选择，也不要为了学位而读博，只有真正对科研有极大热情和兴趣的学生，才适合攻读博士学位。

儿子从中学走向大学，从未成年到成年，留学美国以及去英国交换，留学收获的不只是学业的进步，更重要的收获是接受到不同文化的熏陶，以及孩子对世界的认识，对不同文化的包容，对不同环境的适应、处理复杂问题能力的提升。所以建议留学生和准留学生家长们，着眼于孩子的成长，少一点功利心，给孩子一个宽松的环境和自由的翅膀，让孩子在浩瀚的知识海洋中遨游，让孩子有机会选择自己想要的生活，成为自己想要成为的人。

最后聊聊青岛的国际教育。坦率地说，我是一个工程技术人员，不是一个教育工作者。但我是一个喜欢走出舒适区，在不同领域挑战自我的人。也是一个喜欢分享、热心公益的人。

青岛有二十多所高校，如中国海洋大学、山东大学青岛校区、中国石油大学、青岛大学、青岛科技大学等，高校教授子女出国的很多。青岛名气最大的学校也许不是山大、海大、石油大学，而是青岛二中。青岛二中学生戏称"学习不用功，那就是想去考对门的科技大学"。青岛的高中，无论是国内高考还是出国留学，青岛二中无疑是一个标杆学校，青岛二中是一个重视素质教育的学校，是青岛大部分初中生的梦想之校。

2023年以前的几年，青岛二中取消了国际部，只开设高考课程，2023年又开始恢复国际部。青岛二中不是人大附中、衡水中学、成都七中那样面向全省全市拔尖的超级高中，也不是北师大附属实验那种国际部课程令人仰望的学校。青岛二中的招生甚至不面向青岛全市，只拔尖录取市南、市北、李沧、崂山四区的优秀学生，城阳、黄岛、即墨三区不在招生范围内，更不用说胶州、平度。准备本科出国深造的学生，上着普高的课程，需要自己准备出国的考试与相关活动，这样的模式对青岛二中的学生和家长提出了很高的要求。我就是在这样的环境下，逼迫自己去深入研究出国留学，几年前在青岛留学资源匮乏，信息极度不对称的情况下，儿子好的录取结果实属不易。

在青岛二中部分家长的强烈邀请下，我开始给出国留学的家长普及出国留学准备知识，举行留学公益讲座，在青岛二中十个志愿者家长的共同努力下，创建了"留学公E行"公众号，公益活动从2017年一直良性开展到现在（2023年），开设了100多场公益讲座，推送了100多篇公益分享文章，几百个家长和孩子受益。在我的直接指导下，青岛很多学生走进了西北大学、范德堡大学、埃默里大学、加州大学伯克利分校等著名大学的校园，在我们公益团队的支持下，青岛大量学生拿到了美国前30、前50学校的offer。青岛二中连续多年有学生被约翰·霍普金斯大学、莱斯大学、范德堡大学、圣路易斯华盛顿大学、加州大学伯克利分校、加州大学洛杉矶分校等著名大学录取，最令人激动的是，2022年有学生被斯坦福大学录取。赠人玫瑰，手留余香，这是我们做公益的宗旨。

近十年，青岛二中美国方向有耶鲁大学、斯坦福大学、杜克大学、宾夕法尼亚大学、约翰·霍普金斯大学、达特茅斯学院、范德堡大学、莱斯大学、康奈尔大学、圣路易斯华盛顿大学、圣母大学、乔治城大学、南加州大学、卡内基梅隆大学、埃默里大学、维克森林大学、纽约大学等顶尖私立大学录取。也有加州大学伯克利分校、加州大学洛杉矶分校、北卡罗来纳大学教堂山分校、密歇根大学安娜堡分校、弗吉尼亚大学、佐治亚理工学院、威斯康星大学、伊利诺伊大学香槟分校等著名公立大学的录取。顶尖文理学院有卡尔顿学院、明德学院、哈维穆德学院、史密斯学院等的录取。英国方向每年有牛津大学、剑桥大学的录取，2022年是牛津大学录取的大年，录取青岛二中7人。

青岛二中出国人数的顶峰是在2014—2018年，那时一届800个普高毕业生，最多时有200余人放弃高考，选择出国留学，其中有40%是学习成绩突出的学生，包括年级前几名的学生。新冠肺炎疫情之后，青岛二中的出国人数开始下降，但随之而来的是兄弟院校国际部的崛起，使得青岛出国学生的总量保持不变甚至有小幅上升。青岛中学、青岛五十八中国际部、青岛九中国际部，这几年都有很好的录取案例，当然还有墨尔文、宏文、格兰德、博格思等10余所国际学校，还有只招外籍子女的MTI国际学校等。青岛的出国留学，开始呈现百花齐放的局面。

青岛的国际教育，虽然近些年录取的结果不错，但是与北京、上海、南京、深圳比较起来，还是有较大的差距。青岛每年出国的学生中不乏优秀之人，但哈佛、普林斯顿、芝加哥、哥大、加州理工等顶尖名校近些年还没有录取过青岛高中学生，耶鲁、斯坦福、杜克、宾大也是10年内难以录取一人。

我个人认为，差距不在生源，而是在于青岛的大环境与平台。青岛的高中，要得到海外名校的认可，建议学校增加宣传力度，多邀请海外名校的招生官来参观走访学校，给学生和招生官互动的机会，让招生官多了解学校和学生的综合素质。另外，青岛的国际学校与国际部，课程体系以A-Level和AP为主，建议丰富课程体系，开设IB课程，给学习能力突出的学生们更多的选择。

王修文：他为中国教育的进步做了很多事

我实地拜访过全国大约一半数量的国际化学校/国际部，且集中在各地头部学校。按照每所学校见两位校长估算，我十年见过的校长有上千名。因校长的理念和思维往往会成为一所学校发展的天花板，校长是我访校时最为重要的沟通对象。和校长交流后，我基本上能预判这所学校未来会怎么样。校长们有不同的年龄，不同的教育和工作经历，不同的教育理念，跟校长们交流，犹如打开不同的画卷，能欣赏到多彩的教育世界之美。

在上千位校长中，有不少让我印象深刻，王修文便是其中一位。他是早年国内少见的教育专业海归博士，他的教育思想融合中美教育精髓。从2002年起，他用15年时间为新东方教育集团在江苏扬州成功打造了一所优质国际学校。从2005年起，他情系故乡，又在家乡山东的淄博、济宁、济南等地，陆续创办多所学校。这些学校均取得了巨大成功，成为一方名校。

山东作为孔孟之乡、礼仪之邦，历来是尊师重教的地方，历史上教育家频出。圣人孔子、义丐武训、大师季羡林等诸多出自山东的教育家，均为我国教育事业发展做出了重要贡献。

1978年中国留学重启后，初期留美学生多以学习理工科为主，学教育专业的少之又少，学成回国办教育的更少。修文德鲁教育集团董事长王修文博士，便是少有的学成回国办教育的早期海归学者之一。

我在2016年年底，到江苏扬州首次见到王博士，他时任新东方集团副总裁兼北京新东方扬州外国语学校校长。

初次见面一番深谈，我发现王博士对国际教育有自己独特的理解，并将这些理念落实到具体办学中。从2002年的4人筹建小组到学校誉满当地、一位难求，王修文历时15年，带领北京新东方扬州外国语学校从新生到壮大。这所学校让王修文充分践行了自己的教育理念，也为他更进一步发展教育事业、圆教育报国的理想，打下了坚实的基础。

和王博士交流是件挺愉悦的事。他是中国国际教育发展最早的一批参与者和见证人。他对中美教育精髓的理解与落地，为我们观察和了解国内国际教育提供了很好的参考。为此，我在本节详细介绍王博士自己留学以及办学过程的所思所行。

王博士20世纪60年代初出生于山东青岛农村，1979年考上山东淄博师范专科学校英语专业（这所学校后来几经合并演变成现在的山东理工大学）。进入高校后，王修文便把教育当成了自己的终身事业。

现在大学生乃至海归投身教育领域很常见，像深圳中学招录了大批博士老师。不过，这种理念在当时很少见。20世纪七八十年代，大学生在中国十分稀缺，他们成为政府部门和外企抢夺的人才。师专毕业生也是香饽饽，很多被分配到政府部门工作。改革开放之初，英语专业的大学毕业生更是抢手，如同20世纪90年代末的经济专业、21世纪初的计算机专业以及21世纪20年代人工智能专业一样火爆。他们如果选择到外贸领域工作，薪酬和机会很多。像枫叶教育集团创始人任书良，从北京外国语大学毕业后，初期选择做外贸，在香港很快赚到第一桶金。之后，他在1995年到辽宁大连创办了第一所枫叶国际学校。

20世纪80年代，国内教师的薪酬、职业发展前景并不是很有吸引力。此时当老师对很多师范生来说，没有多大的吸引力。王修文为什么对教育情有独钟，终身如一地追求？这很大程度是受做老师的姐姐、姐夫影响。他在选择报考大学时，没有多想，便选择了师范学校。

王修文说："我一直对商业无感，当初在美国读书，曾有机会做著名企业中国办事处的负责人，但我放弃了。2006年新东方上市后，时任副总裁的我面临很多诱惑，先后10多次有猎头挖我，我也都拒绝了。只想留在新东方，一心做教育。

"我查过美国宾夕法尼亚州立大学的资料，发现我读博士的时候，在该校读教育的中国人很少。我不管别人赶各种潮流，我这一生只爱教育，只做教育，在校园里，我能找到自己真正的价值。"

1981年，王修文从淄博师范专科学校以第一名的优异成绩毕业，并得到了留校任教的机会。他这届毕业生只有三人留校，除他外，另外两人分别在学校团委和实验室工作，只有他一人在教学一线给学生上课，此时他年仅19岁。

工作一年后，王修文参加了一个由教育部主办、山东大学承办的优秀英语老师培训班，有来自哈佛大学、匹兹堡大学的4名美国教授上课。当时山东大学外语系和中文系在国内很有名，有不少外国教授。参加完培训班后，王修文大开眼界，激发了进一步深造的愿望。

随后，他报考了山东大学的研究生，很遗憾没考上。正在他准备继续考研究生之际，一个出国留学的机会突然降临。1985年5月，淄博与美国宾州的伊利市结成友好城市，当地的爱丁堡罗大学（Edinboro University of Pennsylvania）与淄博师专结成姊妹学校。两校结对后，互派人员交流和学习。淄博师专在全市范围内公开选拔4人前往爱丁堡罗大学留学，王修文最终以第一名的成绩被选中。

因两城结成友好城市，双方在教育上互动、交流，进而促成中国城市的教育发展，这种案例在国内可以找到很多。

很典型的是，苏州之所以会引进世界联合学院在常熟办学，缘于在1980年10月与加拿大维多利亚市结成友好城市后，落户在维多利亚市的加拿大皮尔逊世界联合学院，每年给苏州学生提供两个全奖名额，经过长达30多年的合作，世界联合学院品牌在苏州广为人知。当世界联合学院在中国内地寻找办学地时，常熟市政府用优厚的扶持政策将其引进落户。

王修文到美国后，在爱丁堡罗大学完成了研究生学业，并申请到了博士offer。他跟淄博师专沟通，希望能继续在美读博，但学校没有同意，于是，王修文便回国了。王修文回忆说："我们第一批出去的4个人，当时并没有和学校签订协议，如果我们不回来，学校也无法约束我们。但我觉得人不能忘本，学校要我们回来，我就回来了。"

回到国内后,王修文继续在淄博师专工作。他努力工作,同时也一直渴望着能继续出国深造。由于他在爱丁堡罗大学留学期间给校方留下了很好的印象,经过争取,爱丁堡罗大学向王修文提供了做访问学者的全部费用,淄博师专也愿意再次外派他留学。于是,王修文在 1991 年又重返爱丁堡罗大学,在作为访问学者工作的同时,他又成功地攻读了另一个硕士学位。

一年后,王修文申请到了美国宾州州立大学教育学博士 offer。三年后,王修文拿到了博士学位。博士毕业后,王修文在美国的杜波依斯商学院,担任国际部主任,做中美教育交流方面的事。

在美国工作 5 年后,王修文意识到,自己待在美国意义不大,美国教育人才很多,多一个少一个无所谓,自己应该回到祖国,用多年所学的教育知识回报祖国,做出更大的贡献。虽然此时经过多年打拼,王修文好不容易在美国立稳脚跟,拥有了稳定的工作,但他的心却一直渴望着能回国从事教育事业。回国意味着要放弃在美国获得的很多利益,一切从头开始,尤其是好不容易团聚在一起的家人,又要分开,要承受很大的痛苦,但他就是放不下这种渴望。

在美工作期间,王修文和国内很多学校有夏令营方面的合作,其中包括济南外国语学校。2000 年,济南外国语学校和一家房地产公司合作创办开元分校,他们邀请王修文加盟。于是,2000 年,王修文回到了山东,担任济南外国语学校开元分校的创校校长,正式投身于国内基础教育事业。当时以留美教育博士的资历,在国内担任基础教育学校校长的,即使不是绝无仅有,也是比较少见。

王修文带领大家奋斗两年,使新办的开元学校迅速取得了巨大成功。当时,新东方集团投巨资,要在扬州创办一所现代化的基础教育学校,新东方创始人俞敏洪正在全球范围内,为该校物色有国际教育背景的校长。经人介绍,俞敏洪知道了王修文,感觉王修文是特别理想的校长人选。俞敏洪特地从北京飞到济南,跟王修文谈了很久,力邀他担任新东方扬州外国语学校首任校长。几经考虑后,王修文接受了邀请。

筹办扬州学校期间,王修文用了两个月时间到全国各地考察了多所学校,他发现此时在扬州投巨资创建基础教育学校,并不是好时机。

他回忆说:"我考察发现,当时在扬州办学,有两大问题。一是上海有家大型民办教育集团,在全国办了 10 多所民办学校,此时因为资金链断裂倒闭了,导致当时整个民办教育行业受到影响,处在艰难时期,社会对民办教育从之前的崇拜转为鄙视;二是扬州的公立教育实力很强,加之当时的扬州经济不发达,交通不便利,必然会影响到学校招生。

"说实话，充分了解情况后，我是有点不太想挑这个担子的，挑战的难度太大了。但既然已经答应了俞敏洪，不能失信于人，只好硬着头皮上。而且骨子里，我也有一种自信，相信虽然困难大，但凭着我多年所学，凭着我特别能吃苦，加上各方面的支持，一定能办学成功。

"2002年在扬州创办学校时，新东方还不是很有名，起步阶段挺艰难。新东方做英语培训起家，本身没有基础教育方面的积累和基础。2002年，我刚来扬州的时候，感觉扬州像个县城，去邻近的镇江还要坐船。当地公立教育比较强，市民收入比较低，新东方在扬州也不是那么有名，很多人以为是厨师培训学校。我们建校之前，扬州本地有所中学叫扬州新东方中学。我们第一年招聘老师的时候，很多老师被出租车司机带到了扬州新东方中学。公立教育学费免费，我们要收较高的学费，多数家长自然也不愿意让孩子读国际学校。新东方扬州学校创办之前，附近有两所民办学校倒闭了。"

凡此种种，显示了北京新东方扬州外国语学校初创时的种种艰难。困难虽多，王修文不畏艰难，一方面他积极倡导践行先进的教育理念，在继承的基础上，进行了很多深得人心的教育创新；另一方面他努力打造优秀又敬业的老师团队。凭这些，新东方扬州学校迅速取得成功。

2006年，因为预判中国将迎来新的留学大潮，新东方集团决定在新东方扬州学校创建国际中学部，开始招收准备留学的国际部学生。这项新创事业，对新东方集团有着战略意义，俞敏洪专程从北京赶到扬州，和王修文一起做留学教育报告，帮助招生。当时参加讲座的有200多人，最后只收到17个学生。加上两个插班生，2009年，新东方扬州国际高中首届19名毕业生都有了很好的留学去向，从此新东方扬州国际高中影响日益扩大，招生量逐年增加，至今（2023年）已累计将约2000名学生送往世界各地的著名高校留学，成为一所有影响的国际学校。

新东方扬州国际高中的成功，有很多原因。其中很重要的一条是，他们审时度势，进行了很多敢为人先的独特创新。比如，在课程设置上，他们独特的做法是，没有引进IB或者A-Level这样的国际课程，而是建立了自己的课程体系：中国传统高中课程＋英语标化考试课程＋AP课程＋活动竞赛＋自主申请。

王修文说："这对我们有巨大压力，但是我们觉得不盲从、走自己的路是对的，那就努力去做。以课程中的中国传统课程为例，我们的学生要完成常规普通高中的课程，要全员参加并通过江苏省高中学业水平测评考试，学习量非常大，对留学申请也没有多大好处，但我们觉得孩子将来要上大学和研究生，基础课程非常重要，不能仅考虑留学申请，还要为孩子未来负责，要打下扎实的学术基础和中国文化基础。因此，再难我们也坚持做，最终取得了很好的效果。此外，我们还编了很多自己的教材，开设了很多独创的课程。

"我认为A-Level和IB课程不适合当时的扬州学生。IB课程采用国际标准，不符合中国学生的情况，在扬州这样的地方很难做好。中国孩子去国外留学，只上国际课程会有很多问题，中国学生毕竟还是要以中国为根，要把母语和中国文化的基础打好，不然孩子们的基础会有很大欠缺，不利于他们一生的发展。

"我们国际中学的成功，还有一个很重要的原因，是它依托、借力于新东方扬州学校。新东方扬州学校的很多优势，给国际中学增色很多。比如，新东方扬州学校特别重视英语、体育、艺术、阅读、电脑等方面的教学。英语方面，我们有约20位外教辅助英语教学，每年参加央视希望英语大赛，我们一所学校获奖人数常占扬州全市的一半左右。体育方面，我们请很多全国冠军做老师。艺术方面，我们每个艺术老师都有自己的专用教室，有自己的特长课程。阅读方面，我们高度重视，小学毕业生普遍能达到五六百万字的阅读量，是国家要求的数倍。电脑方面，我们的重视程度更是全国少有，不仅大量开课，还自己编写面向全国出版发行的电脑教材，绝大多数小学毕业生都能通过全国计算机等级考试，电脑水平达到非电脑专业大学生的电脑水平。新东方扬州学校多年办学的雄厚积累，使新东方扬州国际高中能够在高层次上起步，因而能比较快地取得辉煌的成功。"

筹建和运作北京新东方扬州外国语学校，王修文很感恩新东方集团所给他的巨大自由空间，俞敏洪放手让王修文干，不干预他的管理，王修文得以充分践行自己的教育理念，融合中西教育精华，办出了高品质的学校。

比如王修文借鉴美国教育理念，十分重视体育和社区关系。"2006年，扬州举办首届鉴真国际马拉松赛。开始几年，比赛影响小，参加的人很少。我动员师生积极参加，自己带头报名。开始几年，参赛选手往往有1/3左右是我们学校的师生，最多时，我们全校有超过2000名师生家长报名参赛，我们是唯一一所大规模参赛的学校。我带着师生一起跑。做这个决定要担一定风险，参加比赛就有发生意外的可能，那么多人参赛，风险特别大。但是，一方面，我们重视体育，要锻炼学生，参赛是很好的机会；另一方面，我们要为所在的扬州城做贡献，为社会公益事业做贡献，所以，再有困难，再有风险，我们还是要积极参加，而且一参加就是连续10多年，我们成为扬州马拉松赛最大的参赛团队。这项赛事最终办成了扬州唯一的国际金牌赛事，我们新东方做出了特别的贡献。"

类似重视体育这样对传统教育的突破和创新，新东方扬州学校有很多，这是新东方扬州学校取得成功的关键。

王修文说："我的孩子在美国读书，我在美国工作多年。我了解中美教育的不同，两国教育都有好的地方。我在扬州办学，一方面继承和发扬中国教育中好的东西；另一方面，巧妙融入美国教育好的东西。这种融合，使我们既适应当下的中国教育评价体系（主要表现在我们取得了非常好的考试成绩），又为孩子一生打下了坚实的基础（主要表现在我们的学生综合素质特别好）。我们的学生，落后的跟上来了，普通的变优秀了，优秀的成长为卓越。"

王修文曾在淄博读大学且工作多年，淄博是他的第二故乡。后来，他与淄博市政府在教育上有很多互动交流，加上他在济南和扬州的办学成效显著，为此，2005年，淄博市政府"招商引智"，他们邀请王修文回淄博办学。

此时，北京新东方扬州外国语学校已创办三年，学校在很多方面已比较成熟，发展迈上正轨。王修文感觉扬州学校离开他也能很好地发展，他也特别想回到山东，为家乡教育贡献力量。于是，他向俞敏洪请求离开新东方，但俞敏洪不放心他离开，提出他可以在不离职的情况下，同时在山东办学，江苏、山东两地兼顾。盛情难却，加上王修文对新东方和扬州学校有很浓的感情，大家都在挽留他，而且，他也相信，因为自己有非常得力的团队，他能兼顾两地，把两地的教育事业都做好。

于是，王修文继续留在新东方（这一待又是12年），同时，开始在山东创建新的基础教育事业。18年间，他陆续创办了淄博修文外国语学校、淄博高新区外国语学校、济宁修文外国语学校、滨州修文德鲁幼儿园、济南修文外国语学校、修文在线学校等多所学校机构，并成立了修文德鲁教育集团。

一个人要办那么多所学校，且都办得很成功，是怎么做到的？王修文说："我要做的事情很多，但总体都做得很好，最主要的原因不是因为我有多么能干，而是因为我在山东和新东方的团队都非常能干，我倡导的教育理念、管理理念、学校文化，深得人心，大家不需要我太多的指导和帮助，就能把很多事情做好。如今，这些学校都运转良好，口碑优良，声誉极佳，前景光明。"

2017年，新东方扬州学校已经非常成熟，王修文在山东的教育事业也愈发壮大，特别需要他全身心投入，而且他已在新东方奉献多年，是任职最久的新东方副总裁之一。此时，王修文再次向俞敏洪提出辞呈，在和俞敏洪谈了两次，并一起物色好接任校长后，王修文恋恋不舍地离开扬州，离开新东方，回家乡山东继续他的教育事业。

在新东方扬州学校15年，王修文创造了很多辉煌，其中有一个特别为人津津乐道：历年来，共有10多位王修文在这所学校的下属，离开学校，受聘成为其他学校校长。他们受王校长影响，在很多方面有了长足进步，在新的学校几乎都有上佳表现。王修文领导的新东方扬州学校成了培养优秀校长的大本营。

我问王修文，做教育职业经理人和创始人有啥差异？

他说："新东方是个大集团和上市公司，有内部统一的管理制度以及营收要求。一方面，集团给了我很大自由，我得以充分施展；另一方面，我毕竟还是要在很多方面配合集团要求，服从集团统一管理，还是有很多限制和束缚。我在山东办学，创办了以我为主的教育集团，没有来自财务和盈利的压力，可以更加充分地按照自己的想法办教育。

"现在，我给修文德鲁教育集团各学校更少考试成绩方面的压力，更重视过程评估，这跟中国教育通常以结果导向评价老师有很大差异。我们参照国际最高水准，建立更科学的管理体系。现在，我也可以更放开手脚地进行很多教育改革和创新。"

做了一辈子教育，谈到教育，王修文有滔滔不绝的话题。

王修文说："中西方教育有很大共性。作为20世纪70年代的大学生，我对中国传统文化相对比较了解。我在西方学习生活很多年，我发现一个规律：无论中外，优秀的人其实都挺相似的。中美两国最好的教授和老师，都很善良和勤奋，都有超越局部的全局观，这些也是我一生重视的追求。

"有教无类、因材施教、寓教于乐等中国传统教育思想，和西方的理念是一致的。每个孩子都是独特的个体，要有自己的发展规划，老师要用不同的方法帮助他们成长。我遵循有教无类的理念，不会只关注少数精英学生，我一直努力关注学生整体，这样才能让学校教育创造出最大的社会价值。有的孩子之所以厌学，是因为得不到尊重，无法体现自身价值，于是，我们努力让孩子在学校得到充分尊重，享受各种快乐，有机会体现自身价值，渐渐地他们就能爱上学习。"

做了一辈子教育，已经为中国教育的进步做了很多很多。王修文不仅没有厌倦，在年过60之际，依然充满热情，渴望着为中国教育做更多，他提到："我们做教育的，一定要无条件地爱每一个孩子，我们把孩子培养好，孩子有能力，有爱心，社会才会越来越美好，人民才会越来越幸福。回顾历史，各国的教育基本都是从私学起步的，现在世界上的优秀学校大多数也都是私立的。我从事的是民办教育事业，我希望办出中国最优质的民办基础教育。

"回国20多年，中国发生了很多好的变化。比如早期北京和淄博的污染都比较重，现在有了很大的改观。我国的教育也一直在进步，我很自豪，这里有我的一份贡献。我的人生很幸福，能一直做自己喜欢的教育事业。我们这个时代的人，因为时代烙印，普遍没有安全感，有很强的危机感。这些年办教育，我深刻体会到，做教育的人，一定不能把经济利益作为主要追求，应该把精神追求放在首位，要把教育真正当成利国利民的事业去奋斗和奉献。

"我有一个深刻体会：当人停留在'自我'阶段，心里只想自己，他会有很多痛苦、矛盾、纠结；当他提升到'超我'状态，他的快乐会远多于痛苦；当他进一步达到'无我'状态，他会时时处处感到幸福、喜乐。我做教育这么多年，我感恩这份神圣的事业正让我渐渐进入'无我'状态。

"我是中国人，早就放弃了美国绿卡。我的骨子里是个老师，在学校里，和孩子们在一起，我就感到很快乐。我到社会上则不行，因为我比较较真，对看不惯的事、对不好的风气和做法，会忍不住生气、直言，容易得罪人。做教育非常适合我，我也感到特别幸福。

"我虽然已年过60，但感觉浑身还有使不完的劲。在我有生之年，我还要继续为中国教育的进步竭尽全力地奉献。我希望多年之后，甚至在我离开人世之后，我的很多学生和同事回想起我，会说，这个人为中国教育的进步做了很多很多事。"

第五节 安徽：产业之托

皖北洪灾多，这种状况一直到1953年在阜阳建成王家坝闸才得以解决。皖北水灾多，而皖南人多地少，出去经商的不少，曾出现了著名的徽商群体。面对恶劣的生存环境，皖人具有很强的生存能力，敢于创新和善于抓住机会。为此，分田到户首先从安徽凤阳县小岗村产生不是没有原因的。奇瑞汽车从安庆起步，现成为国内知名汽车品牌，跟当地政府当初敢冒风险也是息息相关的。

安徽在教育上抓住难得机会，莫过于引进中国科学技术大学（以下简称"中科大"）。中科大历史虽短但却极不平凡，成为国内一所很特别的名校。学校在1958年于北京创办，很特别的做法是放弃了当时主流的只注重应用科学不注重基础科学的苏联工科大学模式，而是兼顾教学和科研，颇类似柏林大学的办学模式。在1999年国内大学刮起扩招风后，中科大是少有的不扩大招生规模的大学。同时，中科大把中科院的研究所和院系结合在一起，在中国高等教育界中是唯一的，而中科院的科学家很多具有西方留学背景。

中科大很重视强化学生科学和数学基础，课程设置导致中科大学生的学业压力很大，但这也为其未来发展奠定了坚实的学术基础。中科大远离北京，在安徽又享有较高地位，这些因素导致中科大享有比较大的自主决策权。

20世纪70年代初，中科大从北京迁出，需要寻找新的办学地。在寻觅过程中，中科大被江西、湖北、河南三省拒绝落户，但安徽则想尽办法让这所大学落户和扎根。比如早期学校师生中北方人多，冬天习惯于有暖气，中科大最早自建锅炉房给教室和学生宿舍供暖，市政开始集中供热后，开辟了中科大专线，成为南方地区少有的供应暖气的大学。

中科大为国内名校，重视将教学和高新技术进行结合，培养出一大批尖端科技人才。根据学校校友总会官方网站介绍，该校有90多位毕业生校友当选为两院院士，平均每千名本科毕业生中产生一名院士，比例之高为全国之最。我从中科大所发布的年度就业质量报告中看到，近年来每年约有1/3的硕博毕业生会选择留在安徽工作，每年人数超过千人，这为合肥高科技产业崛起提供和储备了大量人才。

近些年来，安徽省城合肥大力发展高科技产业，成为国内明星城市，整个城市也欣欣向荣。高科技产业的特点是高投入、高回报，但同时也是高风险。在产业发展过程中，政府的支持十分重要。高科技产业很依赖于高层次人才，而高层次人才不少有过在国外接受教育的背景，其又往往重视子女教育。在这种背景下，合肥的国际教育有比较强的社会根基。

在国内高科技产业发展迅速的城市，比如深圳、苏州，其国际教育往往发达。而东北的大连，其之所以能够创建出国内首家国际学校——大连枫叶国际学校以及引进大连美国学校，也跟其早期重视发展高科技产业有关。在中西部地区，为促进招商引资，创建和引进国际化学校是政府优化当地投资环境的重要手段，合肥、武汉、长沙等城市均是如此。为此，在很大程度上来说，合肥的国际教育发展受益于当地高科技人才培养以及产业氛围浓厚。

本节侧重分析合肥国际教育整体情况以及当地主要国际化学校/国际部办学特色和亮点。在安徽调研国际教育时，我发现雅礼协会在休宁中学有耶鲁学士教师项目，每年保持有4名耶鲁大学的毕业生在教授英语。休宁中学毕业生中本科选择出国留学的几无，但在硕博阶段有部分学生会前往国外留学，跟耶鲁学士教师项目多多少少有关联，为此也做些介绍。

合肥

和国内绝大部分的省级行政区一样的是，安徽的国际教育也集中在省城合肥。在2023年，合肥国际化学校/国际部出现"941"格局，有14所国际化学校/国际部。"9"是指合肥的9所国际化学校，即合肥安生学校、合肥上海世界外国语学校、合肥市包河区协和双语学校、合肥新站高新区康桥学校、合肥新华公学、合肥高新常青学校、合肥润安公学、合肥中睿学校、合肥高新中嘉学校等，"4"是指四所公立学校，即合肥第一中学、合肥第六中学、合肥第八中学、合肥一六八中学，"1"是指合肥加拿大外籍人员子女学校。

前面提到，合肥由于有名校中科大加持以及大力发展高科技产业，催生出较为强烈的国际教育需求。但如果观察合肥周边国际教育环境，会发现合肥面临很激烈的竞争。因合肥离南京、苏州、上海比较近，而这些地方的国际教育水平在全国处在第一梯队中。如果合肥的国际教育水平没有跟上去，学生就比较容易流失到上海、苏州一带。

合肥地区拿到国外名校 offer 的学生主要出自合肥第一中学、合肥第八中学等传统公立名校，而合肥安生学校则是后起之秀。我最早注意到合肥的国际教育，是因为合肥第一中学美国高中（以下简称"合一美高"）在 2018 年前后时不时会出几个美本顶尖名校 offer，后我多次到这所学校做实地调研。合肥一中是百年名校，创建于 1902 年，前身为庐州中学堂，由李鸿章嗣子李经方所创办。合肥一中在当地被公认为是属于最好的一批学校，有比较大的影响力，优秀学生往往会首先考虑报考其国际课程。

合肥第一中学国际项目有两个，一是合一美高；二是中加班，中加班还另设了美国方向班。合一美高开设 AP 课程，学生需要修完安徽省普通高中毕业生所需学习的中方课程，参加完省内学业水平测试合格后获得安徽省高中毕业生证。合肥一中中加班创建于 2011 年，采用了加拿大 BC 省课程。和中加班学生有 BC 省学籍类似的是，中加班的美国方向班为全外教授课的美国学历高中课程班，会注册美国蒙特威高中学籍。两个课程均主要由加拿大 BC 省、美国本土高中教师资格证教授进行教学。这两个项目每年各招生 80 人左右。

合肥第六中学也有两个国际项目，即剑桥中心和北美中心。

剑桥中心创立于 2016 年 5 月，开设了 A-Level、AP、美高课程，学生可以根据自身优势和兴趣来自主选择课程与所学科目。学生可以用美高+AP 成绩申请国外大学。中心师生比为 1∶3，侧重给学生个性化辅导和教学。2020 年后，为满足学生留学多元化的需求，剑桥中心在 2019 年所推出的"香港英才计划"很受关注，港校申请结果很不错。中心为学生提供一到三门额外课程，对标香港名校的入学要求。2023 届毕业生拿到了 19 份香港大学 offer，港校录取总量破百。由于课程设置丰富，剑桥中心毕业生申请方向比较多元。除香港地区名校外，剑桥中心在英美名校申请上也屡有收获。

北美中心于 2011 年开始开设国际课程。中心采用小班制教学，治学严谨，作业全批面改，每天、每周过关，每周教学反馈。中心对学生关注度高，关注每一个孩子，推行"六位一体"导师制度，由班主任、升学导师、心理辅导员、学科老师、英语老师、家长组成，对学生学习、升学导师、心理等全面关注。中心重视家校沟通，除常规家长会外，坚持"多对一"沟通，家长与各科老师、升学导师、班主任面对面沟通学生学习情况。中心在升学上采取多国联申方式，学生拿到约翰·霍普金斯大学、伦敦大学学院、墨尔本大学、中国香港科技大学等名校 offer，在艺术和专业特色院校申请上也有比较大的突破，获得顶尖音乐学院美国 MI 现代音乐学院、天普大学，以及传媒牛校爱默生学院录取。

合肥第八中学国际部创建于 2009 年，为合肥最早的国际项目。我在调研时了解到，当初教育主管部门要从一中、六中、八中中选择一所学校进行国际项目试点。由于要探索进行小班制和选课走班教学，对硬件设施要求比较高，而此时一中、六中校区条件不如八中，于是八中被选中并率先引进国际项目。

合肥第八中学素以管理严格而著称，国际部每年招生也在百人左右。学校内部有托福和 ACT 考场。国际部和美国佛蒙特州林顿学术高中有合作，可获得双文凭。国际部开设了近 20 门 AP 课程，并按照安徽省教育部门政策要求，学生需要参加安徽省学业水平测评考试合格后获得安徽省高中毕业证。八中国际部的英语教学挺有特色，他们每周进行主题式教研和学习，中外教从不同的语境和共同话题来引导学生学习。另外，八中国际部率先把社团活动课程化，形成了颇具特色的非限制性活动课程，课程达到了 80 门左右。

合肥一六八中学国际部于 2020 年引进英国 A-Level 课程项目，这是合肥一六八中学最重要的五项工作之一，其管理纳入校统一管理之中，在此基础上拓展了国际教育特色，是适合中国学子的融合型国际教育品牌。另外，国际部成立了竞赛指导中心，所有国内外竞赛均由校内学科教师义务指导完成，竞赛成果不断自我突破，领跑安徽。国际部现有高一至高三三个年级的在读生，已有 2022、2023 两届毕业生，录取学校包含英国 G5、中国香港前八、"王爱曼华"、澳洲八大等世界名校。

在 2016 年前，合肥一中、六中、八中为自主招生。学校跟我反馈到此时多以富裕家庭子女居多。而在 2016 年国际项目纳入中招体系后，由于有中招体系和名校来背书，就读国际项目的生源质量明显提升，生源结构也开始多元化。

有位合肥学校的国际部负责人向我提到，美国大学招生官对中国的国际教育有时会感到困惑。比如同一所学校的普高和国际部学生可能会申请同一所大学，大学招生官看到这两名学生毕业于同一所高中，但学的课程却完全不一样，会感到奇怪和困惑。所以，这些招生官会找他们求证一些材料，会提出质疑。国际部由于采用了国外大学招生官熟悉的课程体系，所以在申请竞争上有一定优势。

对合肥这四所公立学校的管理特点，我得到的反馈是合肥一中属于自由式管理模式，比较强调学生的自主学习。合肥八中管理比较严格和精细。合肥六中是偏灵活型的。合肥一六八中学与合肥八中比较类似，也是偏严格和精细化管理。这四所学校国际部深受学校整体管理氛围影响，家长/学生在择校时需要注意这点。

如果单从申请结果来看，合肥地区拿到国外名校offer学生原先主要集中在一中、六中、八中等三所公立学校国际部中。但从2021年后，合肥安生学校成为后起之秀，在激烈的申请竞争中分得了一杯羹。

合肥安生学校

合肥在大力发展高科技产业过程中，引入了一大批企业和高科技人才。为满足这些高科技人才子女教育需求，合肥市政府在2018年前后引进了一批国际学校，其中便有合肥安生学校。除合肥安生学校外，合肥9所国际化学校中的合肥上海世界外国语学校、合肥市包河区协和双语学校、合肥新站高新区康桥学校也是在2018年前后引进到合肥的。这四所学校均有国内知名教育集团背景，且挺有意思的是均来自于上海一带。

安生教育集团总部设在上海，除合肥学校外，还有南京、济南、上海等三所学校。而合肥第一中学美国高中也一直是由安生教育集团在运营，为此合肥安生学校虽然是个新引进的学校项目，但核心团队在合肥已经耕耘了多年，很了解合肥国际教育状况，这也为其快速崛起奠定了坚实基础。（参见彩图22）

合肥安生学校为十二年一贯制学校，2021年有首届高中毕业生，拿到了美国卡耐基梅隆大学、南加州大学、纽约大学等美国名校offer，因申请结果成绩突出上了宜校2021年度出国留学中学百强榜，成为当年黑马学校。在国际教育竞争日趋激烈的情况下，一所新创办学校因首届毕业生成绩突出便能上榜，在国内十分少见。从全国范围来看，凭首届毕业生申请结果便能上宜校的百强榜，除合肥安生学校外，只有中国常熟世界联合学院、杭州云谷学校这两所学校，而这两所学校具有深厚的背景。中国常熟世界联合学院在中国是所新学校，但世界联合学院则是一个国际性品牌，在国外大学中认可度高，可谓是"新学校、老品牌"，所以能够快速被国外大学所认可是在情理之中。杭州云谷学校背靠著名的阿里巴巴集团，有比较独特的办学理念和强大团队，加之杭州当地具有比合肥更为强劲的国际教育需求，所以能在短时间内崛起。

我观察下来，和中国常熟世界联合学院拥有世界联合学院的金字招牌、杭州云谷学校背后是阿里巴巴集团不同的是，合肥安生学校之所以能够快速发展是事在人为和厚积薄发。

从合肥国际教育环境来看，中科大无疑是一个富矿，诸多教职员工子女有就读国际化学校需求，如果加上该校在合肥创业、就业的毕业生子女，则数量更大。同时，中科大还能够在教学与实验、背景提升等方面提供诸多帮助。合肥原先国外大学申请结果最好的项目为合一美高，申请美国顶尖名校本科 offer 具有丰富的实战经验。这两点，合肥安生学校总校长余海燕恰恰全部具备。

余海燕研究生毕业于中科大，担任了中科大管院校友会教育分会副会长。她从事国际教育近 30 年，担任过 IBDP 课程协调人。另外一个很重要的经历是，她在 2012 年到 2019 年担任合肥第一中学美国高中校长，2018 年兼任合肥安生学校校长。2019 年 5 月，余海燕卸任合肥第一中学美国高中校长一职。为此，余海燕对国际课程以及美国名校本科申请有多年的实战经验，熟悉合肥乃至安徽国际教育情况，再加上具有中科大校友背景，短时间内便把合肥安生学校做得风生水起。

我与余海燕做过多次交流，她给我留下很深刻的印象。余海燕的经历比较丰富，自小在军队大院里长大，形成了雷厉风行的工作作风。她在大学学英语专业，毕业后因不喜欢体制内工作而去了北京的一所 K12 的民办国际化学校。在学校工作初期，余海燕对 IB 课程很关注，并想方设法到北京一所公立学校去学习 IB 课程运作。虽然这所公立学校 IB 项目负责人跟她素昧平生，但在她的不懈努力下，这所公立学校 IB 项目负责人被她感动了，让其了解整个项目运作情况。余海燕后成为 IBO 的评级员，去过 30 多个国家。余海燕还获得公派到加拿大留学机会，在加拿大留学期间，余海燕摸索出如何与西方人沟通的经验，并教给自己的学生，让学生受益匪浅。

她说："我在加拿大留学期间，自己有次炒菜时触发了烟雾报警器，消防车、警车、救护车同时到达，导致需要支付 300 加币费用。女主人挺生气，要我赔偿这 300 加币。300 加币这时对我们留学生来说，是一笔不少的钱。我一整夜没有睡着，第二天与女主人沟通，提到你同意我可以炒菜，但并没有提醒过我要注意烟雾报警器；同时由于这事的发生，对我的精神损害比较大，这笔钱不应该由我来赔偿。女主人很认可这个说法，自己掏钱付了这 300 加币，此事过后一个月还邀请我一起去度假。这事给我很大的触动，西方国家讲制度和规则，不谈感情。为此，我经常告诉我的学生，对 GPA 这样涉及自己切身利益的事情，如果自己认为有不公的地方，需要积极和教授进行沟通和争取。我告诉学生一个底层逻辑，在就读大学时，要和教授友好相处，要善于与教授沟通。"

余海燕提到，不少学生听进去了要加强和教授互动交流的建议，并在就读大学期间加以灵活运用。

"我有个就读美国中部一所名牌大学的学生，大一第二学期选了一门课。他注意到往年曾选修过这门课的学生评价说，授课教授比较严厉，打分很低，最低会打1.1分。我学生了解到授课教授未婚，是名女权主义者，于是把这名教授曾写过的书和发表过的观点找出来，吃透后，积极主动找那位教授进行互动和交流。这给教授留下深刻印象，这门课最终给了他 A$^+$ 最高分。学生对教授印象也很好，给了5分最高评价分。"

"我碰到过一个很特别的学生，这名学生的思维方式很不一样，我们鼓励他发展自己的个性。经过三年高中的打磨，学生最终拿到了弗吉尼亚大学的录取。而更为重要的是，学生在高中阶段与学校、老师不断的碰撞和沟通中，情商变得越来越高，并对其在大学就读有很大的帮助。比如他有门课教授给他评分为 A$^-$，他在这门课上费了很多时间，分析下来没有取得最高成绩可能跟平时成绩有关。于是他写邮件和教授沟通，提到这门课自己很重视，但成绩没有达到自己理想的状态，提到可能是因为自己名字的原因，导致教授对自己的情况不太了解，他还提到这门课是不错的，并呼吁学弟学妹们来选修。经过一番沟通后，教授最终确认成绩为 A。这名同学还参加了大学里一个中国学生很少会参加的社团，这个社团要求成员在加入后的第一个月内，每星期要做20个小时的义工。这个学生去深山老林里面做义工，坚持了一年。他这点让大学的同学对他刮目相看，同学提到对他的印象时说：中国同学有钱、聪明但不能吃苦，而他能吃苦。"

在合肥安生学校的家长群体中，中科大教授、博导占到30%。在综合考虑合肥城市特性、学生家庭背景后，学校着力建立 STEM 特色课程体系，旨在为每一个学生的全面发展提供多元化平台，进而建立自己的核心竞争力。

余海燕提到："我们背靠科学岛，离中科大、安徽大学、合肥工业大学都不算远。我们学校的高级实验研究课程、PBL 问题式学习、IBET 融合课程等，都借用了不少高校，尤其是中科大的资源。我们组建高级实验室时，论证、课程等得到中科大教授们的很多支持。

"尤为重要的是，系统的研究性课程开设（PBL 问题式学习、IBET 融合课程、高级实验室研究），也体现了我们安生学校办学的资源优势，既为学生提供了个性化的选择，同时也培养了他们独立思考、分工协作、工程思维、科学研究及当众表达等全方位的学术素养，为他们之后的学业与职业道路奠定了坚实的基础。剑桥双导师 PBL 问题式学习是由剑桥大学工程学院院长 David Cardwell 先生亲自指导的项目，剑桥导师和校内导师共同指导高一学生为期一年的研究性学习指导和实验性探究项目，以便学生在学术和研究能力上获得大幅提升，增强学生们在未来的核心竞争力。因此，我们安生的孩子们都把 PBL 戏称为'跑不了'。同时，我们还充分利用了安生集团的海外资源，多次邀请剑桥大学、斯坦福大学、哈佛大学的教育专家，举行线下线上讲座，拉近了我校师生及家长和世界一流名校的距离。"

合肥安生学校有栋专门的楼用于实验室建设。在实验室建设上，学校投入了 5000 多万元，引进了世界一流的专业实验器材和技术理念，建立了分子生物学实验室、工程设计实验室、人工智能和机器人实验室，而这些一般只有研究型大学才会配备。

除投入重金打造实验室外，该校还很重视中国传统文化的教学和传承。由于在这方面成绩突出，2024 年，该校还受托做省级课题"多元化背景下'讲好中国故事'与学生品德素养培养的研究"。

合肥安生学校高中部 5 年以上校龄老师超过总量的九成。余海燕跟我提到，学校会给老师提供比较好的条件，除了工作上打造学习型团队、提供培训提升机会，还在生活上给予各种帮助。比如教职员工工作 3 年以上，其子女可以免费在学校就读，以及为老师提供当地最好的医疗资源。

休宁中学的耶鲁教师

从 2006 年开始，美国的雅礼协会与安徽省休宁中学进行合作，推行英语教学合作项目。这个项目和雅礼中学的耶鲁学士教师项目很类似，也是每年选派两名耶鲁大学毕业生到学校任教，为期 2 年，学校每年同时有 4 名耶鲁大学毕业生教师。这个项目一直持续至今。

彭子捷曾长期担任过雅礼协会的"Manager for Greater China"和"Education Program Officer"等职，他跟我提到，有位港商在黄山投资了项目，为此找到雅礼协会准备捐赠一笔资金，希望对黄山的教育提供一些帮助和支持。协会派人到黄山考察了半年，最终确定选择休宁中学合作。

休宁是个崇教重文的地方，当地还建有一个中国状元博物馆。在 1300 多年的科举时代，全国总共出了 700 多个状元，而休宁就有 19 个，休宁进士以乾隆朝最多。哈佛大学首位来自中国的教师——戈鲲化便是休宁人，戈鲲化曾在英国驻宁波领事馆工作，后经推荐，1879 年举家到哈佛大学任教，讲授中国文化。但可惜的是，戈鲲化在哈佛大学任教不到 3 年，便因患肺炎客死异国他乡。

协会考察人员认为当地民风淳朴，休宁中学也是百年名校，且由于是农业县，需要给当地孩子提供更多机会，为此最终选择将项目落地在休宁中学。彭子捷提到，那位港商的赞助费用维持了三五年，之后休宁中学的外教外派项目则由协会自己出资。

我去过休宁中学了解耶鲁教师项目情况。休宁中学创建于 1912 年。校史馆是个典型的徽派建筑，我参观校史馆后有两个事情印象深刻：一是休宁中学的校歌提到"旧学商量，新知融贯，且把文明种因；紫阳海阳 *，西欧东美，一炉而冶，气象倍峥嵘"；二是 30 名历任校长中，有 4 人具有国外留学背景，分别毕业于东京大学、德国耶拿大学、法国图卢兹大学、东京法政大学，不过这四位校长任期普遍较短，最短的只有六个月，长一点为两年半。

我从学校处得知，休宁中学学生本科出国留学几无，但在国内大学学成后，会有一些学生选择到美国大学读研。耶鲁外教的影响是潜移默化的，休宁中学优秀学生进入清北后，口语水平不亚于北京、上海学生。另外，休宁中学也有一些学生参与过耶鲁全球青年学者项目（YYGS）。

在学校的帮助下，我联系上了 2023 年在学校任教的外教卫海天进行交流，卫海天中文流利，曾将《盐铁论》翻译成了英文，卫海天口述如下。

我的故乡在美国德州靠近墨西哥边境的一个小城，当地中国人很少，我在 18 岁的时候，才认识第一个中国人。在上大学之前，我连中国都不知道，更不可能对中国感兴趣。我在休斯敦大学读本科，学校要求学习外语。我母系家庭来自墨西哥，但我不想学西班牙语。后来经过了解，发现中文是最难学的，越难我越想学，为此我在大学时除了学计量经济学，还学习中文。

我学了两年的中文，成绩不错，2017—2018 年我在北京大学学习了一年，自此我对中国开始感兴趣。我觉得学习一门外语，最大的障碍不是文字或语法的不同，而是文化的差异。如果要快速学习英语，看美剧是挺好的方法。我对中国感兴趣，又在学习中文，我会看有关中国的视频，用中国人的思维看问题。

从休斯敦大学本科毕业后，我去了耶鲁大学做东亚学研究生。我的研究生导师是雅礼协会的一个前外教，为此我在协会里面也在学习中文、文言文。我从协会了解到，他们在找懂中文的老师到中国去任教，这对我来说，是练习中文和熟悉中国文化的机会。于是，我报名参加了项目，并选派到休宁中学任教。

2022 年 10 月，我到休宁中学工作。外教到休宁中学一般工作两年，我会工作

---

* 休宁中学最早在安徽歙县紫阳书院创建，海阳为休宁古地名。

到2024年7月合同期满。

我们一起有4个外教，其中有两个是从长沙雅礼中学过来这边的。休宁中学的老师来车站接我们，我感觉学校的老师很热情。到学校后，因新冠肺炎疫情防控要求，我隔离了一周，然后开始上课。我们来休宁中学之前，雅礼协会对我们培训过，并有相应的教学安排。

我们4个外教在大学里学了不同的专业，但在休宁中学有统一的教学安排，而具体用什么样的教学方式，则由我们自己来确定。我每周要上9节课，我们每个人教6个班，每个班有20多位学生。

我们比较侧重提升学生的口语和听力水平，尤其是要提升学生们说英语的自信心。英语是我们的母语，所以学生们和我们交流会比较容易找到感觉，通过日常的英语交流，给学生们创造使用英语的机会。

休宁中学还有英语图书馆，每周一到周四，我们和学生们在图书馆看英文书并进行互动交流。另外，我们还会在学校里面组织学生表演英文音乐剧等。

参与这个项目的外教，不全是美国人，因此，我们在日常生活中也会相互了解和交流。我们每周有5节课讲中美文化，这门课不谈政治，只交流文化异同。我们会教学生在美国该如何点菜，有什么样的节日，在和美国人交流的时候，需要看别人的眼睛，不然会不礼貌。我们会让学生们把每节课做成一份报告，加深印象。

我们不太清楚学生们是否会有出国留学的打算。不过确实有名学生英语挺好，曾向我咨询过留学的事情。不过，她是想去法国学习艺术史，我对这块不太了解，但我会想办法帮这名学生进行研究。

那位学生的英语很好，但在休宁没有学习法语的条件。我在耶鲁有位朋友是研究法国艺术的，也正好是来自深圳。为此，我让耶鲁这名朋友提供了些建议，提到如果有语言问题，可以考虑到纽约去学习法国艺术。纽约是艺术之都，也是挺好的去处。另外她也可以考虑先在中国上大学，等在大学期间学好法语后，再去法国学艺术。

我是在美国一个万人小城市长大的，习惯了在小城市生活的方式，而在中国的小城市生活后，会发现中美有很多的不同。我在休宁去买东西的时候，会碰到学生的家长，他们会问我孩子在学校里面怎么样，对我很客气和友好。

我去市场买东西，人家会叫我"老师"，这是对我的尊重。美国没有叫老师的习惯，不会有"Teacher"的叫法，而是称先生。我不到休宁工作生活，是不会知道这种情况的。

第六节　湖北：昙花盛开

在一个初秋晚上的 9 点，尽管白天的酷热有所消退，但作为四大火炉之一的武汉名不虚传，走在路上仍能感受到从地下所冒出的热气。不过，酷热并没有影响市民外出的热情，汉口沿江大道五国旧租界一带人头攒动。

武汉是一座繁华的都市，由武昌、汉口、汉阳三镇组成。长江、汉江穿城而过使得水运发达，南北大动脉京广铁路经过武汉带来南北融通。武汉交通四通八达，为九省之通衢。如此优越的地理和便捷的交通，使武汉在近现代迅速成为国内一所重要城市，并在历史舞台上上演了一幕幕大戏。

如果不写湖北以及武汉，那么中国近代历史将没法写下去。而在武汉所发生的重大事件，如果不提及留学或留学生则是不完整的。武昌首义终结了延续两千多年的帝制，成为共和与民主的开始。而首义之所以会在武昌爆发，跟当地交通便捷使得信息畅通、经济发达形成理念超前、人才云集造成思维活跃等紧密相关。而在这些背后，武汉与留学以及留学生紧密相连。

谈到武汉的留学则不能不提到张之洞。张之洞主政湖北长达 18 年之久，在他主政下，武汉兴工业、练新军、通铁路，成为国内新兴之地。对日本留学，张之洞十分推崇，并写出了《劝学篇》，为留日鼓与呼。

曾横扫天下的八旗军在晚清时不堪一击，清廷依靠八旗军无力镇压太平天国，而不得不放权到地方，借助湘军、淮军等地方武装力量将太平天国镇压下去。自此之后，铁板一块的清廷中央集权开始松弛，这给了干练的地方大员施展空间，张之洞便是其中典型代表。

1889 年，张之洞因修建卢汉铁路调任湖广总督，在湖北实施了长达 18 年的新政。这在总督当中十分罕见。比如清代督抚之首的直隶总督一职在有清代设置的 187 年中，有 74 人 99 任总督。直隶总督基本上每两年走马灯式换一任，唯独李鸿章曾任职 25 年之久。这充分说明李鸿章、张之洞受到清廷高度信任。

张之洞督鄂长达 18 年，做了不少事情。他主导创建的汉阳铁厂、湖北枪炮厂均是国内近代著名的工厂，而他所创办的新式文教机构，成为武汉大学、华中农业大学、武汉科技大学的前身，也为武汉成为国内高等教育高地奠定了坚实基础。张之洞所练新军，成为武昌首义的主力。张之洞撰写了《劝学篇》，强调中体西用。由于张之洞功劳很大，在他离任后，湖北军界在武昌蛇山南腰处建立抱冰堂，以纪念张之洞，即现在的张之洞纪念馆。抱冰语出《吴越春秋》"冬常抱冰，夏还握火"，比喻兢

兢业业，不敢懈怠，张之洞晚年自号为抱冰老人。（参见彩图23）

张之洞被誉为"武汉城市之父"，作为晚清的中兴名臣，他在担任湖广总督期间，在武汉办教育、兴工业、练新军，让武汉成为洋务运动后期"驾乎津门，直追沪上"的大都会。基于发展需要，张之洞推崇留学，并选派人员到国外留学。1890年，张之洞建立起汉阳钢铁厂，这是中国第一家钢铁联合企业，也是当时亚洲最大的钢铁厂。1892年，张之洞从汉阳钢铁厂选派了110名技工人员，到比利时学习冶炼钢铁。当时汉阳钢铁厂吸引了不少来自比利时、德国、卢森堡的工程师人才。1899年，张之洞选派了78名学生到日本学习实业。

张之洞如此重视教育，这可能跟其出身有关。张之洞通过科举考试学而优则仕，乡试为解元，殿试为第三名。张之洞自小聪慧，有神童的美誉。除在武汉大力发展教育外，张之洞在1887年于广州筹建广雅书院，成为广雅中学的前身。我在调研广雅中学时，看到校内放置了张之洞的雕像。张之洞是黑白颠倒的夜猫子，他也喜欢养猫，曾被弹劾兴居无节。张之洞与武汉博物馆（张之洞与汉阳铁厂博物馆）长期闭馆修建，我在博物馆的墙面上看到一张大大的海报，海报内容主要是提示博物馆在提档升级中，而海报的左上方便有一只猫。（参见彩图24）

湖北通过留学出了一大批名人，如国学大师黄侃（留日）、民主战士闻一多（留日）、经济学院张培刚（留美）、两弹一星功勋朱光亚（留美）、地理学家李四光（留英）等。湖北第一位留学女性石美玉，1892年就读美国密歇根大学医学院，1901年石美玉学成回国在江西九江创办福德医院。1920年，她在上海参与创办伯特利医院，即现在以牙科出名的上海第九人民医院前身。

十分厉害的是，中共一大13个代表中，有7名留学生。代表中有5个湖北人，有3名留学生。1949年，武汉更成为国内的工业重地和教育高地。1952年高校调整，武汉成为赢家，自此成为仅次于北京、上海的国内高等教育发达之地。

高等教育发达之地，会带来很大的留学需求。一方面大学教职员工普遍重视子女教育，自己也多有过境外留学经历，对留学天然会比较关注；另一方面高校云集之地，容易形成高科技产业之地，产业发展起来之后，收入高且与国际关联紧密，需要有留学背景人才，也对留学产生了推进作用。

武汉为国内新兴的高科技大城市，以芯片为核心产业的光谷建设提升了武汉整体经济水平和创新氛围。湖北的国际教育主要集中在省城武汉，而在宜昌和襄阳两地也有少量国际化学校/国际部，宜昌主要有三峡大坝和葛洲坝等超大型水利电力项目落户，而襄阳为二汽重要生产基地，当地有不少收入较高、对外视野宽广的人群，他们的子女有留学需求。

发现昙华林

必须到现场，必须到一线，这样才可能获得一手和直观的信息，同时也经常会有意外惊喜出现。这是我从事过 10 年媒体工作所得出的经验，这点在做国际教育调研时也同样如此。我在武汉调研时，便很意外地发现了昙华林。（参见彩图 25）

在一个酷暑的下午，我前往湖北中医院看望朋友。在打车前往医院的路途中，我很偶然发现医院附近有个昙华林近代教育博物馆。于是，我在汉期间抽空参观了博物馆。参观完后，让我有意外惊喜，昙华林神奇之处在于，百年前中西教育在这里进行了直接的碰撞，相互吸引和融合。从我走遍全国来看，没有什么地方像昙华林这样在地理上使得中西教育相互接触、相互吸纳，二者之间如此紧密和靠近。

从国际教育方面来看，昙华林是个很奇妙的地方，也应该是国内唯一一个中西文化教育机构在这里群集的地方。各机构相互之间有竞争，但最终殊途同归，先是同类型合并，几所教会学校合并成华中大学，而华中大学和私立的中华大学在 1949 年后又进行了合并，最终演变成现在的华中师范大学。

在 1949 年之前，国内教育主体由三股力量组成，即公立体系、私立体系和教会体系。这三股力量在办学机制、课程设置、毕业生走向上都有比较大的差异，在历史特殊时期也曾分分合合。比如著名的西南联合大学便是由国立的北京大学、清华大学和私立的南开大学合并而成。

昙华林位于武昌，有条街便叫昙华林街。但昙华林并不仅仅是指昙华林街，而是一个区域的名称。现在通俗上说的昙华林是东起中山路，西至得胜桥，北达昙华林街和北凤凰山螃蟹岬以南，南到粮道街，其中东西全长 1200 米。

这个弹丸之地曾聚集了公立体系的湖北省立第一中学（现为武汉第十四中学），张之洞督鄂期间建立的 22 个新式学校和教育机构。私立体系的中华大学，教会体系的华中大学也在昙华林办学。

根据昙华林近代教育博物馆的介绍，昙华林建立了从幼儿园到大学的学习机制，层次齐全。从师范到外语，从文科、法政到农工商、测绘、医、军、警，门类齐全。从幼儿教育到女子教育、节妇教育，从青少年教育到成人教育，从学校教育到社会教育（图书馆、报刊、出版），受教育人群类别齐全。

1910 年，文华公书林在昙华林建立，是文华中学、文华大学的学校图书馆，但同时也对外开放，这是国内第一个公共图书馆。1920 年，文华大学开办图书科，后独立成立了私立武昌文华图书馆学专科学校，学校后并入武汉大学，而武汉大学图书馆专业公认为全国最好。

湖北有两所大学出身不凡。中华大学为国内第一所私立大学，创建于1912年，为曾留学过日本的黄陂人陈时和其父亲创办。黄陂出了不少教育名人，如曾担任过加州大学伯克利分校校长的田长霖便是黄陂人。中华大学是国内第一所不靠政府和外国人而独立创办的私立大学，新中国成立后，这所学校院系被并入武汉大学、华中师范大学、中南财经政法大学等高校中。

华中大学由文华大学、雅礼大学等几所教会学校合并而成，是当时教会要着力打造的大学。五四运动后，随着中国民族运动的兴起，收回教育权运动风起云涌，此时的教会教育体系承受了很大的压力。针对这种情况，教会在1921年组织了巴敦调查团，对中国的教会教育进行了全面和深入的调研，最终形成了一份报告。这份报告的核心是让教会教育要更有效率，更基督化，更中国化。而在更有效率上，则提出要合并教会大学，提高办学效率。在这种背景推动下，华中大学由几所教会大学在武汉合并设立。

昙华林近代教育博物馆对中西教育进行了很多的比较，对现在的国际教育也不失为一个很好的参考。

中西教育理念比较

中国传统教育	西方近代教育
注重探究人与人的关系	侧重于发掘人与自然的关系
注重人对于外物的作用	侧重外物对人的作用
向内探索，将自己融入外部体系中，抽象思维，比较平和保守	向外探索，把外面的未知事物纳入自己的已知体系中，是发散思维，具有侵略倾向
侧重文化素养教育，集体教育，传播文化，培植素养	侧重专业知识和技术教育，私人化教育，传播知识和方法
注重全面发展，素质教育，谦虚含蓄的理解	侧重特长培养，个性自由，外放的表达
教育思想以凝固、卫道、封闭、济世为特征	教育思想以变革、进取、开放、致用为特征

博物馆提到，中共一大的13个代表中，来自湖北的五个代表在昙华林均有过教育或者革命工作经历。

昙华林几经修建，整个街区干净整洁，富有文化气息。行走在昙华林街区，仍然可以看到花园山的教堂、瑞典教区旧址、名人故居等。百余年前，中西教育在昙华林全面碰撞、相互吸收和融合，并影响至今。时至今日，中西教育的接触、吸纳与融合仍在更为广阔的范围不断发展。

武汉

湖北全省总共有 30 余所高中段的国际化学校/国际部，全省每年约有 1500 名学生本科出国留学。七成的学校位于武汉，其余则主要分散在宜昌。此前荆州、荆门、恩施也有国际项目，但后来陆续消失。

在豫、鄂、湘、赣、皖、晋等中部六省当中，无论是国际化学校/国际部数量，还是境外大学申请结果，湖北均处在前列。湖北的基础教育水平在国内出类拔萃，黄冈版试题在国内风行。尽管武汉为国内高校云集之地，但湖北高考也十分内卷，使得湖北的留学和河南一样十分受重视。

我多次到武汉调研后发现，武汉的国际教育能够走在国内前列，跟当地有比较旺盛的国际教育需求有关，也与武汉国际教育起步早，以民办国际化学校为主，受政策调整影响相对比较小等有关。

武汉的国际教育以民办学校为主，考虑到学籍、生源学业基础、家庭经济承受能力等多种因素，武汉当地的国际化学校/国际部学生学习 A-Level 课程较多，而在郑州、长沙、合肥等地国际教育以公立高中国际部为主，在课程选择上往往多侧重选择国内普高课程+AP 课程的模式，这种课程选择让毕业生前往美国留学较多。

武汉为湖北国际教育的中心，而武汉的国际教育又与当地一所名校——武汉外国语学校紧密相连。武汉外国语学校和南京外国语学校比较类似，以外语教学见长，初中入学有高竞争性选拔考试。由于英语基础好，学业基础扎实，武汉外国语学校的学生天然是出国留学的好苗子。

我到武汉外国语学校实地调研了解到，该校本身设有中澳班，学生到澳洲留学居多。而得到武汉外国语学校支持的武汉英中学校，2000 年开办，经过 20 多年的发展，成为湖北在国际教育上的一流学校。该校能够招录到武汉当地最好的生源，国际高中以校内直升为主。该校内部有完善的课程体系和优质的师资，其申请结果在武汉乃至湖北省内遥遥领先，在全国也是一所名校。

武汉英中学校是牛剑大户，每年能够拿到 10 份左右牛剑预录 offer，牛剑数量长期保持在全国前五的位置。在英国《每日电讯报》发布的《2019—2021 三年输送牛剑学生最多的 20 所国际学校排名》中，武汉英中学校位居全球第七。在藤校等美国顶尖名校录取上，武汉英中学校也拿掉了武汉当地绝大部分名额。

武汉英中学校国际高中部学生体量很大，每年有三四百名毕业生，这个规模应该是全国国际化学校/国际部中毕业生数量最高的一批。学生体量大，意味着需求也多样化，武汉英中学校开设了 IB、A-Level、AP、IFY、GAC、OSSD 等主流国际课程，内部也有比较完善的升学指导体系，申请结果在武汉遥遥领先。

武汉当地另外一所体量大的学校便是武汉枫叶国际学校，这所学校创建于 2007 年，为枫叶集团在起步地大连之外所创办的第一所外地学校。武汉也成为枫叶集团第二个教育大区，是枫叶集团内部重要的发展区域。2023 年，武汉枫叶国际学校的国际高中部毕业生为 318 人。

我们可看到，武汉英中学校和武汉枫叶国际学校这两所学校便吸纳了湖北全省约一半的学生体量。在中部其他 5 省中，没有类似武汉这样出现规模较大学校的状况。由于武汉英中学校和武汉枫叶国际学校在英国、加拿大方向有比较强的实力，武汉一些新创办的国际化学校，比如武汉三牛中学、武汉海淀外国语实验学校多选择美高课程，与这两所大型学校进行差异化竞争。

武汉第六中学国际部曾以 AP 和 A-Level 课程为主，在 2022 年国际部转制升级为武汉康礼高级中学后，武汉六中国际部只保留了公费 IB 课程。作为公立学校的国际项目，武汉六中国际部对学生的管理比较严格，实施半军事化宿舍管理，国际部比较重视学生的独立生活能力，在学习上有张有弛。让我印象比较深的是，国际部有一整层楼为音乐艺术教室。

2022 年，由六中国际部升级而成的武汉康礼高级中学，和武汉英中比较类似的是，也采取了多课程制，除 IB 外，开设了 AP、A-Level 课程以及中加班、国际艺术、日本班等。学校满员为 3000 人。我参观过武汉康礼高级中学，这所学校邻近武汉天河机场，占地 51.6 亩，投资高达 8 亿元，学校硬件一流。让我印象十分深刻的是，这所学校内部有一套完善的校服洗涤系统，是我所见过国内最为先进的。（参见彩图 26）

武汉三牛中学（原武汉三牛中美中学）创建于 2016 年，是华中地区第一所美式私立寄宿学校，提供 7 年级到 12 年级完全中学学历教育。这所学校创办的时间不长，但申请结果却比较抢眼，拿到过芝加哥大学、范德堡大学、加州大学伯克利分校等美国名校 offer，以及英国伦敦大学学院、伦敦国王学院，加拿大麦杰尔大学、多伦多大学，新加坡国立大学，日本早稻田大学等全球知名高校 offer。该校的录取数据显示，尽管一些学生入校成绩不拔尖，但经过培养后还能够拿到世界名校 offer，说明该学校具备"低进中出、中进高出、高进优出"的特点，对学生具有比较强的提升作用。

在高提升的背后，是该校采取了多种有效的办学措施。该校采取了小班教学模式，每班人数少于 25 人，师生比高于 1∶6，并根据学生学习能力进行分层教学。学生除需要学习国内指定的义务教育段课程、重视国学教育外，还会通过美国原版教材，完成中西过渡。总体来说，学生课程丰富，有 13 门必修课、33 门选修课、17 门 AP 课、14 门标化考试课。学校社团数量众多，提供多类国际学术竞赛平台，开设导师培养制，使学生得到充足关注，满足学生个性化需求，保驾学生健康成长。

武汉海淀外国语实验学校创建于 2015 年，为 K12 学校，学校投资近 8 亿元，硬件条件一流。我去该校调研时看到校内有校园动物园，有羊驼、孔雀、猕猴等 20 余种动物，另外有马场和高尔夫球场。学校仅钢琴老师就有 30 人。国际高中的学生会有机会到美国高中做一年的交换生。学校管理团队与北京海淀外国语实验学校管理团队相同。武汉海淀外国语实验学校重视学生的艺术、体育、科技学习，其中小学生的钢琴和游泳是必修课。初中阶段需要掌握两项体育特长和一项艺术特长。学校开设了 AP 课程和 A-Level 课程，2023 年有毕业生拿到了藤校宾夕法尼亚大学本科 offer。

武汉美加外语学校（原名武汉外国语学校美加分校）创建于 2005 年，为十二年一贯制学校。这所学校比较重视将优秀传统文化教育和国际化教育相结合、素质教育与学历教育相结合、知行合一和文武并重相结合的办学模式。美加高中部采用了双轨制，即学生可以在高考和出国留学上做自由选择，国际课程为 AP 课程。学校重视突出国学教育，校本课程开设了国学经典、武当武术等。我了解到，校名中的"美加"，并非指美国+加拿大，而是美国加州的意思。该校学生学业基础扎实，毕业生在大学里有不错的表现。

宜昌

国际教育跟经济发展水平密切相关。我在湖北调研时，了解到宜昌也有国际化学校 / 国际部，便去过当地做了实地调研。宜昌有三峡大坝和葛洲坝，这两个超大型的水利工程所带来的电力经济，导致当地有一批收入较高、教育程度高的人员，因此催生了当地的国际教育需求，也成为中部地区少见有国际化学校存在的地级市。

宜昌的国际化学校数量不多，主要有宜昌龙盘湖国际学校和宜昌天问国际学校。

宜昌龙盘湖国际学校也是 K12 学校，其母公司金东方教育是宜昌当地知名的民办教育集团，集团内各校在校师生总量超万人。为此，宜昌龙盘湖国际学校起点比较高，有比较稳定的优质生源。宜昌龙盘湖国际学校创建于 2014 年，是一所寄宿制国际特色高中。这所学校我去过两次，学校硬件条件不错。这所学校开设了 A-Level 课程，实行小班化选课走班教学模式。学生以去英国留学为主。这所学校重视从全国招募优秀的老师，并根据当地的实际情况，重视和家长互动交流。该校曾有学生被剑桥大学录取，这在中部地区地市中比较罕见。

宜昌天问国际学校国际高中创建于 2014 年，开设了 A-Level 和 AP 课程。国际高中实行个人导师制、分层走班制，为学生量身定制个性化学业规划，并有比较丰富的社会实践活动，八成老师具有留学背景或名校研究生学历。国际高中为多名获得世界名校 offer 学生提供百万奖学金，这在国内比较少见。2021 年之前，国际高中学生中考达到 A 等成绩即可享受百万奖学金，2021 年之后获得藤校和牛剑录取可获得百万奖学金。国际高中毕业生留学以英美方向为主。

第七节 云南：联大之影

早在 2018 年前后，我便注意到云南昆明第一中学（以下简称"昆明一中"）国际部学生时不时会拿到布朗大学、康奈尔大学、杜克大学等美国顶尖名校 offer。我不禁感到好奇，一个西南边陲城市的公立学校国际部，其毕业生为何会被美国顶尖名校频频看中？

我关注一个地方乃至一所学校的国际教育状况，习惯于先从国外大学申请结果来切入。国外大学申请结果是定量数据，也是国际教育界不会有异议的数据，好用于分析。同时，国外大学申请结果也代表国外大学对学校认可程度。为此，从国外大学申请结果切入，我们便能刨根问底挖掘出学校乃至区域国际教育的深层次结构，进而分析其过去和现在，并预判其未来发展趋势。

美国八所藤校在中国每年所录取的学生总量保持在 120 人左右，美本前 30 名校所录取的中国学生总量一般在 1500 人左右，这分别只相当于中国每年赴美本科留学总量的 0.3% 和 3.8%。这些美国名校本科 offer 可谓是一位难求。

为此，当看到西南边陲的昆明，时不时有美本顶尖名校 offer 出现，不禁引起了我的调研兴趣，我先后几次去过昆明做实地调研，了解该区域国际教育状况。

几轮调研下来，我发现昆明的国际教育状况和北上广深这些地方很不一样。从一定程度上来说，昆明国际教育状况颇有点类似西南联合大学落户昆明所致结果，现实对历史形成了奇妙的重演。

昆明的国际化学校/国际部以及每年本科出国留学的数量均比较少。2018 年云南美华国际高中突然倒闭，曾引起当地国际教育的动荡，并影响至今。

云南的国际教育主要集中在省城昆明，主要有昆明第一中学国际部、昆明第十中学国际部、昆明世青学校、青苗学校昆明校区、云南长水外国语中学、上海师范大学附属官渡实验中学融合课程中心、昆明市官渡区北京八十学校国际部、昆明国际学校

（外籍人员子女学校）等不到十所国际化学校/国际部，这些学校每年本科出国留学人数总数在 200 人左右。

除这八所学校外，昆明外国语学校也有国际部和泰语课程中心。泰语课程中心为学校附设职高性质，创建于 1995 年，属于公办公费的旅游外语专业。学生学成后以留学泰国为主要发展方向。我了解到云南每年前往泰国本科留学的学生体量不小，约 2000 人。

昆明国际教育界的朋友提到，尽管云南和泰国不接壤，但从昆明乘机到曼谷只需两个多小时，路程不远。云南人对泰国亲近度和熟悉度均比较高。泰国的高等教育发展水平要比缅甸、老挝高，相比马来西亚又离云南更近，因此成为云南学子东南亚留学首选国家。

除昆明的学校外，玉溪市第一中学有德语班，2010 年创办。德语班的学生也参加高考，并凭高考成绩＋德语成绩申请德国的大学。由于可以直接凭高考成绩申请德国大学，且留学德国费用比英、美、加、澳要低很多，德语班在国内也比较受欢迎。不过由于是用高考成绩＋德语成绩来申请德国大学，这很类似于国内普高学生通过学习托福或雅思来申请英美大学，所以德语项目在业内往往不会被纳入国际化学校/国际部统计名单内。

我在和昆明国际教育界朋友交流时了解到，昆明的普高学生出国留学比较普遍，人数甚至超过了国际化学校/国际部毕业生量，这在国内比较少见。本节也会针对这个现象做下详细解读。

联大

我到昆明调研期间，多次到云南师范大学参观西南联合大学旧址。为避开日军的入侵，1937 年 8 月国民政府教育部将国立北京大学、国立清华大学、私立南开大学南迁，并将三校合并组建成国立长沙临时大学。不久因战事又逼近湘鄂，次年 4 月，长沙临时大学西迁到昆明并改名为国立西南联合大学。1946 年 7 月，国立西南联合大学停办，三校各自复校。

三校北返复校后，西南联合大学师范学院保留下来，延承了联大在昆明的办学设施，始命名为国立昆明师范学院，1950 年改名为昆明师范学院，1984 年更名为云南师范大学。很类似的是，由国立北平师范大学、国立北平大学、北洋工学院所组成的西北联合大学，其师范学院后来也演变成了西北师范大学。不过需要注意的是，此国立北平大学非彼国立北京大学，是两所不同的学校。国立北平大学在抗战胜利后并没有复校。

西南联合大学在云南办学八年，硕果累累。有两名毕业生获得诺贝尔奖，出了172位两院院士。西南联合大学所取得的办学成绩，在中国的大学里面应该是前所未有的。我所毕业的南昌大学首任校长、中科院院士潘际銮便是毕业于西南联合大学。

虽然西南联合大学已经不复存在，但其魂却永存。而很有意思的是，经过10年的观察以及多次与昆明当地的学校、师生交流后，我个人感觉昆明现在的留学或多或少有着西南联合大学影子。

那么西南联合大学之影是什么呢？

为回答这个问题，我还是先简单回顾西南联合大学所存在的历史背景。1937年全面抗战爆发后，初期日军来势汹汹，北京、上海、南京、广州等中心城市纷纷沦陷，而中国高等教育原本主要集中在这些地方。

避开日军入侵而西/南迁大学，保留中国教育火种，这成为抗战后一件大事。大学西/南迁的路线起初到江西、湖南、湖北等中部地区，在日军进逼南昌、武汉、长沙时，则又进一步西迁到西南的昆明、贵阳、重庆、成都，西北的西安和兰州。

由于日军的进逼，中国大学从沿海转移到了中西部地区。在这个文军西征过程中，中国的大学蒙受了巨大损失，重迁办学条件艰辛，但也有两个意外的收获。一个是，中国的大学从地理位置上跟中国本土有更加紧密的联系。中国近代大学的诞生和发展，深受国外影响，属于舶来品，早期大学与中国本土关联度并不高。1938年，教育部长陈立夫曾感叹道，进了中国的大学就像到了外国一样，因为大学的教材和教学方法绝大部分采用了西方的模式。另一个是为了抗战需要以及研究的便利，各方面的专家开始立足本土研究和解决本土问题。比如社会学家费孝通研究云南三村，西南联合大学的专家们研究军火制造以及肥皂制造等。

西南联合大学之所以如此被人怀念，不仅仅是大师云集和培育出了一大批人才，还在于从中国的农村乃至西部地区找到了自己的发展方向和文化根基，尽管条件艰辛，但此间学术硕果累累。

为此，我理解的西南联合大学之影应该是：掌握国内以及世界最为先进知识的联大人，由于特殊原因躬身入局到云南这些边陲地区，他们将先进知识与本土文化进行紧密结合，大大提升学术整体水平，这个过程也让边陲地区的发展受益。

联大之影放在昆明现在的国际教育领域，表现为很需要人来推动，更依赖于高水平的国际教育人才。这似乎是个悖论，因为国际教育发展基础越薄弱的地方，对国际教育人才的吸引力是越低的。不过，昆明的国际教育乃至教育整体却因为很特殊的原因，导致对其发展有着深刻的影响。昆明当地引进了世青、青苗等国内知名国际教育品牌。而在体现联大之影上，我感觉昆明一中国际部总监罗昕便是其中很典型的代表。

本书侧重介绍区域性国际教育状况以及国际化学校/国际部特色，讲到学校老师故事并不多，因为毕竟是铁打的学校流水的老师。不过，如果提到昆明一中乃至整个昆明的国际教育，不讲罗昕老师的故事和理念则是不完整的，为此我在下文专门介绍罗昕老师。

罗昕：一切均是最好的安排

2023年4月中旬，昆明一中国际部总监罗昕到重庆参加重庆巴蜀中学国际教育峰会，并做了一场演讲。大概过了个把月后，罗昕收到了一封来自重庆非同寻常的快递信。快递信是由重庆的一位家长所寄出，这位家长听了罗昕在峰会的演讲后有感而发，特意给她快递了这封信，以示敬意。

信中写道："我的敬意，在于从研究者的角度，我常常对言不由衷、空洞无物的演讲嗤之以鼻。而那天在巴蜀的演讲嘉宾中，您是我最敬佩的一位，没有之一。从学术维度来看，'以听众为中心'的演讲切口和内容干货，您一直在回答选择国际教育的家长心中当下所惑与未来所获；从演讲呈现来看，仅有几个关键词辅助之后的真正在讲，是我非常看重的且值得欣赏。我记住了反恐科目的开设，以及国际赛道各种卷的背后潜在的投机心态与未必比应试更高明的思维之惰；记住了'我是谁'比'成为谁'更重要；记住了昆明一中国际部的活动立足本地资源而非满天飞的票子。

"一个人的选择，源于价值观深处的爱恨分明。从您的履历中，我感受到可以印证您演讲力量的因子——国际视野与故土情怀不可偏颇的合力行之。

"我还注意到了学生们对您的评价——有爱的严厉。我也特别喜欢昆明一中国际部的精神——辛勤的耕耘与高尚的情操。

"在这个口号和浮躁也不能让国际教育幸免的当下，我看到昆明一中的诸多做法，暗合我心中对教育本质的定义与理解。我敬这份理念散发的气息，足以让焦灼在内卷中的家长感觉到清新与倾心并存的氧。"

我对罗昕能够收到这封信并不感到意外。在国内国际化学校/国际部负责人当中，她的经历很特别，对美国大学办学理念和申请要点十分熟悉。回到昆明从事国际教育工作后，她开启"母鸡护崽"模式，守护和教导着故乡这些孩子，为他们的留学保驾护航。她谈到自己一位学生坚定要走国际教育路线而与家人产生了冲突，那位孤立的学生每天跟着她上下课，这名学生最终圆满完成本科留学后申请到博士就读。与学生处成如同家人之感,罗昕谈到自己的学生往事,动情时不禁潸然泪下。

罗昕在上海出生长大,后跟随在斯坦福大学任教的父亲到美国生活,本科毕业于加州大学伯克利分校,后获得杜克大学博士学位。拥有这些资历后,罗昕在美国以及国内的北上广深并不难找到工作,但因有特殊的原因回到了母亲的故乡昆明工作。

她提到:"我母亲是地道的昆明人,在我父亲去世后,母亲觉得在国外的时间太长,想回到昆明照顾我的外公外婆。另外,我儿子在美国出生长大,对中国文化越来越陌生。他虽然也一直在学中文,但效果不太好。为此,我也想让他有机会学习中华民族的文字和文化。当时,昆明一中国际部正在招聘主管,机缘巧合我便到昆明来工作了。"

在母亲确认回昆明定居后,罗昕为了照顾母亲,2011年也一起来昆明居住和工作。昆明一中国际部在2009年成立,开设了A-Level和AP课程。2023年国际部在校生为100多人,其中升学指导老师有4人,并由罗昕亲自担纲。

昆明一中是当地一所百年名校,创建于1905年。这所学校具有出国留学传统,根据校史记载,1913年4月,该校英、法文专修科有学生毕业,其中英文科13人,法文科22人。这批毕业生经过省里的严格考试选拔,有6人赴美留学,5人到法国学习军事工业,2人到比利时学习矿冶,8人到香港留学。在35名毕业生当中,最终有21人获得官费留学,这确实是很厉害。[①]

1942年,云南省政府主席龙云,曾办过留美预备班,招录云南优秀高中毕业生。昆华中学(也即昆明一中的前身)有5人考上留美预备班,在所录取的40人当中昆华中学比例是最高的。[②]比较难得的是,昆华中学在1945年时便有外教。根据校史记载,1945年期间有位叫李佩秀的德籍女外教在学校教授英语。李佩秀之夫李忍涛是云南鹤庆县人,曾创建和长期主政中国化学兵部队。李忍涛从清华大学毕业后,先到美国弗吉尼亚军校、美国陆军步兵学校、芝加哥大学留学,学成回国不久又到德国参谋军校学习军事,留德期间与李佩秀相爱并结婚。李忍涛在1943年从印度乘机回国时,遭日机攻击而阵亡。李佩秀带两个儿子来到亡夫老家云南生活,靠教授英语和德语维持一家生计[③]。1949年后,俄语成为中国主要外语,李佩秀在1952年失业后带着两个儿子辗转回到德国生活至去世。

昆明一中具有深厚的留学传统,而罗昕也很早就接触了国际教育,从2005年便已经开始从事国际教育项目管理。她在美国读高中时是学校校报的编辑,从本科开始便给周边的亲戚朋友的大学申请文书提供修改建议。而在读研究生时,她还在学校的招办兼职过一段时间,并做过升学指导方面上的义工工作。为此,她来昆明工作之前已经从事国际教育多年。2011年昆明一中国际部因多种原因需要重建,罗昕很快被学校聘为国际部主管。

到昆明一中国际部工作后，罗昕碰到最大的难点便是家长对国际教育的理解和认识。她发现很多家长从一开始并不明白为何要让孩子出国留学，以及如何匹配学校。

"云南的家长接收到的信息，无论是从渠道的多元性还是接收的及时性来讲，与沿海地区的家长相比都是有一定的差距的。所以，当我来到昆明的时候最让我匪夷所思的事情，就是在关于'为什么要出国留学'这个问题的思考，很多家长和同学还是把留学当作一条所谓的'退路'，一种逃避的方式，认为高考成绩达不到本科线，或者高中课程太难，学习压力太大了，所以才选择留学。但事实并不是这样的，我们在这么多年工作的过程中，一直向家长和学生强调的一点，就是出国留学并不比在国内读大学轻松，甚至在很多时候是更有挑战性的。"

因此，罗昕从到昆明一中国际部开始工作的第一天起，就一直在帮助家长建立关于"什么样的孩子适合出国留学"的认知体系。当家长有了基本的认知，他们就能从孩子的实际情况出发去判断自己的孩子适不适合走留学的道路，就不会让孩子出国以后变成一个消费者，成为我们所说的"留学炮灰"。

当孩子们开始学习国际课程，为将来的留学做准备时，必须要面对的问题就是升学。罗昕提到，在申请大学的时候，我们经常会说"适合自己的才是最好的"。这个道理其实很好理解，但站在家长的角度，必然会以升学为前提，那么在这个理念的实践上就不那么容易了。她自己也是妈妈，所以非常能够理解家长的心态。我们都希望孩子开心快乐地长大，也都会对孩子有一定的期待，在这样矛盾的心态下，"内卷"是很难完全避免的。

所以，在申请季经常会面临这样的问题和挑战——有的家长认为自己为了孩子出国留学，花费了很多的金钱和精力，就一定要得到一个很"漂亮"的结果，而不是"适合"的结果。在这个时候，专业的升学指导团队的重要性就凸显出来了。昆明一中国际部的升学指导团队除了为同学们提供升学、申请方面的帮助和指导，在很多时候还要担任起信息的传递者，承担起传播理念的责任。

罗昕说："在遇到上述这两方面的问题和挑战时，最好、最有效的解决办法还是家校间的良性沟通。其实我们教育的对象不仅仅是学生，还有家长。从高一学生入学，到他们申请大学，给我们升学指导团队的时间只有两年，我们要在两年的时间里给学生和家长传递一些重要的知识和信息，让他们都能用这些知识和信息武装自己，只有这样他们的内心才能变得强大，同时拥有明辨是非的能力。"

在教学和升学辅导上，罗昕因地制宜。考虑到昆明学生的英语水平普遍较弱，国际部高一学生如果直接用英语教学难以达到理想的教学效果。因此，昆明一中国际部也采取了国内常见的中外教一起教学的模式。不过，该部中外教合作教学方式比较特别，国内中外合作教学常见模式是外教讲一遍，中教再重复讲一遍。而昆明一中国际部则是分章节讲解，即针对一门课程，中外教讲不同板块的内容，交叉讲课而不是重复讲课。从学生反馈来看，通过这种教学方法，学生在高二阶段便能接受全英文授课。

国际部的升学指导工作由罗昕牵头来做，另外有4名外籍升学辅导老师。国际部升学指导工作十分重视诚信，并与学生签订了相关合同。比如合同要求学生在大学申请过程中，所有的文书都必须由学生本人与学校升学指导老师沟通并完成写作。申请者不能使用或聘用其他第三方机构来对任何文书进行写作与订正以及填写活动清单。如果学生违反了这些约定，校方会停止所有大学申请工作，并对国外大学进行通报。

我跟昆明一中国际部的一些毕业生做了交流，从他们的反馈来看，昆明一中国际部在高中阶段的管理和运作，是按照大学的模式来进行的，因此学生到大学就读后，往往会有似曾相识之感，适应度高。比如国内现在联系多靠微信，但国外大学则多依赖于邮件。因此，罗昕基本不回学生的微信信息，但回邮件则比较快。这些潜移默化的做法，可以让国际部学生提前熟悉国外大学沟通方式。

罗昕提到，在孩子入学的第一天就开始对其进行了细致的观察，尽可能全方位地了解孩子的优点是什么，缺点是什么，长处和短板有哪些。在申请大学的时候，会根据他们对孩子的这些了解，还有孩子展现出来的一些品质来进行选校，构思文书，完成最终申请。

"由于云南这边的教育资源、科研资源有一些匮乏，所以我们的孩子实际上在时间和精力上也没有办法去参加像夏校、商赛、学科竞赛这些活动，所以我们就只能根据学校、学生的资源开展一些活动。我们提倡挖掘活动的深度，而不是广度。如果孩子在一个活动上花的时间、精力比较多，他自己个人的体会和感受是不一样的。这样子在申请大学的时候，对于孩子来讲也是有帮助的。"

我几次到昆明一中拜访时，都注意到国际部门口放置了水和猫粮，用于救助流浪猫。这是罗昕特意安排的。为何会如此重视这些细节，以及想通过这些做法向学生传递什么样的理念？罗昕对此提到，学会一项让自己可以在社会立足，为别人和自己创造价值的本领固然重要，但是一个人还要具备一些比较高尚的品质：诚实、勇敢、善良、公平，这些都是比有一个硬本事还要重要的软实力。培养具备人文情怀的学生一直是昆明一中所追求的目标。所谓的人文情怀有很多表现方式，其中，她觉得最有价值的一条就是孩子一定要有悲天悯人的大爱，而且要敬畏生命。所以他们一直在学校里面，以这种润物细无声的态度，让孩子知道这个世界上的每一个生命都是有价值和尊严的。除了喂养流浪猫，昆明一中国际部的孩子还会去喂学校的松鼠。学校还有一个爱狗社，孩子定期会去那些流浪狗收容所，给狗狗们做饭、洗澡、打扫狗舍，而且这个活动截至2024年已经坚持了将近八年。

"这样子几年下来我们的孩子会有很多细微但是让我们骄傲的改变。比如说，看见学校的保洁阿姨推着很重的垃圾车、垃圾箱，我们的孩子会主动上去帮忙；每天进出校门会跟学校门口的保安问好、道别。国际部的孩子基本不会剩下饭菜，总是把盘子里的饭吃得干干净净的。"

罗昕的儿子也是从昆明一中国际部毕业的。我和他一起吃过一次饭，是个很帅且很有礼貌的小伙子。他在2021年拿到了杜克大学本科offer。

在谈到子女教育时，罗昕感叹道，很多人都说老师自己的孩子是最难教的，因为你管得好别人的孩子，不见得能管好自己的孩子。她家孩子是属于半放养状态教育出来的。但是她觉得他跟其他的孩子不太一样的地方，就是他经常会跟着她一起来工作，因为他初中是"Homeschool"，所以罗昕把他带到学校里面来跟她一块儿上班。儿子能看见她工作的繁忙，不管是工作压力也好，还是工作上的一些困难或挑战，他都能看到。她觉得最大的心得体会就是，很早的时候，就让他知道了生活的艰辛和不容易，孩子就变得懂事，变得自律，知道自己不能给爸爸妈妈添堵添乱。

"关于他的这个大学申请，其实我觉得还是占了一部分校友优势。我们家一共有六个人，都是从杜克大学毕业的。加上现在我们家的小朋友也进了杜克，他是我们家的第七个杜克人。我实在没有觉得我们家的孩子有多优秀，但是我觉得他真的很善良、阳光、有同理心，愿意吃亏和自我牺牲。

"我想提一点关于校友身份在申请学校时的优惠政策。因为美国有些大学开始取消了这个对Legacy孩子的一些优惠政策，其实我个人觉得自己还是挺喜欢关于校友优惠这一理念的。我们家小朋友在杜克遇到的很多很优秀的同学，其实都录到了哈佛、耶鲁或者是斯坦福这样的名校，但就是因为家人是从杜克毕业的，就会有一种情结，所以他们都毅然决然地选择了杜克。所以我就觉得有些学校不取消Legacy的优惠，我还是能够理解的。我们一中也在奉行这个校友优先的理念，就是说如果校友的兄弟姐妹，或者是亲戚朋友也来选择读我们国际部，或者是我们的校友，要寻找一些就业或者是实习的机会的话，我们肯定是会优先考虑的。"

罗昕刚入职时，昆明一中国际部只有13名学生，她自己薪酬也很微薄，还需要家里给予补贴。入职之初，罗昕身兼多职，曾给学生上过化学、生物等课。她原本只打算在昆明一中国际部做满3年，但一晃已经10余年。

她说："一切均是最好的安排。"

除罗昕以个人身份从美国回到昆明工作，为当地的学生提供了一手的美国大学申请和就读信息与要求外，世青、青苗、八十中、上海师大等来自北京、上海的国际教育品牌，也进一步增加了昆明的国际教育元素，这也是另外一种意义上的联大之影。

西南联合大学和昆明一中国际部运作的成功，彰显出一个地区的位置和经济发展水平并不能完全决定一个地方的教育发展水平，关键还是事在人为，这也是昆明国际教育给我们的启示。

普高学生留学

国内普高学生留学主要集中在北京、上海、南京这些留学高地，这是由于当地学生具有较早学英语的风气以及当地留学服务体系比较完善。不过，这些地方普高学生留学总数低于国际化学校／国际部学生量。为此当我从昆明当地国际教育界的朋友处了解到，昆明普高学生出国留学人数比较多，甚至超过了国际化学校／国际部的学生量时，感到很惊讶。

昆明国际教育界的朋友提到，通过查看云南师范大学附属中学、昆明第一中学、云南大学附属中学、昆明第三中学、昆明第八中学、昆明第十中学等昆明名校高中毕业生去向，会发现每年约有 4%—6% 的普高学生会出国留学，为此推断出昆明每年普高学生出国留学人数为两三百。

那么昆明普高学生为何具有浓厚留学风气？经多方了解，我发现主要有三个原因。

第一跟云南的高考比较难，当地学生考上国内名校的机会少有关。当学生在高一或高二时的成绩达不到理想状态，考取国内名校机会渺茫时，会有部分家庭产生让孩子留学的念头。不过，想转轨的昆明普高学生转入当地国际化学校／国际部就读的人并不多，A-Level、IB 等国际课程一般需要学习两年，有些高二学生不愿意多读一年高中，会放弃转入国际课程学习，而相对灵活的 AP 课程在昆明开设比较少且还没有考点。普高学生留学缺乏系统性支持，申请结果往往两极分化，因此所拿到国外大学 offer 普遍会低于当地国际化学校／国际部同等学业水平学生的层次。

第二是昆明知名高中学生具有比较强的英语学习动力。我了解到，昆明当地知名高中学生中从 2003 年左右就开始有了学习雅思／托福的风气，虽然他们当时并没有出国留学的打算，这确实很特别。从大的方面来看，我估计可能跟昆明以及云南是旅游胜地有关，外国游客多，当地社会需要一大批懂英文的人才，会激发当地学生学习和使用英语的兴趣。另外，云南虽为西南边陲，但在近代成为抗战大后方，对外交往密集，虽然时过境迁，但这种社会基因会长期保留。从小的方面来看，云南高考比较内卷，学生通过学习托福/雅思，则是提升自身英语水平的重要方法，进而提升学业竞争力。

第三是昆明的国际教育发展起步并不晚，但正如前面所提到的，当地社会对国际教育有偏见，接受度低。2018年云南美华学校的突然关闭，更是加剧了社会对国际教育的不信任感。尽管有极少数优秀学生会就读国际部，如2019年被布朗大学录取的昆明第一中学国际部学生，中考成绩为昆明第二名。但多数优秀学生即便想出国也比较少会优选国际部。众所周知，优秀学生在学生群体中是有带动效应的。由于有不少打算出国留学的学生选择到普高就读，在他们的影响下，会有更多的普高学生关注以及跟随。

留学泰国

在东南亚国家中，新加坡、马来西亚、泰国是中国学生最为关注的三个留学地。新加坡留学在国内比较热，马来西亚留学在国内收入较低但有较强留学需求的地方受欢迎。而近年来，泰国留学开始兴起。

泰国留学在国内比较受关注，不过不同区域关注不同学段。在K12阶段，有不少北京、上海的家庭会选择送子女到泰国留学。泰国的国际学校之所以对这些家庭有吸引力，主要在于泰国有较高质量的教学、优美的环境和较低的留学成本。在泰国首都曼谷、旅游胜地普吉岛和清迈的国际学校中，有不少中国学生就读。

前往泰国国际学校就读K12阶段的中国学生，多数不会把就读泰国大学作为升学目标，而是会更多考虑去美、英、加、澳等国大学就读。一些家庭为避开国内的"卷"，看好泰国的"佛"，送子女到泰国低龄留学。不过，精英教育在全世界各地都很卷，泰国的国际学校也是"佛"和"卷"两极分化。

在泰国本科留学上，云南学生则是主力。据估算，云南每年约有两千名的学生前往泰国就读大学。

前往泰国留学的云南学生，主要来自于各地市州。泰国本科留学之所以在云南受欢迎，主要有两个原因。一方面是泰国的大学在云南有较高的知名度和认可度，学生一旦从朱拉隆功大学、玛希隆大学、清迈大学等泰国名校毕业，在云南不难找到工作；另一方面，泰国留学性价比高。在泰国公立大学留学，一年学费加生活费不超过20万，只相当于美英留学支出的1/5到1/3。

我了解到云南家庭对教育的认知和北上广深不太一样。北上广深的孩子如果学业成绩不理想，家庭往往会投入重金来想尽办法提升成绩。但在云南，家庭往往会比较"认命"，在此前提下匹配合适的教育。泰国本科留学成本低，进入好的大学机会多，为此成为云南不少弱娃的本科留学优选对象。也正是这种社会风气，差生才会去出国留学的认知在昆明以及云南根深蒂固。

云南学生前往泰国本科留学主要有三个途径。一是预科类，学生在高考后，到机构参加雅思培训。这些机构往往会和泰国的一些大学有招生代理合作，学生参加完培训后到泰国的大学先读预科。通过预科途径进入泰国大学就读人数占大多数。二是国际化学校/国际部学生直接申请，由于泰国留学性价比高，吸引了这些学校学生申请。三是专门学习泰语，然后报考泰国的大学，这类学生比较少。昆明外国语学校有专门的泰语课程中心。这种类型学生报考泰国的大学和专业范围广。

泰国的大学也分英语、泰语授课，极少数大学也会提供中文授课，但中文授课主要集中在一些在职人员提升文凭的项目中。和日本很类似的是，泰国英语授课的大学会有专业限制，而泰语教学限制少，像朱拉隆功大学的临床医学、制药、牙科等热门专业只侧重泰语教学。

云南的学校

前面提到，云南的国际教育主要集中在省城昆明。虽然玉溪市第一中学开设了德语班，但其性质类似于普高出国模式。昆明第一中学国际部前面通过罗昕老师的故事做了详细介绍，在此不再赘言。我侧重介绍昆明第十中学国际部、昆明世青学校、青苗学校昆明校区、云南长水外国语中学、上海师范大学附属官渡实验中学融合课程中心、昆明市官渡区北京八十学校国际部等六所国际化学校/国际部。

昆明第十中学国际部于 2010 年设立，开设了加拿大 BC 省课程，这是西部地区少有的中加项目。国际部位于十中求实校区内，国际部日常管理与校本部同步，能够充分使用本部各种资源。国际部对学生学业要求比较高，需要学习普高和加拿大 BC 省课程，分别由本部普高老师和外教进行教学。国内多数中加项目毕业生以去加拿大就读大学为主，但十中国际部毕业生去向比较多元化，除加拿大外，不少学生去英、美、澳以及中国澳门地区的大学留学。

昆明世青学校创建于 2016 年，是北京世青学校受邀到昆明兴办的国际化学校，该校得到了北京世青学校各方面的支持。学校开设了 IBDP 课程，实行小班化教学。昆明世青学校共享北京世青的教育资源，外籍教师均由北京世青选派。昆明世青有丰富的俱乐部活动，每周有固定活动时间。同时，昆明世青还有比较多的研学、学术交流活动等，以及支持学生完成 IBDP 所需要的 CAS 实践活动。昆明世青从九年级开始便为学生和家长提供升学指导支持，毕业生去向以欧洲大陆、英美加澳为主。

云南长水外国语中学国际部建制比较特别，是由云南省出国留学预备学院与长水教育集团合作的项目，开设于 2017 年。长水教育集团是云南知名的民办教育集团，实力比较雄厚。云南省出国留学预备学院隶属于云南教育对外交流中心。国际部开设了 A-Level、香港 DSE 课程，并有泰国定向直升班，学生具有比较大的选择空间。毕业生去向比较多元，美英加澳以及泰国、马来西亚均有。

昆明市官渡区北京八十学校为昆明引进北京第八十中学办学资源所创建的一所学校，依托了北京第八十中学在国际教育上的理念和资源。学校高中部开设了两个特色班，即 AP 课程班和加拿大 OSSD 课程班。毕业生去向以英联邦国家为主。特色班有优质稳定的中外教资源，实行双语授课，有特色融合课程和雅思课程，对学生培优补差，进行个性化辅导，最大限度助力学生发展。特色班推行小班教学，重视家校沟通，对学业抓得比较紧。

青苗学校昆明校区为青苗教育集团成员校。青苗为中国人所创办的国际双语教育品牌，较早在国内践行中西方教育结合办学模式。昆明校区设立于 2016 年，为一所十二年一贯制国际化学校，也是云南省唯一一所获得 IBO 全龄段认证的学校。学校采取了小班教学模式，每班不超过 25 人，师生比达到了 4∶1。在 IBDP 阶段，学校用差异化教学、全方位评估方式，培养学生综合能力，确保每个学生都有发展和成长机会。比较有特色的是，学校重视跨学科学习，比如用体育＋物理两个学科结合来研究任意球的物理原理。学校聘用了一批高水平的教师，有的曾创办了云南最早国际部，有的曾长期在北京知名国际化学校工作，有的曾做过美国大学招生负责人。

上海师范大学附属官渡实验中学是沪滇合作的教育项目，为上海师范大学附属基础教育集团核心成员校。2022 年 9 月，学校成立融合课程中心，开设了 A-Level 和 AP 课程。融合课程中心学生具有云南学籍，重视将普高课程和国际课程进行融合。在活动上比较注重云南特色，开展了少数民族研究、高原农林经济研究等诸多项目。

参考文献

①②③昆明第一中学校志办编撰，《昆明第一中学校志（1905—1949）》，云南教育出版社，2014年1月出版，第17、469、471页。

第八节 贵州：连通之桥

提到贵州，大家第一反应多半会想到茅台酒。国内名酒众多，唯独茅台拔得头筹。让大家耳熟能详的故事是，茅台酒于1915年在美国巴拿马太平洋国际博览会上获奖，几经周折最终成为国酒。

在国际博览会上获得奖项的并非只有茅台酒，但为何唯独茅台酒能够以此成名，这是一个品牌营销话题，与本书主题无关，在此不再赘言。我关注的是，白酒作为中国的国粹，茅台却借助国际舞台一举成名，这本身是件很有意思的事情。

茅台酒早期走向国际舞台得益于天时、地利、人和。天时在于百年前的中国科技发展水平落后，参加博览会能够拿得出手的主要是以白酒在内的各地特产。地利在于当时贵州官府侧重推广白酒。人和在于贵州当地早期有一批开眼看世界的人，在他们的影响下，茅台酒走向世界舞台。其中人和是茅台酒能够走向国际舞台的关键要素。

在这个过程中，遵义人黎庶昌影响颇大。黎庶昌被誉为贵州开眼看世界的第一人。他的经历充分印证了这么一句话，即"看过世界的人，才会有世界观"。

黎庶昌曾做过曾国藩的幕僚，1877年春到1881年夏期间，在中国驻英国、德国、法国、西班牙等国使馆担任参赞。黎庶昌比较细心，将自己在四国所见所闻记录下来，写成了《西洋杂志》一书。我从国家图书馆官网上查看到了这本书，总共有8卷。黎庶昌详细记录了巴黎博览会的情况，这应该也是为茅台之后走向国际舞台埋下了种子。

1881年到1890年，其间黎庶昌除有三年回国丁母忧外，长期担任驻日大臣。回国后，黎庶昌曾担任过四川川东兵备道兼重庆海关监督。此时重庆刚开埠，黎庶昌意识到与外商通商亟须看过世界的专业人才，于是捐银创建了重庆洋务启蒙学堂，鼓励重庆人前往国外留学。

类似黎庶昌的做法在西部地区有不少。我在全国做国际教育调研，发现西部地区往往会涌现出一些教育创新人才。这应该是跟当地的社会环境有关，在北上广深留学发达地区，留学更多是群体合作，而西部则比较容易出孤胆英雄，依靠个人力量影响到一个区域。官场也有类似的情况，一些官员从经济发达地区调到经济落后地区担任要职时，在当地往往表现比较强势。

独特的自然环境造就了茅台美酒，而崇山峻岭的地理环境导致贵州全省并没有平原支撑。我坐车穿梭在贵阳市区、郊区，有到重庆之感。贵阳当地的朋友提到贵州的桥很出名，全省有近3万座桥，世界前100名高桥近半在贵州。这些高桥具备各种桥型，成为活生生的桥梁博物馆。

大桥让"地无三里平"的贵州建立起通畅的高速网络，与外界交流变得很便捷。我家族中有人在清朝雍正和乾隆年间从江西吉安老家外迁到贵州毕节，古时从毕节返回老家至少需要几个月，而今开车走高速到老家只需 10 多个小时。往昔路途遥远且耗资巨大，时间一久毕节这支宗亲渐失联。连通四川和贵州的公路通过宗亲所在的毕节小镇后，对外交往的频繁和生活日渐富足，使宗亲产生了寻根念头，依靠族谱记录信息，这支宗亲在失联约 300 年后终于找到了自己的根。

如果说大桥让贵州人能够便捷地走出大山，茅台酒让世界尝到了贵州独特风味，那么教育则成为贵州连通外界的精神之桥。国内大名鼎鼎的北京大学，便是在一个靠科举从大山中走出去的贵州人李端棻提议下创建的。

国际教育现在也成为贵州与外界的连通之桥。虽然发展水平与沿海发达地区相比有较大差距，但国际教育在贵州有很深的与外部合作痕迹，引进了国内知名教育品牌、优质国内外资源以及优秀的师资。

我到贵阳做过几次实地调研，了解到贵阳的国际化学校 / 国际部主要有 4 个，即贵阳第一中学国际部、贵阳普瑞学校、贵阳乐湾国际学校、贵阳为明学校，国际高中毕业生人数约百人。贵州除贵阳外，其他地区尚未听说有国际化学校 / 国际部。无论是国际化学校 / 国际部数量还是本科出国留学人数，贵州在全国均处在比较后的位置。

贵州国际教育不发达，跟其经济基础较弱有密切关系。到贵阳调研后，我发现贵阳的物价比较低，无论是酒店还是餐饮均比北上广深要便宜 1/3 左右。而更为重要的是，贵阳的新建住宅样本价格在 2023 年时中位数为 8400 元 / 平方米，这个房价跟我江西老家泰和县县城房价差不多。房价高低往往与当地的留学发达程度成正向关系，房价高一是说明当地经济发达，具备支持子女留学的经济条件；二是外来人员多，因学籍或户籍原因会导致当地有更多家庭考虑让子女本科出国留学。因此，我得出结论是说，房价高的地区未必都留学发达，但留学发达地区房价肯定高。

之所以会得出这个结论，是基于长期观察和实地调研的结果。众所周知，子女留学花费不少，高中 + 本科的花费基本上 200 万打底，各种花费加在一起近千万也不稀奇。

北上广深、苏州、青岛这些地方房价高企，只要卖掉一套房子便有几百万甚至上千万的现金，足够资助一个子女出国留学。2023 年前后年份，送子女留学的家庭中，父母以 70 后居多，而 70 后赶上了房地产黄金时期，拥有两套以上房产的 70 后家庭比较多。这些家庭只要卖掉其中一套房子，子女留学资金无忧。因为有房产作为留学资金托底，北上广深、苏州、青岛等地的留学比较发达跟这有很大的关系。

我了解到，贵阳本科出国留学的学生主要出自企业业主家庭，来自大学教授、公职人员、医生/律师等家庭比较少，跟北上广深、苏州、青岛等留学发达地区不太一样。这应该是跟经济状况有挺大的关系，由于贵阳房价比较低廉，即便卖掉一套百平方米房子，也只够子女在美国就读一到两年，财务压力相对会比较大。

为此，我能理解为何贵阳当地的大学教授、公职人员、医生/律师等家庭子女留学比较少。而企业业主家庭因做生意或者财力比较雄厚的原因，视野相对宽广，因此会从西南或者全国范围内选择学校，不像大学教授、公职人员、医生/律师等家庭会更侧重将子女放在周边就读。这样一来，贵阳想走国际教育路线的学生流失必然会比较普遍，当地学生不少会流失到重庆、成都这些西南国际教育较为发达区域的学校中。

另外，我在贵阳调研时了解到，"双减"政策加剧了学生流失程度和削弱了学生选择国际教育的兴趣。中西部地区留学氛围并不浓厚，学生早期留学启蒙往往来自于当地的培训机构，学生在参加当地英语培训时，有意或无意会接触到国际教育。培训机构基于自身业务发展需要，也有动力向学生介绍国际教育。这样一来，会有部分学生在高中阶段选择就读国际化学校/国际部。

2021年"双减"政策执行后，义务制阶段包括英语在内的学科培训被严厉禁止，学生则失去了从培训机构这边了解和获取国际教育信息的渠道，可能不会产生本科出国留学的念头。这种情况在贵州表现得尤为明显，但在北上广深则影响不大。北上广深当地本身有比较浓厚的留学氛围，家长也对留学比较清楚和了解，对培训机构的留学启蒙依赖度并不高。

前面提到，贵阳整体国际教育氛围不浓，只设有国际高中的学校是无法生存的，现有的4个国际项目背后均有大型学校支持。

贵阳第一中学是贵州当地公立名校，高考成绩在贵州数一数二。该校为贵州省第一所一类示范性高中，也是贵州特大型寄宿制高中，其前身为晚清礼部尚书李端棻与任可澄等贵州名宿于1906年创办的贵州通省公立中学堂，有百余年办学历史。

贵阳一中国际部位于学校的西南角，拥有相对独立的空间，校园整体环境挺不错。在2022年，贵阳一中承办了丘成桐班，从全省范围内招录了一批优秀学生，而丘成桐班和国际部在一块办学。

学校于2009年开设了中加班，采用了加拿大NSISP、A-Level、AP等三大课程。学生在高一上学期学习IG课程，高一下学期则确定课程方向。国际部有专业的升导团队，采用导师制度，对学生进行一对一辅导。而在升导老师中，有从国际部毕业出去的海归人员。国际部能够借助和使用校内如科技中心等丰富的资源。国际部招生门槛在贵阳国际化学校/国际部中是最高的，申请结果在贵州也是最好的，毕业生中不乏有人拿到了康奈尔大学、加州大学伯克利分校、埃默里大学等美国名校 offer。我在调研中了解到，会有优秀的本部普高学生转到国际部就读，这些"用脚投票"的学生就读也显示出国际部办学水准得到了认可。

在拜访完贵阳第一中学国际部后，我曾坐车去位于贵阳南明区永乐街道的李端棻纪念馆参观。纪念馆远离贵阳城区，在永乐职业中学里面。门卫得知我要参观纪念馆后，便很热情带我去了纪念馆。纪念馆在二楼，一楼是学生食堂。

李端棻是贵阳一中的创始人之一。而李端棻还有另外一个身份，即北京大学创建的倡导人。也就是说，李端棻建议设立国内最著名的大学和创办了贵州最好的高中。李端棻是进士，曾长期在北京做官。科举制度在中国能够推行 1300 多年，确实是有其合理之处。科举考试让最为偏远地区或农家子弟能够有机会一步登天，由于异地做官也使得经验更为丰富，最终出现"宰相必起于州部，猛将必发于卒伍"的现象。李端棻的墓地离纪念馆不远，车程不到十分钟。李端棻在永乐当地是名人，据说当地学生在大考之前会到李端棻墓地祭拜，保佑自己能够获得好成绩。（参见彩图 27）

贵阳普瑞学校在 2023 年已经是一所具有 4000 名在校生的大型学校，这所学校在贵阳观山湖区一个相对独立的地方。学校内部设有国际公学板块，具有 K12 建制，在校内有独立的校区和运作体系。让我印象比较深刻的是，国际公学高中部教学和升学指导两个核心岗位负责人，均有过在英美留学和当地大学工作经历。他们放弃高校老师身份，选择到高中工作，在国内国际教育界还是比较少见的。我了解到他们之所以会愿意选择到普瑞工作，是因为普瑞这个多元的平台能够为老师提供更好的职业发展路径，他们自己也希望能为贵州的国际教育贡献一份力量。

贵阳普瑞学校高中开设有 A-Level 和 DSE 课程。2020 年新冠肺炎疫情暴发后，香港地区大学受到越来越多学生的青睐，DSE 课程随之在内地也越来越受欢迎。贵阳普瑞学校紧跟国际教育发展趋势，成为贵州省唯一引入 DSE 课程的学校。DSE 课程采用中文教学和考试，除英文学科要求较高以外，其他学科和高考相比难度相对较低，并且能够申请香港地区的大学以及诸多国外大学，可助力内地在读学生逐梦世界名校。

我在贵阳一中调研时了解到，李端棻的后人李永东为美国一所大学的教授，对贵阳的国际教育有比较大的支持。这也应该是延承了李端棻支持故乡教育的衣钵。

茅台酒的成功有很多因素，但很关键的是在有识之士的推动下，很早走向世界，最终成为国酒。贵州的留学乃至教育也有类似之处，早期出了黎庶昌、李端棻等开眼看世界的人，对当地教育有比较大的推动作用。而当今，贵阳的国际化学校/国际部更是聚集了一批海归甚至在美国高校工作过的专业人才。

第九节 四川：哈佛效应

在我国教育史上，1999年为一个不寻常的年份。恢复高考22年后，1999年国内大学开始扩招，上大学不再遥不可及。在成都，1999年发生了两件对中国国际教育产生深远影响的事件，一是成都外国语学校1999届毕业生刘亦婷拿到了哈佛大学offer，其父母次年出版《哈佛女孩刘亦婷》一书，该书在国内立即成为畅销书，书中所提到的教育理念和方法风靡一时；二是成都市第七中学与教育机构成都雅思合作创办国际部，开国内学校与外部机构合作办国际部先河。

对中国国际教育发展产生深远影响的事件居然首先在成都发生，并不是在北上广深等一线城市，这本身是件值得探究的事情。成都是座富足且生活悠闲的城市，给人的印象是安逸与舒适。我在上海工作多年，见过全国各地过来的同事，其中绝大部分人喜欢并想办法留在上海，但唯独成都过来的同事想方设法要回去。

我在参与创办《每日经济新闻》时，对《成都商报》过来的同事印象深刻。《每日经济新闻》在2004年时由上海的《解放日报》社和成都的《成都商报》社合作创办，当时报社总部设在上海，《成都商报》派遣了一批中高层和骨干过来参与创刊工作。这些中高层和骨干几乎无人愿意留在上海长期工作，而是想回成都，后来这些同事最终也绝大部分回去了。

因成都生活舒适，似乎容易有丧失斗志的危险，为此有"少不入川"的说法。但我观察下来，并非如此。原因很简单，如果真如此的话，在现在各行各业竞争如此激烈的情况下，成都不可能成为西部经济、教育中心。

成都生活悠闲和安逸，但不代表不创新和不努力，这跟四川特定的移民人文环境有关。明末清初，四川长期处在战乱中，人口大量死亡。在1681年前后，天府之国四川总人口推断仅有50多万人。清廷为解决劳动力和垦荒问题，采取了移民政策，迁入移民近200万。百年后，四川总人口超过千万，大部分为移民的后裔。湖南、湖北两省迁入人口超过了总量的一半，为此有"湖广填四川"之说。

自清康乾朝后，四川整体比较安定，虽然在民初时军阀混战频繁，但并未爆发过大规模战争。抗战期间，日军肆虐中华大地时也没能攻占四川，四川成为抗战大后方，源源不断提供人员和物质支持。随着国民政府定都此时在四川管辖下的重庆，以及大量教育、文化机构和人员迁至四川，成都乃至四川又经历过一次类似"湖广填四川"的社会激荡发展。成都乃至四川虽地处西部，但敢闯敢为、包容兼收等基因深入骨髓。

由此可见，哈佛女孩刘亦婷热和在国内率先推出学校与外部教育机构合作创办国际部的模式，两者均在成都出现既偶然但也必然。成都市第七中学和成都雅思合作创办国际部有专门章节进行介绍，本节将对哈佛女孩刘亦婷热以及成都国际教育状况进行分析和解读。

哈佛女孩刘亦婷

1999年4月13日，成都当地最有影响力的报纸《成都商报》在头版头条发布了一条新闻《我要到哈佛学经济》。报道的核心内容是成都外国语学校高三毕业生刘亦婷拿到了哈佛大学、哥伦比亚大学、韦尔斯利学院、曼荷莲学院等四所美国名校offer，并准备到哈佛大学学经济学。

《我要到哈佛学经济》这篇报道篇幅并不长，只有500来字，但这篇报道出来后在社会上引起极大的反响。

很巧合的是，写《我要到哈佛学经济》的记者雷萍，后担任过我曾参与创刊的《每日经济新闻》社总编辑。我在成都出差期间，特地约雷萍老师见面作了交流。

雷萍老师回忆说，《我要到哈佛学经济》并不是她报道刘亦婷的第一篇文章。1998年2月26日，她所写的《我们来自成都》一稿便发在了《成都商报》上，这篇报道的核心内容便是成都外国语学校学生刘亦婷和欧鹏两人到美国进行了一个多月的访问学习。这次访问学习项目是由华盛顿—北京学者交流中心组织和促成的，中心总裁拉瑞·席慕思是全美律师协会中国委员会主席，他后来说服刘亦婷申请哈佛大学。

刘亦婷父母所写的书中提到，1999年4月8日，刘亦婷收到哈佛大学录取通知书后的第二天，向成都外国语学校提交了"退出高考申请报告"。学校向成都市教委打请示报告，而市教委官员将刘亦婷获得哈佛大学录取消息透露给了《成都商报》的记者雷萍，并建议进行报道。[①]成都市教委官员愿意将这件事情公之于众，这也不得不让人佩服其眼光和胆量。

雷萍当时是成都媒体中跑教育的资深记者，写出了不少优秀的教育新闻报道，深受成都市教委领导认可。为此，市教委将这个信息透露给了雷萍。雷萍获悉这个新闻线索后，因之前已经采访过刘亦婷，次日便约上刘亦婷做了补充采访。

《我要到哈佛学经济》报道出来后，由于社会反响强烈，《成都商报》邀请刘亦婷到报社接听热线电话，回答读者关心的话题。国内其他媒体也关注此事，并做了跟进报道。雷萍回顾说，《我要到哈佛学经济》报道之所以会有如此大的反响，是多种因素综合导致的。

她提到，首先，因为哈佛大学是世界顶尖名校，能获得录取很不容易。其次，当时国人出国比较少，对留学也没有什么意识，所以对刘亦婷获得哈佛大学录取会感到很惊奇。再次，1999年国内经济建设处在快速发展时期，经济专业很热。另外，当时中国社会开始重视素质教育，因此国外教育有比较多可值得参考的地方。

2000年，刘亦婷父母出版了一本叫《哈佛女孩刘亦婷》的书。出版后，该书立即成为畅销书。刘亦婷父母提到，《哈佛女孩刘亦婷》刚问世4个月，就加印到30万册。不断加印的新书，就像泼在沙丘上的水一样，很快被市场吸干。这种势头一直持续了12个月，一直到加印126万册，加印的频次才渐渐慢下来。2004年1月已经达到了第55次印刷，印数高达165万册。[②]

对该书的内容以及里面所提到的教育理念、方法，我不做评价。从曾经访谈过的上千名拿到国外名校offer学生成长经历中让我感觉到，学生培养和成长是个很个性化的过程，国际教育很难有一个统一的标准和模式来培养学生。在我所访谈的学校和学生中，有不同甚至是截然相反的教育理念和方法，最终也都能达到不错的培养效果。另外，教育是件很专业的事情，虽然有一些父母因各种原因让自己子女获得了名校录取，但并不能说明自己就是个教育专家。我看到过有少部分父母在子女获得名校录取后，也尝试给其他学生提供国外大学申请辅导服务，但成功的并不多，毕竟术业有专攻，不能以偏概全。

我感兴趣和关注的是"哈佛女孩刘亦婷热"事件本身。从我做过10年记者、7年公关传播工作经历来看，一个热点的产生，至少要满足两个条件，一个是能够直触社会痛点，引发受众共鸣。社会痛点有隐性和显性之分，总而言之需要借势而为。另一个是需要有导火索，或者说要有个爆点。观察和分析哈佛女孩刘亦婷火爆事件，则能了解和观察21世纪初中国留学的一些特性。

在1999年大学扩招之前，中国学生要就读大学是件无比艰难的事情，高等教育资源处在短缺阶段中。如何让自己孩子出类拔萃，如何能够获得优质的教育资源，是当时很多家庭所关心的问题。当然，这种社会情绪在大学扩招后也依然存在。扩招后虽然读大学已经挺容易，但考上国内名校和申请到国外名校却越发显得重要，导致竞争变得更加激烈。

而哈佛女孩刘亦婷则正是满足了这两点。从表面上来说，中国家长会如此关注，是想提升孩子的素质。我认为中国多数家长关注素质教育只是手段和路径而已，核心更在于了解如何获得国外名校录取，以及在这个过程中做了些什么工作。哈佛大学是国内绝大多数家长听说过的世界顶尖名校，一位西部女生能够拿到offer，本身是一件挺有卖点的新闻。也就是说，2000年前后，由于国内高等教育处在供不应求阶段，导致家长普遍关注上大学的路径。而刘亦婷获得哈佛大学录取，不但是获得世界顶尖名校录取，同时也给中国家长拓宽了一条子女教育的新路径。

哈佛大学校刊在2002年7月对哈佛女孩这种现象也曾做过报告，在校刊所发布的《哈佛女孩》一文中提到，《哈佛女孩刘亦婷》一书，出版后成为中国畅销书，截至2002年7月，已经卖出了143万本。该书的成功，引来了模仿者，此后至少出版了15本类似的书，介绍被牛津大学、剑桥大学、哥伦比亚大学录取学生的培养经验。

刘亦婷在接受校刊记者采访时也提到，《哈佛女孩刘亦婷》这本书之所以会如此受欢迎，在于她父母的教育理念和方法能够解决中国家庭对子女教育的焦虑情绪。中国在过去20年发生了很多的变化，很多事情需要转变和调整，而家庭教育便是其中之一。

刘亦婷父母从她出生起，便详细记录了她的成长经历，并试图将她的经历进行总结归纳。刘亦婷自己本身也写日记。刘父的教育理念、刘亦婷母女俩的日记和笔记则构成了《哈佛女孩刘亦婷》的主要内容。这些教育理念和方法需要证明是有效和成功的，而刘亦婷被哈佛大学录取则成为最好的证明，为此该书在中国风靡一时。

哈佛大学这个金字招牌给书的宣传添砖加瓦，不过，刘亦婷对校刊记者强调，《哈佛女孩刘亦婷》一书能够长期畅销，是中国家庭认可书本身的内容。由于有几千人写信向她一家咨询子女教育的问题，她一家在考虑写续集，但因为自己的学业比较繁忙，刘亦婷表示在续集的撰写和推广中不会再出力。[3]

我在很多文章当中看到了不少家长在学习和使用《哈佛女孩刘亦婷》中所介绍的方法，比如最为典型的是耐冰测试。刘亦婷的继父在刘亦婷小学4年级的暑假，让她通过捏冰一刻钟，来锻炼"忍耐力"。这个方法由于简单易操作，导致学习者不少。

《哈佛女孩刘亦婷》一书详细介绍了刘亦婷申请哈佛大学过程。其之所以会萌生申请美国大学的想法，主要是受参加过一个中美中学生交流项目影响，导致对美国的大学感兴趣。项目结束后，回到成都的刘亦婷便开始两手准备，即同时进行美国大学的申请以及备考高考。刘亦婷的托福考试成绩为640分（满分为677分），折合成新版托福成绩，则约113分。刘亦婷并没有竞赛成绩，之前所参加过的中美中学生交流项目的主办方负责人给她写了推荐信。

刘亦婷在申请时，以她这样的条件在中国学生当中应该是不错的，不然也不会被哈佛大学所看中。但如果放在现在来看，刘亦婷这些申请条件是不够的，从中也可看出国外顶尖名校在中国的录取现在已经卷得不成样子。在美国顶尖名校当中，哈佛大学、斯坦福大学、杜克大学等学校的录取历来是不按常理出牌的，经常会录取一些预料不到的学校学生。

《哈佛女孩刘亦婷》出版距今有20多年，现在也有不少反思的声音。我不太关注这些，也认为并不重要，刘亦婷热最大的社会价值应该在于唤醒或者展示了除参加国内高考外，还可以考虑留学的思路。1999年哈佛大学的学费就已经高达3万美金，折合当时人民币为25万元。而当时北京、上海的房价普遍在3000元左右。按照这个学费标准，当时中国普通人家孩子要留学美国是奢想，但刘亦婷通过申请奖学金的方式则彰显了一种解决途径。

为此，我认为刘亦婷热最大的社会价值在于唤起了中国家长对留学的了解和重视。虽然中国留学大爆发是在2009年，但这个时间点无疑是在全社会进行了长时间的酝酿所得。从这点来看，刘亦婷热居功甚伟。

华西坝

华西坝是成都的地标之一，有专门的华西坝地铁站。外地人刚看到华西坝一词，很容易将其跟水坝联系起来，但此坝非彼坝。坝在成都的方言中是平地的意思，华西坝的含义是华西协和大学所在的地方。

华西协和大学曾是西部地区最为著名的一所大学，由美、英、加三国基督教会五个差会在1910年创办。学校的组织管理参照了牛津大学、剑桥大学的学院制，学校最有名的专业是牙科和医学。四川最为有名的华西医院便源自华西协和大学的医院，华西医院的牙科在全世界有名。

华西协和大学医学专业首批学生多来自于贫困的家庭，依靠教会的资助完成学业。但随着医学办学的成功，四川很多最富有的家庭把自己的儿女送到医科和牙科学院。这些富家子弟普遍特征是注重实效和保守，大多数学生对政治不感兴趣，没有政治倾向。学生中大多数来自于能够支付起私立学校学费的中等阶层家庭，很少有人成为政治上和社会上的革命者。[4]

现在的华西坝为四川大学华西校区，也是四川大学的医学校区。在一个初冬的上午，我打出租车到了大学路。大学路原为华西协和大学的校内道路。华西协和大学原有校区被拆分，将华西校区横断分为东西两区的人民南路三段原为学校足球场。大学路上有华西协和大学的一些介绍，里面提到学校创造了50个第一，比如国内第一所设施完整的附属综合医院、中国西部第一个最完备的高等学府、中国第一个牙科、中国第一所蒙特梭利幼儿园，等等。

抗战期间，北京的燕京大学、南京的金陵大学和金陵女子文理学院、济南的齐鲁大学因战乱西迁到成都，均借华西协和大学的场地办学。这五所学校在一起后，并没有像北京大学、清华大学、南开大学在昆明合并组建成西南联合大学，而是保留各自独立办学模式，不过学生可以自由选课。

2020年新冠肺炎疫情暴发后，全国各大学因疫情防控需要，不再让人自由进出。2022年疫情结束后，不少大学仍然不能自由进出。不过，我到四川大学华西校区东区后，刷身份证便可以入校。

东区内仍然保留有华西协和大学一些老建筑，地标建筑便是钟塔。钟塔在华西坝各种介绍材料中多称之为钟楼。钟塔在1926年落成，曾一度是成都最高建筑，逢正点便会敲钟。（参见彩图28）

从华西校区东区走地下通道便可以到达西区，西区有四川大学华西公共卫生学院，同时也是华西第四医院（三甲），这是国内唯一与公共卫生学院合为一体的医院。也可能正是这个原因，西区没有门禁，不用刷身份证可以自由出入。（参见彩图29）

我过去后特意看了西区的志德楼，志德楼也叫第七教学楼，为公共卫生学院办公地。志德楼曾是成都加拿大学校的办学地。

北美比较强调独立，很容易让人产生家庭关系淡薄的印象，但实际上不是如此。有多位曾外派到美国学校教授中文的老师跟我提到，当他们孤身一人在美国学校工作时，美国的同事对他们不带家人过来感到不理解，如果得知孩子尚小更会感到惊讶。

中国学生在美国大学留学期间，可以带子女一同在当地的学校就读，即便是短期的访问学者也可以。为此，我在访谈拿到名校offer学生时，常会见到小时候跟随在美国做访问学者的父母一同在美国的学校读书的孩子。

在19世纪末，成都聚集了一批加拿大传教士，这些传教士结婚生子后，面临着孩子读书问题。要解决这个问题，要么将孩子送回加拿大老家，但会面临家人分离的问题。而且此时成都到加拿大路途遥远。要么就地就读，在成都加拿大学校未建立之前，成都的加拿大传教士多将子女送到重庆的加拿大学校就读，但成都到重庆也是路途比较远，并不方便。

在这种情况下，华西加拿大学校（Canadian School in West China）诞生，这是一所K12学校。

加拿大传教士早在1892年便在成都开诊所，随着时间的推移以及华西协和大学的建立，加籍传教士子女教育问题突出。在这种情况下，1909年3月，华西加拿大学校创办，首期学生有5人。1915年12月，华西加拿大学校新校舍在华西协和大学校园内开建，1918年建成，这个校舍便是现在的志德楼。

虽然华西加拿大学校的师资以及课程均与加拿大相关，但这些学生生活在成都，且平时与中国文化接触频繁，长大后普遍对中国充满感情，并有人自此一直生活在中国。

成都

在西部地区，成都无疑是国际教育最为发达的地区，并对周边地区有比较强的辐射能力。我在调研中也了解到，像西藏、新疆这些西部地区的家庭，如果要在国内其他省级行政区择校，那么往往首选成都。

成都是四川国际教育集中之地，在绵阳、都江堰等地也有少量的国际化学校/国际部。我统计下来，成都的国际化学校/国际部有30多所，每年本科出国留学人数约为1500人。

成都当地最为有名的"479"三所公立名校均开设了国际部，成都外国语学校的国际教育也做得出色。另外，成都还有一些新兴的国际化学校，比如成都青苗学校等。

从学校数量和类型分布来看，成都的国际教育类型比较丰富，能够满足不同层次学生的需求。我在调研中了解到，在"479"以及成都外国语学校，也有不少普高学生出国留学。

成都外国语学校是成都当地一所以外语教学见长的名校，1989年建校。哈佛女孩刘亦婷便是毕业于成都外国语学校。截至2023年，该校陆续有7位毕业生申请到哈佛大学本科offer，在西部是首屈一指的。成外是成都唯一有保送资格的外国语学校，成外学生占到成都保送生当中的绝大部分。成外开设了AP、A-Level课程，成外毕业生几乎可以全部进入美本前50或英国前30大学就读。此外，成外每年也有不少普高学生出国留学。我多次去过成外，也访谈过一些该校的毕业生，给我的印象是学生成绩十分优秀，曾有学生SAT考了满分。

成都市实验外国语学校国际部创建于2015年，开设了A-Level课程。国际部推行小班教学，每班学生不超过20人，师生比为1∶3。除开设理科、商科、人文等国际课程外，国际部还提供丰富的竞赛辅导课程、学术进阶课程、兴趣发展课程、跨学科融合课程。75%的教师有海外经历，八成以上的教师具有八年以上从业经验。对学生的管理，严中有松，在规范学生日常行为同时，尊重其个性发展。毕业生在全球10多个国家和地区就读，拿到过多所世界著名院校offer。

成都石室中学剑桥A-Level国际高中课程中心开办于2008年，采用了A-Level课程。中心实行全外教授课和小班教学，重视培养学生的创造能力、协作能力、交流能力、批判性思维以及解决问题的能力。中心在石室中学文庙校区本部办学，纳入石室中学学生管理体系中。中心学生可以参与石室中学文庙校区所有学生活动。石室中学的竞赛水平很高，中心学生也可以参加本部所组织的竞赛活动。毕业生以去英、美、加三国大学就读为主。

成都第七中学是四川乃至全国一所名校，学校重视学生综合素质培养，在推进教育国际化等方面成绩突出。1999 年，该校在国内公立学校中第一个成立国际部。国际部开设了 IFY、AP、A-Level 等国际高中课程。国际部教学点在成都七中高新校区内，和成都七中实行一体化管理，共享成都七中的优质教育资源。国际部一半教师具有在海外学习经历。国际部有驻校升学服务团队，能够为学生提供完整升学指导服务。毕业生以去英、美、加、澳留学为主。

成都树德中学（当地习惯叫"九中"）国际部成立于 2002 年，在国内属于比较早的国际项目，最早开设在树德中学宁夏街校区。在树德中学外国语校区 2011 年建成后，逐步搬迁到外国语校区运营。国际部开设了 AP、IB、VCE、DSE 等国际课程，自创办后输送了约 3000 名学生出国深造，不乏学生被哈佛大学、芝加哥大学、布朗大学、康奈尔大学、杜克大学、西北大学、约翰·霍普金斯大学等美国顶尖大学录取。国际部课程紧凑且合理，课余活动很丰富。由于办学水平高，国际部每年吸引到一些能够考上重点高中的优秀学生，还有不少四川省内其他地市的优秀学生。国际部有专业的校内升学指导部门，毕业生以去美国为主，常年有藤校录取。从 2019 年起，开始有学生选择申请牛剑，并在同年获得第一份剑桥录取，此后屡有牛剑录取，多年在成都为牛剑录取份数最多的国际部。

除传统的成外和"479"等 4 所名校外，成都近些年也兴起和兴建了一些具有雄厚背景的国际化学校。比如贝赛思、青苗、康礼等学校。

成都青苗学校为一所十二年一贯制 IB 学校，高中段还开设了 A-Level 和 DSE 课程。学校创建于 2016 年，师生比为 1∶4。这所学校内部有完整的升学指导体系，能够为学生提供一对一的升学指导，毕业生拿到过康奈尔大学、帝国理工学院、香港大学等诸多名校 offer。该校国际化程度较高，外籍教师占比 35%，外籍学生占比 30%。

成都康礼学校落户在大邑安仁古镇内，为一所十二年一贯制非营利国际化民办学校。学校环境优美，校区具有比较深厚的历史底蕴。学校主要开设 A-Level 课程，师生比为 1∶3，推行一生一课表。该校为总部在成都的康德教育集团所创办，致力于打造成为集团旗舰学校，得到了集团各方面的鼎力支持。学校比较重视中国传统文化，在教学中与西方现代教育理念和教育模式进行紧密结合。2024 年该校有学生被剑桥大学录取。（参见彩图 30）

参考文献

①②张欣武、刘卫华著，《哈佛女孩刘亦婷之二：刘亦婷的学习方法和培养细节》，作家出版社，2014年9月出版，第1、66页。

③ Harvard Girl，harvardmagazine，by Eugenia V. Levenson，July-August 2002，链接https://www.harvardmagazine.com/2002/07/harvard-girl.html。

④［加］许美德，［法］巴斯蒂等著，《中外比较教育史》，上海人民出版社，1990年7月出版，第232—233页。

第十节　重庆：黄葛之魂

在一个暮春的上午，我走进三峡广场附近的重庆第一中学。这所学校地处重庆沙坪坝闹市区，和对面的重庆南开中学、附近的重庆大学一样，校园内环境十分优美，校内还有座名为项家书院的明代豪宅。行走在校园中，闹中取静，远离校门外的都市尘嚣，是个读书的好地方。

我走进学校后，从校门口到国际课程中心需要走一段下坡路，此时路上落满了枯黄的黄葛树叶。黄葛树在春暖花开的春天里居然还会落叶，这让我感到好奇。而更为神奇的是，不是每棵黄葛树都会在春天落叶，落叶的黄葛树旁边，也有着绿意盎然的黄葛树。

经向重庆的朋友请教以及查阅了黄葛树资料后了解到，黄葛树与大多数落叶树种不同，换叶期较长，从秋季到春季都有换叶，所以才会有"在哪个季节种植就会在哪个季节落叶"的民间说法。黄葛树生命力十分顽强，且寿命长，重庆不乏几百年甚至上千年的黄葛树存在。1986年，黄葛树被重庆确定为市树。黄葛树在恶劣的生存环境下仍然能够茁壮成长，这与重庆的城市精神契合，定为市树是实至名归。

重庆是国内著名的山城，风景独特。重庆道路虽然复杂，导航也容易让人发蒙，但重庆的道路红绿灯少、行人少，如果对路况熟悉的话挺好开车。2002年初，我在国内一家财经大报北京总部做时政新闻记者，曾飞赴重庆采访三峡移民情况。这是我首次到重庆，此时的重庆朝天门码头还没有改造，到处可看到当地人称为"棒棒"的搬运工在招揽业务。城区自行车绝迹，摩托车时不时飞驰而过。我到重庆朋友家做客，房子在 12 楼却没有电梯，从山上走路便犹如一楼可以直接到家。

重庆为嘉陵江和长江两江交汇点，这让重庆成为西南水上交通要冲，商贸随之兴起。在水运+商贸综合影响下，重庆有浓厚的码头文化。码头文化的特点是包容兼收并蓄，码头人来人往，形形色色的人都有，需要有包容之心。而码头作业需要有团队合作，所以又需要很强的团队合作精神。

经过长期观察后，我发现重庆的国际教育业态和黄葛树之树魂也是有异曲同工之处。黄葛树在重庆四处扎根、四季成景，在石头缝里都能生根发芽是因其根系发达。在清末留学早期阶段，重庆不像北京权贵子弟有朝廷支持，也不像江苏、广东一带富庶地区有较多官费资助留学，更没有类似江西、福建举全族之力支持留学的社会环境。而重庆出现商界鼎力支持留学乃至教育的方式，这在国内还是比较独特的。

时至今日，国内各地普遍重视教育，政府投入巨额资金支持教育发展，对家族和商界的依赖度自然降低。不过，我调研发现，重庆公立学校国际部收费普遍很低，最低的一年学费只有 2.1 万元，在国内公立学校国际项目中处于很低收费标准的档次中。这么低的收费很难覆盖国际项目的办学成本，各国际部项目需要借助公立学校本部资源。重庆公立名校对国际项目普遍很支持，尽管国际项目收费低廉，但并没有影响其办学水准，师资优秀且申请结果在西部地区处在前列。我想这也是重庆留学早期得到社会全力支持的现代翻版。从这点来看，重庆打算送子女留学的家庭是有福的。

在政府支持方面，重庆学校管理有个很独特做法。对学校的隶属管理，常规一般会分为市属、区属之类的。不过，重庆"七龙珠"即七所公立名校从 2021 年开始，全部划归到重庆各个区属管理。实践发现，重庆公立名校划归到区属后，由于在各个区往往成为独苗，颇受区政府重视，区财政投入资金比较大。同时，由于区与区之间还存在对优质教育资源的引进竞争，也往往会善待这些公立名校。

除公立名校划归到各区管辖外，重庆在大学管理方面也有比较多的创新。大学合并在国内不是什么稀奇的事情，但西南大学的设立则很特别。2005 年 7 月 16 日，在重庆的西南师范大学和西南农业大学正式合并为西南大学。师范教育和农业教育分别是两校设定的重点领域。教育是国家职责，师范大学要保留其独立的地位和作用，通常情况下教育部不会允许与其他类型的高校合并，师范大学唯一可行的合并是将层次较低的师范学校合并到本校。这也彰显出重庆教育比较独到和敢于创新的地方。

商界支持

我在重庆调研时，曾特意去参观了太平门。太平门旁边便是白象街，白象街在重庆历史发展中有比较重要的地位，有"一条白象街，半部重庆史"的说法。白象街有重庆海关办公楼旧址、海关报关行（大清邮局）旧址、江全泰号（美国大来公司旧址），这些是重庆开埠历史重要遗迹。1920年8月27日，重庆留法预备学校的84名学生走过太平门，登船先东下上海，然后再转船前往法国。这批学生中就有日后被称为中国改革开放总设计师的邓小平。（参见彩图31）

在全国近两千名留法勤工俭学人员中，四川和湖南人数最多，约占全国总量的一半。四川（此时重庆隶属四川管辖）有378人，来自重庆巴县有47人，为四川省人数最多的县。

重庆对留法勤工俭学比较看重且态度积极，有五个原因：一是新文化思潮在重庆得到了广泛传播；二是勤工俭学方式吸引了重庆学子；三是重庆对法国社会认同，一战后的法国，革命比较彻底，工业发达、科技水平高，对重庆中下层出身的知识青年有比较强的吸引力；四是重庆乃至四川局势相对稳定，当地社会开明，对勤工俭学提供了很多支持；五是北京、上海和成都的留法勤工俭学运动对重庆影响比较大。[①]

1919年9月，重庆留法预备学校成立。与北京由教育界来主导不同的是这所预备学校的设立是由重庆的工商界有识之士来推进和筹建的，经费也是来自于工商界的捐款，与重庆当地的官府没有关系，只是和北京留法勤工俭学总会有联系。[②]

重庆早期留学得到了商界的大力支持，这跟当地的人文社会环境有关。重庆水陆冲要，商贾云集，在清代中期已经是西南重要商业性城市。商贸运作依赖专业知识人员，社会需求导致重庆更为重视教育，重庆在1997年直辖前一直是川东的文化教育中心，四川外国语大学、四川美术学院现仍位于重庆。

在1891年开埠之后，随着与外商贸易的增加，重庆亟须一批懂外语和懂得与外商做生意的专业人才。开埠次年，基于与外国人做生意的需要，重庆便创办了洋务启蒙学堂，学生学满三年后再送到天津、南京和上海等地的广方言馆深造外语，然后再选派出国留学。洋务启蒙学校颇有点类似现在的国际化学校，重视提高学生英语水平并为留学做准备。不过，洋务启蒙学堂存在时间不长，随着支持者去官离职，学堂旋即关闭。尽管存在时间不长，但成为重庆官办留学的起始。

在重庆当地的社会环境影响下，重庆一贯对留学持重视和支持态度，留学生也往往抱团取暖，尤其是历史上留法勤工俭学更为明显。从重庆近代留学历史来看，与广东、江浙一带依靠官费和家庭支持，以及江西依靠家族支持不同的是，重庆早期的留学在很大程度上是依靠地方筹资，尤其是地方工商界有识之士的帮助，资助子弟出国留学或者到省外读书。我想这也应该是重庆留学码头文化的一个具体体现吧。

重庆对留学十分热衷，根据《万国公报》对留日学生情况的报道："一千九百五年增至八千六百二十人，其人于各省中独无甘肃。湖南人居百分之十七，湖北人居百分之十四，四川人居百分之十三，江苏人居百分之十二，浙江人居百分之八。"

此时的重庆隶属四川，虽然没有对重庆单独计算，但重庆当时作为川东重镇，按照占四川一半数量来测算，也有百分之六之多，和广东基本相当。

根据《重庆教育志》统计，民国初期到抗日战争爆发前，重庆地区有 200 名留日生。而重庆前往美国留学 30 人，英国 12 人，德国 17 人，比利时 3 人，苏联 13 人，意大利 1 人。留法勤工俭学总共有 129 名重庆人，主要集中在巴县（47 人）、江津（45 人）。

区域状况

我很早注意到重庆的留学，是因为发现重庆南开中学在宜校的出国留学中学排行榜中持续高居全国前 20 名。除重庆南开中学外，重庆还有巴蜀常春藤学校、育才中学、重庆外国语学校、重庆第二外国语学校等学校上榜，上榜学校数量在西部地区中为首位，超过了成都和西安。

重庆国际化学校/国际部数量为 20 余所，本科出国留学人数每年约千人。我测算过，重庆单所学校毕业生人数只相当于全国平均数的一半。之所以会出现这种情况，应该与重庆公立学校国际部人数普遍较少有关。重庆公立学校国际项目占到重庆国际项目总量的一半左右，这些国际项目运作普遍重视学生质量而非数量，学校看重社会效益而非经济效益，因此并没有刻意追求有比较多的学生就读。

尽管地处西南，但重庆的国际教育起步比较早。2003 年国务院颁布实施《中外合作办学条例》后，次年，重庆第八中学校等一批学校便获批设立国际项目。重庆的国际教育有关开之起伏。重庆南开中学、重庆巴蜀中学、重庆育才中学、重庆第一中学、重庆外国语学校、西南大学附属中学、重庆第八中学等本地公认的"七龙珠"即七所公立名校均开设了国际项目。

这七所公立名校的国际项目在借助本部资源和发挥优势的基础上，各自做出了自己的特色，形成百花齐放的态势。重庆巴蜀常春藤学校、重庆德普外国语学校、重庆哈罗礼德学校等是快速崛起的新兴国际化学校，重庆枫叶国际学校、重庆巴川量子中学是当地老牌的国际化学校，重庆耀中国际学校、重庆诺林巴蜀外籍人员子女学校是重庆招录外籍人士子女的国际学校。此外，像西南大学国际教育中心为普高学生提供留学通道，给学生提供语言培训和境外大学申请服务。

我分析下来，重庆的国际化学校/国际部数量虽然不是很多，但从学校结构类型来看，重庆具备国际教育的完整类型。既有公立名校国际项目，也有民办国际化学校；既有招录重庆学生的项目，也有专门招录外籍人士子女的学校；既有收费低廉的公立学校国际项目，也有相对收费高的国际化学校。这些不同类型的学校存在，既可以差异化竞争，同时也能够为家长提供更多样的选择空间。

重庆的藤校以及美本前20名校offer主要出自重庆南开中学国际课程中心，而重庆育才中学、重庆巴川量子中学也能带给社会惊喜，分别拿到过芝加哥大学、麻省理工学院offer。在牛剑录取上，重庆有比较多的学校曾获得。重庆地区的国际化学校/国际部普遍比较重视学生的学业，以及有不少学校开设了A-Level课程，因此在牛剑申请上具有比较好的基础。

重庆的学校

重庆是我所关注的重点区域，我多次赴重庆调研，对当地的主要国际化学校/国际部做过深入了解。以下我将对重庆十一所重点学校分别做介绍。整体来看，重庆的国际教育和其他中西部地区比较类似的是：公立名校为强，但民办国际化学校在快速崛起。

重庆南开中学环境十分优美，学校周边有教师楼。2011年年初，南开中学成立了国际课程班。2013年，南开便有学生获得宾夕法尼亚大学本科录取。2022年，南开开始有学生就读牛剑等英国名校。南开的申请结果在重庆一直是最好的。南开国际课程中心虽然在2011年才成立，但学校历来有留学传统，在中心成立之前便有留学预备班。学校高层对国际教育十分重视。南开能够招到重庆最优秀的生源，不乏初中考托福便取得110分以上成绩的优秀学生。学校在招生中奉行宁缺毋滥原则，也重视家长的理念是否和学校一致。南开的师资力量也是很强，这点跟北师大附属实验中学国际部有点类似，不少老师能够在普高课程、AP课程、竞赛辅导中皆游刃有余。

南开举办国际教育没有营利需求，因而十分重视学生的学术诚信。南开学生在申请境外大学时所提交的材料均需确保真实，学校对拿到早录offer学生具有强制性就读要求。学校的氛围是比较自由和包容的，并具有比较好的传承，高年级同学愿意带学弟学妹们。

我参加过在南开校内的大学展，发现各个大学展台前均比较热闹，学生并没有只聚集在名校展台前。中心负责老师跟我提到说，前来学校做介绍的境外大学，无论是名校还是普通大学，南开的学生均会一视同仁，用平常心与参展的大学招生官进行互动和交流，这给招生官们留下了十分深刻的印象。在参观校园时，我看到中心负责人在路上碰到了自己的学生，师生交流用的是英文。据悉，因学校比较重视学生的英语水平提升，所以日常交流都用英文。

重庆巴蜀中学创建于1933年，是一所国内名校。这所学校我去过多次，跟学校领导也有过多次的交流，该校是国内公立名校中少见的由国际教育负责人晋升为大校长。巴蜀中学敢为人先，不仅在国际教育上有创新，同时还在努力引领着重庆国际教育的发展。

重庆巴蜀中学在重庆当地乃至全国均是一所名校，每年有七八十人能够考到清北，2023年更是突破性地超过90人考到清北。近年来该校学科竞赛在全国名列前茅。从2003年开始，巴蜀中学就已经涉足国际教育，20年间有数百名学生进入世界名校深造。该校参与创办过当地知名的国际化学校和外籍子女学校。作为重庆当地的标杆学校，国际教育自然也是其关注和发展的重点，学校把所有国际运营板块集中到本部公立体系，新建滨江校区，成立了集国际部、港澳台侨学部、外籍学生部和中外人文交流部为一体的国际教育中心。2020年开设海外云班，辐射十多个国家，吸引优质人才进入内地一流大学。

学校领导跟我提到，学校所在的渝中区目前有13个领事馆，学校为这些外交人员子女提供普惠式和多样化选择。像埃塞俄比亚重庆领事馆有外交官员子女从巴蜀中学完成高中学业后，选择就读北京大学和重庆邮电大学。2020年12月，巴蜀中学启动了国际教育中心，在重庆首开IBDP课程，重视课程融合，推行六年一贯制的进阶式成长体系。巴蜀中学校领导对国际教育十分重视也很精通，并通过各种活动加强本地及西南地区各校之间的互动和学习，尤其是邀请世界名校招生官到重庆来考察和推广，不遗余力地推动国际化教育的专业发展及提升重庆地区的海外影响力。

巴蜀中学在高考上势头强劲，同时将国际教育探索的经验反哺到高考中。学校领导跟我提到，像清北强基计划的面试，学校会参考和借鉴牛剑面试的经验，能够为学生参加清北面试提供很好的支持。

重庆育才中学是一所承载历史且具有文化底蕴的重庆名校，由享誉盛名的教育家陶行知先生于1939年创立。该校起初设于重庆合川，校址原为一座古老的寺庙，我曾参观拜访其旧址，深感老校区虽然条件简朴，却饱含陶老先生深厚的教育情怀。陶行知先生毕业于美国八大常春藤盟校之一的哥伦比亚大学，其将所学所感融入育才中学的教育理念与实践之中，也使得育才中学在成立之初就拥有了国际化教育格局。

在拜访育才中学合川旧址之后，我也顺道游览了合川的钓鱼城，一个承载着中国历史沧桑的地方。重庆虽地理位置稍显封闭，却在世界历史的长河中占有不可忽视的地位。尤其是南宋末年，钓鱼城的顽强抗击对于世界历史产生了深远影响。钓鱼城36年间不屈不挠地对抗蒙元军事集团，甚至导致蒙哥大汗在此战役中殒命，导致黄金家族内部爆发权力斗争，削弱了蒙古大军对北非和欧洲的进攻力量，其对欧洲的扩张浪潮得以停息。这样抗争不屈的历史，或许也是支撑育才中学国际教育异军突起的一种文化基因。

在与育才中学师生的交流中，我深切感受到该校学生个性鲜明，充满活力。这与学校秉持的"世界上没有两片相同树叶"的教育理念不无关系。尤其值得一提的是，该校国际教育中心的英语教学水平堪称一流。部分学生入学时的托福成绩只有四五十分，而仅仅一年之后，大多数学生的成绩便能突破百分大关。

学校领导还向我介绍，育才中学的国际教育与普通高中教育互为支持，共同成就。普高学生有机会参加国际教育中心的托福或雅思课程，这对于他们申请香港大学、新加坡国立大学等名校有帮助。

学校领导及国际教育中心的老师会与每位家长进行深入沟通，分析每位学生的特点，提供个性化的建议与指导，确保教育的精准性与高效性。

综观其发展历程，育才中学以深厚的历史文化底蕴和国际化视野，在中国教育界独树一帜，并逐渐成为了西南地区培养国际化人才的高地，也是中国教育改革与国际化进程中，一例值得深入研究的样本。

重庆外国语学校作为国内七所老牌的外国语学校之一，早在1998年就已经开始与国外有交换生项目，2011年正式建立国际部。在调研重庆外国语学校后，让我感到很意外的是，作为一所外语教学见长的学校，其理科也很强。学校领导提到，学校有外语教学优势，但学校并不是一所文科学校，反而更加偏重理工科，每年招录15个班的普高生，其中12个班为理工科班，只有3个文科班。受学校这种重理科的环境影响，国际部也是十分重视学生的理科学习，并让学生参加数学、化学等理科方面的赛事。

该校国际部学生普遍具有比较高的英语水平，在高一时托福成绩便可以达到110分。国际部的毕业生基本上都能进入美国排名前50的大学就读。由于有比较好的申请结果，以及学校重理科以及英语水平高的缘故，国际部招生门槛较高。从2020年开始，重庆外国语学校国际部开设了专门的留德班，学生学成后到德国先读高中然后再申请德国的大学。

重庆市第八中学校由实业家杨若愚先生于1938年创建，是重庆市"三大名校"之一，享有"金牌初中"以及"品牌高中"的美誉。重庆八中国际部成立于2004年，为当地首批开办的公立学校国际部之一。国际部的教师均是在职在编的八中教师。重庆八中也是国家汉办首批汉语推广基地中学，重庆市国际中文教育联盟常务理事单位、重庆市海外领事保护培训示范点、重庆市首批中外人文交流特色学校、ACT全球测试官方考点、英国大学自主招生授权学校、加拿大多伦多大学绿色通道合作学校、澳大利亚新南威尔士大学绿色通道合作学校。重庆八中国际部向国外著名高校，如剑桥大学、普林斯顿大学、宾夕法尼亚大学、麻省理工学院、加州大学伯克利分校、帝国理工学院、多伦多大学等输送了两百余名优秀学生。重庆八中积极探索各类教育改革，并以创新、创造、创业的"三创教育"出名，在这背后有来自哈佛大学、香港大学等多所海内外高校的专业机构提供学术支持。三创课能够助力国际部学生综合能力发展并为升学背景提升提供支持。重庆八中在国际教育上强调让全球最新的教育成果惠及每一位师生，让"普娃"也能变"牛娃"。

西南大学附属中学在 2006 年设立了国际部，逐步开设英国 A-Level、美国 AP 和加拿大 BC 省高中课程，逐步壮大后，国际部更名为国际课程中心。学校的国际教育有其独特的办学优势和强大的背景支持，即学校本身、西南大学、加拿大 BC 省教育部。在入读之后，学生可以根据自身特长选择 A-Level 或加拿大 BC 省高中课程。选择加拿大 BC 省课程的学生，在读完高二后，需要到西南大学附中国际班合作学校（加拿大 BC 省当地一所高中）继续完成高三学业，取得足够的学分，获得 BC 省高中毕业证，再以加拿大当地学生的身份申请海外高校。该校是加拿大 BC 省认可度比较高的学校，并与国内多所知名高中合作国际课程，经验丰富，成果丰硕。国际课程中心还搭建了中外交流矩阵，"全视野"接触国际世界。在课程上，中外课程融合实践，架构多元课程体系。在师资上，重视打造和引进一流教师团队，实施浸润式全效综合教学。在申请上，中心有多元升学渠道，为学生保驾护航。

重庆第一中学国际部创建于 2001 年，2019 年国际部更名为国际课程中心。中心开办 20 多年来，培养出上千名毕业生，其中有七成的学生去英国的大学深造，不乏牛津大学、剑桥大学、帝国理工学院等名校。另外约有两成学生去美国大学就读，拿到过耶鲁大学、加州大学伯克利分校等美国名校 offer。

国际课程中心在重庆一中本部办学，中心的管理纳入全校体系中，为此管理十分严格。每天早上 7 点 20 分到晚上 10 点钟，中心会有相应的学习安排。这种管理机制会让学生有很高提升度。

该中心获得了 IBDP 课程授权。我在调研时发现，一中的课程设置很特别，比如在高一时，学生除必修微积分 BC 外，还需要从 AP 心理学和微观经济学二选一或两门都修。之所以会有这样的设置，学校考虑到数学是中国学生传统优势学科，需要传承和保留。AP 心理学是热门学科，也是文理兼修的学科，让学生修心理学，既可以为高二选课做准备，同时学生一旦学习了心理学相关专业知识，也便于为其后续的学习和申请排解心理压力。学校社团开设也比较特别。中心社团分为人文关怀、体育、艺术、国际交流等，数理化等学科类社团侧重普高这边。

重庆德普外国语学校创建于 2015 年，为一所十二年一贯制学校。德普是我实地拜访过的 600 来所国际化学校/国际部当中很有理念和想法且贯彻到位的一所学校，其发展受业内关注。该校提出了"懂中国懂世界（From China To The World）"办学理念，致力于培养懂中国懂世界之人。我去过几次这所学校，看到学校对学业要求很高，在内部管理上十分细致，如校内的超市不卖任何碳酸饮料，食堂的菜品用节气、城市来标注等。德普国际高中开设了 A-Level 课程，招生规模处在重庆同类学校前列，学生以内部直升为主。毕业生拿到过美国哥伦比亚大学、芝加哥大学，英国的牛剑等世界顶尖名校 offer。德普的办学模式紧跟中国国际教育发展趋势，其未来发展值得关注与期待。

重庆巴蜀常春藤学校在 2016 年 9 月开学，短短时间内由于申请结果出色成为当地一所有影响力的国际化学校。学校比较重视提供完整的教育产品和服务，学校开设了二十多门 AP 课程，师生双向选择，即师生对课程相互选择。学校并不刻意打造特色学校，而是强调对每个孩子负责。为此，学校通过提供多元化课程、升学路径给学生选择。学校也开设了普高，但很特别的是，普高也是往国际化方向发展，不只瞄准国内大学，而是将认可高考的境外大学也纳入升学路径中。在一定程度上来说，高考课程也成为巴常国际课程组成部分。

重庆哈罗礼德学校创建于 2020 年。作为一所国际化双语学校，从低年级开始，每个课堂配备两名教师，一名为外籍教师的主班教师，还有一名双语导师，两位来自不同文化的老师会共同备课、共同讨论、交换主讲。中英文相得益彰的授课环境，保障学生的英文学习环境和氛围的同时，也将中国文化融入学生的生活中来，让孩子们了解自己国家的节日及习俗。重庆哈罗礼德学校为 4 年级及以上的学生提供一周 5 天的寄宿选择，并安排了两栋宿舍楼——女生入住果园舍（The Grove），男生则住在公园舍（The Park）。宿舍设有 Housemaster（寄宿部主任）、舍监以及校医等。

枫叶教育是国内最大的国际教育集团之一，在 2009 年落户永川建校。建校以来，重庆枫叶国际学校得到了当地政府的全力支持。经过十多年的发展，重庆枫叶国际学校成为一所具有影响力的 K12 国际学校。我在校内参观时，看到校长的办公室正对大门处。"校长是要为全校师生提供服务，所以需要把办公室放在大家最方便找到的地方。"校长办公室在一楼，而且是透明窗，师生可以随时过来和校长交流沟通。

国际化学校一般都很重视中西方文化教育，但重庆枫叶国际学校没有开设专门的文化比较课程。学校认为对不同文化的理解需要渗透到全面系统和深入的课程、活动等中来，通过课程学习和活动实践来影响学生。外教会通过英语文学、世界研究、戏剧和生涯规划等形式让学生了解西方文化。而中国的传统文化学习，通过语文、政治、地理、历史、研学、实践、德育课程等来实现。多年来，枫叶教育一直实践着中西教育思想、中外团队、课程和教学资源等三结合的办学理念。学校用篮球做了个比喻。在一个篮球场上，如果有两个球同时出现则比赛无法进行，需要两个球筐和一个球，比赛才能够进行。两个球筐代表中西方两种文化，所培养出来中西兼备的学生便如同这个球，既可以投进中国文化的篮筐，也能投进西方文化的篮筐。重庆枫叶国际学校国际高中部的学生实行一人一课表，推行走班制。学生自己组织和设计校内活动。要求学生在课前做5分钟的演讲，通过这种方式，锻炼学生的表达能力。

重庆耀中国际学校是重庆第一家外籍人员子女学校，也是重庆唯一一所由国家教育部批准成立的外籍人员子女学校，学校成立于2001年9月。学校设立幼儿至国际文凭大学预科（IB Diploma）课程，为2岁至18岁的外籍学童提供国际教育。该学校由华籍和外籍两位校长共同领导。这种特殊的管理模式代表东方与西方携手紧密合作。独特的双教师制教学模式贯穿幼儿教育和小学阶段，最有力地支持着双语和跨文化技能的培养。充满活力的中国研习课是以广泛的研究为基础，并与学校课程无缝结合。通过组织学生体验各种中国文化活动以及文化研学项目，全面提高了学生的文化和历史鉴赏水平，以及促进了他们对中国文化的全面了解。

重庆有两所外籍人员子女学校，重庆耀中开设了IB课程，另一所诺林巴蜀外籍人员子女学校的课程则偏美式。重庆耀中生根于整个耀中耀华集团管理体系中，因此对标的是香港、北京、上海等地的耀中国际学校，这点也很受家长的认可。

参考文献

①②淳于淼泠、潘丽霞著，《重庆留学史研究——以留学人物·留学政策为中心（1898—1966）》，中国社会科学出版社，2014年5月出版，第79—81页、82页。

第十一节　陕西：西北之光

在西北地区，陕西的国际教育最为发达。无论是国际化学校/国际部数量，还是国外名校申请，陕西在西北地区是最多和最好的。和其他地区一样的是，陕西的国际教育业态深受当地历史、经济社会发展等综合因素影响。

我国古代教育制度和机构是从西安发起的，比如太学和科举考试制度。西安重视教育的传统在当今仍得到了延承。国内三大民办高校发展迅猛之地，除北京、上海外，另一个城市便是西安。创建于1992年的西安外事学院，在1995年就有5600名新生。

西安无论是古代还是现代均是国内教育发达地区。"留学僧"玄奘从西安踏上西行求法之路，学成后则回到西安译经创宗。抗战期间，西安未遭日寇侵占，加上国立西安临时大学的落户，西安的文脉得以保存。现在的西安高校云集，高知分子众多，这些均给西安的国际教育发展带来很大的影响，也成为西安学生留学比较特别的地方。我每年访谈西安拿到国外名校本科offer学生时，总能发现有学生出自西安高校、科研院所教职员工家庭。

现代大学在国内创建之初，主要集中在京津、沪宁等沿海城市。在20世纪30年代初，国内六成的大学在校生集中在北京和上海两地，此时陕西一所大学也没有。[①]

1937年抗日战争全面爆发后，日寇为破坏中国文化根基，对中国的大学大肆破坏，南开大学、复旦大学、同济大学、中央大学等19所大学在日军的轰炸下，校舍被毁，师生伤亡。1937年7月29日，日机连续轰炸天津4个小时，主要目标便是南开大学。南开大学经此难，校舍大部被毁，珍贵图书被劫掠。[②]为保留中国文化根基，沿海高校大量内迁，陕西和云南是两个最为重要的内迁地。北平大学、北平师范大学、北洋工学院迁到西安后，合并成立了西北联合大学。由于此时的西安距离抗战和内战的前线比较近，西北联合大学成立不久便又分拆成几所独立的学院，并在陕南另选了校址。[③]而在革命圣地延安，又新建起一批大学。为此，陕西的高等教育获得了宝贵的种子。

1952年的院系大调整，西安作为西北局的行政中心，在大学资源配置上得到了照顾。1955年，上海的交通大学整体迁至西安。同年，南京的华东航空学院迁至西安，并和当地一所工程学院合并组建成西北工业大学。

经过这两次沿海高校内迁到西安，西安一跃成为西北地区乃至全国高等教育发达之地。而从发展历程来看，西安高等教育和沿海关系紧密，视野开阔。

2018年6月，我曾在西安待了半个来月，对西安的国际教育做过一轮深度调研。我当时得出的结论是，西安当时的国际教育发展与北上广深等一线城市有5年的差距。但在2020年后，西安的国际教育迅速崛起，美英顶尖名校申请屡有建树，在申请竞争加剧的情况下反而逆势增长。

众所周知，美国顶尖名校招生官前来中国做推介，常选择去北上广深这些地方的学校，因这些地方优秀学校数量多。对招生官而言，前往这些城市做推介省时省力。

西安由于路远，优秀学校相较北上广深更少，为此能够接触到美国名校招生官机会比较少，进而也减少了西安学生被顶尖名校录取的机会。

面对这种申请竞争劣势，西安的学校却能够实现逆势增长，着实不易。而我经多方调研后了解到，2020—2022年的新冠肺炎疫情三年，西安的申请之所以能够逆势上扬，跟其具有丰富高校资源有关。接下来我会做比较详细的分析。

逆势上扬

陕西的国际教育集中在省城西安。从2016年起，除新冠肺炎疫情三年外，我基本上每年至少会去西安做一次实地调研。西安的国际教育在疫情之前保持平稳发展，但在疫情暴发后申请结果却迅速崛起。

西安有10余所国际化学校/国际部，每年本科出国留学人数千人左右。本科出国留学人数并不算多，不过西安高校云集，有60余所高校，每年大学毕业生出国留学人数约三四千人。

西北工业大学附属中学、西安市铁一中学、西安交通大学附属中学、陕西师范大学附属中学等四大公立名校当中，除西北工业大学附属中学没有设立国际项目外，其他三所均有国际项目。西安另一所民办名校——西安市高新第一中学设立了国际项目，不过项目叫国际班而非国际部，其国际部并非出国留学的班型，而是为优秀普高学生所开设的班型。

西安的国际教育状况格局和成都比较类似，即均各有一所民办名校＋公立名校国际部＋国际化学校所构成。西安的国际化学校主要有西安枫叶、西安康桥以及一所招录外籍人员子女的梁家滩国际学校。

我注意到，2020年新冠肺炎疫情暴发后，西安的留学申请结果逆势上扬。比如从2021年开始，西安市铁一中学每年都有藤校offer，2023年还拿到了斯坦福大学offer。而西安高新第一中学在2023年拿到了3份牛剑预录offer。

众所周知，三年的新冠肺炎疫情，美国名校减少了录取中国学生的名额，导致申请竞争十分激烈，名校一位难求。在这种情况下，西安地区的留学申请反而出现上扬情况，这引起我的关注，并对此做了深入的调研和了解。

西安具有丰富的高校资源，是西安的学校能够逆势上扬的重要原因。前面所提到，西安为国内高校资源云集之地，和北京、上海、南京、武汉等地一样是国内高校资源丰富的城市。由于高校教职员工普遍具有高学历，其中不少还在国外留学或者做过访问学者，使得不少家庭比较倾向于让孩子本科出国留学。本节中的案例便是很典型的高校、科研院所教职员工子女留学例子，中科院考古研究所宋江宁博士让女儿就读国际班，并成功获得了布朗大学的录取。

我从西安各国际项目了解到，父母为高校、科研院所教职员工的学生占比约为总量的10%。也就是说，西安每年有百名左右的本科出国留学生父母在西安的高校或科研院所工作。

西安的高校教职员工对子女教育很重视，且不少将子女送到国际项目就读。为此，西安的国际项目和高校进行课程、实验上的合作具有天然的便利条件。比如西安铁一中学国际班的学生也能够参加学校的英才计划，这个计划是由教育部主导，高校和高中之间衔接的一个项目，优秀的高中生到高校接受数学、物理、化学、生物、计算机等方面的学习。

这个紧密的合作关系，在新冠肺炎疫情期间让西安学生的优势凸显出来了。疫情期间，出国参加国外大学的夏校或者跟随国外大学教授做科研项目之路断绝。在这种情况下，西安丰富的高校资源能够为西安国际项目的学生就地提供丰富的实践项目资源，西安优秀学生的优势就凸显出来了。

其次，疫情期间，由于国外名校招生官无法来中国做招生宣讲，只能通过线上做宣传。为此，国内的学校在面对国外大学招生官方面上，地域的限制没有了，大家站在同一条起跑线上。西安之前招生官来得少的劣势被弱化。

最后，这些年西安的学校意识到，需要打造具备西安地域属性的学生出来，强化学生身上的西安文化属性，并在这方面做了不少工作，比如让学生参与陕西非物质文化遗产的保护等。

为此，西安在疫情期间的申请结果出现逆势上扬的情况，可谓是综合性结果。但万变不离其宗，即需要从教育本源出发，打造出个性化的学生。

西安

西安的城市特性与南京有点像，高校云集，又是区域中心城市。但从国际教育状况来看，无论是出国留学人数还是申请结果，西安要逊于南京。我对这两个城市的留学特性做过比对分析，得出的结论是，之所以会出现这个差异，主要是两个城市的招生机制不同。

南京外国语学校是南京当地的名校，且是诸多南京学生的梦校。而南京外国语学校高中部以内部直升为主，为此要想进南京外国语学校，则需要在小学毕业时参加选拔考试。由于报考人数太多，南京外国语学校初中部选拔还采取了摇号方式，被摇中的学生才有资格参加选拔考试。我了解到，用摇号方式还有一个比较重要的原因是给其他的初中学校留一些好苗子，而不是全集中在南外。

南京外国语学校初中部招生需要加试英语，这样导致南京的学生为了要考进这所梦校，小学阶段就需要加强英语学习。这样一来，南京的学生英语水平普遍比较高，南京外国语学校初中部学生托福成绩达到 110 分并不少见。

西安国际项目的招生则是通过中考，根据中考成绩来进行录取。为此，西安学生的英语基础不如南京学生，在高中阶段需要花费大量时间来学习英语，进而获得一个相对理想的英语成绩。

2018 年，我在西安做留学市场调研时发现了当地一个很奇特的现象，即语培和中介往往由同一家机构来做。我了解到，由于西安学生需要花费比较多的时间来学习英语，会与背景提升产生时间和精力上的冲突，而培训和中介两方均会强调自己的重要性，导致家长、学生无所适从，为此家长往往将培训和中介统一交给一个机构来做。这种现象在北上广深比较少见，这些地方这两项基本上都是分离的。

我跟西安国际教育界的朋友交流时提到，如果要快速提升西安整体的国际教育水平，改变只看中考成绩的录取方式是一个快捷的方法。接下来，我简要介绍西安各个国际化学校/国际部的办学特点。

西安的国际化学校/国际部数量不多，大致可划分为公立/民办学校国际部/班、国际化学校两种。这两种类型的学校在管理和运作上有比较大的差异。

西安市高新第一中学和西安市铁一中学为当地国际教育的双雄。西安高新一中虽为民办学校，但其脱胎于公立名校，在管理模式上也偏严格。西安铁一中学为公立名校，曾为铁路系统的子弟学校，后划归到西安碑林区管辖。

西安高新第一中学的崛起是很神奇的。我和创校校长见面交流过，她虽年逾八旬，但思维活跃，分析问题深刻。该校 1995 年建校，刚开始也是举步维艰，招生困难。首届毕业生中考成绩为西安第一、高考全省第三，为此迅速成为西安乃至陕西省的名校。无论是高考还是国际教育水平，该校均表现十分优秀。这所民办学校创办的初衷，便是要满足西安高新区的技术人才子女的教育需求，创办与国际接轨的现代化、国际化的示范学校。该校从创办之初便很重视国际教育交流，与 4 个国家的 9 所学校建立了姊妹校关系，在国际视野课程学习中，每年有 300 余名学生在国外进行为期半年的交流学习或进行短期社会实践活动。

西安高新一中国际班在 2006 年经陕西省教育厅批准成立并在教育部备案，开设了 A-Level 课程，2009 年起增设 AP 课程，其办学规模和国外名校申请进入全国前列。国际课程班生源主要来自西安市，因办学质量高，也吸引了一些外地学生前来就读。班级的设置在 30 人左右，各班设有专职班主任全方位悉心照顾和管理孩子的学习生活。

西安高新一中我拜访过多次，也访谈过近百名该校优秀毕业生。国际班工作很务实，对每个学生均很关注，并对学生的行为习惯有比较严格的要求。毕业生个性鲜明，部分学生有随父母在国外就读的经历，并出现过学生 DIY 申请到藤校。国际班历年的申请结果在全国也是处在前列。

西安市铁一中学创建于 1929 年，是西安的一所公立名校。该校原归属铁路系统，后转归到地方，成为西安市碑林区教育局主管的一所学校。这所学校我也多次做过实地调研，发现这所学校十分低调和务实。校方重视教育国际化，强调为学生提供多元化选择，个性化发展。

国际班办学比较开放，重视学习，强调引进外部优质资源与成功经验，并引进了高水平升学指导老师等。尽管国际班人数规模在整个铁一体系中占比小，但分量重，学校给予了各方面的支持。

国际课程班成立于 2009 年，是铁一中教育国际化的重要组成部分。国际课程班开设了 GAC、AP、A-Level 课程。在教学过程中，国际课程班重视将中国传统教学的优势和西方教育精华进行融合，形成了适合本校学生发展的课程体系。学生需要学习学业水平合格考试课程，再加上学习国际课程、语言和 ACT 备考课程、校本选修课等，能够为学生打下坚实的学业基础。

铁一中的学校艺体特色在全省独树一帜。成立有交响乐团、管乐团、舞蹈队、合唱队、戏剧社、篮球、足球、击剑、航模等四十余个学生专业社团，注重培养学生的多元才智，各特色鲜明的艺体团队已经成为西安市乃至西北地区素质教育的优秀典范，并为国际课程班的学生提供了诸多展示机会。另外，国际班的国际竞赛和学生自主活动也做得有声有色。该校国际班在美本申请上表现抢眼，拿到过斯坦福大学、芝加哥大学、宾夕法尼亚大学、布朗大学等美本顶尖名校 offer。

我去铁一中调研时，看到国际班学生的衣袖上会印有学生的名字。我有位叫赵子然的朋友，她曾做过美国一所大学的招生官。她很有才气，经常在自己的微信公众号上分享自己工作中的一些见闻和心得。2021 年 3 月底，赵子然以美国大学招生官身份到西安铁一中参加招生活动。她在次日所发布的公号文章中提到，在校园参观中，有位张姓导游同学落落大方，给招生官同行们留下很好的印象。当招生官们得知该学生计划去英国留学时，不免感到遗憾，并希望张改弦更张申请美国大学。此时，赵子然提到说："这样好的孩子，去哪里都是学校的福气，就随她去吧。"从赵子然的描述当中，可以看到国外大学招生官们对西安铁一中学生的喜欢。我后从学校了解到，这名学生最终去了美国的爱默生学院就读。

百年名校陕西师大附中在 2010 年建立国际部（陕师附英中），是陕西师大附中与国内著名国际学校——武汉英中高级中学深入合作、强强联手而建，有自己独立的校区。在西安五大名校国际项目当中，陕师附英中的课程设置和项目发展有自己的特色，采用和借鉴了武汉英中成功经验。国际部开设了 A-Level、AP 课程，校内建有升学规划和多国联申的体系。2017 年以来，陕西师大附中国际部一直致力于 A-Level 与 AP 的课程融合，全面开放各类国际课程在全校全学段的选课，打通英美课程体系壁垒，在美国顶尖名校录取中斩获颇丰，先后收到加州全系名校、南加州大学、卡耐基梅隆大学、纽约大学、华盛顿大学、帕森斯设计学院等众多美国名校录取通知。2012 年，西北地区首个剑桥大学本科录取就出自陕西师大附中国际部，随后从 2020 年至 2024 年，学校已连续五年获英国剑桥大学、牛津大学和伦敦政治经济学院录取通知，而且牛剑培养与申请均是由国际部完成。

西安交通大学附属中学国际课程中心开设了 AP 国际课程班和优飞英语课程班两个项目。AP 国际课程班开设了 10 多门 AP 课程，学生需要学习国内高中学业水平测试课程，从高一开始学校提供跨年级上 AP 课的灵活度，AP 教学主要依赖于校内教学。优飞英语课程班以"澳洲八大"中的新南威尔士大学预科课程为主，学生也需要学习国内高中课程，这也是西安少有的澳大利亚课程项目。AP 课程班毕业生以去美、英、加留学为主，拿到过剑桥大学、加州大学洛杉矶分校等英美名校 offer。优飞英语课程班九成以上毕业生就读"澳洲八大"，有多名学生拿到了新南威尔士大学预科全球统考第一名，优飞班学生可以直接就读大学，优飞毕业生由于在澳大利亚已经形成了一定数量的人脉圈，学生们相互照顾，彼此支撑，信息通畅，本科毕业后发展势头良好。

西安中学具有 120 多年创办历史，2011 年创建国际部。国际部开设了 A-Level、AP 课程以及获得了英国北方大学联盟 NCUK 的授权。2021 年开设了日本方向的 EJU 课程。历届毕业生以去美英澳加、日本、新西兰等国家以及中国香港地区就读为主，少量学生前往新加坡、荷兰、法国、瑞士、奥地利等国家留学。

西安梁家滩国际学校成立于 2003 年，应该是西安唯一一所外籍人员子女 K12 公立学校。学校硬件一流（投资 7 个多亿），开设了 IB 课程。由于是外籍人员子女学校，可以在校内考 SAT。该校内部有完善的升学辅导体系，提倡家长一起参与到学生的大学申请过程中，并为所有在校学生提供一对一升学指导服务。该校师生来自 40 多个不同的国家和地区，所申请的大学方向也比较多元化。（参见彩图 32）

西安博爱学校比较特别，是一所有着二十余年经验的教育培养外国中小学留学生的国际学校，也是陕西省第一所有资格接收外国中小学留学生的学校。该校外国学生主要来自于中亚国家，主要学习中文和中国课程，并与中国学生在一起上课。高中毕业后，这些外国留学生以申请中国的大学为主。2023年，该校总共有116名中亚留学生，累计培养了5000多名中亚中小学生。"学汉语到博爱"已经成为中亚许多国家学生和家长的口头禅，学校成为"一带一路"国家中小学留学生向往的留学目的学校。

把女儿的教育当作研究课题

西安是座高校和研究机构云集的城市，当地有大批高知人群，他们往往十分重视子女教育。西安不少高知人群由于工作缘故与国外接触多，或在国外有过访学/留学的经历，会选择让子女本科出国留学并拿到海外名校本科offer。我在访谈西安拿到海外名校本科offer的学生时，每年总能发现有几位学生的父母在当地高校或者研究机构工作。

西安为国内著名的历史文化名城，有着丰富的文化遗产和历史遗迹。中国社会科学院考古研究所副研究员宋江宁博士长期在西安工作，对考古有20多年的探索和实践。考古需要长期在野外工作，与家人聚少离多，如何做好子女的教育工作也是考古界比较关心的问题。我们邀请宋博士参加留学话题直播时，考古界听讲的人士比较多。

西安市铁一中学是当地的一所知名公立名校，具有比较高的国际教育办学水平，我连续多年访谈过该校国际班优秀毕业生。国际班在2019—2020年申请季收获了一份布朗大学的offer，这在西部地区很难得，而获得这份藤校offer的学生便是宋江宁博士的女儿。

从家长的角度，培养出优秀的孩子绝对是一门艺术和学问，那么对于宋博士来说，自己的学术工作是否起到了关键性作用呢？我们特地向他请教了一番。我们发现，优秀孩子的长处看似相近，但背后的教育方式却各有千秋。

为尽可能还原宋博士的观点，以下内容将以他的第一人称叙述。

"你要是很听话，那我就太失败了。"

我的女儿很乖，但乖不代表没有思想。现在都是独生子女，我也没什么育儿经验，都是第一次做父母，只有一个思路：我要和孩子做朋友。沟通任何事情，都要讲道理，主要分析问题。

很多人以为以我的学术能力，会给孩子提供很多帮助，其实反而我并不会干涉她的任何决定。她的事情全部是让她自己做主，小到买自己需要的东西，大到早申阶段选择布朗大学。

女儿长这么大，我们几乎没有批评过她，更没有打骂过。孩子犯了错没有压力，反而更能施展自己的想法，把握住很多看似遥不可及的机会。

即便在最关键的申请阶段，我也从未给她任何压力，但这并不代表漠不关心。其实我全神贯注、时时刻刻在关注她的学习、生活及身心健康，每次孩子有负面情绪了，我会在发现的第一时间解决，随时调整她的状态。在留学申请这个时期，我采取的策略是迂回。

我没有出国留学过，自己不擅长的地方，我选择相信专业的人。术业有专攻，孩子的辅导老师是宾夕法尼亚大学的硕士，他肯定比我更熟悉国外的大学。我的任何想法都会跟孩子的辅导老师沟通，跟老师保持密切联系，再让老师来引导她。但我会在选择老师之前，先了解老师的教育态度和能力再做决定。

我自己是做研究的，从孩子出生那一刻，我就把她当作我的研究课题，算是我的事业之一，孩子的教育这件事的重要性甚至远远超过了我的工作。我的确把培养孩子这件事看得最为重要，这种使命感可能和我的工作有关：孩子既是你的孩子，同时也是国家的未来。

小学六年级毕业后，我才开始帮助她做真正的学习规划，当时就冲着高三毕业后的结果去的。

"做人要有尊严，学生需要通过学习来建立自尊。"我很郑重地告诉女儿，自由快乐的日子一去不复返，未来要开始努力学习了。女儿在小学的时候没有参加任何培优，所以小升初的时候，奥数方面比较吃亏。这时候我的做法可能和其他家长的做法不太一样。

我很早思考过，怎样才能有完美的人生。有两种方式：一是追求完美，缺点要拼命弥补；二是扬长避短，将自己的长处发挥到极致。我选择了第二种，不追求绝对的完美，自己感兴趣的事情会做到最好。这是我的态度。

所以我尝试着启发孩子学习英语，如果英语成绩能够进入全年级前十、甚至前五，自然而然会树立女儿的自尊心和自信心。我花了四五天，找了很多小学生的英语绘本，带着她一句一句地读，像唱歌一样抑扬顿挫，找到重音，把每句都讲得很深入。这个时候就帮她找到了学习英语的兴趣。

正如开头我提到的，女儿是我的研究课题之一，我一直在观察她的智力开发。其实她并不是天生特别聪明的孩子，但她能保持着缓慢、稳定的进步趋势。

每次我陪孩子修订试卷时，无论对错，都要问个究竟。错了的题目更要花两个小时来分析，锻炼她的发散性思维，全面覆盖所涉及的知识点。我们家绝对不看分数，考得好不表扬，考得差也不批评，目的是学会知识，孩子如果学会了，成绩自然就上去了。

不管是文科还是理科，实际上都离不开语法、公式等规律，其实都是应用题。一定要会思考，遇到问题正反推论。训练女儿的思维方式时，我会陪着她一起寻找方法，不断开导她。

拓展孩子的知识面也非常重要，跨学科是一种非常全面的方法。我将语文、历史、政治等所有知识点都串起来，讲给女儿听，她觉得有意思也更容易记得牢。这个时候家长系统的知识面就格外重要。同时向孩子展示学习的乐趣，让她不反感学习，自然而然就学会自己探索了。到了高二第一学期，女儿突然对我说："爸爸我会学习了。"我等这句话等了四年。

如果说，我在学术中的成就在教育孩子上有哪些帮助，那么最影响她的有两点。

我自己特别喜欢追问"为什么"。我在1994年上的大学，从1996年开始思考考古学到底是什么，思考自己学科的根本性问题。于是我不断阅读，包括西方社会学、历史学、神学等各方面的书籍。接触到的哲学素养和知识面很广，便形成了这样的认识：其实我们现在接触的学习体系就是西方知识体系，在此之上延续了本国的传统文化。

我做学术时感觉到，很多学科的理论基础和前沿实验，是由西方教育在主导。那么在本科阶段，如果没有接受过完整的西方教育，后期很难弥补，在硕博阶段去学习西方的学科感觉有点晚了，要达到世界顶尖水平甚至引领行业发展可能性比较小。而再聪明的孩子也需要有老师引导，我看中了国外的学习气氛和原汁原味的教学内容，所以我带着女儿往出国留学的方向规划。

以上可以说是影响她的第一点，第二则是，在女儿高中时期，她已经形成了基本的三观，我平时参加学术交流或者去见很厉害的有学识的人，也会带着她。久而久之，孩子也会有所判断，打开她的眼界。

我还想分享一点，同学们在做社会实践活动时，一定不要做虚头巴脑的东西，别为了形式主义浪费时间。如果是由衷想做的事情，即便再小也有意义；如果不是真心热爱，不仅浪费时间，可能还会产生负面的打击，引起不信任感和对学习的厌恶。

2020年女儿高中毕业后，我们一家考虑到，女儿从幼儿园到高中毕业属于圈养性质，对社会不了解，也没有什么实践经验，所以不明确自己的人生方向。为此，和女儿商量后决定，想GAP一年读大学，利用这一年时间来想清楚自己想要什么。

不过，2020年因为新冠肺炎疫情暴发，布朗大学整个学年均上网课，学校没有同意女儿GAP一年的申请。由于中美时差的原因，女儿大一这一年上网课上得很辛苦，黑白颠倒，影响到身体，学习效果也不好。

布朗大学很重视通识教育，有比较多的课程可以选择。女儿在大一时，选修了四大类的课程，即哲学、人类学、德语、统计学。

我最为重视女儿的哲学学习，因为哲学具有很强的逻辑性，能够让人有明确的世界观，睿智的判断力，能够帮助孩子找到问题的真正答案。英语是世界通用语言，而如果要学习西方知识的话，则最好再学习德语或者法语，其次为西班牙语、希腊语、拉丁语之类。统计学算是数学的范畴，是基础学科，也需要加强学习。人类学也是基础学科，需要了解。

我家是一个学习型的家庭，我也参与女儿的课程学习。经过一年的网课学习，我的英语水平也提高了不少。

在准备赴美读大二的前几天，我们一家考虑到女儿经过一年的网课学习，没有找到自己的兴趣点，还是想尝试GAP一年。为此，女儿又向布朗大学提交了GAP一年的申请。分管副校长与女儿沟通了20来分钟后，便同意了GAP一年，并表扬女儿敢面对问题和提出解决方案。

女儿在确定GAP一年后，我们完全放手，让她去尝试自己想做的事情，如果需要协助再出面。这一年中，女儿主要做了三个事情。一是学习厨艺，我有个朋友是特二级大厨，我就让女儿拜他为师。师傅带她去市场买食材、购买专业的灶具等，并手把手地教。女儿中西餐以及日餐都会做了，在家期间大概2/3的饭是她做的。二是养狗，女儿从小没有养过小动物，养了一条拉布拉多犬。三是自学日语，女儿学习语言还是有天赋，她通过网络学习和看日剧等，只花了半年时间便通过了日语N1考试。

另外，我和太太之前工作比较忙，出差很多。而这一年，基本上一家待在一起。亲子关系融洽，母女俩也是亲密无间。和谐的家庭关系，让孩子变得健康、独立和勇敢。

2022年秋季，女儿到美国读大二。大二选课，女儿仍然重视哲学的学习，选修了三门哲学相关课程，一门政治经济学以及编程、日语、英汉翻译等。大二这一年学习状态很好。

在大二下学期，我们开始考虑女儿的职业规划事情。女儿想今后从事金融工作，她在今年（2023年）暑假期间，找到了一家知名银行在美机构的实习机会。在接触到了金融工作后，女儿对自己大三、大四的财务有自己的设想安排，并规划给家人更好的生活。

看到女儿这些想法，我很骄傲，因女儿长大成人了。

对培养女儿的心得，我觉得有两点。一是需要明确送孩子出国留学的目标或者意义所在。我们将孩子送出国留学，有个前提是认为国外的教育比国内更好或者更适合孩子。那么需要考虑，好在哪里，如何培养和呈现出来，如何培养出一个有智慧和大无畏的孩子。

二是家长需要同步学习。在高中前两年，家长一定要跟孩子同步学习，做符合欧美大学要求的家长。中国家长喜欢包办，而欧美比较重视理解和尊重孩子。有些国内学校会有外教，我比较重视找从世界名校出来的外教进行互动和交流，从他们这边了解英美高中生如何学习，不能用中国的标准或者方法。

参考文献

①③［加］许美德著，许洁英主译，王嘉毅、陆永玲校，《中国大学1895—1995：一个文化冲突的世纪》，教育科学出版社，2000年2月出版，第78、83页。

②任祥著，《抗战时期云南高等教育的流变与绵延》，商务印书馆，2012年5月出版，第82页。

第十二节　甘肃：附中担纲

随着国外大学申请难度加大和国内国际化学校/国际部相互间竞争加剧，要办好国际教育不易。在投入上，一所国际化学校投入上十亿已不罕见；在教学上，学校要有优质的师资力量、科学的课程设置；在氛围上，家长对国际教育要有正确理解，区域要具有较高水准外部留学服务支持等。由于运作门槛高，国内国际化学校/国际部现多集中在北上广深、苏州等沿海经济发达地区，中部地区相对较少，西部则更少。

我观察发现，西部、北方地区国际教育出现寡头现象，即一个省的国际教育主要集中在当地一到两所学校内，比如新疆集中在乌鲁木齐外国语学校、乌鲁木齐八一中学，内蒙古集中在呼和浩特第二中学。而甘肃的国际教育主要集中在西北师范大学附属中学（以下简称"西北师大附中"）。这种集中格局，有受当地教育政策影响，但更为重要的是由市场需求所形成。

这种集中度不仅仅是学校数量，还在于整个留学体系。在留学业务发达地区，学校侧重课程体系建设与教学组织，培训机构会帮助一些学生获得高标化成绩，升学辅导机构则会提供大学申请服务，相互之间分工比较细。但在西部地区，这种分工客观上比较难实现。因为当地在本科阶段出国留学的学生少，培训机构和升学辅导机构因缺乏足够的生源导致比较难生存。

根据我多年的观察，国际教育有"成百上千"现象。即一所国际化学校/国际部每年毕业生如果在100人以上，会有相对充足的学费收入，能够保持稳健运作和良性循环。一个地区本科出国留学人员总数要在1000人以上，为留学提供服务的标化考试培训机构、升学辅导机构才有可能存活下来并持续成长，进而在这个城市里形成留学服务产业链。

兰州乃至甘肃的国际教育集中在西北师大附中，而该校国际部每年出国学生多时可以达到近三百人。国际部规模比较大，但兰州本地缺乏高水准的标化考试、升学辅导机构。在这种情况下，类似留学发达地区的社会机构分工比较难做到，这就需要学校来承担这些职责。

我调研发现，西北师大附中国际部不仅需要把日常的教学工作做好，还需要想方设法帮助学生解决标化考试培训以及申请辅导等问题。同时，在东部沿海出国留学业务发达地区，普高学生出国为数不少，但在兰州这样的西部地区比较少见，因普高学生如果想出国留学，需要当地有比较强的外部留学服务商提供支持，但很显然在兰州没有这样的条件，导致想出国留学的学生一般会选择到国际部就读。

我在分析和解读甘肃的国际教育时，在很大程度上，便是在介绍西北师大附中的国际教育办学状况。除介绍该校情况外，我在2010年时，曾经调研过一名叫何克的英国人在陕西和甘肃办教育的事情，虽然跟留学没有直接关系，但从中也可以看出西方职业教育的一些理念与方式，为此也在本节中做些介绍。

甘肃的国际化学校/国际部除西北师大附中外，还有兰州碧桂园学校。兰州碧桂园学校由国内知名的碧桂园教育集团于2016年在兰州创办。这是一所K12学校，该校开设了IGCSE、A-Level课程，应该是甘、宁、蒙、新、青、藏地区第一所获得PYP、DP项目正式授权的IB双项目实施学校。该校校园环境优美，绿树成荫，堪称一所花园式学校。学校硬件设施一流，配备有适合学生发展需要且符合国际课程标准的硬件设施，配置有50米标准恒温游泳池和使用面积约20亩的田园。学校致力于培养学生为具有全球胜任力、对中华崛起和世界和平做出贡献的精英人才。该校毕业生去向比较多元，连续多年全球前50录取率为100%，多位学子收到英国G5、美国埃

默里大学等名校 offer。（参见彩图 33）

西北师大附中

我进入国际教育领域之初，便注意到了甘肃。我之所以会关注这个区域，是因为发现西北师大附中国际部国外大学申请结果不错。西北师大附中在 2015 年拿到了 115 份美本前 50 名大学 offer，在 2016 年年初发布的宜校出国留学中学排行榜当中名列全国第 45 位。

我到西北师大附中与学校领导做过多次沟通，他们对国际教育状况十分了解，给我留下了深刻影响。实地调研后发现，该校之所以能够取得如此佳绩主要有四个原因：一是国际部生源很好，一半的学生中考成绩可进入兰州当地名校，甘肃凡有出国留学意向的初三学子均毫不犹豫地选择了附中，这个从我访谈的学生中可以看出。二是师资力量相当强，老师基本都是硕士，2016 年更是一口气从相邻的大学聘请了 18 位具有留学背景的博士兼任相关学科教师。此外学生的 AP、SAT 等部分课程也请西北师大的教授来教，如此师资比较少见。三是资源丰富，西北师大附中和北京师范大学附属中学同根同源，具有优良的教育教学传统，同时与国内其他高中名校交流密切，是多个团体成员，如 "中国高中六校联盟""国内部分师范大学附中协作体""中国教育学会高中教育专业委员会"等。四是培养理念正确。从国际部建立之初，就秉承"和谐、包容、卓越、共生"的办学理念，明确了国际部"中国情怀、国际视野、人文精神、科学素养"的育人理念，并加强师资培养、课程建设、教学变革以及管理团队的执行力和创新性，国际部发展迅速。

从 2016 年开始，除新冠肺炎疫情这三年外，我基本上每年均会去西北师大附中国际部实地看看。这所学校是传统教育指标评价体系下甘肃最好的高中，社会所关注的高考成绩一直是全省最好的，近十多年来该校的清北人数、高考最高分人数，进入 985、双一流高校人数一直居甘肃最前列。而在国际化办学与国际教育出国留学板块，该校也是甘肃最强。

西北师大附中和北京师范大学附属中学为同根同源，发端于 1901 年成立的"五城学堂"，随后更名为"五城中学堂"，也是中国近代由政府批准成立的最早的一所国立中学。1937 年在全面抗战爆发后，北师大附中跟随北师大迁到了西安，后北师大与其他几所大学并称西安临时大学。之后成立了国立西北联大，而联大的师范学院便是由原先的北平师范大学组成。1938 年因西安局势紧张，师大附中随迁到了陕南山区，1942 年起又迁兰州。自此，北师大附中在兰州落地生根。

1945 年抗战胜利后，北师大和附中有部分老师回迁到北京，但是也有部分老师和设备留在了兰州，这便是西北师大附中的来源。为此，西北师大附中和北师大附中是同一天校庆、相同校训、相同校歌。西北师大附中在甘肃一直十分受重视，从民国时期的随国立西北师范学院由教育部直属，到新中国由甘肃省教育厅管理。西北师大附中是一所由甘肃省教育厅和西北师范大学联合共管的首批省级示范性高中学校。

西北师大附中在 2008 年成立国际部，最早引进了 AP 课程。从 2010 年开始，国际部采取融合式课程，即采取了国家规定的必修课程 +AP 课程 +SAT/SAT2 等课程融合的方式。

我调研后了解到，西北师大附中采取这种课程设置是根据兰州当地的特殊情况而确定的。在 2008 年开设国际部的时候，学校引进了 AP 课程。在国际部开设早期，很多家长或者学生要出国留学的信念还不坚定，多数是想观察一段时间再做最后的决定。所以，国际部有一些学生学了一段时间国际课程后，还是想转去参加高考。这就是国际部早期以 AP 为主，但运作几年后便改成融合式课程的主要原因。

学校提到，融合式课程对老师的要求挺高，但能够满足学生全面发展与应试的需要。另外，如果在早期便开设 A-Level、IB 课程的话，会有比较大的难度，学生是比较难适应的。从 2015 年开始，国际部开始开设 A-Level 课程，原因主要是家长的观念在变化，学生的综合素质也在提高。像以前选修 AP 课程的学生和选考门数并不是很多，后来选修人数和门数便比较多了，而且许多同学成绩达到了 5 分。

学校很重视与外部的互动和交流，在借鉴学习了东部地区留学经验后，再结合兰州当地实际情况加以运用。西部的学生和东部学生存在很多不同的情况。举个例子来说，北京的一所名校曾推出下午自学（自修）的制度，结果大部分的学生跑到中关村这些地方的机构参加辅导补习。但在兰州，当时这种情况是不可能实现的，因为校外没有可以参加辅导的途径，没有比较好的辅导机构。

实际上，缺乏校外辅导机构会让学校的办学压力很大，家长和社会对学校的要求很高，从而将这种压力传导给管理层和教学团队。学校需要付出很多的努力，才能满足不同层次不同学生的辅导需求。西北师大附中为此做了很多的尝试，如引进优秀老师、开设网上课程、自主建设优质课程网络资源库、加强选修课程、分层辅导、实行导师制等，尽量满足学生的需求。学校提到，学生的成长与发展存在差异，学校也不反对学生在暑假期间到东部优质师资集中的地方去参加辅导与提高，如有学生去杭州参加辅导。在国际课程与语言辅导方面，兰州的社会机构满足不了国际部如此多的学生的需求，所以学生的托福、SAT、AP 等课程的学习均需要在学校里完成。

学生的升学指导也是由学校自己来完成的。学校的理念是学生尽量不要去外面找留学中介服务。学校有专门的团队做升学指导，结合学生在校的成长与发展状况，深入沟通，量身打造，会组织、参与学生的文书、活动策划、选校等全部过程。国际部给每个学生提供6所学校的升学指导服务，不另外收取中介服务费。十五年来，已有1400名学生（共收到海外大学录取通知书6837份）从西北师大附中国际班毕业，赴美国、加拿大、英国、澳大利亚、日本、新加坡、瑞士、新西兰、德国等国家以及中国香港地区的世界一流高校就读深造。这些学校包括美国哥伦比亚大学、芝加哥大学、宾夕法尼亚大学、杜克大学、西北大学、康奈尔大学、莱斯大学、圣母大学、埃默里大学、乔治城大学、加州大学伯克利分校、加州大学洛杉矶分校、卡内基梅隆大学、弗吉尼亚大学、南加州大学、维克森林大学、波士顿学院、北卡罗来纳大学教堂山分校、纽约大学、威廉玛丽学院、罗彻斯特大学、伊利诺伊大学香槟分校、德州大学奥斯汀分校；加拿大英属哥伦比亚大学、多伦多大学、麦吉尔大学；澳大利亚国立大学、悉尼大学、墨尔本大学；英国兰卡斯特大学、杜伦大学、伦敦大学学院、华威大学等。2020年受疫情影响高一新生人数减少，2023年西北师大附中国际部有70多名毕业生，毕业生多选择就读美国大学。

2008年到2014年，在这7年时间当中，兰州的学生可以把报考国际部当成第二志愿。普高先录取，然后国际部录取。不过，国际部总分还是要求在普高线之上。从2014年开始，教育局规定国际部为第一志愿，提前录取。现在国际部每年招录200名左右新生，其中一半学生的中考分数线达到了兰州排名第二、第三名高中的录取线，1/3的学生是非常优秀的。

西北师大附中没有和外部的教育机构合作，是自己独立办学。学校之所以能够这么做，主要是因为早期培养了一批能够独自承担国际课程双语教学的老师。国际部师资力量很强，有10名博士老师。国际部总共有七八十位老师，学生总量在正常情况下为500人左右。老师除外教和博士外，其他的基本上都是硕士。此外，国际部在托福以及SAT这些课的阅读、写作等部分，还会请西北师大外语学院的教授来代课。

我在多次拜访西北师大附中国际部以及访谈多位毕业生后，感触良多。一是西部的名校国际部主管领导对国际教育理解之深，丝毫不亚于沿海地区。二是像西北师大附中这样的西部名校，无论是学校还是学生本身，其在师资培训、背景提升等方面资源的运用是面向全国的。三是西部学生申请奖学金的比例远低于预期，和沿海地区的学生几无差别。换句话说，经济因素并不能成为沿海地区学生的优势。西部地区出国留学往往集中在一到两所学校之中，呈现寡头态势。而沿海地区，一个城市往往会有多所学校在留学上表现甚佳，相互之间竞争激烈。

西北师大附中虽地处西北，但其国际教育理念先进，学校重视国际教育，且是从全国范围内获取优质留学资源。这些年，该校在芝加哥大学、西北大学等顶尖名校 offer 上屡有收获。在宜校近些年出国留学中学百强榜中，该校常年保持在第 70 名左右。

学法学的兰州姑娘

林奕含，西北师大附中国际部 2017 届毕业生，大学本科在加州大学伯克利分校（以下简称"伯克利"）就读。2017 年 5 月，我和林奕含做过一次交流。2023 年 9 月，林奕含进入美国乔治城大学法学院就读一年级。这个过程跨度 6 年，其间林奕含有过两次 GAP。在新冠肺炎疫情暴发后，考虑到上网课效果不好，林奕含在读完大三后 GAP 了一年。大学毕业后，由于第一年申请到的研究生学校不理想，林奕含又 GAP 了一年。

美国大学在本科阶段对法学和医学两个专业不会进行招生，学生均需要在本科毕业后再申请就读法学院或医学院。法学和医学毕业生在美国就业前景不错，收入高，导致这两个专业的进入门槛很高，竞争激烈，中国学生申请难度极大。

2014 年，林奕含考进西北师大附中国际部。她提到自己刚进国际部时，中考成绩算是一般，但自己一直比较努力，英语也是强项。等到毕业的时候，她的 GPA 在全年级上千名毕业生中排在前 100 名、国际部前 20 名。她的托福成绩为 110 分，是这届毕业生中最高的。

决定出国留学是林奕含自己的想法。她在初中的时候，曾经看过一本留学生的传记，留学生在国外求学的苦与乐，在国内是比较难体验到的。林奕含意识到出国留学会碰到很多困难，但一旦能够克服，则会成为一个优秀的人，为此她自己萌生了要出国留学的念头。林奕含的父母在兰州经商，对留学并不大了解，但对女儿出国留学的决定则全力支持。

在进入西北师大附中国际部后，林奕含很快体会到西部和沿海的差距。她参加过模拟联合国和机器人比赛，在与北京、上海等地学生同台竞争时，京沪学生对知识的了解，英文水平之高，对林奕含有很大的冲击和震动。在意识到区域差异后，林奕含警醒自己需要更加努力，而在这过程中林奕含有过思想的转变。

"我和父母生活在兰州，但老家在浙江温州。我每次回温州过年，很羡慕浙江、上海这些地方有优越的条件。我心里一度不喜欢兰州，但在参加完一次机器人比赛后改变了这些观点。国际部组队去上海参加机器人比赛，由于经费有限，我们只能选择最便宜的交通工具。我们坐了 24 个小时火车到上海，到上海也只能住比较差的酒店，一直忙到深夜 3 点才能睡。在回兰州的火车上，我在思考一个问题，即在没有资金没有外部支持、只能靠自己的情况下，为何能够坚持下来，且还拿到一个自己还算满意的奖项。这是我曾经一直不太喜欢的兰州所给予的，自己应该更好地利用身边的资源，不断地去进步。

"我加入了学校的杂志社，提升自己的英文写作水平。通过参加模拟联合国比赛，不断地提升自己。有一天，我突然醒悟到，兰州给予了我在困境中成长的经历和土壤，也足以让我发扬温州人的奋斗精神。相信这种体验和感触在沿海地区的同学中是没有的，我也把这些感触和醒悟写进我的文书里面。有了这个思想转变后，越长大越喜欢兰州。"

申请季结束后，林奕含拿到了伯克利、南加州大学、北卡罗来纳大学教堂山分校等 12 所学校 offer，她最终选择了就读伯克利。而在申请大学的过程中，林奕含所体验到的区域性差异，让她也在心底里埋下了学习社会学的种子。

林奕含喜欢接触各种各样的人，为此并没有申请规模小的文理学院，而是申请了综合性大学。到伯克利就读后，林奕含对学校感觉很好，觉得来对了学校。

"美国各个大学的理念、价值观和文化氛围都不太一样。伯克利氛围非常包容和开放，学校倡导关注种族、性别等方面的公平问题，且很关注社会不公现象。倡导要对社会有责任心，要让社会更加公允。

"伯克利是个很多元的地方，这跟私立学校学生相对同质化有较大差异。伯克利会录取形形色色的学生，比如学校里有六七十岁的老太太、刑满释放出来的人、退伍军人、非法移民的孩子，等等。在和这些同学打交道过程中，他们成长的经历，可以让我们学到很多、感悟到很多，让自己会变得更加包容和尊重他人的想法。"

在伯克利多元文化环境熏陶下，林奕含从大一开始，便关注到了社会学这个领域。在选修了政治、历史等课程后，大一时她便确定了学社会学专业。

"伯克利社会学专业有很多很好的教授，他们鼓励我们去交流，去学习和了解美国社会。在美国的留学生，很难融入当地社会，不清楚哪些能说哪些不能说。而通过在伯克利的学习和生活，让我对美国文化有了比较多的理解。

"我觉得很多像我一样刚到达美国的留学生，最初会由于语言、文化的原因，不知道如何跟美国人打交道。但我认为社会学是个很好的专业，能够帮助我们迅速了解美国社会的问题和困境，以及美国各种文化后面的逻辑，所以我特别建议同学们刚去美国可以上一些社科类的课程。同时，伯克利是所公立大学，里面的学生家庭并没有像私立大学那么好，有很多美国的同学要边学习边打工，在学业和生活之间挣扎。有个事情让我印象很深的，新冠肺炎疫情期间，有位社会学教授提到，考虑到有同学受疫情影响，无法全心投入学业中，为公平起见，他这门课的成绩给全班学生均打 A。新冠肺炎疫情是比较罕见的现象，面对这样的社会问题，伯克利的教授用人性化方式来处理，我觉得再也没有这么好的教授了。"

本科确定学习社会学后，林奕含在大二开始考虑未来的职业规划问题。社会学会关注各种社会不公平现象，比如种族歧视、阶层固化等。而在这个过程中，很多方面会涉及法律。同时考虑到在美国社科专业就业机会比较少，而像传统的到投行工作，林奕含又不感兴趣。学社科要有好的工作且收入要高，那么法律则是主要路线了。为此，林奕含很早确定要走法律路线。

美国法学院的录取跟大学申请比较类似，需要有高的 GPA、LSAT（Law School Admission Test 法学院入学考试）成绩、推荐信、文书、活动列表等。

林奕含提到说："法学院录取学生十分看重成绩，其他的是锦上添花，这跟其他项目制研究生录取标准不太一样。法学院录取学生，首先会关注学生的 LSAT 和 GPA，如果学生的 LSAT 或 GPA 没有一个能达到所申请学校要求的成绩的中位数的话，则几无录取机会。我大学里的 GPA 较高，在前 25%。虽然 LSAT 成绩不够理想，但最终还是获得到了乔治城大学法学院的录取。

"我在大二、大三时就已经拿到了教授的推荐信，等到申请的时候便直接调用。法学院的申请跟博士申请需要与教授事先沟通不一样，自己不需要去联系教授，只要向学院提供申请材料即可。因为我在美国读的本科，申请法学院时不需要提交语言成绩。

"法学院的申请越早提交越好，材料提交晚的话，由于名额少录取标准会相应提高。法学院在每年九月、十月开放申请，最好在十一月中旬前提交好申请材料。是否面试看各个学校的情况。乔治城大学法学院需要面试，我是通过线上来群面，会有六七个学生一起参加。"

林奕含透露，乔治城大学法学院在 2023 年总共录取了 560 名新生，其中有将近 30 名中国学生。这 30 名学生中，有 4 人本科在国内的大学就读，其中两位来自北京大学和清华大学本科，在国内毕业后直接来读法学院，而另外一位则本科毕业于复旦大学，硕士则在美国继续就读。另外 20 多名中国学生本科均就读于美国或加拿大的大学。

"法学院所录取的学生也是形形色色，有运动员、蛋糕师、牧师，等等。对本科专业没有要求。"

在上了法学院后，林奕含发现和本科学习有很大的差异。

"学习法学压力很大。在本科阶段，我们会碰到很多厉害的同学，但也有一般的同学。而能够申请到法学院的同学，均是各个学校厉害的学生，大家内卷得厉害。举个例子，我在上本科时，同学们多提前两三分钟到教室里面。而在法学院上课，大家会提前半个小时到教室里。"

法学院需要学习三年。林奕含提到，在一年级，560人分成了5个班，每个班的课程和老师均是一样的，学习类似宪法等基础课程。到了二、三年级，则可以自由选择自己的专业方向。"每个班100多人要排考试名次，在班里的排名会直接影响找工作的结果，很像在国内上高中的感觉，所以大家都挺拼。"

"二年级暑假，法学院的学生多会去律所实习，并与律所签订协议，毕业后通过法律考试则给正式录用offer。美国的法律考试并不像中国是全国统一的，而是各州安排考试，原则上是在哪个州做律师则参加哪个州的法律考试。中国学生大部分会参加纽约州和加州两个州的法律考试，这两个州是美国最大的法律市场之一，同时国际法律事务在这两个州也非常多。法律考试每年有两次考试机会。由于参加法律考试需要有法学院的法学学位证书，所以一般是在毕业后参加。纽约州整体通过率比较低，只有40%左右。乔治城大学法学院通过率比较高，第一次参加法律考试的通过率为90%。"

有意思的是，外国留学生如果学习计算机科学等专业，在美国H1B工作签证有三年时间，但法学专业却只有一年。这有可能是因为美国并不太缺外国留学生做律师。

在美国学习法学和医学是个漫长和艰辛的过程，林奕含提到，自己信奉人生在哪里都是苦的理念，如果做什么和学什么都辛苦，那还不如找个辛苦但有回报的领域。

在回顾自己高中和大学本科学习经历时，林奕含提到，在美国读大学，即便专业不是社科类，建议也最好上一些社科的课程，学习一下政治或社会学，这对了解美国社会很有帮助。如果只是学习STEM专业并且平时对人文社科相关的话题不太感兴趣的话，可能会导致对美国社会缺乏深层了解。

"一定要学会借助各种资源。我看到和北京、上海考来的同学们的差异后，感觉自己像发疯似的，找了很多资源，积极参加各种学术活动，也主动联系老师。另外，不要害怕犯错，要给自己成长的机会。和美国人打交道刚开始可能会尴尬，但没有关系，自己要不断试错，不断尝试。

"现在网络很发达，完全可以去其他地方寻找资源并使用。我们要掌握和具备信息收集能力，获得有效信息。而有效信息如何获取，我们可以去请教有经验和厉害的人。"

在谈到西北师大附中国际部办学特色时，林奕含提到，她观察到一些沿海的国际学校，追求所谓的"国际化"宽松培养模式，导致在学业上抓得不是很紧，学习比较轻松。但西北师大附中国际部对于学业和习惯培养抓得比较紧，管得比较严。这种重视学生学业成绩与习惯养成的管理方式，也对自己在大学拿到好成绩挺有帮助。

培黎

在兰州调研期间，我曾抽空参观了兰州城市学院培黎校区（原兰州培黎石油学校，原隶属中石油，后并入兰州城市学院），这所学校离西北师大附中不远。校区里面有路易·艾黎和乔治·何克的雕像，我之所以会去培黎校区，是跟一位名叫乔治·何克的记者有关。由于曾做过10年记者，我对带有记者背景的人和事比较关注。而我关注到培黎，则是因为何克做过双石铺培黎工艺学校和山丹培黎学校的校长。

2008年，由中国、澳大利亚、德国联合拍摄的《黄石的孩子》电影公映。这部电影讲述在20世纪30年代末，年轻的英国记者乔治·何克帮助一名澳大利亚护士带领60名孤儿从战乱区逃离出来，最终在甘肃山丹落户的故事。这部电影是有真实故事原型的，确实是有位叫乔治·何克的记者帮助过中国的孩子，不过故事发生地不在湖北的黄石，而是在陕西凤县和甘肃山丹县。

2010年夏天，我去过陕西凤县，和何克的学生做过交流，也看过何克曾住过的窑洞。何克同情中国的抗战，参与中国工业合作社运动，担任了于1940年在凤县建造的双石铺培黎工艺学校校长，这所学校是工合组织为训练基层工作人员而设立的。由于日军进逼西安以及学校与当地政府矛盾激化，工合组织在1944年年底决定将学校迁到甘肃山丹县。何克和新西兰人艾黎一起，在甘肃山丹重建学校。在抗战胜利前23天，30岁的何克打篮球时脚受伤，得了破伤风因缺医少药而殁。

何克出生于英国一个中产家庭，1937年从牛津大学毕业。他和姑姑去过日本旅游，在日本的时候，何克发现日本平民百姓对日本政府的宣传深信不疑，认为日本军队是在帮助中国。到上海后，何克看到日军在中国的暴行感到震惊。面对这种反差，何克决定留在中国，了解中国人以及中国所面临的问题。何克一开始在汉口担任美国合众社的自由撰稿记者，并学习中文。[①]

何克作为刚从牛津大学毕业的青年人，有着根深蒂固的优越感，但又渴望冒险，想一睹抗日运动的实况，以便在记者行业中显露身手。[②]何克曾到延安采访，并进行了报道，1943在美国出版了一本叫《我看到了新中国》的书。1938年夏天，何克在记者朋友的引荐下，在汉口结识中国工合运动负责人路易·艾黎，并受邀到工合组织工作，1941年春派到设在凤县的双石铺工艺学校担任校长。这所学校创办不到两年校长频繁更换，何克是第九任校长。

自担任校长一职后，何克曾花费时间到各地去做旅行采访。后由于校务繁忙，他便将主要精力放在了学校管理上。他让学生学习各种工作技能，从会计到卡车发动机构造等，并在机器车间等进行实践。学生需要自行采购食品、自己照管好自己。另外，何克让学生通过参加各种辩论和会议来学会如何与人沟通和协作。学校开设了校办工厂，既可以让学生增加实践，同时也能够通过工厂的运营贴补学校。这种管理方式在当时的中国比较罕见。

中国工合运动是基于发起工业合作社支援抗战的设想。由写出《红星照耀中国》的美国记者斯诺夫妇俩以及新西兰人路易·艾黎发出倡议，后得到中国各政要支持并加以落实。工合运动的主要工作是把流落到大后方的难民、失业工人、伤残军人组织起来，创办工业合作社，增加生产、支援抗战。为支持工合运动，工合创办了多所学校，用于培训熟练技术工人。之所以会命名为"培黎"，是为了纪念爱尔兰人约瑟夫·培黎。培黎于1925年在上海创办工徒训练学校，从工厂中免费选招学徒，边做工边学习，使其技术明显提高。在20世纪30年代，上海工业界把培黎所培养出来的技术工人称为"培黎弟子"。培黎的办学思想对路易·艾黎和斯诺影响比较大，而培黎弟子在工合运动中也起到了很重要的作用。[③]

陕西凤县县城有条艾黎路，还有艾黎和何克故居。故居在一个山坡上，我去看过，不过故居当时什么东西都没有。2010年夏，双石铺培黎工艺学校一批早期毕业生回到凤县聚会。我此时正恰好在西安出差，于是应邀去凤县作了交流。这些早期毕业生不少是战争难民和贫寒学生，有在战乱中与父母失散的女孩，有从河南过来的难民。有个毕业生跟我讲到，他父亲曾做过张作霖的中尉副官，九一八事变后，父亲随张学良到陕西，后家道中落，自己进入双石铺培黎工艺学校读书。

1949年前，留学生在中国还是属于特殊人才，多集中在政界、学界、教育界。比较少在实业界，这自然与当时的中国工业不发达有关。为此，当何克作为牛津大学毕业生介绍给中国人的时候，大家感到比较惊奇。

何克曾回忆到："我上过牛津大学这一点可为我脸上争光。每次我做报告前，介绍人首先提到的就是这点。一天，介绍人刚好是伦敦大学的毕业生，他对听众说牛津大学的学生是多么有绅士风度，穿着又如何体面。于是大家都对我上下打量，看到我穿了一双中国农民穿的蓝布条凉鞋，都很惊奇。太煞风景了，然而他们也许会把这完全归咎于文人雅士的怪癖。"[④]

何克去世后，路易·艾黎主持山丹培黎学校的工作。在解放军解放大西北过程中，艾黎动员学生做好后勤管理，并把当时很少见的大车、卡车提供给部队使用，将解放军送到玉门油矿。1953 年，甘肃山丹培黎学校东迁到兰州，改名为兰州培黎石油学校。1955 年，兰州培黎石油学校部分师资西迁，成立了玉门石油钻探技术学校。这两所学校培养出大量石油技术工人。兰州培黎石油学校现在成为兰州城市学院培黎校区。1985 年，甘肃山丹培黎学校重建，定位为一所全日制中等专业学校。在此基础上，2020 年在山丹成立了培黎职业学院，与山丹培黎学校实施中高职一体化办学。

培黎系列学校创办之初是要为中国工合运动培养和提供熟练技术工人，因此属于职业教育范畴。几经时代变迁，培黎现在保留有北京培黎职业学院（1983 年创建）、兰州城市学院培黎校区（2006 年设立）、位于山丹的培黎职业学院（2020 年成立）等三所大学以及山丹培黎学校（1985 年重建）这所中专学校。很特别的是，从一开始，培黎系列学校便是源于中西方交流和国际合作。1940 年，工合组织是在江西赣县创办出第一所培黎学校，同年又创办了双石铺培黎学校。此后，工合组织还在四川成都、广西桂林、湖北老河口、河南洛阳等地办过培黎学校或培训班。

培黎系列学校在中国创办是件很值得关注的事情。在 1949 年前，西方国家在教育上主要通过两个途径来影响中国。一个是接纳中国的留学生，另一个是在中国建立大量教会学校。但无论是留学还是教会教育涉及职业教育层面少，我估计这可能跟当时中国工业不发达有关。

自诞生起便有国际化的基因，与其他多数职业学院不同的是，兰州城市学院和北京培黎职业学院与国外合作交流比较多，且留学项目也不少。

兰州城市学院与塞浦路斯欧洲大学、美国佐治亚西南州立大学、俄罗斯奔萨国立大学、法国欧亚高等管理学院、新西兰 ARA 坎特伯雷理工学院等 10 余所国外高校建立了国际教育合作关系，与台湾昆山科技大学、台北城市科技大学、华东师范大学等数十家海内外高校建立了联合培养合作关系。兰州城市学院 2022 届有 4133 名本科毕业生，出国（境）留学有 16 人，占毕业生总量的 0.39%。全国大学毕业生出国（境）总平均率为 1%，但大部分的职业技术学院出国（境）人数为零。因此，兰州城市学院的出国（境）率虽然只相当于全国平均值的不到一半，但在职业技术学院当中算是比较高的，如果考虑到其地处西北地区，出国（境）留学能有这个程度则显得很难得。

北京培黎职业学院 2023 年度高等职业教育质量年度报告显示，学院在日本、西班牙设有事务所，在新西兰有实训基地。有 20 个专业和西班牙、日本、英国等国大学课程对接。累计有 124 名学生到西班牙、英国、日本等国攻读本科或硕士学位，其中 45 人完成学业并获得硕士学位。另有 40 多个国家近 300 名外国留学生在学院就读。

参考文献

①②④路易·艾黎著，《从牛津到山丹——乔治·何克的故事》，北京出版社，1984年2月出版，第19、30、48页。

③《援助中国工合运动和山丹培黎学校的美国友人》，北京培黎职业学院官网，链接为：https://www.bjpldx.edu.cn/Index/show/catid/3/id/3332.html。

第十三节　宁夏：医生领头

在西北五个省级行政区中，宁夏的面积最小，但宁夏的国际化学校/国际部数量并不是最少的。和绝大部分中西部城市类似的是，宁夏的国际教育集中在首府银川。

从2009年开始，银川的部分普高设立了国际项目。银川第一中学、银川第二中学、银川第九中学、银川唐徕回民中学等四校为较早一批建立国际项目的学校，银川第六中学则在2018年设立国际部，这5所学校均为公立。五校国际项目规模均比较小，银川每年本科出国留学人数总量估计200人左右。

除宁夏外，内蒙古、新疆两自治区每年的本科出国留学人数也在200人左右。走遍全国学校后，我发现了一个规律，当一个省级行政区的国际化学校/国际部数量低于10所（个），本科留学总数往往会在200人左右，当学校数量超过10所甚至高达百所，本科留学总数则会猛增。比对数据后可以看到，国际化学校/国际部低于10所（个）的省级行政区，校均毕业生在20人左右，而超百的省级行政区校均毕业生则会猛增至80人左右。也就是说，学校越多虽然意味着竞争更加激烈，但有助于区域国际教育整体氛围提升，形成聚集效应，各个学校能够招录到足够的学生，大家差异化办学，进而美美与共。这也是为何国际教育在国内出现马太效应的原因。

我在银川调研当地国际教育状况时，注意到了一些其他地方少见的细节。比如我在拜访银川第一中学国际部时，看到学生课桌上放着一溜的水杯，这种情形我之前在其他学校没有看到过。听国际部的老师介绍说，这是因为银川气候干燥，身体容易流失水分，所以学生需要不断喝水。为满足补水需求，国际部教室旁边还设有专门的开水房。

国内本科出国留学学生多出自商界、医生律师等高知/专业人士以及公职人员等家庭。我从银川国际教育界朋友处得到反馈说，银川出国留学的学生中，家庭背景和国内其他地方大同小异，不过出自医生家庭的学生较多。

从全国范围来看，医生家庭子女本科出国留学多，原因主要有三个：一是医生本身学历普遍比较高，对子女教育比较重视；二是医生的收入相对高且稳定；三是医生的视野比较宽广，因工作的原因有比较多的出国学习机会，或者也比较关注国际上的医学信息，导致这些家庭会更乐意送子女出国留学。

不过，医生每个地方都有，且医生数量还和人口基数有关。而宁夏全区人口不到千万，医生数量会比其他人口多的省级行政区少很多，那为何银川医生子女出国留学会比较多。我查了资料，发现这跟银川互联网医院产业发达有关。

银川早在 2016 年便鼓励建设互联网医院，并在国内最早建立起智慧互联网医院基地。互联网医院之所以会在银川、贵阳等中西部地区盛行，除当地政府支持发展外，还因当地居民异地求医比较麻烦，催生出比较旺盛的互联网医院市场需求。

通过互联网医院，北京、上海、广州等一线城市优质医疗资源能够覆盖到资源相对匮乏的中西部地区，且减少了中西部居民异地求医所产生的差旅等非医疗费用的支出。银川互联网医院产业比较发达，医生群体总体收入随之提升。同时，银川医疗界通过互联网服务全国客户，以及能够接触国内外最为先进的医疗技术，也使得这个群体视野开阔，更易产生让子女留学的想法。

银川医生家庭子女出国留学人数多，这让我们看到国际教育和产业发展的紧密关联度。这样的例子在国内还可以找到很多，比如国内一些外籍人士子女学校，附近往往会有著名外企设立，因外企管理人员子女的学费往往能够向公司报销，所以外籍人士子女学校多会与外企直接合作，在学费上给予一定的折扣。

在留学方向上，我了解到，银川本科出国留学前往马来西亚和俄罗斯等国留学较多，这可能跟当地居民收入水平有关。美、英、加、澳留学费用比较高，而欧洲的俄罗斯、法国、德国以及亚洲的日本、泰国、马来西亚等国留学费用低。中西部以及北方地区对留学成本低的国家关注度较高，但区域差异比较明显，东北关注日本留学，北方学生去俄罗斯多，西南学生选择泰国留学不少，前往马来西亚留学的学生区域来源范围则较广。

在国内国际教育界中，最为有名的宁夏人莫过于中国常熟世界联合学院董事长王嘉鹏。他当初在国内择地建校时，也曾考虑过将学校办在自己老家银川，但因各种原因没有实现。我想如果世界联合学院落户银川，肯定会成为一所很特别的学校。世界联合学院一般选择远离大城市的地方建校，尽管世界各地分校多位于偏远地方，但因教学质量高、学生出口好，学生不远万里纷至沓来。

前面提到，银川的国际教育主要集中在公立学校当中。这种现象在中西部比较普遍，因学费以及教育理念等原因，国际化学校在中西部地区建设难度会比较大。

银川第一中学是宁夏数一数二的名校，地位有点类似贵州的贵阳第一中学、内蒙古的呼和浩特市第二中学。银川第一中学普高每年有二三十人上清北。校方对国际教育十分重视，国际部核心管理层教育理念、师资力量不错，但面临着家长留学意识缺失、出国人数基数小等问题。国际部主要负责人从澳大利亚留学归来且曾在上海从事过对外汉语教学工作，有一半的老师在国外读研学成回银川。

银川第一中学国际部成立于 2012 年，开设了 A-Level 课程，学生需要学习国内高中会考课程。国际部在 2021 年 8 月开设了日本方向出国班，这应该是宁夏唯一的一个日本方向项目。毕业生以去美、英、加、澳等国深造为主。国际部向我反馈，很多学生的兄姐或其他家人有留学背景，有的家人甚至还在国外工作或生活。

第十四节　青海：全面暂停

我从西宁东关清真大寺处打上出租车后，前往曹家堡国际机场，准备飞往拉萨调研西藏国际教育状况。大概 5 分钟，出租车便离开市区上了京藏高速公路。这让我有点发蒙，没想到从西宁闹市区到高速公路会这么快。

更让我发蒙的是，前来西宁调研之前，听说西宁有国际化学校 / 国际部在招生，但我始终查找不到这些学校的联系方式及相关介绍。除省会西宁外，我也没有查到青海其他的地州有国际化学校 / 国际部。

我拜访和咨询了西宁当地留学服务机构的朋友，得知他们也同样联系不上这些学校。这不禁让我感到很惊讶，其他地方的国际化学校 / 国际部恨不得让全世界的人都知道自己，这样有助于招生。西宁学校在国际教育上这种神龙不见首尾的现象，在全国 31 个省级行政区应该是唯一的。

深入研究后，我发现之所以会出现这种现象应该是与政策调整有关。2010 年发布的《国家中长期教育改革和发展规划纲要（2010—2020 年）》中 "各级各类学校开展多种形式的国际交流与合作，加强中小学对外交流与合作，提高我国教育国际化水平，培养大批国际化人才"，推动了全国各地高中国际部（国际班）和国际学校的遍地开花。但到 2013 年，教育部讨论对公立高中国际班政策收紧，并且在 2014 年下发了征求意见的相关文件。当时传闻也有可能正在酝酿规范性文件，将国际部（国际班）与公立学校剥离，但相关文件并未正式颁布实施。在此时段，部分省市对国际班的办学形式也进行了收紧、停批或停办，西宁应属此类情况。

2014年，西宁市教育局暂停了当地所有中学国际项目招生。也就是说，自国际项目招生叫停后，西宁从官方批准的角度来看，再也没有公开宣传的国际化办学项目，所以在网络和相关资料中找不到学校联系方式和相关介绍也在情理之中。我也理解了之前联系西宁的国际化学校/国际部拜访为何会杳无音信。

2010年，西宁第四中学率先在青海创办了国际班，次年湟川中学、湟川中学一分校（2014年改名为西宁第二中学）、西宁第五中学、西宁第十四中学等学校开办国际班。根据中新网的报道，在运行3年后，西宁所有开办国际班的中学都因为生源不足及办学资质不完善等问题，于2014年被西宁教育局暂停了国际班的招生。而在2014年后，我没有看到西宁教育局有恢复国际班招生的政策公布。如此一来，青海和西藏成为31个省级行政区中唯二没有高中段中外合作办学项目的省区。

我在本书中一直提到，《中外合作办学条例》把基础教育阶段内的中外合作项目审批权确定为各省级行政区的教育主管部门，而在实际操作中，各省会城市和地市州教育主管部门也具有直接生杀权，我看到过同一个省内不同地市对中外合作项目审批政策有完全不同的现象。审批与否弹性比较大，各地可以根据自身情况来决定。

我看到了报道，湟川中学国际部在2014年有首届毕业生。国际部17名毕业生拿到了加州大学洛杉矶分校、纽约大学等美国名校本科offer，首届毕业生便有这个申请结果还是挺不错的。该国际部应该可以视为青海省国际化办学标杆。

从西宁当地的留学机构了解到，西宁每年本科出国留学人数屈指可数，总量不到百人。众所周知，青海的普通高考竞争激烈程度较低，导致家长和学生出国留学意愿不强，加之经济发展水平问题，能够承担起留学费用的家庭也相对少。这样一来，中新网的报道中所提到的生源不足问题便可以理解了。

西宁本科出国留学的学生多是因为担心高考失利或者就读国内大学后出现问题。我得到的反馈是，西宁本地每年会有少数普高学生在高一年级学习结束后，因成绩不够理想而产生出国留学的想法。青海学生在就读大学后，由于跟不上学业进度或者对专业不太满意，也会有少数学生选择出国留学。这两种类型的学生是西宁本科留学的主体。

我分析下来，青海学生就读国内大学后因学业跟不上或对专业不满意，进而选择出国留学，这可能是与青海高考难度相对低有关。由于基础教育水准和沿海教育强省有差距，导致青海少量学生在就读国内大学时会出现跟不上学业的问题。

当然，留学人数少这也可能跟青海学生外流有关。比如会有西宁学生到距离200公里动车仅1小时的甘肃兰州的西北师范大学附属中学国际部就读，也会有学生如果很早确定要走出国留学路线，便从小学或初中阶段较早转到了外地就读。这些则使得西宁本地学生本科留学数量稀少。

基于此,西宁当地留学主体还是以大学毕业生为主。无论是本科留学还是大学毕业留学,其留学国家主要为澳大利亚和英国,前往美国留学比较少。而送子女出国留学的家庭中,以从事商业为主,且以建材行业居多。

前面提到,青海最知名的中学——青海湟川中学曾有过国际部,这所学校出身不凡,是在1938年由管理中英庚款董事会设立的。除湟川中学外,管理中英庚款董事会当时还在甘肃酒泉设立了河西中学、贵州安顺设立了黔江中学。

湟川中学创办之初,由于抗战导致大量知识分子流居西北,学校有机会引进高水平的师资。创始校长王文俊毕业于北京大学,并到德国柏林大学深造获得哲学博士学位。他借助北京大学校友身份,在兰州招聘了一批北京大学、清华大学、北京师范大学的毕业生,学校师资团队强大。王文俊有比较先进的教育理念,注重学生德、智、体、美、劳全面发展,把自我教育和群体教育结合起来,在自我教育基础上进行集体教育。

由于有庚款经费保障、强大的师资团队、严谨校风、科学的教育模式,湟川中学很快声名鹊起,创建之初就成为青海中学的头牌,这份荣耀至今未变,一直是青海教学质量和高考升学率最高的名校。

青海在科举时代进士数量寥寥无几,而湟川中学首届9名毕业生全部考上大学,且以第一名的成绩考取到西南联合大学、齐鲁大学、西北农学院等名校。湟川中学优异的教学成绩,让原本教育薄弱的青海受到国内业界关注。1941年至1947年间,湟川中学有113名高中毕业生,其中有104人考入大学深造。

我在西北调研时,看到当地一些名校往往和沿海有紧密联系。除西宁的湟川中学外,还有兰州的西北师范大学附属中学。这些西北名校在创建之初得到了国内优质教育资源的支持,在很短时间内声名鹊起,并将这种竞争优势保持至今。而在国际教育上,这些学校也往往成为当地担纲。

第十五节　新疆:文化融汇

我对新疆的初步印象,来自小时看金庸的武侠小说。在《书剑恩仇录》《天龙八部》两部著作中,金庸笔下的大漠孤烟、天池盛况、美丽的香香公主,让人不禁对新疆心生遐想。金庸后在接受记者采访时提到，他是1982年才第一次来新疆，而第一部武侠小说《书剑恩仇录》写于1956年，这部小说是以新疆作为背景而展开的。金庸凭想象写新疆，但等到他到新疆后，感觉和想象中的没什么差别，以至于他认为自己的前生可能就是新疆人。

新疆为英雄豪杰辈出的地方。在这块热土上，不少猛人、名人在历史上留下了重重的一笔。张骞凿空，苏武牧羊，班超投笔从戎，十三将士归玉门，玄奘西行求法，左宗棠抬棺收复新疆，这些历史典故读来令人荡气回肠。

让我佩服无比的是班超。我在喀什时特意去了班超纪念公园，里面有班超及其所率领的36名勇士高大雕像。公园旁边有一段金色夯土残垣，据说是班超据守疏勒时盘橐城的遗址。班超出身史学世家，《汉书》便是班超的兄妹写成。班超自己也曾从事文书工作，但后立志戈戎，纵马西域。一介文人能以武功流传于世，后世估计也只有率五十骑袭五万敌营生擒叛将的词人辛弃疾能媲美。42岁的班超只带了36人出玉门关，这一去便是30年。30年间，班超在西域纵横捭阖，几乎是以一己之力为东汉苦心经营西域，捍卫朝廷权威。当古稀之年的班超回到阔别30年的洛阳，也许太过劳累和不能适应洛阳舒适生活，旋即去世。

连接东西方文明和商贸的通道——丝绸之路，新疆是陆路必经之地。伴随商业的繁荣，新疆文化融汇也随之加深。

宗教是新疆很大的特色，但曾经历过多次转变。我从喀什博物馆的展示介绍材料看到，公元前4世纪新疆盛行祆教，公元前1世纪左右佛教开始传入新疆，在唐宋时期，高昌国和于阗国，举国上下信仰佛教。4世纪到10世纪，佛教在新疆进入鼎盛时期，当地形成了以佛教为主、多种宗教共存的格局，由玄奘口述、门人辩机撰写的《大唐西域记》一书中的介绍可以看到7世纪新疆佛教盛行的状况。同时，道教、景教、藏传佛教、摩尼教在新疆也曾一度兴盛。9世纪末10世纪初，伊斯兰教传入新疆，到16世纪初，新疆则形成了以伊斯兰教为主、多种宗教并存的格局并延续至今。

正是有这种多元文化融汇的历史和社会发展背景，以及新疆现代经济社会的发展，新疆的国际教育也有自己的独特之处。

从乌鲁木齐到喀什

和国内其他省级行政区类似的是，新疆的国际教育也主要集中在首府乌鲁木齐。虽然克拉玛依、石河子等市的学校也曾举办过国际部，但后停止了运作。

我到新疆做实地调研后发现，全疆主要有乌鲁木齐外国语学校（当地也叫"十二中")和乌鲁木齐八一中学开设了国际部。另外,乌鲁木齐高考成绩最好的高中——乌鲁木齐第一中学则有少量普高学生出国留学,在2021年和2022年,斯坦福大学各录取了一名该校普高毕业生。

乌鲁木齐外国语学校、乌鲁木齐八一中学这两所学校的国际部招生有学籍要求,且招生量较小,这两所学校每年所招录的学生总量在100人左右。我和新疆国际教育界的朋友交流了解到,全疆每年估计有200—300名学生会读国际高中,会有学生流向国内其他省级行政区学校就读。

乌鲁木齐外国语学校位于市中心,校区十分漂亮。我走进这所学校,看到校区内古木参天、绿树成荫。该校于1996年在乌鲁木齐第十二中学的基础上创办,成为17所全国示范性外国语学校之一。十二中创办于1966年。作为全疆唯一的一所外国语学校,乌鲁木齐外国语学校有多语种教学特色。这所学校在初中开始便开设有俄语、德语特色班。和校本部重点开设俄语、德语、法语不同的是,2013年所创办的国际部侧重英语教学。该校的校训为"求实创新",让学生"做有绅士风度的男生,做有优雅气质的女生"。

乌鲁木齐外国语学校国际部开设了A-Level课程,实行小班教学,班额控制在25人以内。从9年级到12年级,国际部针对每个学生个性情况确定升学目标,并制订详细的升学计划。国际部有专业的升学辅导团队以及严谨申请流程,从学生入学第一天开始为他们全程规划学业、专业选择、学校选择、背景提升、留学准备以及留学后服务等。国际部毕业生出国留学方向以英联邦的大学为主,拿到过剑桥大学、帝国理工学院、多伦多大学等诸多世界名校offer,约五成的毕业生进入世界排名前50的大学就读。

乌鲁木齐八一中学从名字便可以看出和军队有一定的关联,这所区重点学校于1947年始建于山西,后随军进疆,为新疆军区子弟学校。1964年,学校由新疆军区移交地方管理,并定名为乌鲁木齐八一中学。这所学校虽名为中学,但是一所K12学校。

乌鲁木齐八一中学国际部创建于2006年,开设了GAC课程和ACT考试中心。国际部对外介绍材料中提到,毕业生中,近半数学生雅思达7分,95%学生雅思达6分。国际部纳入学校统一、严格的全日制管理中,实行小班教学。国际部的课程体系由中国高中课程、国际项目课程、备考课程、学业规划课程等组成,由于重视学业,学生的基础扎实,毕业生在大学里面表现普遍优秀,多名学生获得大学荣誉毕业生称号,并在牛津大学、哥伦比亚大学、宾夕法尼亚大学等英美名校进行硕博深造。

新疆除首府乌鲁木齐有国际项目外,克拉玛依高级中学也曾开设过国际项目。我在做国际化学校/国际部申请国外大学数据分析时,曾注意到北疆的克拉玛依高级中学,这所学校的中加班申请结果不错,这让我比较惊讶和好奇。

我在 2018 年年底特意到克拉玛依拜访了这所学校，这也是我实地调研过最西的学校。调研的结果显示，早在 20 世纪 90 年代这所学校普高就有外教教口语。2012 年，学校开设了中加班，走多元化办学路径。印象比较深的是，我去调研时，中加班有 10 多位外教，且稳定性很高。

克拉玛依是座因石油而兴起的新兴移民城市，城市人口虽少，但知识分子云集，视野开阔，收入不错（人均 GDP 常年位居全国第一），对子女教育重视，这些为当地国际教育的兴起奠定了坚实基础。

克拉玛依高级中学中加班采用了加拿大新斯科舍省的课程，国际部提供生涯规划、申请规划、雅思学习等系统、完善的教学支持。由于办学水平高，申请结果好，克拉玛依高级中学中加班甚至吸引了包括乌鲁木齐在内的区内其他地区学生前来就读。不过由于各种原因，克拉玛依高级中学国际项目在 2023 年停止招录新生。

我在乌鲁木齐外国语学校和克拉玛依高级中学调研时，看到学校会把托福或雅思高分学生展示出来。我注意到，获得语言成绩高分的不少是少数民族学生。学校反馈说，少数民族学生学习英语，成绩普遍表现优秀。因他们自小接受双语教学，再学习英语驾轻就熟，成绩比较好。

除乌鲁木齐和克拉玛依外，新疆其他地方我没有听说有国际化学校/国际部。如果单从调研角度考虑，没有必要再关注新疆其他地方了。不过有句话说，不到喀什，就不算到新疆。为此，我也一并去喀什看看。不过，新疆实在是太大了，从乌鲁木齐到喀什，路程比北京到上海还要多 200 多公里。

因曾在江苏昆山工作过的关系，我多次听到昆山的朋友提到，阿图什市有所昆山育才学校。我查了下，阿图什靠近喀什，为此在去喀什前坐火车转道阿图什实地看了一下，了解学校的情况。

阿图什市昆山育才学校创建于 2008 年，在校生 2800 多人，1—9 学制，2021 年有首届初中毕业生。昆山投入上亿资金，学校硬件一流，不亚于昆山本地学校。学校上百名老师中，约 10% 为苏州过来的援疆老师。（参见彩图 34）

比较神奇的是，不到十年时间，阿图什市昆山育才学校的小学、初中学生学业成绩便在阿图什数一数二，成为当地居民青睐的学校。苏州在阿图什的援疆老师保持在百名左右，由于阿图什老师十分紧缺，援疆老师授课任务极其繁重。除学校本身教学之外，援疆老师还要送教下乡，给本地老师传经送宝，着实比较辛苦和不易。

从阿图什打车到喀什大概需要一个小时。喀什城区并不大，一天便可以看完主要景点。喀什是新疆丝绸之路南北两道的交会点，成为中国前往中亚、欧洲的重镇。在这种背景下，喀什一贯商贸发达，文化多元。（参见彩图 35）

给我留下比较深刻印象的是，我在喀什的那天，众人在喀什艾提尕尔清真寺广场上跳起欢快的舞蹈，在欢庆伊斯兰教的古尔邦节。身处这个环境中，我虽然听不懂维语，但能感受到这种快乐的氛围。

在这种浓厚文化融汇之地，培育国际化学校师资是有基础的。为此，我给喀什大学教育学院领导建议将国际化学校师资培养作为重点考虑方向。

我在喀什参观香妃墓园以及打车时，好几次被问到是否从上海过来的。我虽然在上海、苏州一带生活了20多年，但江西乡音难改，也没有学会上海话或苏州话。我感到很奇怪，为此问他们为何会关注我是否从上海这边过来。后来了解到，从2010年开始，喀什是上海对口支援地区，在喀什有不少上海人，做了不少实事，在喀什当地有挺好的口碑和高认可度。

以马为师留学路

2023年1月25日，剑桥大学发放了本科预录offer，全国有200多名学生拿到了剑桥大学预录offer。之后我从乌鲁木齐外国语学校国际部负责老师处得知，从国际部转学到北京爱迪国际学校就读的学生李昱言，拿到剑桥大学预录offer，且是超级难申请到的兽医专业。这名学生之所以从乌鲁木齐转学到北京，是因为酷爱马术，但乌鲁木齐的马术条件无法满足其需求，进而转到北京就读。

这引起我很大的兴趣。在乌鲁木齐外国语学校国际部负责老师的帮助下，我联系上了李昱言，并和她做了比较多的交流。聊完后，我印象深刻，这名学生自小就清楚自己的兴趣所在，在马术训练的过程中，不仅技术水平逐渐提升，更重要的一点在于以马为师，选择了兽医作为自己未来长远发展目标。

李昱言提到，父母均从事教育工作，家庭本身并没有跟马有关联。只是自己在两岁时，便开始对马有十分浓厚的兴趣，看到有马的广告或者马的画面，便会激动得手舞足蹈，对喜欢的有关马的动画片，能够把台词背得滚瓜烂熟。

在她四岁的时候，乌鲁木齐开办了首家马术俱乐部，自此李昱言有了上马体验。尽管自己十分热爱马术，但真正踏入这个领域并非易事。前8年，李昱言在练习马术基础，每个月去一两次俱乐部练习。8年后，李昱言了解到青少年也可以参加马术障碍赛。于是，她换了一家俱乐部学习跳障碍技术。但由于没有固定的马，临时调配的马无法达到人马合一的程度，李昱言初期参加障碍赛一无所获。

这段经历对李昱言的打击很大，也清楚马术之路没有捷径可走，不能急着上赛场，更应注重基本功。同时也明白，障碍并非只是跳过去就行，而是要在整个跳跃过程中人马合一，人和马达到最舒服的状态，一起朝同一个方向努力。马其实是骑手最好的老师。

2019 年，李昱言进入初三阶段。升入心仪的高中无疑是重中之重，而当年 8 月份要举办的全国第二届青年运动会（二青会）对李昱言又十分重要。学业和训练如何进行平衡是个难题。爱女深切的李父对女儿承诺，如果考取到乌鲁木齐最好的高中——乌鲁木齐第一中学，就买一匹马作为奖励。

最终的中考成绩能够考进乌鲁木齐第一中学，而李昱言在二青会也获得成果，拿到了团体第四名成绩。虽然最终没有登上领奖台，但这些也足以证明自己有平衡训练与学业的能力。在赛前的一个多月训练中，李昱言三次换马，一直到比赛前一周才确定参赛马匹。

参加了全国性比赛后，李昱言深刻意识到如果没有自己的马，要想获得好成绩几无可能。而父亲也信守承诺，给女儿买了第一匹马。

有了自己的爱马则如虎添翼，李昱言于 2019 年秋天在北京参加鸟巢大师赛，获得了 100CM 公开赛第 4 名的成绩。由于北京到新疆路途遥远，李昱言没有将自己的爱马带回乌鲁木齐，而是寄养在北京。为确保训练效果，李昱言每个月要来北京训练一次。而这些频繁的往返让李昱言疲于奔命，也为其最终转学到北京埋下了伏笔。

乌鲁木齐第一中学为当地最好的高中，不过，李昱言最终并没有选择去就读，而是选择就读乌鲁木齐外国语学校国际部。在参加二青会之前，李昱言意识到马术以欧洲为强，如果要在马术上精进，则最好去欧洲学习。为此，她最终选择就读国际部，准备去英国完成自己的大学学业。

在乌鲁木齐外国语学校国际部就读高一和高二期间，李昱言经常要周五晚上飞北京，在北京参加训练或比赛，周日再飞回乌鲁木齐。长时间的奔波，让李昱言不堪重负，为此转学到北京就读。李昱言转学到了北京爱迪国际学校英国高中部，从 11 年级开始读起。到爱迪后，李昱言得到了学校大力帮助，给其补课和讲题。数学、进阶数学、化学、物理、生物均获得 A* 成绩，雅思 7.5 分。

由于明确了要去英国读大学，李昱言没有申请美国的大学。受父母的影响，李昱言最早计划申请教育专业，但后来转为申请兽医专业。兽医专业属于英国大学医学院的专业，申请难度极大。

李昱言之所以选择申请兽医专业，是因为受到了自己爱马 Eddie 受伤治疗的触动。2022 年 1 月，Eddie 骨裂，这对赛马来说无疑判了死刑。咨询多个兽医后，只有两个提到保守治疗而其他则建议给马实施安乐死。李昱言不想放弃，给 Eddie 打上石膏进行治疗，4 个月后 Eddie 康复，并经过调理后重返赛场。

Eddie 的这段经历让李昱言决定学习兽医专业，因发现兽医在中国十分短缺，动物一旦骨裂就大概率会成为不治之症。如果去国外学习兽医技术，相信可以拯救更多的马以及其他动物。

说起马术，给人的印象就是属于"高大上"的运动，但李昱言认为并非如此。

"马术是挫折教育，获得成功的很少。马术冠军容易更替，马术世界冠军每两个月就会换个人。在训练中，落马也是常见的事情。我最严重一次是摔到场外，导致坐了一段时间轮椅。"

在训练和比赛过程中，李昱言提到时间管理能力得到了锻炼。马场一般是在郊区，往返时间长。而在比赛期间所落下的课程需要找老师补课，以及经常在酒店里学习。这些均是要利用空闲时间来完成，没有时间来玩游戏。

"平衡学业和马术的话，主要是效率的问题吧，在学习的时候保持专注，高效率完成。还有就是利用碎片化时间，比如我当时经常会在飞机上完成一些学习任务，因为往返飞行时间就大概有六七个小时。总而言之就是学习的时候全身心学习，骑马的时候全身心骑马。"

"马圈的孩子很少买奢侈品，穿得很朴素。马是讨好型动物，马能够感受到骑手的状态。跟马接触越多，会变得越善良和包容。在我所接触的骑手中，女孩占多数，什么原因我不太清楚，也许女孩感情更加细腻，更容易与马协同。不过世界顶尖骑手还是男骑士居多，障碍越高对力量的要求越高。"

李昱言提到，剑桥的兽医专业要学习 6 年，其间可以另选一门其他专业学习。兽医专业本科毕业后，将会获得英国的资格认证，可以直接行医。由于兽医专业人才在全世界都稀缺，就业率接近 100%。

第十六节　西藏：罕见样板

我从西宁曹家堡机场坐飞机前往拉萨，飞行约两个半小时后，飞机便平稳降落在拉萨贡嘎国际机场。飞机、铁路、高速公路等现代交通工具、设施的出现和完善，让进出西藏大为便利，与昔日不可比拟。

1911 年冬月（即农历十一月）11 日，陈渠珍从西藏工布江达（原太昭县）率队出发，次年农历六月二十四日到青海湟源县（原丹噶尔厅），达 223 日之久。跟随陈渠珍一同东归的湖南同乡士兵以及亲信为 115 人，取道青海回中原，路途辗转，断粮数月，最终仅剩 11 人生还至兰州。①

从贡嘎国际机场到拉萨市区，坐机场大巴约要 70 分钟。由于大巴车速较慢，行驶中不断被小车超车。我看了下小车车牌，外地车牌不少，最远的有辽宁车牌，也有江西和江苏等省车牌。

全国 31 个省级行政区有上千所国际化学校/国际部，但唯独西藏没有看到有过一所国际化学校/国际部（青海省西宁市曾有高中段中外合作办学项目，但在 2014 年均停止招生）。虽然西藏并没有国际化学校，但我仍执意要去拉萨看看。

当初之所以想去拉萨看看，一方面西藏是我实地调研的最后一个省级行政区，一旦调研完西藏，则全国 31 个省级行政区的国际教育情况我均实地调研过。我秉承一个理念，如果不实地调研，则不可能真正了解一个区域乃至一所学校真实的国际教育情况。这最后一块区域调研拼图不能不做。另一方面，西藏独特的文化传统和历史背景对我有很大的吸引力。

后随着对西藏留学了解的加深，我越发感觉西藏的留学具有很大的研究价值，在国内是一个罕见的留学样板。

我对西藏的初步了解，是在 2012 年前后曾看过陈渠珍的《艽野尘梦》一书。陈渠珍为湘西人，民国期间曾经营湘西长达三十余年，为此被称为"湘西王"。著名作家沈从文曾做过陈渠珍的书记。陈渠珍虽为武人，但酷爱读书，文学功底深厚，《艽野尘梦》写得很有文采。

该书写于 1936 年，陈渠珍讲述了自己 1909—1912 年间作为清军军官进出西藏的生死经历。陈渠珍是在中国政局发生巨变的时候进出西藏的，在他的书中，讲述了藏地风物的神奇独特、平叛战争的艰苦卓绝、绝地求生的惨绝人寰、藏妻西原的坚贞不渝，读下来令人震撼。清末民初，内地人前往西藏受限，加上往返路程的艰难，导致内地少有人到西藏，对西藏也知之甚少。为此，《艽野尘梦》一书是了解清末民初西藏情况的珍贵史料。

陈渠珍娶藏女西原为妻，通过与西原的日常生活以及与西原亲戚的交往，使得其在藏时间虽不长，但对西藏有比较深的了解。在西藏研究中颇有影响力的一书《喇嘛王国的覆灭》作者梅·戈尔斯坦，是美国凯斯西储大学研究西藏的知名教授。他和陈渠珍一样，也娶了一名藏女为妻，对其藏学研究帮助甚大。改革开放后，梅·戈尔斯坦还很幸运成为首位获准到西藏考察和研究的外国学者。

考虑到自己对西藏孤陋寡闻，尽管西藏还没有国际化学校/国际部，我仍花了不少时间和精力去了解西藏留学情况，所看过的有关西藏的书有 20 来本。一个区域的留学并不是一件简单和孤立的事情，会与政治动态、社会发展、经济水平等密切相关。为此要想深入了解留学，不仅仅是个教育的事情，还会涉及政治、经济等各个方面，在清晰这些背景的前提下方能对留学有更透彻的了解。

西藏的留学于民初发起，而当时西藏地理上的隔绝与政教合一的稳固，任何社会的改变都比较艰难。但即便是在这么难以改变的社会环境下，留学以及归藏留学生仍在通过各种方式影响和改变社会各个方面。西藏留学这个独特的例子彰显出，留学的产生是起源于差异和冲突，而终极目标是相互学习并增加了解，减少乃至消除冲突。留学很难从根本上改变一个社会，但会让社会变得更加多元与融合。

可能是受做过 10 年记者工作经历的影响，我在查看西藏留学史料的同时，更喜欢和留学史料所相关的人以及物直接接触，这样会有更加直观的感觉和判断。在图书馆借阅图书时，我偶然发现一本写西藏留学方面的书，即《翻越雪山看世界》。来拉萨之前，这本书我翻阅了多遍，并通过出版社编辑联系上了书的著者索穷老师。索穷老师是西藏一家杂志社的记者，是我去拉萨调研时重点拜访的对象。

到达拉萨的次日晚上，在布达拉宫旁边的一家藏餐厅，我和索穷老师见面了，向他请教和了解西藏留学的相关事项。我注意到，拉萨当地颇受欢迎的甜茶，在这家藏餐厅是按磅而非国内其他地方常见的按杯计价。

和内地十分类似的是，西藏近代留学也是发轫于公派留学。十三世达赖喇嘛在 1913 年选派了四名藏人到英国留学，这些学生留学侧重学习军事以及近现代科技。但在 1924 年，曾留学海外或在江孜接受过英国训练的军官们，在藏军司令官擦绒的带领下，向噶厦上书要求武官代表参与西藏政教重大会议以及军方诸事由藏军司令部全会自行决定，这些要求挑战了当时的西藏政教合一制度，因此这些军官很快被一一处置。受此影响，西藏的公派留学基本偃旗息鼓。在公派留学停息后，西藏富人自筹经费，将子女送到国外读书，留学地点集中在印度。[②]

西藏的留学以及留学生遭遇跟内地高度类似。民国期间的西藏，由于地处高寒之地，交通极为不便，对外沟通不易。当时入藏有途经四川、青海、云南等四条不同的路线，均需要花费两个半月时间才能到达拉萨。而民国期间从上海坐船到美国的西雅图、洛杉矶，或者到法国的马赛，时间也才 20 天左右。从满洲里坐西伯利亚铁路火车到莫斯科，也只需要两周左右时间。同时，西藏采取了对外封锁政策，与外界隔绝。尽管处在封闭状态中，但由于西藏地缘的重要性，20 世纪初被英俄等外国势力觊觎。

败于英军后，西藏深感自身落后，于是具有学习国外先进军事和科技的强烈需求。但当留学生归藏后，即便是很轻微的政治诉求，一旦挑战到政教合一的传统制度，就受到了极力打压。这点与内地颇为相似，最早的公派留学——留美幼童，在学业未成之时，便因为被视为没有遵守传统礼仪而被清廷取消留学计划，留美幼童全部撤回国内。

留学的初衷是要学习国外更为先进的事物，但又如何与自身传统进行融合，有助于国家和民族的提升，一直是两难的事情。好在现在这种冲突日渐缓和，现在对留学以及海归会以更加平和的心态来对待。

索穷老师提到，在1951年之前，西藏总共约有200人留学。能够去留学的基本上出自西藏的贵族家庭，除由西藏噶厦政府公派留学外，商人子弟留学也比较普遍。

索穷老师在《翻越雪山看世界》一书中写到，西藏当时主要销往国外的大宗商品是羊毛和皮张等。一般西藏商人在羊毛贸易中处于不对称的劣势地位。时间长了，这些商人也知道了归根结底是吃了没有文化、不懂外语的亏。看到噶伦堡、大吉岭一带有很多外国人创办的学校，最初是擦绒、邦达仓、桑都仓等大户人家开始有意识地把孩子送到这些学校学习。看到榜样的作用，就开始有越来越多的中小商人跟随其后也把自己的子女送往国外留学，逐渐形成一定的规模。

曾在印度大吉岭留学过的斋林·旺多所撰写的《斋苏府秘闻》这本小说当中，充分展示了这点，女主角白玛在大吉岭留学时，受邀到同校一位英国女孩的加尔各答家里做客。那英国女孩家族有纺织厂，会采购西藏的羊毛。在朋友家里做客期间，白玛发现羊毛价格的差异甚大，西藏的羊毛卖给印度的收购商，每卷只有100卢比，但校友家族的纺织厂所收购的价格为每卷300卢比。聪明的白玛看到了当中商机，便跳开收购商，直接与校友家族纺织厂建立起合作关系。结果发了大财，财富之多甚至在拉萨引发通货膨胀。这本小说充分说明作者是很了解这段历史的，有比较敏锐的眼光。

《斋苏府秘闻》一书对从拉萨到大吉岭留学往返行程、留学生活等有比较多的介绍，虽为虚构的小说，但可视为斋林·旺多于1946年到1952年在大吉岭圣约瑟夫学校留学时的真实写照。我曾想再次赴藏去拜访斋林·旺多，了解其在大吉岭留学时的细节，但遗憾的是，联系时他已去世。

由于地缘和交通的因素，1951年前，西藏子弟留学首选区域为印度。西藏与印度相邻，中间横隔喜马拉雅山。高耸的喜马拉雅山脉将温暖的太平洋暖流阻挡在西藏之外，导致印度和西藏出现两个截然不同的气候。西藏学生要前往印度留学，启程的时间多选择在初冬而非夏天，便是因为受不了印度酷热的天气。

由于地形和大自然的因素，即便是两个相邻的地方，也会出现截然不同的模式，这也是留学和互动的根基吧。

不过，从各种史料来看，由于西藏独特的政教合一制度，僧侣以及寺院教育占社会主导地位，留学生人数少且普遍不受待见，这在曾去过西藏的民国政要和官员中有比较多的介绍。

苏州老城区有很多历史名人的故居，我曾开车特意去了东小桥弄参观吴忠信故居。吴忠信在1940年以国民政府蒙藏委员会委员长的身份，到拉萨主持达赖喇嘛的坐床仪式。吴忠信曾留学日本，所以在他的《入藏报告》一书中比较关注西藏留学生情况。我印象比较深的是，随同吴忠信入藏的医官单问枢是留德回来的博士，顾问奚伦毕业于哈佛大学，三人均为皖籍。吴忠信提到，留德医学博士单问枢同往，携带了大量药品，到西藏后开始看病，每日过来的人众多，户为之穿，活人无数。

吴忠信在《入藏报告》中写到，留学生回到西藏后，多数不得重用，所以近年来有日渐减少的趋势。吴的报告中列了29个人的留学信息，其中擦绒一家则有7个人，包括女儿也出去留学了。

随同吴忠信到拉萨的朱少逸在其所著的《拉萨见闻记》中提到，西藏贵族子弟留学国外人数不少，在十三世达赖喇嘛时留学风气盛行一时。但由于科学和宗教关系，进步与保守出现对立的状态，所以留学国外的人数大大减少。拉萨仅有一所现代化小学，学生只有80多人，一半是旅藏汉人的子弟，藏童只有三五人而已。课程和内地是一样的，但经费紧张。

朱少逸调查过接受了国外教育者，有14人。去英国留学有5人，去印度留学的有9人，但需要注意的是，到印度留学，其实也主要是接受英式教育，进入英国人主导的学校。所学习的专业以军事（炮科有7个人）为主，其次为电机、电报等。曾担任过藏军总司令的擦绒特别标注其擅长英语，洋化最深。

以产红茶闻名的大吉岭是印度的旅游胜地也是避暑之地，成为西藏子弟留学的重要目的地，大吉岭圣约瑟夫学校是颇受欢迎的留学目标学校。"二战"期间，英国一些高水平的大学教授为避开战火，会选择到旅游胜地大吉岭来教书，导致大吉岭的学校普遍有比较好的师资。

大吉岭圣约瑟夫学校官网上有自1895年创校以来的每年完整年报。我曾给校长发邮件咨询有关西藏学生到该校留学的事情，不过很遗憾未得到回应。

任职于中国美术学院的闻中博士曾去过大吉岭圣约瑟夫学校。他提到，学校位于大吉岭北角一端，具有绝好风光。高中以下的教学质量号称全印度第一。学校规模不算大，但1200多名学生却来自于几十个国家。国际化程度极高，有南亚诸国的王公贵族、富商子女，周边的尼泊尔、不丹等国几任的国王均于此就读过。学校有华裔老师教授中文。藏族的精英子弟也有不少留学于此，譬如第一位将莎士比亚著作翻译成藏语的藏族学者斋林·旺多（即《斋苏府秘闻》作者）。[3]

索穷老师向我推荐去看看夺底电站和赤桑桥，这两个地方都是归藏留学生创建的。到拉萨的第三天，热心的拉萨卓梦教育创始人罗布占堆帮忙安排了一辆商务车，我便乘车去参观了夺底电站和赤桑桥。

夺底电站在拉萨的北郊，相对比较偏远，需要走山路。夺底电站现在已经弃用了，我看到电站下面有两辆车直接开到水沟中心，在洗车和洗各种衣物了。

夺底电站修建于1925年，由留英归藏的强俄巴·仁增多吉主持修建。1927年夺底电站开始发电，向布达拉宫供电。这所水电站是国内第二所水电站，得益于归藏留学生的努力，一些现代科技能够较早进入西藏。（参见彩图36）

赤桑桥在1937年，由擦绒·达桑占堆和留学生车仁设计建造。赤桑桥现在也已经弃用了，旁边建了一座新桥。赤桑桥是西藏第一座钢筋水泥桥，桥对拉萨还是蛮重要的，因为拉萨河多水多。我看到老赤桑桥上有不少经幡和哈达，索穷老师介绍说这是藏人认为老赤桑桥具有灵性的地方。（参见彩图37）

到拉萨的次日，我拜访了拉萨卓梦教育创始人罗布占堆。当罗布占堆得知我从上海过来后，说出几句标准的上海话时，让我很是惊讶。罗布占堆笑言，他初中在上海回民中学就读的，高中在天津一所学校就读，大学在陕西师范大学学英语。

罗布占堆初高中所就读的是内地西藏班。内地西藏班从1984年启动，次年招生，到2021年的36年间，内地西藏班（含中职班）累计招生14.3万人，向西藏培养输送了5.6万余名中专以上各类人才。[④]

1951年西藏和平解放之前，寺院教育占到了主导地位，现代学校很少。当时由于从西藏出发到内地路途遥远，藏人更多选择到附近的大吉岭一带留学，从1913年到1951年38年间留学总人数约为200人。昔日需要远赴异国他乡接受现代教育，而今在国内便可以完成。内地西藏班开设之后，36年间让14多万名西藏学子接受到了优质的教育。内地西藏班的毕业生需要返回故乡工作，这为西藏的发展提供了宝贵的人才资源。西藏现虽无国际化学校/国际部，但并不意味着没有人出国留学。由于统计资料缺乏，我无法判断出具体人数，但从各方面所反馈的信息来看，也具有一定的量。

罗布占堆提到，拉萨人很愿意去内地读西藏班，认为是一件很荣耀的事情。但西藏内地班竞争很激烈的，只有优秀学生才能过去。他提到，有很多拉萨人想让小孩来内地国际化学校读书。

罗布占堆精通藏语和英语，在谈到藏语时，他提到，对一些新的事物藏语原没有对应的词语，为此很多会直接音译英语。比如传统的藏服没有口袋，导致藏语原本缺乏口袋一词，而现在口袋的藏语则直接音译了英文单词"pocket"。

这点在《喇嘛王国的覆灭》一书序中有相应的介绍，提到著者梅·戈尔斯坦精通拉萨话，出版了《新编现代藏英词典》，提到西藏进入世界政治、科学和技术的舞台，导致在一个相当短的时期内创造了数以千计的新词汇。[5]

　　西藏在地理交通和社会治理上曾一度十分封闭，但即便在这么封闭的情况下，仍然有学子不辞辛苦到异国他乡求学。1924年由归藏留学生所主导发起的藏军参政诉求被打压；曾带领4名学生留英的龙夏，在1934年曾试图对西藏的社会制度做改良，失败后遭剜眼、入狱等处罚。即便归藏留学生难以打破传统社会运作机制，但由留学生所引进建造的夺底电站、赤桑桥等近现代科技文明的输入，则在悄然改变西藏社会。而日常生活的甜茶按磅计价方式、藏语词汇的丰富，则是与外接触所产生的社会变化点滴。

　　现在从上海坐飞机到拉萨，当天便可以到达。交通的快捷和信息沟通的便捷，使西藏这个古老之地更深纳入现代文明发展中。内地西藏班学子学成后，在西藏的建设与发展中起到了更大作用，更加深入和全面影响了西藏的发展，与昔日的归藏留学生的遭遇不可同日而语。在成都调研时，我也了解到有不少西藏子弟在求学，相信无论是就读国内的内地西藏班还是出国留学，他们都将会在西藏未来建设中有更大的发挥空间。

参考文献

[1] 陈渠珍著，《艽野尘梦》，西藏人民出版社，2011年出版。
[2] 张凯峰，《略论近代西藏留学生与西藏近代化》《中国藏学》，2008年第4期。
[3] 闻中著，《从大吉岭到克什米尔》，浙江人民美术出版社，2018年出版，第21页。
[4] 王莉，《内地西藏班办学36周年——14.3万西藏孩子的梦想，从这里启程》，《西藏日报》，2021年4月15日第六版。
[5] 梅·戈尔斯坦著，杜永彬译，《喇嘛王国的覆灭》，中国藏学出版社，2019年出版，第15页。

第九章 从南到北：涅槃重生

中国从东到西，长江、黄河贯穿其中，水运让各区域天然具有紧密联系。南北缺乏类似水运条件，即便有贯通南北的京杭大运河，但远逊于长江、黄河。从南到北，气候、饮食、作物等有显著差异。也许是因为差异太大，南北之间爆发战争的次数远高于东西部之间。

除朱元璋灭元立明、辛亥革命、北伐战争等少有的几次南方战胜北方外，其他的基本上都是北方战胜南方。北方在军事上长期压着南方打，但在经济和文化教育上长期落后于南方。自唐之后，全国经济重心南移，南方经济一直强于北方。从文化上来看，西晋衣冠南渡，中原文明开始大规模转移到南方，中国传统文化在南方得以扎根和延承。

而从教育来看，科举时代南方长期碾压北方，以至于明朝为笼络北方士人之心，采取了南北分卷方式，以规避北方士人考不过南方士人的尴尬状况。而在现代大学兴建后，首都北京具有得天独厚的发展优势，迅速成为国内教育重地，带动北方教育兴起。留美幼童项目由在北京的清廷确定，但参与的人员却是以南方的广东孩童为主。现在国内的留学，北京成为高地，当然广东也不差。考量南北留学乃至教育发展历程，相互之间起起落落，犹如一出涅槃重生大戏。

我把广东、海南、福建、广西、湖南、江西、河南、河北、天津、北京、山西、内蒙古、辽宁、吉林、黑龙江等十五个省级行政区作为南北线。

这十五个省级行政区，大致可以被划分为泛广东和泛北京国际教育圈。广东对周边的福建、广西、海南、湖南、江西有很强的辐射力，能够吸引这些周边省区的学生前来就读。而北京为北方地区唯一的留学重地，对河南、河北、天津、山西、内蒙古、辽宁、吉林、黑龙江也是有很大的影响力。比如我在山西调研时，了解到晋北城市大同有意本科去留学的学生，大多会选择到京津而非省城太原就读国际高中。

泛广东国际教育区有比较强的创新表现。广东为经济大省但也是高考难省，催生出强烈的本科留学需求，为满足市场需求，广东在国际教育运作上很善于也敢于创新，这也是我一直提到，要了解国内国际教育发展趋势，得重点关注广东。

国内最早的民办教育在广东兴起，正所谓始生之物其形必丑，广东尤其是广州的民办教育曾经历过一番波折，对国际教育发展产生过影响。即便如此，广东在国际教育上仍然敢作敢为，实现了涅槃重生。正因有这样的历史发展背景，广东的国际教育生命力顽强，且引领全国风气。

海南国际教育虽然整体发展水平不高，但得益于自由贸易港建设的政策红利，在国际教育上也有很多的创新以及得天独厚的政策优势，但海南的国际教育受限于当地需求小，要想有大的发展还需要有更加到位的政策支持。

福建是国内著名的侨乡，在国外谋生的闽人多，按理留学会比较发达，但让人感到意外的是，福建的国际教育发展规模很小，和其侨乡特性不匹配。我深入调研后发现，福建的留学不强跟其传统社会认知有关，当地对留学的理解有大彻大悟的感觉。

广西国际教育不发达，由于南宁当地国际教育氛围淡薄，学校需要把比较多的精力放在氛围营造工作上。为此，当地国际化学校/国际部普遍重视与家长的互动交流，通过组建家长学院、开设家长课堂等多种形式，提升家长对国际教育的认知，当地家校关系比较融洽，这是比较独特之处。

湖南的国际教育深受耶鲁大学影响，由耶鲁大学毕业生所创办的雅礼中学，成为湖南国际教育的领头羊。尽管耶鲁大学对雅礼中学的毕业生并没有录取上的特殊照顾，但由于雅礼中学的办学理念和培养机制带有耶鲁大学基因，所培养出来的学生契合耶鲁大学的招生要求，导致雅礼中学最终能够拿到耶鲁大学本科 offer 学生不少。雅礼中学在创建之初，创建者便特意没有将其和教会关联在一起，成为当时美式学校的另类。事后看这个决策是很英明的，也正是因为和教会没有关联，雅礼中学最终能够幸存下来，并成为湖南的一所名校。雅礼中学有持续上百年的学士教员机制，即雅礼协会会派遣耶鲁大学的毕业生到雅礼中学来教英语。学士教员机制受政治因素影响也几经波折，且由原先从美国流向中国的单项变成双向，即协会也组织中国教师到美国教授中文。

江西是宗族力量强大的地方，以往当地子弟留学多依赖于家族的支持，举全族之力这种留学方式在国内其他地方比较少见。在新的社会环境下，江西这种举全族之力支持留学的方式是否会延承，还有待观察。

河南被国内公认为高考最难的省，导致本科留学需求旺盛，中外合作办学项目在全省遍地开花。但受限于经济发展水平，河南学子出国留学也存在很多的障碍。和河南类似的是，河北的高考也很难。但与河南中外合作办学项目众多不同的是，河北的国际教育不发达，学生外流比较多。

天津高考难度低，成为高考移民的重要目标地。但天津的国际教育发展却比较落后，我在调研时发现，当地国际化学校/国际部并没有通过中考招录的机制，这在国内比较罕见。由于当地高考较"佛"，但国外本科申请是全国性竞争，导致打算本科出国留学的学生外流多，形成了"高考进、留学出"的独特现象。

北京的国际教育十分发达，经济强以及学霸子弟云集应该是其成为国际教育高地的重要原因。北京的国际教育以公立为强，而公立学校的中外合作办学项目多数主要通过中考招生，这也导致一些泛北京国际教育区的优秀学生，因无法到北京上最好的国际化学校/国际部，会选择到南方就读。也正是如此，北京的国际教育不像上海那样溢出效应大。

山西在国际教育界比较有名，因为该省2016年在省级层面全部取消了公立学校国际部，这在全国应该是唯一的。太原的国际教育现有发展水平并没有满足当地学生的需求，这也导致山西学生大量外流到其他地方学校就读，像大同这些地方的孩子基本上流向北京、天津等地。山西的国际教育比较特殊，而善于吸纳外部资源为我所有的山西，我们也祝愿在未来的发展中能够实现凤凰涅槃。

内蒙古在国际教育上很重视和善于引进外部优质教育资源。呼和浩特第二中学国际部向我反馈到，国际部每届都会有几个家长很专注国际教育，并关注北京师范大学附属实验中学、北京第四中学、北京一零一中学等北京名校的国际教育做法。与此同时，呼和浩特第二中学国际部每年总能招录到当地最为优秀的一批学生，这些学生成为申请到芝加哥大学、康奈尔大学等美国顶尖名校的主力。北方学校能够吸引如此优质的生源比较罕见。

从全国范围来看，辽宁的国际教育有两个第一，即日本留学最厉害的学校在沈阳，全国创办时间最早的国际化学校在大连。从一定程度上来说，国内国际化学校肇启于辽宁。日本的东京大学本科每年所招录的外国学生保持在20多人的规模，其中东北育才外国语学校最多时拿到一半的名额，现在保持每年5个以上的名额，成为考取东京大学最多的外国学校。枫叶集团从大连起步，现在成为国内规模最大的教育集团。

吉林的国际教育深受一汽影响。我从长春国际教育界了解到，一汽员工收入高，在当地是份比较体面的工作。而一汽在招聘员工时会对招聘对象所毕业的学校有世界排名要求，也强化了当地的留学意识。我在长春调研时，得知长春师范大学有专门培养国际化学校/国际部所需教师的学院，这在国内应该是唯一的。我去过学院调研，得知学院每年会从考进长春师范大学的本科生中，按照英语水平高、高考成绩好、外貌形象佳等三个标准选拔学生。毕业生供不应求，一般毕业生至少能够拿到三份学校工作 offer。

黑龙江国际教育发展，除受益于中东铁路所带来的移民城市特色外，还深受哈尔滨工业大学的影响。哈尔滨工业大学作为国内顶尖名校，在黑龙江有相当高的地位，形成当地重名校社会氛围，也导致黑龙江要创办和运营国际化学校有比较大的难度，当地国际教育以名校国际部为主。我去过大庆第一中学剑桥国际中心调研，这是我调研过最北的国际项目。

第一节　广东：引领风气

如果说江苏是全国国际教育业态的缩影，为横向的整合，那么广东更像是中国国际教育发展历程的聚集，是纵向的浓缩。看江苏的国际教育现况一斑，可窥见全国之貌。了解广东的国际教育发展历程，能看清国内国际教育发展的过去、现在以及预判未来。

要预判国内国际教育发展形势，根据我十年观察国际教育的经验来看，最合适的窗口不是北京、上海、江苏，而是广东。在广东省内，深圳则是预判国际教育发展的风向标。

广东尤其是深圳在国际教育上为何能够做到"春江水暖鸭先知"？这自然是由多方面的综合性因素所导致，比如位于中国改革开放前沿，经济发达、思想活跃，教育资源紧缺，对能够增加学位的做法比较包容和欢迎；市场化程度高，对需求变动比较敏感；等等。

在这些综合因素中，我观察下来，核心点应该是跟深圳为一座商务城市密切相关。由于就读国际化学校/国际部的学生其父母多从事商务，会比较容易用商务逻辑来理解或者观察国际教育，因此会比较早和快地受到国际和经济形势波动影响，进而成为国内国际教育发展的风向标。

在国际教育具体运作上，广东有诸多的创新，比如深圳最早推行了以培训资质做国际学校的模式，广州率先在国内采用收取教育储备金来办民办学校的方法，广东碧桂园学校为教育地产的先驱。我经常跟国内国际教育界朋友说，如果想了解国内未来5年的国际教育趋势，需重点看广东，广东则观察深圳，深圳要关注深圳中学。

国内第一所民办学校和第一个公立学校与外部机构合作办的国际部均在西部的四川诞生，但民办学校和国际教育之花则在广东结出硕果。广东的国际化学校/国际部数量和出国留学人数均长期位居全国首位，涌现出深圳中学、华南师范大学附属中学国际部、深圳国际交流书院等一批国内名校或国际项目。

始生之物，其形必丑。广东在推出各种国际教育模式创新后，随着形势的发展必然会碰到政策的调整和运作模式的完善等问题。比如培训资质的国际化学校要逐步规范转为民办高中，教育储备金模式早已被弃用，教育地产因房地产行业处在寒冬中而受到重挫。在这个过程中，广东的国际教育不断会有阵痛，需要时间来抚平这些发展过程中所碰到的伤痕。

在北上广深四个一线城市中，广州的国际教育规模以及发展水平排在最后，与同省的深圳还有一定的差距。我在做广州国际教育调研时，花了比较长的时间，来寻找广州发展规模远不如北京、上海两地的原因。广州当地的朋友跟我说，有可能跟广州本地人不太重视教育和不喜读书有关。不可否认会有这种因素，但广州有大量非土生土长的新广州人，以及通过教育转变自己命运的家庭，为此从常识上来看，这不应该是主要原因。

在经过长达十年的调研和观察后，我得出的结论是，广州为国内民办教育的重要发源之地，但由于早期教育储备金模式产生了诸多的社会问题，在2000年前后，广州倒闭了几十所民办学校。而这些民办学校往往会以国际化办学、出国留学作为亮点。受学校倒闭的影响，广州的政府部门和家庭需要比较长的时间来抚平这些创伤。

2003年，国务院颁布实施《中外合作办学条例》，国内的国际教育大发展是在2009年之后。为此，我们可以看到，广州此时还未走出民办学校倒闭的阴影，有比较重的历史包袱，因此发展速度反倒不如轻装上阵的北京和上海。

要了解广东早期民办学校以及国际教育发展历程，则不能不提到广州英豪学校（以下简称"英豪"）、广州华美英语实验学校（以下简称"华美"）、广东碧桂园学校（以下简称"广碧"），它们被称为广东三大民办学校。

三大民办校

现在国内的国际化学校/国际部一般按照学年或者学期收取学费。最低的按照普高标准收费，一年两千块钱左右，基本上都是公立学校的国际部/国际班，但数量比较少，其中有深圳中学国际部、华东师范大学第二附属中学国际班；学费最贵的一年约40万，为中国常熟世界联合学院。在北上广深、苏州等留学发达地区，国际化

校 / 国际部学费一般一年在 20 万左右。中西部地区的学校多在 10 万左右。长沙、郑州、重庆等地的公立学校国际部学费比较低廉。

学生就读国际化学校 / 国际部，家长对每年或者每个学期缴纳学费已经习以为常。但在 20 世纪 90 年代初，民办学校学生缴纳学费却是一件新鲜的事情，因国内民办学校在创办之初，普遍采用了教育储备金模式。

教育储备金方法在香港的学校中比较常见，家长购买学校的债券则可以增加孩子被录取的概率。但在内地，教育储备金的运作方法不太一样。教育储备金很类似押金形式，即家长给学校缴纳一笔教育储备金，金额为十几万到三十几万不等，学生不再需要缴纳学费以及在校期间的生活费等。等学生毕业后，学校则将储备金全额退还给家长。

1993 年时的中国，民办学校刚刚兴起，社会对这个新事物普遍比较质疑和不信任。为此采用教育储备金方法后，易为家长接受，而学校能够获得巨额的资金用于学校建设和运营。因民办学校的出现能够为社会提供更多的学位，解决当时学位紧缺的痛点，政府对教育储备金的推行也持支持态度。

教育储备金模式在 1993 年能够推行，主要是因为当时的银行存款利率奇高。当时银行的利率高达 10.98%，如果存在信托公司里面则更能获得高达 30% 的年收益。1993 年时国内经济过热，政府采取了高利率降温方法。

从当时的情况来看，教育储备金是十分有效和合适的募集资金方法。民办学校的建立需要投入巨额资金，而教育储备金的金额比较大，是快速筹资办学的有效路径。1993 年，居民年收入不到一万元，而 1998 年，北京三环内的房价每平方米才 3000 元。如果按照房价来看，20 世纪 90 年代的 30 万元相当于 2023 年上千万的购买力。

集资这种情况不光在学校，在经济领域更为常见。我在江苏昆山做记者的时候，1999 年前后，市政府领导为偿还办乡镇企业时所募集资金而发愁，感叹白天忙工作晚上忙稳定。

教育储备金模式在广州推出后，很快风靡全国。此时的学校如果按照现在收取学费的方式来建校办学，没有前期自有资金的垫付，根本运转不了。不过，教育储备金模式要运转下去，前提是从银行或者其他投资所获得的收益要高。银行利率下降以及其他领域投资失败，一旦出现家长挤兑现象，则学校立马要关门，抗风险能力很差。

1996 年后，银行年利率从 10.98% 断崖式降到 1.98%，而信托公司频频破产。1998 年，东南亚金融危机爆发后，为刺激经济发展，银行利率一降再降，最终不到 2%。同时，有不少信托公司倒闭关门，学校的钱血本无归。这些金融乱象引起了政府的重视，对集资款等社会现象进行整顿。

在 1999 年前后，广东省总共有 40 多所民办学校采用了教育储备金模式建立起来，金额高达百亿元。政府开始禁止这种模式，并要求学校退还家长教育储备金。在这种情况下，珠海的华夏学校、佛山的聚花园学校、惠州的超能学校等大批广东民办学校纷纷倒闭，存活至今的不到十所。这种情况在全国比较普遍，在国内曾显赫一时的南洋教育集团便是因为这个原因而倒闭。

广州英豪学校是内地最早采用教育储备金模式建立起来的民办学校之一。学校创始人陈忠联是个敢想敢为的人。我在广州和他吃过一次早茶，他看问题比较犀利，观点独特。

湖南人陈忠联生于 1958 年，众所周知，这个年龄段出生的人几无读大学的机会。陈忠联当过知青，参加过对越自卫反击战并获得二等功，复员后到广州的铁路部门工作。在铁路工作期间，陈忠联处理棘手事情能力比较强，这也是其后来能够扛住办学过程中诸多压力和问题的原因。见面交流时，他讲过一个如何处理记者要做负面报道的事情，让曾做过 10 年记者的我也不禁拍案叫绝。陈忠联后辞去了公职，下海经商并获得成功，成为国内早期一批富裕阶层。

1992 年，儿子在学校的一个遭遇让陈忠联萌发了创办学校的念头。儿子曾对老师和同学们提到自己乘过飞机，没想到讲出后遭到了老师和同学的鄙视和孤立。儿子所就读的学校是铁路子弟学校，学生们出行基本上都是坐火车。这让陈忠联意识到儿子需要另外一种教育，为此着手创办学校。

在此之前，陈忠联从未从事过教育工作，可谓是无知者无畏。这是国内早期民办学校的一个很大特色。早期民办学校的创建，不少是由商界人士主导，很典型的有大连枫叶国际学校。早期民办学校建设十分艰难，需要有很大的魄力，考验的是魄力、财力和资源整合能力。而民办学校从草创发展到成熟阶段后，培养出一大批专业的教育人士，此时教育出身之人创办学校则比较普遍了。

根据《教育狂人陈忠联》一书记载，早在 1993 年 4 月 8 日，广州市政府内部文件已经把英豪教育的办学情况向上做了汇报。由于当时收费只有 15 万元教育储备金，且全国也只有这一所学校，所以并没有引起比较强烈的反响，上级也采取了默认态度。[①]

陈忠联跟我讲过一个家长的抱怨。英豪学校位于广州北部的从化区，初创时期到学校的道路比较差，有段路坑坑洼洼，家长们怨声载道。有家长向陈忠联抱怨说，自己开着豪车一路颠簸，心痛车子又坐着不舒服，交了这么多费用为何不把路修好。陈忠联回答说，如果把路修好了，你的儿子被人绑架了，我追都追不上。这个回答貌似有点强词夺理，但当时社会风气确实不好，且仇富心态比较重。

1993年中央鼓励社会力量办学。1993年3月5日，陈忠联向从化市政府提出了办学申请，3天后就拿到了政府的确认批文，可谓是神速。陈忠联通过登报纸广告形式招募到了首批700名学生。

此时民办学校是新生事物，报名的是先富裕起来的家庭。这些家庭很具有特色："家长中既有文化素质比较高的，也不乏穿着拖鞋开奔驰、连孩子的入学登记表都不会填的人。他们工作繁忙，无暇顾及子女教育，当得知有这么一所集'教'和'养'于一体的全日制学校诞生时，都毫不犹豫地来了。"[②]

一年后，英豪学校在校生数量高达1700人，学校活下来了。但很快碰到了教育储备金退还的生死问题。1999年12月29日，广东省教育厅拟出了《关于解决我省民办学校教育储备金问题的意见》，次年2月15日得到了广东省政府同意并实施。意见提到，从1993年以来，全省总共兴办了40多所收取教育储备金的民办学校。由于银行利率多次下调，教育储备金利息已经无法维持学校的正常开支，少数学校难以为继。1998年年底，广东省政府决定，不允许民办学校收取教育储备金，并将收取储备金转为收取学杂费。[③]

意见除禁止学校再收取教育储备金外，还对之前收取了教育储备金的学校清退工作做了相应的规定。如允许民办学校分期偿还，学校可用自有资产抵押贷款，鼓励学校兼并或联合，民办学校的校办产业可享受公立学校的同等政策等。

1998年8月，陈忠联开始退还教育储备金，并改成收取学费制。这仿佛是一座极难移走的大山，一方面需要安抚家长，获得他们对改制的接受，不出现大规模退学的情况；另一方面，陈忠联需要募集足够的资金来退还教育储备金。

在安抚家长这块，陈忠联跟我提到，他按照这样的逻辑来解决：我怕家长，家长怕学生，学生怕老师，老师怕我。为此，他发动全校老师做好学生工作。好在当时民办学校的教学和管理方式和公立学校很不一样，此时的学生即便想转学也没有多大的选择余地。同时，英豪学校全寄宿制、封闭管理、英语特色以及注重培养特长等方式，也让这些富裕家庭的子弟比较喜欢。在经过一番努力后，英豪的家长不管是被迫还是主动，大多数接受了改制方式。

在资金募集上，由于学校基础建设投入大，不少教育储备金变成了砖和瓦，很难快速变现。而之前依靠教育储备金的利息和投资收益，也只能维持学校的正常运营。因此，募集资金的途径要么通过资本市场要么有外部资金进入。而此时的资本市场更多在关注互联网领域，教育并非其关注的对象。广东碧桂园学校则依托了碧桂园地产的支持，也活下来了。

陈忠联选择了走资本市场路径，通过借壳上市的方法，从资本市场上募集到足够的资金退还给家长,最终很惊险地渡过了教育储备金退还的难关。1999年7月,英豪的教育储备金退还以及转为收取学费方式顺利完成。由于大批民办学校倒闭,溢出大量生源,活下来的英豪招生爆满。

不过,广州多数的民办学校没有这么幸运,大批学校倒闭。幸存至今也只有英豪、华美、广碧等少数学校。可以想象当年有多么惨淡。我在广州和陈忠联一起喝早茶,在谈到教育储备金时,他五味杂陈,一声长叹,提到自己开启了教育储备金这个潘多拉魔盒,一些学校创办人因无法归还教育储备金而锒铛入狱。

此后英豪的发展比较平稳,英豪学校后纳入广州大学附属中学体系内。陈忠联也淡出了教育江湖。

英豪的教育体系从成立至今,仍以国内体系为主,但在发展过程中,国际教育体系也是其重要内容。而这个理念则与陈忠联密切相关,他认为富裕家庭要教好子女最好的方法是改变环境,找到学生问题的根本,为孩子配备合适的环境,其中将孩子送到国外去读书是一个好方法。因富裕家庭子女在国内会有一定的优越性,但到了国外优越性就不易体现了,会迫使这些孩子好好读书,争面子和找回自信。这样的成功例子在英豪可以找到很多,比如早在20世纪90年代初有家产上亿的家庭的孩子,因家境优越导致不识天高地厚,学习成绩一塌糊涂。面对这种情况,陈忠联让家长把孩子送到英国的贵族学校读书。由于所就读的贵族学校中达官贵人的子弟众多,这个孩子去后也只是个普通人。面对这种反差,孩子下决心认真学习,最终本科申请到了帝国理工学院。[④]

如果说英豪和陈忠联是"土鳖"和野蛮生长,那么华美的创办则是由一群留学回来的"海归"所完成,两者形成鲜明的对比。这两所学校分别位于从化区和天河区,一南一北。尽管出身不同,但起步阶段均采用了教育储备金模式。

华美的创办人张克强博士和陈忠联在履历上有很多类似的地方,两人均是湖南人,从过军,创办过学校,进入了资本市场。这两人的经历也映射出广东政商界一个很大的特点,我有个朋友曾做过广州某区区长的秘书,他提到广东的政商界湖南人很多,主要是因为有大量的湖南人在广东参军、工作,导致广东的政商界在务实的同时往往会有一股霸气,敢作敢为。

和英豪疾风骤雨般发展不同的是,华美采取了小步快跑的方式。1993年6月,华美获得了广州天河区政府的办学批准。拿到批文后,华美一开始并没有建造校区,而是租赁了广州军事体育学院一个四合院办学。首期学生为89人,只招收了幼儿园大班和小学一年级学生。

尽管办学条件一般,但华美由"海归"所创办,这在当时的国际化学校当中十分少见。不到一年，华美学校在广州声名鹊起，成立第二年新招录了 199 名学生，原先所租赁的四合院无法满足办学需求，需要寻找新的办学场地。在天河区政府的帮助下，华美最终落户在柯木塱村，新校区在 1995 年秋季开学时启用。1996 年 6 月，华美在校生人数达到了 800 人。

在 1999 年前后，华美也碰到了教育储备金退还的问题。不过好在办学人把华美办好了，家长认可办学质量，退学转学的少，同时学校在风险防范上也做了一定的工作，最终挺过了这个难关。

陈金龙是华美创始人之一，我在和他交流时了解到，他在清华大学读完本硕，原本要在加拿大的圭尔夫大学留学读博，但看好华美的发展，便毅然回国参与创办和运营华美。

创始团队成员深感此时中国亟须吸纳国外优质的教育方式。陈金龙提到说："在加拿大留学期间，我接触到很多中东人和韩国人，这些人能够用英语交流，但英语读写较弱，中国人正好相反，这与中国英语教学方式有关。华美创办后便在想办法解决这个问题。我们请了一个美国教育专家来负责英语教学，从小学一年级开始便进行英语教学。

"由于有长期的英语学习，华美学生英语水平很高。我们有个学生毕业后去美国留学，到洛杉矶后与出租车司机进行交流。后来司机说，如果不回头看你的话，还以为是个在美国长大的人。"

华美的创始人团队意识到，语言只是工具，加强英语教学、引进外教远远不够，需要把国外的教育体系引进来。为此，华美在 1996 年便与加拿大的学校进行合作。1997 年，华美创办了加拿大预科，2003 年迭代为广东省教育厅第一个批准的中外合作项目——华美中加高中。

陈金龙提到，华美即便办预科，也并不是简单的中国课程＋语言学习，而是直接聘请了加拿大的教师来上课，并上加拿大的课程。

和英豪、华美一样的是，广东碧桂园学校在 1994 年创校后也采用了教育储备金模式。而在 1999 年教育储备金退还期间，学校依托碧桂园集团因而有充足的资金可以偿还家长的教育储备金，并顺利渡过了这道难关。

广东碧桂园学校的建设开创了国内国际教育发展的一个重要模式，即教育地产。开办学校想获得收益需要一个漫长的过程，但学校建设会有溢出效应，对周边房地产具有快速增值效应。为此，一旦新建的楼盘周边有所不错的学校，房价会立马提升。这种情况我在全国各地见到了很多，导致很多新建的国际化学校鼓励入职的老师尽快在周边购房置业。

教育地产的魅力在于把漫长的教育回报转化为房产增值的快速回报，而政府对教育投资往往十分欢迎，进而会增加开发商与政府的谈判力。在国际化学校建设高峰期，由于投入巨大，教育地产成为一种常见的投资方式。除房地产开发商热衷于此外，政府部门为招商引资也往往愿意投入巨额资金建设国际化学校，然后用租赁校区方式，引进名校进行运营，进而吸引客商入驻或者快速盘活开发区。

由于各家庭的教育需求不一，如果需要在最大程度上满足家庭需求，则建立 K12 学校是最为稳妥的方法。于是，但凡教育地产模式下的国际化学校，往往是 K12 且体量大的学校。国内做出名气的国际化教育集团，之所以能够在 2020 年之前开设众多国际化学校，背后的金主便是各地房地产开发商或地方政府。这些教育集团只需要拎包办学，成本不高。

教育地产模式下的国际化学校，由于业主子女优先入学，导致生源质量参差不齐，教学难度比较大。为此，我看到这些学校基本上会开设多种课程，进行分层教学。

随着学校数量的增多，碧桂园教育集团 2014 年成立，2017 年更名为"博实乐"在美国纽交所上市，这是继海亮教育集团后第二支登陆美股的教育集团。后续响应合规要求，将其在国内的学校划归到碧桂园教育进行管理。

英豪、华美、广碧这三所学校是国内国际教育首批吃螃蟹的勇士。成功也好，失败也罢，这三所学校挺值得我们尊重，它们为国际教育的发展和启蒙家长留学意识起到了重要作用。

广州

广州的国际化学校/国际部约 60 所，数量与深圳基本相当，但低于上海和北京。根据我的统计，广州每年本科出国留学人数在 4000 人左右。

比较吊诡的是，广州是国内民办教育最早兴起之地，但当地的国际教育却是以公立学校为主。华南师范大学附属中学、广东实验中学、广州市执信中学、广东广雅中学等广州四大传统名校均设立了国际部。美英名校的申请主要集中在华南师范大学附属中学、广州外国语学校、广东实验中学等三所公立学校国际项目中。华美国际高中部每年的毕业生体量应该是广州最高的，但学生以申请加拿大大学为主。

和北京、上海相比，广州公立名校的国际教育有一个特点，即几无设置招外籍学生的国际部，而北京的北京第四中学、中国人民大学附属中学，上海的上海中学、华东师范大学第二附属中学、复旦大学附属中学均设置了相应的国际部。我分析下来，之所以会出现这种状况，一是广州邻近香港和澳门，如果外籍人士想解决子女教育问题，可以直接送到香港或澳门就读，更便于与国外教育衔接，但北京和上海没有这样的条件；二是广州有一批招外籍人员子女学校以及民办学校存在，能够满足外籍人员子女需求。

前面分析提到，民办教育之花在广州盛开，但由于早期教育储备金运作的天然缺陷，导致在教育储备金退还时倒闭了一大批民办学校。国际教育在全国各地兴起后，广州由于还在消弭民办教育初期混乱发展阵痛中，发展速度并不如北京和上海，甚至和深圳相比也处在下风。这是很典型的起了个大早，却赶了晚集。

尽管如此，广州有雄厚的经济实力，有一批优秀的学校存在，现在的国际教育发展水平仍处在国内一流梯队中。涌现出了华南师范大学附属中学、广州外国语学校、广东实验中学等一批在国际教育上表现出色的学校。

而在国际教育上，广州仍在持续创新。比如随着国内出生人口下降、办学模式的成熟，中国教育国际化必将成为未来发展趋势，招录外国学生前来就读是一个重要途径。我调研下来，吸引父母不在中国的外国学生前来就读，广州亚加达国际预科在这方面有比较大的突破。

广州的学校

广州外国语学校（简称"广州外校"）是国内知名的外国语学校之一，其国际部开设了 AP、A-Level、IBDP 课程。

广州外校 AP&AL 国际课程项目的申请结果表现出色，拿到过哈佛大学、哥伦比亚大学、牛剑等美英顶尖名校 offer。广州外校 AP&AL 国际课程项目除引进国外优质课程外，还很重视中国国学课程开设，本着"对每一位学生负责"的教育信念，AP&AL 课程通过 10 多年育人经验，不断演化迭代设计出了最符合中国学生的课程体系。为打造多元平台，学校开设了 3C 文化内核课（涵盖语文、政治、历史、地理等学科），50 多门丰富多彩的社团与校本课程（帆船、无人机、编程、机器人等），20 多门 AP 选修课，为学生构建多元课程选择系统，以小班化教学、导师制一对一辅导，全面推动"博雅"教育个性发展，将国际先进的育人理念、A-Level 的学术深度与 AP 的学科广度有机融合，为"赋能更多差异创新者踏上英雄之旅"做好认知准备。

广州外校 AP&AL 国际课程重视学生的个性和特长的发展，老师们秉持着"赋能更多差异创新者踏上英雄之旅"的心态，不断激发学生的潜能；始终以培养"具有国际视野和民族情怀"的国际化预备人才为己任，追求高质量国民教育与高品质国际教育的统一，为学生的终身学习和终身发展奠基。在其优秀学生案例中曾有一位刘同学在数学方面非常有天赋，即便在入学内测全英数学卷，看不懂数学英文题目的情况下，他凭借对数字和公式的敏感，也能把总分 100 分的试卷考出 90 分的优秀成绩。三年的 AP&AL 课程，成功帮助他扬长避短，发挥数学天赋，同时，在语言学习上提供全面支持，最终，刘同学获得了英国帝国理工学院和伦敦大学学院两所英国 G5 学校录取。

广州外校 IBDP 课程是广州首个公立学校 IBDP 课程项目。项目实行分层教学和小班教学（每班不超过 24 人），根据学生水平及不同阶段实际需要设置课程，一人一课表。除了学术课程，广州外校 IBDP 课程还精心打造了丰富的延伸课程（CCA），CCA 课程包含人文、理科、社科、艺术、体育等各领域的课程可供同学们选择。项目会将社区服务意识纳入日常教学和 CCA 课程，培养学生的社交能力并增强社会担当。

在升学方面，广州外校 IBDP 课程将一对一的升学指导与生涯规划并行，为学生提供了完善的升学体系。在 IBDP 课程中，升学不仅仅是大学申请，而是学生们探索自身未来发展的过程，IBDP 课程为学生提供了丰富的大学申请加分项目和背景提升项目，让学生在学校期间就能与社会产生充分连接，明晰未来升学道路。在全方位的培养下，广州外校 IBDP 课程的毕业生硕果累累，毕业生获得了剑桥大学、香港大学—加州大学伯克利分校双学位（全世界仅 8 名学生可获得该录取）等名校 offer。

广东实验中学（简称"省实"）是一所老牌公立名校，前身为 1872 年清政府设立的"留美幼童先修班"，自成立起便有浓厚的留学基因。省实中美课程（省实 AP）成立于 2012 年，2023 年起纳入中招体系，在省实本部办学。省实 AP 开设了 20 多门 AP 课程，在国内 AP 学校当中是比较多的。省实 AP 推行分层教学、个性化课程体系，对学生有一对一升学辅导，并与麻省理工学院、香港科技大学、中山大学等国内外名校合作，为学生提供实践机会。省实有着三大特色教育：科技教育、艺术教育、体育教育，省实 AP 依托这些丰富的校内资源，为学生发展提供诸多机会。省实 AP 毕业生屡屡拿到包括藤校与前十在内的美国名校 offer，也不乏牛津大学、剑桥大学、帝国理工学院、新加坡国立大学、中国香港大学等名校 offer。

广州执信中学是广州老牌的公立名校，2012 年设立了国际课程班，开设 AP、A-Level 课程。国际课程班原先一直在校本部办学，2023 年 9 月，国际部整体迁移到二沙岛校区。国际部从 2023 年开始纳入中考招生体系。作为广州市基础教育国际交流和合作基地，执信中学的国际教育不太一样，一方面为广州友好城市的文化教育交流提供平台；另一方面是大湾区国际考试测评中心、教师培训中心，并着力打造广州市中外合作办学示范性项目。国际部毕业生以去美、英、加等国家和中国香港地区留学为主。

广东华侨中学国际部于 2019 年复办，这得到了学校的高度重视和大力支持，国际部与普通高中班和港澳子弟班并驾齐驱，成为推动学校发展的三驾马车之一。在国际教育领域面临公立学校中外合作项目政策总体趋紧的大背景下，广东华侨中学能够逆流而上，复办国际部，批复中外合作办学项目，这充分展示了学校的坚定决心和广州市教育局的大力支持。国际部开设了 AP、A-Level 和香港 DSE 课程。在香港 DSE 项目中，港籍教师占比高，并为内地港籍学生制定了专属教学大纲。三个课程体系的教学方式均采用小班教学和个性化分层选课制度，以满足不同学生的学习需求，促进他们的个性化和全面发展。

广州亚加达国际预科招录外籍学生比较多。我在调研时发现，这所学校同时获得世界文凭组织（IBO）、剑桥大学国际考评部（Cambridge International）及美国中部教育联盟（MSA-CESS）的认证，值得一提的是亚加达的学生有 1/4 为外籍学生，他们多是慕名远道而来就读。虽然外籍学生比例远不如中国常熟世界联合学院，但与世界联合学院作为全球性品牌，可以借助国外招生体系进行招生不同的是，亚加达作为广州一所新锐的国际化学校则是以自身国际化的教学和社区文化吸引着各国学生。亚加达毕业生全球前 50 大学的录取率超九成，前 30 大学录取率在 50% 左右。亚加达国际预科的创始校长是世界联合学院毕业生，也参与过中国常熟世界联合学院的创建。

华南师范大学附属中学（以下简称"华附"）在广州当地习惯于被称之为"华附"。在国内，学校的简称是约定俗成的，且识别度很高。比如上海的上海交通大学附属中学简称为"交附"（校内习惯自称为"交中"）、华东师范大学第二附属中学称为"华二"、上海外国语大学附属外国语学校叫"上外附中"或者"神仙校"，北京的北京师范大学附属实验中学在当地叫"实验"，天津的天津外国语大学附属外国语学校叫"小外"。

华附国际部在 2004 年创办预科项目，2009 年获得美国大学理事会的认证，成为华南地区最早开设 AP 课程＋国内课程的国际高中。

华附和深圳中学为广东省的两所顶尖公立名校，而两者均在高考和国际教育上很强。两校不仅在高考上相互竞争，在国际教育上也是如此，广东每年美国名校的录取主要出自这两所学校。

这两校在国际教育的运作方式上不太一样，深圳中学国际部不单独对外招生，学生需先考入深圳中学，根据自愿原则再选择到国际部就读，华附国际部是自主招生。

不过，两校国际部招生方式虽然有所不同，但殊途同归，均能够招录到一批最好的学生。外地学生要想考入华附国际部，中考成绩在当地前100名内才有比较大的希望。2018年，我参加过华附国际部毕业班分享，听到有学生自我介绍说是中考成绩为珠海第三名。

由于招生机制不同，深圳中学出国留学基本上都出自国际部，但华附除国际部外，每年还会有少量普高学生出国留学，也能够申请到顶尖名校，曾有学生拿到过哈佛大学 offer。

每所公立名校国际教育都有其核心竞争力，比如深圳中学国际教育的核心优势在于竞赛体系的打造，每年拿到顶尖名校 offer 学生多出自竞赛体系。要想获得高等级竞赛奖项，学生需要长期坚持和不断迎接挑战，由此所形成的学生个性与美英名校录取学生的底层逻辑是契合的，为此，竞赛型学生颇受英美名校青睐。但是，竞赛竞争激烈且淘汰率高，能够走到最后的只有少数学生。

那么华附国际部的核心竞争力是什么呢？华附国际部负责人提到，国际部创办之初，曾把升学作为特别重要指标，按照国外大学的录取标准去培养学生。很快，国际部开始思考国外名校对人才的选拔看重的到底是哪些特质。经过观察后，国际部意识到学生是因人而异的，培养学生不仅仅是培养学习能力，还包括他们人生道路上能够成功的一些重要特质的培养，为此，国际部十分重视学生自我认知、自我驱动、思辨能力、社交能力、社区意识、国际视野等6个方面的培养。

换句话说，华附国际部是想培养出一个人，而不是仅有高分的学生和刻意迎合大学招生要求的学生。基于这种理念，我看到华附国际部的教育方式有比较大的特色，即学业上的严格＋个性发展的自由。

华附国际部对学生的学业要求十分严格。学生在高一需要修完全部普高课程，且难度不低。高二开始增加 AP 课程的学习。在 GPA 管理上有相当严格的制度。

由于有比较大的学业压力，华附国际部招录学生的要求很高，但在学业上仍需相当地努力。我同事曾采访过一位拿到剑桥大学 offer 的学生，他提到，为了在学业上拿到高分，从高二到高三，会在深夜的洗手间里借灯光看书，冬日清早教学楼还没有开门，便坐在冰冷的台阶上背单词。

在对学业严格要求的基础上，华附国际部对学生在竞赛和社团上则给予充分自由的发展空间，学生可以自由选择参加哪些竞赛以及自由组队，可以自建社团等。我观察到华附国际部的学生可能会没有拿到高等级赛事的奖项，但在参与过程中能够获得很大的启迪和触动。

曾有个华附国际部学生给我留下深刻印象，她参加过很多竞赛，但没有获得过像样的奖项，但在这个过程中，她敢于挑战权威，体验不同的尝试，成为一个"打不垮的小强"。比如国际部每年有好声音歌手大赛，第一年她用美声唱法没有获奖，第二年用流行唱法继续参加。这种坚毅让人印象深刻，是否会获奖其实已经不重要了。这位同学拿到了斯坦福大学的 offer。

从竞赛层面来看，会体现出两种有意思的结果。一种是直接的竞赛结果，国内但凡能够拿到高等级赛事最高荣誉的学生，一般都能申请到很好的国外大学，这是比较显性的；另一种是通过参加竞赛，在对人格的塑造上有重要收获，这主要会通过文书和面试体现出来。

华附国际部的学生挺有趣，我在调研时经常能够碰到有个性的学生。前面提到那位被剑桥大学录取的学生，如同多数同学一样，他也痴迷过玩游戏，曾经把王者荣耀游戏在手机里反复删除了 50 多次。他想戒掉游戏，于是给自己定标准，打完游戏马上卸载掉，增加下次玩游戏的成本。每删除一次便记录下来。随着删除游戏间隔的时间越来越长，他最终半年也玩不了几个小时。

在机会抓取上，华附国际部学生则比较厉害。在 2018 年时，华附国际部便有学生主动联系宜校来实习。这名学生计划学习统计分析专业，为此需要社会实践，于是主动找到了宜校来做社会实践。这是我碰到的首位主动找我们来实习的高中生，这名学生最终申请到了埃默里大学。

从 2018 年开始，华附国际部每年均会接纳四五位从美国高中转来的学生。这些学生在转学之前，曾研究过所就读美高华裔学生的申请情况，发现比较难申请到美本名校。同时，他们比国内同期同学要晚一年毕业，且发现留在国内读书的同学申请情况也挺不错，所以会转回到华附国际部就读。

2020—2022 年新冠肺炎疫情期间，有不少海外高中学生由于无法顺利到海外就读，进而转学到国内就读，其所瞄准的学校往往是各地名校，华附国际部往往成为落地广州的首选。为此，华附国际部在疫情期间的招生不跌反涨。由于有多年培养从海外转回来的华裔学生经验，从 2021 年开始，华附国际部设置了四年制美高，专门培养这些学生。

深圳

除工作和家所在地的上海和苏州外，深圳是我调研耗费时间最多的地方。2015 年 11 月 2 日，我拜访了深圳国际交流书院，这也是我所拜访的首家苏州以外的国际化学校。除 2020—2022 年三年新冠肺炎疫情外，从 2016 年起，我基本上每年会有一个月左右时间待在深圳,对当地的国际教育情况做综合调研。像深圳中学这样的重点学校,我实地调研了10多次。

深圳为国内国际教育发达之地,当地有60多所具有高中段的国际化学校/国际部,每年本科留学人数约5000人。除K12阶段国际化教育发达外,深圳还有香港中文大学(深圳)、深圳北理莫斯科大学等两所国内知名的中外合作大学,为国内大学阶段中外合作办学发达之地。

我如此重视深圳,除当地国际教育发达、创新模式层出不穷外,还在于深圳是国内国际教育发展的风向标。要想判断国内国际教育发展趋势,最好的观察窗口便是深圳,因深圳的国际教育发展趋势至少会走在全国之前3年以上。

深圳之所以能够成为风向标,主要跟其城市特性有关。在北上广深四个一线城市中,深圳最为年轻。广东的地域文化比较明显,语言、饮食、穿着等均与其他地方有显著差异。但深圳却是广东中的另类,走在深圳的街头,会感觉不到这是在广东,可以说深圳只是恰好位于广东而已。由于没有历史包袱,也没有固有的约束,深圳是一个很适合创业创新的城市。

城市年轻所带来的是基础教育设施长期满足不了需求。深圳有大量的年轻人,旺盛的教育需求导致学位长期短缺。为此,深圳对能够解决学位的做法整体比较包容,这也是培训资质的国际化学校能够在深圳兴起的重要原因。

同时,深圳虽为一线城市,但不是省会城市,并非为区域政治中心和教育重地,而是一座新兴的商务城市。商务城市的特性所带来的是各行各业竞争激烈,导致深圳市民在工作上整体比较快节奏。

商务城市的特点给各行各业带来极大的影响,导致深圳的做事风格与其他地方迥然不同。举个开会的例子来说,北京办会习惯于与官员或者知名人士关联,上海则更侧重国际化,而深圳则喜欢专业化,务实不玩虚的,搞钱才是首要法则。

参观博物馆是了解一个城市特点的便捷方法。走进深圳博物馆或南山博物馆,参观者均可以看到馆内重点介绍了"时间就是金钱,效率就是生命"这句代表深圳精神的口号。这个口号在蛇口工业区建设过程中形成。蛇口工业区建设之初重视效率和速度,后衍生成深圳的城市精神。

虽然蛇口工业区在早期为国内改革创新高地,但此时缺乏具备国际视野的人才。2018年1月24日,《经济日报》发表了一篇名为《蛇口春雷——历久弥新的"时间就是金钱,效率就是生命"口号》的报道文章。文章中提到,英国剑桥大学派访问团访问蛇口,工业区一位干部很谦虚地问,你们是"建桥"大学,主要建多大的桥啊?美国商务代表团参观蛇口,工业区一位干部笑容可掬地问对方,英国人是讲英语,请问你们美国人讲什么语？这两个事情在蛇口被当成笑话来讲，但也正是看到这些问题，蛇口乃至深圳率先打破用人机制，增强国际交往能力。

在追求效率和速度的城市精神熏陶下，毫无疑问，深圳的国际教育发展也深受影响。

在国际教育领域，深圳的商务城市特性带来"三高"影响，即对国际形势和留学趋势灵敏度高、对留学服务商包容度高，对大学申请结果关注度高。作为国内开放前沿，深圳与国内外接触密切，一旦国际形势、留学趋势有风吹草动，则很快能够感知到，并做出相应的反应。

2018年，国内国际教育正处于火爆之时，但当年深圳中学国际部毕业生却在减少。

深圳中学国际部学生双向流动渠道很畅通，即国际部学生可以自由转回到普高，而普高学生亦可以转去国际部。在这种流动自由的状态下，国际部毕业生人数的增减则是国际教育的晴雨表。2017年年初，特朗普就任美国总统后，动用国家力量对华为进行封杀和围堵。华为总部在深圳，以留学美国方向为主的深圳中学国际部学生更易和更早体验到美国刮过来的寒风，为此减少了到美国留学的兴趣也是必然。

我调研了解到，深圳送子女本科出国留学的家庭主要有三个来源：一是南山区从事高科技产业的家庭，南山区有腾讯等超大型公司存在，这些公司管理人员学历高、收入高，对子女教育重视，成为留学家庭的重要来源；二是传统的社会精英人士，公职人员、律师/医生等专业人士、公司中高层管理人员，比如深圳的基金公司云集，全市约有400名基金经理，他们多毕业于清华大学、北京大学、复旦大学、上海交通大学、浙江大学等国内名校，年收入一般有几百万，这些基金经理的子女往往具有比较旺盛的留学需求；三是企业业主，深圳为创业城市，中小企业众多，业主的子女留学也比较多。

作为商务城市的深圳，居住在这个城市的家庭中的父母工作普遍比较忙，导致能够陪伴孩子的时间并不多。我将这个现象形容为"父母在身边的留守儿童"现象。面对子女教育问题，深圳家庭两极分化突出，一种是放手不管，让孩子自己去做，在这个环境下成长起来的深圳学生，也是两极分化。优秀的学生成熟得不像个18岁孩子，而也有一些学生会与父母在教育上产生比较大的分歧，我也曾调解过这样的家庭矛盾。另一种是父母中有一个离职来全陪孩子，这种现象虽然不是很多，但渐渐在增加。

在这种社会风气影响下，深圳家庭对留学服务商整体比较包容，孩子在选择留学服务商时话语权也比较大，也相对容易接纳创业型的小型留学服务商，这便为深圳的留学服务市场发展创造了机会。经过这些年的发展，深圳的留学服务业比较发达，在全国也处于前列。而这些优秀留学服务机构的存在，又促进深圳留学水平的提升，进而形成了良性循环。新冠肺炎疫情后，我注意到有不少深圳的留学服务商在全国开发业务。

深圳很看重效率，这样的城市精神也影响到深圳家长对国际化学校的认知与认可，他们对大学申请结果的重视程度超过了北京和上海的家长。深圳盛行用厂房改造成校区的模式，这在国内其他地方很少见。一所学校即便办学条件再差，但只要有好的申请结果，学校仍然会受到追捧。为此，这也是我提到在深圳办学既好做也难做的原因。如果深入分析深圳当地的民办学校，会发现具有雄厚背景的学校并不多，这点和北京、上海很不一样，但一旦有好的申请结果，学校便能够迅速在深圳站稳脚跟，可谓是"一哈（佛）遮百丑"。

前面提到深圳城市特性很重视速度，这意味着深圳对国际化学校的运作并没有多大的耐心，如果一所学校创办后，在短时间内没有亮眼的办学成绩，即便品牌再响、理念再好也很容易遭到冷落，国内外知名学校品牌折戟于深圳并不稀奇。迫于这些竞争压力，深圳的国际化学校／国际部的市场意识和能力普遍比较强，对优秀生源的争夺趋于白热化。

和北京、上海、广州不同的是，深圳有个独特的地缘特色，即与香港接壤。毫无疑问，这个地理特性对深圳的国际教育发展影响比较大。首先是办学上的支持，香港的学校在内地建校并不多，深圳香港培侨书院龙华信义学校也只是在2021年才落户在深圳。由于有地缘优势，香港的师资对深圳帮助比较大。其次是生源的支持。深圳有不少双非港籍学生。这些学生有香港身份，但家很多在深圳，在其接受教育过程中，很需要国际教育支持，进而为深圳的国际化学校提供了大量生源，这也导致香港的DSE课程在深圳颇受欢迎，广东省内最早开设DSE课程的地区即为深圳。最后是大学的支持。深圳乃至广东与香港的关系十分紧密，也是大亚湾合作建设的重要组成，三所香港地区的大学参与的中外合作大学也均落户在广东。

深圳有一批在国际教育上做得出色的国际化学校／国际部，在这些办学成绩突出或具有特色的学校中，公立的有深圳中学、深圳外国语学校、深圳高级中学、深圳第三高级中学，民办的有深圳国际交流书院、深圳新哲文院、深圳贝赛思学校、深大师院附属国际高中、深圳爱文学校等。

下面我将介绍深圳地区各主要国际化学校／国际部办学特色和亮点，对深圳中学、深圳国际交流书院和深圳贝赛思学校等三所学校将做单独的介绍。

深圳外国语学校是深圳四大公立名校之一，在国际教育上成绩斐然。深外中外合作办学项目在内部叫国际书院，开设了AP课程（2010年）和A-Level课程（2014

年）。国际书院每年有一批深外初中部直升的学生，这些学生可以考得上深圳中学或深圳国际交流书院，但由于有母校情节且国际书院申请结果不错，因此会选择直升到本校国际书院。这些学生是深外每年能够拿到国外顶尖名校 offer 的主体，跟深圳中学主要出自竞赛体系比较类似。另外，深圳外国语学校国际部（简称 SWIS）和深圳外国语学校高中部同属深外教育集团，是两所不同的学校，且在不同地方办学。深外国际部是针对外籍（包含港澳台学生）学生的 K12 学校，开设 IB 课程。深外国际部在深圳有很高的知名度和口碑。

2017 年，深外湾区学校创建。很独特的是，这所十二年一贯制学校招生不受户籍限制，开设 IB 全学段课程。

深圳高级中学是深圳四大公立名校之一，这所学校和深圳中学有类似的地方，即学生需要先考入本校普高，然后再选择到国际部就读，也是按照普高标准收费。不同的是，深圳高级中学采取了多课程方式，开设了 IB、AP、A-Level 等主流国际课程，学生的选择余地比较大。我去这所学校调研时，发现国际部老师有曾在名企中工作的博士，但因热爱教育前来任教。

我调研了解到，从 2020 年开始，深圳为解决高中段学位紧缺问题，启动了大规模建校计划，2020—2025 年，全市新建公办普高 55 所。而深圳中学、深圳外国语学校、深圳高级中学等公立名校开建高中园项目，招生数量大，如位于深汕特别合作区内的深圳中学高中园学位高达 9900 个。高中园的建设也为深圳公立名校举办国际教育创造了更大的空间，当然也会加剧深圳的国际教育竞争。

学生如果想就读深圳中学国际部、深圳外国语学校国际书院、深圳高级中学国际部，则需先通过中考考入目标学校普高，然后再选择就读国际部 / 国际书院。和这三所公立学校国际部招生不同的是，深圳市第三高级中学国际部的招生直接纳入了市中招体系中，通过单独代码招生。该校开设了中美双学籍班、世界名校 AP 班、A-Level 班（英国 A-Level 和新加坡 A-Level）、香港 DSE 班、加拿大名校班、德国名校班、日本名校班等多个国际课程班，在深圳应该是课程最为丰富的学校，为学生提供多样化选择空间。该校的办学目标之一就是把学校打造成为跃升世界名校的龙门通道。我在该校调研时，了解到不少学生能够在大学申请上实现逆袭，拿到了诸多世界名校 offer。

深圳新哲文院为深圳四大公立名校之一的深圳实验学校国际部延伸而成。这所学校同时开设了 AP 课程与 A-Level 课程，由于有与深圳实验学校长期合作的基础，且深圳实验学校有出国留学想法的普高学生，也往往将新哲文院作为首选对象，使得该校有一批比较稳定的优质生源，近年来该校对深圳国际体系的优秀学生也有越来越强的吸引力，同时该校的活动体系相当完善而丰富，对各种类型的学生都能有很好的支撑，因此，学生常能够拿到世界顶尖名校 offer。该校有一流的竞赛辅导老师，竞赛水准比较高。

AISSU 云海谷即原深大师院附属国际高中（云海谷），创建于 2008 年，为深圳一所知名的 A-Level 学校。与深圳国际交流书院给予学生自由发展空间相对大不同的是，该校以管理精细化而出名。学生从早到晚有严格作息时间安排，对手机的使用也有严格的规定。我从学校了解到，对学生进行精细化管理是英美知名高中常用的方式。而该校对学生在学习和行为规范上有严格规定的同时，也提供了很多社团和课外活动等让学生自由发挥的空间。在这种管理机制下，该校学生提升率很高，优秀者变得卓越，普通学生变得优秀。我对这所学校的申请结果做过深入分析，发现这所学校男女生申请结果基本一致。众所周知，女生往往要比男生早熟两到三年，会比较早知道自己想要什么，并为之而努力，这样导致在申请国外大学时，女生整体要好于男生。我跟学校探讨过这个问题，得出的结论是由于学校有比较严格的管理制度，在这种环境下，男生只能心无旁骛投入学习中，进而在学习上有比较好的表现，因此在申请学校时也和女生一样有比较好的表现。

深圳还有一批有特色的学校。深圳爱文学校为一所 K12 国际化学校，在 1—9 年级采用了 PBL 项目制学习方式，不是简单地按照国家指定的教材进行教学，而是将国家指定教材进行整合和加工，用 PBL 项目制学习方式进行教学。举个例子，学校让学生做黄河专题，学生可从地理、历史、文化等不同的维度来剖析黄河。通过一个个专题式学习方式（初中生每年完成 6 个项目），既完成国家制定的教学内容，同时也培养学生跨学科学习能力。深圳明德实验学校由教育基金会与福田区合作创办，在国内很具有创新性，该校属于公立性质。深圳（南山）中加学校为中加两国政府合作的教育项目。深圳万科梅沙书院课程丰富，实行一人一课表，同时学校开设了专门的艺术班。深圳哈罗外籍人员子女学校发展也很稳健。深圳香港培侨书院龙华信义学校为第一所内地及香港课程兼备的国际化寄宿制一条龙学校，并设立了内地第一个 DSE 考场。

另外，贝赛思在深圳的南山区、福田区、光明区各有一所学校，这是一个在国内快速崛起的国际教育品牌。2015 年进入深圳后，毕业生屡获美英顶尖名校 offer，引起业界和家长关注。针对贝赛思的情况，我在书稿中会专门进行详细介绍。

深圳中学

观察国际教育十年下来，我发现国内很多地方国际教育做得最好的学校，其高考成绩在当地不是最好，处在第二梯队中，这种状况被我称之为"老二现象"。正如一个多子女家庭中，老二为获取父母的关注，往往多表现得比较另类和特立独行。而国际教育中的"老二现象"则是一些地方的学校在高考上无法和最厉害的学校比肩，进而另辟蹊径发展国际教育，最终成绩反超高考最厉害的学校。当然，并非所有的地方均有"老二现象"，深圳中学便是如此。

深圳中学是国内一所名校，无论是高考还是留学成绩均出类拔萃。在2022年和2023年的宜校出国留学中学排行榜中，深圳中学连续两年名列全国第二位。而在高考成绩上，深圳中学清北人数长期为广东省第一。

作为广东省高考成绩最好的学校，深圳中学对国际教育十分重视，其大学申请结果一直是深圳最好的，没有出现国内常见的"老二现象"。深圳中学如此重视国际教育，我在调研这所学校时，曾多次就这点跟校方沟通过。我得到的回复是，深圳中学要做成"建设中国特色世界一流高中"，跳出中国放眼世界则是必需的。由于清北在广东省的招生比率很低，深圳中学清北录取数量即便在广东省长期保持第一，但也很难与中国人民大学附属中学这些清北大户比拼。为此，深圳中学将出国留学作为学校的一个重要办学亮点与特点。

同时，深圳中学的素质教育在全国有名，除参加高考外，举办国际部培养学生就读世界一流大学则是深圳中学另一个重要的落脚点。在举办国际教育过程中，深圳中学与国外的大学和中学有紧密联系，加上外教的引进，教学方式的创新，丰富了深圳中学的育人方式和路径。

深圳中学将国际教育放在了和普高同等的地位，均用中考方式招生，在同一校园办学，师资招录和待遇一致。为此，深圳中学的国际教育并没有出现国内常见的"二等公民"的现象，在校内得到了足够的重视和资源的支持。从校方层面重视国际教育进而提升其在社会的认可和认知，深圳中学对国际教育行业的贡献居功甚伟。

在国内国际教育行业中，深圳中学的地位十分重要，除成绩优秀外，还是观察我国国际教育发展的一个重要窗口。观察国内国际教育十年，我得出的结论是，想了解中国国际教育发展趋势，要看广东，广东看深圳，深圳看深圳中学。深圳中学的国际教育发展是行业风向标。

我得出这个结论的依据主要有三点，一是深圳中学的国际教育行业敏感度很高，其就读人数变化以及学生对国际教育的认知往往领先于国内三年；二是竞赛成为衡量国际教育发展水平的重要标尺，而深圳中学的竞赛体系运作成熟且成绩突出；三是深圳中学校友具备传承和互帮互助的独特氛围，有助于学生对留学趋势做较早预判。

深圳中学的国际教育为何会有很高的敏感度，跟招生机制和学生家庭构成有关。

在招生机制上，国际部不直接对外进行招生，而是从考入深圳中学的学生中，根据自愿原则挑选进入国际部就读。如此一来，国际部有很不错的生源。深圳中学名列深圳四大名校之首，历年中考分数线是全深圳最高的。在 2020 年 9 月泥岗校区启用前，深圳中学高中部每年招录 800 名新生，泥岗校区启用后高一新生招录则增至近两千人。自 2020 年泥岗校区启用后，深圳中学高中段有两个校区。很特别的是，这两个校区均是深圳中学的主校区，高一和高二学生在泥岗校区就读，高三学生则在深中街上的老校区就读。而国际部学生整个高中都在泥岗校区就读。

由于需要先考进深圳中学，然后才能选择进入国际部，这意味着学生仍然是普高身份，需要学习普高课程，按照普高标准缴纳学费。这种运作模式跟上海的国际特色课程班比较类似，差异之处在于上海的国际特色课程班可以对外直接招生。

国际部这种招生模式，能够确保招录到深圳最为优秀的一批学生。但随之而来会带来两个问题，一是潜在的招生体量很小；二是招生会不稳定，就读数量容易产生波动。公立名校国际部如果对外招生，一般数量会有保证，在招生小年也基本能确保招到足够的人数，只是有可能生源质量会下滑。但深圳中学国际部的学生可以自由在普高和国际部之间流动，家长/学生会根据动态情况做出是否要留学的决策。

2018 年，我发现深圳中学国际部的毕业生人数已经在下滑，而国内其他学校国际部当年秋季入学的高一学生量才开始下降。也就是说，深圳中学国际部就读量的变动已经提前三年预知到这种下滑情况。

在学生家庭构成上，深圳中学的学生家庭主要分为三种类型：一是南山区高科技产业从业人员子女；二是公职人员、企业高管、医生/律师等专业人群等；三是中小企业业主。深圳在国内的地位比较重要和特殊，政治敏感度高。同时，深圳作为国内的科技之城、经济重镇，很容易提前感知到经济周期和国内外经济形势的变化。因此，无论是公职人员还是商界人士，深圳的家庭能够比较早感知到政治形势变化和经济周期，对子女留学决策变化自然也会早于国内其他地方。

前面提到深圳中学国际部的学生以及学生家庭对留学具有很强的敏感度，会比国内其他地方提早三年感知到变化，进而能够较早做出决策，这些决策往往在三年后会成为国内通行的做法。

除对行业敏感度高外，竞赛体系则是让深圳中学成为国内国际教育风向标的另一个因素。

我访谈过多位深圳中学国际部的毕业生，也旨在通过他们的成功深入了解深圳中学国际教育上的特点。在访谈中，我多次听到学生提到竞赛体系。经过长期观察，我发现这是深圳中学国际教育的精髓所在。

在国际教育发展过程中，深圳中学强大的竞赛体系为其提供了强有力的支持。我从受访学生中了解到，深圳中学国际部每年拿到世界顶尖名校录取的学生中，很多是出自于3+2（即3年初中＋2年高中）竞赛体系。竞赛体系的推行大大增强了深圳中学学生的大学申请竞争力，确保了深圳中学国际部申请名校的基本盘，这点非常重要。前面提到，深圳十分看重学生最终的大学申请结果。深圳中学是国内少有的能够把月亮（学生富有理想，积极参与学校自主管理）和六便士（竞赛水平、高考和出国留学成绩在国内一流）完美结合的名校。

深圳中学校长朱华伟曾在大学任职，是位教授，也是博导。他从2017年起担任校长至今（2024年）。朱华伟曾经担任过国际数学奥林匹克中国国家队领队、主教练，并率中国队获得过团体冠军。朱华伟著作甚丰，出版数学相关著作超百部。他在深圳中学泥岗新校区设立了一个专门的国际数学资料中心，里面有他个人所收藏的书籍，大部分跟数学相关，有5000多册，他对数学之热爱可见一斑。

深圳中学有初中部，同时在深圳各区建有7所以深中命名的九年一贯制学校，确保了优质的生源。深圳中学在初中部设立了"丘成桐少年班"，即原先的3+2竞赛体系。

竞赛型的学生在国外大学申请上有比较明显的优势，我看到国内一些竞赛型学生，在高一或最晚高二拿到了清北的保送录取，由于离高中毕业还有一到两年时间，为此有些学生会尝试申请国外的大学。这些学生由于学业基础优秀，又有顶尖赛事奖项加持，申请到国外顶尖名校的概率比较高。而从竞赛体系出来的国际部学生也是如此，优秀的学业成绩和高等级赛事奖项，让他们在英美顶尖名校申请中有比较大的优势。

这种申请竞争优势和深圳外国语学校的英语优势有比较类似的地方。这种优势的根基是自己培养出来的嫡系学生。这种情况在国内是比较普遍的，但凡有初中部的国际化学校/国际部，都是求人不如求己，将重点放在培养自己的嫡系学生上，像深圳外国语学校国际书院每年拿到世界名校offer的学生多出自于自己的初中部，深圳国际交流书院有自己的初中——城市绿洲学校，上海民办平和学校、南京外国语学校等均是如此。

竞赛体系是深圳中学国际教育的法宝之一。另外，深圳中学学生多次跟我提到学校的学长团，这是深圳中学最为重要的社团。学长团之所以会这么重要，跟深圳中学独特的管理风格有关。

2015年12月，深圳中学的学生设立了一个叫"18号农场"的微信公众号。18号是指深圳中学在罗湖区深中街18号的老校区，为深圳中学的代称。农场一词则来自于英国作家乔治·奥威尔的著作《动物农场》，这本书是讲了一个农场主的动物们发起了革命，赶跑了农场主并自己经营农场的故事。这个号对深圳中学校内管理等表达意见，不少是批评意见。这个号观点犀利，看得出对学校爱之深责之切。

"18号农场"微信公众号的出现并非偶然。深圳中学具有校园民主传统，学生可以对学校的日常管理表达意见并参与改进，学校也很重视学生的反馈意见并加以落实。由于铁打的学校流水的学生，学生之间的相互传承比较重要，而学长团则起到了这个重要作用。深圳中学的学生有以老带新的传统，在这个氛围下，深圳中学学生往往具有比较独立的思想，但同时对深圳中学又有很高的认可度，同学以及校友之情深厚。这在国内名校中比较少见，因美国顶尖名校录取中国学生往往有"生源校"的情况，这导致国内名校学生中普遍存在相互竞争、明争暗斗的情况，关系往往不融洽，甚至会有向国外大学招生官举报同学的现象。

整体而言，深圳中学同学和校友之间比较和谐，互助合作比较多，且校友对母校感情比较深厚。为此，我能理解为何马化腾创办腾讯时，创始团队中不少是自己深圳中学的同学。

2017年，深圳中学在美国顶尖名校申请上成绩斐然，多名学生被哈佛大学、耶鲁大学、斯坦福大学等大藤级名校录取。面对如此好的成绩，学校希望通过分享这些优秀学生的成长经历给予更多学生启发，于是对部分学生进行了访谈并发在学校的官方微信公众号上。文章出来后很受校内外关注，同时也有更多的学生愿意分享自己的成长经历。基于此，深圳中学决定集结成册，每年都出版年度《走进著名大学——深圳中学学子成长足迹》之书。

拿到名校offer学生分享自己的成长经历，这在国内司空见惯，但多数为留学媒体、机构来采写和发布。会有少数学校的学生自发组织撰写和分享经验，比如南京外国语学校出国留学的普高学生，每年会组织留学规划方面文章并集册，在校内发售。由校方出面组织且年度持续出版，深圳中学应该是唯一的一家。

从《走进著名大学——深圳中学学子成长足迹》系列书籍的出版便可以看到，深圳中学校友之间互动频繁，乐于分享，具有互帮互助的传统，深圳中学的学生很容易从校友处了解到一手和真实的留学动态，并做出相应的判断。这样一来，深圳中学学生能较早预判出留学行业趋势，并做出自己的选择。

深圳中学优秀学生思想之成熟以及待人接物之到位，使得和他们交流是件愉悦的事情。深圳中学的学生多才多艺，校内有个学生社团叫涅槃新闻社，我看过这个新闻社学生所撰写的文章，其文章话题之新锐（如关注女同性恋），采访之深入，文笔之老练，让人难以想象这是出自高中生之手，也让新闻科班出身且做过10年记者的我叹为观止。

有次在深圳中学集中访谈拿到国外名校 offer 学生，当我自报家门后，有学生提到知道我的名字。我挺惊讶，于是问他为何会知道我。学生提到，因为深中老师建议他们付费订阅了 FT 中文网的新闻资讯，曾看过我在 FT 中文网上的国际教育专栏文章。高中生会订阅 FT 中文网的新闻资讯服务，这让我比较意外。深圳中学招录了不少博士老师，这些老师多毕业于国内外顶尖名校，视野比较开阔。为此，深圳中学的老师们会引导学生关注世界顶尖媒体则可以理解了。

深圳国际交流书院

深圳国际交流书院（以下简称"深国交"）是我拜访过的第一所国际化学校，首次拜访时间为 2015 年 11 月 2 日上午。（参见彩图 38）我翻看了自己当天的日记，里面有简要拜访记录："今天上午接待我的是招生办主任邓志锋（2020 年 10 月升任为助理院长），我跟他聊了一个多小时，主要谈了学校招生以及录取的事情。他说，学校成立于 2003 年，只有高中。学校的面积很小，学生也不多，现在在校生 900 人左右。

"学校申请到英国名校的学生很多，近 10 年有 80 人申请到英国名校，名校以牛津大学和剑桥大学为主。他说了个很有意思的事情，即现在女孩子读书普遍厉害，而英国相对保守和安全，所以学校的女孩子比较喜欢去英国读书。学校每年从全国招生 200 人，其中 7 成学生来自深圳本地。学校学费较贵，一年要 14.9 万元，加上其他的费用，我估计一年下来要 20 多万。

"今天我走在深圳的街上，老是被别人问路，可我也是昨天才从上海过来深圳，难道我长得特像深圳人？挺好玩的。"

这是我第一次拜访深国交时所获得的信息，里面有个核心点是申请到牛剑的学生多。深国交以申请牛剑出名，每年拿到国内超过 10% 的牛剑录取 offer，如 2024 年拿到 48 份牛剑预录 offer，这个数字即便放在英国本土，也可以和英国的顶尖名校媲美。

深国交现在在国内如雷贯耳，在福田区拥有漂亮的安托山校区，但在起步之初也是步履维艰。深国交创建于 2003 年，当年国务院颁布实施《中外合作办学条例》。为此，深国交与国内国际教育是同步发展的。

深国交核心创始人为蒋继宁，是位很低调的业内大咖。蒋先生为江苏人，毕业于中国科学技术大学少年班，妥妥的学霸。大学毕业后，蒋继宁在深圳创业，开办了一家叫网大的公司，做网络学习业务。

现在大学排名为大家所熟知，而国内最早做大学排名的机构正是网大。网大在

1991 年推出了国内大学排名，在当时受到了极大的关注，对排名有很多的新闻报道，甚至上了中央电视台的新闻联播。在与蒋先生见面时，我问到为何会从做大学排名转到办学校。

蒋继宁提到，做大学排行榜出名后，会有一种反馈声音，即你在评估大学做得怎么样，那如果你自己做教育会如何呢？在国内创办大学不容易，投入大、审批严，为此退而求其次选择做国际高中。

2003 年创办时，深国交有部分班级放在深圳中学校内教学，校门口也同时挂了深圳中学和深国交的校牌。不过，深国交在深圳中学校内办班时间很短暂。之后颠沛流离，在两年内曾五迁校区。深国交曾在深圳远郊办学，但发现由于喝不上咖啡而留不住外教，后搬回福田区水围村办学，为水围校区。2020 年，深国交搬到福田安托山新校区，新校区里面有一个广场被命名为"水围广场"。（参见彩图 39）

水围村虽名为村，但在深圳市区内。这是深圳和广州城市发展比较常见的"城中村"现象。福田中心区有个著名的城中村——岗厦村，岗厦村的原住民多姓文，为南宋抗元英雄文天祥家族的后裔。文天祥在抗击元军时，从江西吉安老家招募了不少家乡子弟组成义军。抗元失败后，一些家乡子弟流落在广东谋生。在深圳的一位族人跟我讲到，他在 20 世纪 80 年代来深圳工作时，看到此时的岗厦村通行吉安方言。在深圳未发展之前，岗厦村人多地少，生活不富足，有些村民会返回吉安老家耕作土地或经商。时间一久便通晓老家方言，这也导致吉安方言在岗厦村通行。

在深圳中学校内办班时，深国交招录到了一批深圳中学转过来的高一和高二优秀学生。而在课程设置上，深国交选择了 A-Level 课程。这些优秀的孩子为深国交的崛起起到了重要作用，2005 年，深国交有了首届毕业生，4 人参加剑桥大学面试，最终有 2 名学生拿到了 offer，另外有一名学生拿到了牛津大学 offer。深国交首届毕业生有如此优异申请成绩，在深圳引起极大关注。学校自此在深圳一炮打响，在报纸上的广告语"您和牛剑的距离只差一个深国交"让人印象深刻。新学校依靠出色的申请结果来获得社会的认可，这种打法后为业内常用。

深国交快速崛起后，学校采取了一个非常重要的措施，即回归教育本源，高度重视教学和师资，这也是深国交能够长久不衰的重要原因。

在师资方面，深国交有两个重要的来源。一个是来自中国科学技术大学的大学教师资源；另一个是来自文莱的外教。

中国科学技术大学对少年班学生在学业和生活上比较照顾，且少年班学生因尚未成年，在大学学习过程中更易建立起深厚的师生和同学感情。蒋继宁邀请了他在中科大少年班的班主任朱源担任创始院长。作为知名大学的教授到一个前途未卜的国际化学校担任院长，换谁也得好好掂量下。

朱源最终选择到深国交工作，他跟我回忆说，自己之所以会到深国交工作，其实挺意外的。2003年春节期间，他应深国交创始团队之邀来深圳，给创始团队讲了办学的一些需要注意的环节等。他的这些分享引起了创始团队的共鸣，并萌发了邀请他担任创始院长的想法。交流结束后，朱源赶赴深圳宝安机场准备乘机返回合肥。在去机场的路上，蒋继宁邀请朱源前来学校工作。当时深圳是大晴天，朱源半开玩笑说，如果要他来深圳工作，除非今天回不了合肥。但没想到的是，在检票登机时接到通知，合肥突降大雪，机场关闭，航班临时取消，他回不了合肥了。

也许是天意，朱源入住机场酒店后，考虑再三选择到深国交担任创始院长。蒋继宁和中国科学技术大学校方也进行了沟通，寻求母校帮助。朱源到深国交担任创始院长之事得到了中国科学技术大学校方的支持，他不需要辞职，而是以中科大外派的名义到深国交工作。

朱源的加盟带来了大学资源，在他之后还有中国科学技术大学其他校友和老师加盟，在数理化等理科学科教学上建立了比较强的师资基础，校友中便有章良、黎洪年博士。

章良毕业于中国科学技术大学，深国交创办时他正在香港中文大学读研，先兼职后全职到深国交工作，担任了深国交第一届和第三届班主任。由于草创时期，人少事多，章良负责过教学、升学指导、学生管理等多项工作，经历了多方面的锻炼，这也为他后来到上海担任校长创造了条件。

黎洪年博士虽然在15岁时入读中国科学技术大学，但不在少年班，是正常班数学系本科。黎洪年后获芝加哥大学数学博士学位。在卖掉参与创业的公司股份后，黎洪年被校友蒋继宁挖到深国交做数学教师。在学校留学办公室缺美国、英国留学顾问时，黎博士又被推荐全职做留学顾问。离开深国交后，黎洪年博士先后到宜昌、深圳等地的国际化学校担任校长一职。据黎博士讲，他是从深国交走出的第13位国际化学校校长。深国交在国内国际教育界中闻名遐迩，人才辈出，走出了不少国际化学校校长，被称作国际教育界的"黄埔军校"。

中国科学技术大学的校风很严谨，对学生的要求挺高，很重视教学。深国交创办之初，便带有很浓厚的中科大基因，对教学十分重视。而少年班的运作模式，很类似美国的通识教育，为此，深国交从创办起也带有美高的底蕴，这也为其在新冠肺炎疫情暴发后，美本申请快速崛起提供重要支撑。

朱源跟我提到，深国交一举成名后，前来报考的学生数量众多，以至于招办并不需要多少人以及做推广。随着深国交的运作成熟和稳定，朱源便产生了离职的念头。

2009 年从深国交离职后，朱源在深圳耀华实验学校推行天才教育，并成功挖掘出曹原。曹原后考进中国科学技术大学少年班，去美国留学获得麻省理工学院博士学位，成为未来科技之星。朱源提到，自己一生主要做了三件事情：一是负责中科大少年班 20 年，少年班在全世界都有名，出了大批科学家；二是参与创办深国交，A-Level 课程做到了全国第一；第三是发现了曹原，曹原未来很有可能获得诺贝尔奖。

朱源之后是外籍院长 Joe Greenwood，被校内师生昵称为"绿木头"。Joe Greenwood 院长曾在文莱的学校长期工作过。文莱是个石油资源丰富的富裕国家，国民退休早，男士到 55 岁便不工作。为此，文莱的国际学校很多外籍老师过了 55 岁就需要换工作。Joe Greenwood 将文莱一批高水平的教师引进到深国交，这些教师一来教学经验丰富，二来也比较稳定。这样一来，深国交便聚集了一大批高水平的外教，这在深圳乃至国内的学校当中十分少见。

于是，深国交在数理化等学科上，有中国科学技术大学的大学教师师资支持。在英语以及英美文学等文科上，有高水平的外教提供支持。优质中外教的加入，使深国交的教学有了坚实的基础。

深国交开设了约 50 门 IGCSE 和 A-Level、AP 课程，这是我看到的开设国际课程最多的学校之一。在 A-Level 阶段，学生除英语、体育、PSHE（个人、社会及健康教育）是必修外，其他的课程自由选择，学生可根据自己的兴趣和特长来组合选择相应课程。在这种教学制度安排下，深国交的学生有两个特点。一是很清晰自己未来要做什么，相当于一次大学申请的预演。这对申请英国牛剑很有利，因为这两所世界顶尖名校很看重学生对专业的投入程度。另一个，深国交开设的课程种类足够多，学生可选择的专业领域也就比较多。国内不少 A-Level 课程学校以数学、物理、化学、生物、经济等 5 门课程为主，这导致在申请英国大学时可选择的专业有限，大家在挤独木桥，牛剑申请成功率自然会降低，这时深国交的多课程设置的优势便凸显出来了。深国交学生在申请牛剑时，除和国内其他学校学生一样在数学、工程、自然科学、经济学等理科类专业申请上有传统优势外，在地理、教育、语言学、历史与艺术等人文学科上也成绩斐然，有多名学生拿到过哲学、HSPS（人文、社会和政治科学）两个专业录取。

而在学制设置上，深国交是按照英式课程来设置的，即大多数学生需要从 IGCSE 阶段起步，读完完整的 4 年高中。少部分优秀学生可以选择就读两年制的 A-Level 课程。深国交所招录的学生本身综合素质不错，学制又比其他多数学校多出一年，学生可以有更多的时间来做好国外大学申请规划，进而竞争实力更强。

深国交这样独特的课程设置风格，很适合这些自律性高、对未来发展有明确目标的学生。由于牛剑申请全国最为厉害，深国交成为诸多以牛剑为梦校学生的首选。

深国交虽然为民办学校，但在学校管理机制上，采取了少见的理事会而非董事会方式。深国交的重要决策机构是学校理事会，由资方、校方以及家长组成，理事会讨论确认学校重大的事情。比如学校如果要涨学费要通过理事会的批准，需要学校提供涨学费的理由。

深国交还在水围校区办学时，我曾约蒋继宁在学校见面。但蒋继宁提到自己的办公室被占用，自己也很少去学校，最后我们约在学校招办会议室见面交流。

根据学校章程要求，蒋继宁作为学校资方不能参与日常的管理，并对到学校的次数有严格限制，不能随便来学校。在招生上，即便是蒋继宁的亲属，也不会有优待，完全按照学校招生要求来确定是否录取。这种管理机制在国内的国际化学校当中挺罕见的，这确保了学校由教育专业人士来主导。深国交的院长是从教学团队当中选拔出来的，接任"绿木头"的 Neil Mobsby 院长是在 2009 年加盟深国交的，2018 年就任院长之前为教学副院长。

从 2003 年到 2020 年之间，深国交长期保持每年毕业生 200 人左右的规模。在 2020 年搬到福田安托山新校区后，招生量则翻番。

2020 年新冠肺炎疫情之后，深国交学生申请美国方向的学生数量明显增多。我也注意到深国交开始在美本申请上厚积薄发，拿到了哈佛大学、加州理工学院、斯坦福大学等美国顶尖名校 offer。深国交在牛剑申请上已经做到了全国第一，而重视教学、注重学生个性化发展（学校强调"不强迫学生做任何事情"）、学校资源配置丰富等又为美本名校申请奠定了坚实基础。也正是这个原因，尽管深国交牛剑录取量全国最多，且也是业内公认为 A-Level 课程水平最高的学校，但我倒一直觉得深国交更像一所顶尖美高而非英高。国内国际化学校／国际部的大学申请基本上是以某一方向为主，能做到英美名校申请均有不错成绩的学校屈指可数，期待深国交在这方面有更大的突破和进展。

贝赛思学校（BASIS）

自 2018 年后，我每次到深圳做调研，时不时听到当地国际教育界的朋友会提到贝赛思，也见到一些深圳家长纠结于在深国交和深圳贝赛思国际学校之间如何选择。深国交是一所老牌本土英式牛校，而深圳贝赛思国际学校则是引进时间不长的美式牛校。深圳有不少外籍或者港澳台地区的学生，贝赛思最先落户在深圳还是挺合适的，且落户区域是南山区。南山区是深圳高科技产业重地，有 200 多家上市公司，密度为全国之最。高科技产业让从业人员眼光瞄准世界，产业回报丰厚使得富裕人群群集，南山区成为深圳国际化学校／国际部生源重地。

深圳贝赛思国际学校在 2015 年 8 月开学，招录外籍和港澳台学生，这是贝赛思在中国的第一所学校。由于国外大学申请结果出色，该校受当地业界关注。2020 年 9 月，位于福田区的深圳贝赛思双语学校开学，可以招录深圳本地学生，更是在当地引起热捧，学位一位难求。贝赛思在深圳的学校招生录取率在 10% 左右。（参见彩图 40）

国内引进了多个英国知名教育品牌，比如哈罗、德威、惠灵顿、阿德科特等。但美国少有知名教育品牌进入，且进入中国的时间也比英国品牌要晚。能数得上名字的美国教育品牌，主要有德怀特和贝赛思。上海七宝德怀特高级中学为上海唯一一所中外合作高中。贝赛思从深圳起步，已扩张到惠州、广州、南京、杭州、成都、武汉、北京等城市。2015 年 7 月 29 日，美国著名报纸《华盛顿邮报》以"美国顶级教育品牌进入中国"为题就深圳贝赛思国际学校的开办进行了报道。

从 2015 年到 2024 年，贝赛思在深圳、广州、惠州、杭州、南京、成都、武汉、北京拥有 11 所全日制学校。

贝赛思系列学校落户中国时间不长，但美英顶尖名校申请成绩让人不可小觑。中国·贝赛思国际学校毕业生大学升学报告中提到，深圳贝赛思国际学校从 2018 年开始有毕业生，当年就有学生被康奈尔大学录取。2023 年，中国·贝赛思国际学校的深圳贝赛思国际学校、广州贝赛思国际学校、华润小径湾贝赛思国际学校、杭州钱江贝赛思国际学校、南京贝赛思国际学校等 5 个校区有 182 名毕业生，其中 174 人申请学术类专业，有 28 名学生拿到了 39 份顶尖名校 offer，包括哈佛大学、普林斯顿大学、斯坦福大学、芝加哥大学、牛津大学、剑桥大学等。其中华润小径湾贝赛思国际学校毕业生人数最多，达到了 83 人，拿到了 2 份哈佛大学、1 份普林斯顿大学、1 份宾夕法尼亚大学、5 份康奈尔大学 offer。

毕业生人数少，顶尖名校 offer 多，如此优秀的美英名校申请结果，着实让人为之惊叹。能在如此短的办学时间内获得这么好的申请成绩，之前也只有中国常熟世界联合学院这一所学校，而贝赛思还实现了多校全面开花。

新办学校要获得美国顶尖名校 offer 是件十分困难的事情，贝赛思系列学校凭什么有如此佳绩呢？

我观察和调研下来，应该是知名品牌加持、注重课程、生源质量高三大因素。

贝赛思在美国是一个知名教育品牌，不过创办时间并不长，第一所贝赛思学校创办于 1998 年，和英国知名学校动不动几百年甚至上千年历史没法比。截至 2023 年，美国有 47 所贝赛思系列学校。美国的贝赛思系列学校尽管创办时间不长，但在全美最佳高中排名、全美最佳特许高中排名中，前十名中长期有超过一半的学校为贝赛思系。

贝赛思在美国以外办学的第一个国家便是中国，之后在泰国和捷克也创办了学校。贝赛思品牌在美国大学中有很高的认可度，为此，中国贝赛思虽然是新学校，但是老品牌，能够受到美国名校招生官的认可。

前面提到，贝赛思在美国本土创办时间并不长，但为何能在这么短时间内成为全美名校。贝赛思自己认为原因很简单：富有激情的科任教师，使用 BASIS 课程体系授课，指导学生取得卓越的学术成就，给予学生无限可能。

这句话强调的是课程和教学，贝赛思极为重视学生的学业管理，对学生学业抓得很紧。也正是这个原因，贝赛思常被称为国际教育中的美式"衡水中学"。

不过，我在贝赛思调研时，学校对美式"衡水中学"的说法并不认可，提到学校对学生在校期间学业确实抓得紧，但在学业学习之外，学校给了学生很大的个性发展空间。我在深圳贝赛思国际学校门口看到一张公告显示，幼儿部到高中部学生到校时间均为早上 7 点 55 分前，而在离校时间上，幼儿部和一年级均为下午 3 点，二、三年级为下午 3 点 25 分，四、五年级为下午 3 点 45 分，六、七年级为下午 3 点 25 分，八到十二年级离校时间有两个点，没有选修课离校时间为下午 3 点 25 分，有选修课离校时间为下午 4 点 20 分。从这个离校时间表来看，深圳贝赛思国际学校全学段均无晚自习，课余时间比较多。

分析贝赛思在国内各地所创办的学校，会发现其在学制上均推行 K12。深圳、成都、武汉、北京设立了双语学校，因需要遵守中国 9 年制义务教育阶段内课程设置和教学要求，需要做相应的调整。除双语学校外，贝赛思系列学校均统一采用了 BASIS 课程体系。

《中国·贝赛思国际／双语学校及 BASIS 课程体系》介绍手册中提到，贝赛思对 K12 阶段的课程设置划分了四个类型，即幼儿园与学前、1—5 年级、6—8 年级以及 9—12 年级。

在幼儿园与学前阶段，贝赛思侧重发现和奠定基础。为了照顾低龄小朋友的成长需求，在固定教室上课。每个班有一名主班老师、一名学习提升老师和一名生活技能老师。主班老师负责教授大部分的课程，音乐、工程学等专业课程由科任老师来替代主班老师授课。

1—5 年级，侧重教会学生如何学习。班主任要全天跟班，始终陪伴在学生身边。班主任和科任教师协同教学。学生不再局限于基础知识和技能的吸收，开始独立思考和自主学习。教师不仅要重视学科之间的联系，还要重点培养学生的组织能力和时间管理能力。

6—8年级，侧重让知识成为工具。学生要按照严格标准完成所有核心学科的课程体系，其中有三门科学课程（物理、化学、生物），以及经济学和逻辑学。学生要学会把知识视作工具，认识到在各个学科中打下扎实基础能够给自己带来无限机会。

9—12年级，侧重思考解决问题的方法。学生需要学习荣誉课程和AP课程，并通过AP后续课程进一步拓展他们的创造性和批判性思维能力。在毕业生项目中，学生要把所学运用到专业实习或者项目研究中。学生要根据未来想要选择的大学专业和职业道路去挖掘潜在课题，培养自己的学术热情和追求，把自己打造成大学以及未来走上社会后的求职者与领导者。

我看到，不少国际化学校/国际部的毕业生在高三下学期要么处在放养阶段，要么忙着准备IB、A-Level大考，这些考试对拿到英联邦大学预录offer学生来说至关重要，是否能够顺利就读大学取决于考试成绩。为此会出现两个极端，高三下学期旱得旱死，涝得涝死。而贝赛思有个很独特的做法是，12年级即毕业班的学生，要学习相当于大学段的课程内容，并做毕业生项目。这个毕业生项目相当于是学生自己感兴趣或者未来准备要学专业的一个前期学习与尝试。

观察贝赛思课程设置与教学安排，有三个特点很明显，即文理兼修、超前学习、重视方法。

首先是注重文理兼修。在AP课程的学习上有语言、历史、荣誉科学等方面的搭配要求。

其次是超前学习。国内开设AP课程的学校多在10或11年级开始学习，而贝赛思从9年级开始便会进行AP课程学习。学校要求每位毕业生要参加12门以上AP考试，为此，贝赛思学生在申请大学时有10门以上AP成绩是比较普遍的现象。

贝赛思学生和其他国际学校学生相比，在AP课程学习上提前了一到两年，这样学生不但有多门AP课程成绩，也给背景提升留下了更加充裕的准备时间。在申请大学时，贝赛思学生有知名教育品牌背书+优异学术成绩+高质量的背景提升，为此，在美国顶尖名校申请中能获得优异成绩则顺理成章了。

也正是超前学习的原因，贝赛思系列学校高年级一般不对外招生，侧重从内部直升培养。因从10年级招录新生或者插班生，很难跟上贝赛思既有教学节奏。从这点来看，我能理解贝赛思在各地建校注重K12全学段设置，因其课程设置和教学进度独特，比较难有其他学校的学生匹配。

最后是贝赛思从早教阶段开始便很重视关键知识点和技能的掌握。比如在6—8年级阶段，贝赛思的学生要学习生物、物理、化学这三门课，这有助于学生在高中阶段学习 AP 课程获得优异成绩。贝赛思内部对这种学科内容的逐步巩固和反复加强，称之为"对基础知识的精通式掌握"。

贝赛思这套课程设置体系是通用的，所有学校在教学中统一使用英语。

我了解到，贝赛思对外招生的要求比较高，能够招录到一批优秀学生。学生就读后，学校还有相应的淘汰机制。

贝赛思系列学校在中国快速崛起，为国内国际教育的一个奇迹，而这个奇迹根植于其独特的教学理念和课程设置。贝赛思十分重视教学，但社团、活动也同样很丰富，竞赛水平高，学生屡获高等级赛事奖项。挺特别的是，作为美式学校，贝赛思系列学校在学生宿舍管理上还引进了英国的学院制，比如杭州钱江贝赛思国际学校以中国四大神兽青龙、白虎、朱雀、玄武命名四大学院，南京贝赛思国际学校用春、夏、秋、冬四季命名四大学院。尽管贝赛思学生的学业压力比较大，其"卷"之高在国际学校当中比较少见，但注重教学的同时也很关注学生的身心健康，有丰富的校内项目让学生参与。

前面提到，贝赛思的课程体系是全球通用的，但在中国设立招录中国学生的双语学校后，如何在遵守中国义务制教育阶段统一教学大纲的要求下，又能够融入贝赛思自己课程设置的精髓，颇具挑战性，也值得我们长期关注。如果能够摸索出一条行之有效的模式，将为中国教育国际化起到重要的促进作用。

贝赛思很重视办学的各个细节，《中国·贝赛思国际/双语学校及 BASIS 课程体系》介绍手册中提到，学校在广州从化区建立了自己的有机蔬菜基地，向贝赛思所有学校供应有机蔬菜，广东省以外的学校采取了空运的方式进行日常供应。禽类则从当地山地养殖户直接采购，所选鸡、鸭、鹅均采用了山地放养方式，以自然觅食结合谷物喂养而成。所有的调料均从大型商超购买国内外一线品牌。

佛山/珠海/东莞/惠州

广东的国际教育主要集中在广州和深圳两个一线城市中，但在佛山、珠海、东莞、惠州等珠三角城市也有一些不错的国际化学校/国际部。

佛山最为有名的国际化学校无疑是广东碧桂园学校，这所老牌国际学校为 K12 学校，开设了 IB、AP、A-Level 等国际课程。学校毕业生人数比较多，申请结果不错。

除广东碧桂园学校外，佛山还有辰美（国际）艺术学校、佛山美伦学校。

辰美（国际）艺术学校创办于 2020 年，为大湾区唯一一所同时开设艺术、音乐、商科专业并提供国际、国内双轨升学通道的高中阶段学历教育学校。学校具有高中办学资质，可以面向广东全省招生。学校开设了 A-Level 和 BTEC 课程。学生可以根据自身需要，报考国内大学或者申请国外艺术名校和综合大学。该校毕业生拿到了广东省内首个牛津大学、新加坡国立大学音乐专业本科 offer，一半以上毕业生申请到英国伦敦艺术大学、美国伯克利音乐学院。学校实行个性化小班教学，为学生定制专属课程。在升学指导上，学校给学生一对一辅导，在作品集制作上给予支持。学校的艺术、音乐专业设备比较齐全，有 30 多间艺术设计工作坊，30 多个音乐专业场室。

我根据宜校所统计到的申请数据，发现全国每年本科出国留学学习艺术专业的学生约占总量的 8%，而广东学习艺术的学生占比则在全国最高，超过了 10%。这应该是因为广东有辰美（国际）艺术学校等专门的艺术学校。除广东外，在国内其他地方，我并没有看到有专门的艺术类国际化学校。艺术留学生跟国内艺考生有比较大的差异，国内艺考生往往在文化成绩上比较弱，参加常规的高考不占优势。国外艺术大学或艺术专业在学术成绩上的要求虽然也会略低一些，但并不会很大。艺术留学对学生的学业要求不低，申请要有作品集，未来就业选择面也比较小，在多种因素影响下，艺术留学生往往是真心热爱艺术专业且需要长期投入，往往家境要比一般留学生好。

珠海在出国留学上具有十分重要的地位，因留学之父容闳便是珠海人。我去参观过容闳博物馆。而德威落户在珠海跟容闳也有关，德威在中国的运营主要为容闳家族后人所负责。我从学校得知，这所学校的管理和其他德威以外籍为主不同的是，其管理主要为中方合作者来主导。（参见彩图 41）

珠海一附实验中学位于珠海市内核心地带，为一所典型的中国风格的国际学校，从管理模式到精神内核都要求全体师生"心中有国家，眼里有世界"，对学生扎实的学术成绩尤为看重。珠海每年拿到世界名校 offer 的学生基本都出自这所学校，已经连续多年有学生拿到牛剑录取，更是有年份实现了牛剑藤同时录取。学校和学生家长联系紧密，学校非常看重家长和学生一起了解国际教育，一起成长。国际部开设 A-Level 和 AP 课程，实行小班分层走班教学，对学生有一对一的学习规划、生涯规划方案。师资以海归中教为主，均有硕博学位，有丰富的国际教育经验。该校的王牌项目牛剑 G5 班，学制为两年，一经录取即获全奖，学习 A-Level 课程，增设了一系列高端学术竞赛课程和综合素质课程。近年来青藤项目也开始崭露头角。

东莞的国际教育一度比较薄弱，直到 2017 年东莞清澜山学校创建后才有比较大的改观。这所 K12 学校由华为和清华大学附属中学合作创办，约有 2000 名学生，师生比约 1∶5，这在国内同类学校中是比较高的。含着金钥匙出生的清澜山学校，创办时间虽然不长，但已经成为珠三角一所快速崛起和颇具影响力的国际化学校。学校除引进和发挥清华体系以及华为在科创方面的资源和优势外，还大力发展艺术、体育等特色教学。面对日益内卷的教育态势，该校重视全人教育，关注到每个学生的成长。学校以"培养根植于中国文化，学术积淀深厚，具有创新精神和突出特长的国际化杰出人才"为办学使命，积极践行校训"尝试，一切可能"，形成了"校风正、学风浓、爱阅读、重体育、重创新"的校园文化。办学理念及办学水平深受家长及社会认可，吸引了不少深圳学生就读，深圳籍学生约占总量的七成。

惠州有华润小径湾贝赛思国际学校，创办不久便有哈佛大学、普林斯顿大学等美国顶尖名校录取。

广东省各地经济发展水平差异悬殊，这点在国际教育发展上也是如此。广东的国际化学校/国际部主要集中在珠三角区域，汕头也散落一些国际化学校/国际部。（参见彩图42）

广东碧桂园学校

从广州到佛山顺德区北滘镇的广东碧桂园学校（以下简称"广碧"），无论是坐车还是乘地铁都挺方便的。广碧离广州南站只有10多公里。学校位于碧桂园内，而碧桂园是顺德区一个大型社区，里面各种生活设施齐全。

学校占地近300亩，校内有星月山。我在参观学校时，看到学校的教学大楼、实验大楼、歌剧院以及体育场等均围绕星月山布局。学校硬件一流，有上百间独立钢琴房，四个学部均有图书馆，有星月田园劳动基地，等等。尽管创校时间已有30来年，但由于经常翻新和维护，广碧整个校园看起来还是挺新的，没有破旧之感。

我在广碧的校史馆看到了"可怕的顺德人"系列广告的剪报，广告的核心内容为推介广碧。广告词中写道："中国古谚云富不过三代。今天向成功人士进言，要使事业永续，最明智的投资莫过于投资子女"，"最低目标——特色鲜明，都能考上大学"。

这些广告语直触人心。在改革开放后，广东先富裕起来，子女如何教育成为富裕家庭亟须解决的问题。在广碧创办之时，大学尚未扩招，考上国内大学很难，而广碧提到都能考上大学还只是学校的最低目标，这目标在当时的广东是并不低的。

较高目标则提到，面向世界，面向未来，与国际教育接轨，输送学生到国外深造，为21世纪培养独具创造精神的英才打基础。最高目标是在国家教委基础教育课程教材研究中心和中央教育科学研究所指导下，中西文化互补，公民合办，为我国基础教育培养英才苗子，创出新路。

之后，广碧的发展是按照这三个办学目标来推进的。广碧所提出的较高目标是要出国留学。这在当时的中国，出国留学虽然并不稀奇，但主要集中在大学毕业生出国就读硕博，且主要依靠公派或获得大学奖学金，而读完高中自费本科出国留学在当时是件比较稀罕的事情。无疑，广碧启蒙了国内本科留学意识。

办学要有硬件和师资，在这两方面，广碧不惜投入。1994年3月1日，学校开始打桩建设，当年8月28日学校第一期竣工，其建设进展可谓神速。而在1996年，学校便实施电脑辅助教学工程，建成电脑教室9间，有450多台电脑。在当时的中国，电脑还是稀罕之物，使用单位多半会设置专门的电脑房，进出电脑房还得换鞋防尘，而广碧一出手便采购这么多的电脑，可谓舍得花血本。

在师资上，广碧高薪从全国招聘老师，对优秀教师甚至直接奖励一套三室一厅住房。广碧除引进北京景山学校教改成果外，还引进上海实验学校综合改革实验成果。1994年7月，顺德区政府、区教育局为扶持广碧，充实教师队伍，选派18位老师到校挂教。现在，名牌中学招录博士担任老师比较常见。而在创校之初，广碧便已经在大力引进博士做老师。广碧校内设有专门的超才培养博士工作室，配置了近30名博士，涉及计算机、生化、物理等十个学科，对天赋超群的学生进行一对一指导，提供个性化定制服务。

由于教育理念超前，且有政府支持，广碧一诞生便招生火爆。广碧于1994年2月18日举行首次新生报名考试，第一天便有160余名学生报名参加考试。1994年9月4日广碧开学，首期计划招生1050名，实际招生1309名。

广碧在创校之初并没有开设国际课程，前几届毕业生没有学生出国留学，均参加高考。1998年开始有学生参加高考，当年7人报考且全部考上大学。次年10名毕业生，有6人达本科线，4人超省市大专线，也实现了100%考上大学的目标。之后，广碧在高考方面基本上都实现了100%上大学的目标。

2001年，广碧获得IBDP和MYP授权，开始正式进入国际教育领域。为了保证IB课程教学质量，广碧以月薪4000美元优厚待遇聘请了数学、化学、地理和知识理论共四位DP外籍教师。2007年，学校获得A-Level课程授权。2013年，学校开设AP课程，当年有4名学生被牛津大学录取，国内高中有2人被清华大学录取。自此，广碧每年有不少学生拿到国内外名校offer。从2020年后，广碧更是每年收获多份藤校和牛剑offer。

广碧有比较成熟的升学指导体系，学生也比较有想法以及能够为自己的梦想而努力。2020届有位毕业生确定要申请建筑专业，她最早把剑桥大学当成自己的梦校，但后来了解到剑桥大学的建筑学侧重研究方向，而伦敦大学学院更注重创新和批判精神。两相比较之后，她认为伦敦大学学院更符合自己的想法以及对未来的职业规划，于是把所有的重点放在了伦敦大学学院上，除了提交作品集，她还经历了4轮面试，最终拿到了伦敦大学学院建筑学专业 offer。

除了在硬件上不断更新，广碧在课程和教学上也与时俱进。广碧官网上介绍到，学校开设了丰富的课程体系，包括融通课程、行知课程、STEAM 课程、艺术课程、体育课程、生活教育课程六个部分。融通课程侧重于培养学生的学术能力，行知课程侧重于培养学生的领导能力，STEAM 课程侧重于培养学生的创新创造能力，艺术课程侧重于培养学生的审美能力，体育课程侧重于培养学生的健康能力，生活教育课程侧重于培养学生的生活能力。

广碧为 K12 学校，在校师生高达 5000 人。广碧运作成熟后，培养出一大批专业人员，同时其办学模式也在国内其他地方得到复制，形成了国内小有名气的碧桂园系学校。

参考文献

①②④彩云著，《教育狂人陈忠联》，广东人民出版社，2005年1月出版，第16、81—82、210页。
③《转发省教育厅关于解决我省民办学校教育储备金问题的意见的通知》，粤府办[2000]6号，链接：http://www.gd.gov.cn/zwgk/gongbao/2000/6/content/post_3359903.html。

第二节　福建：侨乡之惑

2018年10月30日下午，我拜访了厦门外国语学校海沧校区，这是我首次到福建调研当地的国际教育状况。在当天的微信朋友圈里，我提到在沿海地区当中，福建的国际教育水平不发达，和其经济发展水平不匹配。

到福建做过首轮实地调研后，对当地的本科留学，我曾一度感到十分困惑。困惑之处在于，福建的本科留学发展水平在沿海地区处在垫底位置，无论是国际化学校/国际部数量还是出国留学人员，与同为侨乡的广东省形成天壤之别。福建为国内最早派出留学生的地区之一，著名的侨乡，经济发展不错，照理出国留学会蔚然成风，但现实中留学人数之少却让人大跌眼镜。

根据我的调研，福建的国际化学校/国际部主要集中在福州和厦门，泉州也有少量学校。福州不到 10 所国际化学校/国际部，每年本科出国留学人数估计有 200 人。厦门有 10 余所国际化学校/国际部，每年本科出国留学人数在 300 人左右。再加上泉州等地的学校，我测算下来，福建全省每年本科出国留学人数在 600 人左右。

福建国际化学校/国际部数量、出国人数规模以及国外大学申请结果，远不如同为侨乡的广东，也逊色于安徽、湖北、四川等中西部省份。广东省国际化学校/国际部总数为 140 多所，每年本科出国留学人数约万人。无论是学校数量还是留学人数，福建和广东相比相差甚远。

福建是国内最早派遣留学生地区之一。1875 年，福州船政学堂法籍正监督日意格被派遣到法国做采购，福州船政学堂派出 5 名学生跟他一起到法国、英国参观学习。虽然比 1872 年所派出的留美幼童晚了 3 年，但福州船政学堂的留法学生均为成年人，这些留学生学成回国后很快成为中国船舶建造和海军建设的得力干将。

福建地少人多迫使诸多闽人要离乡谋生，海上丝绸之路起点让福建人见多识广且把眼光瞄向国外，从中原不断迁徙到福建过程中让积极奋斗精神深入骨髓。在这种区域社会氛围熏陶下，福建成为国内著名的侨乡，闽籍华侨高达 1500 万人，华侨总数仅次于粤籍的 2000 万。不过，福建全省人口才 4100 多万人，只相当于广东省 1/3 的人口。若从占比来算，福建则应该是全国华侨率最高的地方。福建经济强，具有出国传统，且闽籍华侨数量庞大，闽籍学子要想出国留学十分便利。如此一来，福建的本科留学理应很热，但结果却非如此。

为破解困惑，我到福建做过多次实地调研和了解。经过长期的观察和调研，我最终的结论是物极必反和回归本源。福建在全世界各地有大量的侨民，但这并没有成为留学促因，反而让留学在福建并不受重视。换句话说，福建留学之所以在沿海地区处在落后位置，反而是因为有大量侨民。这似乎是个悖论，也与我们的常识不相符。对这个结论，我在下面会做详细分析。

回归本源

从福州坐车一个半小时左右可达平潭，游客一旦走到平潭 68 海里景区入口处，就能看到一行大大的字"祖国大陆离台湾岛最近的地方"，这行字所在地成为游客热门打卡之地。景区由猴研岛、研后岛、限山岛组成，岛上怪石嶙峋，草木稀少，海涛拍打海岸之声日夜不息。这里是平潭看海佳处，也是平潭岛上"光长石头不长草"的典型之地。平潭地理位置特殊，气候环境恶劣，加上周边渔业资源的枯竭，尽管离省城福州不远，但曾长期为穷苦之地。

穷则思变。平潭曾有不少人偷渡到国外谋生。2004年4月，7名平潭农民在伊拉克被劫持，后经我国驻伊使馆斡旋得以平安返乡。此时正是美国发动伊拉克战争期间，这7人反而跑到险地去淘金，着实让人感到不可思议。

平潭人冒着生命危险前往战乱之地淘金，说到底是为穷所迫。当时我正在一家财经大报做时政新闻记者，注意到这个事件，并向编辑提报了选题，但很遗憾的是编辑基于各种考虑，并没有同意我前往平潭做采访，没有留下当时平潭人偷渡成风的一手调研材料。

20年后我到平潭旅游，看到平潭已经发展得很不错。平潭和福州已经修桥连通，也开通了高铁。在20世纪60年代，平潭长期处在战备状态中，挖防空洞、建造地下粮库成为平潭人生活常态。在这种特殊的环境下，平潭人搞建筑尤其是做隧道工程经验丰富。在国内基建鼎盛时期，有10万平潭人在全国各地做隧道工程，每年所承接的隧道工程总值达到上千亿元，抢占了全国八成市场。2015年，平潭综合试验区建设启动，大力发展贸易、物流等产业。经济的腾飞让平潭人过上了不错的生活，偷渡之风也渐平息。（参见彩图43）

早期闽人偷渡到国外，由于没有身份，文化程度也低，自然只能做技术含量低的辛苦工作。而所处的环境自然也好不到哪里去，暴力和犯罪事件会多起来。因此，闽人偷渡史也是一部血泪史。

在国外闽人的遭遇，最终会反馈到故乡，而这些会让当地人对在国外生活有直观的感觉，一旦国内有更好的发展或者更好的条件，未必会再愿意选择到国外生活这条路径。

这点跟我江西老家子弟到广东打工的变化有类似之处。在二十世纪八九十年代，江西老家子弟到广东打工是一件时髦和颇受欢迎的事情，但过了30年后，家乡子弟多数选择返乡，也不大鼓励下一代再前往广东打工。老家子弟对到广东打工之事之所以会有这种变化，在很大程度上在于打工期间曾碰到很多艰辛与磨难，而能够在广东做出一番事业进而立足当地也少。家乡人一旦生活好转则不愿再重复这种生活，更想让孩子好好读书或者在乡创业、工作。因此，广东一带农民工的消失，不仅仅是产业转型或转移的问题，也是个社会学的问题，值得专家们去研究。

我在福州、厦门调研时了解到，福建现在并不热衷于让孩子出国留学。即便是具有国外身份的华侨后裔，其父母送回国内读书，也大多不会选择走国际教育路线，而是参加高考，以华侨生的名义来考取国内大学。我了解到这些情况后，对之前的困惑有了初步的答案。

由于有大量闽籍华侨存在，福建人对留学以及移民会从另一个层面来观察或者解读。中国人留学国外或者在国外工作和生活，深入研究下来，会发现如同硬币的两面。如果说正统的公派或者自费留学能够让中国学子接触到国外教育精髓和社会光鲜的一面，那么闽籍华侨更多接触到了国外阴暗层面。如此一来，福建家庭会更加全面和理性评估留学的必要性，留学在福建并没有光环，这在一定程度上来说也是让留学回归到了本源。

留学的驱动力是在国外能够获得比在国内更好的优质教育资源。从国家或者宏观层面上来说，通过派遣留学生，能够学习和吸纳国外的先进科技、文化等，学成后促进国内科技、文化等方面的发展。从个人或者微观层面上来看，则是学习国外更为先进的科技和文化，为个人的发展创造更大的机会。

由于有大量闽籍华侨存在，福建不少家庭会有亲朋好友长期生活在国外。如果从最终的出国工作或生活层面来考虑，福建人会有更多的选择，并非只有走留学这条路径。而有本科在国外读大学想法的闽籍学生，也很有可能在K12阶段便到国外留学，未必会等到大学才出去，这也在很大程度上减少了福建本科留学人数。

父母是子女出国留学的主要出资人，在子女留学决策方面有比较大的话语权，而在教育的认知上会有路径依赖。福建经商氛围浓厚，对教育的重视程度会不如北京、深圳那些依靠教育转变命运的家庭。学生留学所带来的思维观念、生活习惯等方面的转变程度，大大高于在国内读大学，而福建为国内传统宗族社会浓厚区域，这意味着留学给家庭带来的潜在矛盾和冲突可能会更多、更大。正因有这种潜在风险存在，不少福建家庭失去了送子女留学的兴趣和动力。

福州赛德文学校升学指导主管罗勤曾在北京的学校工作多年，对福建和北京家长教育理念差异有深刻体会。他提到说，北京很多家长是经过了高考筛选，天然对教育比较重视。而福建很多经商的富裕家庭，对教育不太重视，认为去读书还不如去做生意，这种观点放在北京是不可思议的。

"福建很多家庭会认为，一个人如果接受教育多了，容易墨守成规，会失去锐气和拼搏精神。为此，家庭反而不太赞成孩子读太多的书，读到本科即可。在这种情况下，福建的家长普遍比较看重大学排名，由于对国外大学不太了解，所以更容易看重外在的东西。"

还是以打工作为一个参考，在没有打工路径之前，江西老家人要想到广州、深圳这些大城市工作，要么考上大学分配到广州、深圳工作，要么参军转业到这边工作，路径很少，有点像现在想通过留学、工作再移民的方式，路径曲折而漫长。但现在有了打工这条路径后，想到广州、深圳这些地方很容易了，考大学或参军已经不再是唯二路径了。

前面提到，侨乡的特殊背景反而让福建的留学变得不那么热和受关注。但为何广东却出现留学热，无论是国际化学校/国际部数量还是出国留学人数，在国内均是首屈一指。我观察下来，广东的留学之所以跟福建不太一样，主要有两个重要原因：一是广东人口多，教育资源紧缺，导致需要通过留学来弥补缺口；二是珠三角有大批通过教育改变命运的家庭，对出国留学会更加看重，这点和福建不太一样。具体分析可参考广东省这一节中的阐述。

船政

前面提到，福建当今的留学并没有我们想象中那么热。但从历史上来看，福建的留学对国内影响深远，尤其是船政建设的兴衰，跟留学紧密相关。船舶建造、海军建设均是技术含量高的领域，清廷最早采取了直接购买军舰和雇佣外国海军人才方式，但这种方式不持久，尔后重点采取了引进技术、自建船舶和海军的措施。在这个过程中，西方技术的学习和引进则显得十分关键。船政起步之初主要依靠外籍技术人员，并选派优秀学生到法国、英国等国留学。这些船政海归人员学成后，渐成为船舶制造和海军建设的主力军，不但能够建造出军舰，甚至造出了中国首架水上飞机。这种进口替代的发展模式在后进国家中常用。

船政建设起源于战争的需要。对国力差距的感知，具有切肤之痛的莫过于军人。一国的军事装备和战术思想一旦落后，军人们就要付出牺牲生命的惨重代价。从鸦片战争后到清廷覆灭，对外战争中，除了在越南抗法中获得镇南关大捷，其他战争屡败于西方列强。军事上的不断失利，清廷意识到了西方列强的船坚炮利，所以引进西方军事技术和派人到国外学习军事技术则成为留学最早的促因。福州马尾的船政便是在这种背景下诞生的。

回顾福建船政，可看到其对近代中国影响深远。一是马尾成为近代工业的发祥地，不仅建船还能造飞机，我去马尾中国船政文化博物馆参观时，看到中国首架水上飞机也是出自船政；二是成为新式教育的发端，船舶制造和海军属于技术含量高的领域，为满足应用需求，清廷设置福建船政学堂，培养船舶制造技术人员和海军建设人才；三是近代海军的摇篮，清廷组建了船政水师，而近代海军总司令基本上出自福建。

全国沿海地区之多，船政为何唯独会选择放在福州？这是福州天时、地利、人和的综合结果。从天时来看，在两次鸦片战争中，英法海军船坚炮利，中国传统水师不堪一击，沿海门户形同虚设。面对海军实力的巨大差距，海防自强成为重要目标，福建作为沿海区域自然首当其冲。"师夷长技以制夷"，清廷首先想到的是直接购买西方军舰。由于对国外不熟悉，1862年清廷让在英国休假的中国海关总税务司李泰国协助购买军舰。次年，李泰国所订造的军舰组建为阿斯本舰队到天津，但清廷无法节制和调度阿斯本舰队，不愿做冤大头的清廷将舰队解散，把军舰转卖。洋务运动兴起后，清廷重视引进国外先进设备和技术，用于自己直接生产。

从地利来看，闽人善舟，福建具有较好造船基础。从南宋开始，福州历来是国内重要造船基地之一，船大、设备好、适合远航，其质量在国内为最好。元朝开国皇帝忽必烈两次派兵东征日本时，军队所乘坐的船便主要出自福州。明初郑和率船队七次下西洋，福州长乐太平港是制造郑和下西洋宝船基地之一。

从人和来看，福州居民祖上不少是从中原迁移过来的，保留了2000多年的中原文化传统，而千年海上丝绸之路又给福州带来海洋文化新潮。第一次鸦片战争后，福州成为五口通商之一。中西文化交融和沉淀在晚清面临外侵时终于爆发出新的张力，福州这块土地上涌现出一批睁眼看世界的先贤。1866年6月25日，闽浙总督左宗棠向朝廷提出在马尾设厂自造轮船的设想，由于规划严谨和实施有方，7月14日就得到了清政府批准，这么大的一个工程不到20天就得到朝廷确认可谓是神速。1866年9月，左宗棠调任陕甘总督。在离任前，他力荐福州人、原江西巡抚沈葆桢出任船政大臣。沈葆桢此时因母亲去世，丁忧在家。

沈葆桢为林则徐外甥兼女婿，深受林则徐的"师夷长技以制夷"思想影响。沈葆桢此次的任命比较特别，中国官员任职历来有回避制度，不在原籍当官是基本原则。沈葆桢作为土生土长的福州人，却仍然可以在福州担任船政大臣。船政尽管是清廷直属机构，但驻地还是在福州，这也说明晚清面对内忧外患以及军事建设的需要，打破了一些官员任职的旧规。这点在平潭水师中也常见，我在参观平潭的中国海坛海防博物馆时看到，驻平潭的水师官兵以平潭本地人为主。

船政落地在马尾有三个原因：一是离福州比较近，容易让清廷高官看到船政实际成果；二是离闽海关比较近，经费容易获取，因根据清廷的安排，船政建设费用主要来自于闽海关的税收；三是马尾在闽江下游，是深水锚地。

马尾是福州的重要入海口，海上丝绸之路的起点之一。从马尾起航的船只运走了中国所产的茶叶、瓷器、丝绸，运回了国外的香料、珠宝等。便利的海上交通带来了财富与繁荣，但在国弱民贫时则引来了战争与屈辱。

1867年7月18日，沈葆桢就任船政大臣，一直主政到1874年。沈葆桢采用了"权操诸我"的管理模式，用契约化引进西方先进技术，掌握造船技术和海军技能。

船政与法国人日意格、德克碑签订合同，负责组建和管理外国技术团队，这事得到了法国国王的支持。

船政一开始便十分重视教育，1866年，船政在福州开设了求是堂艺局，次年迁到马尾并改名为船政学堂。清廷认为此时法国强在船舶制造，英国强在航海，为此各取所长，设置了前后两个学堂。前学堂以法为师，学习法国船舶制造技术，以法语为教学语言，培养工程师等技术人才。后学堂属于海军军官学校，以英为师，用英语教学，主要学习驾驶技术。

1877年，船政向欧洲派出首批38名留学生，学习海军、制造和矿务、国际法等专业。从清末宣统开始，到欧洲留学成为由国家举办的海军、工程人员进修活动。首批学生留学的地方为英国伦敦国王学院、格林尼治皇家海军学院、西印度舰队、本土舰队、地中海舰队、东印度舰队、南非舰队。前学堂主要前往法国留学，所学之地为法国海军造船工程学应用学校、圣艾蒂安矿工学校、巴黎矿务学校、自由政治学院、沙隆工艺学校、土伦船厂、圣艾蒂安军工厂、罗昂兵工厂、布尔日兵工厂、圣沙蒙海军铁厂、布列斯特海军军官学校。1866—1911年，船政学堂有548名毕业生，总共有107人出国留学，其中英国为37人，法国为49人。学习造舰、驾驶、鱼雷等军用专业有81人。

船政前后学堂，民国期间分别改名为福州海军制造学校、福州海军学校，1926年两校合并为福州海军学校，1931年更名为海军学校，是中央海军唯一的军官学校。抗战爆发后，海军学校先迁至湖南湘潭，后相继迁往贵州桐梓、重庆两地办学。抗战胜利后，海军学校并入在上海新设立的海军军官学校，1949年迁到福建厦门，1949年8月迁到了台湾左营。

一件挺特别的事情是，1919年8月，由三名中国人设计并在马尾海军飞机工程处成功制造出了一架水上飞机，这架飞机现在来看自然十分粗糙，如机身用木材制作，但飞行性能达到了当时的世界水平。这是国内首架自制飞机，三名飞机设计师均从美国麻省理工学院毕业。

马尾还保留了船政不少旧址和遗物。我到马尾参观时，先到了马江海战纪念馆。1884年8月23日下午，中法马江海战爆发，不到半小时，福建水师全军覆没，有796名官兵阵亡，其中包括杨兆楠、薛有福、黄季良、邝咏钟等四名留美幼童。

这四名留美幼童在1881年回国后，安排在船政学堂后学堂学习驾驶技术并以优异的成绩毕业。到马江海战爆发时，杨兆楠、薛有福、黄季良在扬武舰上做练习生，职位并不高，杨兆楠和薛有福为六品军功，黄季良为七品军功。邝咏钟在振威炮艇上担任二副。

到甲午战争时，北洋海军军舰指挥官多是海归，日本舰队也基本类似，因此这也是一场中日海归之间的较量。日本海归在日本社会占到了主导地位，能够动用诸多资源，但中国海归则普遍处在怀疑和猜忌中，可使用的空间比较小，最终失败也不意外。

船政的船舶建设是依靠法国专家建起来的，船政水师的失败也可以说是徒弟被师傅打败了。法国之所以会挑起马江海战，在于1870年普法战争败于普鲁士后，急于拓展殖民地来恢复元气，其盯住了越南，为此需要通过一场战争来牵制或者教训越南宗主国中国，马江海战由此而爆发。因此，马江海战规模较小，法国舰队获胜后也没有扩大战果而是进行了撤离。

清廷在马江海战后，加大了海军建设，从福州船政学堂毕业的学生则获得了比较大的发展空间，典型代表便是严复。严复是福州人，一位中西文化集大成者。他到英国学习海军技术，但也积极参加科举考试。他是介绍西方学术到中国的先驱，翻译了《天演论》《原富》等一批西方经典书籍。严复是沈葆桢所招录的第一批学堂新生，当时沈葆桢出的题目为《大孝终生慕父母》。严复因父亲新丧，感情真挚，文章一气呵成，感动了也是母亲新丧不久的沈葆桢，为此严复被定为第一名。严复在船政学堂学习了5年，有过6年的航行实践，可谓是见多识广，是当时难得的睁眼看世界的中国人。

严复从英国留学回来后，先后参加过四次乡试，但均落第。严复想通过参加科举考试获得国内正统的接纳，这跟胡适娶小脚老婆如出一辙。

1879年8月，严复从英国留学学成回国后，先到福州船政学堂任教。次年，严复到天津参与创建北洋水师学堂，并任总教习。1890年任总办（校长）。到1900年，八国联军占领天津捣毁了学堂，严复在这边工作了足足20年。尽管并没有直接上阵打仗，但严复作为海军学校的校长，对军事上的失败深感屈辱和悲愤。1894年，甲午战争黄海海战中，严复的很多同学或学生在战争中牺牲，这成为严复思想的转折点。自此之后，严复在理论上发力，这颇有点类似鲁迅弃医从文的经历，翻译出版《天演论》等书，"物竞天择，适者生存"等思想唤醒国人。这些思想推动了"戊戌变法"，严复也与维新人士关系紧密。

福州

福州国际化学校/国际部总共不到十所。其中公立学校主要有三所，即福州第三中学有中加班，福州师范大学附属中学有中美班，福州第八中学有中澳班和中美班。而福州当地最好的高中即福州第一中学并没有开设国际项目。

国际化学校主要有四所，分别为福州赛德文学校、福州市阳光实验学校（原福州阳光国际学校）、福州中加国际学校。另外有一所招录外籍人员子女的国际学校，即福州西湖国际学校。整体而言，福州的国际教育规模和办学水准与邻省广东的广州、浙江的杭州相比有比较大的差距。

福州是座比较宜居的城市，导致当地市民并不大乐意让自己孩子到外地工作，除非孩子有机会到北上广深等一线城市工作。福州城区人口不多，只有400多万。同时，福州处在浙江和广东之间，交通比较便利，且福州的经济实力与泉州基本相当，导致省内其他地方学生来福州就读国际项目意愿低，虹吸效应并不明显。

前面所提到，福州当地人普遍具有海外背景，出国并不是件难事，导致留学本身在福州当地并没有光环。我在当地调研时了解到，福州当地家庭一门心思让孩子出国留学并不多，即便就读了国际班也往往会考虑高考和留学双保险的方式。我从福州当地的国际教育界朋友中了解到，一些学校的国际项目，学生在高一后还可以做高考和留学的选择，最终学生还是以参加高考居多。我了解到在新冠肺炎疫情期间，有个公立学校的国际班毕业生有90人，但最终出国留学的学生不到20人。国际项目学生以参加高考为主，这种现象在国内还比较少见。

一些具有外籍身份的福建子弟，散落在福建各个学校里面。这些学生往往倾向于参加联考，不过由于有4年内必须有两年在国内读书的经历要求，福建不少具有外籍身份的学生比较青睐于上国内中外合作项目的计划外招生。

福州的国际教育整体乏善可陈。创办时间不久的福州赛德文学校是福州当地一所新兴的国际化学校，下面对这所学校做些介绍。

福州赛德文学校是一所英式国际化双语学校，提供幼儿园至高中15年一贯制教育，且在中学阶段开设中高考和国际升学两个方向。学校的创建挺具有福建特色，创始人为华人企业家林文镜。

林文镜为福州当地人，创办了融侨集团。在印尼获得事业上成功后，开始关注教育事业，在印尼创办了雅加达南洋国际学校，在福州创办了6所幼儿园。2018年，融侨集团和有500年历史的英国赛德伯学校强强联合，创建了赛德文学校。

赛德文学校实行小班化教学，国际升学方向每班不超过24人，中高考方向每班不超过30人。在国际升学方向开设了A-Level课程。赛德文在2021年有首届高中毕业生，众所周知，2020年新冠肺炎疫情暴发后，国外大学的申请变得十分激烈。面对这种竞争格局，赛德文作为一所新的国际化学校，在国外大学申请上有不错的表现，2022届毕业生陈涵一拿到了斯坦福大学offer。本节后文对陈涵一的成长历程和申请情况会进行详细介绍。

厦门

厦门是一座环境优美的海滨城市，其社会环境和留学背景与省城福州有比较大的差异。前面提到，福州本地生活安逸，深受移居国外以及船政等影响，整体而言对留学并没有光环感，整个留学业态比较佛系。相比之下，厦门的家庭对留学重视程度则高于福州人。厦门是福建的经济发达城市，外地人多。不少通过教育而立足的新厦门人，其对子女教育的重视和投入均会比较大，这有点类似深圳和广州的差异。

谈到厦门的国际教育，则不能不提厦门大学。国内对中外合作办学研究最有名的大学并非出在北京或上海，而是厦门大学。也就是说，国内国际化学校/国际部的政策导向、运作模式等研究，厦门大学代表国内最高水平。不光在国际教育研究上做到全国前列，厦门大学还直接参与实践，在马来西亚建造了分校，成为国内少数在国外开设分校的大学之一。

厦门大学创始人陈嘉庚先生从 1904 年开始，在厦门老家办学，从幼儿园到小学，再到中学体系，但他意识到当地没有一所大学，则他所创办的学校就不会有足够的合格教师，于是在 1921 年创办了厦门大学。

厦门大学创建后是所综合性大学，由于与台湾相邻以及地理上的孤立性，导致在院校调整中被边缘化。1952 年，厦门大学教育学院被迁到福州创办师范大学，由于要保留足够多的课程和教育学专家为中学提供自然科学和人文学科方面的师资，厦门大学将教育学专业保留了下来，这在当时的综合性大学中是独一无二的。因按照苏联模式，综合性大学只保留基础自然科学和人文学科。

厦门大学现为国内一所公立名校，校园之美闻名全国，成为厦门旅游的打卡之地。厦门大学在国内大学中有比较特别的地方，除前面所提到的在院校调整中保留了教育学专业外，创建之初为私立大学的基因使得它具有根深蒂固的校友捐赠传统。地处东南一隅，厦门大学具有相对较高的独立性。私立基因带来灵活性，远离要地形成独立性，创校人员具有前瞻性，这些让厦门大学独一无二，也让厦门大学颇有点类似美国的私立名校。

一所名校会给周边社区乃至整个城市带来潜移默化的影响，比如合肥依托中国科学技术大学这所国内顶尖名校发展起高科技产业，北京的中关村之所以能够崛起得益于周边聚集了大批名校，昆山杜克大学创办后大大提升了昆山人才结构和技术水平。我从厦门国际教育界了解到，当地的国际化学校/国际部或多或少得到了厦门大学在师资、学生背景提升等多方面的支持。

我统计到厦门有 10 余所国际化学校/国际部，每年本科出国留学人数约为 300

人。厦门的国际教育政策很特别，2016年，厦门教育局批准确定了厦门一中、双十中学、外国语学校、厦门六中、厦门实验中学、海沧实验中学、厦门第二外国语学校、厦门三中、灌口中学等9所学校为厦门首批普高教育国际化试点学校。

2016年3月29日，厦门教育局所颁布实施的《厦门市教育局关于推进普通高中教育国际化的实施意见》文件提到，教育局鼓励普高与国外优质高中合作举办独立设置的中外合作高中学校，到2020年全市创建10所教育国际化试点学校。从这点来看，厦门教育局还是具有前瞻性的。

在厦门国际化学校/国际部中，厦门外国语学校是一所比较特殊的学校。厦门外国语学校创办于厦门特区成立的1981年，最初的校名为"厦门市英语中学"，校址位于美丽的鼓浪屿上。后几经发展，厦门外国语学校在2023年时有思明、海沧、集美三个校区，为国内16所具备推荐资格的外国语学校之一。该校有26所海外姐妹校，有比较丰富的国际交流活动。该校除具有英语特色教学外，还重视学生科创、学术竞赛，学校有管弦乐团、合唱、舞蹈等三大社团，管弦乐团屡获大奖。学校和加拿大多伦多大学等国外名校有直通车项目。

厦门外国语学校曾设置过中美班，但在2018年取消。该校从初中开始，开设了法、德、日、西等小语种课程，进行"英语+小语种"的复语教学，学生具有比较高的外语水平，出国留学有比较大的选择空间。比如德国是不错的留学地方，但由于国内绝大部分学生不学德语，导致德语成为赴德留学的拦路虎。厦外有德语教学，且是国内为数不多的德语DSD二级考点学校。这意味着厦外的学生在通过DSD二级考试后，凭国内的高考成绩可以直接申请德国的大学。厦外的留德学生普遍学业不错，在德国大学当中有比较好的口碑。从2000年至2023年，厦外有近千名毕业生出国留学，不乏学生进入哈佛大学、耶鲁大学、剑桥大学等世界顶尖名校就读。

厦外的国际教育水平在福建省内中学中是最高的。我去过厦门外国语学校海沧校区调研，海沧校区为高中部，校区挺漂亮的。从2018年后，厦外并没有专门设置出国留学的国际合作项目，但由于学校的外语教学见长，以及竞赛、体育、音乐等方面也受到学校重视，另外还有国外名校直通车项目，这些为想出国留学的同学提供了很好的条件，能够满足外语学习和背景提升需要并与国外名校对接。因此，厦外每年会有几十名学生选择出国留学，有不少学生能够拿到世界顶尖名校的录取。

和福州赛德文学校比较类似的是，厦门华锐莱普顿学校也是一所英式K12国际化学校。该校由上海的中锐教育集团与福建名企弘信、安踏、特步等共同投资创办。2016年，中锐教育在江苏苏州创办了苏州工业园区海归人才子女学校，这所学校的定位和运作方式与厦门区域特性有比较大的关联之处，可谓经验丰富，这也使得厦门华锐莱普顿学校发展比较迅速。这所学校除了开设 A-Level 课程外，还开设了 AP 课程，PYP、MYP 也获得了 IBO 正式授权。2022 年，该校有首届毕业生，全部获得世界排名前 50 大学 offer。

厦门国贸枫禾学校位于厦门岛内，周边环境优美，是个读书的好地方。这所学校只有高中部，开设了 A-Level 课程。2020 年，该校有首届毕业生。截至 2023 年，四届毕业生中拿到过牛津大学、帝国理工学院、伦敦政治经济学院、伦敦大学学院等 G5 名校 offer。学校反馈到，在历届中考生源中，有 1/3 的学生中考成绩在厦门全市排名前 4000 名以内。在教学上，该校采取了分层教学模式。我注意到，该校推出了跨学科交融课程，这种设置方式是将不同学科融合在一起，让学生能够从不同的角度来理解或者学习某一方面的知识。这种课程设置要求比较高，需要整合不同学科知识以及需要升学指导老师参与。我看到北京第四中学等名校也在推行这种方式。

师大留学

我在网上淘到了一本《留学纪事》[①]小册子，由福建留学生同学会福建师范大学分会编，是在 1994 年 1 月被制作出来的。这本小册子不是由出版社出版，为内部材料分享。小册子收录了 23 位福建师大曾有过出国留学经历的教授所撰写的回忆录。我看后觉得挺有意思的，从中也可以侧面看出福建留学的一些特色。

小册子介绍说，在 1994 年 1 月，福建留学生同学会福建师大分会此时有会员 80 多人，如果从 1916 年留学学人算起，福建师大的留学生史几乎和师大的校史一样悠久，几乎各个历史时期都有人出国留学。

小册子里面提到，1989—1994 年间，福建师大派往各国的留学人员有 150 多人。此时已经学成回国的有 70 多人，有 55 人成为正副教授，26 人成为校、系、所领导。

小册子里面有师大分会会员名单，我统计了下，总共有 83 名会员，其中 13 名女性，70 名男性。下图是我根据小册子的名单整理出来的留学国分布情况。

福建留学生同学会师大分会会员留学国情况（1994年1月统计数据）

国家	数量	占比
美国	29	35%
日本	12	14%
英国	9	11%

续表

国家	数量	占比
澳大利亚	7	8%
苏联	6	7%
德国	6	7%
比利时	4	5%
新加坡	4	5%
菲律宾	1	1%
法国	1	1%
博茨瓦纳	1	1%
罗马尼亚	1	1%
加拿大	1	1%
挪威	1	1%
总计	83	100%

从留学国分布来看，美国、日本、英国为出国留学最多的三个国家，占到总量的60%，而苏联的留学占比却只有7%。会员留学的时间跨度比较长，从民国到共和国期间，长达78年。

1949年前，日本和美国是中国学生留学量最大的两个国家。1949年到1978年，美日留学基本停滞，侧重向苏联以及东欧国家留学，但总数只有1万人左右。为此，福州师大美日留学占到前两位，而苏联屈居第五位也是在情理之中。

前往英国留学的9人中，有4人学英语相关专业。去美国留学的也有4人学习英语相关专业，很有意思的是，前往美国留学人员当中，居然有2人学中文。而福建和东南亚一带关系紧密，也有人前往菲律宾和新加坡留学。

在23位福建师大海归回忆录中，大部分的留学是比较艰辛的，即便有官费支持也需要勤工俭学来维持生计，甚至有因为汇款没有及时过来，晚上不得不到火车候车室或者公园里面过夜。而在日常的生活和学习中，常会碰到文化的差异与冲突。

比如1980年1月去日本筑波大学留学的张景榴回忆说，当时日本的商店均提供厕所给顾客使用。而当时我国城市里各大商店，几乎清一色不给顾客提供卫生间。

这种差异在改革开放之初还不断出现，比如江苏省昆山市所引进的第一家外资企业，是一家日资手套公司。双方在工厂的章程、内部管理制度上分歧比较大。光厕所的设计，中日双方便谈了三天半，中方习惯于把厕所放在工厂的角落里面，而日方坚持把厕所放在厂房的中间位置。最终中方采纳了日方的设计方案，所以等工厂建成后，一进工厂前台便可看到厕所。日方这样做是有道理的，因厕所放在中间的位置，可以节省员工如厕时间和路程。此外，中方那时习惯将厕所垫高，但容易造成积水，日方坚持将厕所建成这样的格式：在中间挖沟，沟旁边稍微凹进，这样就不会有积水。

又比如曾两次赴美留学的林玉玑提到，1921年初到美国留学时，按照大学里的习惯，大一新生需要戴绿色帽子以显示新生的身份。他和中国过来的同学沟通后认为不符合中国的习俗而予以抵制，最终校方和他们折中妥协，让他们戴一周即可。

从福州走出去的斯坦福学子

陈涵一是福州赛德文学校2022届国际高中毕业生，当年获得斯坦福大学录取。陈涵一是福州赛德文学校国际高中第二届毕业生，作为一所新创办的学校，其毕业生能够在竞争极为激烈的美国顶尖名校中获得一席之地着实不易。

陈涵一的托福成绩为116分，雅思为8.5分，SAT为1540分，所选修的4门A-Level课程也均获得了A*成绩。毫无疑问，陈涵一的学业成绩达到了美国顶尖名校的申请门槛，但在顶尖名校激烈的申请竞争中，如何凸显自身个性，获得招生官的青睐，则是另外一个十分关键的问题。在美本顶尖名校申请中，福建全省历来少有建树，陈涵一的申请成功则显得十分的突出。

陈涵一的妈妈陈美月是福州长乐区一所知名公立小学的校长，福州赛德文学校升学主管罗勤老师参与了陈涵一的大学申请辅导。我与她们两位交流后，深感陈涵一作为从福建出来的学生，具有鲜明的福建区域特性，从她的成长经历也可以看出福建这块土地上滋养出来的学子特性。

陈涵一自小成绩优秀，小学一年级到六年级12次期末统考中，除五年级下学期位列年级第三名外，其他均名列年级第一。陈美月提到，女儿整个小学阶段，每项考试基本上都是满分，在小学五年级时便已经学过了普高知识。由于学业成绩太过优秀，初中时则直接从初一跳级到初三。不过，面对女儿有如此优异的成绩，陈美月曾一度忧心忡忡。

"我并没有把女儿成绩优异当成一件十分骄傲的事情，反而比较担心。一是如果次次考试得满分，说明是一个循规蹈矩、迷信权威的学生，因为考试答题与答案略有不同便会扣分；二是这会给孩子形成比较大的压力，学习和生活不够轻盈；三是学霸的光环会导致出现狭隘空间局限，不会跨界学习。现代科技发展日新月异，需要有综合能力、自学能力，内驱力尤为重要。"

陈美月十分重视女儿的中国传统文化教育。对她来说，每天教女儿学习古诗文是本能而非刻意坚持。在小学三年级时，陈涵一便能够背诵唐诗三百首，到五年级时，对《滕王阁序》《离骚》等经典文章能够倒背如流。

由于工作关系，陈美月比较早考虑女儿读书路径规划的事情。在陈涵一小学四年级时，陈美月认为周边教育资源，已经不能满足女儿的教育需求，需要选择其他更为优质的教育资源。这个时候，出国留学则成为她考虑的重点，不过出国留学在长乐当地并不受重视，属于非主流。

长乐虽具有移民传统但留学生很少。在20世纪70年代，长乐当地人流行偷渡到国外以及通过假结婚等方式来获得国外身份，到国外讨生活。20世纪90年代后，长乐当地发展起钢铁和纺织业，随着经济快速增长，当地人富裕起来。富裕起来后的家庭已经不需要让子女通过移民或者留学来提升生活质量，子女只要继承家族企业，则一样能够生活得很好。

长乐很多人虽文化水平不高，但抓住了社会发展红利期，进而获得了事业上的成功。不过，这些做法早晚会被时代所淘汰。

"我在办学过程中，一直在思考如何培养出未来世界的积极公民，女儿便是我很好的培养对象。我认为没有见过世界的人，不会有世界观。为此，我是想把女儿送到国外读大学，学习最为先进的技术，实现洋为中用的目的。"

很巧合的是，2018年，在陈美月为女儿寻找合适学校的时候，恰逢福州赛德文学校落户长乐。这所K12学校由从福清出去的印尼著名侨领林文镜所创办，采用了英式学校管理模式。福州像样的国际学校比较少，陈美月可选择的余地并不大。她实地考察过赛德文，当时还是一片空地，便翻围墙进去看了学校。

陈美月提道："我算是运气比较好的，当想找一所国际学校的时候，正好碰上了赛德文创办。我将女儿送到赛德文就读后，当时压力很大，毕竟孩子的教育是不可逆的，不能把孩子当成试验品。我始终认为，在子女教育上，好妈妈的作用胜过好老师，在家里能够完成高质量的教育。当我教育女儿能力达到极限的时候，赛德文这所新学校能够接棒给予我支持和帮助。我也听到对学校的一些不同声音，但两害相权取其轻，我更看重学校能够给予女儿什么样的成长资源和帮助，最终还是将女儿放在赛德文就读。刚开始我还是有些不放心，并没有马上把孩子的学籍转过去，如果女儿在赛德文体验不好，还可以转回体制内学校。不过在女儿就读了一个学期后，我对学校彻底放心了，并把学籍转到了赛德文。

"女儿到赛德文学校就读后，受到学校各方面的重视和照顾。但我一直认为，教育孩子是父母自己的事情，需要始终跟进。我原本对国际教育一无所知，等女儿进入赛德文后，我则迅速学习和转型，了解国际教育情况。两个月后，在与学校沟通升学规划时，我则游刃有余，被校长认为可以到学校做升导工作。在孩子的成长过程中，我需要掌控和了解一些东西，如果自己不了解，是不敢把孩子交出去的。"

陈美月跟我提到，新冠肺炎疫情期间，SAT考试十分不便，美国大学也没有强制要求提供SAT成绩。但考虑到福建的学生申请美国的顶尖名校不具有地域优势，为此还是确定让女儿去参加SAT考试，最终拿到了1540分的高分成绩，这为能够申请到斯坦福大学应该加分不少。

陈涵一在拿到了斯坦福大学offer后，2022年7月曾到长乐的陈氏总宗祠祭祖。这一举动很具有福建宗族传统浓厚的地域特色。陈姓是长乐大姓，在当地建设了陈氏总宗祠。陈美月提到，长乐的陈姓族人每逢家族大事，会到总宗祠祭祖，这具有告乃翁的意义。

对福建当地浓厚的宗族传统的理解，成为陈涵一申请文书中的重要内容。福州赛德文升学主管罗勤老师参与了陈涵一的申请规划过程。他提到，陈涵一的背景提升是水到渠成，紧密结合了福州当地区域文化特性，并凸显了陈涵一的个性，进而形成了一个十分真实和具有个性的学生。陈涵一最终能够被斯坦福大学录取，跟她具有鲜明特点有关。

陈涵一书法不错。最开始的时候，她通过售卖书法作品的形式，在当地一个乡村建立了图书馆，关注乡村儿童读书情况，并延展到乡村女童接受平等教育权利的问题。在这个过程中，陈涵一发现长乐当地宗族观念强，社会上普遍重男轻女，她也潜移默化地一直以男孩的高标准要求自己。随着自己逐渐成长，她开始注意到男同性恋这个群体，男同现象起初让她感到惊讶，因为自己没有想到会有男生想当女生。通过审视这些现象，她重塑了自己对于男女性别的观点，并成为主文书的核心内容。

而在乡村建设过程中，由于移民人多，导致乡村留守老人和儿童比较多。陈涵一注意到这个现象，并开始参与到长乐的移民研究和社会调查中。

罗勤老师提到，陈涵一的主文书写的便是在福州宗族社会传统影响下的重男轻女社会现象，男生和女生相互转变角色的观察。应该来说，陈涵一的主文书是深根于福州当地区域文化特性，自己辅导下来也感觉特别踏实。

他说："陈涵一的申请成功也能够给国内其他城市同行带来一些参考，这让我们意识到，申请美国顶尖名校，我们并不需要模仿大城市的做法。学生展示出真实的自我，是教育的本质，也是美本申请的初原目的。和我曾工作的北京相比，福州的国际教育理念和氛围差距比较大。不过，从陈涵一这个成功案例可以给我们很多启示，要侧重为学生找到个性特色，相信大家都是可以做得到的。"

参考文献

① 《留学纪事》，福建留学生同学会福建师范大学分会编，1994年1月。

第三节 广西：东盟痕迹

每个地区的国际教育深受当地历史传承、经济水平、地理位置、社会环境等综合因素影响，会形成不同的业态。西南广西的国际教育整体并不发达，但由于连接东盟、背靠大西南以及对接大湾区的区位特点，国际教育也呈现出显著的区域特点，或隐或现彰显出邻近东盟的地理位置对国际教育的影响。

如果单从国际化学校/国际部数量以及本科出国留学人数来看，广西的留学发展水平在沿海地区处在后端。我实地调研发现，整个广西全区只有五个本科留学项目，其中南宁有三个，即南宁第二中学国际部、南宁哈罗礼德学校、广西大学国际学院国际预科班，桂林则有广西师范大学附属中学国际部、广西师范大学附属外国语学校国际部两个项目。我统计下来，广西国际化学校/国际部的国际高中毕业生为100多人，在沿海地区中应该是最少的。

我在2018年11月首次到广西做国际教育调研。之后除新增了南宁哈罗礼德学校外，广西有三所公立名校陆续关闭其国际项目，即柳州高级中学、柳州铁一中学、南宁第三中学。

作为沿海地区，广西在对外交流上有得天独厚的优势。广西北部湾有常年不冻港口和绵长海岸线，有内河连通内陆腹地，与东南亚、南亚等国家有悠久的交流传统，早在西汉就已经开通了海上丝绸之路。随着贸易的频繁往来，教育和文化的交流也随之增多。在这种地理和人文社会环境影响下，广西的国际教育自然也具有显著区域特性。

在桂林的广西师范大学育才校区里面有个专门的越南学校纪念馆。20世纪50—70年代，有8所在中国办学的越南学校培养出万余名越南学生，这些学生中出现了5

名越共中央政治局委员、4名副总理、30多名将军。这8所学校主要在广西的南宁、桂林和江西的庐山办学。①广西师范大学的王城和育才校区曾是越南学校的办学点，为国内接受和培养越南留学生最多的高校，广西师大也是在越南建立孔子学院的唯一高校。

广西邻近东盟十国，为此在留学上也受到这个地理因素的影响。如广西民族大学东南亚语言文化学院，开设了柬埔寨语、老挝语、马来语、缅甸语、泰语、印度尼西亚语、越南语等小语种专业。我几次到广西调研后了解到，广西学生本科留学和国内其他地区的学生一样，以美、英、加、澳方向为主，但在大学毕业生出国留学上，会有不少学生选择到东南亚一带的大学深造。

2018年11月，我首次到南宁做当地的国际教育调研，依次拜访了南宁第三中学中加班、南宁第二中学国际部。这是南宁两所公立名校，高考成绩出色，而南宁的国际教育也是以这两所名校为主。我调研时发现，南宁第三中学中加班、南宁第二中学国际部负责人分别在济南、广州长期从事过国际教育工作，均有创建国际部、国际学校的实操经验。

这也是我在西南、西北走访学校时发现的一个现象，即便再偏远的地区，当地国际部负责人往往也曾在国际教育较为发达的地区工作过，甚至在美国出生长大，学校本身的师资力量和沿海相比，差距并没有想象中那么大，最大差异在于生源质量以及当地社会对国际教育的认知水准。此外，由于南宁当地国际教育氛围淡薄，学校需要把比较多的精力放在氛围营造工作上。为此，当地国际化学校/国际部更为重视家长的互动交流，通过组建家长学院、开设家长课堂等多种形式，提升家长对国际教育的认知。

从桂林到南宁

在一个深秋的晚上，我又一次抵达桂林做当地国际教育调研。我下高铁尚未出站时便能闻到桂花香。桂花为桂林的市花，全城种植，随处可见。听桂林当地学校老师介绍说，我来之时正是桂花盛开时节，满城飘香，为桂林旅游佳期。

桂林一度为广西首府所在地，曾长期是广西的政治、经济、教育文化中心。虽然广西首府在1950年迁至南宁，但桂林的教育底蕴和根基仍然存在。

广西的留学也最早是从桂林兴起，广西大学创始校长马君武是桂林人，也是广西第一批留学生。马君武于1901年赴日留学，在日本京都帝国大学学习应用化学。1906年学成后，马君武回上海参与创办中国公学。

此时的日本以德为师，其学识很多源自于德国，为此从日本学成回国的中国留学生，不少会把德国作为后续留学地，马君武便是其中之一。1907年，马君武赴德入柏林工业大学学习冶金，获得工学学士学位。辛亥革命前夕，马君武回国并从政。政坛失意后，马君武再次赴德留学，于1915年获得柏林工业大学工学博士学位，被视为国内获得德国工学博士学位第一人。次年，马君武回国继续从政，曾短暂担任过广西省长。1924年后，马君武主要从事教育工作。1928年，马君武从上海回广西，参与创办广西大学并担任校长。（参见彩图44）

马君武两次留学德国，他在主政广西大学时，很重视将德国工科大学办学理念借鉴过来，重视科研与实用技术的推广。在他主政时期，广西大学成为国内一所知名的国立大学，也是国内少见的德国模式大学，跟以美国大学为主导的大学截然不同，和蔡元培所主导的北京大学相媲美，有"北蔡南马"之说。

在桂林正阳步行街靠近杉湖入口处，有两个不起眼但对桂林的发展具有深远意义的点位。一个是马君武故居旧址，故居现在已经不复存在，但马君武对广西教育和留学留下深刻的影响。

另一个是马君武故居旧址东南方约百米处，有一座浙江宁波人王正功挥毫作诗雕像。知道王正功的人估计不多，但他所写的"桂林山水甲天下"则为天下所知。1201年，在桂林做官的王正功宴请中举的11名桂林举子。此时对饮少不了要作诗助兴，王正功作两首《鹿鸣宴诗》，诗中提到"桂林山水甲天下，玉碧罗青意可参。"王正功的本意并非要赞美桂林山水，而是希望这些新中举的士人在学业上要更上一层楼，最终能够像桂林山水一样秀甲天下。王正功这两首《鹿鸣宴诗》被刻在独秀峰南壁上。不久王正功因秉公处理一起兴安县令之子打死县衙小吏案件，被诬告丢官。由于被罢官之故，王正功的《鹿鸣宴诗》石刻被用泥封住，长达近八百年。一直到1983年，桂林考古工作者意外发现保存完好的《鹿鸣宴诗》石刻，进而解开了"桂林山水甲天下"是谁最早提出之谜。（参见彩图45）

桂林山水甲天下的说法广为人知，桂林成为世界级旅游城市。我在桂林博物馆参观时，看到还有专门的外国政要和王室赠送礼品展厅。20世纪60年代以来，先后有160多位各国政要和王室成员来桂林参观，展厅展示了不同阶段和不同国家赠送给桂林的礼品。桂林作为一个地级城市，能有如此多的外国政要和王室成员前来参观是比较少见的。

2018年11月，我首次到桂林调研当地的国际学校，去拜访了广西师大附属外国语学校国际部。桂林的国际教育状况与其城市特性息息相关。国际部负责人介绍说，当时很好招外教，因为有很多外教喜欢桂林，并愿意留在这里工作和生活。有意思的是，昆明第一中学国际部也反馈说，昆明招外教挺容易。可以看出，旅游胜地的国际项目对外教很有吸引力。同时，桂林拥有十余所高校，数量之多在中西部地级市当中比较少见，这跟桂林曾经为广西首府有关。由于高校比较多，学生找科研项目较为容易,在语言上也有高水平老师可以提供辅导。

后来,我再次到桂林调研,桂林有两个国际项目,即广西师范大学附属中学国际部和广西师范大学附属外国语学校国际部,桂林当地一般分别称这两所学校为一附、二附。

广西师范大学附属中学是广西教育厅直属的一所公立名校,在桂林当地被称为"一附"。该校办学历史悠久,校歌是由国歌词作者田汉先生及其夫人安娥女士在校任教时共同创作。其国际部创办于2012年,实行小班分组教学,针对学生个性和发展需求进行课程搭配,让每个学生均能全面发展。国际部毕业生去向多元化。办学以来,国际部有数百名学生被海内外名校录取。2019年,国际部一学生被康奈尔大学录取,成为广西首个本土培养的藤校本科学生。

广西师范大学附属外国语学校是一所国有民办学校,国际部是在广西师范大学育才校区内办学。很特别的是,国际部所在的楼原为大名鼎鼎的广西师范大学出版社办公所在地。国际部楼外表为黄色,和周边其他楼颜色不同。广西师范大学附属外国语学校创建于1984年,国际部开设了A-Level和AP课程。从2014年至2023年,拿到世界排名前50大学offer的国际部毕业生占到总数的一半,拿到了超千万美元奖学金。

从桂林坐高铁到南宁,会途经柳州。柳州的一辆车(五菱宏光)和一碗粉(螺蛳粉)在国内知名,也是广西的经济重镇,其经济实力仅次于省城南宁。我在2018年11月曾去过柳州做过当地的国际教育调研,当时柳州两所名校即柳州高级中学和柳州铁一中学均开设了国际部,但旋即被取消。

桂林为世界级的旅游城市,而南宁的产业支柱则更多在贸易上。作为中国东盟自由贸易区的核心城市,南宁和东南亚联系紧密。

广西的本科留学仍然倾向于传统的美、英、加、澳,这应该是跟这些国家教育更为优质有关,广西的学生也是希望能够接受到最为优质的教育。但在大学毕业生留学上,会更多地考虑到就业。大学毕业后,如果选择到马来西亚、泰国等东南亚国家的大学留学,则对未来从事与东盟有关的工作有利,也相对有更多的机会获得工作。

我查看了广西大学、广西师范大学、广西民族大学2022年度毕业生就业质量报告,发现大学毕业生也仍然是以英联邦国家留学为主。比如广西大学出国出境的2022届毕业生中,30.97%的学生去英国留学,中国香港和澳大利亚均为14.16%,前往马来西亚和泰国留学的学生分别占到总量的1.77%和0.88%。广西民族大学2022届有223名毕业生出国出境,其中有38名本科毕业生出国出境留学,到泰国、马来西亚等国留学的本科毕业生有4人。

南宁主要有三个国际项目,即南宁第二中学国际部、南宁哈罗礼德学校、广西大学国际学院预科项目。

南宁二中为广西公立名校，创建于1906年，是广西考取清北人数最多的中学。国际部位于凤岭校区，这个校区为广西占地面积最大的高中。国际部在2012年创建，11年间共培育了830名毕业生。这批兼具中华情怀和国际视野的广西籍学子从百年名校南宁二中毕业后，本科、硕博阶段走进包括哈佛大学、麻省理工学院、帝国理工学院等在内的世界超一流大学学府就读。国际部历届毕业生收获4110份世界百强名校录取，4660万元奖学金，174位毕业生就读硕士和博士。

2018年11月27日，我首次到南宁二中国际部调研。在参观学校途中，我碰到了一群刚打完棒球的国际部学生，国际部负责人刘立老师和我与几位学生合了个影。2021年4月，我在看南宁二中国际部官方微信公众号介绍一名叫杨斯茜的文章时，很意外发现当初和她合过影，当时对这名学生的感觉是挺阳光的。杨斯茜在2021年获得加州大学洛杉矶分校、多伦多大学、利兹大学等15所大学offer，最终选择就读利兹大学牙医专业。

我再次去南宁二中国际部调研了解到，2020年新冠肺炎疫情暴发后，当年推行了"不出国门的留学"措施，和大学进行合作，为学生拓展留学渠道。2021年，南宁二中国际部推行惠民留学，关注东南亚一带的留学。2022年，南宁二中国际部关注中国香港地区的大学。

针对南宁国际教育环境整体比较薄弱的特点，南宁二中国际部推出了家长学院，重视和家长在教育上的互动交流。另外，国际部还有个做得比较有特色的项目，即生涯规划。生涯规划是学生的个性展示和大学申请人设定位的重要途径，国际部有专门的老师负责学生的生涯规划，这在国内的国际化学校/国际部中是比较少见的。国际部从2013年就开始设置生涯规划课程，绝大部分的毕业生通过生涯规划课程找到了自己的升学目标和职业发展目标。我观察下来，这估计也是国内最早一批如此重视生涯规划的学校之一。国际部有专门的团队负责学生生涯规划，这个部门是独立的，并不隶属升导板块，而是学生管理中心所属部门。生涯规划课程设置重视理论和实践、校内与校外结合，由课程教学和社会实践两个部分组成，形成知识学习、能力训练和行为养成三位一体的课程模式。课堂内容主要有认知生涯规划、职业兴趣评估等理论和工具使用。校外考察形式比较多样，有参访、实习等。

广西为高考综合改革省，推行"院校+专业"平行志愿模式，为此广西的高考学生需要做好科目选择，提升职业生涯规划意识。南宁二中国际部的生涯规划体系在普高得到广泛使用，并在广西其他的学校当中推行。

哈罗南宁设有南宁哈罗礼德学校和南宁哈罗小狮幼儿园两所学校，提供K12国际化双语教育。南宁哈罗礼德学校（含南宁哈罗小狮幼儿园在内）为广西唯一一所国际化学校。该校在 2021 年 9 月正式开学。

越南、柬埔寨、老挝、缅甸、马来西亚、泰国等六个东盟国家在南宁设立了总领事馆。从 2004 年开始，中国—东盟博览会连续在南宁举办，促进了南宁商贸发展，也让南宁成为中国面向东盟的窗口。南宁哈罗礼德学校受这个地缘位置的影响，其招生也同样辐射到东盟国家。我调研该校时了解到，学校有不少学生为东盟国家驻南宁总领事馆外交官员、商界人士子女。学校也在加强和东盟国家教育上的交流和联系，如成立东盟校长联盟等。

作为广西唯一的国际化学校，南宁哈罗礼德学校除了延承哈罗的院舍制、采用 A-Level 课程、重视体育等外，还因地制宜十分重视与家长的互动。学校成立了家长领导力学院，家长定期参与修读课程，提升对子女教育的认知水准。学校设有家长委员会组织，家委会的成员由学生会投票选出。家委会成为学校和家长之间沟通的桥梁。

我在调研南宁哈罗礼德学校时，对其院舍的设置印象深刻。院舍的设置是体现学校价值观的重要载体。该校六个院舍的命名，有创始人约翰·里昂、曾领导英国获得二战胜利的著名校友温斯顿·丘吉尔，这两个院舍的设置延承学校历史和纪念杰出校友，这在情理之中。两个院舍则以国内人士命名，一个是南京市民陈思，他是一名蔬菜供应商，2017 年在南京大桥拯救了 351 人的生命；另外一位是广西人黄文秀，生前为广西百色的一位村委书记，在扶贫工作中遭遇山洪而牺牲。还有两位均为外国人，一为电视节目主持人大卫·爱登堡，其是自然纪录片制作先驱；二是克里斯泰勒·奎塞拉，她是非洲卢旺达的一位机械工程师和企业家，创建公司解决了当地的水源问题并为当地提供了就业机会。

广西大学国际学院国际预科班提供以英语特色课程为基础的国外大学预科教学，并直接与广西大学国际学院国际本科（计划外）对接，为学生申请国外大学做相关准备。这个预科项目在广西大学校内办学，实行寄宿制和小班制，能够使用大学的教学和生活资源。我在西南调研时看到，类似的项目在重庆也有，且学生规模不小，这些项目运作机制比较灵活，或直接申请国外大学或直升国内的国际本科项目，为高中毕业生提供多条留学通道。

广西的国际教育与东盟有密切关联，犹如东三省的日本留学、北方地区关注俄罗斯留学。我观察下来，广西的国际教育尤其是南宁哈罗礼德学校的发展很值得关注，哈罗礼德在吸引东盟国家学生就读方面已经有一定的成效。

我在 2020 年哈佛中国教育论坛发表演讲时提到，随着中国出生人口的下降、国际教育水平的提升以及中国大学办学水准的提高，国际教育中国化势必会转为中国教育国际化，吸引更多外国学生前来中国学校接受教育将会是趋势，而外国学生在基础教育阶段前来就读则更具有意义。

东南亚与中国在历史和文化上颇有渊源，现在在经济上又有紧密合作，为此，东南亚是中国教育国际化的绝佳地方。在这个过程中，广西自然有拔得头筹的地理优势，这也应该是广西国际教育能够做出特色和亮点的地方。

参考文献

①广西师范大学官网，《越南学校纪念馆》，官网链接为：https://www.gxnu.edu.cn/2022/1111/c2a253997/page.htm。

第四节　海南：大有可为

我从海南华侨中学海秀路校区大门进入校园后，看到路边竖着几根柱子。每根柱子上写着学校的简史，以及各个时期的校名。这所学校经历过四迁校址和九改校名。

海南华侨中学并非在海口创建，而是在云南的昆明。根据校史记载，1938年起，泰国政府借口华校参加政治活动和违反使用教材的规定，开始大批关闭华校。短短两年间，泰国所关闭的华校高达242所，为此不少华侨将子女送回国内读书。在泰国中华总商会的支持下，泰国曼谷三所华文学校转到昆明创办暹罗联立育侨中学，后改名为私立育侨中学。

1937年全面抗战爆发后，日军封锁了我国沿海通道，滇缅公路成为外援物资主要输入渠道，为此亟须大量技术熟练的司机以及汽车修理工。此时国内高水平的司机和修理工严重短缺，3200多名南洋华侨青年响应号召，组成南洋华侨机工回国服务团，参与滇缅公路汽车运输。由于滇缅公路路况恶劣、日机轰炸和疾病肆虐，约1/3南洋华侨机工牺牲。

南洋华侨对抗战做出很大贡献，其在国内的生活和学习受到了关注。同时，日军侵占东南亚后，使得华侨子女的课桌无处安放。此外，东南亚一些国家对华校进行限制与排斥。于是，国内大后方成为华侨子女读书的目标地。

1939年11月，国民政府在云南保山筹建国立华侨中学，并于次年5月正式成立。

1941年太平洋战争爆发后，日军侵占东南亚，侨汇中断，私立育侨中学经费枯竭难以为继，为此并入国立华侨中学，并更名为国立第一华侨中学，与在重庆江津创办的国立第二华侨中学进行区别。1944年9月，国立第一华侨中学高中部和国立第二华侨中学合并，在重庆办学。

抗战胜利后，为方便东南亚华侨子女入学，国立第二华侨中学从重庆迁到海口，后改名为广东海南华侨中学。在1988年海南建省后，学校名字则确定为海南华侨中学，为海南省重点中学。海南华侨中学的办学成绩很突出，中考成绩常年稳居海口第一。高中毕业生接近一半可以进入"双一流"大学，七成以上毕业生考入"211"大学，这样的高考升学成绩放在全国来看也是相当不错的。

国内的华侨中学并不多，主要集中在广东、福建、海南三省。顾名思义，海南华侨中学创建的原因便是要为归国华侨提供教育服务。海南华侨中学的发展历程，从一开始便带有很浓厚的国际教育元素，这也是海南国际教育的一个缩影。

我是在一个初冬的晚上拜访了海南华侨中学，北方有的地方已经下雪，但此时在海口只需穿件单衣即可。不仅仅是气候上不一样，在建设自由贸易港的大背景下，海南的国际教育也在进行创新，和国内其他地方呈现很不一样的业态。

海南本地人口基数小，高考又相对容易，加上经济实力不强等因素，本地学生对国际教育的需求并不旺盛，导致海南的国际教育一直不发达。这种情况有利有弊。在海南启动自由贸易港建设后，海南的国际教育发展很类似"飞地"模式，即学生和学校资源多来自于省外。这样一来，海南的国际教育发展可以轻松上阵，较少需要顾及当地现况。但正是由于学校资源和学生均不以本地为主，则需要有比较特殊的政策，以吸引这些外部资源聚集到海南，要实现这些目标并不容易。

与海南隔海相望的广西也将国际教育瞄准了东南亚。我在当地调研时也了解到，有一些东南亚国家的学生选择到南宁哈罗礼德学校学习。不过，和广西相比，海南得到了更多国家政策扶持，会具有更大的发展空间。

一位在海南创办国际化学校的校长跟我提到，要到海南发展国际教育需要放弃能够突飞猛进的想法，需要比较长时间来做成。海南具有独特的国际教育扶持政策，虽然起点低，现况弱，但未来发展空间巨大。

生源之困

海南是国内著名的旅游度假胜地，也历来是国内开放的前沿阵地。从20世纪80年代末建省伊始的十万人才下海南到2018年自由贸易港建设的提出，从20世纪90

年代海南房产泡沫破灭到三亚房价涨到天，海南可谓经历了诸多的风风雨雨，早期海防前沿重地的定位导致经济发展缓慢，1988年建省时同时成立经济特区，之后旅游业等快速发展。

我在2005年春首次到海南做当地房地产报道，在海口城区当时还可以看到房地产泡沫破裂后所留下来的一些烂尾楼。当地的朋友跟我提到，海南曾一度发生买了豪车却无钱加油的悲催事情。一直到2007年，海南的烂尾楼才基本消失。

20世纪90年代，海南的房地产泡沫破裂，当地的房子卖出白菜价，一平方米三四百元。而当时东北出现国企下岗潮，下岗后所获得的补助可以在海南买到合适的房子。东北人大量到海南买房安家，也跟此前有大量东北人在海南定居有关。第四野战军从东北打到海南，解放海南后，部队多数人就地转业安置到农垦系统，因此里面有不少东北籍官兵。

海南地处热带，农作物生长旺盛，物产丰富，人很容易生存下来。时间一久，海南形成了安逸和慢节奏的生活方式。就拿高考来说，海南成为全国难度很低的省。国内高考难度低的省级行政区主要集中在西部和北方地区，海南应该是高考难度低的少数南方省之一。同时，海南人口有限，全省人口不到千万，每年参加高考人数仅六七万人。

我从海南的一些国际化学校了解到，他们的生源主要来自于外地。正如前面所提到的，海南本地高考不那么内卷，对教育相对佛系，加上人口基数少，这些导致本地的国际教育需求并不旺盛。

我跟海南当地国际教育界的一些朋友交流过，谈到海南发展国际教育最大的问题是生源。当地有比较多的优秀学校，无论是硬件还是师资等软件均不错，但当地缺乏足够的生源。为此，如果海南要在国际教育上有大的作为，亟须引进外来学生。

在国家大力支持发展海南国际教育的背景下，毫无疑问，海南的国际教育将不能再局限于本地，需要放眼全国乃至全世界。外来学生分为国内和国外。要吸引国内学生前来海南就读国际教育，则需要有足够的吸引力。我了解到，海南对外地学生前来就读国际化学校/国际部是允许的。但为了防范高考移民，前来海南就读国际高中的学生，需要事先签署在海南不参加高考的声明，并经学生户籍所在地公证处公证后，才给予海南高中学籍。我从海南当地一些国际化学校/国际部处了解到，外地学生一般会占到一半以上。

在海南自由贸易港建设时期，吸引国外学生前来海南就读是海南国际教育发展的一个关键点。比如枫叶教育集团对海南枫叶国际学校有特殊定位——将其作为承接"一带一路"留学生的重要载体，这个战略部署让海南枫叶成为最早在海口扎根的国际化学校。2019 年 10 月，柬埔寨王国驻海口总领事馆开馆，这也是新中国成立以来外国在海南设置的首个总领事馆。总领事馆将海南枫叶国际学校作为总领事馆员工子女就读的目标学校，首任总领事的一女一儿也均从海南枫叶国际学校毕业，他们通过在海南枫叶国际高中学习国际课程和枫叶汉语，分别申请并就读了中国清华大学和澳大利亚莫纳什大学。

海南发展国际教育的优劣势是挺明显的。在优势方面，海南有政策扶持以及当地良好的生态环境。在劣势方面，海南本地人口太少，生源不足，国际化学校比较难以办起来。为此，海南的国际教育要在短时间内解决生源不足的问题。我在 FT 中文网上曾发表过专栏文章，建议在招生和申请上采取特殊政策，比如在申请国内大学时可考虑将在海南就读国际化学校/国际部的学生视同为国际生。

我在专栏文章中提到，当然这个政策会涉及高考公平的问题，但这并不难解决。比如每年可以拿出 1000 个国际高中招生名额，面向全国公开招生，通过组织统一考试择优录取，这个机会对全国所有的初中毕业生都是公平的。而在申请国内大学上，其不占用国内高考名额，而是可以等同于国际生报考国内的大学，或者用中外合作大学增额录取拿到境外大学 offer 学生的方式。

之所以会提到 1000 个人的名额，这是确保海南国际教育发展的重要数据指标。经过十年的调研观察，我得出一个结论，"成百上千"是国际教育良性发展的底线。"成百"的意思是指一所国际学校如果要持续发展，每年的招生人数应该在 100 人左右。人数太少，学费收入总额低，在资金上难以支撑学校发展。但如果招生人数过高，也会给学校的教学管理带来巨大的压力。"上千"是指一个区域的出国留学人数需要达到 1000 人，这样才可能在当地形成比较好的国际教育生态圈，才可能有一批优秀的学术辅导、申请顾问等机构生存并提供服务。

海南允许境外高水平大学、职业院校在自由贸易港设立理工农医类学校，实现"学在海南 = 留学国外"的愿景。我认为这倒是挺适合海南的情况。前面提到，海南的高考并不太内卷，并没有像浙江、广东因高考太过内卷导致有强烈的创办中外合作大学的需求。同时，海南的财政实力不强，并不具备引进需要大量财政补贴的中外合作大学条件。

我们在经济发展上有特区，但在国际教育实验上一直比较谨慎，自 2003 年《中外合作办学条例》颁布实施后，并没有大的政策调整。海南现有的国际教育政策中，国际高中和国际幼儿园、外籍人员子女学校等建设政策精神仍然是在《中外合作办学条例》大的框架内，但允许境外大学、职业院校独立办学则是新的政策突破。

海南通过政策优惠，引进一批国际化学校、境外大学，但光引进是远远不够的。

如何让这些学校在海南能够生存下来并发展壮大，如何进行政策创新，破解现有发展的障碍，避免重蹈 20 世纪 90 年代的房产泡沫覆辙，这应该是更为重要和棘手的事情。

试验区

中国基建力量之强闻名全球，这点在海南陵水黎安国际教育创新试验区建设上得到充分体现。试验区规划面积为 12.72 平方公里，分两期建设，一期主要承载国际教育功能，2020 年，海南自由贸易港黎安国际教育园区挂牌成立，两年后便达到了入驻办学条件。根据规划，到 2025 年黎安国际教育园区办学规模达到 1 万人，2035 年为 3 万人。

二期主要承载教科产城融合发展功能。侧重发展教育服务、数字经济两个主导产业，实现产业服务教育、促进教育和赋能教育的目标。

2018 年后，海南开始全力推进自由贸易港建设，其中教育是重要的一环，黎安国际教育园区为自由贸易港建设的重要园区之一。在基础教育方面，海南引进哈罗等一批国际教育品牌入驻。在高等教育上，海南陵水黎安国际教育创新试验区成为主要承接载体，海南省人大常委会还专门制订了试验区条例。条例允许试验区在国际教育创新上有比较多的举措，比如允许境外大学、职业院校在试验区独立设立理工农医类学校，支持开展中外合作办学的境外高等教育机构进行单学位自主招生等。

海南陵水黎安国际教育创新试验区侧重引进中外合作项目以及境外大学独立办学。很特别的是，试验区将这些中外合作项目以及境外大学放在一起办学，采用"大共享＋小学院"办学模式，共享图书馆、体育设施、公共教学楼、公共科研楼，相对独立使用专享学院楼。同时，试验区设立书院，给学生配备校内外导师，实现通识教育、专才教育和实践教育相结合。

这种运作模式在国内很超前，不过在国外以及我国教育史上是有先例的。一是这种运作模式类似于牛剑的学院制度；二是美国有克莱蒙特学院联盟（Claremont Colleges），这个联盟在 1925 年成立，位于美西洛杉矶附近的 Claremont 小镇。这个联盟包括波莫纳学院、斯克利普斯学院、克莱蒙特麦肯纳学院、哈维穆德学院、匹泽学院等 5 所文理学院，克莱蒙特研究生大学、凯克应用生命科学研究生院等 2 所研究生院。这 7 所院校共享图书馆、体育设施，并提供合办教学项目与跨校课程注册等。

在我国教育史上也曾出现类似的运作模式，但是在特殊的历史背景下所形成的，即北平大学、北平师范大学、北洋工学院、北平研究院所组成的西北联合大学在陕西联合办学，华西大学和燕京大学等五所教会大学在成都联合办学等。和西南联合大学不同的是，西北联合大学和五校联办虽在一起办学，但各大学仍保持自身的独立性。不过，国内联办大学只是因要避开日寇战火西迁所形成的临时性办学模式，抗战胜利后各自复校，联办则自然解除，并没有形成固定模式运作下来。

我从试验区的一些朋友处了解到，国内不少大学对落户试验区很感兴趣，但试验区对大学的引进要求比较高。要么是国内"世界一流大学"建设高校以及全球排名前100的境外高校，要么是国内"世界一流学科"建设学科高校及境外学科特色非常明显的高校。

在专业打造上，试验区重点引进前沿学科和特色学科，要为海南的经济社会发展提供支持。试验区尝试搭建"1+3+N"学科体系，"1"是文史哲和数理化等文理学科所组成的基础学科群，"3"是指重点打造文化旅游学科群、以电子信息为核心的高新技术学科群、生态环境学科群，"N"是设计、动漫、物流以及数字传媒、数字设计、金融科技等特色学科。

根据试验区所需要的学科体系定位，试验区引进了在这些学科上比较强的学校，电子信息专业强的电子科技大学和北京邮电大学、在传媒上表现突出的中国传媒大学等。

国内大学并不能直接入驻试验区，而是需要将中外合作项目放在试验区内，这意味着需要和境外大学合作。我了解到，国内有不少专业在世界上排名靠前，但仍然会采取中外合作的形式，这主要是考虑到所培养出来的毕业生，不仅仅需要具备扎实的专业知识，还需要有跨文化沟通能力，而中外合作项目则能够起到这个作用。换句话说是，即便一些专业在世界领先，但国内大学需要借助中外合作办学的方式，培养出今后能够和世界各地协作或领导外国人的专业人才，这在华为等国内著名企业走向世界时则显得尤为重要。

中国传媒大学为首批落户试验区的国内大学之一，设立了海南国际学院，统筹在海南的中外合作项目。中国传媒大学在试验区有一个中外合作办学机构和两个中外合作项目，即与英国的考文垂大学合作设立中国传媒大学考文垂学院，与英国阿伯泰大学合作举办数字媒体技术专业本科教育项目，与美国密歇根州立大学合作举办新媒体专业研究生教育项目。中国传媒大学和这三所英美大学合作，均是引进了其强势专业，考文垂大学的工业设计和产品设计强，英国阿伯泰大学的游戏设计专业在欧洲大学中排名第一，密歇根州立大学的新媒体专业在全球也是领先的。中国传媒大学是国内在媒体领域的老牌名校，其数字媒体、动漫、设计等专业强，而这些专业正是试验区重点关注领域。

试验区的建设无疑会大大加快海南的国际教育发展。诸多境外大学一旦落户海南，其教职员工子女多会选择就读海南国际化学校，能够为海南提供更多生源。同时随着这些大学的兴起，也能够吸引更多外地学生前来海南就读国际化学校。

海南的学校

前面谈到了海南华侨中学的发展历程，这意味着海南的国际教育起步还是挺早的，很早就瞄准了东南亚华侨子弟的教育需求。海南国际教育的构成跟其他地方也大同小异，即由公立学校国际部、国际化学校、民办学校国际部和外籍人员子女学校构成。

公立名校主要有海南中学中美班、海南华侨中学国际部，国际化学校主要有海南枫叶国际学校、海南哈罗学校、蓝湾未来领导力学校，还有海南华海中学等民办学校国际项目，外籍子女学校有三亚外籍人员子女学校。

我在调研中了解到，海南高收费的国际化学校以外地学生为主，而这些学生就读会出现候鸟式特点。比如每年冬季幼儿园人满为患，但春暖花开后，幼儿园会流失不少学生。这些孩子前来就读主要是跟随家人前来海南过冬。

海南华侨中学是海南的一所公立名校，和海南中学齐名。这所学校创建之初便是要为归国华侨提供教育服务，从诞生起便带有浓厚的国际教育基因。该校成为海南省首批具有招收外国来华留学生资质的中学，也是海南中学层面唯一的"中国华侨国际交流文化基地"。

海南华侨中学在2011年成立国际部，也是海南省首个获得教育部备案的中学中外合作项目，对外一般称"中美班"。中美班开设了AP课程，学生学习模式比较灵活，既可以三年均在国际部就读，也可以中途转入美国的合作学校就读，另外还有国内比较少见的2+2+2模式，即学生在中美班就读2年后转入美国的合作社区大学（2年制），社区大学就读2年后，如果成绩合格则获得美高文凭以及美国大一、大二学分，然后再转入美国其他大学就读。毕业生以就读美国大学为主。中美班的学费比较低，性价比比较高。中美班提供导师制培养模式，一个老师带七个学生，全程跟进学生的成长情况，并提供个性化指导。

海南中学创建于1923年，是所百年名校。2012年，海南中学经批准在校内开办中外合作项目，开设了A-Level课程。同时，国际班开设了ACT考点，这大大方便了学生申请美国的大学。作为海南省内公立名校，海南中学具有比较强的师资力量，国际班能得到普高名师授课支持，而中方老师均在国外培训或有过留学经历。毕业生以去英联邦国家的大学留学为主，七成毕业生可以进入世界前 50 的大学就读。我访谈过一些海南中学国际班的毕业生，我的印象是视野比较开阔，善于整合资源，比较大气。

海南枫叶国际学校隶属于中国枫叶教育集团首个教育大区——海南枫叶教育大区，2024 年有一所幼儿园、两所小学、两所初中、一所国内高中和一所国际高中，为社会提供多层次优质教育。海南枫叶国际学校国际高中面向全球招生，没有户籍和学籍限制。在课程上采用由枫叶教育集团自主研发的枫叶世界学校课程。在枫叶近 30 年成功办学的品牌积淀和 Cognia 以及 UK Ecctis 两方国际认证的加持下，枫叶毕业生可以凭毕业证书和成绩单直接申请全球英语授课大学，也包括中国大学中外合作项目和国际课程项目。

陵水蓝湾未来领导力学校创建于 2017 年，次年开学，为 K12 学校。该校创始团队出身不凡，来自北京公立名校国际教育团队。我去过这所学校，是一所小而美的学校，校内环境相当不错。高中是国际高中和普高并重，国际高中开设了 A-Level 和 AP 课程，虽然学生数量不多，但开设的科目仍比较多，低年级的学生也可参与国际课程的学习。学校比较重视体育，有普高学生通过体育特长上了国内大学。该校面向全国招生，由于创始团队来自北京以及学校资方来自浙江，北京和浙江过来就读的学生不少。（参见彩图 46）

作为国际知名教育品牌，哈罗在海口建立起 K12 全学段体系。学校硬件条件一流，校区设计有海口特色的"骑楼"空间。哈罗海口注重做精品教育，师生多元，来自全世界各地，具有十分浓厚的国际教育氛围。哈罗海口重视用统一的价值观来塑造每位学生，通过不同的学术课程和特色课程配置，以及安排丰富多彩的活动，让学生的个性得到充分发展，进而实现和而不同。哈罗海口的师生都有自己的院舍，六个院舍的设置，很重视凸显海南特色。院舍生活是课堂之外的学习和生活之地，也就是说，哈罗海口学生在校内无时无刻、随时随地都能得到学校的悉心关怀和辅导。

海南英雅盛彼德学校为海南省教育厅引进的一所国际化 K12 学校，与英国千年名校盛彼德有紧密合作关系。学校的硬件一流，有 342 亩生态校园和 400 亩户外研学基地。学校重视中西课程融合，针对学生情况个性化订制课程，并在学科学习、升学规划、身心健康等多个方面有成长导师、生活导师提供帮助，高中阶段则开设了 A-Level 课程。学校推行中外方双班主任制度，有英语学习支持体系，以及完善的升导体系。学校实行寄宿制，比较少见的是，该校有外籍舍监，和中籍双语导育师共同为学生提供服务。该校面向全球招生。

第五节　湖南：耶鲁之缘

国内各地在国际教育发展上，各具特色，而这些特色的形成，又有比较复杂的因素。我从 2015 年年底开始到全国各地调研国际化学校 / 国际部，便是要将这些特色挖掘出来，一方面为行业内互动交流提供支撑；另一方面能够为我们的家长 / 学生选择国际化学校时提供参考和借鉴。

在中部地区，河南省的郑州因通过高考获得大学录取很难，导致国际教育需求旺盛。湖北的武汉因要大力发展高科技产业，使得当地重视和推进国际教育，以满足高端人才子女教育需求。而湖南省的长沙，则因特殊的教育背景导致留学状况别具一格。

长沙特殊的国际教育背景，则聚焦在雅礼中学上。这所学校在 1906 年由耶鲁大学毕业生创建成立，一直是长沙以及湖南省名校。而自创建之后，雅礼中学长期有耶鲁大学毕业生在校内教授英语。在这种环境熏陶下，雅礼中学乃至长沙普高学生出国比较多，当地每年美本名校 offer 也多出自这些普高学生中。

因此，长沙乃至湖南的国际教育发展与耶鲁大学有不解之缘，这种情况在国内应该是独一无二的。

特殊氛围

我最早到长沙实地调研当地国际教育状况为 2017 年，观察这个地方的国际教育发展多年。经过长期观察，我发现湖南的国际教育状况以及出国留学有两个很特别的现象。一个是优秀普高学生出国留学多，二是国际化学校和国际部相互之间关系比较和谐。

国内普高学生出国留学人数相对出国留学人数总量占比并不高，估计全国平均占比在 10% 左右，在全国国际化学校纷纷建立以及申请竞争加剧的情况下，普高学生出国出现式微现象。而我在长沙多次调研后发现，当地普高学生出国人数约占总量的 20%—30%，远超全国平均水平。

从全国来看，普高出国留学的学生来源可以大致分为三种类型：一是来自具有丰富校外留学资源的城市，比如北京；二是当地有外语教学见长的学校，最为典型的是南京外国语学校、上海外国语大学附属外国语学校、厦门外国语学校等；三是当地学校与国外知名大学有紧密联系，雅礼中学便是如此。

首先来看来自具有丰富校外留学资源城市普高的出国留学特性。和高考相比，出国留学规划准备、大学申请等比较复杂，需要各方面的支持。在出国留学人数较少的城市，校外留学服务商因客源匮乏难以生存，导致资源主要集中在学校里面，因此比较容易出现寡头学校，即当地会有一所规模较大的国际化学校/国际部，如甘肃兰州的西北师范大学附属中学、内蒙古呼和浩特的呼和浩特第二中学、贵州贵阳的贵阳第一中学、云南昆明的昆明第一中学等。

而在北京、上海这些留学发达城市，当地具有比较丰富的留学资源和服务机构，在一定程度上来说，家长/学生对学校的依赖度要低于留学欠发达城市。这些城市的学生在普高读完一段时间后，会有一些学生选择出国留学。这些学生在校内学习并参加会考课程，具备获得高中毕业证资格后，往往会选择在当地的机构学习托福/雅思、SAT等，用高中成绩＋标化成绩等申请海外大学。也会有一些学生选择学习A-Level、AP等国际课程，用这些国际课程来申请海外大学。

此外，也会有少数普高学生到校外机构学习A-Level课程，然后用机构的渠道申请牛津大学、剑桥大学。这些普高学生中往往还会有高二生，提前申请牛剑。等他们拿到牛剑offer后，要么会GAP一年来完成高中学业，要么会选择直接从原所就读的高中退学直接上大学。

北上广深的名校竞赛水平超强，会有极少数普高学生因获得高等级赛事奖项而被清北提前录取，我看到深圳中学有名学生在高一上学期就已经被清华大学提前录取。这些学生在获得清北提前录取的情况下，因离高中毕业还有一到两年时间，为此会有部分学生选择申请国外大学。这些学生由于具有高等级赛事奖项，加之学业成绩优秀，往往能够申请到美国名校offer。这些学生中外名校通吃，可谓是真正意义上的超级学霸。

我注意到这种现象在2020年之前比较明显，但在2020年后，随着新冠肺炎疫情的暴发，以及申请竞争的加剧，这种类型的学生有所减少。而宜校在做学生访谈调研时，也发现有学生同时被清华大学和麻省理工学院录取后，学生最终选择就读清华大学，这种选择结果在2020年之前比较罕见。

除先参加会考再学习国际课程的方式外，我在调研时看到还有不少普高学生在高考结束后，由于没有考到理想的分数，上不了自己心仪的大学，也会选择到机构或者一些大学的国际教育中心进行语言强化学习，经过半年或者一年后到国外去学习。

其次来看当地有外语教学见长的学校这种情况。为解决外语人才缺乏的问题，20世纪60年代初，国内建立起7所外国语学校，即上海外国语大学附属外国语学校、南京外国语学校、长春外国语学校、天津外国语大学附属外国语学校、武汉外国语学校、重庆外国语学校、广州外国语学校。

我从各方面了解到，长春外国语学校没有建立国际部，而上海外国语大学附属外国语学校设有国际部，但是招录外籍（包括港澳台地区）学生，其他5所外国语学校均有国际部。这7所学校以外语教学见长，学生也多以外语特色被保送到国内各大学。在这7所学校中，上海外国语大学附属外国语学校和南京外国语学校普高学生出国人数较多，人数每年各保持在100人和200人左右。

上海外国语大学附属外国语学校和南京外国语学校的普高学生具有比较高的英语水平，且由于中考升学压力小，可以提前进行留学规划，导致在留学上具有天然的优势和条件。

再来看与国外知名大学有紧密联系的学校这种情况。雅礼中学虽然不是外语类学校，但由于这所学校与耶鲁大学有渊源，每年会有4名耶鲁大学的毕业生同时在学校教英语。这些耶鲁大学毕业生初来工作，年龄不大，容易和雅礼中学的学生打成一片。通过与这些耶鲁大学外教日常相处中的耳濡目染，加上本身具有较高的英语水平，雅礼中学普高学生考虑出国留学人数也不少。

上面简要介绍了长沙优秀普高学生出国留学比较多的状况。而长沙国际教育另一个特殊的氛围则是国际化学校和国际部相互之间关系比较和谐。

从全国范围来看，由于在招生、人员招聘以及大学申请上存在竞争关系，不少地方的国际化学校和国际部之间关系并不太和谐，甚至到了水火不相容的地步。但是，长沙却在国内出现了少见的和谐相处。长沙的公立名校和少数国际化学校，成立了长沙国际教育联盟，学校间会经常互动交流以及相互支持。

湖南的学校

长沙的国际化学校/国际部有10余所，每年本科出国留学人员在千人左右。长沙本地有较为浓重的名校情结，名校聚集了当地最优秀的生源，普高出国留学在名校当中比率较高。长沙的雅礼中学、长沙第一中学、湖南师范大学附属中学、长郡中学等四大名校，均开设了国际部。

雅礼中学的出国有普高和国际部两块。雅礼中学普高常年有4名耶鲁大学毕业生在此任教，这些毕业生对雅礼中学的学生影响比较大，也在一定程度上促进了普高学生出国。国际部在2011年创办，开设了AP和A-Level课程，国际部在雅礼中学校内办学，其申请结果常年位于长沙学校中首位，也一直是宜校出国留学中学榜中排名最高的湖南学校。

长郡中学国际部与新航道集团合作，在师资和背景提升等方面能够得到比较强的支持，这些年在名校申请和录取上也是屡有建树。长郡中学国际部开设国际课程时间比较长，且具有比较稳定和优质的教师团队。

长沙第一中学国际部曾有学生被哈佛大学和牛津大学等美英顶尖名校录取，国际部会提供各种优质资源给学生的学习和申请予以支持。湖南师范大学附属中学国际部走双轨制，长沙玮希国际学校是长沙唯一一所外籍人士子女学校。长沙康礼克雷格学校国际高中在 2023 年有首届毕业生，拿到了三份牛剑预录 offer。

从整体来看，长沙各国际化学校/国际部在留学上出现了普高和国际部并行的独特现象，这种情况在中西部地区比较罕见。普高学生出国数量较多，我了解到，很重要一点是长沙一些高中在高一阶段便会让学生修完全部高中课程，这给有意出国留学的普高学生无形中提供了比较多的背景提升准备时间。普高学生如果规划得早且得当，相对容易出好的结果。

长沙公立学校国际部的学费比较低廉，在国内属于第二低的地区。国内除极少数地方的公立国际部按照普高标准收费外，按照国际部标准收费中，最低的应该是重庆的公立学校。

雅礼中学

谈到长沙乃至湖南的留学，则不能不谈到雅礼中学。这所学校由耶鲁大学毕业生创办，无论是高考还是出国留学，均在湖南是表现最好的。

扎根长沙

在美国顶尖名校当中，和中国的中学保持很密切联系的莫过于耶鲁大学。而与耶鲁大学有渊源的中学则是湖南长沙市雅礼中学。

雅礼中学为长沙的四大名校之一（另外三所名校为长沙第一中学、湖南师范大学附属中学、长沙市长郡中学），这所学校创办于 1906 年。

虽然雅礼中学与耶鲁大学有紧密的联系，但实际上跟耶鲁大学并没有直接的关系，其连接来自雅礼协会（Yale-China Association）。雅礼协会创建于 1902 年，由耶鲁大学一批毕业生所创办，致力于到中国发展教育和医疗事业。

雅礼协会的成立得到了时任耶鲁大学校长哈德黎的大力支持，并担任了协会首位主席。在协会成立大会上，哈德黎提到，雅礼协会即将去中国开展工作。这一具有示范性对外影响的工作团体与耶鲁大学并无官方的联系，但具有耶鲁的名称，并且受耶鲁精神的鼓舞，它管理上具有独立性，工作性质上具有非教会性，其目的是为中华内陆创立一所足于基督教义的教育中心，并采取一切可能达到这个目的。[①]

从现在来看，雅礼协会定位为非教会性质可谓具有先见之明。1951 年国内取消了教会学校，燕京大学、上海圣约翰大学、东吴大学等一批教会背景的大学停办。而雅礼中学在1951年改名为"解放中学"，次年又改名为"长沙市第五中学"。1985年11月，学校在找到雅礼中学并非教会学校的证明材料后，终于恢复了雅礼校名。

雅礼协会为何会选择长沙作为事业发展之地，而长沙又为何能够容忍一所美国人主导的学校存在。这背后涉及一系列复杂的国内外政治因素。

雅礼协会曾考虑把印度作为落地首选国家，因牛剑这两所英国名校在印度此时有开展教育事业，另外耶鲁大学毕业生皮特金于1900年在保定因"庚子教难"被杀。为何雅礼协会最终会选择到中国来开创事业，其思维比较独特，一是皮特金在"庚子教难"中被杀，反而激励耶鲁年轻的毕业生前往中国，彰显皮特金的血不会白流；二是耶鲁大学教授毕海澜认为中国未来必定会出伟大的成就，在中国下一代领袖人物上下功夫很值得。[②]

如果按照雅礼协会这些想法，那照理应该去皮特金被杀之地——保定开创事业，但为何却去了长沙。分析下来，主要有四个原因：一是中国最早的三所新式大学京师大学堂、北洋大学堂、山西大学堂均处在北方，华中地区高等教育出现空白。雅礼协会最终目标是要创办一所高水平大学。二是湖南具有排外传统，如果能够征服这个禁地，成就更大。三是湖南人才辈出，能够影响到中国各个领域的发展。湘籍留日学生陈天华为唤醒同胞于1905年12月在东京蹈海自杀，1906年3月，姚宏业为激发民众建设中国公学在上海投黄浦江而殁，两人之死震动全国。四是湖南具有比较好的发展前景。1898年戊戌变法当中，湖南人表现突出，让湖南成为全国瞩目之地。[③]

前面提到了雅礼协会选择长沙的原因，但一个巴掌拍不响，为何长沙能够接受雅礼协会在当地开办教育和医疗事业？

湖南和我老家江西的情况比较类似，是宗族传统势力十分深厚的地方，具有安土重迁社会习气，不喜外人。但有趣的是，雅礼协会既认为湖南是很排外的，又认为其在快速改变。而这些改变源自哪里呢？

我分析下来，应该源自湘军在甲午战争中的失败。湘军在镇压太平天国过程中，既让湖南子弟增加了见识，同时在征战中丰厚的军饷以及战胜后获得的战利品，导致湘军具有较强的经济基础，能够支撑其子弟的教育。而曾骁勇善战的湘军在甲午战争中，虽然拼死抵抗日军的进攻，但仍在牛庄战役中失败，成为湘军荣耀的绝唱。

一个国家的落后，具有切肤之痛的莫过于军人。在残酷的战争中，武器的落后和战术的陈旧，会让军人付出生命的代价。在这种刺激之下，湘人深刻感受到了自身的落后进而奋起直追。为此，历来保守和排外的湖南则突变成为国内改革的急行者，对雅礼协会前来长沙办教育自然呈欢迎的态度。

1906年，雅礼协会在长沙创办了雅礼中学，之后创办了雅礼大学堂、湘雅医院等。课程是一所学校的核心，我到全国各地看国际学校，最为关注的便是各个学校的课程设置。

我看到了雅礼学堂1913年的课程设置表，文科有语文、英文、历史、圣经等课程，理科则有数学、物理、化学、生物、地质学等多门学科。高中部为4年制，国文和英文在4年中是必修的。在课程难度上，从高三开始，课程选用大一教材。

从其课程设置和难度来看，雅礼学堂很类似于现在开设AP课程的公立名校。英语教学一直是雅礼中学的强项，并采取了十分独特的"直接教学法"，直接教学法是用英文来讲解英文，学生需要在没有中文讲解的情况下学习英文。

中国人学英语，常常是将英文翻译成中文来进行理解。但这种方法在雅礼中学行不通，因为有很多美国过来的外教不会讲中文。

直接教学法强调用英语思维，单词通过查阅词典挺容易理解，但单词只有放在词组或句子中才有意义。因此需要训练学生在思想和词组中快速转换，由于中文的词组顺序和英语不一样，使得中国学生如果要讲好英语，则必须忘掉中文的句式结构。由于需要将思想告诉给别人，所以正确的发音十分重要，为此，雅礼中学的老师十分重视学生的正确发音。

英语直接教学法能够培养学生用英语思维的能力，重视听力和口语。在这种教学方式下，雅礼学生能够讲流利和地道的英语。但雅礼的校友也提出，直接教学法不重视语法学习。由于强调要用英语思维以及口语要求高，那么对教师的要求便很高，最好英语为其母语，因此直接教学法更适合外籍教师。20世纪二三十年代，雅礼中学首倡的英语直接教学法在国内推广，尤其在外籍老师较多的学校多使用这种方法，比如硕士毕业于耶鲁大学的孔祥熙所创办的山西太古铭贤学校也使用了直接教学法。[④]

耶鲁情怀

走在湖南省会长沙街头，看到穿着雅礼中学校服的学生并不是件稀奇事。雅礼是湖南省最著名的中学之一，能够穿上这所学校的校服是莫大的自豪与荣耀。

这是有传统的。抗战期间，长沙战火纷飞。雅礼中学从长沙迁到湘西沅陵，学生领子上都佩戴着"雅礼"二字，据说这是贵族的标志。

雅礼中学的英文名称为"Yali"，这跟耶鲁（Yale）仅一个字母之差。

这所中学和耶鲁大学有不解之缘，近年来，耶鲁大学至少录取了雅礼中学9名毕业生。耶鲁大学在中国每年所录取的学生只有10名左右，而如此青睐这所中部名校则事出有因。

雅礼中学考取耶鲁大学学生名单

序号	毕业年份	学生名字	情况介绍
1	1996	邱翾	首届信息班学生
2	1999	汤绮男	/
3	2001	周希舟	/
4	2003	陶杉	/
5	2004	张涧清	/
6	2005	何林	初一就和几名高二、高三学生一起进入信息学奥林匹克竞赛湖南省队，拿过全国比赛金牌4块，银牌1块，4次进国家集训队，2003年，高一的他就获得第15届国际信息学竞赛中国队的唯一一块金牌。清华大学也同时录取，最终选择了去耶鲁。
7	2008	张微伟	SAT1 2180分（满分2400），SAT2数理化三科满分。校学生会主席。2008年5月12日四川汶川大地震发生后，张微伟报名参加了黄丝带行动暨潇湘晨报义卖志愿者活动。8月10日，他又参加了雅礼协会在宁乡城北中学为来自地震灾区的孩子进行的一周支教活动。
8	2012	陈韵伊	托福117分，SAT1 2350分（满分2400），SAT2单项考试数学800分（满分）、美国历史750分（总分800分），AP考试美国历史5分、美国政府与政治5分。
9	2016	戴高乐	SAT 2260（满分2400），托福116分。高一进入雅礼就参加了生物奥赛组；游泳、钢琴都是他的特长，还多次在各种英语演讲比赛中获奖，参加谷歌科学挑战赛，入围了亚太地区半决赛。准备SAT和托福考试，他加起来只用了两个月的时间。

注：雅礼中学考取耶鲁大学学生名单的资料来自各公开报道和学校资料汇总

美国名校录取中国学生，具有一定的规律性。最为有名的哈佛大学，其录取的学生主要来自北京、上海、南京等地的名校，如2017年哈佛录取了北京师范大学附属实验中学3名学生；2017—2018年的早录，哈佛录取的2名中国学校的学生来自中国人民大学附属中学ICC和上海美国学校；2019年，哈佛录取了北京第四中学2名学生、北京师范大学附属实验中学1名学生、上海平和双语学校1名学生。直到2020年，哈佛开始青睐天津、成都、长沙等二线城市的学生。2023年，哈佛大学录取了9名学生，其中北京师范大学附属实验中学有4人。

而耶鲁大学录取中国学生，则更聚焦在某些学校上，比如最为典型的是南京外国语学校，2016年录取了3名学生，2017年为2名，2018年早录了2名学生，2019年录取了2名，2023年为1名。

雅礼中学也是耶鲁大学所重视的一所学校，虽然耶鲁大学对录取雅礼中学的学生并没有什么特殊照顾政策，但分析雅礼中学的特点，却能够透视出耶鲁大学录取中国学生的特性和关注点。

在宜校出国留学中学榜中，雅礼中学一直是排名最前的湖南学校。雅礼中学的留学情况能够在中部区域独树一帜，这跟其办学历史有关。谈到雅礼中学和耶鲁大学的渊源，则先得谈耶鲁大学和中国的历史交集。

中国最早的公派留学——留美幼童项目，这跟耶鲁大学的中国毕业生容闳有密切关系。

容闳出生在广东一个寒门家庭，后在澳门时得到了耶鲁毕业生布朗的欣赏和资助，带到了美国读书。1850年，容闳进入耶鲁大学，4年后顺利毕业，成为第一个拿到美国大学毕业文凭的中国人。

容闳学成归国后，致力于中美教育互动，在1872年启动了清政府的留学幼童项目，其中很多人到了耶鲁大学就读。19世纪70年代和80年代，20多名中国学生就读于耶鲁大学。虽然留美幼童项目历经坎坷，但也为中国培养出了一批精英人才，更将中国原先留学的主要目标国从日本开始转为美国。

因这种渊源，耶鲁大学对中国颇为关注。到了1900年的时候，一些耶鲁毕业生考虑到要为加强中国和耶鲁联系进行努力。

在这个时候，美国人要进入中国做教育最为常见的是通过教会组织。不过，耶鲁大学此时并不是教会学校，教会的色彩很淡。毕业生并不想选择加入中国现有的传教机构，而是要考虑建立带有纯正耶鲁精神的组织。

1902年，耶鲁大学校友专门成立了雅礼协会（Yale-China Association）。1906年，雅礼协会创办了雅礼中学。雅礼中学名称可谓是中西合璧，既是耶鲁的音译，也是于《论语·述而》中取了最有分量的"雅"与"礼"二字，定名曰"雅礼"。

雅礼中学原先的校歌中自称为耶鲁分校，校歌当中的"雅礼源远流长"原先是"分校设在中华"。不过现在已经改过来了。

不过，称为分校是跟实际不太符合的。因为雅礼中学并非耶鲁大学直接出经费和派人创办的学校，而是由耶鲁大学毕业生自己募资筹办的。

雅礼中学跟耶鲁大学有千丝万缕的关系，但不是教会学校，有点类似现在的非政府组织所创办的学校。虽然在起步阶段因不是教会学校，在募集运作资金上有困难，但在1949年后，却因为不是教会学校能够在1985年顺利恢复校名。

1906年11月，雅礼中学正式开学，除了国文和中国文学课使用中文外，其他课程主要是用英语教学。之后，雅礼形成了一个教育体系，除了有中学，还有大学、医学院、护理学院，其毕业生在湖南当地颇受青睐。

雅礼中学在创办过程中，深受耶鲁办学基因影响。一是耶鲁每年选派毕业生到雅礼中学担任教员，雅礼中学学生英语好是其传统。二是重视体育教学，足球是雅礼的校球，曾经代表过湖南参加全国性比赛。在网球、游泳、棒球、溜冰、骑马、自行车等运动项目中，雅礼的学生也表现不俗。20世纪30年代，雅礼中学体育部负责人何家声毕业于中央大学，是位懂英文的体育老师。三是耶鲁精神的影响。耶鲁突出强调以现代科技知识武装人的头脑，使之成为社会中坚，这也是雅礼中学的毕业生后来从事科学研究比较多的重要原因。

1951年后，由于众所周知的原因，雅礼协会和雅礼中学中断联系近30年。而雅礼中学的校名也历经多次更改，一直到1985年才恢复到原有的名字。

我曾到雅礼中学做过多次调研，曾咨询过耶鲁大学是否会对雅礼中学学生录取给予特殊照顾。学校反馈说，耶鲁大学不会给雅礼中学的毕业生什么特殊照顾。这些年之所以录取雅礼的毕业生多，是因为雅礼的学生带有耶鲁的基因，导致颇受青睐。

我们先来看看耶鲁大学录取的中国学生有哪些特性。

从宜校收集的考取耶鲁大学的中国大陆学生数据来看，耶鲁大学录取的学生有三个很明显的特点：一是标化成绩很高，93%的学生托福成绩要110+，86%的学生SAT成绩要1520+；二是要获得高质量的学术竞赛奖项；三是具有领导力或者个性独特的学生。

而这三项，雅礼中学确实具有很强的优势。

英语教学一直是雅礼的强项。从2001年起，雅礼开始采用美国原版教材《领先英语》，让学生得到了"原汁原味"的享受。从1986年起，雅礼协会每年选派4位耶鲁大学毕业生来雅礼执教英语口语。也正是这个原因，像2016届拿到耶鲁大学offer的戴高乐，只花了两个月时间准备，托福便考到了116分。

雅礼中学在学术竞赛上也是表现不俗。值得注意的是，雅礼中学拿到耶鲁大学offer的学生均来自其本部，即普高学生。这些学生多因获得高层次的赛事奖项，在高二甚至高一时便被国内的清华、北大提前录取，因而有时间来尝试冲击世界名校，雅礼就有两个典型案例，2005届毕业生何林，拿到了中国队在第15届国际信息学奥赛中获得的唯一一块金牌，同时被耶鲁和清华录取。2017年同时拿到清华和MIT双校offer的雅礼中学毕业生毛啸，他初三进入信息学国家集训队，高一就已经保送到清华。

1992年，湖南省教委让雅礼中学承办全省国际奥林匹克信息学培训，为湖南省参加这一国际赛事培养优秀学生。每年招收一个班，每班25名学生。信息班教师编制是普通班的两倍，包括配备了美籍教师教授口语。在设备方面，当时的雅礼中学有计算机 32 台。借这个硬件条件，雅礼中学要求每名毕业生都要能够操作计算机。雅礼中学在 1992 年便有如此好的计算机硬件设施以及要求学生都要学习计算机运用，这在当时的中国是很超前的。[5]

雅礼中学在全国奥林匹克赛事上屡屡获奖，如 2014 年获得全国金牌人数达到了 16 人。从耶鲁大学所录取的雅礼学生来看，基本上集中在竞赛型学生。

而在学生领导力和个性培养上，雅礼中学因具有上百年的历史，且具备全省最牛中学地位，因此无论是历史积淀还是家长资源、社会资源等各个方面，学生均有诸多的选择，也相对较为容易在领导力和个性上表现突出。

不过，从数据分析结果来看，雅礼中学学生申请耶鲁大学也面临着越来越大的竞争压力。2005 年之前，雅礼中学一两年就有一个学生申请耶鲁成功，但在 2005 年后，要三四年才有一个。间隔的时间越来越长了。

和耶鲁大学并无什么历史渊源的南京外国语学校，有多名学生成功申请到耶鲁大学的 offer。这说明具有渊源固然重要，但关键还是要看学校本身的发展和学生个人的努力，雅礼中学要想继续保持收获耶鲁大学 offer 的优势仍然任重而道远。

学士教员

1905 年，清廷取消了科举考试，新式学校开始大量举办，但此时碰到了师资急缺的问题。1906 年创办的雅礼也同样碰到了这个问题，虽然学校有耶鲁大学的毕业生前来任教，但由于人数屈指可数，难以满足需求。由于师资极度缺乏，雅礼在成立的第二年秋季没有招收新生。

为了解决师资匮乏的问题，雅礼从 1909 年开始，采取了一个独特的学士教员计划。所谓学士，自然是本科毕业生。雅礼协会每年从耶鲁大学毕业生中，招募志愿者到雅礼从事教学。雅礼协会的官方网站上提到，英语教学项目一直是最有影响力的旗舰项目。从 1909 年开始，该项目累计派遣了数百名刚从耶鲁大学毕业的学生，到中国开展为期两年的英语教学任务。英语教学项目的核心愿景从未失色，即矢志不渝地促进互学互教，以增进人们的相互理解。

即便在战火纷飞的"二战"期间，这一计划也仍然没有中断，耶鲁的毕业生想尽办法到雅礼任教。在 1943 年 9 月，两名耶鲁大学的教员因直航不通，辗转了 12 个国家，花费 4 个多月时间，历经艰辛，终于从美国抵达了当时雅礼中学办学地——湘西的沅陵。

1950 年到 1984 年，出于众所周知的原因，雅礼中学的耶鲁学士教员派遣停止。雅礼协会转向香港地区，初与国学大师钱穆所创办的新亚书院合作。1963 年，新亚书院与崇基书院、联合书院合并成立香港中文大学，雅礼协会对香港中文大学提供多方面的支持，捐建了一批校区设施，派遣人员到香港中文大学教授英美文化，并推出了年度交流项目等。但与雅礼中学不同的是，雅礼协会只提供捐赠项目支持，并不参与香港中文大学的管理。

不过这种外派教员的方式并非单向的，从2013年开始，雅礼中学便和雅礼协会有合作，向耶鲁大学所在地的纽黑文地区派出汉语教师。这个项目也是每年向纽黑文派出2名汉语教师，在香港对派出教师进行入职培训。

彭子捷参与了这个过程。他是雅礼中学2002届毕业生，在对外经济贸易大学金融学院就读本科，大学毕业后到美国明尼苏达大学学公共政策。2008年硕士毕业后，彭子捷应聘进入雅礼协会工作，成为协会第一位毕业于雅礼中学的员工，并一直工作到2017年。

彭子捷提到，协会主要有教育、医疗卫生、艺术三大板块，他最早从事3年的医疗卫生项目。他3年后因家庭原因回国，担任 Manager for Greater China 和 Education Program Officer 等职。协会在教育合作上，分为大学和中学两块。大学主要和香港中文大学、中山大学、华中师范大学（和雅礼大学有渊源）等有合作，中学除雅礼中学外，还和安徽的休宁中学有外教派遣合作项目。

"协会之前更多的是把美国的教育和医疗引进到中国，但在2008年后发生了转变，美国人开始向中国人学习，双向的互动和交流开始形成。2008年到2010年，协会提到不能只是单一地输出，美国也同样需要对中国文化的理解。2013年开始，雅礼中学每年选派2名老师到纽黑文，给当地的中小学生教授中文。"

长沙著名的中学——雅礼中学，著名的医院——湘雅医院，均与雅礼协会有渊源，彭子捷提到，雅礼中学、湘雅医院与雅礼协会初始是创建关系，改革开放后是合作关系。

2018年4月，长沙市与纽黑文缔结友好关系，因一所名校的创建和发展促进城市间的合作。而在江苏苏州，则正好相反，苏州与加拿大维多利亚市结成友好城市，促进了世界联合学院在苏州创建。

参考文献

①②③④⑤刘维朝主编，《跨世纪的雅礼》，湖南教育出版社，2016年9月出版，第11—13页、56—58页、275—276页。

第六节　江西：突破魔咒

小时，江西老家家族里的老人告诉我，民国期间有族人前往日本明治大学自费留学。我从民国期间的留学材料中查到了这位族人的留学情况，他在1926年前往日本留学，就读于明治大学专门部法律科，当时他已经24岁了。根据族谱记载，这位族人的留学得到了家族鼎力支持，尤其是亲哥的帮助，亲哥时为江西省军政要人。

全国31个省级行政区的留学状况不一，各地历史传统和社会背景会深刻影响到留学形态，这点在江西也不例外。

延续千年之久的科举考试中，全国总共出了约11万名进士，而江西则有1.2万名，约占全国总量的10%。江西的科举成绩在明朝达到了顶峰，整个明朝有90位状元，其中来自江西的则有18人。近现代，江西的发展却在中部地区处在落后的位置。大的方面，GPA、高等教育发展水平均低于周边的6个省。小的方面，江西的辣不亚于湖南、四川，但赣菜没有像川菜和湘菜那么耳熟能详。江西省给人感觉太过普通、存在感低。

20世纪90年代初，我在南昌大学读书时，中文系有位叫胡平的教授对江西落后做了研究，并写了本名为《千年沉重》的书。《千年沉重》当时在江西风靡一时，剖析了江西从盛到衰的历史过程，反思江西的落后。

在科举考试存在时，江西尤其是我老家吉安历来是出进士的重镇，进士数可和苏州媲美。但在1905年科举考试废除后，近代教育在江西起步和发展则变得艰难。1902—1904年三年间，中国总共向日本派出了4308名留学生，其中湖北289人、湖南210人、浙江134人、江苏112人、广东86人、安徽56人，而江西只有28人。[①]

中国早期的留学主要靠教会和开明官员来推动，容闳之所以能够留学成功主要依靠教会的帮助和支持，湖北留学人数高居不下跟湖广总督张之洞极力推动有关。清末民初，留学则是官费和自费并举，其中自费人数远超官费。

深入研究江西的留学历史，我发现其留学情况跟江西传统宗族社会有比较大的关联，这也是江西以往留学比较独特的地方。江西是宗族势力强大的地方，教会学校极少，通过教会出国留学的渠道不顺畅。而江西从清朝时已经开始衰落，经济的落后导致官费留学生也少。在这种情况下，江西以往的留学更多依靠家族的力量。

而有意思的是，科举考试同样也是需要家族的力量。江西在科举时代之所以能够有如此突出的成绩，除了农业时代为富庶地区，还跟举全族之力兴学有关。正因有这样的传统，留学方面也或多或少能够找到这些痕迹。

江西是我老家，其国际教育发展状况自然会成为我关注的重点，我也多次回到江西做实地调研。十年观察下来，江西的国际教育虽然在中部地区处在后端，只比山西强，但这十年发展还是比较快的，既有江西师范大学附属中学传统名校，也出现了南昌天行创世纪学校这样的后起之秀。对故乡，我期待能够在国际教育上突破"阿卡林省"魔咒。

三萧

因陪伴家母住院，我在江西泰和老家曾住过一段时间。基于职业的习惯，我深入了解了家乡的留学状况。在调研中发现，泰和老家著名的"三萧"均是留学出身，而其留学经历和过程则跟其他地方早期留学生很不一样。

我的肖姓之前是"萧"，在汉字简化时被改成了"肖"，但族谱上依旧是"萧"。肖是泰和的大姓，我在县二中读书时有10%左右的同学姓"肖"。县城西部约5公里处有个上田村，是从县城到井冈山机场（位于泰和县，也叫吉安机场）的必经之地，也是萧氏聚族而居的村。这个村在县里很有名，著名的扬州盐商萧芸浦便是出自这个村，他在泰和当地被称为"萧百万"。

民国期间，上田村的萧蘧、萧公权两堂兄弟以及堂侄萧庆云均负笈美国，三人也都终老于美国。萧蘧曾做过国立中正大学的第二任校长，萧公权在政治思想研究上享誉业界，萧庆云是将浙江大学西迁到泰和的重要推手，三人在泰和当地被称为"三萧"。

"三萧"均是上田村人，也系同一个家族。泰和的宗族势力和观念很强，聪慧子弟往往会受到族人的襄助。萧公权和萧庆云父母均早逝，但在家族的帮助下完成了学业，并能够到美国留学，在各自的领域做出一番作为。

上田村的萧氏族人很善于经商，嘉庆、道光年间，几名先祖便远赴川西做生意，并形成了著名商号"怡丰"。到光绪年间，怡丰商号在华西、华中，包括重庆、汉口、长沙、扬州在内均有分号。[②]萧芸浦在扬州成为大盐商。

泰和是安土重迁的地方，农业时代属于比较富庶的地方，当地人少有外出谋生的传统。如果有外出经商，也多半是跟随外出做官的族人前往。我家族有人在200多年前外迁到贵州，便是跟随在贵州做官的哥哥落户到当地。前些年贵州族人到老家寻亲，看到老家的情况后不禁感叹老家环境之好、土地之多，不理解当初老祖宗为什么还跑到贵州这边落户。

上田萧氏经商发家后，一方面不断将家族成员以及县里其他亲朋好友吸纳参与到商号的经营中，时间一久，这些族人也落户在当地。我在泰和老家调研时，还曾到过万合镇永宁村，这个村也是萧姓宗族。这个村的先祖在怡丰长沙湘潭分号工作，富裕后重视子弟教育，后人萧元定毕业于湘雅医学院并到耶鲁大学医学院留学。萧元定后担任过湘雅医院院长，而村里有近20人毕业于湘雅医学院。

如此一来，经过几代人的努力，上田萧氏家族积累了巨大财富，族人在成都、重庆、长沙、上海、北京均有房产。从萧公权的回忆录便可以看到，其到上海、北京多住在族人家里。

另一方面，萧芸浦在发家之后，在上田老家买地建房。这也是浙江大学在抗战期间西迁会选择到上田村的重要原因，因上田村有祠堂、书院等现成建筑，可供浙江大学师生教学和生活使用。

挺神奇的是，梅谷教授（Franz Michael，浙江大学校刊译为米协尔）原籍德国，曾在浙江大学西迁到泰和上田村（1938年2—9月）时，担任过德语教授。在萧公权1949年10月到西雅图华盛顿大学远东与俄国研究所做客座教授时，梅谷教授时任研究所副所长，两人便成了同事。萧公权在他的回忆录中，提到了梅谷教授曾跟他说过浙江大学西迁泰和的往事。

梅谷教授是中国通，在浙江大学任教期间，参与了浙江大学的西迁。他在《前进中之浙江大学》一文中写道："从一开始，大学即抱定了念头，决不迁徙到如汉口、重庆或长沙，因其间已有很多其他战区的中国大学，在集中与部分联合。倘使寇军前进，迫此大学移动，则将求一最好的地方，一矫以往集中一地的错误，而到那些永未接触大学生活的地方，由之，使大学教育与中国内地的开发，得一结合。于是，本校遂准备着搬到江西省去。"③

"此行使本校离开一个有约商，而回到中国怀抱中。此为昔曾酝酿于抗战之前，今得新的刺激之一种运动的象征：回到中国自己的昔日文化中，以求自中国历史和文化里面，获得复兴的必要力量。而于商埠，对于此种发展，则无能为力，是必将于中国曾得其立国的真精神，与她混合她自己的传统与西洋科学及新趋势之前的地方。但我可以说，这次抗战，会加强此一理想，而利于中国的传统与加速其变化，以形成一新的形式，此变化一部分存于最重要的经过了一个社会革命，但无论如何，与过去中国能为建设新中国的一种新理想得新根据，而新的压力，则为使循于中国语文、历史和地理，我们大学即循此以进。"④

按照梅谷教授的观点，上田村所存的文化沉淀是中国传统根基，是复兴中国的必要力量。他的这个观点如果放在观察"三萧"的留学经历上，也是有道理的，因"三萧"的留学也是依靠了上田萧氏家族的传统力量。

萧公权和萧庆云均有回忆录，很可惜我没有找到萧庆云的回忆录《银泉随笔》。为此，我根据萧公权的回忆录，勾勒出其留学以及成长的轨迹，并进而剖析出江西的留学很特别的地方。

萧公权的爷爷生前在江西和广东交界处的大余县做过教谕，类似现在县教育局局长的职位。萧公权的父母和爷爷生活在一起，萧公权也是在大余县出生。出生后约个把月，萧公权的生母去世。后爷爷辞官回到泰和上田村，萧公权也一同回到了故乡上田村生活。

六岁时，爷爷去世。由于萧公权的父亲忙于生计，没法带他。于是，萧公权跟随在川西经商的大伯父生活，后到重庆居住。为此，萧公权在上田村居住的时间并不长，此后也再没有回故乡居住过。

从身世上来说，萧公权母亲早逝，父亲无力照顾，但有大家族来提供帮助。大伯父对他视同己出，给予萧公权良好的生活保障并提供教育机会。在重庆接受了启蒙教育后，萧公权在18岁时到上海求学，而在上海读书以及考进清华，均受到了自己堂哥萧蘧的影响。

萧蘧和萧公权不是同房，属于从堂兄弟。这两人的学习和从业经历十分相似，在很大程度上萧蘧在引领萧公权。两人先后考进清华留美预备学校，本科也同时在密苏里大学就读。萧蘧学经济，萧公权初学新闻后转为学哲学。

本科毕业后，萧蘧先到康奈尔大学读研，后到哈佛大学深造。萧公权则去了康奈尔大学学哲学。1926年6月，萧公权拿到了康奈尔大学的博士学位，此时为29岁。不过，萧蘧没有拿到哈佛大学的博士学位，因他要陪同一名被退学的中国留美学生回国，回国旋即被聘为南开大学的教授，并没有完成博士学业。

回国后的萧公权一直从事大学的教学工作，辗转于国内12所公私立大学之间，即民国大学、南方大学、南开大学、东北大学、燕京大学、清华大学、北京大学（兼课）、四川大学、光华大学、华西大学、政治大学、台湾大学。1949年年底，萧公权到西雅图华盛顿大学任教，一直工作到1968年5月退休。

萧公权在上最后一课时展现出了中国式的浪漫，他跟学生说，按照11世纪中国哲学家邵雍计算，世界上的事物，在十二万九千六百年后，一一完全重现重演。现在我与你们约定，十二万九千六百年后，我们在这间屋子里会面罢。⑤

在长达42年的教学过程中，萧公权与自己堂哥萧蘧有多处工作交集，在南开大学、清华大学等同过事。不过，当萧蘧担任国立中正大学第二任校长时，曾力邀萧公权前来担任法学院院长，但萧公权并没有接受这份工作。照理对自己一直照顾有加的堂兄召唤，且国立中正大学在老家泰和办学，萧公权拒绝到中正大学任教着实有点意外。

萧公权在回忆录中并没有解释原因，只是提到"后来叔玉（即萧蘧）任江西中正大学校长，坚邀我去任法学院长，我也未就。"

我估计主要跟萧公权不想做官有关，一生中从未进官场半步，也不想担任大学的行政职务，只专心教书和做学术。

另外，萧公权虽为书生，但对政治局势看得还是挺清楚。比如 1937 年春，清华大学决定迁到长沙，和北京大学、南开大学合办临时联合大学。当萧公权知道这个消息后，认为长沙自古是兵家必争之地，日本侵华不会只占据沿海各省，会有深入内地的企图。万一不幸，长沙撤守，学校需要再次搬迁，损失很大，因此还不如迁到成都。日军不易攻打到成都，而成都是个重教崇文的地方。这些预判最终都是证实很准的。

此时萧公权在成都生活和工作已经相对稳定，如果一家搬到泰和，不仅舟车劳顿和劳民伤财，也由于泰和此时为江西临时省会，易遭到日军攻击，难免颠沛流离。另外，萧公权此时家庭负担比较重，需要多份收入。在成都时可以到多所大学任教补贴家用，但如果来泰和任教于中正大学，当时也只有这一所大学，兼课机会几无。

萧公权没有到中正大学任教，从他的回忆录中也没有看到自爷爷去世离开上田村再回泰和老家的记载。不过，萧公权的成长受益于上田萧氏大家族的帮助，他对中国旧式家庭充满温情与感激，这点跟钱穆是比较像的，钱穆用温情与敬意来重写中国历史，在抗战期间民族自信心陷入低谷之时很受欢迎，其讲座往往爆满。

萧公权回忆说，我生长在一个旧式家庭里面，又养成了高度的书呆子习性，虽然面对着一个新时代（一个政治、社会、文化都在动荡的时代），我好像视若无睹、漠不关心，岂但不关心，在思想上甚至趋于"反动"。我批评提倡白话文学者的言论，认为过于偏激。我不赞成"打倒孔家店"，认为反对孔子的人不曾把孔子的思想与专制帝王所利用的"孔教"分别去看而一概抹杀，是很不公平的。⑥

萧公权在自己婚姻上践行了对传统的看法。1926 年 11 月，从美国学成回国的萧公权，和订婚 15 年的未婚妻薛织英结婚，这场婚姻延续了萧公权一生。萧公权的订婚是由抚养他的大伯父确定的。赴美留学期间，萧公权虽然也有爱慕者，但并未动心，拒绝解除和未婚妻的婚约。他认为婚姻是否美满，关键在于男女双方是否有意愿和诚意，跟是否自主或者包办无关。萧公权在回忆录中还提到，萧蘧的婚姻，跟他也是一样的。

人往往很容易忽略眼前的风景。当我来到中正大学创始地——江西省泰和县杏岭村时，对这句话更有体会。我的中学母校——泰和县第二中学便在杏岭村附近，开车只需要 8 分钟左右。然而我在二中就读 6 年期间，从未关注以及去过杏岭村。（参见

彩图47）

根据萧蘧儿子萧庆伦所写的《追忆家父萧蘧》，萧蘧和萧公权一样的是，他出生在泰和，后来全家搬到了上海。我从圣约翰中学历届毕业生、肄业生名录中查到，萧蘧是1916届毕业生。

和萧公权只关注教书和做学术不同的是，萧蘧比较积极参与政治，1944年担任国立中正大学第二任校长。抗战胜利后，国立中正大学搬迁到南昌办学，1949年9月更名为南昌大学。1952年院校大调整时，南昌大学被拆分，在江西保留了外语系、化学系、生物系等系以及农学院，后相应成立了江西师范学院（1983年更名为江西师范大学）和江西农业大学。1962年，江西师范学院的生物系分给了江西大学，而江西大学和江西工业大学在1993年合并成立了新南昌大学。从这点来说，现在的南昌大学在一定程度上也延承了中正大学和旧南昌大学的衣钵。2005年，南昌大学又与原江西医学院合并组建新的南昌大学。而原江西医学院则可溯源到1921年创建的江西公立医学专门学校，为此，现在南昌大学的创始时间定为1921年。

1947年2月，萧蘧辞去了国立中正大学校长一职，准备重返清华大学任教。老友蒋廷黻时任中国驻联合国常任代表，邀请萧蘧担任中国驻联合国代表团经济顾问。次年12月，萧蘧在从巴黎返回纽约的途中受寒导致哮喘恶化而去世。

萧蘧和萧公权的堂侄萧庆云，和萧公权的经历有点类似。父母早逝，幼时在上田乡下读私塾，后来到上海投奔叔祖父。1924年毕业于清华，当年便前往美国的加州理工学院留学，两年后毕业并获得市政工程学士学位。1927年，萧庆云获得哈佛大学卫生工程硕士学位，1930年获得哈佛大学水利工程科学博士学位。

回国后，萧庆云初在上海工作，担任上海市工务局科长。在担任江西省公路处处长期间，恰逢浙江大学要在江西省内找办学地。他向浙江大学校长竺可桢提到老家上田村有不少房屋，可资浙大使用。萧庆云后在美国担任交通部驻联合国代表，并终老于美国。

"三萧"的留学经历基本一致，均是先在大家族的支持和帮助下，完成启蒙教育，并先后考进清华获得庚款留美机会。三人学业均十分优秀，两人获得博士学位，在当时文盲遍地的中国着实难得。学成后，萧蘧主要从教，曾短暂从事过政府工作。萧公权则一生从教，从未从政甚至担任过大学行政职务。而萧庆云则一直从政。三人均终老于美国。

在学术研究上，萧公权注重中西结合，但在个人生活中，重视遵从中国传统，我想这也是从大家族出来的人的特性吧。

改革开放后，江西农村年轻人大量外出务工，传统的宗族社会发生了很大的改变。经过近 50 年的发展，类似上田村因经商发家使得家产和族人遍布全国的现象，在江西的传统宗族社会中比较普及，其最终是否也会形成类似"三萧"的留学状况，还有待于观察和感兴趣的学者进行研究。

庐山

在撰写本书稿之初，我并没有关注到庐山。不过，我在查阅留学相关的历史材料时，时不时看到有庐山的痕迹。比如庐山曾建有美国学校，赛珍珠在庐山生活过，雅礼中学美籍教员到庐山休假不幸溺亡，庐山过去建有越南学校并吸纳了诸多越南学生前来就读，等等。

随着看到留学史料提到庐山次数的不断增多，我对庐山开始产生了浓厚兴趣。仔细研究后发现，庐山的国际教育还不简单，其丰富程度超过了省城南昌。我不禁感叹，如果说江西易被忽略，那么庐山的国际教育则被雪藏。如果没有查阅过大量留学资料，连我这个江西人也不会关注到庐山。

从留学角度来看，庐山是个神奇的地方。庐山很早就创办起了西式学校，甚至有一所教会大学。庐山出了很多著名的海归，比如新闻行业两个名人，即第一位记者黄远生，撰写了第一本新闻专著的徐宝璜，两人均是庐山人。黄远生是清末进士，曾在日本的中央大学留学。徐宝璜曾在密歇根大学留学，回国后在北京大学教新闻。

民国期间两个著名的江西学者，国学大师陈寅恪和生物学家胡先骕均长眠于庐山。胡先骕曾留学于哈佛大学，为中正大学首任校长。陈寅恪曾留学哈佛大学、柏林大学、苏黎世大学、巴黎高等政治学校等多所世界名校，国学功底深厚、知识渊博，曾为清华大学国学研究院四大导师之一。湖北人石美玉毕业于密歇根大学医学院，学成后首先在庐山所在的九江创办医院。

庐山之所以有如此深厚教育底蕴以及出了这么多的海归，自然有很多原因。首先是庐山所在的九江是长江中游商贸重地，水运发达。其次，庐山本身教育底蕴深厚，白鹿洞书院是中国四大书院之一，也是禅宗的重要之地。最后，庐山为避暑胜地，吸引了诸多外国商人、传教士等前来居住或者避暑。

1949 年之前，国内留学或教育发达之地，主要集中在政治中心的北京、南京，商贸发达的上海、武汉、广州，交通中枢的哈尔滨等。而唯独庐山则是依靠度假旅游胜地而起。

庐山是避暑胜地，我第一次去庐山时是 4 月份，看到宾馆前台还在用电暖器取暖。庐山是一个避暑度假胜地，这意味着人员的往来是候鸟式的。这点和现在的海南要大力发展国际教育有点类似。

但可惜的是，庐山近代并没有出过一所著名的学校，无论是中学还是大学。和庐山有关的海归名人，其基础教育也不是在庐山或者九江完成。我想这也可能是江西教育的一个缩影吧。

南昌

如果单从创办时间来看，江西的国际教育起步也挺早。2007年，南昌市第二中学便创办了中加班。2011年，江西师范大学附属中学开设了中美班，赣州第一中学也开设了国际项目。在课程设置上，江西的国际化学校/国际部以A-Level和AP课程为主，全省没有看到有哪所学校开设了IBDP课程。

从区域分布来看，江西的国际化学校/国际部主要分布在省城南昌，有10余所学校。除南昌外，赣州、九江、萍乡、上饶等地也零星开设了国际部，但规模多不大。江西的地理位置比较优越，前往广东、浙江和上海等地都很方便，这也导致跨区域择校就读的现象比较普遍，比如赣州的学生会考虑到广州、深圳就读国际化学校/国际部，萍乡的学生会考虑武汉或长沙的学校，上饶、景德镇一带的学生则会选择浙江、上海的学校，而江西中部的吉安会瞄准省城南昌的学校。

2023年，我在江西深入调研时发现，吉安第一中学和吉安白鹭洲中学的国际项目在联系时已经停止招录新生，等现有学生毕业后整个项目则会取消。从学校得到的反馈是，取消是因为招生困难。

在宜校的出国留学中学排行榜中，江西师范大学附属中学中美班一直是排在江西首位，是江西申请结果表现最好的国际项目。江西师范大学附属中学是江西公立名校，其生源和师资有比较好的保障，屡有斯坦福大学这样的大藤级名校offer。

南昌市第二中学是南昌老牌公立名校，其中加班也是省内最早一批的项目。另外，江西赫威斯高级中学、南昌八一中学等学校开设了日韩班。

江西科技学院附属中学是江西一所民办名校，拥有坚实的高考办学基础、出类拔萃的竞赛优势。该校国际部创办于2016年，开设了A-Level课程。国际部十分重视教学教研，开设了南昌市唯一一所剑桥教师专业发展中心。中外教团队编制了完整的校本课程、教材教辅，为学生提供多层次的学习指导。在A-Level全球统考中，国际部多人次获得全球卓越学子奖（包括全球最高分、中国区最高分及四门总分最高）。此外，国际部特别开设了中国传统文化校本课程，帮助学生增强对本土文化的理解。

江西科技学院附属中学国际部2020年首届毕业生中有获得约翰·霍普金斯大学

录取，历届毕业生中超过25%入读牛津大学、剑桥大学、帝国理工学院、伦敦政治经济学院、伦敦大学学院等英国G5名校。毕业生还曾获得康奈尔大学、加州大学洛杉矶分校、纽约大学等美国名校录取，此外每年均能拿到香港大学offer。江科附中国际部提到，在教学过程中，重视启发孩子内在天赋和动力。在活动过程中，鼓励孩子专注所长，打造差异化竞争力。在升学过程中，帮助孩子找到方向感，提供定制化路径。

南昌天行创世纪学校特色高中部创建于2016年，开设了A-Level课程。这所学校是江西快速崛起的民办学校，也是国内这几年申请结果快速提升的新兴国际化学校。南昌天行创世纪学校从2016年首届14名学生发展到2023年有2000多名在校生，形成了K12教育体系，并从最初的租用两间教室到现在拥有南昌湾里梅岭国家森林公园的150亩山水校园。

2021年，南昌天行创世纪学校便有毕业生拿到剑桥大学三一学院的offer。2022年，该校拿到牛剑offer各一份。2023年，该校有一名学生拿到了杜克大学offer，下面会介绍这位同学的留学故事。

中考裸分状元的国际教育路线

我在2020年的时候，听说南昌天行创世纪学校（以下简称"天行"）特色高中部招录了当年南昌市中考裸分状元Bruce。

中考状元选择就读国际部，这些年在深圳、苏州等留学发达城市也曾出现，并不稀奇。但在中西部这种留学氛围并不是特别浓厚的地区，中考状元选择就读国际部，则十分罕见，因此也引发了很多的关注。

经详细了解后，我才知道Bruce作为南昌市中考状元选择就读国际部实属偶然。Bruce在初中时期便已经确定高中就读国际部，本科出国的发展方向。因了解到他初中成绩非常优秀后，天行特色高中部在中考前就以三年学费全免优惠条件与其达成了就读意向。中考时，Bruce心态放松，发挥完美，拿到了中考737分（总分750）的裸分第一的成绩。Bruce不改初心，仍然坚持自己本科出国学习之路。因此他是不是中考状元，都会选择就读国际高中。

我观察下来，感到挺有意思。因为绝大部分提早拿到国际化学校/国际部offer学生，对中考普遍不太重视和上心，中考成绩多低于平时水平，极少有发挥这么好的现象。

对于为何要选择国际教育路线，Bruce父母提到：他们一直在思考一个问题，即一个人怎样才算成功？如果只是考上一个名牌大学，并不能代表就获得了成功。更重要的应该是在今后的社会生活中，实现自己的社会价值，获得一定的社会认同。而孩子的学习成绩与长大后能否实现社会价值，并非 100% 正向匹配的。Bruce 父母倾向于国际教育这种更重视综合能力培养的模式。因此，从孩子小学起，便多次送他到国外体验当地的环境。Bruce 曾先后到德国、澳大利亚、美国的学校探访，体验不一样的学习氛围。

在父母潜移默化的影响下，Bruce 也逐渐认可了国际教育的理念。Bruce 曾提到自己本就不是一个只专注于课本学习的学生。他喜欢探索各种兴趣爱好，愿意去尝试很多不一样的事情。初中时，由于学业压力，Bruce 不得已放弃了一些兴趣爱好。想到高中阶段可能必须要放弃所有除学习以外的事情时，他还是倾向于国际教育这条可以提供更多探索的道路。美式的国际教育相较国内教育而言，更重视学生对自己内心的探索，他们也引导学生去探索自己未来更适合的职业方向。因此，Bruce 自己也最终确定了去美国留学的成长路线。

在选择高中就读的国际学校时，Bruce 的家长花费了很多的时间和精力。在回顾择校经历时，Bruce 的家长提到，他们也曾想过到上海、广东等一线城市的国际学校就读，但考虑到离家太远，父母能给孩子提供的精神上的支持、各种学习资源、背景提升资源都非常不足。加上高中阶段是孩子成长的关键期，对其价值观、人生观的养成尤为重要。为此最终还是决定放弃到省外就读，选择留在身边陪伴孩子度过 3 年的高中时光。

在江西南昌，专注美国留学方向的国际高中非常少。他们最早想选择的是江西师范大学附属中学中美班。该校是公立学校的国际部，有较长时间的办学积累，先后有学生拿到斯坦福大学、芝加哥大学、约翰·霍普金斯大学等名牌大学 offer，是个相对理想的就读去处。但在 2020 年择校时，江西师大附中中美班办学机制发生了转变，暂停了招生。而天行特色高中的中美班负责人则是原江西师大附中中美班的老师。经过较长时间的关注和交流了解，Bruce 一家都比较认可天行中美班的办学理念，为此在中考前便确定了要到天行就读。

天行特色高中部负责人提到，2020 年天行已经出了不错的升学成果。2019 年首届毕业生中 78.6% 的学生获得世界前 30 名校录取，92.9% 的学生获得世界前 50 名校录取，100% 的学生被世界前 100 名校录取，这届学生的一、二类高中的生源占比仅有 50%。2019 年，天行成立了中美班。"当然，最吸引学生的应该是我们学校以学生为本的办学理念，我们不遗余力地为学生进行私人定制、个性规划。学生和家长应该是基于这个理念，认定在天行可以得到充分尊重，可以最大程度地发挥出孩子的潜能，最大程度地彰显孩子的个性，并且得到与孩子的品质相匹配的评价标准，最大程度地满足孩子的发展需要。"

2020年秋季，Bruce 开始在天行特色高中部学习，各方面成绩优秀。他托福115分，SAT 1530分，9门 AP 课程满分。同时，Bruce 也是天行特色高中部重点关注的学生。在学校的支持和帮助下，他做了一系列的学术研究和活动。他曾担任校学生会主席，创办第一届校园音乐节，第一届江西传统文化节。他先后成功申请并在 TCR、YYGS、SSHI、Pioneer 夏校项目中学习。他曾到江西南丰傩文化的实地开展调查活动，并在加拿大的一个学术期刊上发表了论文。他和上海的一位同学共同组织开展了与不丹的东亚特色文化交流，并建立了一个国际文化交流平台。

Bruce 在早申阶段选择了冲刺斯坦福大学。他曾在一个访谈视频中谈道："美国大学设置早申就是给我们一个冲刺自己梦校的机会。斯坦福是我的梦想，在这个阶段就算失败了，我也愿意承担它后面带给我的压力。"天行特高部负责人回忆说："等待结果期间，学校老师都是在全程用爱和近几年申请数据对他进行安抚和开导工作，在 IVY day 孩子是已经做好了'全聚德'*准备的。即便如此，我们老师们也一直坚信他会有好的录取结果。"

申请季最重的暴击点是 IVY day。当天 Bruce 情绪非常低落，学校老师及时找他，从整个申请过程走过的弯路、个性上的问题、对美本的认知等方面帮助孩子走出负面情绪。在申请季的最后一天，几乎绝望之时，Bruce 意外收到了杜克大学的 offer。

客观来说，Bruce 能录取到杜克大学，实属不易。这是杜克大学近年来第一次给江西学生发放 offer。杜克大学的录取难度一直很大，常年只为北上广深的学生发放 offer。2023年，杜克 RD 阶段有四万多份申请，而 RD 的录取率是 4.8%，也是史上第二低的 RD 录取率。

Bruce 曾在回忆自己申请季的一篇文章中提道："让我感到骄傲的是，即使在最灰暗的时刻，我也没有半分后悔选择国际教育。是它让我看到诗的背面，让我听到世界各个角落的声音……我的申请季教会了我很多重要的东西。它不断地提醒我摒弃肤浅的'以分数定义人'的标准，警示我保持谦卑与敬畏，让我直面自己的缺点，并给予自己释然的勇气。即使这堂课用了让我最为痛苦的方式，但有痛苦才能成长。"

参考文献

[1] 胡平著，《千年沉重》，东方出版中心，1998年7月出版，第86页。

---

* 国内升学届的一个戏称，指学生申请国外大学全部被拒绝。

②⑤⑥萧公权著，《问学谏往录》，岳麓书社，2017年12月出版，第3、222、37页。
③④米协尔著，力行试译，《国立浙江大学校刊》，1939年复刊15期，第3—6页。

第六节 河南：负重而行

　　河南公认是国内高考最难的省。人口近亿的河南每年高考人数全国最多，超百万人，约占全国高考人数总量的一成。而河南省内的名牌大学少，省内仅有一所"211"大学——郑州大学。高考人数多且录取名额少，河南学生考取国内名校无比艰难，郑州大学在河南的录取分数线也远超当地一本线。

　　面对如此大的高考竞争压力，河南学子学习非常刻苦，十一国庆长假只放三天假是常态。为节省吃饭时间，有的学校食堂连凳子都没有。河南教育由于太过内卷，导致河南省教育厅出面强制要求学校十一假期要放假以及不许补课。

　　优质高等教育的匮乏是河南教育之痛。在1952年院校大调整中，河南没有保住一所部属大学，成为国内高等教育洼地。由于河南学生上大学艰难，导致当地具有旺盛的高等教育需求。为解决当地高等教育资源短缺的问题，河南在国内创办起第一所民办本科大学以及形成中部地区较大规模的本科留学量。

　　国内第一所民办本科大学，并没有在沿海发达地区诞生，而是在郑州出现，这所大学便是黄河科技学院。黄河科技学院最早以培训机构形式出现，帮助参加自考学生提高通过率。1981年，针对高等教育资源严重短缺的问题，国内开始实行全国自学考试制度，1984年在河南试行。所谓自学考试是指通过指定的学科考试后，学习者可以拿到主考学校的大学文凭。

　　正是由于有通过自学考试获得文凭的途径，所以有些用人单位在招聘时会明确本科文凭是否要求为全日制。1999年大学扩招后，上大学不再变得如此艰难，社会上的自考热度有所降低，但在一些大专院校中仍然很受欢迎，也成为这些大专院校学生获得本科文凭的重要路径。

　　自考学习方式比较灵活，没有年龄、性别、民族以及已受教育程度的限制，看起来门槛很低，但考试要求很高。全国自考通过率不到10%，由此催生出旺盛的自考培训需求。黄河科技学院创始人为郑州大学的老师，开办了一所学校来辅导自考考试，结果学生自考通过率接近90%。由于自考通过率高，学校很快声名鹊起，短短4年时间内，学生便从第一学期的 100 多人猛增至上万人。

随着就读人数的猛增，以及郑州高考落榜的学生家长希望开一所全日制学校，学校从培训机构转型为大学的时机成熟。1994 年年初，黄河科技学院得到了教育部批准，可以开设专科课程并具备发学历证书资格。1999 年，黄河科技学院成为国内首家可以进行本科学历教育的民办大学。

从黄河科技学院的快速发展可以看到河南的高等教育资源是多么紧缺，河南人对上大学是如此渴求。再来看河南的国际教育。河南学生考国内名校艰难，而当地家庭名校情结重，导致会有一批学生选择留学。虽地处中原大地，远离沿海，但河南的国际教育起步比较早，1912 年便创办了河南留学欧美预备学校，这所学校为河南大学的前身。

河南留学欧美预备学校是一所专门培养留学预备人才的中等教育学校，类似于现在的外国语学校。当时类似的学校还有北京清华学校和上海南洋公学，这两所学校分别是清华大学和上海交通大学的前身。河南留学欧美预备学校在当时的河南省城开封创建，举办了 12 年，共招收了 662 名学生，其中有 80 多人出国留学，其他多在国内的大学深造。1923 年，在学校基础上筹备成立大学，成为河南高等教育的重要节点。民国期间不少大学是从中学起步的，进而延展到大学，除河南大学和大名鼎鼎的清华大学、上海交通大学外，还有上海圣约翰大学、长沙雅礼大学、武汉华中大学等三所教会大学也是如此。

河南留学欧美预备学校的创建，让河南拥有了当时国内三个培养留学生的重要学校之一。而河南邻省山西创建了山西大学，成为国内当时三大大学之一。不过，山西大学的创建以及留学的兴起，在很大程度上是由教会组织在推动。而河南留学欧美预备学校则是在当时河南当地有识之士的倡导下举办的，河南作为中华文明起源的核心地带，毅然主动向外学习则是一个创举。

中西部地区的国际化学校/国际部一般集中在省城，但河南却不一样。全省约有一半的国际化学校/国际部分布在洛阳、开封等地市，这种现象在国内比较罕见。

河南的国际教育起步比较早。最早的国际项目应该是河南大学的预科项目，在1998 年 12 月设立，预科项目实行一年学制，学生主要前往爱尔兰和澳大利亚留学。我了解到，爱尔兰于 1997 年向中国学生开放留学，最早一批留学生中有位豫籍学子，他受大学委托到中国寻求合作，在河南大学建立起获批预科项目。

在 2003 年，河南省实验中学开设了国际部，这应该是河南第一个获批的中外合作项目，在国内也是属于最早期的一批。河南的国际教育主要集中在公立学校里面。河南全省有 50 多所学校 60 多个中外合作项目得到省教育厅批准，获批项目数量在中部地区中应该是最多的，其中省城郑州的中外合作项目每年招录指标在2000人左右。

河南因为经济不是很发达，当地家长和学生普遍看重奖学金的申请，以及比较喜欢选择方便就业的专业和学校。我了解到曾有郑州的学生拿到了哥伦比亚大学本科offer，但因为没有申请到奖学金，家里无力承担昂贵的学费和生活费，学生最终选择了一所排名60位左右但有奖学金的美国大学就读。

我多次到郑州做当地的国际教育调研，也访谈过一批当地的学生。我发现郑州的学生有不错的标化考试成绩，但在活动竞赛等方面和北上广深有很大的差距，再加上河南不少学生比较重视申请奖学金，会在一定程度上影响录取。我所访谈过拿到国外名校offer学生中，北上广深、苏州、南京一带的学生因担心影响到录取，极少有人主动申请奖学金，但在郑州的学生中申请奖学金比例高。为此，河南学生申请国外名校的竞争力会削弱，这也是河南整体申请结果不是很突出的重要原因。

河南学生因高考太过内卷，出现旺盛的出国留学需求。但受限于当地经济发展水平，河南的学生对奖学金的需求度更高，进而影响到最终的申请结果。为此，从全国范围来看，河南的国际教育无疑背上了沉重的包袱在负重而行。

我是在2016年10月底首次到郑州做当地的国际教育调研，此后基本上每年都会去，了解当地国际教育最新的进展情况。多次的调研让我深感河南的国际教育发展之不易。

郑州及其他

前面提到，郑州的国际项目约占河南全省总量的一半。这种情况在中西部比较罕见，因其他省市国际项目基本上都集中在省城。除项目区域分布比较分散外，河南教育还有个特点，即河南周边由于没有特别强的国际学校，并没有出现像河北生源多流失到北京的现象。

不但学生外流少，我在调研中还意外发现，宁波、珠海等沿海地区的家庭还会把孩子送到郑州的学校就读国际部。之所以会出现这种现象，是郑州的国际项目学费便宜，一年学费长期保持在4万左右，这在国内是相当低的。

从全国范围来看，大学毕业生出国留学总量超过了本科出国留学。不过，郑州区域本科出国留学数量反超大学毕业生，多的年份接近两倍，这在国内一二线城市当中比较少见。相对而言，本科出国留学比大学毕业后留学更具有刚性需求。我估计郑州之所以会出现反超现象，还是跟河南高考难以及经济发展水平有关。

此外，我在郑州调研时，还发现在"双减"政策推行之前，一些有名的教培机构，其国际教育板块的业务反超 K12 学科培训业务总量，而在北上广深、苏州这些地方，K12 学科培训的业务体量一般是国际教育板块的几倍甚至 10 多倍以上。从这些数据可以看到，郑州的国际教育市场比较活跃和发达。

尽管国际项目较多，但郑州普高学生出国也有一定的量。我对郑州的普高学生出国曾做过调研，推断出普高学生每届出国留学人数约为大小三甲学校学生总量的 5%，总计约为 200 人，占郑州全市高中毕业生总量的 0.5% 左右。而全国每年高中毕业后选择本科出国留学的人数，占全国高中毕业生总量的 0.6% 左右。

普高学生出国留学在国内并不稀奇，但主要集中在北上广深、南京、杭州、青岛等城市中，像南京外国语学校、青岛第二中学普高学生出国留学高峰时单校每届有两三百人。中西部除郑州外，长沙每年也有少量普高学生出国留学，但总量不多。普高学生出国留学，一般需要当地具备相对成熟的留学服务体系。比如上海的留学服务体系发达，有些普高生会到校外学习国际课程，并用校外机构的名义申请国外大学，在拿到国外大学 offer 后则往往会从原就读学校退学。这些退学学生有些甚至只读完高一，这种现象在上海比较多，但在国内其他地方罕见。

郑州区域普高学生出国有一定的量，这跟郑州区域留学环境具有比较大的关系。一是郑州区域各个国际项目招生竞争激烈，导致一些学生在择校时无所适从，最终干脆选择就读普高；二是郑州区域的家长/学生更为看重学费支出，虽然郑州区域国际项目学费并不高，但仍有学生因学费而放弃就读国际部；三是郑州有相对成熟和完整的语培、国际课程辅导体系，学生在参加完会考后可以选择在校外学习国际课程并申请国外大学。

河南省实验中学、郑州外国语学校、郑州第一中学、郑州第七中学、郑州第四中学、郑州第十一中学等在当地分别被称为"大三甲"和"小三甲"，这六所学校均有国际项目。

郑州的国际教育主要集中在公立学校中，少有国际化学校。郑州当地公立高中国际部起步比较早，家长更信任公立高中。而更为重要的是，郑州区域的国际项目学费比较低，导致高收费的国际化学校比较难有市场运作的空间。

我在研究郑州国际项目课程设置时发现，AP 课程约占总量的一半。这估计是跟公立学校办国际项目有关，因公立学校办国际项目且通过中考招生，会要求学生学习普高课程，并参加会考。由于有国家指定的课程要求，而 AP 课程的选课和教学相对比较灵活，为此，AP 课程比较盛行，这点和北京比较类似。

郑州聚集了河南省最好的国际教育资源，但出现了向地市扩散的现象。扩散的现象表现在两个方面上：一是郑州学校国际教育经验在向地市学校复制；二是一些留学服务机构在洛阳、开封等地市开设分支机构。我调研拿到名校 offer 的学生时也发现，在郑州就读国际化学校/国际部的外地学生，部分会选择洛阳、开封等家乡的小型机构提供服务。

我跟郑州拿到国外名校 offer 学生交流时了解到，洛阳第二外国语学校的初中很厉害，学生英语水平高。郑州学校拿到国外顶尖名校 offer 的学生，不少毕业于这所学校的初中部。洛阳第二外国语学校创建于 2002 年，为一所民办学校。这所学校采用了小班教学和英文教学模式，小学阶段便有外教授课，加强外语听、说、读、写能力培养。

从访谈拿到美本名校 offer 学生的情况来看，郑州学生在选择留学服务商时，有两个比较明显的现象。一是语培、升学辅导往往同时在一家机构进行，这个现象跟西安的学生有点类似，这主要是因为当地国际化学校/国际部是通过中考体系招生，学生的英语基础较弱，需要同一家机构来协调标化考试、背景提升等事宜。二是郑州学生有不少来自河南的地市，这些学生有就近选择老家服务商的习惯，而地市留学服务商多会为学生提供语培、升学辅导等综合性服务。

郑州的国际项目约占河南全省总量的一半，其他项目则分布在洛阳、平顶山、新乡、开封、安阳、焦作、濮阳、许昌、商丘、周口、南阳、济源、鹤壁、漯河、三门峡、信阳等地。也就是说，除省城郑州外，河南的 17 个地市中有 16 个开设国际化学校/国际部。我们姑且不谈地市国际教育办学水平和实际招生情况如何，光看国际化学校/国际部地域开设如此之广，在国内实属罕见。

河南的学校

前面提到，郑州的国际教育主要集中在公立学校，大小三甲六所学校均设置了国际项目。深入研究河南省教育厅所批准的中外合作项目，发现会根据留学方向进行区分，用中美、中英、中加之类进行命名。

在不同方向有不同学校做出特色和优势，在英国方向上，郑州外国语学校优势明显。在美国方向上，郑州第七中学中美班则表现突出。在澳大利亚方向上，郑州第四十七中学则全省领先。

根据《中外合作办学条例》的规定，河南中外合作项目的学生均需要学习国内普高课程，加上还需要学习国际课程，学生的学业压力比较大，但也能够打好比较扎实的学业基础。

创建于 1983 年的郑州外国语学校，是教育部首批确定的全国十三所具有保送生资格的外国语学校之一，外语教学是学校特色。无论在高考还是国际教育方面，该校在河南省均处在顶尖位置，在国内也小有名气。每年平均有 200 名左右的学生被保送到北京大学、清华大学等重点大学，保送生人数占河南省总数的一半以上。该校国际项目有三个，即中英班、中美班、中澳班。国际部在中招录取体系中，中考分数最高，生源质量最好。该校也是河南省本科申请结果表现最好的学校。郑外国际部毕业生曾拿到了哈佛大学、牛津大学、剑桥大学等世界顶尖名校 offer。

郑州第七中学中美班成立于 2011 年 5 月，开设了 AP、GAC、A-Level 课程，学生可直接在校内参加 A-Level 考试。中美班实行小班和分层次教学，重视精细化管理，根据学生成绩变化浮动管理。中美班重视家校沟通，班主任会定期向家长做学生学习情况反馈。从学生入学开始，中美班的留学规划老师便会为每名学生提供具体规划方案。2014 年，中美班的首届毕业生便申请到了埃默里大学、弗吉尼亚大学等美国大学 offer，第二届有学生获得康奈尔大学的藤校录取。

创建于 1997 年的郑州中学十分重视国际教育，在 1999 年便获得 IBO 授权成为 IB 学校，是郑州市国际教育特色学校、郑州市国际理解教育示范校。2005 年，学校国际部正式成立。2023 年，郑州中学当选首届河南省高中中外合作办学联盟主任单位，进一步拓宽学校国际教育的办学资源和渠道，持续增强学校在河南省乃至全国高中国际教育办学影响力。有 IBMYP 项目、新加坡奖学金项目、PGA 高中国际课程项目、中德智能制造课程项目、韩国留学生项目等多个国际项目，开设了 GAC、AP、A-Level 等国际课程。国际部有丰富的校本课程提供给学生做选择，重视学生的德育工作，致力于"培养世界的中国人"。毕业生去向比较多元，以美、英、加、澳、德方向为主。我和国际部多位毕业生交流过，学生比较朴实和学校重视国际教育给我留下深刻印象。

郑州第四十七中学中澳班从 2010 年开始招生，每年新生保持在百人左右，已成为河南众多国际班中澳大利亚方向的名牌项目。依托学校乃河南省唯一国际特色示范校氛围，注重师资投入，开设丰富活动，国际部和普高统一管理，让优秀学生更优秀，让中等学生实现逆袭。中澳班自成立以来，毕业生几乎百分百就读澳洲八大名校、加拿大前 10、英国前 10、美国前 70 的大学。和加拿大课程比较类似的是，中澳班也是双重学籍，两年半读完高中，无须再读预科课程，直接到澳大利亚就读大一。

第八节　河北：慷慨悲歌

河南、河北、山东、广东公认是国内高考最难的四省，而高考艰难省往往会有比较强的留学需求。在这四省中，广东国际教育十分发达，国际化学校/国际部数量以及出国留学人数全国最多。山东省的国际教育发展水平虽不及广东，但也是国内留学高地，仅次于广东、江苏、上海、北京。河南的国际教育发展水平虽不如广东和山东，但在中部地区也是数一数二。唯独河北，在国内国际教育界中似乎没啥存在感。

在沿海地区中，河北的国际教育发展水平处在后端，且不说和邻居北京有极大差距，就连和西南的广西相比，也基本没啥优势。如广西南宁引进了知名的哈罗学校，开设了 K12 学段课程，而河北则缺乏类似的国际化学校。虽然英国圣比斯公学于 2020 年入驻石家庄，成立了石家庄圣比斯学校，但后因要合规改名为石家庄金铭钥学校，且没有高中学段。

河北与京津相邻，具备京津两地资源外溢得天独厚区位优势，雄安新区规划建设得到国家扶持，GDP 在国内也处于中等偏上水平。河北为人口大省，有 7000 多万人。为此，河北的国际教育照理应该有一定的发展，但为何会如此弱呢？

我分析下来，估计主要是两个因素，即人均收入低、学生外流多导致国际教育氛围不易形成。

在石家庄调研时，我了解到马来西亚留学在石家庄比较受欢迎，主要原因是留学成本低廉。我查了统计数据，看到 2021 年河北的人均 GDP 在全国 31 个省级行政区中排到 27 名，比西藏还低。当然各个地方会存在贫富差距，不能完全用人均 GDP 来判断当地是否有送子女出国留学实力，只能作为一个参考，所以我用房价水平来进一步看河北的情况。

根据我的观察，送子女出国留学的家庭一般会把房产作为最后的费用保障。所以如果一个家庭卖掉一套房子便足以支持子女的留学，那么这个家庭具备送子女出国留学的财务保障。英美本科留学的总费用在 200 万—400 万不等。按照一套房子平均 100 平方米来测算，则房价至少需要在 2 万以上。因此，房价是否在 2 万以上，往往会成为一个区域是否有足够的家庭具有送孩子出国留学财力的分水岭。如果房价低于 2 万，这很有可能即便卖掉一套房子，也不够子女留学费用。在这种情况下，这些家庭要么放弃送子女出国留学的念头，要么将子女送到留学成本更低的国家，当然也会有学生申请奖学金，但人数并不会太多。

石家庄的房价长期在 1.5 万左右，当地最好的学校——石家庄外国语学校附近的学区房才达到 2 万元。河北其他地市的房价更低。

为此，河北整体的经济发展水平以及房价较低，导致能够支付得起去美、英、加、澳留学费用的家庭不会太多。这也是留学成本较低的马来西亚为何在石家庄比较受欢迎的重要原因。另外，石家庄乃至河北的家庭在送孩子出国留学时，普遍比较重视所学专业未来就业情况，这也跟当地经济发展水平有关。

影响河北国际教育发展的另一个重要因素便是学生外流多导致国际教育氛围不易形成。外流和择校成风是河北教育的两个普遍现象。众所周知河北高考极难。人口多，大学尤其是名校少。河北省内没有 985 高校，唯一一所 211 学校——河北工业大学还位于天津。

不过，河北的基础教育在全国赫赫有名。闻名全国的衡水中学，每年清北考取人数和高等级竞赛获奖人次在全国领先，和北京、上海的名校比肩。有个细节可以看出衡水中学在国内的地位，即由于前来参观考察的同行太多，影响到学校的正常运转，衡水中学曾一度不得不闭门谢客。

古有孟母三迁，今有择校成风。一方面是省外择校。河北靠近北京，如果想到北京的国际化学校就读比较方便。而天津的高考难度和河北又相差比较大，通过购房落户天津获得当地高考资格是一些河北家庭的选择。另一方面，虽然河北的高等教育比较薄弱，但像衡水中学却全国闻名。在这种情况下，河北省内普高方面择校风气更甚于其他省级行政区，并直接影响到了河北的国际教育发展。

查看河北国际化学校/国际部招生信息时，我们会看到各学校往往会公布河北各地招生联系人以及手机号，甚至还会有专人负责浙江、山东等区域。这种招生模式颇有点像国内大学，这在国内其他省级行政区中的国际化学校/国际部中还是比较少见的。

河北的 11 个地市均与外省市接壤，除省城石家庄外，保定、张家口、承德也都曾做过省会。在经济发展上，唐山的经济实力曾长期超过省城石家庄，而秦皇岛、保定等各有自身的产业特色。为此，整个河北省缺乏中心城市，即便是省城石家庄，国际教育对地市的虹吸效应也不明显。而国际教育发展需要有氛围以及集中度，大家各自发展，最终所有人都吃不饱。

如果单从国际化学校/国际部数量、本科出国留学人数以及申请结果来看，河北省整体上乏善可陈，似乎不值得关注。不过，我很重视河北，这是个比较特殊的区域，并多次实地调研当地的国际教育状况。

河北的国际教育特殊之处，除历史上继留美幼童、赴日留学之后的第三次留学大潮——赴法勤工俭学运动从河北发起外，还有河北择校成风，国际教育区域分布均衡。在这种相对自由竞争的环境下，国际教育会出现何种状况以及未来发展趋势如何，留学家庭如何用脚投票，这均值得关注。

河北古为燕赵之地，今为拱卫北京，地理位置十分重要。在这种特殊的地理和历史背景影响下，河北的留学既敢为人先，又紧跟国内发展趋势。既能够从北京获得国际教育的先进理念和人才，但同时也存在被北京吸纳生源的问题。

燕赵多慷慨悲歌之士。慷慨悲歌则在于明知不可为而为之，荆轲刺秦王惊心动魄，单骑救主赵云浑身是胆，誓不降元张世杰血战到底，洋务重臣张之洞百废俱兴，狼牙山五壮士坚贞不屈。每逢国家、民族有难，总有燕赵英豪挺身而出，慷慨赴国难而名垂青史。

燕赵之地古时处在华夷交接之处，地理位置重要，战事频繁，曾出现一批创新改革和勇为天下先的斗士。最早向外学习的则是赵武灵王，率先进行了胡服骑射改革，成为"师夷长技以制夷"的第一人，有效对抗匈奴骑兵。赵国在战国七雄中，以硬气著称，和秦国有过多场恶战。

一方水土养一方人。在留学历史的大潮中，河北人敢为天下先。最为有名的莫过于从保定发起的赴法勤工俭学运动，这场运动涌现出一大批改变中国命运的著名人物，为现代慷慨悲歌之士。

一战期间，有14万华工赴欧，其中以山东人、湖北人为主。但赴法勤工俭学却是在河北保定兴起，我估计这应该主要跟赴法勤工俭学运动发起人之一李石曾是保定人有关。李石曾的父亲是清廷重臣，而李石曾又曾在法国留学，有如此的家境和留学背景，李石曾在保定发起赴法勤工俭学运动是有基础的。

河北现在的出国留学虽然处在国内后端，但曾对中国的留学产生过深远的影响。河北也是一个很包容的地方。我到正定古城参观时，看到当地有隆兴寺、开元寺等多处佛教著名的寺院，而在街上则分布不少清真食品店，各种信仰和睦相处。

江苏省的13个地市实力均比较强且各自以自己区域为傲，被称为"散装省"。但江苏的国际教育在地域上还是主要集中在苏南地区，以苏州、南京、无锡为主，整个苏北地区的国际化学校/国际部数量不到全省的10%。河北与京津接壤，省城在保定、天津、石家庄当中多次更换。在这种特殊的地理和历史背景下，河北也形成了类似江苏的"散装省"现象。

河北在经济上出现散装现象，在国际教育上，更是出现了"散装省"的现象，在衡水、唐山、秦皇岛、保定等均有国际化学校/国际部，并没有像其他省级行政区集中在省城。国内各省级行政区的名校一般集中在省城，而地市的学校超过省城名校则比较罕见。但河北最为有名的学校却莫过于衡水中学。

省城石家庄主要有石家庄教育集团国际课程中心、石家庄创新天卉学校高中国际部、石家庄第四十二中学国际部等几所国际化学校/国际部，每年本科出国留学人员约200人。地市主要有衡水泰华中学、唐山第一中学、保定长城高中等学校开设了国际项目。整体来说，河北的国际学校分布区域较广，但整体数量少，而出国留学人数也少。

石家庄外国语学校在当地是一所名校，但其建制很特别，小学部和初中部属于民办性质，高中部则为公立性质。高中部并没有设立中外合作项目，而是有石家庄外国语教育集团国际课程中心，这个中心在石家庄外国语学校校内办学，对外一般简称为"石外ICC"或"石外国际部"。石家庄外国语学校本身并没有国际项目，不过其高中部与上海的学校有合作，采取了合作培养方式，有学生拿到了麻省理工学院offer。石外ICC成立于2016年，开设了IGCSE和A-Level课程。石外ICC对学生进行分层小班授课，班级设置上有美国、英联邦以及中国香港方向，日本方向，德法西俄方向，毕业生的去向也比较多元，有英美加澳、日本、德国、法国、西班牙等多个国家，也有我国香港特别行政区。毕业生有九成进入世界前百学校，涉及专业领域有20多个。

第九节　天津：津门谜团

在全国31个省级行政区中，我曾对三个省市的留学现况感到不解，即侨乡福建、直辖市天津、富庶浙江。侨乡福建留学很冷，富庶浙江国际教育并不太发达，本书有专门的章节对这两个省留学情况进行解读，在此不再赘言。

我对天津留学的困惑之处在于，天津作为国内四个直辖市之一，无论是地理位置、经济发展水平还是历史背景，都具有发展国际教育得天独厚的优势和条件。但天津所提交的国际教育成绩单在四个直辖市中垫底，且不说跟北京、上海相差甚远，连和西部的重庆相比也是相形见绌，这让人感到意外。

这是什么原因呢？

我们很容易想到的是，天津高考难度低。天津每年高考人数在6万人左右，本科录取率、211高校录取率、985高校录取率排在全国前三，天津学生获得国内名牌大学录取概率远高于广东、江苏等省。

一般来说，高考难会催生相对强的留学需求。经济发达+高考艰难的省往往会成为留学高地，广东、江苏、山东三省便是典型。不过，高考公认为最难的河南、河北两省，并没有成为国内留学高地。这是因为留学光有需求远远不够，还需要有留学意识和厚实的钱包，这两者缺一不可。河南、河北两省在这两方面还比较薄弱，没有成为留学强省则在情理之中。

但我们接下来要问，高考难有强的留学需求，但为何高考容易的北京和上海也一样成为留学高地？这似乎是个不靠谱的结论。

从表面上来看，北京和上海本科留学之所以发达，很大程度上是当地具有比较浓厚的留学氛围，当地市民对留学更为了解和容易接受，加之有更强的经济实力，孩子留学无费用之虞等。但如果深入分析，还跟这两地有大量外来人员有关。

北京和上海有大量的外来人员，且落户政策相对比较严格。这些外来人员子女在京沪就读普高和参加高考会有户籍和学籍障碍，如果不愿意回到原籍就读，则只能留学或转到天津这些高考相对容易且落户政策较为宽松的地方。也就是说，北漂和沪漂人员的子女一旦回原籍会面临激烈的高考竞争，导致部分家庭会选择让子女走国际教育路线。因此，外来人员众多的北京和上海对国际教育也同样具有比较强的刚性需求。从本质上来说，这个刚性需求也是源自高考艰难。

前面提到，北京和上海的落户政策相对严格，天津在落户政策上较宽松，导致不少京漂或者河北家庭会选择到天津购房落户，并让子女在天津参加高考。

天津本地高考相对容易，本地人留学动机不强。而天津落户政策宽松，外来人员也较容易通过购房来获得落户，解决子女的教育问题。为此，天津本地没有像北京、上海一样出现外来人员对留学有强刚性需求的社会现象，这必然会影响国际化学校/国际部生源数量和质量。我估计这应该是天津国际教育不发达的深层次原因。

根据天津的落户政策，学生如果想以天津学生的身份参加高考，需要在天津完整读完三年高中。这便意味着高考移民需要在初中阶段就提前安排好，而天津的中考会有体育成绩，体育成绩要在初中阶段获得，因此导致想高考移民到天津则必须延展到初中阶段。

中考后，一些高考移民学生或多或少会有发挥失常或者没有上到自己满意的高中的情况，会催生一定的就读国际教育需求。我在天津调研时发现，天津普高学生留学占比反而比较高。普高学生之所以会选择出国留学，多数是在高一阶段发现在高考上竞争力不足，为此换赛道走留学路线。

天津的留学和高考有冰火两重天的感觉。天津的高考移民比较热，但出现了国际教育外流现象，即一些学生会选择到上海、北京这些地方就读国际化学校/国际部。主要原因是天津的高考不是特别卷，当地学生普遍比较佛系。但这点放在国际教育上则比较麻烦，毕竟国外大学申请是全国性竞争，这导致一些学生会选择到上海、北京这些更为内卷的城市就读。因此天津出现了高考流入、留学流出的现象。

留学重地

虽说天津的留学现在在国内表现平平，但其在历史上则是留学重地。

自开埠后，天津迅速成为中国新式教育的典范。曾国藩就任直隶总督期间，曾处理过天津教案，此时教案频发的深层次原因是中西文化冲突，此间曾国藩接受了容闳派遣留美幼童的建议。在曾国藩、李鸿章等重臣的推动下，1872年到1875年，清廷派遣了120名少年前往美国留学，开创了近代中国公派留学的先河。而在清廷召回留美幼童后，当时回国的94名学生中，有50人安排在天津，继续学习或者参加工作。（参见彩图48）

回国的留美幼童之所以会多安排在天津，跟推动留美幼童项目的李鸿章正任直隶总督有关。直隶总督署设在保定，而天津则是其管辖之地。在清廷召回留美幼童后，1881年，李鸿章在天津建立了总督医院附属医学堂，1894年设立北洋医学堂，为国内自办的第一所西医学堂。1885年创办了中国第一所陆军学校——北洋武备学堂（天津武备学堂）。1895年，北洋大学堂在天津筹建设立，1913年改名为国立北洋大学，为国内第一所大学。1904年，严修、张伯苓共创南开学校，1918年筹办南开大学。

天津设立了北洋水师学堂，而海军是技术军种，主要以英法海军为师，回国的留美幼童自然是合适的军官培养对象。北洋海军在甲午战争中全军覆没，给国内带来极大的震动，这意味着洋务运动的失败。中日两国同时学习西方，但甲午战争中中国却惨败于日本。为此，中国社会对振兴国家的反思不再局限于技术层面，而是深入文化和社会结构层面。

以在北洋水师学校任教的严复为代表的海归为振兴国家发声。天津成为国内思想活跃之地，成为新思想的前沿之地。除有大批海归云集之外，天津还具有比较特殊的地理环境和文化特色，使得其成为清末民初时的留学重地。

天津的道路命名比较特别，国内城市道路命名一般是"路"或"街"，但天津城区的道路却大量用"道"命名，比如赤峰道、哈尔滨道，等等。在天津和平区还有个著名的五大道历史街区，这个街区曾是九国租界，居住了一大批名人。天津是从海路抵达北京的必经之地，外联国外，内通南北。因此，天津成为政要退隐的最佳之处。进京比较方便，退时也很容易前往国外或北上南达。

天津在近代历史上确实有很多的成就，以我曾从事过的新闻工作为例，1902年在天津诞生了《大公报》，这份报纸仍在，只不过现在在香港出版，是国内历史最为悠久的报纸。近代的"小站练兵"更是让天津走上历史舞台。

据说京剧大师梅兰芳很喜欢在天津表演新戏，因为天津的戏迷懂戏，新戏如果得到了天津戏迷的认可，则意味着真正的成功。南京中山陵、广州中山纪念堂的设计者吕彦直（1894—1929）在天津出生，毕业于康奈尔大学，憾天不假年，吕彦直年仅35岁便去世。他在国内开创了用钢筋水泥制造民族建筑之风。

天津人以诙谐幽默而著称，我想整个城市有如此特性，那应该是见多识广、生活富足。这也是一个很有意思的区域文化特性，也是文化自信的表现。这些均会从深层次影响到国际教育的发展。

近代天津名人辈出，李叔同便是其中之一。

海河之子李叔同

出生于天津的李叔同是民国时期一位名人，他在艺术上有很高的造诣。当他在艺术领域达到顶峰时，却突然遁入佛门，成为律宗一代高僧。李叔同在任何一个领域，都能达到最高层次，让人不得不佩服。有关李叔同生平和成就分析介绍文章很多，我不在本书中做更多的介绍，而是从一个留学生的精神世界来尝试看李叔同。

如果把北京、天津、上海看成一个家庭的三个儿子，那么北京则是老大的形象，背负家庭众望，坚韧、谨慎且大局为重。上海则是家庭的幼子，集家人之爱，敢作敢为。而天津则是老二形象，既不需老大般的忍辱负重，也没有老三的千宠万爱，属于家庭中没啥存在感的孩子，所以往往无拘无束、随性洒脱。若要说到具体的人，李叔同毫无疑问是典型的天津代表。李叔同被称为"海河之子"，被视为天津的骄傲。（参见彩图49）

天津河北区滨海道有李叔同故居纪念馆。我在参观时，听纪念馆的人说，李叔同的故居原址并不是现在的纪念馆所在地，原址在纪念馆南侧，即河北区海河东路与滨海道交叉口东南角。走进纪念馆，首先便可以看到李父的同年李鸿章所题写的"进士第"门匾。李叔同的父亲是进士，做过清朝官员，后致仕经商。李氏家族通过经营当时很赚钱的盐业、钱庄致富，有钱又出文化人，成为天津当地的名家。（参见彩图50）

1880年，李叔同出生，但生母身份卑微，且父亲在他四岁时便去世。虽然家境优渥，生活舒适，但毕竟庶出，不受家族待见。从各种介绍材料来看，李叔同并没有参与到家族产业运作中，也少有和家人密切交往记录，属于家族的边缘成员。在去日本留学之前，李叔同和多数大家族庶出子弟比较类似：接受优质的教育，较早听从家人安排娶妻，孝敬寡母并养老送终，生活平淡如水。

李叔同是在科举考试取消的1905年到日本留学的。科举考试的取消，意味着中国传统教育模式的崩溃。科举考试旧机制被打破，但新式学校并没有相应建立起来，中国学生蜂拥前往日本留学。25岁的李叔同去日本留学后发生了很大的变化。一方面，他的才能显现出来了，在书法、绘画、音乐等多个艺术领域崭露头角；另一方面，也是我最为关注的，李叔同在不断探索自己的精神世界，也就是精神归属，在皈依佛门之前，还曾研究和关注过道教。这块很重要，对现在的留学也有很大的启迪作用。

如果说科技是探究未知领域，那么艺术则是在升华生活和体验另一种生活形态。我注意到一个细节，李叔同在东京创办"春柳社"，曾经男扮女装出演了《茶花女》中的主角茶花女，而且表演还很成功，这充分展示出李叔同的才能。

这是李叔同在体验另一种生活，我认为这为他最终会选择出家埋了伏笔。

我在访谈一些拿到国外名校 offer 的学生时，一些很重视艺术教育学校的学生，给我一个很有意思的反馈，即他们参加戏剧表演，虽不会把艺术作为自己未来的发展方向，但通过戏剧表演能够思考另一种生活方式或者进入另一种思维。比如有学生跟我提到，当自己在扮演一个巫婆时，需要用巫婆的视角来思考和观察这个世界，会发现这是完全不同的思维方式，这对自己启发很大，深知这个世界的复杂性和多元化。

我想当李叔同在成功扮演茶花女时，会深刻体会到茶花女生活和爱情的苦难与不幸。这与他出身富裕人家但在家族中备受歧视而心有戚戚。

丰子恺对自己老师李叔同的出家做了一番解释，提到人生的境界有三个层次，最低等为物质生活，其次为精神生活，最高为灵魂生活。按照这个说法，李叔同出生时衣食无忧，老早解决了物质生活问题。他在艺术上取得成就后，精神生活达到了很高的层次。而再往上，则涉及宗教了。

1905年，李叔同在寡母去世后开始远游，前往东京上野美术专门学校留学。6年后学成回国。回国后的李叔同没有重返故乡天津，而是在上海、南京、杭州等地生活。此时家道中落，李叔同靠任教生活。李叔同在艺术上的成就光彩照人，而在学校里由于教学严谨，关爱学生，也很快声名鹊起。1918年，李叔同在杭州突然出家，两位妻子苦求还俗均无济于事。出家后的李叔同成为一代宗师——弘一法师。对李叔同的出家之因众说纷纭，也有指责他对家人太狠，抛妻别子，让子女过上清苦的生活，没有尽到父亲应有的责任。

我换成李叔同来试图理解他的心路历程。李叔同出身大家但在家族中身份卑微，尽管才华出众但并不被家族器重，在家族中属于边缘人员。物质上的富足和精神上的贫瘠，想必会困扰小时的李叔同。

在去日本留学前，李叔同还只是个很普通的大家族子弟，尽管有些叛逆但也不过分。当他在日本留学后，想必也有更多的精神的冲突，这已经不再是家族之间的纠葛，更会上升到国与国之间的矛盾，借助艺术的载体，李叔同的精神世界到了另一个层面。

回国后，当李叔同达到了艺术上的高峰时，内心仍然没有什么归属，最终放弃人世间一切皈依佛门。早期留学生有过这样的矛盾和冲突，其实挺常见的。民国期间，留学生皈依宗教的现象比较普遍，只不过李叔同名气大、佛门出世，社会反响更大而已。

李叔同给现在的留学生精神世界完善有很大的启示作用。现在出国留学的孩子家境相对较好，孩子对社会接触并不多，普遍比较单纯。一旦放在国外复杂的社会环境中，必然会碰到很多的问题和困难。面对这种可能性，除给予在生活上、安全技巧上的学习外，更重要的是需要在精神世界上使其充足和完善，这也在国内出现一种趋势，即越好的国际化学校/国际部会越重视中国传统文化教育。

李叔同是幸运的，在混乱的清末民初的中国，他有相对富足的生活，并能够获得很好的教育，并在艺术领域上有很高的成就。但李叔同又是不幸的，面对在家族中的卑微地位，国家和民众的苦难，即便在艺术领域上获得很高的成就，但他的内心仍然是空荡荡的，以至于皈依佛门寻求精神上的依托。而在这个过程中，日本留学经历则应该起到了催化剂作用。

天津的学校

和北京以公立高中国际项目占主导不同的是，天津的国际教育以私立为主，公立国际项目也仅剩下天津外国语大学附属外国语学校国际课程中心。

天津的国际教育需求潜力比较大，为此，国内一些著名的教育集团纷纷在天津设立学校。如天津英华实验学校，是广州华美教育集团在外埠所创办的第一所学校，枫叶教育集团在天津的校区规模也很大，另外还有惠灵顿等国际教育品牌进驻。

我统计到天津有10余所国际化学校/国际部，根据当地国际教育界朋友的测算，天津每年共有1500名左右的学生本科出国留学，其中很多是来自公立学校的普高学生。

2014年，天津市教委取消了当地公立学校国际项目，当地著名的市五所名校，除南开中学保留了招录外籍人员子女的国际部外，其他的公立学校国际项目停办。但保留了天津外国语大学附属外国语学校国际项目。

为此，天津的国际教育在国内出现一个很奇特的现象，即国际教育没有纳入中招体系中，各校自主招生。即便是通过了教委审批的公立学校国际项目也不通过中考招生。前面提到，诸多的天津高考移民催生了一定的国际教育需求，因此，天津的国际教育发展得比较快，也出现了一批新兴的国际化学校/国际部。

天津的国际化学校/国际部数量并不多，但种类还比较齐全。比如有专门招外籍人员子女学生的南开中学国际部，有天津外国语大学附属外国语学校这样的公立名校国际项目，有天津惠灵顿学校等国际学校，有天津英华实验学校和天津枫叶国际学校等老牌民办学校，还有天津法拉古特学校、天津法耀高级中学等新兴的国际化学校。

天津外国语大学附属外国语学校是七大老牌的外国语学校之一，该校国际课程中心是天津仅存的公立高中国际项目。这所学校人才辈出，仅在外交领域就有百余位驻外使节。学校每年保送到清华、北大等高校逾百人。该校在天津当地有很好的口碑和声誉，被天津市民昵称为"小外"（大外是指天津外国语大学）。学校从2012年起开设AP课程，借助自身优质的国际教育资源，融合中外教育精华，为学生提供多元的课程和丰富的实践活动。高中AP国际课程班的学生须完成学校设置的所有课程，达到学校对于高中毕业的要求，取得学校高中毕业证书。其所开设的课程有中国高中课程、特色英语课程、美国AP课程及升学指导课程。在中国高中课程上，学生需要学习语文、数学、政治、历史、地理、物理、化学、生物、音乐、美术、体育等课程。在AP课程上，学校开设了AP微积分、AP物理、AP经济学、AP化学、AP环境科学等多门课程。这些中西结合的课程设置，能够为学生打下扎实的学业基础。毕业生以就读美国、英国、加拿大大学为主。

小外和南京外国语学校比较类似，即本部学生出国人数不少，和国际课程中心出国人数基本相当。我曾与小外国际课程中心一批毕业生交流过，学生对择校尤其是选择最终就读大学很有想法，他们更为看重专业而非大学排名，并对所申请的大学情况了解比较透彻。在这背后，跟小外AP课程中心重视学生申请规划并开设完整课程有关。

天津英华实验学校创建于2000年，为一所K12民办学校。经过20多年的发展，个性鲜明的英华学校文化逐渐形成，并建有校史馆承载着这些珍贵而美好的记忆。我参观完校史馆后，印象比较深的是，该校比较重视课程体系建设，坚持打造良好教育生态环境和一以贯之、高度认同的学习文化。5G网络、人工智能、大数据等先进技术赋能平安校园、智慧食堂、未来教室，形成智慧校园环境，为学生提供最佳的学习环境。此外，教学楼内部设施别有洞天，和顺书斋、图书馆、创客教室等全天候开放教育社区为学生们提供着丰富的精神滋养。

无论是高考还是国外大学申请，该校在天津均成绩斐然。学校国际高中部设有三个项目，即中加、剑桥和美高项目。各项目充分发挥引擎优势，助力学生迈向世界顶级名校。中加项目始建于2003年，办学20多年来，超过四成的中加项目毕业生被加拿大排名第一的多伦多大学录取。剑桥项目于2013年引入，开设经英国剑桥大学国际考评部（CAIE）授权提供的IGCSE和A-Level课程。项目成立以来，6%的毕业生被剑桥大学、牛津大学录取，全部毕业生被英国帝国理工学院、伦敦政治经济学院、伦敦大学学院，以及美国西北大学、纽约大学、卡耐基梅隆大学等世界百强名校录取。

该校国际高中基于高质量的教学体系，重点培养学生良好的学习习惯，关注学生日常学习状态，重视学生学业诚信，对学生出勤、阶段性作业、小组项目及期中考试，都有着明确的要求。而对学科成绩评定，学校又有非常严格的管理制度。三个国际项目均采用国外原版教材，拥有多年教学经验的中外籍教师全英文授课，打造纯正英文环境。每个班级人数不超过25人，分层教学，走班授课。严谨规范的管理、强大的教学支持，使得学生在申请国外大学时颇有优势。

天津惠灵顿外籍人员子女学校是惠灵顿（中国）与英国惠灵顿公学紧密合作创办的第一所学校。自2011年正式开校以来，先后增设天津惠灵顿国际课程中心、天津惠灵顿幼儿园，构成津市国际教育资源的中坚力量——惠灵顿天津校区。

学校位于天津市红桥区，学校硬件设施一流。校园建筑具有英式古典风格，拥有科学实验室、设计与工艺教室、美术教室、音乐教室、舞蹈房、体育馆、室内游泳池、足球场以及用于音乐和戏剧表演的黑箱剧场、容纳450人的塞尔登剧院和藏书丰富的图书馆等。

惠灵顿天津校区提供以英国EYFS和中国3—6岁儿童发展指南相融合的幼儿园课程，以IPC为核心的小学课程，以及以IGCSE和A-Level为主线的中学课程。学校是CAIE、AQA、Edexcel、AP和SAT考试中心，同时也是CIS和COBIS认证的国际学校。天津惠灵顿的学生们获得过中外诸多名校录取，包括牛津大学、剑桥大学、康奈尔大学、加州大学伯克利分校、纽约大学、伦敦政治经济学院、北京大学、首尔大学等知名学府。

天津法拉古特学校创建于2013年，其前身为天津耀华中学国际部。我了解到，天津法拉古特学校创始人在美国工作多年，将美国法拉古特学校品牌引进天津，创立了一所美式学校。天津法拉古特学校开设了美高课程，以学生为中心，注重过程性评价，对学生的生涯规划和升学有辅导支持体系。同时也设有A-Level、OSSD以及CHP（北外商学院合作项目）课程。这所学校十分重视培养学生的科学素养，鼓励学生参加各种科研项目活动。该校毕业生不仅在美本名校申请上表现出色，而且去往英国、加拿大、澳洲等大学的学生也都拿到了世界名校的录取。

天津法耀高级中学是一所全日制寄宿高中，创建于2023年。这所学校的投资方之一为天津法拉古特资方法耀教育集团，并与天津英华实验学校达成合作办学协议。我了解到，天津法耀和英华在办学和管理上统一进度、统一培养、统一教研、统一评价。并且该校设置有普高和出国方向，出国方向也同步开设了北美课程、A-Level课程等。

第十节　北京：厚积薄发

北京和上海是国内国际教育发展水平最高的两个城市，但两城的业态和运作模式有显著差异。上海在国际教育运作上推行国际特色课程班模式，北京则在课程设置和教学方式上有很多创新。上海的国际教育情况会有另外章节进行详细介绍，本节详细解读北京国际教育状况。

对北京国际教育状况，我曾有两个问题试图通过调研寻找到答案。一是北京的学生国外名校申请结果好，是否有特殊资源；二是北京的学生是不是很早就有出国留学的想法，并为此做了长期准备。经过多轮实地调研后，我发现这两个问题的答案均是"否"。

我访谈过很多北京拿到国外名校offer的学生，没有发现有特殊背景学生。当然也可能会有人反驳，有特殊背景学生普遍低调，你只不过没有接触到而已，存在幸存者偏差的问题。我很理解这种想法，会有一些学生基于隐私保护，并不愿意对外介绍自己的情况，以免徒生麻烦。不过，在国内，国外名校录取的中国学生的情况现在已经比较透明，学生的信息通过各种渠道或多或少会披露出来，会被业界用放大镜来研究其为何会被录取。这些年确实有一些名人子女被国外名校录取，但并非只有北京独有，上海也有不少。关注国际教育十年间，我跟北京诸多名校校长、升导老师在互动交流时，从未听到过有特殊背景学生，有的学校对外还为此专门做过说明，强调拿到名校offer学生出自北京的普通家庭。

在出国留学抉择上，我发现北京学生也多在初三才决定出国留学，并没有外界所想象得那么早。

北京的国外名校申请在国内领先，尤其像藤校等美国顶尖名校申请在国内是最多的。那么接下来要问，北京的学生既然没有什么特殊背景，也跟其他地方学生一样在初三决定出国留学,那么北京学生凭啥能获得如此多藤校录取?

藤校很看重学生的综合素质,侧重录取未来最有可能成功的学生。换句话说,北京的学生为何会被美国名校认为未来很有可能有一番作为?

多轮调研后,我发现北京的国际教育氛围很不一样。就拿托福/雅思来说,在国内其他地方,绝大部分学生是因为确定要出国留学,才会去参加托福/雅思的培训和考试。但在北京却不一样,北京学生会在小初阶段便参加托福/雅思学习,他们之所以要学习,未必是一定要出国留学,而是把这些学习当成自己英语水平提升的方法和手段。

重视英语学习在北京形成了氛围,所以学生一旦确定要出国留学,托福/雅思基本上在初中阶段就已经拿到了高分,到高中会有大量的时间做背景提升。此外,学习英语的过程也往往会产生对留学的关注和想法,这便为北京储备了大量潜在的国际化学校/国际部学生。

北京把托福/雅思学习当成英语水平提高途径,并非因为出国留学才学,这种氛围我估计跟北京学霸父母云集有关。这些家庭本身是依靠教育改变了命运,出于路径依赖习惯,对子女的教育天然比较重视。同时,北京是国内高等教育发达城市,高知人群众多,相对商务型城市深圳,北京的家庭会有更多的精力放在子女教育上。而除北京外,上海、南京、武汉、西安等高校云集的城市,也分别是东部、中部和西部留学重地。

正是因为这种情况,北京普高学生出国留学比例比较高。国内普高学生出国留学量大的学校或区域,总结下来共有四个特色:一是校内有英语教学传统,且高中内部直升没有中考压力,学生在初中阶段便可以开始进行规划准备,典型的学校有南京外国语学校、上海外国语大学附属外国语学校;二是校内有多种课程设置,学生比较早能够确定自己的兴趣点,典型学校有青岛第二中学;三是竞赛水平高,典型学校有中国人民大学附属中学;四是当地有一批高水平的留学服务商。而北京融合了这四个特色。

北京本地并没有类似南京外国语学校、上海外国语大学附属外国语学校这样闻名全国的外国语学校,但前面提到北京的学生基本上全民学英语,导致虽然没有外国语学校,但校校均是外国语学校。

我调研发现,北京师范大学附属实验中学国际部 10 年级学生是同本部高一学生一同上课的,国际部学生 10 年级的 GPA 纳入全校范围内,和普高学生一并考核。普高学生也能够选修国际部的课程。北京大学附属中学道尔顿学院也是如此,该院上百门的课程面向全校学生开放。这些学校的课程开放,使得普高学生同样能够选修国际课程，并非一定要就读国际部。

在竞赛方面，中国人民大学附属中学初中有早培班，早培班学生有不少获得高等级赛事奖项，能够申请到普林斯顿大学、麻省理工学院等名校 offer，在校内形成了普高学生照样能够申请到顶尖名校的认知。

北京具有一批高水平的留学服务商，普高学生在标化考试、升学辅导、活动竞赛等领域能够得到很好的支持。而北京公立学校国际部多采取自主办学模式，对学生参与外部培训、找外部中介顾问并不反感，所以能够养活一大批机构，而这些机构也同样能够为普高学生提供留学服务。此外，北京的中学生和大学生出国方向均是以美国方向为主，出国方向相对集中，留学服务会更加精细。

北京的本科留学可谓是厚积薄发。我访谈过一位北京学生，给我留下深刻印象，这名学生在 8 月才临时决定从申请经济专业转到艺术专业。艺术专业申请需要有作品，要在短短两个多月时间内准备好作品难度很大。但这位同学从小学便是北京爱乐乐团成员，参与乐团活动和学习长达 10 来年，所以作品准备不难，她最终被美国一所顶尖名校音乐学院录取。

在看过多名北京优秀学生的履历后，会感叹其准备之早与实践之深入。不过，我在这里需要说明的是，北京学生准备之早并非留学确定早，而是其个性化发展和兴趣点尝试和实践比较早。这些并非刻意要为申请时的人设做准备，而是一种教育的自发业态。

北京的高考难度在国内虽然并不高，但北京有大量的非京籍人员。非京籍人员的子女到了高中阶段，会面临因户籍问题导致无法在北京顺利就读普高以及考大学，这使得国际教育在北京具有比较强的刚性需求。为此，北京很早就诞生了一批国际化学校，比如北京私立汇佳学校（1993 年创建）、北京中加学校（1997 年创建）等。早期北京民办学校有比较好的生源，但在 2010 年后，北京各大公立名校纷纷办起国际部，且招生量大，北京的优质生源多被公立名校国际部所吸纳，这种业态一直持续至今。

课程设置和教学创新

我拿到了北京大学附属中学道尔顿学院一本内部教材《中国国文》，这本教材设置得比较别致，也是北京国际教育在课程设置和教学创新上的一个典范。

教材酝酿于 2013 年，成稿于 2016 年，是在时任道尔顿学院负责人何道明（Donald J. Holder）的推动下制作出来的。何道明为美国人，精通中文，他对中国传统文化一直很推崇，强调将要出国留学的中国学生学习中国传统文化，并曾在深圳尝试过高考和留学兼顾的教学模式。

教材主编老师跟我提到，经常有人对出国方向的学生要不要继续学习国文提出了质疑。她认为非常有必要学习国文，原因有三。

一是不管哪种语言，在使用语言进行简单沟通和灵活运用语言表达思想之间会存在一个巨大的鸿沟，如果要清晰表达自己的思想，至少要有一种语言能够达到精通的程度。对要出国留学的学生来说，中文是最容易学好的一门语言。

二是这本教材的出发点是设想一名中国学生在国外的大学，当师生在一起讨论一个话题时，教授请中国学生来表达观点和看法。对教授和国外同学来说，自然是希望能够听到从中国的角度来看这些问题，这样可以拓展大家的思维和视野。因此，要出国留学的学生对中文需要更加重视，不仅要能讲漂亮的中文、写典雅文章，还需要深入了解中国的传统文化，要让自己成为中国事务的专业人士，这样方能抓住递给自己的每根命运橄榄枝。

三是人需要有灵魂皈依之处，与漫长人生相互扶持。同时，也只有理解自己的文化，方能更加理解别国的文化，才能对世界文化有贡献、有输出，并且有胸怀来接纳异国文化以及有眼光和智慧来融合异国文化。

这三点很在理，尤其是第三条。我们的孩子在异国他乡求学是一件很辛苦的事情，在日常的学习和生活中，不可避免会碰到诸多的困难和问题。要排解这些困难和问题所带来的压力，则很依赖于其三观，而高中则是三观形成的重要阶段。

中国传统文化对灵魂的皈依具有很好的指引作用，面对困难和挫折，老祖宗早就有诸多的解决方案和思想。如果在高中阶段有深厚的国文基础，则对排解压力具有十分重要的作用。随着社会的发展，中国传统的灵魂皈依增加新的元素和内容，原有的乡邻、乡音等传统的东西则升华到更大领域的中国传统文化中。国内国际教育中出现了一个普遍现象，即越好的国际化学校/国际部会越重视中国传统文化教育。

基于编制初衷，《中国国文》采用了"家国天下"的架构，"家"编有婚恋、生活、修身三章，里面由《诗经》《聊斋志异》《后汉书》《世说新语》《资治通鉴》《与山巨源绝交书》等多部著作节选或优秀单篇文章所组成。"国"编则有为仕、经世两章，文章有《朋党论》《五人墓碑记》《史记》等优秀单篇文章或著作节选。"天下"编包含外交、礼法、兴亡等三章，节选了《左传》《五代史》等多部著作中的文章，并放进了《原道》等多篇佳作。

国内传统文化典籍浩如烟海。如何精选出合适的文章，并有一条线串联其中则十分重要。《中国国文》每一篇文章的选择均有严谨的逻辑贯穿其中，比如"家"编中的第一章婚恋，爱情源自朦胧的爱慕，故第一节为"思慕"，里面有《诗经·关雎》

《牡丹亭·惊梦》等7文。爱慕的结果要么相思、无疾而终或两相欢喜，所以第二节设置为"欢恋"，有《诗经·郑风·溱洧》等7文。相恋之人因相离，会萌发相思之情，为此第三节为"别思"，有《古诗十九首·行行重行行》等13篇文章。如果分手或者感情有波折，则安排了"离怨"这一节，有《白头吟》等7文。最后顺利结成夫妻，故有"夫妇"一节，有《聊斋志异·恒娘》等17文。结成夫妻后，则会有一定的家庭规矩，最后一节则为《婚律》，有《唐律疏议·户婚》等6文。读完这57篇文章，我们对中国几千年的婚恋传统了解则大差不差了。

我认为《中国国文》是本很好的国文教材，并向多所国际化学校推荐参考使用。这本教材优秀之处我认为有两点。一是教材站在中西文化对比的角度来设置，重视中西文化的比较，比如将中国人对天的认识和西方人对神的认知进行比较。在和其他文明的碰撞中，让学生意识到中华文明的独特之处，并在这个过程中，让学生真正理解自身文明的发展脉络，并进而建立对自己文明的自信以及对其他文明的尊重。二是教材包含了中国传统文化的精髓，并以严谨的逻辑串联在一起，通过学习可以举一反三，加深对中国传统文化的了解。

《中国国文》教材是北京的学校教学创新的一个典范。学校的核心职责是教学，而在国际教育的教学上，北京的学校在国内是做得相当不错的。

那么为何北京会成为国内国际教育教学创新高地呢？

很显然，有两个条件是必须要具备的，即有创新的动力和能力。在这两个方面上，北京的学校具有优势。

创新动力在很大程度上与北京的国际教育以公立学校为强有关。不过，可能会有人问，上海的公立学校国际教育也很强，也很重视课程设置和教学方式创新，但为何没有达到北京这样的程度呢？我分析下来，还是跟上海的运作机制有关。上海公立学校的国际教育采取了特色课程班的方式，照理比北京更有条件和更应重视课程和教学创新，其主要问题是特色课程班属于普高体系，不能收取高额的学费，导致学校难有比较多的师资和资金投入到课程研发上。我看到上海一些公立名校，对国际课程班的教学还往往会借助其招外籍人员子女的国际部提供支持。

因此，如果比较京、沪两地普高学生出国留学，会发现有较大差异。北京的普高学生出国留学，往往多选择转到本校国际部，学习国际课程然后再申请国外大学。而上海很多普高学生往往并不选择本校的国际部，而是直接到校外参加辅导。

北京的公立学校国际项目需要学习北京的学考课程，这意味着学生除了要学习国际课程，还要完成普高课程学习。针对这个要求，北京的学校采取了两种做法。一是在普高课程上叠加国际课程，这种设置会导致学生学业压力比较大；二是做课程融合，北京公立学校的国际部多采用 AP 课程，学校将普高课程和 AP 课程进行融合，这种设置会使得学生的学业压力减轻一些，但对学校的师资和教学要求比较高。

这两种做法会产生不同的学生人设，但同样有很好的申请结果。我在调研北京时得到反馈说，普高课程叠加国际课程的公立学校国际项目学生，因学业压力大，并没有特别多的时间做背景提升，为此会更加关注自己的学校和社区，从一些微小的事情中挖掘出自己的特性，观察比较细致。这种人设反而会让大学招生官感到很真实，受到大学的认可，因此申请结果也很不错。而课程融合学校的学生，因学业压力相对小一些，会有更多的时间来做背景提升，个人经历比较丰富，也能够获得很好的申请结果。

北京学校在课程和教学创新上，公立做得出色的主要有北京师范大学附属实验中学国际部、北京大学附属中学道尔顿学院，民办的则有探月学校等。

在创新能力上，北京的国际学校具有比较强的实力。课程和教学创新很依赖于高水平的师资，我了解到北京的公立名校国际部会有比较稳定的师资，且多毕业于名校。加上北京有一大批高水平的大学，具有课程创新和教学创新的支持专家和落地执行场地等。

北京的学校

北京的国际化学校/国际部数量约百所，每年本科出国留学人数约 8000 人。无论是国际化学校数量还是本科出国留学人数，在全国各城市中仅次于上海。

1969 年，北京巴基斯坦使馆学校设立，这是国内第一所国际学校。北京作为中国的首都，有诸多外国外交人员派驻，而这些外交人员子女教育需求则催生出北京最早的一批国际学校。为此，北京招外籍人员子女的学校不仅在国内最早创办，数量也是全国最多的。

上海也有不少招录外籍人员子女学校的国际学校或国际部，但和北京相比有一定的差异。北京的国际学校多是单设的，比较有名的有北京顺义国际学校、北京京西学校等，而上海多集中在公立名校中，上海中学、华东师范大学第二附属中学、复旦大学附属中学、上海外国语大学附属外国语学校的国际部均是招录外籍人员子女的项目，其中上海中学国际部规模很大，十二年一贯制学段，在校生约 3000 人。

当然，北京公立名校也有招录外籍人员子女的国际部，上海也有影响力大的国际学校。北京的公立学校如北京第四中学也设置了专门招录外籍人员子女的国际部。上海拥有全国有名的上海美国学校，在申请美国顶尖名校上也有比较突出的表现。

深圳与广州的情况和北京比较类似，以单设国际学校为主。深圳蛇口贝赛思学校是快速崛起的新兴国际学校，其在美国顶尖名校申请上也很出色，拿到了哈佛大学、普林斯顿大学等美国著名藤校 offer。而深圳外国语学校的国际部和上海中学国际部比较类似，K12 设置，在华南是影响力比较大的招录外籍人员子女国际项目。

北京的国际化学校/国际部类型很齐全，除前面所提到的招录外籍人员子女的国际学校外，北京有公立学校国际项目、民办学校国际项目等。而在课程设置上，既有传统的 IB、A-Level、AP 等国际课程，也有自己研发的课程。在出国方向上，北京的学生以美国方向为主，我们统计过北京的学生约七成会选择去美国留学，远超全国 40% 左右的比例。

在大学申请上，公立学校遥遥领先于民办学校。我在北京调研时，了解到北京的民办学校创建后，在 2010 年前能够招录到北京很好的生源，但在 2010 年各公立名校办起国际项目后，优质生源纷纷流向公立学校。北京民办学校每年能够拿到国外名校 offer 的学生，不少为非京籍。

北京公立名校在北京有很高的认可度。不过，北京的民办学校也创办比较久，但为何没有出现像西安的高新第一中学、武汉的武汉英中学校、成都的成都外国语学校、上海的民办平和学校、深圳的深圳国际交流书院等在当地可以和最好公立学校比肩的民办学校？

国内知名的民办学校其实不多，为何创办一所民办学校会这么难？我分析过国内知名民办学校的发展历程，发现这些知名民办学校和公立或者公立名校往往有千丝万缕的联系，起步之初往往借助了公立名校的影响力，在找准方向后快速发展起来。比如成都外国语学校最早是公立，西安高新第一中学的创始校长是西安公立名校——西北工业大学附属中学的校长，深圳国际交流书院起步之初是和深圳中学合作的。

北京的民办学校少有这样和公立名校紧密关联的情况，民办学校的投入比较高，导致其往往会在城郊办学以及收取高额的学费。北京的优质教育资源和生源很集中，主要在海淀、西城、东城、朝阳四个区。民办学校远离这四个区，且收费高，加之因运营的需要，招生量会比较大，招生门槛自然会降低。综合这些因素，民办学校在北京确实比较难与公立名校竞争。

北京的公立名校设置国际项目的比较多，除北京师范大学附属实验中学外，公立名校设置国际项目的有北京第四中学、中国人民大学附属中学、北京十一学校、北京第八十中学等。北京第四中学和中国人民大学附属中学的国际部均招录外籍人员子女，这两所中学招录北京学生的国际项目分别叫国际校区、中外合作办学项目（International Curriculum Center of RDFZ，简称 ICC）。

和北京师范大学附属实验中学、中国人民大学附属中学、北京十一学校相比，北京第四中学国际校区出国留学人数是最少的，每年保持在 80 名左右，在北京头部公立学校中外合作办学项目中人数是最少的。

北京第四中学是北京一所百年名校，教学质量在北京首屈一指，每年有 97% 左右的学生达到重点大学录取线，在学科国际奥林匹克竞赛中屡屡获奖，每年有近 200 人次在国际、全国及北京市各类竞赛中获奖。在国际教育方面，北京四中分为两块，一块是国际部，招外籍学生，在校本部内；另一块为国际校区，招北京籍学生，在北京复兴门有独立的校区。北京四中国际校区的课程设置十分特别，开设了 AP 课程，但在课程设置上融合四中优秀的校本课程，以四中的教育教学理念为框架，以精选的 AP 课程为模块，搭建了一套本土化的国际教育体系。国际校区重视依托自身升学指导体系，学生升学工作侧重由师生 DIY 自主完成。国际校区是国内拿到美本名校 offer 大户。国际校区比较重视中国传统文化教学，高中三年必修语文。此外，国际校区会定期邀请名家来做讲座。

中国人民大学附属中学为国内顶尖名校，除高考成绩突出外，该校的国际教育也相当出色，办学水平处在北京第一梯队中。2004 年，该校引进了 A-Level 课程，开始了在高中阶段进行中外合作办学项目的探索。2010 年和 2012 年，人大附中分别引进了 AP 课程以及获得 IBDP 课程授权，成为北京公立高中第一个开设 IBDP 课程并招收学生的 IB 学校。人大附中每年出国留学体量应该是北京公立高中中最多的，ICC（中外合作办学项目）每年毕业生约 300 人。在课程设置上，除选择学习三大国际课程之外，人大附中 ICC 的学生需学习学考课程并参加考试。为此，人大附中 ICC 的毕业生普遍学业扎实，能够为大学的学习打下坚实的基础。人大附中 ICC 是国内拿到美本名校 offer 的大户。（参见彩图 51）

北京市十一学校以中华人民共和国的国庆日命名，其前身为中央军委子弟学校，出身名门，俱怀大家风范。自 2009 年以来，十一学校引入了三大主流国际课程（A-Level、AP、IB），并在课程融合、选课指导、资源共享、中外互补、升学咨询等方面做积极探索，为学生提供了丰富、可选择的课程体系。十一学校尊重学生的个性化差异，构建了一套分层、分类、个性化和多元选择的课程体系。十一学校对学生学业水平要求高，内部对 GPA 有规范的管理。在此基础上，学校鼓励每一位学生在选择中尝试，在思索中发现真正自我。学生可以根据自己的兴趣、知识基础和未来职业定位选择适合自己发展的课程，并拥有独一无二的课表；不超过 24 人的小班教学提升了教师对每个学生的关注度，可更有针对性地甄别学生的潜力，培养学生的学科兴趣。十一学校国际部也是国内拿到美本名校 offer 大户。

北京一〇一中学位于圆明园遗址非主体部分内，与清北相邻，占地面积高达300亩，地理位置和环境极佳。该校国际部设立于2011年，开设了AP课程。北京一〇一中学国际部注重全面综合教育，强调发掘学生的思维潜能，注重学生终身学习能力培养。国际部按照学校八大领域32个课程系列开展教学，融合了国家课程和国际课程，分层分类灵活多样，满足学生多向多元个性发展需求。与此同时，国际部还与美高以及康州地区联合教育服务局［Area Cooperative Educational Services（ACES）］合作，提供美方课程给学生学习。另外，国际部还开设了国际英才班项目，为学生定制个性化发展规划。项目由国际部、校本部英才学院、国内外著名高校进行联合，共同开展对项目学生的选拔与培养、课程设计、项目研究与实施，并由专属升学指导团队给予申请规划指导。英才班项目学生可以直接参与本部英才学院尖端实验室资源和课题。国际部有比较强的升学指导团队，留学指导师生比为1∶15。由于有完善的课程设置，优质的背景提升资源，优秀的申请指导团队，国际部申请结果相当不错，曾拿到过哈、耶、斯等美国顶尖名校offer，综合实力在全国排名前十。

北京中学成立于2013年9月，是北京一所年轻的公立学校。从2017年开始，学校进行高中国际理解教育课程班的融合创新。2020年，北京中学中外合作办学项目获批。该校开设了AP课程，在2023年学校为高中AP课程项目开辟了专属校区。北京中学并没有国外知名教育品牌背景，招生也受到划区限制，短时间内成为国内国际教育新星，依靠的是课程以及内部管理。国际部十分重视课程体系建设，有上百门课程供学生选修。学生需要学习普高课程、美高课程，开设了20多门AP课程。另外，国际部还开设了五大拓展课程系统，侧重学术学习的提升以及个性打造。学校定期邀请高校教授到学校为学生提供专业领域的指导。在学校管理上，注重家长和学生的参与。国际部前5届均是小规模办学，每年毕业生低于30人，人数虽少但在顶尖名校申请上出色。国际部超过七成的毕业生被美本前30名校录取，每年一般至少获得一份藤校offer，曾有学生被哈佛大学录取。

北京市第八十中学具有国际教育传统，在2001年设立国际部，致力于汉语与中国文化推广以及中外优质教育资源整合，打造八十中学特色的国际教育体系，有50多个国家的3000多名学生在该校就读过。2006年后，国际部陆续引进A-Level、AP、IB课程，并获得全球最大非营利国际认证组织Cognia认证。该校拥有七个北京高水平学生社团，简称"七金"，涉及艺术、体育、科技等领域。国际部毕业生获得过耶鲁大学、斯坦福大学、杜克大学、康奈尔大学、约翰·霍普金斯大学、牛津大学、剑桥大学等诸多美英名校录取，美国方向接近100%学生被美本前50名校录取，英国方向六成学生被G5大学录取。

民办学校国际项目主要有北京鼎石学校、北京王府学校、北京世青学校、北京海淀凯文学校、北京海淀实验外国语学校、北京领科学校、北京市昌平区凯博实验学校等。

北京鼎石学校创建于 2014 年，为国内一所快速崛起的十二年一贯制国际化学校。这所学校的教育理念很独特，强调用全新的教育模式，打造真正的世界学校。学校重视融合中国教育和国际教育的精粹，致力于将学生培养成热爱中国文化并拥有全球视野的人才。鼎石重视将中国的数学训练，中国的历史、文化和特质，融入 IB 国际教育的框架之中。寄宿制也是学校特色之一，9 年级以上的学生必须选择寄宿，旨在让学生在与他人一起生活学习的过程中，学会化解冲突，学会领导、支持他人，学会彼此合作，学校的所有寄宿家长们均来自鼎石学校的教师团队。鼎石的毕业生以去美国就读大学为主，申请结果在国内处在第一梯队中。在宜校出国留学中学榜中，鼎石长期是北京民办学校中排名最高的。

北京王府学校创建于 1996 年，是国内最早一批民办学校之一。从建校开始，王府学校就推行国际化办学理念，2006 年引进 AP 课程。该校是美国大学理事会（The College Board）授予的中国唯一 AP 教学示范校。除 AP 课程外，该校分别在 2003 年和 2018 年引进 A-Level 课程和获得 IBDP 授权。我了解到该校开设了 30 多门 AP 课程。王府学校推行分层教学和走班上课，比较重视借助技术手段，有卫星课堂和国外资源进行互动，用大数据分析的方法给学生实行个性化和定制化的学习方案。学校已获得 WASC（美国西部学校与学院教育联盟）和 NEASC/CIPASH（美国新英格兰院校协会颁发的中国高中国际项目质量认证）的国际认证。

北京世青学校创建于 2001 年，是一所十二年一贯制学校。学校师生来自 30 多个国家和地区，在校生有千余人，师生比高，开设了 IBDP 课程。北京世青学校是一所比较低调和朴素的老牌国际化学校。世青在日常教学中，以学生为中心，更加重视学生的多元化培养，创造更加宽松和有利于学生个性发展的空间和时间。学生也比较朴实，借助科学评测工具了解自我，并从高中选课开始做出面向未来的个性化选择，重视长远而非关注短期。学生更加重视对专业的认知和选择，留学目的地也比较多元。

北京海淀凯文学校成立于 2016 年，是一所提供 K12 中英双语教学的国际化学校。学校环境优美，硬件一流。该校开设了 AP 和 A-Level 课程，具有比较强的师资，中方教师多是从国外名校毕业的海归。在教学上，该校推行发展无边界的学习模式，师生是学习的共同体和学习活动的共同参与者。该校很重视学生的申请规划，早在 6 年级便会给家长、学生提供相应的指导，到高中更是提供一对一的个性化升学指导规划。学生拿到过杜克大学、牛剑等美英顶尖名校 offer。

北京海淀实验外国语学校成立于 1999 年，是一所 K12 学校，为北京基础教育规模最大的全寄宿制学校。国际部开设了 AP、IB 和 A-Level 课程，其中学生以学习 AP 课程为主，IB 和 A-Level 课程也成绩斐然。AP 课程开设了 20 多门，在国内属于开设较多 AP 课程学校之一。国际部师资力量非常强，有 50 多位外教，以及 20 多位博士学位的中教。学生社团活动丰富，人均社团量在国内名列前茅。国际部美国前 50 学校录取比率达 97%，前 30 学校录取达 60%，并连续拿到英国牛津大学、剑桥大学 offer。

北京领科学校为国内知名的领科教育集团校之一。该校 2009 年筹建，2011 年获得 CAIE 授权开设 A-Level 课程；随后又获得 PDQ（Professional Development Qualification）授权，成为其 PDQ 中心，为师资队伍提供更高、更专业的教育平台。2022 年，北京领科和海淀青苗联手，成立青苗领科 A-Level 中心。截至 2023 年 8 月，学校已有 11 届毕业生。其中 10 名学生入读牛津大学和剑桥大学，35% 的学生进入英国 G5 学校就读。该校开设 IGCSE 和 A-Level 课程，学生就读时间为 4 年。学校重视给学生提供丰富的选修课程和拓展类学术竞赛活动等，并对学生进行分层教学。师资比较稳定，5 年以上的外教续签率约九成，中教约八成。毕业生以去英、美、加、澳为主，但学校升学团队会根据形势需要，帮助学生申请欧洲、日本、荷兰、新加坡等国家的大学。该校师资队伍稳定，教学水平优秀，得到学生和家长的广泛认可。

北京市昌平区凯博实验学校是一所以生命教育为根本的生态学校。学校创始人刘煜炎博士将国际教育中的成功经验和先进理念，应用于国内 K12 教育，将"自主创构，科学思维，合作探究，建模高效"的教育理念贯穿整个校园生态和课堂，形成了凯博大理科、大语言等研修式教学，激发学生的学术潜力和创新能力，形成了凯博独特的学术传承提升效应，让普通学生成为优秀学生，让优秀的学生更拔尖，让每个平凡学子都有机会走向非凡的未来。学校以培育身心、尊重个性、激发潜能为出发点，结合 STREAM 教育系统、极客空间等硬件抓手、大自然园林式生态环境，构建生命培育系统。学校在注重知识教授的同时，更注重培养学生创造力、思辨能力、自主学习等受益终身的能力，帮助学生建立可持续发展优势，实现人生价值最大化。学校办学至今，历届毕业生 93% 以上进入世界名校就读。

北京师范大学附属实验中学刨除一名学生拿到多份 offer 情况，美国八所藤校在中国每年所录取的学生在 120 名左右，但有一所学校每年能够拿到全国 15% 左右的藤校 offer，甚至出现了一年有 4 个哈佛 offer 的盛况。不仅仅是美国顶尖名校申请结果在国内遥遥领先，在牛剑申请上也是相当出色。比如 2021 年，这所学校 160 名毕业生中仅有 20 多名学生申请了牛津大学，最终拿到了 10 份牛津大学预录 offer，牛津大学申请成功率接近 50%。如果这所学校所有的学生都申请牛剑，那我感觉深圳国际交流书院未必还能够保住牛剑全国第一的位置。从 2016 年开始，长期稳坐中国出国留学第一强校位置，这所厉害的学校便是北京师范大学附属实验中学（以下简称"北师大实验"）。

北京师范大学有多所附属中学，京外人士很容易会把北师大实验和北京师范大学附属中学混淆，这是两所不同的中学。这种校名容易混淆的情况在其他地方也有，比如南京第一中学和南京一中实验学校比较容易混淆。吉林大学附属中学和吉大附中实验学校是两所不同的学校，但吉大附中实验学校曾为吉林大学附属中学的高中部，为此，吉大附中实验学校国际部在长春当地也被称为吉大附中国际部。我最初也为这种叫法感到困惑，后向学校了解后才清楚其中情况。

北师大实验创建于 1917 年，是一所百年名校。2010 年国际部设立并具备提前招生资格。在未成立国际部之前，北师大实验便已经有不少学生出国留学，不乏学生被"大藤"和牛剑等英美名校录取。

北师大实验长期为国内国际教育做得最好的学校，不过和办学成绩相比，国际部的办学条件可谓有点寒碜。2021 年之前，国际部位于校本部的东隅，校内称之为"东小院"，东小院只有一排平房用作教室，另有一栋小楼作为办公室。这种办学条件在国际化学校/国际部中是十分简陋的。2021 年，国际部搬到了学校南边的一栋 4 层楼的建筑上，办学条件有所改善。

我对学校进行排名，一直没有把学校硬件列为排行榜的评估指标。这主要考虑到评估硬件的实质是在评估学费高低，而学费高低和办学成本关联度更大，但和学校办学水平并没有必然联系。

很特别的是，北师大实验国际部长期只有两位全职外教，以及两位兼职外教，主要教授英美文学鉴赏和写作课程，其他均为中教老师来上课。

北师大实验国际部每年的毕业生保持在 200 人左右。国际部通过中考招生，而且还不是面向全北京招生，有区域划定。也就是说，和中国常熟世界联合学院、深圳国际交流书院等国内著名民办国际化学校面向全国甚至全世界招生不同的是，北师大实验国际部只是在北京有限的区域内进行招生。

招生生源区域有限，且又以中教为主，那么北师大实验为何能够取得这么优秀的办学成绩？

我多次去过北师大实验做实地调研，跟国际部师生有过不少互动和交流。同时也引荐一些异地学校来北师大实验考察学习。经过长期的观察和业内的反馈，对北师大实验国际部之所以会办得这么好，我总结和归纳有三个点：一是能够招录到北京最好的生源；二是重视教学；三是资源丰富和体系成熟。

在 2017 年之前，北师大实验还有其他的北京公立名校在争夺优质生源。我在访谈北师大实验优秀学生时，了解到他们也多曾被北京其他的公立名校国际部录取。但在 2017 年后，北师大实验因各种原因在北京开始独占鳌头，能够吸纳到北京最为优质的生源。虽然北师大实验招录学生有区域限制，但也主要集中在海淀、西城、东城、朝阳等北京生源最为优质的四区。

北师大实验国际部在招生加试时，采取了校友面试机制。从全国范围来看，我了解到有校友面试的学校除北师大实验外，主要有华南师范大学附属中学国际部、中国常熟世界联合学院这两所学校。通过校友面试，学校能够招录到更为合适的学生，也让校友之间更具有凝聚力。

国际部学生高一学习普高课程时，和全校普高学生一起计算 GPA。国际部学生因为基础更好，往往会有更为优秀的成绩。

前面提到，北京的学生会很早就学习英语，加上北师大实验国际部招生时加试英语，导致所录取的学生整体英文、SAT 水平很高。每年毕业生托福平均分在 110 分左右，SAT 成绩的中位数也接近 1500 分，这是一个非常高的标化考试成绩，而北师大实验每年毕业生这么多，还有这么高的标化考试成绩，也足以说明学生整体的优秀和突出。

北京当地并没有类似南京外国语学校、上海外国语大学附属外国语学校这样的外语类名校，缺乏从初中开始便加强英语教学的情况，也没有不需要中考就直升本校高中的机制，但是前面谈到，北京全市都挺重视英语的学习，学生普遍有比较高的英语水平。

除有优秀生源外，北师大实验国际部重视教学和课改则是其能够长期在全国领先的重要保障。国际部的老师均为学校在编老师，师资很稳定，老师能够静下心来做课改和教学。学校的教师招聘要求比较高，且不乏从国外名校毕业的学生。因此，我看到北师大实验的老师往往是多面手，比如经济学老师能够带领学生做申请、数学老师可以上哲学课等。

国际部并没有直接采用国际课程，而是将普高课程和国际课程尤其是 AP 课程进行融合。为此，我们可将北师大实验国际部课程定义为自研课程。自研课程的好处在于因人制宜，为学生提供更有针对性的教学，但这对学校的师资要求会比较高。

国际部的课程并非一成不变的，而是会经常进行更改和调整。比如在 2023 年，国际部的课程设置分为三大块。一是普高课程，学校开足开满国内普高课程，这是标准动作。二是个性化课程，即针对学生的兴趣和未来专业的需要，开设不同的课程供学生选择。这两项课程的设置在国内还是比较常见的。而非常独特的是第三类课程的设置。

第三类课程设置由学生主导。我了解到，早在2020年，就有学生主动提到要创立一门由自己来上课的课程"中亚西亚史"，这成为"学生课程"项目中的第一门课程。这门课开设后，有20名学生参与了课程学习和互动。学生给学生上课的方式验证成功后，2020年有12名学生主动和国际部领导沟通，自愿开设并教授他们自己研发的课程。于是，国际部将学生课堂纳入统一的课程安排。

学生给学生上课这种独特方式，让参与的学生受益匪浅。那位开设中亚西亚史的学生提到，自己设立课程的原因在于，虽然独立学习和思考的渴望在每个人的心中都有，但有时需要分享和互动，不要成为一个"孤独的研究者"。作为一个有志于成为历史教授的人，也学到了历史最好在研讨会的形式下授课，这样每个学生都能分享自己对历史事件的独特看法，让历史如此有趣的，恰恰是其可被解读的性质。这位学生最终被耶鲁大学录取。

北师大实验国际部让学生做老师的做法在国内应该是首创的，我们在学习中有这样的感觉，最佳的学习方式是输出，一旦要输出，学习会有更大的动力，效率也会很高。此外，国内名校国际部往往会有一种普遍现象，即由于同校竞争以及各人个性化发展因素，导致同学之间的互动和联系比较淡薄，而北师大实验这种做法无疑会加强同学之间的学习和情感，不再让学生成为学业上的"孤独研究者"。当然，加强学生之间的互动和交流，也会有其他的方式，比如深圳中学的社团以及校友"传帮扶"模式。

北师大实验国际部领导跟我提到，学生课程不能变成学生分享，还是需要深入研究。为此，他们在这方面也做了很多的工作。学生课程兴起之后，无疑也给老师带来很大的挑战，这也进一步促使老师需要提升教学质量。我在访谈国际部学生时，学生对老师的满意度是很高的。

除生源质量优质和重视课改外，北师大实验国际部资源也很丰富，而且体系比较成熟。选择就读北师大实验国际部的家庭一般对子女教育比较重视，也会有比较早的个性化发展规划等。同时，北师大实验国际部作为公立学校国际部，自身没有营利需求，对外很包容，也欢迎优质的教育资源来合作和进入。这是国内国际学校一个比较有趣的现象，学校对外开放不仅仅是会带来优质资源的进入，同时在很大程度上也会促进招生，这是我在全国看到的普遍现象。

在升导体系上，北师大实验国际部很重视深度而非广度。学校曾给我举过一个模联的例子，在学生参与模联上，比较重视深度。即学生在高一时可参加国内的模联比赛，之后去国外参加模联，再后来则在国内组织模联，从参与到组织，重视活动的深度和连贯性。

我接触过一批北师大实验国际部的毕业生，给我整体感觉是有目标和真心热爱。有位选择就读罗切斯特大学的学生谈到自己在罗切斯特大学探校时的感受，谈到自己看到夕阳下校园之美和自己内心的真心热爱时，学生眼睛是放光的，她找到了自己真心热爱的大学。

在美国顶尖名校录取上北师大实验在国内遥遥领先，而深圳国际交流书院在牛剑申请上在全国独占鳌头。有句话说，幸福的家庭都是相似的，不幸的家庭各有各的不幸，学校办学也是如此的。我个人认为这两所学校最厉害的地方还是在于遵循学校的核心职能，即重视课程设置和教学。有优质生源但没有好的教学支撑，学校是很难持久的，这也是国内一些传统留学名校在衰落的主要原因。

北师大实验在课程设置和教学方式上，更多的是一种引领，在这个过程中，学生也会不断加入完善。由于是自研课程，国际部的课程设置会根据反馈和需求不断做调整。深圳国际交流书院采用了 A-Level 课程，其课程设置更多的是增加科目以及提供给学生充分的自由选择空间。这两所学校均有很好的办学成绩，也足以说明课程设置和教学方式是比较多样的，并没有一成不变的模式。

我每次去北师大实验，和国际部领导交流最多的便是课程设置和教学方式，每次过去他们均会有新的想法和安排，这点着实不易。我想这也应该是北师大实验能够长期名列全国出国留学排行榜首位的根本原因吧。

一位"北漂"女生的名校之路

英国的牛津大学、剑桥大学和美国的哈佛大学均为世界顶尖名校，而伦敦大学学院的教育学专业在世界上也是一流的。学生只要就读其中任何一所学校，都是挺不容易的。而郝煜却通吃这四所学校。我了解到郝煜这些经历，不禁感到好奇。为此与她做了一番交流，了解她游刃于世界顶尖名校之间的故事。

交流后，我感觉这是很典型的"北漂"子女的留学之路。

郝煜在黑龙江牡丹江出生，2003 年，9 岁的她跟随转到北京工作的父亲郝少林在京就读。郝煜原本在老家读到三年级上学期，到北京后直接跳级到了五年级。郝煜提到，当时自己读了不少书，半年内曾读过 400 本书，阅读能力要比同龄人强。

小学毕业后，郝煜通过电脑派位到了北京中关村中学就读。这所学校在海淀是所不错的初中，经常会请教授家长来给学生上课。2006年初二寒假，郝少林去了美国学校参观和学习，并去了哥伦比亚大学，了解国外的教育情况。正因这次考察，让郝少林萌生了让女儿出国留学的想法。

加上郝煜因没有北京户籍，不能在北京参加高考。考虑到这两个因素，家里便确定了让郝煜本科出国留学。郝少林认识了时任北京王府学校校长刘煜炎。在郝煜初三毕业时，刘煜炎离开了王府学校，并创办了康福这所学校。于是，郝煜去参加了康福的夏令营，并确定到康福就读，进而成为康福的第一届学生。

2009年4月中旬，在读高一的郝煜从父亲这边得知一个由中国教育学会所组织的中美交换生项目，经过一番思考，决定参加。她选择的理由是，作为一名中美交换生，首先是一个文化使者，在美国传播中国文化，让别人更好地了解中国；其次是原本计划去美国读书，如果在上大学之前熟悉美国情况，有助于今后的学业；再次是不到16岁，正是学习外语和感受美国文化的最好时期；最后一点，自己早晚要踏上社会，要靠自己独立生活，这样可以培养独立生活能力的机会不应该放弃。[①]2009年8月，15岁的郝煜独身一人到美国做交换生，这是她第一次出国。

此时中国去美国做交换生的高中生并不多，信息还比较闭塞。有感于自己在出国前查找资料的不便，郝煜开设了博客，将自己在美国做交换生的经历以日记的形式写成文章，总共有303篇。当时信息沟通不太方便，留学信息也比较少。而郝煜这些日记发出后，由于有亲身经历且是以学生的角度来写，博客文章颇受欢迎。她这些文章也受到了出版社的关注，在2012年精选其中一些文章出版了《空降美国中学》一书。

郝煜所上的美国学校叫罗利三一学院（Trinity Academy of Raleigh），是一所十二年一贯制的学校，位于北卡罗来纳州首府罗利。

"我是这所学校的第一个中国学生，学校规模不大，很多家庭是世代在这所学校读书。这所学校是由家长创办的，家长之间相互认识，一个年级也只有20来个人。"

为适应这所纯正的美国学校的教学，郝煜碰到了诸多难题。一是学校课程是递进式，需要先学习学校的荣誉课程，然后再学习AP课程。郝煜到学校后，刚开始只能学习基础课程。二是难度挑战，郝煜提到自己的英语水平当时是弱项，只相当于美国小学生水平。要学好美国的课程以及参加SAT考试还是有差距的，在意识到自己和美国学生的差距后，她有了学习的动力和压力。三是面对融入的难题，对这块郝煜有比较深的感触。

"我刚进学校时，希望能融入同学们中，于是学习他们的各种学习和生活方式。我到美国后发现，午饭跟谁坐在一起是个难题，这跟国内很不一样。吃饭跟谁坐在一起往往可以看出学生受欢迎的程度。我在午饭时，刚开始和同学们聊的时候，他们说什么，我便记什么，回去查资料，我当时口语不行，很难聊下去。半年后，我发生了转变，我不再去模仿别人，而是要做真实的自己。"

郝煜上了讨论课，发现中西方教育对孩子想象力的培养差异很大。比如住家小妹妹将所画的小鸟给郝煜看，郝煜发现这鸟画得更像是一只鸡，翅膀和腿都小，而身体却肥硕。在沟通中，郝煜质疑这鸟是否会飞。小妹妹提到未来能，但现在只能走路。郝煜感到惊讶，提到鸟会走路，那还需要翅膀做什么呢。小妹妹反驳说，人都能走路为何鸟不行，门外这些鸟不是在走路吗？郝煜发现还确实如此。她在小学时也学过画鸟，老师强调鸟头要小，鸟身要窄和长，翅膀要大，这样才像鸟。这样小鸟才会飞，为此从小到大，她的印象是鸟会飞，没有想过鸟还会走的问题。她在讨论课上提到了这些差异，引起了老师和同学们的兴趣。大家的反应也很不同，有的同学认为中国小孩可怜，不能按照自己的意愿创造小鸟。而有些同学认为中国学校很厉害，因为能够把每个学生都培养成素描画家。在激烈的讨论声中，这节课很快结束。但师生们意犹未尽，对郝煜提出这样有趣的话题表示感谢。老师还把"论中国与美国绘画教学的差异"留为作业，让大家继续发挥。"我没想到自己随口提出的问题得到了这么多人的重视和回应，自己在教室中如众星捧月，感觉很棒。"[2]

她在美国的监护家长曾经在白宫当过记者，曾经跟随克林顿总统访华。2009年10月9日应邀去参观白宫，郝煜便也一同前往。这个经历对郝煜而言自然新奇，她美国的同学也很少经历过。圣诞节后，郝煜回到学校，谈到自己圣诞节去白宫参观经历，谈到中国人如何过春节，这些话题让同学们很感兴趣。

2010年1月，郝煜决定在校内为海地地震组织募捐时。她想起2008年中国的汶川地震，想为灾民做些事情。她做了倡议募捐的海报，向学校领导提出要募捐的想法，得到了学校和同学们的支持。在商量如何激励大家来募捐，她们采取了"Hoodies jeans day"方式，即学生捐款10美元可以穿牛仔裤和帽衫上学。美国中学在学生着装上有比较严格的要求，学生穿什么衣服、佩戴什么首饰，都有严格的要求。为此，学生穿自己喜欢的衣服，是很多校园活动采取的奖励方式。最终自愿捐款的同学可以获得周四穿牛仔裤和帽衫的权利。[3]

美国的学校在下午3点钟便结束了上课，之后让学生参加各种活动，希望成为另外一种学习。到美国后，郝煜从零开始参加各种运动。

"我并没有多少运动细胞，跑步、踢足球都不行。我们在中国习惯于展示自己强的一面，但美国学校鼓励学生尝试不同的事情，即便没有做好也没有关系，这对我影响比较大。我参加了橄榄球项目，还打赢了球赛，成为学校大事记运动栏目的封面人物。"

一年交换期结束后，郝煜回到了北京康福学校读高二。在高二，她考了9门AP，拿到了 7 门 5 分和 2 门 4 分的成绩。SAT 考到了 2240 分。

在申请大学时，郝煜原本目标是要去美国读大学，并拿到了加州大学伯克利分校物理专业 offer，加州大学洛杉矶分校、北卡教堂山分校、威廉玛丽学院也录取了她。郝煜也同时申请了英国的大学，并被剑桥大学录取。

几经考虑后，郝煜选择就读剑桥大学，专业为教育和物理，主要学科包括了哲学、心理、历史、社会学、物理、数学。

"康福给了我 20 万元奖学金，加州系学校学费比较贵，那时已经 6 万美金。我当时去美国的签证已经办好了，加州大学伯克利分校的课也选好了。在拿到剑桥大学正式录取后，我与伯克利招生办做过沟通，告知准备去剑桥大学就读，招生官理解我的选择并给了祝贺。"

郝煜的专业是物理+教育，这个专业当时只录取了郝煜一个中国人。

"我这个专业在我毕业的时候停止了招生，我很庆幸自己有这个学习体验，能够跟物理系的学生一起学习物理，我如果直接申请就读物理估计不行的，因为我没有这个激情。"

郝煜在做本科毕业论文时，开始对国际学生的学习经历比较感兴趣，并以国际学生学习经历和语言发展路径作为毕业论文。后来郝煜到伦敦大学学院教育学院就读研究生。

她于 2015—2016 年在伦敦大学学院读研究生，同时在一家教育集团工作参与社会实践。研究生毕业后，郝煜回到北京，在父亲所创办的新学道学校工作，做过初中物理和心理老师。2019 年，郝煜有了读博深造的想法。

她申请了哈佛大学教育学院的博士，但最终获得了硕士录取，同时也被牛津大学博士录取。郝煜决定自己先读哈佛大学硕士，然后再去读牛津大学博士。

遗憾的是，虽然去哈佛大学读硕士的签证办好了，但由于新冠肺炎疫情的原因，郝煜最终没有去成美国读书，成为哈佛大学唯一一届全线上上课的研究生。

"2020 年，如果我去了美国，意义也不大。因为只能待在宿舍里面。这一年我在中国做了很多活动，比如哈佛校友年会等。"

2021 年，郝煜开始去牛津大学读博士，顺利的话，2024 年可以拿到博士学位。对未来职业发展，郝煜提到，希望能够推动教育领域的科研和实践，帮助学生们更好地衔接基础教育和高等教育。

郝煜提到，教育专业比较难学，有大量的读写要求。牛津没有教育学本科，而剑桥大学不及格则没有补考机会，本科同学进校时有 32 个人，毕业时 28 个人，有 4 个人退学。

"我在大一时特别焦虑,怕不及格。我导师跟我说,剑桥大学录取学生时已经做过评估,只要学生能够正常学习,一般能够完成学业和顺利毕业。大一所学的物理和数学,并不难。只要高中学业基础打得扎实,大一可以作为缓冲期。"

家有"大厂"女孩的妈妈谈留学之路

万云老师是我在北京一家财经大报工作时的同事,她女儿高中就读于北京第四中学(以下简称"北京四中")国际校区,大学就读于美国著名的女子文理学院史密斯学院,尚未毕业便被总部位于硅谷的高科技头部公司(坊间俗称"大厂")录用。万老师对留学做过很多研究,也有很多感悟。子女教育是家庭最重要的组成部分,留学却是教育里工作量最大的工程项目。下面她以家长的视角讲述了女儿留学的起因和经历。

Dear:

感谢你对谷歌公司的青睐!我们很高兴为你提供软件工程师的职位。

这是我女儿在大学四年级的上学期收到的全职工作的offer,这封offer里还标明了她毕业后在谷歌的工作地点、薪酬、保险和其他福利。一个本科留美的大学生在毕业前就拿到了未来全职工作的录用信,是她21岁最好的礼物。这一切要从女儿的"留学规划"说起。

留学起因:女儿的"自作主张"

我家的留学工程起始于一个偶然的决定。女儿高中本来可以上北京一所重点高中的实验班,大学考到985/211大学也是可以预期的。

女儿中考分数出来后的第二天,她突然跟我探讨,她想将来去国外读优秀的大学,所以现在要去走国际教育这条路。她说,她的中考分数已达到几所公立高中国际部的要求,现在还有机会去参加考试。当时北京优秀的公立高中国际部有十一、四中、实验中学、人大附、一零一中学、北大附,她选择报考了四中和一零一中学。

从搜索信息到填写报名表、写英文自述小文书、在网上填报时间,都是由她自己完成的。在参加北京四中国际校区考试前一晚,她还叮嘱我第二天陪她去要穿得正式一点,着装不能太休闲,堪称反向"鸡娃式教育"。

北京四中国际校区的考试分为笔试和面试两部分,面试让我大开眼界,整个过程分为四轮,有分小组PK的,有个人英文对答的,还有家长和孩子一起参加面试的。考试时间持续了四五个小时。当天，我们就接到电话说可以办手续了，也就是被北京四中国际校区录取了。

那个时刻，我还不能完全意识到：我们家已经在女儿的主导下开启了留学之路，开始了一个系统工程。

适者生存，适合自己的才最好

反向"鸡娃式教育"是我们家的教育特点。首先，我认为为孩子选择好的生活社区非常重要，女儿九年制基础教育就在家门口的学校快乐度过，我们的社区多是2003年以后搬进来的小家庭，以医生、金融行业人士、大学老师和外企员工为主。其次，我对女儿的未来从没有捆绑我自己的追求和梦想，我只希望她的未来完全由自己做主，不需要拼家长。所以，我是那个从来没有给她主动找课外班的家长，她上英语、学画画、学乐器都是她自己跟同学、小伙伴一起玩时得到的信息并加以选择，我负责判断时间得失和交费即可。

女儿的自驱力又让我们陪同她一起走上了留学之路。在高中三年、大学四年的留学之路上，我们深深感受到懂得选择的重要性。我越来越感悟到，女儿在选择留学而不是高考这条路上确实受益很多。

在女儿开始准备留学、留学和工作这段时间，我也在研究留学生群体和留学生家长群体，并做了30集的音频节目，我其中之一的分析表明，并不是所有的家庭都适合留学、需要留学以及具备条件留学。为什么要留学，选择留学的家庭应该做好哪些准备，我归纳如下：

是否有刚需？

希望子女在留学中接受更深厚扎实的知识体系学习、进行学术研究以及世界观的教育，包括更纯粹的思维训练、美商教育；

希望子女进入世界TOP大学，与一群优秀的人相伴，结识优质的校友资源，将来有更大的视野和格局；

希望子女进入多元化的环境中，体验、更新，挖掘自己的潜力，成为一个拥有强大的独立生活和沟通协调能力的人。

如是，还需要具备如下准备：

因人制宜、量体裁衣的留学规划。在留学工程中，最重要的是不能浪费时间，每个时间点都很重要，选择很重要。

周全考量家庭的财务保障能力，确定在不同国家、不同教育阶段需要花的费用。在留学过程中，并不是钱花得越多越能达到目标，往往是花了大笔费用却是给家长的"智商税"买单。

确保家长具有情绪管理能力。在留学过程中，往往是家长不能割舍对孩子的思念之情，以"爱"为由放大各种焦虑，或不能认识到事情的本来缘由。

以上，也是我作为留学生家长对自己角色的明确认知。

产品经理，提前将主导权交给留学生自己

留学是一个工程项目，家长的角色在留学之路上非常重要，家长可能是项目经理、产品经理，也可能两者皆有。在我们家，产品经理一直是由留学生自己担任的。这也是缘于从小我们对她的培养——自己的事自己做主。

作为产品经理，首先，女儿在她15岁就明确她想在本科时去国外优秀的大学读书。

一上大学，她就绷紧了弦，知道大一最重要的事情是什么，那就保证优秀的GPA，并开始规划未来想去工作和生活的地方，以及达到这个梦想的路径——她想去谷歌公司工作。

大一上学期，女儿说她不准备学原来想学的经济学了，经济太宽泛，终身都可以学习经济学；她似乎对计算机、天文、工程都有兴趣，也在大一就选修了这些课程。美国大学的专业方向在前两年都可以改变，特别是大一主要上的是通识课程；选课也可以在上了一两次课后有所改变。她大一主修的计算机、天文、微积分都得了A，大一时也试了工程专业的课程，发现自己并不是太喜欢，但非常喜欢写码，写码给她带来快乐。女儿最后确定主修计算机+数学双专业，并一直沉浸于所选择专业学习的乐趣中。

她先是享受了在计算机专业的学习过程，后来，她在数学专业的几门课里也获得了学习的快乐，数学让她的逻辑思辨能力、数据分析能力和哲学思想能力都得到了开发和提高。女儿大学非常用功，以全A成绩毕业。

大学四年，女儿每一个暑假都在实习。大一暑期在学校找到了做研究的机会，大二、大三都拿到了Google暑期实习的offer。

在这里，不得不谈一谈家长的作用：2020年在美国疫情最严重的夏季，我鼓励我家留学生留在美国，而不是买机票把她拉回来；她坚持完成了三个月的暑期实习，租住在校外公寓，自己第一次做饭和出门采购食物，她也紧张、不安和焦虑，我们家长"云"陪伴着她，重要的是从来不唠叨，不放大焦虑，而是尽量化解她的种种不安。可以说，为了学业和梦想，她是自己的产品经理，也是一位勇敢的逆行者。

整个疫情期间，我们家长都是支持、鼓励、相信她完全可以战胜疫情带来的不确定性。鼓励她留在当地完成实习，鼓励她突破重围回到"最危险"的地方。所以，在这个过程中，家长必须有看懂世界的眼光和勇气，才能让留学生面对变化有勇有谋。

文理学院　自带隐形的桂冠

因为女儿选择了文理学院，并在史密斯学院获得了精英文化的滋润和温暖；也因为史密斯学院在美国各个行业的口碑和影响力，以及女儿大学四年的努力，她在大学毕业前就获得了工作offer。

"七姐妹联盟"在美国主流社会家喻户晓，是由七所最负盛名、历史悠久的女校组成的联盟，成员包括韦尔斯利学院、史密斯学院、巴纳德学院、布林莫尔学院、曼荷莲学院、瓦萨学院、拉德克利夫学院（现已并入哈佛大学）。

我在女儿选择文理学院时还一点都不了解文理学院，但我尊重、相信她的选择。女儿申请的是史密斯学院的ED，她笃定地认为史密斯学院是适合自己的大学。

事实是，文理学院的优势、女校的影响力，特别是史密斯学院博雅致学的校风让毕业生终身受益。无论是本科毕业留在美国当地工作，或继续在英美名校深造，或申请到高难度的直博机会，文理学院、女校的声誉都格外加分，机会概率绝对不少于我们认识中的藤校等名校。近几年回到国内的史密斯学院毕业生也多在强手如林的科技头部公司、医药名企、会计师事务所、投行工作。

史密斯学院名为文理学院，并不是说它只是文科学院，相反，这所女子文理学院不仅因其出色的本科教育而著名，更因为其在工程、化学、生物、数学、计算机、数据科学、天文、心理、经济等理工科以及艺术、语言、政治、公共事业服务等领域贡献了139届优秀的毕业生而赢得口碑，她们遍布美国各个行业。

"自信、舒适"是很多女性加入这座历史上最著名的女子学院的意图。"可以认识各种不同的人，并轻松地与教授和资源联系"是小型文理学院的独特优势。"在史密斯学院，学生的声音会被听到"，文理学院对学生的身心健康关怀是无与伦比的。疫情期间，史密斯学院获得校友匿名捐赠5000万美元，这为史密斯学院率先宣布2021年秋季全面线下授课并恢复正常校园生活提供了信心和保障。在2021年、2022年的寒暑假，史密斯学院给留在学校的国际生提供免费住宿。

私立大学的校长最重要的一项工作就是建立强有力的校友资源以及筹措资金、增加财政实力，比如"抗疫"保障能力。史密斯学院的捐赠基金2022年价值超过20亿美元，为该大学的运营提供超过预算三分之一的资金，使该大学能够在学生资助、师资招聘和续签，以及强大的学术计划等关键领域进行投资。它的校友数量和获得的捐赠基金的比率接近哈佛、哥大这样的头部私立大学。

有一份来自PayScale*的2022年数据，全美毕业生收入最高的Top100大学名单中有很多在我们看来是冷门学校，这些冷门学校就包含很多文理学院，比如Top10大学名单中排名第一的哈维穆德学院（Harvey Mudd College）、排名第十的巴布森学院（Babson College）。

文理学院的共同点是：历史悠久，建校超过百年；环境优美；人数少、采用小班教学；注重本科教育和通识教育；教学资源好，全部由教授授课；校友亲密度好，校友资源含金量高。很多不为人熟悉的文理学院如史密斯学院（Smith College）、科尔比学院（Colby College）、威廉姆斯学院（Williams College）、鲍登学院（Bowdoin College）、波莫纳学院（Pomona College）、科罗拉多学院（Colorado College）、戴维森学院（Davidson College），等等，这些优秀的文理学院才是美国人心中高不可攀的"白月光"。

所以，对于国际学生来说，从安全、快乐、教育资源、财务实力、校友亲密程度以及申请顶尖名校研博成功率等因素来看，文理学院比综合性大学更占有优势，或者说是绝对人均受益面更多。这些种种都是具有长远眼光的家庭在留学申请时要考虑的。

参考文献

①②③郝煜著，《空降美国中学》，新世界出版社，2012年3月出版，第5页、第27—28页、第132—133页。

第十一节　山西：凤凰涅槃

我到山西调研时，常听到当地朋友提到"地上看山西，地下看陕西"。这句话的

---

* 一家位于美国西雅图的薪水调查公司。

意思是山西历史文化底蕴深厚，当地由于具备独特的地理和气候缘故，导致有比较多的古老建筑和石窟艺术得以保存。

太原知名旅游景点——晋祠，里面有一棵近3000年的古柏。1933年，梁思成和林徽因夫妇发现了世界最高和最古老的木塔——山西应县木塔，1937年又在山西五台县发现唐代建筑——佛光寺，进而化解看唐代建筑反而要到日本之痛。在全民抗击日本侵华战争中，梁思成和林徽因致力于寻找民族传统建筑，国学大师钱穆用温情撰写了《国史大纲》，这些士人在民族危难之时用自己的脚和笔，挖掘民族之光，提振民族之气。

山西具有保存文化精髓的传统，但这并不意味着其故步自封。从经济上来看，明清时期晋商以及票号闻名全国。从留学层面来看，山西在国内率先引进了西式大学教育方式，1902年创办了山西大学。

而现在，山西在国际教育界内比较有名，因为该省在2016年取消了全部公立学校国际部。省级层面全部取消公立学校国际部，这在全国应该是唯一的。因此，取消公立学校国际部后，国际教育到底会怎么样，山西是一个比较好的观察窗口。

我调研后发现，山西省的国际化学校不到10所，每年在本省就读国际化学校进而本科留学的学生约百人，无论国际化学校数量还是本科留学人数，在中部省份中都是最少的。

山西大学创始人李提摩太

太原文瀛公园处在市中心，为太原城内经典的园林遗址，其"巽水烟波"成为太原古八景之一。文瀛公园内的文瀛湖名称源自晋文公夫人、秦穆公的女儿文嬴，文嬴成为秦晋之好的典型代表。为纪念文嬴，晋人将公园内一处湖泊称为文嬴湖，后"嬴"加了三点水成为文瀛湖。"巽"是八卦中的东南方向，因文瀛湖在太原的东南部，所以也称为"巽水"。

我在一个早春的晚上逛了逛文瀛公园，公园里面人不多，跳舞的倒是碰到两三群。

文人雅士多乐山爱水，文瀛公园一带也一度成为太原乃至山西文人雅士聚集之地。文瀛公园东门处南侧有山西饭店，这个饭店原为山西贡院所在地，所谓贡院便是科举时代举办乡试的地方，一贯是各省文教中心。而文瀛公园东门正对的是皇华馆路，"皇华"之词源自《诗经》，为称颂使臣之词，这里也曾是接待乡试考官之地。文瀛公园东门正对皇华馆路的右侧有栋5层高的楼，标注为皇华馆9号楼。

山西饭店和皇华馆 9 号楼之前分别为山西大学的中学斋与西学斋最早办学地。沿皇华馆路走路约十分钟便可以到侯家巷 9 号，这是山西大学前身山西大学堂旧址。山西大学创建于 1902 年，为当时国内三所新式大学之一，另外两所分别为北京大学的前身京师大学堂、天津大学的前身北洋大学堂。

1904 年，山西大学堂搬入侯家巷 9 号，中学斋和西学斋在一起办学。侯家巷立有介绍山西大学旧址的石碑，旧址还保留有部分遗留建筑，现为太原师范学院附属中学、太原市师苑中学校的办学地。太原师范学院和山西大学堂有历史渊源，类似西南联合大学和云南师范大学、西北联合大学和西北师范大学的关系。

要了解山西大学则不能不提到李提摩太。在山西大学坞城校区南门，可以看到有个大大的题名为"李提摩太沙龙"的建筑，我曾想进去看看，但自新冠肺炎疫情后山西大学就进出不便了，我只能在门口欣赏了李提摩太沙龙建筑物的外景。

李提摩太是英国新教传教士，1870 年 2 月到上海后开始传教。李提摩太先在山东烟台、青州一带传教，后又到山西传教，因赈灾在山西当地有比较高的威望，受到了历任山西巡抚的信任。

外国传教士早期到中国，无论是天主教还是新教，因独尊一神以及反对偶像崇拜的教义缘故，导致与中国传统信仰尤其是祖先崇拜产生尖锐冲突，传教工作举步维艰。为破解这个困局，传教士们一方面开始深入研究中国传统文化，熟悉和了解中国文化，在坚守教义的前提下，融入中国传统文化元素，进而获得信徒的理解与支持；另一方面，传教士们发现，中国上层以及知识界对外部信仰相对比较宽容，且对外部世界好奇心强。为此，传教士们选择走上层路线，即先影响中国上层以及知识界，其途径往往依靠西方当时的先进科技、医疗技术，再加上在中国推行慈善事业，进而获得认可。

这些方法在中国验证是挺有效的。而李提摩太则运用得很到位，他与中国高官之间有密切的联系。在山东和山西受到严重旱灾时，他通过发放救济金等赈灾形式获得清廷高官的认可，这也为其之后参与创办山西大学打下基础。

李提摩太是个挺有意思的传教士，他是一个虔诚的基督徒，但致力于佛教研究。为了了解佛教僧人的生活，他曾在五台山停留数月之久。在了解佛教之后，李提摩太开始翻译佛教经典，向西方人介绍中国的佛教文化。

有次为了给山东青州信徒洗礼，李提摩太将信徒带到了青州府西门外的一条河边，河附近有座佛教寺庙。李提摩太去拜访了寺庙住持，解释了洗礼仪式，并征询是否可以借寺庙里的房间作为更衣室。寺庙的住持同意了，洗礼仪式也顺利完成。[①]

1900 年 7 月，山西多地爆发针对传教士和教徒的屠杀事件，有 46 人遇害，也是全国各省中死亡人数最多的省。八国联军侵华攻占直隶保定后，杀害了直隶总督廷雍，以报复其此前杀掉保定传教士。之后，八国联军威胁道，将前往山西报复当地屠杀传教士以及教徒的行为。在此情况下，山西与八国联军进行了谈判，李提摩太参与斡旋。

谈判结果是要进行赔偿。在这个时候，熟悉中国情况的李提摩太提出了一个很有建设性的意见，他认为教案之所以发生，根源是无知。因此，赔款中要拿出五十万两银子用于办教育。山西每年交出银五万两，以十年为限。这些银两用于开设学堂，以教导山西人民。这开了庚子赔偿部分返还中国，用于资助中国学生出国留学或在国内举办教育的先河。

现在来看，李提摩太这个建议很有远见。为此，庚子赔款最终有部分退还，用于资助中国学生前往美国、英国、法国、日本等国留学，与这个根源也是有密切关系的。

根据双方的协议，最终在山西大学设立了西学斋，西学斋开设了文学、法律学、格致学、工程学、医学等五门学科。西学斋采用了英国大学的教育模式，学科也是根据山西是个资源大省的特点来开设的，满足山西工业发展的需求。

山西大学中学斋和西学斋均选派学生出国留学，中学斋多前往日本留学，而西学斋学生则主要前往英国。1907年，山西大学有25名学生送到英国留学。到1911年，西学斋有36人通过官费留学英国，这些学生多数拿到了英国大学的硕博学位。1911年，李提摩太将西学斋交给中国人主持，毕业生则成为学校教学骨干力量。中学斋的留日学生多走上革命道路，与西学斋留英学生多从事学界、产业界形成鲜明的对比。

山西教案催生了山西大学，并让山西子弟走出国门去英国求学。而教案也同时改变了一个山西人的命运，即民国期间大名鼎鼎的孔祥熙。

因留学改变命运的孔祥熙

从太原市区驱车到太谷，一个多小时我便到了孔祥熙故居。孔祥熙故居在太谷城内中心区域，周边是保护区域，没有什么高楼大厦。

孔祥熙是个很有趣的人，一来他是孔子的后裔，但却信教并在教会的帮助下远赴美国的欧柏林学院读书；二来孔祥熙先从事教育，再经商，获得成功后则步入政坛，成为民国时期要人之一。从这两点来说，孔祥熙无疑是依靠教育改变了自己的命运。

我参观了孔祥熙故居，讲解员提到，孔祥熙虽然为孔子后裔，但到了父亲这代，母亲早逝，父亲是个穷书生，孔祥熙的童年过得还是比较艰辛的。孔祥熙与教会的结缘，是因曾患了腮腺炎，中医医不好，找到教会医生后治好了。医院和学校是教会传教两个有效工具，在此情况下，孔祥熙皈依了教会，并在太谷和北京的教会学校完成小初教育。

孔祥熙从教会小学毕业后，15岁时便前往北京就读教会学校——潞河书院，以完成中学学业，让独子远赴他乡求学，在那个年代还是挺有魄力的。而这不得不提到太谷浓厚的"跋涉数千里"晋商经商风格。

1900年7月，山西爆发教案，一批外国传教士和中国信徒被杀。孔祥熙在教案爆发后，救助传教士和信徒，获得教会认可。1901年，孔祥熙因成绩优秀，被教会推荐到了美国欧柏林学院读书。从欧柏林学院毕业后，孔祥熙到耶鲁大学攻读了矿物学硕士。

1907年，孔祥熙学成归国。在回国之前，孔祥熙获知欧柏林学院计划在太谷建立石碑以纪念其在山西教案中死去的校友。孔祥熙说服校友用这些资金在太谷创办一所学校，并获得校友认可。学校中文名字"铭贤"寓意"铭记为传教而殉难的诸位先贤"，英文校名则是 Oberlin Sansi Memorial School（欧柏林山西纪念学校）。

孔祥熙创办铭贤学院受欧柏林影响比较大，欧柏林是一名法国人，1740年出生，其在法国偏僻地区传教时，用自己的薪水帮助这些落后地区发展教育，这为教会所推崇。1830年，美国成立了以他名字命名的欧柏林学院。

铭贤学校重视延聘名师、教授科技知识、对体育情有独钟，其教学方式在当时的山西可谓是独树一帜，加上其有充足的资金保障，导致其最终的教学成绩斐然，学生去向能够和北京的名校比肩。

1916年铭贤学校开始创办大学预科，在1943年改名为铭贤学院。由于重视现代农业教学和研究，1951年私立铭贤学院更名为山西农学院，在1979年改名为山西农业大学。

孔祥熙出身寒门，其命运的转变是依靠了教育，而其教育支持来自教会。中国早期的出国留学尤其是花费巨大的欧美留学需要资金支持。在当时中国贫穷落后的情况下，能够支付起留学费用的家庭极少。在这种情况下，要么得到政府官费要么得到类似教会组织的帮助，方能出国留学。而依靠自身努力，用勤工俭学的方式去留学，过程是无比艰辛的，留法勤工俭学学生客死异国他乡人数超过总量的10%。

凤凰涅槃

2016年在取消全省公立学校国际部之前，山西省实验中学、太原第五中学等八所公立学校开设了国际项目。公立学校国际项目停办后，原先运营公立学校国际项目的外部教育机构则设立了民办学校，如山西省实验中学国际部运营团队成立了尊成公学国际高中，太原第五中学、太原第十二中学国际部原运营团队开设了华盛外国语学校，太原师范学院附属中学国际部原运营团队组建了太原盟诺国际学校。不过，华盛外国语学校、太原盟诺国际学校开办后不久便销声匿迹。

在全省范围内取消公立学校国际项目，山西的做法在国内仅此一家。国内各地国际教育政策之所以会有如此大的差异，在于《中外合作办学条例》在具体实施过程中，政策弹性空间很大，山西全部取消公立学校国际项目，在其权限内，并不违反国家相关法规。

山西留学在历史上受到了外界的推进，而从现在来看，山西的国际教育也受到这种影响，山西剑桥国际学校和山西普林斯国际学校的建设，正是受到外界影响。

山西现有的国际化学校数量极少，我多次到山西调研后，综合下来有一定规模的国际化学校只有四所，即尊成公学、山西剑桥国际学校、山西普林斯国际学校、晋中博雅培文学校。除省府太原及晋中外，山西其他地方几无国际化学校。山西的四所国际化学校有三所集中在晋中。晋中与太原的关系很类似广州与佛山，两城相连但互不隶属。晋中历来经济文化发达，著名的晋商便起源于晋中，平遥和太谷等著名的山西旅游之地也位于晋中，而晋中现在则建设了大学产业园，成为山西教育重地。

尊成公学的前身源自于尊成国际教育与山西省实验中学在2003年共同创办的"国际班"，也是山西省经教育部批准的第一家"中外合作办学项目"。2016年公立学校国际部取消后，原先的运营团队创办了这所学校。这所学校有高中和小学部。由于创始团队做国际教育出身，将这种理念嫁接到小学教育，增强其国际化元素，为此，迅速成为太原一所颇受欢迎的国际化学校。

尊成公学总校长王晶提到，从中国学生自身特点与传统教育的基础优势着手进行顶层设计，结合国际教育的优势资源与先行经验，引进和研发出具有符合国家教改目标、适应本土意识的特色课程。学校提出"四梁八柱"的课程体系，我细看了其课程设置以及培养方式，与IBPYP的理念和运作方式颇为神似。

除小学部外，尊成公学还开设了国际高中。我跟学校总校长王晶见面后了解到，作为山西省从事国际教育最悠久的办学团队，经历了长达20年的研究、探索与积累，在海外课程的引进、研发、实施与管理方面积累了丰富的经验，尊成国际高中可以为15岁至18岁的学生提供美国、加拿大、英国等三种海外课程，涵盖美、英、加、澳、新等主流国家以及中国香港地区，出路非常多元化。尊成一直鼓励学生以不同的起点，依据自己的特长多元化发展。所以培养的学生有进入美国加州大学伯克利分校从事科学研究的，也有在加拿大谢尔丹学院毕业后从事视觉设计，成为获得第90届奥斯卡金像奖最佳视效奖的主创人员。

山西剑桥国际学校创办人校长阎祖美跟我提到，自己之所以会创办学校，是因为女儿曾经在深圳一所国际学校就读，发现山西孩子在外省读国际高中比较多，便考虑把外部的国际教育资源和理念引到太原，于是在2016年创办了这所学校。2019年，该校首届毕业生便出了个英国剑桥大学数学专业的学生，于无声处起惊雷，给山西教育带来了新的发展机遇。学校的老师均要求有硕士以上学历，并还有博士老师，由于重视师资力量打造，学生学业成绩普遍较高。另外采用"因材施教，分层教学"的方法，也使每个学生在校期间得到了最多的关爱和学业上最大的进步，并且为学生进入世界名校做好了精心的培育与支持。

而山西普林斯国际学校创办人雷学愚老师提到，自己有了孩子后，便很关注国际教育。大学同宿舍好友是厦门一所国际学校校长，在深入了解后，于2016年将厦门的优质国际教育资源引进到太原。由于山西国际教育起步晚，本地专业人才少，创校这些年来将很大精力放在了优秀教师的引进和培养上，尤其是把省外的优秀山西籍教师吸引回来，学校85%的教师均有海外名校留学背景，其他教师也毕业于985、211高校且具有多年国际课程的教学经验，很多教师之前也在北上广深等一线城市的国际学校教书，山西本土成立国际学校后，很多人也愿意回来为家乡出力。创校这些年学校也是稳步发展，历届毕业生都取得了不俗的升学成果。

在一个初春的下午，我和雷学愚老师在学校见面交流。他提到，普林斯尽管办学规模不大，但在办学中还是不计成本的，定位于做小而美的学校，想办法为学生提供多样化选择。2021年到2023年均拿到了剑桥大学的面邀，相信未来一定能有所突破。2022年10月，厦门鼓浪屿校区成立，两个校区的学生也会交流互访。山西普林斯国际学校在九龙生态园区办学，我和雷学愚老师参观了学校的马场。由于原先是旅游景区，所以设施很齐全，冬天还可以滑雪，环境很优美，是读书的好地方。在这个地方读书，着实有中国历史上的书院之感。

太原的国际教育现有发展水平并没有满足当地学生的需求，这也导致山西大量学生外流到其他地方学校就读，像大同这些地方的孩子基本上流向北京、天津等地。山西的国际教育比较特殊，而善于吸纳外部资源为我所有的山西，我们也祝愿其在未来的发展中能够实现凤凰涅槃。

李提摩太和孔祥熙在百年前，通过教育改变了山西社会以及自身的发展。在办学过程中，通过留学这条纽带又与英美保持密切的联系和互动，进而让山西这个内陆省份在教育上处在全国前列。这些教育历史典故，充分说明地理位置以及经济发展水平，并非局限教育和留学的主要因素，关键还是在于人以及如何做事。

参考文献

① ［英］苏慧廉著，关志远、关志英、何玉译，《李提摩太在中国》，广西师范大学出版社，2007年12月出版，第74页。

第十二节　内蒙古：放眼全国

走进呼和浩特市第二中学（以下简称"呼市二中"），从校门口处便可以看到钟楼用汉蒙双语竖写的大大校名，这与国内多数地方学校用中英文双语标注不太一样。该校国际部所在的教学楼四楼有专门的书屋，该书屋成为学生的PBL项目制学习之处。书屋的管理有两个很大的特色：一是学生参与到书屋的建设和日常运营中；另一个则是内蒙古图书馆给予了支持，提供书籍方面帮助，是内蒙古图书馆分馆。呼市二中国际部书屋与当地的图书馆合作，这在国内的国际化学校/国际部中并不多见。

国内留学发达地区主要集中在上海、北京、广东、江苏四省市中，广袤的中西部以及北方地区与这四省市相比，还是有比较大的差距。而与国内大学按照省级行政区划分名额录取不一样的是，国际教育以及国外大学的申请，至少是全国层面的竞争。为此，中西部以及北方地区有向沪、京、粤、苏学习以及获取留学资源的需求。我调研发现，内蒙古与沪、京、粤、苏联系紧密，并引进了这些地区的诸多留学资源。

内蒙古国际教育在引进外部优质教育资源上有这样的特色，跟其历史背景、区域位置以及学校办学特性等密切相关。

首先看历史背景，崛起于蒙古草原的成吉思汗黄金家族缔造了有史以来疆域最为庞大的帝国。强大的蒙古大军攻城略地，一直打到欧洲的维也纳以及非洲的埃及。蒙古大军征战过程中血流成河，以至于被西方视为惩罚自己的"上帝之鞭"。不过，蒙古大军军事上的胜利，客观上打通了亚洲和欧洲的联通之道。

军事强大的蒙元对商业和文化比较宽容。威尼斯商人马可·波罗在中国游历17年。在征战世界过程中，蒙古大军善待各地能工巧匠，为我使用，导致蒙古不仅军事技术增强，也在其内部形成了引进外部优质资源的传统和习惯。尽管历经几百年，但仍然可以看到内蒙古这种开放和包容的基因，如20世纪50年代末60年代初，上海、江苏三千孤儿入内蒙，在牧民们精心照料下长大成人。

内蒙古的教育也受此影响。早在1913年，蒙藏学校在北京设立。这所学校借助北京的优质教育资源，培养蒙藏地区的精英，这也可以视为近代内蒙古借用国内优质教育资源的表现。

其次，内蒙古疆域辽阔，导致各地经济发展水平、文化传统等差异甚大，使得各地纷纷重视吸纳周边的优质资源。

内蒙古是国内东西跨度最大的省级行政区，长达2400多公里，与北京到海口的距离基本相当。地域的辽阔使得内蒙古不同地区差异比较大，在社会经济文化发展中，大反而会小。换句话说，由于内蒙古地域辽阔，导致各地的经济和社会人文发展出现很大的差异，也容易出现类似江苏的"散装省"的现象。

我接触过内蒙古呼伦贝尔的留学家庭，他们在择校时会首先考虑更近的东三省，甚至到江浙沪一带。因从距离上来看，呼伦贝尔到首府呼和浩特的距离比东三省更遥远，与到北京的距离相差甚小。由于这种地理上的特性，内蒙古的基础教育资源比较分散。我了解到，在普高阶段，赤峰的高考人数甚至超过了首府呼和浩特，鄂尔多斯、包头等地也是内蒙古教育重地。

内蒙古东部城市满洲里是中东铁路上的重要站点，导致蒙东地区百姓前往东三省更为方便。赤峰靠近河北，每年参加高考人数约占全区总量的20%，为内蒙古教育重地。包头以钢铁为主体的重工业发达、鄂尔多斯的煤炭让其成为国内能源重地，这两地均是内蒙古的经济重镇。和经济发展分散相匹配的是，内蒙古想就读国际化学校/国际部学生去向跟地域有关，大体而言，蒙东关注东三省，赤峰一带关注北京，包头一带会关注陕西，首府呼和浩特学校主要吸纳本市以及周边地区学生。

再次，跟呼和浩特的学校办学特性有关。我在调研中了解到，包头和鄂尔多斯的国际教育式微，本地已几无国际化学校/国际部，区内的国际化学校/国际部主要集中在首府呼和浩特。

呼和浩特的国际教育以呼市二中为龙头，每年招生量最大，申请结果也最好。除呼市二中外，当地还有呼和浩特第十四中学、内蒙古师范大学附属中学、呼和浩特第一中学、内蒙古和林格尔新区枫叶双语学校等学校设有国际项目。

我了解到这些国际项目体量均比较小，其中呼和浩特第十四中学开设了德国项目，学生可以用高考成绩+德语成绩申请德国的大学。为此，在很大程度上，内蒙古的国际教育主要集中在呼市二中，我也在本节中侧重介绍呼市二中。

除这些国际项目外，呼和浩特当地每年也有部分普高学生会选择出国留学。我从当地国际教育界朋友处了解到，有普高学生出国的学校，主要是呼市二中、内蒙古师范大学附属中学、呼和浩特第一中学、呼和浩特第十四中学、中央民大附中呼和浩特市分校、内蒙古师范大学第二附属中学等高中。

内蒙古本地名大学并不多，只有一所211大学——内蒙古大学，但内蒙古高考难度整体在国内属于偏低。为此，普高学生选择转轨出国留学，在很大程度上也是因为预估高考成绩会不太理想，上不了满意的国内大学。

我测算下来，呼和浩特每年本科出国留学人数在200人左右。

国内每年会有一批可以考上当地最好高中的学生选择就读国际化学校／国际部，不过这些学生主要集中在北上广深、南京、苏州等沿海发达地区，比如曾有深圳、苏州的中考状元选择就读国际化学校。西安、重庆、成都、武汉等城市会有少量优秀学生选择就读国际化学校／国际部，而其他中西部以及北方地区极少有这种类型的学生，当地即便有这样的学生，往往也会选择到愿意提供奖学金的沿海发达地区的国际化学校就读。不过，让我感到意外的是，呼和浩特每年会有一些中考成绩优秀的学生选择就读呼市二中国际部。

我在2018年首次到呼市二中调研时，便了解到2019届毕业生当中，有学生中考成绩为呼和浩特市第八名，其SAT成绩高达1570分，这位学生最终到了康奈尔大学就读。

正是因为有一批优秀学生的加入，呼市二中国际教育更加重视放眼全国，从全国范围内寻找到优质资源提供给学生。呼市二中国际部每年会有一批学生中考成绩超过了本部录取线，在国际部学生中往往鹤立鸡群。在这种环境下，如果没有好的引导机制，优秀学生会容易失去学习动力。于是，对这些优秀学生，呼市二中国际部十分重视让他们走出内蒙古，到北上广深甚至国外去参加各种活动。在这个过程中，让他们接触到国内外优秀学生，认知到自己的差距，并进而形成自我驱动力。

而针对一些中考成绩较弱的学生，呼市二中国际部通过让其参加PBL项目制学习、活动等，让学生在做中学，学生发现自己在某个方面很优秀，进而产生自豪感和增强自信心。

呼市二中国际部向我反馈，国际部每届都会有几个家长很专注国际教育，并关注北京师范大学附属实验中学、北京第四中学、北京一零一中学等北京名校的国际教育做法。

呼市二中为内蒙古的龙头学校，也是自治区内基础教育的标杆，受到了教育主管部门的重视，在资源上也有所倾斜。为此，呼和浩特涉及国外交流访问或者外国学生前来学习等事项，呼市二中往往会被首先考虑到。为此，呼市二中国际部在资源获取上具有天然的优势。

呼市二中强调民主、包容和开放。学校在优质师资引进上不遗余力，如在 20 世纪 50 年代引进知青教学，现在则重视高层次人才引进。学校会让普高的优秀老师对国际部在数学、化学、物理等学科教学上给予支持，还邀请到内蒙古大学教授或者博士生给学生上哲学、微积分等课程。呼市二中积极引进校外、线上优质师资的同时，通过跨学科学习以及项目制学习，整合校内外优秀师资。

呼市二中国际部在 2010 年成立，国际部很强调要做真正的国际部。而国外大学在招录中国学生时所看重的多样性，也是呼市二中平时教育教学过程中所重视的，这为该校学生申请名校 offer 提供了机会。

我了解到，呼市二中国际部在成立后的 10 年内，一直开设 AP 课程。在 2019 年为满足学生申请英国大学的需求，呼市二中国际部增设 A-Level 课程，作为一所公立学校，呼市二中不惜成本，尽最大努力满足学生的需求，着实难得。

我在呼市二中访校时，访谈过多名国际部学生。这些学生个性鲜明，有独特思维，对国际教育的理解很深。对国际教育，呼和浩特当地社会还有很多人处在"国际部都是官宦子弟""国际部不教知识"的认知中。在这种情况下，呼市二中国际部学生对国际教育以及留学的思考会比较多且深，并有比较深邃的理解。

比如有学生在提到初中和国际高中的差异时，用麻辣烫和火锅来做区分。初中阶段的学习好比吃麻辣烫，所有的知识点和要做的事情都安排好了，只需要吃好即可。而国际高中很像吃火锅，自己选菜品自己涮，要自己做好荤素搭配，这些均取决于自己。[①]

还有学生提到，大学更像是人类社会中的一个高等"幼儿园"，是一个很难得的能尽量规避物质欲望的干扰、实用主义的质疑去把自己的人生价值与时代和人类命运相连的地方。大学之所以有这样的能量，是因为学生处在一个相对年轻的时段，尽量少考虑一些研究方向的物质回报，进而能够让人更加纯粹、更富有激情、更天真地去关心世界，提出问题并绘制一些美好图景。[②]作为高中生，他们对国际教育有如此深邃的认知难能可贵。

我在调研时了解到，呼市二中国际部在招生上有一套行之有效的考评方法。国际部在招生时，尽量规避招录一些因中考成绩不理想导致无路可走，进而想通过进入国际部实现到二中就读目的的学生。

从留学方向上来看，呼和浩特学生主要前往美、英、加、澳等主流国家，前往马来西亚或者蒙古国留学的还是比较少。

随着了解的深入，呼市二中越发让我感到佩服。在北方地区有如此开阔的视野以及不错的申请结果，是挺难的。当然独木难成林，我们也期待中西部以及北方地区有更多的优秀学校出现。

我的高中学习没有遗憾

在查看呼市二中国际部材料时，我发现了一个非常有想法的学生，即2020届毕业生贾逸杰。于是，我在国际部领导的帮助下，联系上了贾逸杰，并和她做了交流。

贾逸杰的成长历程，在二中国际部学生中很有代表性。窥一斑而知全豹，从贾逸杰的成长历程，可以看到呼市二中国际部教育的一些特色和亮点，以下是贾逸杰的口述。

> 我从两三岁就开始学习英语，之所以会这么早学英语纯属偶然，跟家庭背景和家人引导无关。我两三岁时有一次和妈妈一同去逛街，路上正好碰到了一家英语培训机构在做推广。我自己便想学，因为那时感觉跳字母操很有趣。所以我在还没有学好中文之前，便开始学习英语了。我学习英语很多年，在高一时雅思考到了7分。
>
> 小时候在学习英语时，我接触到了很多外教。受这些外教影响，我开始对国外的文化和生活比较感兴趣，也萌生了早晚要出国留学的念头。起初打算在国内读完大学，研究生阶段再出国留学。不过，由于中考意外失利，我决定提前到本科阶段出国留学。
>
> 呼和浩特中考有40分的体育成绩，学生一般可以拿到满分。不过我是例外，在体育上遭遇了滑铁卢。我不排斥运动，但很讨厌长跑，也没有去练习长跑。因没有长跑成绩，我的中考体育得分只有12分。
>
> 由于体育得分低，我中考成绩没有达到二中的普高线。我对二中很向往，这是一所不太一样的学校。虽然也可以上呼和浩特其他的重点高中，但我最终决定还是去读二中国际部。
>
> 当时自己想本科留学也挺好，可以接触到更大的世界以及眼界会更高。我就读二中国际部的想法得到了家人支持，父母让我自己想清楚就行，并没有给我什么阻力。
>
> 2017年9月，我进入二中国际部就读。
>
> 国际部每届都有三四个很厉害的学生，中考成绩会远超二中录取线。我在跟这

些优秀的同学以及学长沟通后，发现他们之所以会选择就读国际部，是因为把国内的高考弄清楚了，感觉高考没有挑战性，为此想通过就读国际教育来征服新高峰。这些优秀的同学和学长们，是永远不满足现况，换个赛道来迎接新的挑战。

二中国际部的氛围很好，可以把优秀的同学送到很高的位置。二中国际部的管理比较民主、开放，要靠学生自律。比如我是把心理学作为我的专业，但也喜欢摄影，国际部的老师并不会因为摄影不能给我申请大学带来什么帮助而加以阻止，反而会让我参与一些重要活动的拍摄。我热爱摄影，这对我后来在上杜伦大学时参与各种活动有挺大的帮助。

二中国际部的资源很多，会借助北京、天津等大城市的资源。我在高一的时候，国际部要选派一个学生到阿根廷参加一个MG20峰会活动。我很幸运被选上，参加这个活动后对我的影响很大，感觉回来后像变了一个人。

一同去阿根廷的中国学生有来自哈尔滨第三中学、成都第七中学等国内名校的优秀同学。我和这些同龄人朝夕相处，并在峰会上参与讨论移民、气候等问题。在参加活动之前，我的关注重心是如何申请到一所名校，但之后我会发现还有很多事情值得我去关注，自己需要把目标放在更高位置，目光要更远。

因为我了解到距离中国最为遥远国家的同龄人想要为国奉献的迫切心情，也了解到世界公民中的青年每天奔波忙碌的目的何为。我后来到国家气象卫星中心实习，看到科技工作人员是如何努力工作。到英国去做交换生，我意识到世界另一端比我更加优秀的人是如何通过高效努力走向人生巅峰。自此，我越发清楚自己要做什么，更有目标感，情绪也变得越发稳定。可以说，二中这个平台给了我很多的资源，拓宽了我的眼界，启发了我的思维，并为此改变了我。

我小时学习英语的时候，外教来自英国，所以我学的是英式英语，对英国的文化也比较向往。所以，我很早就确定了要去英国留学。而高一去阿根廷参加MG20峰会活动，在美国纽约转机时待了一个晚上，当时也不是很喜欢美国，感觉没有文化底蕴。为此，综合环境和气候等客观因素，我更加倾向于选择去英国留学。

除了去阿根廷参加MG20峰会活动和到英国做交换生，高二暑假我还到日本参加了樱花科技交流项目。日本的这个交流活动，使得我有机会前往日本学习。

在学业上，二中国际部学生需要学习普高和AP课程，但当时没有开设英国的A-Level课程，这对我们想申请英国方向大学的学生来说是有缺憾的。和我一同到阿根廷参加MG20峰会活动的同伴，他的语言成绩和GPA与我差不多，但所学习的是A-Level课程，最终被伦敦政治经济学院录取。为此，我向国际部领导提出开设A-Level课程建议，并被学校采纳。

虽然我主申英国，但仍然参加了SAT考试，是想证明自己的学习能力。参加SAT考试对我备考GRE挺有帮助的。

在申请大学时，我只申请了三所大学。小时在和外教交流时得知，杜伦大学在英国有很好的声誉。我也很喜欢杜伦中世纪的校园建筑风格，为此，我将杜伦大学作为我主申的大学，并顺利被录取。

我在高二时开始学习AP课程，国际部主要开设了心理学、数学、统计学三门AP课程。我在学习过程中，感觉心理学课程有趣，于是确定了大学就读的专业为心理学。

二中国际部的教学采取了双线并行方式，我们除了要学习AP课程，还需要学习普高课程，一个学期多的时候有12—15门课要考试，当时感觉学业压力很大，但我很庆幸有这段学习经历。

我虽然是在国际部，但没有错过国内普高知识点的学习。我的地理课成绩曾名列在包括普高同学在内的全年级前十。学习国内普高课程，对我三观形成有比较大的影响；而高中数学，则对GRE考试备考很有帮助。

二中国际部的氛围比较好，师生之间没有距离感，相互尊重和打成一片。这种校园氛围，可以让我们对出国留学提前适应。在大学里也是一样的，把教授当成尊重的朋友，在交往过程中需要拿捏好分寸。

二中国际部和毕业生保持着密切联系，并会从毕业生中得到反馈意见，进而完善教学。比如国际部曾得到了毕业生的反馈，提到需要重视学术写作课程教学。后来国际部开设了这门课，这让我上大学后很受用，大一时便已经知道该如何进行学术写作了。

由于二中国际部整体上还是偏美国方向，所以比较注重学生的个性化发展，让学生不是单线成长。

回顾我在二中国际部的学习经历，感觉挺满意的，没有遗憾，整体比较顺利，没有走过弯路。

参考文献

[1][2]《拾载》，《呼和浩特第二中学国际部十周年征文集》，第14—15、124—125页。

第十三节　辽宁：肇启之地

受限于经济发展水平、师资、生源等多个因素，国际化学校/国际部多集中在各省级行政区的省会，只有少数省级行政区具有双城或者多城现象。双城主要有浙江的杭州和宁波、福建的福州和厦门、山东的济南与青岛以及辽宁的沈阳和大连。多城主要有江苏的南京、苏州、无锡，广东的广州、深圳、珠海，河南的郑州以及其他地级市等。

在四个双城省中，福建和山东的情况有点类似，即厦门和青岛在历史上一度是当地最为重要的政治经济中心，后因各种原因没有成为省会，由于国际教育基础扎实，现在的国际教育发展水平能够和省城并驾齐驱。宁波和大连则比较类似，这两个地方在历史上并没有成为当地的政治中心，其主要是具有雄厚的经济实力，社会上对国际教育相对有强劲的需求。

辽宁的国际教育集中在省会沈阳和经济重镇大连。沈阳的国际教育以著名的育才系为主，东北育才外国语学校的日本留学在全国是做得最好的。全国最大的教育集团——枫叶国际教育集团从大连起步，当地有一所比较独特的国际学校——大连美国国际学校。

现在国内的国际教育以北上广深、苏州、南京等地较为发达，但有意思的是，国内的国际教育并不是首先从这些地方发起。比如公立学校与外部机构合作办国际部的模式在1999年从成都开始，国内第一所在教育部备案的国际化学校（未包含外籍人员子女学校）大连枫叶国际学校在1995年创建于大连。

从全国范围来看，辽宁的国际教育有两个第一，即日本留学最厉害的学校在沈阳，全国创办时间最早的国际化学校在大连。在一定程度上来说，国内国际化学校肇启于辽宁。

辽宁国际化学校/国际部约20所，全省每年本科出国留学人数在1500人左右。不过，学校之间的毕业生人数相差甚大，大连枫叶国际学校高中毕业生数量一度是全国国际化学校/国际部中最多的，多时高达七八百人。无论是学校数量还是毕业生数，辽宁在东三省当中均是最多的，超过其他两省的总量。

沈阳

在2020年之前，沈阳有两所公立名校的国际教育相当不错。一个是辽宁省实验中学，其国际部学生曾拿到过斯坦福大学 offer，但遗憾的是国际部在 2020 年停办；另一个便是大名鼎鼎的东北育才学校。

沈阳的国际教育集中在育才系列学校中。东北育才学校是沈阳当地最为著名的学校，不过育才系国际教育结构极为复杂。我同事在分析育才系国际教育状况时，常会为其复杂感到头大。我拜访过东北育才系学校几次，多方了解才弄清楚其中状况。

东北育才学校体量很大，有 9 个校区 13 个学部，学生人数约 2 万。我实地调研了解到，育才系的出国留学从类型来说，可以大致分为三种。

一是国际部，东北育才学校在校本部有国际部，但只招录外籍学生，开设了 PYP、MYP 和 IBDP 等整套 IB 课程体系。

二是学校本部。东北育才学校普高学生有出国留学的传统，其出国方式则有两种途径。一种是以普高学生身份直接申请国外大学。普高学生有被耶鲁大学、斯坦福大学等美国顶尖名校录取，这条线在美本名校申请上表现突出。

另一种是学生参加英国露丝公学奖学金项目。东北育才学校很多优秀学生会优先选择参加英国露丝公学奖学金项目。英国露丝公学每年会向中国学生开放奖学金项目，并非单独提供给东北育才学校学生，会面向全国学生招募。这点跟英国德威公学每年会单独给苏州中学园区校提供两个全奖名额是不太一样的。

不过，东北育才学校申请英国露丝公学的学生较多。由于前往英国露丝公学就读的东北育才学校学生屡屡拿到牛剑 offer，该项目受到想出国的优秀学生青睐。比如 2019 届就读英国露丝公学的东北育才学校学生，有 5 人被剑桥大学录取，4 人被帝国理工学院录取，2 人被伦敦大学学院录取，其中有一名学生获总额超过百万元人民币的怡和亚洲杰出青年全额奖学金。10 年间有近百名育才学子通过英国露丝项目留学英国，大部分都升入了剑桥大学、牛津大学、帝国理工学院等英国名校。

东北育才学校校方给我回邮说，英国露丝公学奖学金项目从第一年开始，育才学生表现便很出色，后来慢慢集中到中国，集中到沈阳，最多一年育才学子经过露丝项目升入剑桥大学高达 11 人，而且屡屡有学生获得剑桥大学三一学院 offer。

英国露丝公学向我提供了东北育才学校学生就读的数据。从 2008 年至 2023 年，15 年间东北育才学校入读露丝公学的学生共计 133 人，毕业生 124 人，毕业生中 54 人被英国剑桥大学录取，1 人被牛津大学录取，22 人被帝国理工学院录取，其他学生均获得英国伦敦大学学院、伦敦政治经济学院、爱丁堡大学、华威大学等名校录取。

英国露丝公学（Ruthin School）创建于 1284 年，是英国最古老的学校之一。学校靠近威尔士和英格兰的交界处，到曼彻斯特和利物浦均约 45 分钟车程。该校在 2022 年已被江苏一家公司收购。学校招收 11—19 岁学生，中国学生比例为 30%。2019 年和 2020 年，17% 的学生被录取到牛津大学、剑桥大学。

三是系列国际化学校，主要有东北育才外国语学校和东北育才实验学校国际高中。东北育才外国语学校的日本大学申请结果在全国是最好的，下面我会做详细介绍。东北育才实验学校国际高中是 2011 年由东北育才教育集团和美国密歇根州牛津学区联合打造的一所国际化高中。为中国学生就读美高、世界名校提供国际化服务。合作高中已经有 10 余所。六届百名毕业生均被录取，有康奈尔大学、加州大学伯克利分校等名校 offer。

东北育才系的三种出国留学类型，从最终的国外大学申请结果来看均是不错的，放在全国也是处在领先位置。

东北育才外国语学校

东北育才外国语学校（以下简称为"育外"）成立于 1998 年，建制比较特别，由东北育才学校和日本关西语言学院合作设立，是一所中外合作学校。东北育才学校为辽宁最有名的公立学校，而日本关西语言学院则是辅导申请日本顶尖名校成绩一流语言学校，两校合作可谓是强强联手。育外设有初中部和高中部，在校生 1400 人左右。

我实地调研过育外，让我印象很深刻的是，这所学校定位虽类似北上广深的国际化学校，但无论是硬件设施还是运作管理都很朴实。育外没有与任何外部机构合作，每年的学费也仅 2 万多元，这在国际化学校当中是相当低的。由于收费低廉，且合作方日本关西语言学院不追求经济回报，因而能够给毕业生很好的就读体验。

育外高中部有三个板块，即日本部、欧美部和高考部。2023 年，育外有 260 余名高中毕业生，前往日本留学的学生约七成，欧美部有 35 位毕业生，参加高考的学生有 40 多人。

2008—2022 年间，育外总共有 84 名学生考入东京大学，210 人进入京都大学。2023 届毕业生中，育外有 6 人考取东京大学、11 人考取京都大学。2023 年，育外欧美部（35 名毕业生，其中 19 人申美）拿到芝加哥大学、范德堡大学、康奈尔大学、圣路易斯华盛顿大学、加州大学伯克利分校、加州大学洛杉矶分校 offer 各 1 份，卡耐基梅隆大学 2 份。剑桥大学 2 份，帝国理工学院 4 份，伦敦政治经济学院 2 份，伦敦大学学院 4 份。申请加拿大的 20 名学生，全部被多伦多大学录取。另外，有 3 份香港大学（2 份全奖）、3 份新加坡国立大学 offer。

从数据来看，育外的日本大学申请结果在国内是最好的，而其欧美留学表现也相当不错。育外的欧美项目创办时间比较早，2004 年育外便有学生去英语国家留学，

2008 年育外成立了专门的欧美班。

育外之所以有如此好的国外大学申请结果，跟其重视教学有很大的关系。

育外在 2022 年之前一直实行 6 年一贯制学历教育，即初中部毕业生直升本校高中部，不需要参加中考。育外为沈阳当地名校，小升初竞争激烈。除直升外，育外高中阶段还会通过中考招录部分学生。由于学制连贯，育外一方面加强学生的英语教学，另一方面提前给学生做好升学规划。学生在进入高一后，需要明确方向，即可以在日本部、欧美部、高考部之间进行自由选择。高一阶段，三个部的课程基本相似，即均需要学习国内必修课程，日本部则会增加日语学习，欧美部强化英语学习。

育外很重视学生的英语以及中国基础课程的学习。三年初中英语强化学习，高一阶段学生会学习大学新视野课程。如此一来，学生具有比较扎实的英语基础，在托福/雅思以及 SAT 考试上获得高分就水到渠成。2023 届欧美部 35 名毕业生中，托福最高分 118 分，均分为 107 分，四成学生超过 110 分。雅思最高分为 8.5 分，均分为 7.2 分，八成学生超过 7 分。SAT 最高分为 1570 分，均分为 1493 分，六成学生超过 1500 分。在 AP 考试成绩上，育外的 5 分率为全国的两倍左右。育外这个标化考试成绩，能够和长期排在宜校出国留学中学排行榜首位的北京师范大学附属实验中学国际部相媲美。

育外的学生并不刻意在标化考试上做准备，但由于学校学业要求高，基础扎实，往往能够出高分。像 2023 年拿到剑桥大学、加州大学洛杉矶分校、卡耐基梅隆大学 offer 的学生，在高二才参加标化考试，最终托福成绩为 114 分、SAT 为 1550 分、8 门 AP 成绩均为 5 分。

不仅欧美部的标化考试成绩亮眼，日本部更是如此。日本的留学生考试中，有 20 年留考状元均出自育外，这还引起了日本媒体的关注并进行了报道。

在高一阶段，育外十分重视学生的中国基础课程学习，欧美班在高一阶段并不教授 AP 课程。从高二开始，三个部的课程开始不同。高考部继续学习国内普高课程，其他两个学部在完成中国国家课程要求的基础上，欧美部增设 AP 课程，日本部除需要学习英语、日语外，增设赴日升学辅导课程，为参加日本留学生考试做准备。

育外提到，高考课程难、日本课程广、AP 课程专。中国高考、AP 课程、日本课程有一定的重合度，中国的数理化等课程是学习 AP 课程、参加日本留考的基础。以化学课程为例，中国的高考化学内容与日本化学课程有八到九成的知识点重合，学校通过 AP 课程补充缺失的内容，再加上针对性的练习，学生能够实现在留考中取得高分。AP 化学课程较难，但在学习完国内高中化学、具有一定的知识基础和学习能力后，再学习 AP 化学并不是特别难。因此，育外三个部的课程均以中国高中课程为基础，再针对不同的升学方向进行补充，实现了融合汇通，学生基础扎实，可持续发展空间大。

育外举例说，东京工业大学数理化的入学考试比较难，超过了留学生考试标准，能考上东京工业大学的中国学生有不少来自国内大学的转学生。而育外每年有近20个学生能够考上东京工业大学，这也足以展示该校在数理化方面的教学水准。

日本的大学主要是春季入学，与中国的高中毕业生时间不衔接。为此，育外日本部的高三毕业生在每年6月份毕业后，会到日本关西语言学院再学习半年。在这半年期间，学生一方面加强日语学习和进行留学生考试备考与考试，另一方面则申请日本的大学。日本虽然有统一的留学生考试，但大学都自主招生，学生待在关西语言学院学习也便于参加大学的入学笔试和面试。

和国内国际学校毕业生大部分申请以英语教学为主的SGU项目不同的是，育外的毕业生则主要参加日本的留学生考试（EJU）。育外提到，日本推出SGU项目侧重针对发展中国家的学生，学校和专业选择有限，参加EJU则基本不受限，选择面要广很多，为此，EJU成为育外学生选择的主要方式。

东京大学本科每年所招录的外国学生保持在20多人，其中育外多时能拿到一半的名额，现在保持每年5个以上的名额，成为考取东京大学最多的外国学校。除拿到名校offer多外，育外不少学生还能拿到竞争激烈的医学专业offer。在日本的大学完成本科学业后，育外的毕业生八成会选择读硕博，而参加工作的学生多能进入大学等科研机构、医院、银行等金融机构，以及拿到三菱、丰田、松下等日本著名公司工作offer。

日本留学在沈阳起步比较早，且申请成绩在全国范围内也比较突出。我在当地调研时了解到，日本留学因费用较为低廉，获得奖学金的机会比较多，一般的家庭也能够承担起，因而成为辽宁家庭较为关注的留学地。

进入育外的校门口，我看到一块大石头正面上刻着"求索真善美，敢为天下先"的校训，背后刻着"和谐"两字。我感觉这两句话和两个字很形象地展示出育外的特色，其在注重中国基础课程教学给予学生扎实的学业基础的前提下，在日本留学上做出了全国最好的成绩。而高考部、日本部、欧美部在教学和课程上又实现了完美的结合，在一定程度上来说是课程上的"和谐"。要实现这种课程上的"和谐"并不易，需要做大量的教改和融合工作。但也正是因为难，更凸显出育外的用心和尽心。

大连

与沈阳以育才系一家独大不同的是，大连的国际教育结构相对多元和丰富。大连枫叶国际学校一所学校的毕业生总量，均超黑龙江和吉林两省的出国留学量。枫叶集团从大连起步，现在成为国内规模最大的教育集团。由于有大连枫叶国际学校这所招生量全国第一的学校存在，大连每年本科出国留学总量超省城沈阳。

大连美国学校暨华美英语学校是东北少见的外籍人员子女和中国大陆籍学生均招录的学校，公立名校大连第二十四中学和民办大连王府学校也各有自己的办学特色和亮点。由于大连的国际化学校/国际部数量少，且各学校的办学特色十分鲜明，出国方向也差异较大，对家长/学生择校而言相对容易。不过，由于选择的空间不大，如果在大连没有找到合适的学校则要考虑到外地择校，这反而也会增加很多麻烦。为此，大连的家长/学生在择校上，会出现既容易又犯难的现象。

枫叶教育

枫叶应该是全国第一所国际化学校，但并没有在深圳、上海这些地方诞生，而是在北方城市大连诞生，这本身是件很有趣的事情。大连枫叶国际学校位于大连的金石滩，离市区比较远。我在实地调研这所学校的时候，印象比较深的是男女分校，这在国内应该是唯一有这样的做法的一所学校。

枫叶创始人任书良出生在河北衡水农村，由于在农村表现好，1974年20岁的任书良很幸运地被推荐到北京外国语学院（1994年改名为北京外国语大学）英语系学习。大学毕业后，任书良回到河北外贸部门工作，白天处理外贸工作，晚上还去外语协会教书。

在河北外贸部门工作3年后，任书良辞去公职，转到香港工作。刚开始在香港一家出口公司做服装销售代表，三年后，任书良在香港自己创业。20世纪80年代的香港借内地改革开放之东风，做国外与内地贸易中介，巨大的市场需求让香港的公司赚得盆满钵满。香港也借此实现了产业转型，从制造业转为服务业。任书良在香港经商成功，挖到第一桶金，也为其之后创办枫叶国际学校提供了资金保障。

在香港事业做得风生水起的时候，任书良遇到了子女教育问题。他回忆说，香港中上阶层的子女一般在初中甚至在小学阶段，就送到英国、澳大利亚、加拿大、美国等国学校读书。香港第二代企业家们就是从国外学成后，接替家族生意，将传统的企业模式和生产形式改变为现代企业机制，顺利地实现了香港企业的转型，也保持了香港作为金融、贸易、房地产和港口中心的位置。考虑到子女教育问题，以及对生意越来越不感兴趣，20世纪90年代初，任书良一家移民到了加拿大。[①]

移民到加拿大后，任书良过了一段悠闲日子，但闲不住的他决定再做些有意义的事情。几经考察后，任书良选择了做教育，要将加拿大不列颠哥伦比亚省的教育理念、课程引入中国，在中国创办国际化学校。任书良这个想法得到了时任不列颠哥伦比亚省省长和温哥华市市长的支持。

在得到加拿大方面的支持后，任书良回国开始寻找学校落户之地。任书良最初是想放在北京、天津这些大城市，但很遗憾均没有谈妥。事情在1994年六七月出现转机，大连市政府到温哥华招商引资，并与温哥华结成友好城市。友好城市会在经济、教育等方面有合作。这真是有点瞌睡送枕头的味道，任书良在大连创办学校的设想顺理成章地得到了当地政府支持，于是首个枫叶学校便在大连诞生。

1995年2月，枫叶得到了大连市教委批准办学，当年9月1日，大连枫叶国际学校举行首届开学典礼，是年，学生仅14人。

此时国内对民办教育并没有成熟的法律法规。国务院在1997年7月颁布《社会力量办学条例》，2003年实施《中华人民共和国民办教育促进法》《中外合作办学条例》。为此，大连枫叶的创建和运营可谓是摸着石头过河。

除了法律法规欠缺，当时中国社会对国际教育以及出国留学也是知之甚少。任书良在首届开学典礼上，为消除学生、家长的顾虑，致辞时做出了承诺：学校一定会办好，如果学生不能毕业，全额退还学费。如果学生不能出国留学，他背也要把这14名学生背到加拿大。不管碰到多大的困难，一定会对学生、家长负责到底。时隔5年后任书良才知道，当时有家长对自己的致辞做了录音。等学生成功出国后，家长拿出了录音，并对学校表示歉意。[②]

大连枫叶国际学校开设不列颠哥伦比亚省高中课程，对参加中加会考成绩合格的学生，颁发辽宁省认可的高中毕业证和加拿大不列颠哥伦比亚省教育部认可的加方毕业证。1997年8月，辽宁省教委向枫叶学校颁发了中外合作办学许可证。这种办学模式和课程设置在现在的中国很常见，但在那时则是很大胆的尝试。

2001年12月11日，中国正式加入世界贸易组织。对外贸易飞速增长，各领域的对外开放程度也在加深。而在教育上，中国加大教育领域的开放，引进国外优质教育资源的步伐加快。在大连耕耘了6年之久的枫叶迎来了大发展时机。

2000年，大连枫叶国际学校在校生560人，次年增至978人，而在2002年则猛增至1600人。2003年，枫叶教育集团成立，在校生2500人。2007年，武汉枫叶国际学校、武汉枫叶外籍人员子女学校开学。之后，天津泰达枫叶、重庆枫叶、镇江枫叶、河南枫叶、内蒙古鄂尔多斯枫叶等学校陆续开学。2009年，大连枫叶在国内首次推行男女分校。2014年，枫叶教育在香港联合交易所有限公司上市。截至2023年，枫叶教育集团在国内外25个城市开办了100多所学校，在校生超4万人，毕业生超2

万人，教职员工有 7000 多人，成为国内最大的教育集团。

2020 年，枫叶有两个重要举措，一是将总部从大连搬迁到了深圳，二是推出了自己的世界学校课程。枫叶推出世界学校课程，这意味着其从原先引进加拿大课程转为自己研发课程，最为关键的一点是世界学校课程要获得境外大学的认可。从枫叶发布的信息来看，它们在这点上做了不少工作。

从创办起，枫叶教育一直在不断创新，因应时代发展需求，可谓是国内国际学校中的常青树。从创办时的政策突破，到抓住国内国际教育大爆发机遇，再到现在推出自己研发的课程，这些均是国际教育各个时期重要的节点事项。应该说，枫叶对国内的国际教育居功甚伟。

一部枫叶史也是半部国内的国际教育史。

大连美国国际学校

我去过大连美国国际学校多次，这所学校给我的第一印象便是校园真美，设施配套齐备，挺像美国的文理学院。学校十分重视健康安全，每一间课室和学生宿舍均备有空气净化机，食堂重视食品卫生安全。

这所学校的创建是源自英特尔员工子女的教育需求。2006 年 7 月，英特尔公司在大连建厂，为解决美籍员工子女教育问题，大连市政府邀请已在美国德州创办昂纳柔学校的华裔美籍教育专家吴采瑜女士，联合打造大连美国国际学校，开展纯正美式教育。

我和吴采瑜女士多次见面交流过。她跟我提到，父亲的故乡在东北。他得知大连市政府在引进国际化学校时，便鼓动她到大连办学。吴采瑜女士此时在休斯敦的昂纳柔学校运作步入正轨，这所学校创建于 1990 年。

"我来大连是因为我的父亲故乡在中国东北，对于我们的家庭可以回到我们的根，他非常兴奋。一开始，我并不太想离开美国，但当我有机会思考在这个新的冒险中我能学到什么，能认识什么新的人之后，我决定搬迁。毕竟，生命是短暂的，我们需要抓住出现在我们生命中的机会。当我回顾过去，我觉得我为自己和我的孩子做出了一个非常好的决定。我们交了很多朋友，学到了很多关于中国文化的知识。"

大连美国国际学校创建之后，其硬件条件的优越，办学理念的独特，在大连的社会声誉不断提升，越来越多的中国家庭希望子女入学。2009 年 11 月开始面向中国籍学生招生，创办了华美英语学校承接中国籍高中生入学。2018 年，华美双语学校成立，提供双语义务教育课程，招收小学和初中的中国籍学生。同一个校区三所学校，形成从学前教育到小、初、高一个健全的中英双语多元文化的国际教育园地。

吴采瑜提到，自己之所以要创办华美英语学校，有三个原因。

"每当中国家长或官员访问 DAIS（大连美国国际学校的英文简称）时，许多中国家长都会询问是否可以将他们的孩子送到我们学校，因为他们希望自己的孩子有机会接受西式的教育，以便有机会出国上西方大学。但作为一所国际学校，我们不能接收他们，因为根据法律，我们只能接收持有外国护照的学生。

"我从 10 岁起就在美国，我目睹了许多外国学生独自来到美国读高中或大学。许多人挣扎是因为他们在社会、情感和学术上都没有准备好。他们既缺乏学术技能，也缺乏顺利从大学毕业的软技能。如果他们有机会能够在留美之前就去一所拥有全面发展课程的学校，他们能获得的不仅仅是英语水平。

"也是因为 2008 年和 2009 年的政策变化，我意识到拥有更多的学源将有助于创造一个更稳定的学校环境。所以基于这些原因，我们建立一个对所有利益相关者都有益的学校是有意义的。在创办华美项目 12 年之后，我很高兴自己当初做出了这个决定。"

大连美国国际学校暨大连华美英语学校采用 AP 美高课程，于 2012 年、2013 年两校先后通过美国教育部认定的教育权威机构 WASC 的办学评鉴并荣获其认证。高中部采用系统性美国标准课程（学分制），近 80 门课程，18 门 AP 大学先修课，为学生打造个性化课表，贯彻保底不封顶的理念。学校学习资源丰富，有电子图书馆，世界一流资料库和网络平台，包括 EBSCO 和 JSTOR 等电子文献与过刊，让学生深度学习如何搜索和引用不同资源来完成研究报告。

由于有不同背景的学生，学校在教学安排上会有比较大的难度。对这个问题的解决，吴采瑜提道："来自不同背景的学生往往在他们的教育中有特别的侧重点。例如，西方家庭倾向于重视体育和课外活动，韩国家长希望孩子在掌握汉语和英语的同时，有机会尽可能多地参加标准化考试，中国家长则希望孩子尽可能地参加 AP 课程。

"为了满足这些需求，我们扩大了我们的课程，让学生有很多可选择的运动和比赛机会。我们也为学生安排了各种各样的课外社区服务和实习。如果他们有其他的活动或服务想法，他们也能够将这些想法呈现给学校校长，并尝试开始新的东西。学校还设置了各种水平的汉语课程，让外国学生根据自身水平学习汉语。我们还设有 18 门 AP 课程，以满足希望向大学展示学术能力的高成就者。我们的学校还为学生提供了一个现场场地来参加 PSAT、SAT、ACT 和 AP 考试。所有这些方案都有助于满足不同家庭的不同需要。"

学校注重培养均衡发展的学生，鼓励学生个性化、多元化发展，为此在活动、社团等方面有较大空间和较多资源。我在调研时，几位拿到美国名校 offer 的学生均反馈校园活动丰富多样，他们申请材料中的主要活动大多是学校提供的资源，或者与学校的资源有关联。说明学校在活动规划等背景提升方面下了很大功夫，这在国际教育资源相对不发达的东北地区尤为难得。

在师资上，学校采用全外教团队，外籍教师约百名，超过 2/3 教师拥有硕士或以上文凭，学校师生比例平均为 1∶8。在调研中发现，校园氛围开放、包容，师生相处融洽，沟通顺畅，甚至有老师可以专门为一位学生开一门课。

此外，学校的升学辅导团队为学生提供系统性的升学规划与指导。申请季时，不仅升学指导老师，所有的老师都很乐意给学生提供帮助，给学生极大的支持力度，这也是该校能够取得优秀申请结果的原因之一。

2020 年，我访谈了大连美国国际学校暨大连华美英语学校 4 位优秀毕业生，发现她们对学校的满意度非常高，可以说是所有受访者中最高的，因为中国多数学生对自己学校是不满意的。

我访谈她们之后印象很深刻，她们都是学习能力、自主性和独立思考能力非常强的孩子，也有着很强的自我规划意识。比如陈同学，她认为能够录取到一个与自己各方面匹配的大学，比录取排名更高的大学更重要；刘同学从刚入学时的有点羞涩，成长为连续两届担任学生会主席。

通过与这 4 位同学的交流，我对学校有了更深入的了解和认知。

一是几位同学普遍具有以上特质，与学校的办学理念、校园文化潜移默化的影响密不可分。学校非常鼓励学生个性化、多元化发展，为此学生在学习、活动、社团等方面有相当大的空间和自由度，从而培养了学生的自主性和自我管理能力。

二是几位同学的主要活动，大多是学校提供的资源，或者与学校的资源有关联。同学们反馈校园活动丰富多样，这充分说明，学校在活动规划等背景提升方面确实是下了功夫的。

三是几位同学都非常喜欢自己的老师，表示师生之间相处融洽，沟通顺畅，甚至有同学形容华美的老师是"人间宝藏"，不仅是学业上的指导，老师会从各个方面关心学生，帮助学生解决问题。这也让我们感受到学校对学生个体的尊重，以及开放、包容、亲切的校园氛围。

四是有同学反馈，对自己文书帮助最大的是学校的英文老师，申请季的时候不仅升学指导老师，所有的老师都很乐意提供帮助。这证明，学校对于学生申请过程中的支持力度很大，这也是能够取得诸多优秀申请结果的原因之一。

五是几位同学的父母均是本科以上学历，视野较开阔，对子女的教育重视且比较包容，选择入读华美之前大都做过较多功课，考察过不少本地甚至外地的学校。这些共性是对学校的肯定，并可为今后学校招生提供参考。

2020年，吴采瑜选择了和诺德安达合作。她提道："多年来，许多大的金融机构与我们接洽，希望收购学校。我们选择诺德安达（Nord Anglia）是因为他们是唯一一家投资K12教育超过50年的公司。他们不仅财务状况良好，而且愿意利用自己的优势，将大量的资金投资于全球73所学校。例如，他们与国王学院（King's College）建立了合作关系，让他们的教师能够提升学位。他们还与麻省理工学院（MIT）和茱莉亚学院（The Juilliard School）合作，让教师在艺术和STEM项目领域获得专业发展。他们还为那些对学校课程之外的话题感兴趣的学生开发了一个在线平台。因为他们的经验和他们对教育的承诺，我们决定把接力棒交给他们。"

和诺德安达合作后，吴采瑜仍然在学校工作。

参考文献

① 任书良著，《枫叶教育理念与实践》第二卷，北京大学出版社，2013年5月出版，第50页。
② 任书良著，《枫叶教育理念与实践》第一卷，北京大学出版社，2013年5月出版，第4页。

第十四节　吉林：一汽沉淀

东三省在地理位置上习惯于被视为同一个板块，但国际教育发展影响因素差异甚大。深入研究会发现，东三省的国际教育发展正好分别契合了近代、现代、当代三大留学阶段。

黑龙江由近代修建的中东铁路带来中西文化融汇，吉林在现代兴建第一汽车厂（以下简称"一汽"）催生对外学习渴求，辽宁则是满足当代招商引资需求在国内最早设立国际化学校。本节侧重分析在一汽兴建影响下，长春乃至吉林的国际教育如何形成自身特性。

诚然，汽车制造和留学乃至国际教育风马牛不相及，但正如在本书中我多次提到的，一个地方的留学乃至国际教育深受当地的地理位置、历史传承、经济文化发展等多种因素影响。只有清晰了这些发展因素，我们才能更好地理解当地的国际教育状况，并进而预判未来发展趋势。

一汽是长春的金字招牌，也是当地经济发展的支柱，有"一厂养半城"的说法。一汽顾名思义便是新中国的第一个汽车厂。一汽于1953年7月在长春奠基兴建，当初之所以会选择在长春建厂，是看重长春离鞍山钢铁厂近、电力供应稳、铁路运力足，另外一个很重要的因素是，一汽是苏联对中国的援建项目，长春靠近苏联且有铁路连通，援建物资接收和人员往来均比较方便。

汽车于1886年首先在德国被发明，而在1949年前中国没有汽车生产能力，汽车均为进口。毫无疑问，中国的汽车产业起步之初需要得到国外汽车技术和人才的支持。一汽建设最早得到了苏联的支持，为当时苏联援建中国的重要项目之一。

一汽最初的建设有一些海归专业人才参与。曾担任过一汽副厂长兼副总工程师的孟少农，从清华大学毕业后，1941年10月考取了清华留美公费生资格，到麻省理工学院攻读汽车硕士专业。在美期间，孟少农曾到福特汽车厂实习。1946年，孟少农回国，在清华大学机械系任教并开创了汽车专业。孟少农参与了中国第一辆东风牌轿车以及红旗高级轿车的设计和试制工作。

当时有类似孟少农在国外学习和实践过汽车制造的专业人才凤毛麟角。一汽创建之初，汽车制造人才极缺，中央举全国之力，从北京、上海等全国各地选派几千名骨干人员到长春参与一汽建设。比如，中组部曾让清华大学、北京大学的70名实习生提前一年毕业，直接作为技术人员参加一汽筹建工作。长春云集了全国各地汽车产业各路精英，不乏从美国留学回来的汽车专业人才。

一汽最早是将苏联的吉斯车型引入国内设计和生产。此时的中国尚为农业国，为解决汽车制造人才极缺的问题，除引进苏联专家外，一汽还大量外派人员到苏联学习。在1953年到1956年三年建设期间，一汽选派了从厂长到调整工518人到苏联的汽车厂实习。为此，到国外留学以及引进国外技术人员在长春成为常见的现象。由汽车产业所形成的放眼世界格局，让长春的留学具备一定的基础。

1991年，一汽和德国大众在长春合资建厂，引进了捷达和奥迪等生产技术。一汽大众有不少德国专家，其子女就读则成为促进长春国际教育发展的一个重要因素。

我从长春国际教育界了解到，一汽员工收入高，在当地是份比较体面的工作。而一汽在招聘员工时会对学生所毕业的学校有世界排名要求，也强化了当地的留学意识。

除一汽外，吉林大学对当地留学氛围的形成也起到了重要促进作用。我们如果查阅国内各高校所公布的就业质量报告会发现，985和211名校毕业生的出国留学率显著高于其他的大学。名校有较高的出国留学率，会导致当地形成相对完善的语培、申请辅导等留学服务体系，并进而可以服务于当地的国际高中。吉林大学为国内985名校，截至2023年年底，学校官网提到专任教师有6346人，教授2504人，两院院士11人，在籍学生72 658人。

我查阅了吉林大学2022年的毕业生就业质量报告，里面提到总共有17 373名毕业生，其中本科毕业生为10 184人，硕士毕业生为6237人，博士毕业生为952人。2022届毕业生出国（境）为484人，总出国（境）率为2.79%。毕业生前往中国香港人数最多，占到总量的20.66%，其次为英国（19.01%）、新加坡（16.74%），美国（11.36%）排在第四位。

吉林的学校

东三省的高考难度整体并不大，在31个省级行政区当中排在后面。在这种背景下，吉林并没有像山东、广东这些高考艰难省有比较强的留学需求，当地社会对留学的关注度整体并不高。

吉林的国际教育主要集中在长春，长春的国际化学校/国际部有10余所。另外，吉林市有吉林市第一中学校、吉林市第十三中学校两所学校有中外合作办学项目。除东北师范大学附属中学、长春美国学校等少数学校持续运作国际项目外，吉林省教育厅在2019年曾停止过一批国际项目独立招生，但在2023年允许吉林省实验中学、长春外国语学校、长春市第二实验中学、长春市第二中学、长春市十一高中、长春市实验中学、长春市第六中学、长春汽车经济技术开发区第六中学等8所学校11个合作项目对外招生。2023年5月，吉林省发改委、吉林省教育厅、吉林省财政厅对包含吉林市第一中学校、吉林市第十三中学校在内的13个项目学费进行了批复，4个项目年学费为6万元，8个项目年学费为2万元，1个项目年学费为1.5万元，这些收费标准在国内应该属于最低层次。

2023年，东北师范大学附属中学、长春美国学校这两所学校国际高中毕业生人数不到100人。我从长春当地国际教育界资深人士处了解到，长春每年本科出国留学人数为三五百人。从申请结果来看，我发现长春的学生还是以申请英联邦方向居多。这可能跟大众来自德国有关。当地国际教育界朋友也跟我提到，当地学生考雅思居多。

东北师范大学附属中学于1950年建校，是教育部直属高校的附属中学。该校2011年获得剑桥大学国际考评部（CAIE）正式授权，开设IGCSE和A-Level国际课程。2012年，学校取得开设高中文凭项目（IBDP）的资格，推出IB国际课程实验班。该实验班学制为三年，高一为国际课程预备课程，采用剑桥IGCSE课程体系改良设计，高二、高三为IBDP国际文凭课程。东北师大附中IB课程中心自2011年以来，国际课程项目学生获得世界前100大学的录取率平均为80%，世界前50大学的录取率平均为70%，另有约10%的毕业生进入世界顶尖艺术院校就读。获得录取的世界顶级名校包含英国"G5超级精英大学"——牛津大学、剑桥大学等；美国顶级名校康奈尔大学、加州大学伯克利分校、加州大学洛杉矶分校等；中国香港大学、香港科技大学等；新加坡国立大学、南洋理工大学等。自2012年起，该校每年均有学生获得剑桥大学IGCSE考试"剑桥卓越学子奖"，多名学生获得世界及全国顶尖的奖项。中心全职教师以外教为主，所有教师均有正规资质，对教学管理比较严格，十分重视学生的学业，学生普遍具有较大学习潜力，不少学生本科毕业后申请到哈佛大学、耶鲁大学、斯坦福大学、芝加哥大学等世界顶尖名校硕博就读。

吉林大学附属中学是长春当地的一所名校，在1989年成立后，一直到2010年只有初中部。2010年设立高中部，国际部也同时成立，为吉林当地最早的中外合作项目。2010—2017年，高中部名称为吉林大学附属中学高中部，初中部名称为吉林大学附属中学初中部。2017年后，高中部更名为长春吉大附中实验学校，初中部则延续为吉林大学附属中学。为此，长春吉大附中实验学校国际部在长春当地也被称为吉大附中国际部。

长春吉大附中实验学校国际部的教师和普高一样也均是正式教师，开设了AP课程。国际部被纳入学校统一管理体系中，管理与高考班一致，比较严格。国际部重视让学生养成良好的学习习惯，对学习有困难的学生会进行一对一的辅导。与此同时，国际部重视学生的生涯规划以及家校沟通。从我了解的全国国际化学校/国际部情况来看，长春吉大附中实验学校国际部这种管理模式以及对家校沟通的重视，在留学氛围薄弱的省级行政区是切实可行和有必要的，因这些地区的学校需要承担更多的留学理念普及工作。

长春美国外籍人员子女学校创建于2006年，当地习惯称之为长春美国国际学校。学校的创始人是一汽一家配套企业的老板，他从美国到长春后，因有感于长春当时没有专门招录外籍人士子女的国际学校，为此创建了长春美国国际学校。这所学校创建的初衷不以营利为目的，比较重视教学质量，舍得在师资上进行投入。我在拜访学校时了解到，2020年新冠肺炎疫情暴发后，尽管流失了一些学生，但学校并没有削减教师数量。

学校虽然冠名为美国，但包含了德国部分。2014年，原长春德国国际学校并入长春美国外籍人员子女学校，成为校内的德国部，德国部提供幼儿和小学的德式教学。

长春美国外籍人员子女学校为 K12 学校，开设了 IB 课程，高中毕业生以到美国大学就读为主。学校规模不大，没有学生宿舍，但校内设置十分精致，每个空间用到极致，应该是我所见过的国内最为精致的学校，从中也可以看出创办者对学校的投入和用心。

除长春美国外籍人员子女学校外，东三省还有一所美国学校，即大连美国国际学校。

长春市实验中学在 2011 年建立了国际交流中心（国际部），有比较优质的硬件设施，国际部有独立的教学和办公大楼。国际部开设了三个项目，其中加拿大高中项目是与加拿大新斯科舍省教育部合作，将新斯科舍省高中课程与中国课程相结合，毕业生以去英联邦国家大学就读为主。2017 年，该校在非洲莱索托马驰本学院国际学校合作建立了孔子课堂。该校是吉林省唯一一所拥有独立孔子课堂的高中。我从国际部了解到，国际部有不少老师参与到孔子课堂的教学与管理中。

我在东三省调研时，当地的国际教育界朋友跟我提到，长春师范大学有专门培养国际化学校／国际部所需教师的学院。这引起了我很大的兴趣，因此曾到这所大学做过调研。国际化学校／国际部的师资是业内比较关心的话题，长期缺乏合适的来源渠道。

在国内普高执教会有获得教师资格证的前提条件要求，但在国际高中阶段，除加拿大课程等要求外，教授国际课程多数并没有相应的资格要求，因此，教师的来源五花八门。而从国外大学来看，美、英、加、澳四个国家并没有专门的师范大学，日本、法国等有类似的师范大学，但这两个国家并非主流留学国家，现有通行的国际课程也跟这两个国家无关。为此，无论是国内还是国外，国际化学校／国际部从大学中少有合适的师资来源渠道。

我了解到，长春师范大学在 2015 年设立了国际教师教育学院，其前身为 2002 年设立的双语教学培训中心。国际教师教育学院并不直接对外招生，每年从考入长春师范大学的本科生中，对高考成绩高、英语水平高、形象佳的学生进行二次选拔，每届学生量为 120—150 人。学院用英语讲授基础教育阶段学科课程，让学生能够进行 IGCSE、A-Level、AP 等国际课程的教学。国际教师教育学院有近 2000 名毕业生，毕业生在国际化学校／国际部中颇受欢迎，每名学生一般能够拿到 3 份学校 offer。

本节开头提到，中国是在一穷二白的情况下建造出一汽的。一汽的起步高度依靠外国技术和人才。在这种背景下，长春当地重视学习外国技术以及吸引外国专家前来工作，形成了对留学重视的传统，这奠定了长春国际教育的根基。

经过 70 来年的发展，中国汽车产业已经在世界上具有很重要的地位，成为世界第一生产大国，并对国外输出技术和产品。在这种背景下，长春需通晓国外市场的人才,也给当地的国际教育发展带来新的机遇和挑战。

一汽和长春电影制片厂在长春当地被昵称为"两厂",在国内也闻名遐迩。在一个初夏的下午,当我在长春湖西路拜访完一个朋友,走出大楼后,意外发现旁边就是著名的长春电影制片厂升格的长影集团所在地。可惜天色已晚,我没法参观长影旧址博物馆。长春电影制片厂被誉为新中国电影的摇篮,在中国电影史上创造了多个第一。

无论是汽车还是电影产业,这两个均是舶来品,也均是从长春起步,长春成为中国汽车和电影产业的摇篮。而在国际教育上,很巧合的是,长春师范大学在培养摇摇篮的人。而南边的辽宁大连则诞生了国内最早的国际化学校。

从纯引进到替代乃至最终实现出口,过程中均需要大量中西兼备的人才。这也是为何留学在中国是具有长期意义的,从早期引进到中国,到中国走向世界后需要更多的海归人才。

一汽的建设吸纳了全国各地的人才,这点和早期东三省的开发是一样的。随着国内其他地方经济的快速发展,以及东三省这些年在经济发展上的落后,导致东三省资本和人员外流,如海南成为东北人居住的乐园。而随着一汽生产基地的扩张,以及与国内外联系更为紧密,在这种背景下,一汽的员工在子女国际教育上有更多的选择机会,并非局限于长春,这也分流了生源。

在2000年前,由于教育资源短缺,国家鼓励社会办学校。于是,一些有实力企事业单位纷纷办起自己的子弟学校。但2000年后,随着政府对教育投入的加大以及企业的转制和关停,子弟学校这种特殊的办学模式在国内消失。尽管企业办学的模式已经不再使用,但像一汽对于长春,石油对于大庆,由于是当地的经济发展命脉,对社会各方面具有深远的影响,牵一发而动全身。

诚然,影响国际教育发展的因素有很多,长春的国际教育发展并非只受到一汽发展影响,也受当地国际教育政策、经济发展水平、家长意识等多种因素影响。但深入分析会发现,长春的国际教育发展和一汽有比较紧密的联系,这也是让我们了解一个区域国际教育发展的重要切入点。

第十五节 黑龙江:文明交界

清军入关后,基于政治、经济利益上的需要,在东北地区修建柳条边,实行了长达 200 年的封禁政策，造成东北地区一度人口稀少、社会经济发展落后、边防力量薄弱。在清廷强盛时期，东北尚能安之若素。但到了晚清，国势衰微，内忧外患，沃野千里的东北便成为列强俎上鱼肉。

时至近代，东北成为中、日、俄三国角力之地，优越的地理位置和丰富的资源让列强垂涎三尺。鸦片战争后，沙俄鲸吞中国东北上百万平方公里领土。前有狼后有虎，通过明治维新崛起的日本也对东北虎视眈眈。为化解东北困局，清廷在 1860 年被迫开禁东北。

东北开禁后，华北民众"闯关东"成为社会热潮。而随着中东铁路于 1903 年建成，火车一响黄金万两，火车带来人流和财富，东北在近代迅速崛起。东北早期开发凭借了外力，导致其发展之初便处在一个复杂的地缘政治环境中。错综复杂的政治氛围、快速发展的社会经济、中西融汇的地域文化，让东北的发展在国内独具特色。这种大的历史背景影响至今，东北的国际教育也呈现出自身特色与亮点。

而从哈尔滨来看，除了中东铁路所带来的移民城市特色，还深受哈尔滨工业大学的影响。哈尔滨工业大学作为国内顶尖名校，在黑龙江有相当高的地位，形成了当地重名校的社会氛围，也导致黑龙江要创办和运营国际学校有比较大的难度，这也使得当地的国际教育以名校国际部为主。

每个地方的国际教育发展状况以及业态，跟其历史背景和区域特性密切相关。前面提到，哈尔滨乃至黑龙江的发展在很大程度上受益于中东铁路的建设与运营，并导致当地的教育从一开始便具有浓厚的国际氛围，并影响至今。

而时至今日，哈尔滨以及黑龙江的国际教育则深受当地的严格的计划生育政策、经济发展水平影响，出现了盛行 A-Level 课程、留美偏少、日韩受关注等区域特性。

中东铁路

要谈到东北特别是哈尔滨的发展，则绕不开中东铁路的建设与运营话题。作为中东铁路管理机构所在地，哈尔滨在 19 世纪末和 20 世纪初从村庄迅速成为远东一座闻名的大都市。我从黑龙江省博物馆看到资料介绍，在中东铁路建设之前，哈尔滨还只是个由 50 多处农牧渔猎村屯组成的地方。1903 年铁路通车后，光生活在哈尔滨铁路附属地的中国人便达到了 2.8 万人。

由铁路所带来的异域文化和思想、生活方式影响至今，2023 年，经哈尔滨教育主管部门所批准的学习俄语学生指标高达 480 人。我实地调研了解到，开设俄语班的学校主要集中在黑龙江、内蒙古、新疆等与俄罗斯接壤区域。

哈尔滨无疑是东北异域文化最为丰富的地方，中央大街汇集了众多西洋建筑，成为到哈尔滨旅游必打卡之地。

走进哈尔滨的中东铁路印象馆，入口处便可以看到胡适的一句话"到了哈尔滨，在此地我得了一个绝大的发现：我发现了东西文明的交界点"。

胡适的感叹是有道理的。早期东北作为清廷龙兴之地，清廷考虑到保留满族根基、保存满族习俗和防止汉化等多种因素，长达200年禁止汉族前往居住。清军入关后，汉族又不准前往东北居住生活，导致东北地区长期荒凉。而到了20世纪初，哈尔滨则迅速成为一个国际化都市，其发展之神速在国内罕见。

在近现代中国，有三个城市发展极其快速。一是上海，在鸦片战争之后，上海成为五个开埠城市之一，上海地处长江和东海交汇处，中国传统的出口商品茶叶和瓷器产地又聚集在长江沿岸，运到上海交易比较方便。上海开埠10年左右，其进出口贸易量便超过了广州。二是香港，香港的快速发展受益于贸易以及特殊的政治环境。哈尔滨则是第三所城市，和上海受益于长江水运类似的是，哈尔滨的快速发展受益于中东铁路的建设。

在中东铁路印象馆的北侧，连接了哈尔滨的"老江桥"。"老江桥"的正式名字是滨（哈尔滨）洲（满洲里）线松花江铁路桥，也被称为"哈尔滨中东铁路桥"。这座桥始建于1900年5月，1901年10月交付使用。老江桥运行百余年后，2014年在其东侧建立起了哈齐客运专线铁路松花江大桥，老江桥被弃用，改建成博物馆。

在一个初夏的晚上，我参观了老江桥，在道里一侧，桥上人头攒动，但靠近道外的桥面上则人挺少。老江桥现在改造成中东铁路博物馆，桥面上部分铺上了玻璃，可以看到原先的铁轨。老江桥成为哈尔滨的旅游网红景点。

中东铁路的兴建起源于一个错综复杂的国际政治环境。在西伯利亚大铁路未修通之前，从莫斯科到海参崴需要花费一年以上时间，而铁路修通之后，现在只要一周左右时间。沙俄基于控制东西跨越两万里国境需要，决议兴建西伯利亚大铁路。西伯利亚大铁路在1886年确定建设，1891年开工。1894年，西伯利亚大铁路确定终点到达远东的海参崴。如果从俄国的赤塔到伯力，在俄国境内修建铁路线路则会形成弓形，且层峦叠嶂，修建难度比较大。但如果假道中国的东北，可以缩短上千公里，且施工较为容易。另外，通过铁路的修建还可以趁机在东北扩张势力。

而当时的清廷，甲午战争新败于日本，国家和民族自信心陷入谷底。面对日本在东北的进逼，清廷无疑想抓住沙俄这根救命稻草，于是和俄国确立中俄攻守同盟，共同抵抗日本。在这种政治背景下，清廷派李鸿章作为特使到俄国，于1896年6月签订了《中俄密约》，同意俄国在东北修建铁路。这条铁路初始称为东清铁路或者东省铁路，民国初年改称为中东铁路，意思是中国领土东部的铁路。

中东铁路带动了哈尔滨的快速发展，使人流集中在哈尔滨。对俄国人而言，中东铁路未免是为他人作嫁衣。同时，俄国人在掌控中东铁路期间，投资巨大但长期亏损。从开办到1910年投资金额为6.6亿卢布，到1914年，营业亏损1.75亿金卢布，1914年到1918年仍欠外债1亿金卢布，这些亏损长期由沙俄政府来补助。1920年，中国收回中东铁路后，才开始盈利。[①]对中国而言，本国境内通行一条外国的铁路，且助长沙俄在东北的势力蚕食，亦为中国人所不喜。因此，中东铁路在政治上一度处在一个两头均不讨好的处境中。

《通向世界尽头——跨西伯利亚大铁路的故事》一书认为，这条铁路最大的错误是，最早的线路是穿越中国东北的，此举不仅几乎立刻引发了日俄战争，还对俄国革命起到了助推作用，正是该路线的建设引发了失败的1905年俄国革命。[②]

1904年到1905年，日俄在东北爆发战争，日军惨胜。俄军之所以失败，在很大程度上跟西伯利亚铁路运力不足有关。西伯利亚大铁路环贝加尔铁路在战争爆发前没有修通，此时莫斯科到中国东北的补给线运输周期长达五六个星期，如果环贝加尔铁路充分畅通并发挥作用，那么运输周期将会缩短到十天左右。[③]

由于西伯利亚大铁路运力不足，俄军前线缺乏有效的后勤保障，跟最终输掉了日俄战争有极大的关联。而在西伯利亚铁路运力充足后，苏军于1939年在诺门罕战役中打败日军，让日本断绝了攻占苏联的念头。1945年8月，苏军一周内横扫关东军。

中东铁路分为西、东、南三线，西线是满洲里到哈尔滨，长达1622里。东线是哈尔滨到绥芬河，为950里。南线则是从哈尔滨到长春，为414里。日俄战争后，长春到大连则转为日本人经营，即南满铁路。

清廷同意建设中东铁路，但为防止沙俄染指东北，要求俄国政府不能直接参与中东铁路的建设与运营，要由私人公司来运作。中东铁路建设支出，中俄两国一起参与合办，但由于铁路建设资金和技术，均主要由俄国人来负责与主导，尤其是在八国联军侵华后，俄国以保护铁路的名义，开始在沿路各站派驻军。

无论是时间还是旅费，乘坐西伯利亚铁路要比走海路更为经济。西伯利亚铁路修通后，成为中国人前往欧洲的主要陆路通道。先坐西伯利亚铁路到莫斯科，出俄境后再转赴法、德、比等国家，为满足签证的需要，欧洲各国纷纷在哈尔滨设立领事馆。而在哈尔滨兴建各国领事馆之前，中国学子前往国外留学主要在天津、上海、广州三地办理签证。

1907年，俄国率先在哈尔滨设立总领事馆，当年还有日本、美国、法国在哈尔滨设立总领事馆。之后，德国（1909年）、西班牙（1909年）、英国（1911年）、比利时（1913年）、丹麦（1916年）、瑞典（1917年）、拉脱维亚（1919年）、捷克（1919年）、意大利（1920年）、葡萄牙（1921年）、荷兰（1922年）、爱沙尼亚（1924年）、立陶宛（1925年）、波兰（1931年）等14国在哈尔滨设立领事馆。在十月革命爆发后近3年，俄国总领事馆在1920年9月才关闭。1922年12月，苏俄在哈尔滨设立了代表部，苏联驻哈尔滨总领事馆在1924年10月正式开馆。

中东铁路运营后，日渐影响哈尔滨社会的各个方面。大量外国移民的涌入，使哈尔滨在教育上呈现出很大的国际性。

我在哈尔滨实地调研后了解到，除中东铁路所带来的类移民城市特性外，哈尔滨的国际教育还受到当地一所国内顶尖名校——哈尔滨工业大学的影响。

在哈尔滨工业大学的官网上，校史简介中提到该校历史上就是一所国际性大学。基于中东铁路运营的需要，哈尔滨工业大学的前身哈尔滨中俄工业学校于1920年5月筹建，当年10月开学。学校所开设的专业便是铁路建设和电气机械工程，学制4年，用俄语教学。日本入侵东北后，1935年，学校则由日本人接管，其办学模式则转为日本方式。从1920年到1949年，哈工大一直是按照俄式或者日式办学，用俄语或者日语授课，具有鲜明的国际性特征。从1920年起到俄文班最后一批学生1938年末毕业，按俄式办学的哈工大共培养毕业生1267人，其中中国学生382人，苏联及波兰学生885人。

哈尔滨工业大学在哈尔滨当地有很高的社会地位，也导致当地形成了很重的名校情节。因此，我观察黑龙江国际教育，会发现当地挺难办好国际学校。哈尔滨工业大学的哈尔滨主校区离哈尔滨火车站不到2公里，铁路和大学深刻影响着哈尔滨的国际教育。

中东铁路的建设和运营，让哈尔滨从农村迅速成为远东地区的大都市。地缘政治的重要性、经济的快速发展，加之俄国政局巨变所带来的俄罗斯移民，让哈尔滨这座城市成为中西文化交融的重镇，胡适的感叹也是不无道理。

黑龙江的国际教育主要集中在省城哈尔滨和石油城市大庆。这一点跟新疆比较类似，新疆的国际教育也是主要集中在省会乌鲁木齐和石油城市克拉玛依。最东和最西的两个省区出现很类似的国际教育格局，倒也是一件挺有趣的事情。

哈尔滨

作为黑龙江的省城，哈尔滨的国际教育在省内最为发达是在情理之中。我从当地学校了解到，哈尔滨教育局在2023年对国际项目有比较大的调整。从2023年省市重点高中学校招生计划表可以看到，公立学校当中黑龙江省实验中学 A-Level 课程班招录 100 人。哈尔滨第一中学、哈尔滨第九中学、黑龙江省实验中学、呼兰区第一中学校中德国际课程实验班各招录 100 人。另外，哈尔滨第六中学、双城兆麟中学招录俄语班学生，哈尔滨市朝鲜族第一中学校则招录韩语班、日语零起点班学生。

民办高中中，哈尔滨工业大学附属中学的国际班招录 55 人，哈尔滨市衡春高级中学俄语零起点班招录 200 人，哈尔滨市南之岗高级中学俄语零起点班招录 25 人、日语零起点班 30 人、西班牙语零起点班 25 人，哈尔滨市德强高级中学俄语零起点班招录 55 人，哈尔滨市剑桥第三高级中学俄语零起点班招录 50 人、日语零起点班 90 人。

从统计数据来看，哈尔滨所批准的 2023 年度高中招生计划中，俄语班所招录的学生最多，高达 480 人，其次为中德班 400 人，第三位为日语班 150 人，第四则是韩语班的 70 人，西班牙语排在最后为 25 人。

黑龙江省实验中学的 A-Level 课程班招录 100 人，而哈尔滨工业大学附属中学的国际班也是 A-Level 课程，另外，哈尔滨工程大学还开设了 A-Level 中心。俄语班、日语、韩语班的开设，学生还是以参加高考为主，只是将英语考试替换成为了其他语种。为此，哈尔滨业内通俗认可的国际项目只有黑龙江省实验中学、哈尔滨工业大学附属中学、哈尔滨工程大学这三个 A-Level 项目。

哈尔滨第三中学国际部曾开设了 AP、GAC 课程，但在哈尔滨市教育局所公布的 2023 年招生计划中没有看到该校国际部有名额。不过，该校国际部在 2024 年有招生，开设了 A-Level 和北美国际课程。

大庆第一中学剑桥国际中心开设的也是 A-Level 课程。因此，从中可以看到，黑龙江的国际项目在 2023 年时全部是 A-Level 课程，这在国内还是挺罕见的现象。与之形成反差的是，黑龙江的邻居吉林省，国际项目却是以 IB 课程为主。

东北曾是国内执行计划生育政策最为严格的地方之一，独生子女比重高。为此，东北出现了普遍重视教育、男女最为平等的社会现象。在这种社会环境下，黑龙江有比较重的名校情结以及十分重视留学安全问题。在北上广深等区域，学生能够接受先到美国的社区学院就读再转到大学的方式，但在东北比较难推行。同时，东北学生不大待见美国留学，跟当地认为留学美国不太安全有关。这些年东北的经济状况不太好，也使得成本低一些的日韩留学比较受关注。

张颖是黑龙江当地一位资深国际教育人士，从 2008 年开始便从事国际教育工作。她在哈尔滨先后管理运营过两所省重点高中国际班，自 2020 年起，担任了黑龙江省实验中学国际部校长。跟她聊完后，我发现她很重视学生生涯发展规划，自主研发适合国际课程学生的生涯规划课程体系，并在此方面积累了丰富的执行经验，很有想法。

众所周知，国际化学校／国际部学生的升学规划是生涯规划课程体系中的重要部分，会直接影响学生申请规划准备。张颖从2015年至今，一直在关注和实践让学生从性格、兴趣、能力、价值观的自我探索出发，结合专业探索和如何选择国家、院校，开展个性化的生涯探索和规划。

张颖自主研发的生涯规划课程分为理论课程、拓展课程、实践课程、互动课程、家长课程五大系列。

在理论课程系列，分为建构规划意识、自我成长、自我探索、自我规划、专业探索、职业探索、生涯决策、海外生存。学生从高一入学开始，生涯规划教育便紧紧相随，课程将持续4—5个学期。

在拓展课程方面，张颖曾组织学生去各个研究机构、企业，请各领域从业人员介绍工作内容及行业发展情况。

在实践课程方面，学生利用假期开展各领域职业体验。比如，很多学生对金融领域感兴趣，但又没有深入了解过内核，所以组织学生参加银行、基金公司、保险公司的实习，从严格的入职面试到熟悉各岗位工作内容，再到金融产品设计……从而让学生在实践体验中，感受行业特点是否适合个人发展。

在互动课程上，张颖很重视学生与专业人士的互动和交流，学校邀请各专业学长、外部专家开展分享讲座，并在活动课堂上开展模拟招聘会等。

在家长课堂上，张颖非常重视如何能够让家长有能力参与到孩子的生涯规划中，致力于建立良好的亲子关系，缓解焦虑，培养健康情绪，并让家长也能够了解国家、院校、专业的选择参数，真正做到学校、家长和孩子三力合一，为学生未来发展保驾护航。

在所有课程中，耗时最长的是专业选择部分，她特别关注和重视专业选择对孩子未来发展的影响，她将专业分为五大类，即理学、工学、人文、社科、生命健康科学，每一个专业大类通过学职群进行精讲，为学生深入讲解每个专业大学期间的课程结构，未来可以从事的专业领域，有什么样的发展前景及相关要求。

张颖提到，鼓励学生关注周边的事物，充分挖掘自身潜力，奉行活动育人，在活动中成长。她提到，国际学生更应该注重综合素养提升，不能只顾学习成绩，更重要的是塑造有趣的灵魂。即使是疫情三年的网课时代，省实验中学国际部也在不断为学生提供各类由学生组织策划的活动，充分锻炼孩子们组织协调能力、沟通能力以及批判性思维能力。省实验中学国际部在这种氛围下，学生升学成果显著，家长满意度极高，口碑非常好。

大庆

在邻近大庆市区时，透过高铁列车的窗户可以看到路边到处是正在挖油的磕头机。这些磕头机不分昼夜，将原油从地下抽出，最终能够滋润大庆这座国内知名的石油城市，创造巨大的财富。

和新疆的克拉玛依比较类似的是，石油让大庆从一个小镇迅速成为一个富庶的城市。国际教育对经济依赖性比较高，31个省级行政区的国际学校主要集中在省会城市，只有少数地区会出现两个以上城市具有较好的国际教育发展基础，其因便是具有比较强劲的经济实力。

在东北，黑龙江除省城哈尔滨外，大庆的国际教育具备一定的条件和基础。辽宁则出现沈阳和大连并存的现象，这也是大连经济比较发达所导致。而在中西部的湖北省，宜昌国际教育也发展较快，这跟三峡大坝在宜昌有关，三峡电力让当地有一批经济收入较高的家庭，能够承担起留学的支出。

在一个初夏的下午，我从哈尔滨坐高铁来到了大庆，此行目标是大庆第一中学剑桥国际中心。这个中心我关注已久，因该中心有拿到过剑桥大学、帝国理工学院等英国G5名校offer。作为一所东北的学校，能有如此好的申请结果，引起了我的注意。

大庆一中剑桥国际中心是由乔晓宇博士、乔晓林姐妹俩在2012年年底所创办。

乔晓宇博士提到，在英国工作和生活期间，她看到不少中国家庭送孩子出国，存在一定的盲目性，导致留学期间出现了诸多问题。受妹妹的邀请决定在黑龙江老家共同创办国际教育。

2012年，乔博士和妹妹与大庆一中进行合作，创办了大庆一中剑桥国际中心。从全国范围来看，大庆一中剑桥国际中心是英国剑桥大学CAIE在中国最北的国际学校。

乔博士认为，中国是一个五千年历史的古老文明国家，中国教育有着代代相传的精华，西方的教育也有着很出色的方面，提倡关注发展型思维模式，注重学生的思维能力培养。西方教育鼓励孩子自信、独立和创造性品质，而不是完全以聆听老师教导的课堂为主，孩子们从很小开始就接触不同类型项目课题，在解决各种问题过程中，引入想象和创造力的发展空间，提高独立思考和解决问题的能力，这正是我们中国教育所应加强的方面。中国教育有不少被大家诟病的地方，但是在基础教育方面，中国做得非常严谨、非常棒。她倒不认同把西方的教育全部照搬。任何一个地方的教育都有它的强项和弱项，要是说起来，西方的教育也有一些方面让人们去质疑和有待提高。

"从建校伊始，我就一直坚信应该把中国几千年文化中的教育精华和西方教育优势有机结合起来，参照着学习，而不是全部照搬西方，或按中方惯有的教育模式。我们注重全人培养，各方面的能力培养，无论是从研究、应用、创新还是人文素质方面，我们在非常努力地用心去做。"

由于是理工科出身，乔博士对数字化教育非常看重和提倡。她认为，疫情给世界带来了很多灾难和痛苦，但在不幸的同时也给大家带来很多发展机遇——数字化时代更快地到来。疫情期间，她在国外对学校的管理没受太大影响。世界已变成地球村，学校可以召集来自不同国家、不同时区的员工开视频会议、讨论问题、安排工作。怎样把学生培养成能跟进数字化时代要求的人才是非常重要的。

"特别是AI技术的发展改变了世界，改变了人们的生活，也定会给很多行业带来巨大变化和冲击。可能有的工作很快就根本不存在了，消失了，或被新模式的工作所代替。学生不能光会老师教授过的知识，更重要的是掌握知识框架，并具有开发、探索、创新的意识及终身学习的能力。对研究方法有基本认知，在校外也能够不断开发自己的能力，这个方面是我们，乃至所有的国际学校和中国传统学校都需要加强的地方。"

乔博士是中国剑桥学校社区的升学指导工作组成员之一，与来自其他国际学校的校长、专家们共同为中国地区的剑桥国际学校在升学方面提供服务。大庆一中剑桥国际中心一直努力"争取不把任何一个孩子落下"。在学校里，学习稍弱的学生受到老师的帮助会更多一些。能力强的孩子，也会得到一个更大的拓展空间。

大庆一中剑桥国际中心的外教保持在10余人，师资占比很高，高的时候高达75%，低的时候也不低于60%。大庆剑桥在英国、加拿大以及北京市都有招聘外教的办公室，乔博士亲自参与把控整个招聘质量。剑桥中心对外教的选聘是全方位的，不单单对学历、学业，教学经验有要求，对人品也很重视。大家都知道中国的外教招聘市场是比较混乱的，特别是机构和机构，学校和学校之间的不规范竞争，甚至是无序的。但大庆剑桥中心一直坚守自己的招聘标准和流程。外教招聘，需通过各个层次的面试，如HR、学科组长、校长，还会要求外调和提交推荐信。所以在外教聘用上，特别期待国际学校都采纳标准的用人机制，这样的话，就会从乱象逐步走向规范化。

乔博士提到，自己办学最大的挑战是地域带来的固有的挑战。地域给大庆剑桥带来的挑战是很难想象的。从最初的一腔热血与妹妹携手共建大庆剑桥至今，尝遍了酸甜苦辣各种滋味。值得庆幸的是，在各级政府的大力扶持下，大庆剑桥克服一切困难打造出一支出色的国际教育团队，在黑龙江这片黑土地上，成功培养出一批批具有国际视野，中国情怀的优秀学生，为家乡的国际化建设和发展培养人才。

由于地域的限制，该地区的人们对国际教育的认知和认可还有待长足发展。即使进了国际学校的学生和家长，也没有随之变成具有国际教育认知的国际学生和家长，需要艰苦的磨合认知过程。特别少数学生和家长的国际教育消费者心态是不可取的。若将国际教育视为产品消费的话，那么国际教育就偏离了教育的根本，迷失了教育的初衷，成功教育学生就无从谈起。国际教育中没有作为消费者的"上帝"，只有接受国际教育的学生。

拜访完剑桥中心在去大庆高铁站的路上，我和送我去车站的剑桥中心老师闲聊。他提到，前来大庆最好的季节是每年的12月前后，这个时候大庆最低气温能够达到零下40摄氏度。滴水成冰在南方是看不到的，但这是北方的特点，大庆夏天的景色与南方无异。国际教育与区域性气候也是有比较类似的地方，各区域有共同点，但差异点会更多。

大庆一中剑桥国际中心应该是国内最北方的国际项目，向来不喜拍照的我，特意请中心的老师给我拍照留念，这如同2018年到克拉玛依高级中学国际部调研时拍照留念一样，因这是最西部的国际项目。

参考文献

① 傅角今编著，《中东铁路问题之研究》，世界书局，1929年11月出版，第10—11页。
②③ [英]克里斯蒂安·沃尔玛著，李阳译，《通向世界尽头——跨西伯利亚大铁路的故事》，生活·读书·新知三联书店，2017年6月出版，第2、130页。

后 记

　　本书从提出撰写设想到出版，时间长达 7 年之久。华南师范大学附属中学国际部校长朱志东先生最早向我建议撰写本书。在 2018 年初拜访他时，他跟我提到，在和我交流的时候，总想把自己所了解到的国际教育情况都告诉我。国际教育发展已有一些年份，应该把行业中所发生的重要事件和人物以书的形式记录下来，让家长和从业人员对国际教育有更加深刻的了解，而我则是写这个题材的最佳人选。朱志东校长是国际教育界一位低调的大咖，能被行业大咖认可并建议撰写本书，这是我的荣幸。

　　不过，2018 年时，我入行尚浅，自感写书火候不到，为此暂时搁置。到 2020 年 9 月，全国 31 个省级行政区的国际教育状况我均实地调研过。此后，学校和学生的调研一直在持续，到 2024 年，我实地拜访过全国 600 来所国际化学校／国际部，这个数量超过全国总量的一半。同时，我也访谈过上千名拿到世界名校 offer 的学生。

　　在调研学校时，我习惯于用笔记录下和学校交流的要点，也在宜校的微信公众号、FT 中文网上写过一些国际教育方面的文章。在 2020—2022 年三年新冠肺炎疫情期间，学校属于疫情防控重点监管对象，拜访学校十分不便。为此，在这三年间，我重新查看了以前的访校记录。放在家中的 40 多本访校记录本，记载了十年来访校的所见所闻、所思所想。而在 2021 年，我儿子也申请上了国外大学，自己也算是陪伴孩子走过完整的国外大学申请过程。

　　如果光看学校的官网或者微信公众号介绍，我们会发现几乎所有的学校都是一个模样，都在强调中国心、世界眼。我新闻科班出身，做过 10 年记者，长期的媒体从业经历让我意识到，要想彻底了解一个事情，必须到现场，采访所有和事件关联的人，这样才可能还原事情的本质和真相。

　　对国际教育的了解，我也采取了类似的方法。为了解国际教育政策导向，我拜访过教育部以及部分区域的教育主管部门。为了解学校情况，我采取了简单但有效的方法，即——实地去学校拜访，和学校的校长、国际部负责人、学科／招生办／升学老师、家长/学生，以及学校所在区域的媒体、标化考试和申请辅导机构等进行交流。对国外大学录取的趋势，我从 2016 年开始，每年会访谈一批全国各地拿到名校 offer 的学生，了解国外名校录取中国学生的特性，也从中观察优秀学生的成长轨迹以及各国际化学校/国际部的办学特性。这三类调研持续了十年。

经过长时间的酝酿，到 2022 年下半年，撰写书稿各方面条件成熟。于是，我开始筹备书稿的撰写。对书稿的内容，我不想写成简单的学校介绍和区域国际教育现况浅层次分析。因现在资讯发达，大家很容易获取这些信息，另外，学校乃至区域国际教育情况会经常变动。

经过长达 10 年的行业观察，我发现国际教育涉及政策导向、经济水平、历史传统、社会认知等方方面面。每个区域以及每所学校的国际教育发展或多或少会受到这些因素的影响。要想深入了解国际教育，我们需要将其放在一个大的背景下进行剖析解读，知其然，知其所以然，要挖掘出各个区域和学校国际教育的底层逻辑。比如上海和北京的国际教育发展水平都挺高，但两城有什么不同？作为一个家长，我该如何选择报考这两个地方的国际化学校/国际部？作为一个从业人员，我该如何学习和参考国内其他地方同行的成功经验？

确定好这种写法后，我发现这是一个海量的工程。此时的国际教育不单纯是教育话题，还涉及政策、人文、经济等诸多领域，光查阅的参考书籍就达 200 本。举个例子，西藏并没有高中段的中外合作办学项目，没有从学校端口获取信息的渠道。在了解西藏留学情况时，我先查看了索穷老师所撰写的介绍西藏留学史的《翻越雪山看世界：西藏近代留学生史话》一书，在拉萨调研时还约索穷老师见面交流过。为了更加深入地了解西藏留学情况，我阅读了西藏历史与政治相关书籍，先后看了有 20 来本，再结合到拉萨实地调研所了解的情况，最终形成了对西藏留学情况约 6000 字的介绍。

如果说西藏板块的书稿还主要来自查看史料，那么上海、北京、广东、江苏等地的国际教育状况则是需要靠一步一个脚印调研清楚。这背后是大量的出差以及频繁的访谈，我对国内部分重点学校实地调研不下十次。

对一个区域乃至一所学校的国际教育情况的了解，光靠实地调研几次和访谈几所学校是远远不够的，还需要横向和纵向比较。横向方面，除了区域内比较，还要放在全国的范围进行观察。纵向方面，需要把学校乃至区域放在一个较长时间段里进行观察和分析。比如广州的国际教育整体发展水平不如北京和上海，我最早去广州调研时，得到的反馈是广州人不喜欢读书，对国际教育不重视。我对此说法心存怀疑，觉得不合常理，多次调研后发现跟广州民办教育曾有过波折有关。

这些对我来说是很大的挑战，也需要花费很多时间。虽然有心理预期，但调研和撰写工作量还是远超我的预期，书稿原计划一年内写完，但最终花费了一年半时间才完成。原本预估书稿为35万字，但最终写了50多万字。

在撰写本书之前，除实地调研外，我也进行了前期资料准备，图书馆里有关留学的书籍基本上都借阅过，市面上有关留学的书籍也基本上都购买且看完。我在收集和查询留学资料过程中，很感谢国家图书馆，虽然我跟国家图书馆并没有直接联系过。国家图书馆官网上可以查看到很多民国期间的书籍和报刊电子版，为我查阅留学资料提供了极大便利。

我在书稿中介绍了各地区部分重点学校，专门介绍的学校总计有188所。为确保学校介绍的准确性，我将各个学校的介绍初稿一一发给了学校对应的老师，征求他们的意见，并根据反馈意见进行相应的修改和调整。对意见分歧无法达成一致的学校，我不做介绍。对全国各地国际化学校/国际部介绍，我保持自己的中立角度和客观性描述，但也充分尊重学校的反馈意见。

想通过阅读本书来获取择校参考的读者朋友们需要注意的是，由于本书稿篇幅有限，国内多数国际化学校/国际部并没有在书中进行专门介绍，这并不代表这些学校不优秀。十年的学校调研，让我深刻意识到，每所学校能够生存，自有其独特之处和具备社会价值的地方，均值得尊重和认可。如果有读者朋友们想了解更多学校详情，可发邮件与我沟通交流。

由于各种原因，国内有一些学校或者项目有改过名。对改过名的学校，我在介绍改名之前的情况时，为避免混淆，统一用改名后的校名。比如深圳国际交流学院、上海市世界外国语中学分别改名为深圳国际交流书院、上海市世外中学，在介绍改名前的情况时，也分别用深圳国际交流书院、上海市世外中学名称。

此外，国内教育相关法规并没有国际学校的说法，国际学校是社会对学生以出国留学为主学校的俗称。为此，本书中对此类学校的称呼采用了折中方法，即统一用"国际化学校"名称。高中段的中外合作办学项目在不同的学校有诸如国际部、国际班、国际课程中心、中美班、剑桥班等不同的称呼，比较复杂，除有特别说明外，本书统一用"国际部"名称。

本书的出版涉及方方面面，需要感谢的人很多。

感谢全国所有关注国际教育的家长以及行业从业人员，正是有大家的参与，中国国际教育行业才能稳健发展，也才有本书的呈现。

感谢十年来一贯支持我以及宜校工作的所有朋友们、老师、家长、学生及其他行业人士。

感谢华南师范大学附属中学国际部校长朱志东先生，他是最早向我建议撰写本书,并为本书作序的人。他是国内国际教育界一位低调的大咖,对国际教育发展趋势观察和参与度很深。

感谢美国阿默斯特学院招生录取办公室副主任、国际招生录取主任万晓峰博士,万博士帮我引荐了世界图书出版公司,为本书写序并对书稿提出了很多有建设性的修改意见。

感谢188所学校和我沟通交流学校介绍。由于涉及的学校和老师众多,我便不一一列名了。在此,我需要重点感谢六人:一是深圳国际交流书院创始人蒋继宁先生,他是我单次交流时间最长的业内大咖,首次交流时间长达8个小时。蒋先生为人谦和、真诚、睿智,即便对我的观点有不同意见,也尊重我的想法。二是西北师范大学第二附属中学党委书记荆孝民博士,他对国际教育十分了解并有自己独特的见解。他在担任西北师范大学附属中学主管国际教育副校长期间,我多次去兰州拜访过他。他对书稿修改提出了很多宝贵意见。三是上海七宝德怀特高级中学校长王芳博士,给我提供了她的博士论文以及七德中外合作办学自评报告,让我对七德的情况有了比较全面和深入的了解。七德独特的办学机制,对校长的要求很高,而王校长在这方面做得完美。四是原上海美国学校浦东校区高中部校长李班明(Benjamin Lee)先生,他不仅接受了我的访谈,还提供了其留美幼童出身的曾祖父李恩富的诸多资料,对书稿的撰写有很大帮助。五是合肥安生学校校长余海燕,余校长执掌过安徽最好的国际项目以及参与创办出安徽最好的国际化学校,她对课程设置、学生管理、大学申请有很多独到的见解,对我启发很大。六是昆明第一中学国际部总监罗昕博士,她对国际教育和自己学生真心热爱,对行业了解很深,给我提供了很多很好的意见和观点。

感谢加拿大多伦多大学安大略教育研究院教授许美德(Ruth Hayhoe),她长期关注中国的教育并出版了多部影响甚大的研究专著。许美德教授接受了我的线上访谈,她对中国教育的见解以及所出版的专著,对本书的撰写有比较大的帮助。

感谢我在《中国经营报》的前同事万云老师、青岛朋友郑水成先生、上海倪纯绮女士等三人,分别撰写了子女教育的心得体验,并授权放在本书中。

感谢全国各地留学服务机构对我的支持。我到每处调研,习惯于和当地的留学服务机构进行接触,从这些朋友处了解当地的国际教育市场情况。他们对全国或当地的国际教育市场很熟悉,聊完后我受益匪浅。十年来,给我提供这方面帮助的朋友不少。特别要感谢的有:新东方孙进、刘烁炀、范超、刘冰、刘畅、刘天娇、陈悦、强琰、李阳、云峰、黄光煜、刘莹、陈峰,金吉列马晓晴、马丽君,阿尔文留学李年帅。

感谢山顶视角创始人王留全的指点,对书稿的撰写以及出版事宜提供了很多指导意见。留全兄从事过多年的出版工作，他的意见很有参考价值。

感谢FT中文网总编辑王丰、编辑袁漪琳以及薛莉老师，自2017年我成为FT中文网国际教育专栏作家后，他们一直给予我诸多的帮助。FT中文网在国内国际教育界有比较大的影响力。

感谢原广州日报社记者李琼、南方都市报社记者朱倩、《21世纪经济报道》记者王峰/任素文、上海电视台融媒体中心《海外路路通》制片人袁宏云、苏州日报社记者宋洁婷、外滩教育创始人傅兵、少年商学院创始人张华等诸多媒体朋友们，对宜校的排行榜、报告以及对我的国际教育观点做过很多有分量的报道。

感谢世界图书出版公司支持出版本书，夏丹是一位专业和尽心尽职的编辑，为书稿完善和出版付出了诸多努力。

感谢我太太林洁和儿子亦林，他们是我事业的坚强后盾以及发展动力。从2022年年底撰写本书起，我几乎所有业余时间都放在了书稿撰写上，每天要撰写到深夜，陪伴家人的时间少之又少。而在此之前，我每年有一半以上时间在全国各地访校，太太和儿子对此理解，并给予支持。我太太曾从事过多年媒体编辑工作，文字功底深厚，她对本书做了全面、细致的修改和完善。

书中所介绍的188所学校，我写好初稿后，一一发给学校对应的老师，征求他们的意见。如果我不接受反馈意见，且双方无法达成共识，则会删除该校的介绍。我向学校对应老师征求反馈意见，是出于对学校的尊重和核对数据或事实准确性的需要，并非要学校审稿以及需要学校担责。

需要声明的是，在撰写和完善书稿过程中，诸多老师、朋友和家人给我提供了不少帮助，对书稿的内容提出了很多宝贵的意见。但是，本书内容如有问题，则跟他们当中任何人无关，均由我个人承担。

本书中的图片，除有注明出处的图片外，其余均为我所拍摄。我在实地调研全国各地国际化学校/国际部时，会拍摄学校校景以及当地和留学相关的人或物，所积累的照片有两万多张。本书稿所放照片，除选择各地与留学有关的人或物照片外，学校方面的照片侧重按照如下三个标准进行挑选：一是选择带有各地名校校名或者Logo的照片；二是校园美景照片；三是能够体现出学校建筑或者办学特色的照片。

我出这本书的初衷，只是想把自己这十年来访校以及调研时所洞察到的国际教育情况，站在客观、中立、理性的角度分享给大家，在书中无意褒贬任何人、任何学校和任何区域。如果本书能够对您孩子留学或者您的工作有所帮助和启发，则是本人最想看到和听到的。

俗话说，初学三年天下无敌，再学三年寸步难行。这点我深有体会，随着对国际教育和学校了解的逐步深入，我发现这个行业需要学习和了解的东西太多了，行业也处在快速发展和变动中。这本书算是我观察和从事国际教育十年的一个阶段性总结，难免挂一漏万，欢迎各位方家批评指正。

无论是家长、学生，还是学校老师以及国际教育行业从业人员，您如果有想和我交流的地方，欢迎发邮件到 xiao_jingdong@sina.com。

肖经栋于苏州

2024年8月31日